오늘 NCS 완료

1주차

※ DAY별 OMR 답안지는 DAY 05 문제 뒤에 수록되어 있습니다. 문제를 풀기 전 OMR 답안지를 잘라서 실전 연습을 해 보세요.

찾아가기

NCS 실전 훈련 실력진단표

NCS는 풀 수 있는 문제를 선별하는 능력과 높은 정답률이 중요한 시험입니다.

문제를 풀고 난 후, 제한시간(30분) 내에 푼 문제 수를 기록하고, 푼 문제 수 중에 맞힌 개수와 정답률을 기록해 보세요.

❗ '푼 문제 수'에는 정답을 체크하지 못하고 넘긴 문제는 포함하지 않습니다.

구분	학습날짜	제한시간 내에 푼 문제 수			맞힌 개수/푼 문제 수(정답률)
DAY 01	__월 __일	/30			____/____(%)
		의사소통	수리	문제해결	
		/10	/10	/10	
DAY 02	__월 __일	/30			____/____(%)
		의사소통	수리	문제해결	
		/10	/10	/10	
DAY 03	__월 __일	/30			____/____(%)
		의사소통	수리	문제해결	
		/10	/10	/10	
DAY 04	__월 __일	/30			____/____(%)
		의사소통	수리	문제해결	
		/10	/10	/10	
DAY 05	__월 __일	/30			____/____(%)
		의사소통	수리	문제해결	
		/10	/10	/10	

DAY 01

왜 틀렸지?

왜 실수했지?

매일 한 줄 복기

문제를 다 풀고 난 후 왜 틀렸는지, 자주 나오는 실수 패턴은 무엇인지, 어떤 문제부터 풀어보고 어떤 문제는 나중에 풀지를 바르게 판단했는지 복기해 보세요. 어느 부분이 부족한지 스스로 깨닫고, 다음 회차를 풀 때 적용한다면 NCS 실력이 빠르게 올라갈 것입니다.

작성 예시

✔ 지문 읽을 때 키워드부터 찾기! 지문 끊어 읽기! 선택지에서 체크한 키워드가 모두 나와야 한다.

✔ 그래프와 표 나올 때 제목이랑 단위부터 확인하기!

✔ 시간 내에 풀 수 있는 유형인지 아닌지를 꼭 체크하고 넘어가자. 무조건 넘기지 말자!

✔ 의사소통 먼저 풀면 시간이 절약되는 것 같음. 수리랑 문제해결 중 어떤 것부터 풀지 판단해 보자.

의사소통능력	
수리능력	
문제해결능력	

DAY 01

자동채점 바로가기

제한시간: 30분

01

다음 글의 제목으로 가장 적절한 것을 고르면?

경영학은 조직의 구조와 행동의 원리를 분석하는 학문이다. 기업의 측면에서 경영의 주된 목적은 이윤 창출과 지속적인 성장과 발전을 위한 전략을 세우는 것이다. 이에 따라 조직의 효율적인 운영과 관리, 다양한 이해관계자들과의 의사결정이 경영학이 다루는 영역이라고 볼 수 있다.

경영학의 역사는 현재 경영학의 초석을 다룬 고전적 경영이론에서부터 시작한다. 19세기 말과 20세기 초에 발전한 이 이론은 조직의 효율성과 생산성 극대화에 초점을 맞춘다. 고전적 경영이론의 창시자는 프레더릭 윈슬로 테일러로, 종업원의 생산성을 증진시키기 위해 최적화된 작업방식과 노동과정을 분석한 과학적 관리법을 개발하였다.

테일러의 과학적 관리법은 작업 분석, 표준화, 과학적 선택과 훈련, 성과 기반 보상의 네 가지 원칙으로 요약될 수 있다. 먼저 작업 분석이란 모든 작업 과정을 세밀하게 분석한 후, 가장 효율적인 방법을 찾는 것이다. 가장 효율적인 방법을 찾았으면 그것을 표준화하고, 모든 종업원이 동일하게 사용하도록 한다. 이 과정에서 테일러는 기존의 경험이나 관습에 의존하는 것이 아니라 실제 실험과 데이터를 기반으로 한 과학적 접근을 강조한다. 종업원들의 작업 방식을 관찰하고, 데이터를 수집하여 가장 효율적인 방법을 결정하는 것이다.

테일러는 작업 과정의 효율을 위해 각 종업원에게 가장 적합한 직무를 배정하는 것도 중요시했다. 각 작업에 맞는 종업원을 선발하고, 그들이 효율적으로 작업할 수 있도록 과학적이고 체계적인 훈련을 제공해야 한다고 주장한다. 또한, 관리자는 종업원과 함께 최적의 작업 환경을 유지하고 지속적으로 개선해야 한다. 마지막으로, 테일러는 성과에 따라 보상을 차별화하는 시스템을 도입하였다. 테일러는 성과에 기반한 보상체계가 종업원들의 동기 부여를 강화하고 생산성을 증대시킬 것이라 믿었다. 그리고 이것은 현대에 이르러 성과급 제도의 기초가 되었다.

테일러의 과학적 관리법은 20세기 초 산업계에 큰 변화를 가져올 수 있었다. 표준화된 작업 방법과 효율적인 직무 분담으로 생산성을 크게 향상시키고, 데이터를 기반으로 한 경영의 과학적 접근을 시도했기 때문이다. 그러나 한편에서는 종업원이 정해진 절차에 의해서만 작업을 가능하게 하여 종업원의 자율성과 창의성을 억압한다는 비판도 존재한다. 또한, 지속적인 감시와 통제는 오히려 종업원의 만족도나 정신적 건강에 부정적인 영향을 미칠 수 있다고 지적된다.

① 경영학의 등장 배경

② 경영학 이론의 발전 과정

③ 테일러의 과학적 관리법이 활용된 분야

④ 테일러의 과학적 관리법과 그에 대한 평가

⑤ 오늘날 경영학 이론과 고전적 경영이론의 차이점

02 다음 글을 읽고 이해한 내용으로 적절한 것을 고르면?

> 최근 환경부는 소상공인연합회, 한국외식업중앙회 등의 음식점 협회 및 단체, 배달플랫폼, 한국플라스틱포장용기협회, 자원순환사회연대와 함께 포장 · 배달 일회용 플라스틱 사용량을 줄이기 위한 자발적 협약을 체결하였다. 이번 협약을 통해 참석자들은 음식 배달문화가 확산되는 상황에서 포장 · 배달용 일회용 플라스틱을 10% 이상 줄이는 목표를 세우고, 이를 위해 노력하기로 약속하였다.
>
> 이번 협약의 배경은 온라인 음식 서비스 거래액의 급증이다. 2024년 7월 기준으로 온라인 음식 서비스 거래액은 5년 전에 비해 약 3배가량 증가한 2조 5천억 원에 이른다. 음식배달 문화의 규모가 확장되며 일회용 플라스틱의 사용량도 함께 증가함에 따라 협약이 마련된 것이다.
>
> 이번 협약의 주요 내용과 각계의 역할은 다음과 같다. 음식점 업계는 다회용 및 경량화 배달용기 사용을 적극적으로 홍보하고 유도하여, 해당 용기를 사용하는 매장 수가 지속적으로 늘어날 수 있도록 노력할 계획이다.
>
> 한국플라스틱포장용기협회는 환경부가 마련한 기준에 따라 제작한 경량화 배달용기를 보급하기로 하였다. 경량화 용기란 기존에 유통 중인 배달용기와 유사한 강도를 유지하되, 제작에 투입된 플라스틱 사용량을 10%가량 줄인 용기를 말한다. 협회는 단체표준 도입 등을 통해 경량화 배달용기 여부를 쉽게 확인할 수 있도록 하여 보급을 늘릴 계획이다.
>
> 배달플랫폼 업계 또한 다회용 배달용기와 경량화 용기 사용이 활성화될 수 있도록 적극 지원한다. 특히 다회용기 사용이 가능한 지역이 늘어나면 이를 널리 알려 다회용기 사용을 적극적으로 지원할 계획이다. 또한 소비자에게 일회용 수저 등이 무분별하게 배달되지 않도록 음식 주문 시 미선택을 기본값으로 안내하여 불필요한 일회용 플라스틱 사용을 줄일 계획이다.
>
> 환경부도 배달음식 분야 다회용기 보급을 위해 2024년 89억 원에서 2025년 100억 원까지로 예산을 늘리는 등 지원사업을 확대하는 한편, 경량화 용기 생산업체 현황 등을 주기적으로 음식점 업계에 제공하여 경량화 용기 사용 확대를 이끌 예정이다.
>
> 이 밖에 모든 협약 당사자들은 일회용 플라스틱 사용을 줄이기 위해 홍보 운동 등을 통한 실천 문화 정착에 힘쓸 예정이다. 환경부 차관은 "배달 산업의 확산이 내수 경제 활성화를 이끄는 긍정적 측면도 있지만, 그 과정에서 사용된 플라스틱 폐기물이 증가하는 문제를 해결하는 것이 무엇보다 중요하다"라면서, "이번 자발적 협약이 일상생활 속 플라스틱 사용을 줄이고, 플라스틱 오염 종식이라는 국제사회의 공동 목표를 달성하는 데 밑거름이 되도록 노력하겠다"라고 밝혔다.

① 배달플랫폼 업계에서는 음식 주문 시 일회용 수저 선택을 기본값으로 안내한다.
② 한국플라스틱포장용기협회는 플라스틱이 10%만 사용된 경량화 용기를 제작하는 데 성공하였다.
③ 온라인 음식 서비스 거래액은 지난 5년간 매년 3배씩 증가하여 현재 2조 5천억 원에 이른다.
④ 환경부는 배달음식 분야 다회용기 보급을 위해 관련 예산과 지원사업을 확대하기로 하였다.
⑤ 환경부는 포장 · 배달용 일회용 플라스틱 사용률을 10%까지 줄이기로 관련 업계와 자발적 협약을 맺었다.

03 다음 글의 내용과 일치하지 않는 것을 고르면?

동물행동학에서는 동물이 인간과 달리 어떤 방법으로 의사를 표현하는지를 중점적으로 연구한다. 동물행동학 학자들은 같은 상황에서 동물의 행동이 일관적으로 관찰되면, 이를 동물의 의사 표현이라고 본다. 이후 다양한 상황을 반복해서 관찰하고, 그 결과를 분석한 후 구체적인 의미를 알아낸다. 이러한 방법으로 개 짖는 소리를 인간의 언어로 번역할 수 있게 되기도 하고, 강아지나 고양이 등 반려동물의 행동 양상을 분석하여 이상 행동을 교정하고 훈련할 수 있게 되었다. 그렇다면 다른 동물들은 어떤 방법으로 의사를 표현할까?

먼저 시각적인 변화를 통해 의사를 표현하는 동물로는 카멜레온이 있다. 카멜레온은 서로의 상태나 감정을 표현하거나 짝짓기를 위해 상대를 유혹할 때 피부의 색을 변화시킨다. 먹이 사냥이 잘 되지 않거나 위협을 받아 스트레스를 받을 때는 피부색이 어둡게 변하기도 한다. 또한, 열대 호수에 사는 민물고기인 시칠리드는 귀처럼 보이는 부분의 점을 통해 의사를 표현한다. 점이 기분 상태에 따라 나타났다 사라졌다 반복하면서 색깔이 변하는데, 만약 점이 생긴다면 기분이 좋지 않다는 의사를 드러낸 것이다.

두 번째로 냄새를 통해 자신의 의사를 전달하는 방법도 있다. 페로몬을 통해 소통하는 개미의 경우 먹이가 있는 곳까지의 경로를 표시하기 위해 체내에서 분비한 페로몬을 남겨 다른 동료 개미들이 쉽게 따라올 수 있게 한다. 또한 둥근꼬리여우원숭이는 다른 동물이 자신의 영역에 들어오면 꼬리를 팔에 비빈 후 흔드는데, 이는 팔에 있는 기관에서 분비된 물질을 꼬리에 묻혀 그 냄새를 침입자에게 전달하려는 행동이다.

마지막으로 동적인 행동을 통해 의사를 표현하는 방식이 있다. 꿀벌은 반복적인 움직임을 통해 서로에게 먹이 정보를 전달하는데, 먹이가 위치한 거리와 방향에 따라 다른 움직임을 보인다. 예를 들어 먹이가 100m 이내에 있다면 좁은 원형을 그리며 움직이고, 먹이가 100m 이상 떨어져 있으면 꼬리를 좌우로 흔들면서 숫자 8의 모양으로 반원을 그리며 움직인다. 또한, 먹이의 거리가 멀어질수록 움직임의 속도는 느려지고 꼬리를 흔드는 횟수는 많아진다.

이처럼 동물들은 다양한 방법으로 자신의 의사를 표현한다. 현재까지 파악된 동물의 의사 표현 방법은 양이나 질적인 면에서 부족한 상황이다. 동물행동학의 연구가 폭넓게 이루어진다면 반려동물부터 멸종위기에 처한 동물에 이르는 폭넓은 소통을 통해 생명과학의 발전과 생태학적 이해에 도움이 될 것이다.

① 어떤 동물은 페로몬을 분비함으로써 냄새를 통해 자신의 의사를 전달한다.
② 시칠리드는 자신의 기분 상태에 따라 점을 나타내거나 사라지게 할 수 있다.
③ 꿀벌은 먹이의 종류에 따라 움직임의 속도와 꼬리를 흔드는 횟수를 조절한다.
④ 카멜레온은 먹이 사냥이 잘 되지 않거나 위협을 받을 때 피부색을 조절할 수 있다.
⑤ 동물행동학은 반려동물의 이상 행동을 교정하거나 훈련하는 데 쓰일 수 있다.

04 다음 글의 밑줄 친 ㉠~㉤을 수정한 내용으로 적절하지 않은 것을 고르면?

> 우리나라의 건축 철학이 ㉠ 자연을 존중하고 조화를 강조했듯이 정원의 조경도 자연 존중과 조화에서 출발하였다. 우리 조상들은 가능하면 있는 그대로의 지형이나 자연물을 크게 훼손하지 않고 나무를 심거나 연못을 조성하였다. 그리고 나무와 연못이 있던 자연 속에 건물을 지어서 서로가 애초부터 그렇게 있었던 것처럼 보이게 했다. ㉡ 즉 인공적인 요소를 최대한 배제함으로써 조경과 건물이 상호 보완적 관계가 되도록 하는 것이다. 이를테면 나무는 건물에 생기를 가져다주면서 건물의 질을 높여 주었고, 이러한 건물은 주변 경관과 자연스럽게 어울리게 되었다. ㉢ 나아가 건물의 기둥도 구하기 쉽고 가공이 용이한 나무를 사용하였다. 만약 ㉣ 잘리어진 나무가 있다면 그 모습을 그대로 보존해 둔다. 이는 인간을 자연 속에서 태어나 머물고 그곳으로 돌아갈 존재로 인식하는 ㉤ 은둔 사상에 뿌리를 두고 있는 것이다. 그러므로 인간이 자연 위에 군림하는 방식은 처음부터 존재하지 않았으며, 자연과의 조화가 정원 조경의 최우선으로 고려되었다.

① ㉠의 '조화를'은 '조화'의 대상이 불분명하므로 '자연과의 조화를'으로 수정해야겠군.
② ㉡의 앞뒤는 인과 관계를 지녔으므로 접속어를 '따라서'로 수정해야겠군.
③ ㉢은 전체 내용의 통일성을 위해 삭제해야겠군.
④ ㉣의 '잘리어진'은 불필요한 이중피동 표현이므로 '잘린'으로 수정해야겠군.
⑤ ㉤의 '은둔 사상'은 글의 흐름을 고려할 때 '자연 회귀 사상'으로 수정해야겠군.

05 다음 글의 빈칸 ㉠~㉢에 들어갈 접속어가 바르게 짝지어진 것을 고르면?

> 순화(純化)란 잡스러운 것을 걸러서 순수(純粹)하게 하는 일이요, 복잡한 것을 단순하게 하는 것이다. (㉠) 국어 순화란, 잡스러운 것으로 알려진 외래어, 외국어 등을 가능한 한 토박이말로 재정리하는 것이요, 비속한 말과 틀린 말을 고운 말과 표준어 및 말의 법대로 바르게 쓰는 것이다. (㉡) 그것은 복잡한 것으로 알려진 어려운 말을 될 수 있는 한 쉬운 말로 고쳐쓰는 일도 포함된다. 정리하면 우리말을 다듬는 일이 바로 국어의 순화이다.
>
> 말을 '이루어 내는 힘을 가진 것'으로 보는 쪽에서는, 말을 단순히 표현수단으로만 보는 것이 아니고, 사람이나 사회의 본바탕, 곧 본질을 이루는 데에 순리작용(順理作用)이나 반작용의 힘을 가진 것으로 바라본다. 우리는 우리말의 반작용을 막을 필요가 있다. 이 반작용의 막음, 이것은 국어 순화의 근본적 이유 중 하나가 된다. 한 사람 한 사람의 바람직하지 못한 말은 사람은 물론 사회를 바람직하지 않게 이끌게 되고, 어느 경우에는 사회 질서에까지 악영향을 끼치게 된다. 반대로, 점잖고 고우며 규범에 맞는 말은 사회가 안정(安定)된 질서 속에서 안정화되도록 도움을 준다.
>
> 한 나라의 모든 사람의 공통 의식이 모이면 민족의식을 이룬다. 민족의식의 표현은 그 나라말로 나타난다. (㉢) 각 민족이 쓰는 말에는 그 민족 나름대로의 세계상(世界像)이 들어있다. 우리 겨레가 쓰는 말은 우리 겨레의 세계상을 담는 그릇이요, 우리 겨레의 공통적인 정신의 상징이다. 그러므로 '말은 겨레의 얼'이라고 한다. 이것은 겨레의 흥망(興亡)과 말의 흥망이 기복(起伏)을 같이하는 역사적 사실을 보아도 잘 알 수 있다. 말의 인식은 자기를 깨치는, 곧 자각(自覺)하는 일인 동시에 민족을 깨치는 일이요, 나아가서 민족을 결합하는 원동력(原動力)이 된다. 말이 겨레의 얼의 상징이며, 민족 결합의 원동력이라는 데에서 말이 얼마나 소중한 것인가를 깨닫게 된다.

	㉠	㉡	㉢
①	그러나	또	즉
②	그래서	그리고	그러나
③	따라서	또	따라서
④	하지만	그래서	그러나
⑤	하지만	또	따라서

06 다음 보도자료를 바탕으로 추론한 내용으로 적절한 것을 고르면?

서울교통공사가 인도네시아 자카르타 도시철도 운영의 컨설팅 사업을 추진한다고 밝혔다. 이는 2020년에 이어 인도네시아에서 이룬 두 번째 사업으로, 2025년부터 2028년까지 진행되며 총사업비 980만 달러, 한화로 130억 원 규모이다. 한편 서울교통공사는 2020년 한국국제협력단이 발주한 최초의 철도 운영 컨설팅 사업이었던 '자카르타 경전철 역량강화사업'을 수행하고 지난 4월 30일 사업을 성공적으로 마친 바 있다.

공사는 자카르타의 안전하고 편리한 대중교통 이용 환경을 개발하고, 지속 가능한 대중교통 시스템을 구축하여 자카르타 시민의 복지와 교통 편의에 기여하겠다는 계획이다. 특히 시범 역사로 1개소를 선정하여 고객 서비스 및 마케팅과 안전, 편의성 등 비운수사업 전략을 반영한 역사 리모델링을 통해 자카르타 도시철도 확산을 위한 모델로 삼고자 한다.

공사는 인도네시아 이외에도 호주 시드니 메트로의 서부 노선 및 서부 공항 노선의 개통 준비를 위한 사전 컨설팅과 필리핀 마닐라 도시철도 4호선 운영 및 유지보수 컨설팅, 그리고 방글라데시 철도청의 객차 구매를 위한 컨설팅 등 다양한 해외사업을 수행 중에 있다.

공사는 서울 지하철의 우수한 시스템과 도시철도를 50년 이상 운영하며 축적해 온 역량을 바탕으로 해외철도 운영과 유지보수 컨설팅 사업 분야 진출을 꾸준히 모색해 왔으며, 최근 10년간 필리핀 마닐라를 비롯한 인도, 코스타리카, 파나마 등에 총 26건의 크고 작은 사업을 수주하는 성과를 이루었다.

특히 올해는 그간의 성과를 바탕으로 해외사업의 수익을 극대화할 것으로 기대하고 있으며, 추후 방글라데시 철도신호 현대화 컨설팅 사업, 필리핀 마닐라 지하철 건설관리 입찰에도 참여할 예정이다.

서울교통공사 사장은 "이번 기회를 통해 인도네시아 자카르타 도시철도 시스템을 안정적으로 구축하는 데 공사의 도시철도 운영 노하우를 적극 공유하겠다"라고 밝히며, "앞으로도 해외사업 수주를 위해 공사의 우수한 운영 기술을 홍보하고 상대국과의 협력을 다져 서울 지하철의 우수성을 전 세계에 알릴 계획"이라고 말했다.

① 호주 시드니 메트로의 서부 노선과 서부 공항 노선이 성공적으로 개통되었다.

② 한국국제협력단이 발주한 최초의 철도 운영 컨설팅 사업은 지난 4월 30일에 끝마쳤다.

③ 서울교통공사는 26개국에서 해외철도 운영과 유지보수 컨설팅 사업 등을 진행하고 있다.

④ 서울교통공사는 최근 인도네시아 자카르타 도시철도 운영 컨설팅 사업으로 해외사업 수주에 두 번째로 성공하였다.

⑤ 서울교통공사는 자카르타의 모든 지하철 역사를 리모델링하여 지속 가능한 대중교통 시스템을 구축할 계획이다.

[07~08] 다음 글을 읽고 질문에 답하시오.

미국의 와이오밍 주 북서부에 위치한 옐로우스톤(Yellowstone) 국립공원은 1872년에 지정된 세계 최초의 국립공원이다. (㉠) 옐로우스톤이라는 명칭은 석회암층에 미네랄이 풍부한 온천수가 흘러내리며 바위 표면을 노랗게 변색시켜 붙여 졌다. 약 9,000km^{2}라는 광대한 면적에 산과 숲, 협곡과 강, 호수뿐만 아니라 일정한 간격을 두고 뜨거운 물이나 수증기를 뿜어내는 간헐천과 온천, 폭포 등이 모두 나타난다. 이는 옐로우스톤이 수십만 년 전 화산 폭발로 이루어진 화산고원 지대로, 마그마가 지표로부터 5km 깊이에 있기 때문에 다채로운 자연환경을 볼 수 있는 것이다. (㉡)

옐로우스톤에는 200~250개의 간헐천이 있다. 그중 올드페이스풀 간헐천은 온천물의 증기를 90분마다 상공 60m까지 솟아 올리고, 리버사이드 간헐천은 파이어홀 강 바로 위로 온천물을 소용돌이처럼 뿜어낸다. 온천 중에서는 매머드 온천이 유명한데, 오랜 기간 동안 유황이 덧칠해져 노란색을 띠는 바위 위로 온천물이 흘러내려 많은 관광객이 찾아온다. 그러나 곳곳에서 유황가스가 배출되기 때문에 역한 냄새가 나고, 호흡기에도 영향을 줄 수 있어 주의가 필요하다. (㉢)

옐로우스톤은 수많은 야생동물의 서식지이기도 하다. 옐로우스톤에서 자주 볼 수 있는 동물은 바이슨이라고 불리는 들소와 엘크이다. 이 밖에도 곰, 회색 늑대, 여우 등 북미에서 서식하는 많은 포유류들을 이곳에서 볼 수 있다. 특히 회색 곰은 30년 동안 집중적으로 관리된 종으로, 관련 법규에 의해 보호받고 있다. (㉣)

한편 옐로우스톤은 1800년대 초 미개척지로 남아있던 땅을 조사하기 위해 떠난 탐사대가 발견한 지역이다. 옐로우스톤을 발견한 탐사대는 대자연의 아름답고 장엄한 장관에 압도되어 이곳의 생태계를 파괴하여 개발해서는 안 된다고 생각하였고, 결국 이 땅을 자연 그대로 보존할 것을 정부에 제안했다고 전해진다. (㉤) 국립공원 제도는 현대에 이르러 파괴되어 가는 자연생태계와 환경, 문화 · 역사 유산의 보전을 위해 국가 차원에서의 관리가 이루어질 수 있게 하였다.

07 윗글의 내용과 일치하지 않는 것을 고르면?

① 옐로우스톤은 세계 최초로 지정된 미국의 국립공원이다.
② 매머드 온천에는 유황가스가 배출되며 노란색을 띠는 바위가 있다.
③ 올드페이스풀 간헐천은 온천물의 증기가 90분 간격으로 솟아오른다.
④ 옐로우스톤을 처음으로 발견한 탐사대가 옐로우스톤을 국립공원으로 지정하였다.
⑤ 옐로우스톤은 화산 폭발로 이루어진 화산고원 지대로, 현재에도 지표 아래에 마그마가 있다.

08 윗글의 빈칸 ㉠~㉤ 중에서 [보기]의 문장이 들어갈 위치로 적절한 것을 고르면?

보기

이로써 세계 최초의 국립공원이 된 옐로우스톤은 이후 국립공원 제도가 전 세계로 확산하는 데 기여했다.

① ㉠　② ㉡　③ ㉢　④ ㉣　⑤ ㉤

[09~10] 다음 식품의약품안전처의 보도자료를 읽고 질문에 답하시오.

식품의약품안전처에 따르면 우리나라 화장품의 2024년 3분기 누적 수출액이 74억 달러로, 역대 최대치를 기록하였다. 이는 전년 동기 누적 수출액인 62억 달러 대비 19.3% 증가한 수치이며, 역대 연간 수출액이 가장 컸던 2021년 3분기 누적 수출액인 68억 달러보다도 8.8% 증가한 결과이다.

주요 국가별 수출액은 중국이 20.2억 달러로 가장 많았고, 미국 14.3억 달러, 일본 7.4억 달러 순으로 나타났다. 국가별 수출액 증감으로 중국 수출액은 전년 동기 대비 2억 달러가 감소하였고, 미국과 일본 수출액은 각각 5.5억 달러, 1.3억 달러 증가하여 미국 수출액의 증가폭이 가장 컸다.

화장품의 제품 유형별 수출액은 전년 동기 대비 기초화장품이 8.2억 달러 증가하여 55.6억 달러, 색조화장품이 2억 달러 증가하여 9.8억 달러, 인체세정용품이 1억 달러 증가하여 3.4억 달러를 기록했다. 기초화장품의 수출이 가장 많으나, 증가폭은 인체세정용품이 40.7%로 가장 컸다.

대중 수출액은 제품 유형별로 대부분 감소하였는데, 특히 기초화장품 수출액은 16.6억 달러에서 13.6억 달러로 가장 크게 감소하였다. 대미 수출액은 대부분의 제품 유형에서 증가하였다. 기초화장품이 6억 달러에서 10.6억 달러, 인체세정용품이 0.2억 달러에서 0.6억 달러, 색조화장품이 1.6억 달러에서 1.9억 달러로 중국과 반대로 기초화장품의 증가액이 가장 컸다. 대일 수출액 또한 대부분의 제품 유형에서 증가하였는데, 기초화장품이 3.5억 달러에서 4.4억 달러, 색조화장품이 1.8억 달러에서 2.1억 달러, 인체세정용품이 0.1억 달러에서 0.2억 달러로 증가했다.

식약처는 우리나라 화장품의 해외 진출을 위해 미국, 중국 등 주요 수출국과 규제 외교를 적극적으로 추진하고, 수출 다변화에 맞추어 다양한 국가의 해외 규제 동향을 빠르게 파악할 수 있도록 맞춤형 정보를 제공하고 있다. 또한, 아시아 규제 당국자와 산업계가 참여하여 최신 기술을 공유하고 화장품 규제 조화와 수출 확대 지원을 위한 포럼도 개최한다. 식약처는 미국, 중국 등에서 안전성 평가제를 시행함에 따라 화장품 산업의 국제 경쟁력을 확보하기 위해 국내에도 안전성 평가 도입을 준비하고 있다. 식약처는 앞으로도 소비자가 안심하고 품질 좋은 화장품을 사용하고 우수한 우리나라 화장품이 세계 시장으로 멀리 뻗어나갈 수 있도록 최선을 다하겠다고 밝혔다.

09

위 보도자료의 제목으로 가장 적절한 것을 고르면?

① 화장품 업계에 변화 찾아오다, 기초화장품의 매력
② 식약처, 해외 규제 동향에 발빠른 대처로 위기 모면
③ 한국 화장품의 위기, 대미 · 대중 수출액 소폭 감소
④ 한국 화장품의 국제 경쟁력, 이제는 깊게 고민해야 할 시점
⑤ 한국 화장품 전성기 찾아오나… 2024년 3분기 누적 수출액 역대 최대치

10

위 보도자료를 이해한 내용으로 적절한 것을 고르면?

① 중국은 미국과 달리 기초화장품 수출액이 가장 크게 증가하였다.
② 우리나라 화장품의 전년도 3분기 대미 누적 수출액은 18.2억 달러였다.
③ 우리나라 화장품의 2024년 3분기 누적 수출액은 전년 동기 대비 8.8% 증가하였다.
④ 수출액은 기초화장품이 가장 크지만 전년 동기 대비 증가폭은 인체세정용품이 가장 크다.
⑤ 우리나라는 화장품 산업의 국제 경쟁력을 갖추기 위해 현재 안전성 평가를 시행하고 있다.

11

K기업은 직원들이 사용할 휴지를 매월 구입한다. 전월에는 구입한 휴지의 72%를 사용하여 98개의 휴지가 남았고, 당월에 구입할 휴지는 전월에 구입한 휴지의 1.3배일 때, 당월에 구입할 휴지는 몇 개인지 고르면?

① 395개 ② 410개 ③ 425개
④ 440개 ⑤ 455개

12

다음 [조건]을 바탕으로 A~E공장에서 30일 동안 생산할 수 있는 의자의 총개수를 고르면?(단, A~E 공장은 모두 쉬는 날이 없이 가동된다.)

조건

- A~E공장 각각의 일일 생산량은 일정하다.
- A공장의 일일 생산량은 C공장의 일일 생산량보다 20개만큼 많다.
- B공장의 일일 생산량은 D공장 일일 생산량의 1/3이다.
- D공장과 E공장의 일일 생산량을 합하면 B공장 일일 생산량의 9배이다.
- A공장이 4일 동안 생산한 의자는 E공장이 하루 동안 생산한 의자보다 80개만큼 많다.
- E공장이 12일 동안 생산한 의자는 1,440개이다.

① 8,100개 ② 8,250개 ③ 8,400개
④ 8,550개 ⑤ 8,700개

13

일정한 규칙으로 수를 나열할 때, 빈칸에 들어갈 알맞은 수를 고르면?

7 13 ( ) 33 63 53 189 73 567

① 18 ② 19 ③ 20
④ 21 ⑤ 22

14

동욱이는 매월 첫째 주에 4권의 책을 읽고, 그다음 주에는 3권, 그다음 주에는 2권, 그다음 주에는 1권을 읽어 한 달에 총 10권의 책을 읽는다. 12권의 서로 다른 책을 구매하여 읽으려고 할 때, 한 달 동안 책을 읽을 수 있는 경우의 수를 고르면?(단, 읽은 책은 다시 읽지 않으며, 같은 주에 읽는 책들의 독서 순서는 고려하지 않는다.)

① 138,600가지
② 207,900가지
③ 277,200가지
④ 415,800가지
⑤ 831,600가지

15

다음 [표]는 A~C철도사의 연도별 차량 수 및 승차인원에 대한 자료이다. 이를 바탕으로 [보기]에서 옳은 것을 모두 고르면?

[연도별 A~C철도사의 차량 수 및 승차인원]

(단위: 량, 만 명)

구분	2020년			2021년			2022년		
철도사	A	B	C	A	B	C	A	B	C
차량 수	2,750	100	190	2,730	110	190	2,710	115	185
승차인원	77,000	2,630	3,610	75,075	2,475	3,230	75,880	2,415	3,330

보기

㉠ 2021년 A철도사의 승차인원은 전년 대비 2.5% 감소하였다.
㉡ 2022년의 차량 1대당 승차인원은 B철도사가 C철도사보다 3만 명 더 많다.
㉢ 2021년 이후 차량 수와 승차인원이 모두 매년 감소하는 철도사는 2개이다.
㉣ 2020년의 승차인원은 C철도사가 B철도사보다 850만 명 더 많다.

① ㉠
② ㉡
③ ㉠, ㉡
④ ㉡, ㉢
⑤ ㉢, ㉣

16

다음 [표]는 국내 최종에너지원별 소비량에 대한 자료이다. 이를 바탕으로 [보기]에서 옳은 것을 모두 고르면?

[월별 국내 최종에너지원별 소비량]

(단위: 천 TOE)

구분	4월	5월	6월	7월	8월
합계	19,030	17,880	17,500	18,670	19,390
석탄	2,660	2,690	2,640	2,650	2,740
석유	9,520	9,110	9,040	10,020	10,300
천연가스	170	150	180	200	200
도시가스	2,130	1,580	1,310	1,240	1,150
전력	3,650	3,500	3,490	3,690	4,090
열	190	100	70	70	60
신재생	710	750	770	800	850

보기

㉠ 주어진 최종에너지원 소비량 중 신재생이 차지하는 비중은 4월보다 6월이 높다.
㉡ 5월 이후 8월까지 소비량이 매월 전월 대비 증가하는 최종에너지원은 없다.
㉢ 주어진 기간의 월평균 소비량은 천연가스가 열의 2배 이상이다.
㉣ 4월과 비교했을 때 7월 최종에너지원의 소비량 순위는 변하였다.

① ㉠, ㉢　② ㉠, ㉣　③ ㉡, ㉢
④ ㉠, ㉡, ㉣　⑤ ㉡, ㉢, ㉣

17

다음 [표]는 연령대별, 학력별로 사용하는 이메일 계정 1순위 비율에 대한 자료이다. 이를 바탕으로 옳은 것을 고르면?

[연령대별 사용하는 이메일 계정 1순위 비율]

(단위: %)

구분	직장 메일	학교 메일	A사 메일	B사 메일	기타
10대 미만	0	48	30	1	21
10대	0	22	55	5	18
20대	13	4	69	7	7
30대	35	1	52	8	4
40대 이상	25	0	61	12	2

[학력별 사용하는 이메일 계정 1순위 비율]

(단위: %)

구분	직장 메일	학교 메일	A사 메일	B사 메일	기타
미취학	0	0	100	0	0
초졸	0	11	68	8	13
중졸	1	22	53	8	16
고졸	9	3	65	15	8
대졸	25	2	58	10	5
대학원 재학 이상	33	3	47	14	3

[연령대별 설문 응답자 수]

(단위: 명)

10대 미만	10대	20대	30대	40대 이상
2,000	2,500	2,500	3,000	3,000

① B사 메일을 1순위로 사용하는 응답자 중 30대 이상인 응답자는 500명이다.

② 대졸 학력인 응답자가 1순위로 사용하는 비율이 두 번째로 높은 이메일 계정은 40대 이상에서도 두 번째로 높다.

③ A사 메일을 1순위로 사용하는 응답자 수는 10대 미만이 10대보다 675명 더 적다.

④ 학교 메일을 1순위로 사용하는 비율은 중졸 학력인 응답자 비율이 초졸 학력인 응답자 비율보다 200% 더 높다.

⑤ 대학원 재학 이상 학력인 응답자 수가 1,200명이라면 이 중에서 A사 또는 B사 메일을 1순위로 사용하는 응답자 수는 750명 이상이다.

[18~19] 다음 [표]와 [그래프]는 연령대별 월평균소득과 통계조사 참여 인원에 대한 자료이다. 이를 바탕으로 질문에 답하시오.

[연령대별 월평균소득]

(단위: 만 원)

구분	수도권			수도권 외		
	전체	상위 30%	하위 30%	전체	상위 30%	하위 30%
20대	240	350	180	230	340	200
30대	280	520	210	270	450	220
40대	360	680	280	350	620	290
50대	480	750	300	345	550	207
60대	160	340	119	150	220	120
70대	120	150	48	80	180	50

[통계조사 참여 인원]

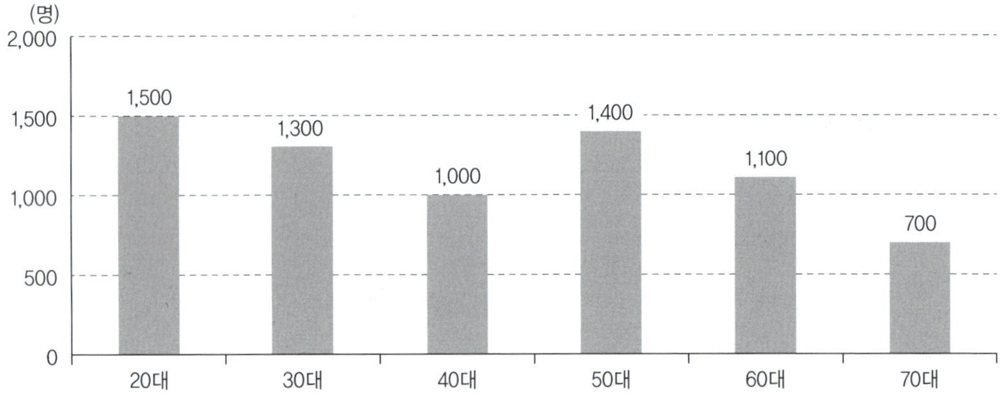

18 다음 중 자료에 대한 설명으로 옳지 않은 것을 고르면?

① 통계조사 참여 인원은 60대가 20대보다 400명 더 적다.

② 상위 30%의 월평균소득이 가장 높은 연령대는 수도권과 수도권 외가 다르다.

③ 30대 하위 30%의 월평균소득은 수도권보다 수도권 외가 더 높다.

④ 수도권에서 전체 월평균소득이 가장 높은 연령대의 수도권과 수도권 외의 하위 30% 월평균소득의 차이는 97만 원이다.

⑤ 통계조사 참여 인원 중 50대가 차지하는 비중은 20%이다.

19 다음 중 자료에 대한 설명으로 옳은 것을 [보기]에서 모두 고르면?

보기

㉠ 통계조사 참여 인원 중 60대가 차지하는 비중은 40대가 차지하는 비중보다 2%p 이상 더 높다.

㉡ 수도권 외의 20대 월평균소득은 상위 30%가 하위 30%의 1.7배이다.

㉢ 70대 통계조사 참여 인원 중 수도권에 속한 사람이 200명이었다면, 수도권 외 70대의 전체 월소득은 4억 원이다.

㉣ 상위 30%와 하위 30%의 월평균소득 차가 가장 큰 연령대는 수도권과 수도권 외가 다르다.

① ㉠, ㉡　　② ㉡, ㉢　　③ ㉢, ㉣

④ ㉠, ㉡, ㉢　　⑤ ㉡, ㉢, ㉣

20 다음 [표]와 [그래프]는 연령대별 연금 수급에 대한 자료이다. 이를 바탕으로 옳은 것을 고르면?

[연령대별 인구수]

(단위: 천 명)

구분	2019년	2020년	2021년	2022년
65~69세	2,450	2,686	2,926	3,086
70~74세	1,911	2,010	2,070	2,169
75~79세	1,588	1,593	1,577	1,589
80세 이상	1,796	1,917	2,048	2,202

[연령대별 연금 수급자 수]

(단위: 천 명)

구분	2019년	2020년	2021년	2022년
65~69세	2,113	2,342	2,585	2,744
70~74세	1,711	1,799	1,861	1,951
75~79세	1,443	1,454	1,448	1,461
80세 이상	1,618	1,740	1,874	2,026

※ 연금은 매월 지급된다.

[연령대별 1인당 월평균 연금 수급 금액]

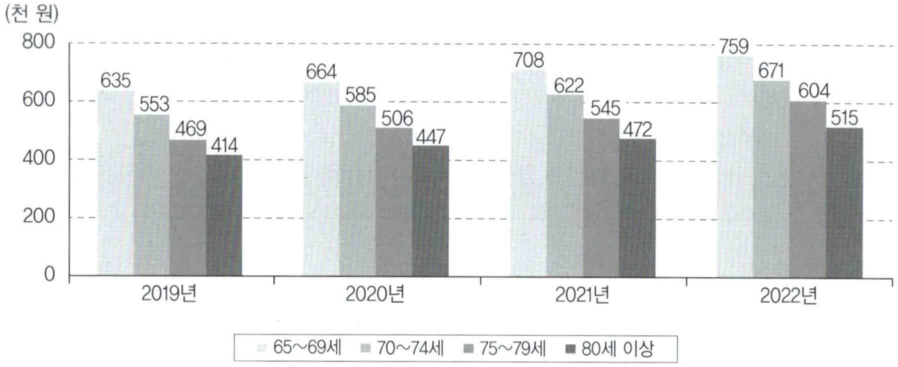

※ (연금 수급률)(%)$=\frac{\text{(연금 수급자 수)}}{\text{(인구수)}}\times 100$

① 2022년에 인구수가 3년 전 대비 가장 많이 증가한 연령대의 2022년 연금 수급률은 90% 이상이다.

② 2019년 75~79세의 모든 연금 수급자가 받는 월평균 연금 수급 금액은 총 6,500억 원 이상이다.

③ 제시된 기간 동안 연금 수급자 수의 연령대별 순위는 매년 같다.

④ 제시된 기간 중 75세 이상인 인구가 처음으로 3,500천 명 이상이 된 해의 75세 이상 연금 수급자 수는 3,200천 명 이상이다.

⑤ 제시된 기간 동안 1인당 월평균 연금 수급 금액이 가장 높은 연령대와 가장 낮은 연령대의 1인당 월평균 연금 수급 금액 차는 매년 증가한다.

21

6명의 직원들은 아침, 점심, 저녁마다 아메리카노 또는 카페라테를 마신다. 다음 [조건]이 모두 참일 때, 옳지 않은 것을 고르면?

조건

- 아침과 점심은 서로 다른 종류의 커피를 마신다.
- 아침과 저녁에 같은 종류의 커피를 마시는 사람은 4명이다.
- 아침에 카페라테를 마시는 사람은 3명이다.
- 하루에 카페라테를 한 번만 마시는 사람은 3명이다.

① 아침에 카페라테를 마시는 사람은 모두 점심에 아메리카노를 마신다.
② 하루에 카페라테는 총 9잔이 필요하다.
③ 점심에 카페라테를 마시는 사람들은 모두 아침에 아메리카노를 마신다.
④ 하루에 아메리카노는 총 10잔이 필요하다.
⑤ 저녁에 아메리카노를 마시는 사람은 3명이다.

22

산악 동호회 회원인 A~E 5명에게 주말에 진행되는 등산 행사 참석 여부를 조사하려고 한다. D가 행사에 참석한다고 할 때, 다음 [조건]을 참고하여 행사에 참석 가능한 사람을 모두 고르면?

조건

- A가 행사에 참여하지 않으면, B가 행사에 참여한다.
- A가 행사에 참여하면, C는 행사에 참여하지 않는다.
- B가 행사에 참여하면, D는 행사에 참여하지 않는다.
- C가 행사에 참여하지 않으면, E는 행사에 참여한다.

① A, D　② C, D　③ B, C, D
④ B, D, E　⑤ A, D, E

23

Y사에서는 신간 도서 출간을 위해 2개의 TF팀을 구성하려고 한다. 다음 [조건]을 바탕으로 추론한 내용 중 항상 옳은 것을 고르면?

조건

[부서별 인원 구성]

마케팅팀	기획팀	출판팀
A, B, C	가, 나	갑, 을, 병

- 'A, B, 가, 갑'의 성별은 여자이고, 'C, 나, 을, 병'의 성별은 남자이다.
- 8명의 인원을 4명씩 나누어 총 2팀(TF1팀, TF2팀)으로 구성한다.
- 같은 부서의 같은 성별인 사람은 한 팀이 될 수 없다.
- 각 팀에는 부서별로 적어도 한 명 이상이 들어가야 한다.

① TF2팀 구성원의 성별은 남자와 여자가 각각 2명씩이다.
② B와 C가 같은 팀인 경우, 나도 같은 팀이다.
③ 가와 C는 같은 팀이다.
④ A와 C가 같은 팀이 되는 경우는 8가지이다.
⑤ A가 TF1팀일 경우, C는 TF2팀이다.

24

다음 [대화]에서 나타난 논리적 오류로 가장 적절한 것을 고르면?

대화

- 갑: 요즘 환경 파괴의 문제가 너무 심각합니다. 친환경 자동차가 더욱 널리 보급될 수 있도록 정책을 마련해야 합니다.
- 을: 현재 사용 중인 내연기관 자동차들을 모두 폐차해야 한다는 말씀인가요? 운행이 가능한 멀쩡한 내연기관 자동차들을 폐차하는 것이야말로 환경 파괴가 아닐까요?

① 허수아비 공격의 오류
② 군중에 호소하는 오류
③ 주의 전환의 오류
④ 성급한 일반화의 오류
⑤ 흑백사고의 오류

25

같은 학교 친구인 A~F 6명은 놀이공원에서 놀이기구를 타기 위해 한 줄로 줄을 서고자 한다. 다음 [조건]에 따라 줄을 선다고 할 때, 항상 옳은 것을 고르면?

조건

- B는 맨 앞 또는 맨 뒤에 서 있다.
- E는 맨 앞에 서지 않는다.
- C와 E는 앞뒤로 인접해서 서 있다.
- F와 B는 한 사람을 사이에 두고 서 있다.
- A는 C보다 앞쪽에 서 있다.

① B는 맨 앞에 서 있다.
② A가 앞에서 두 번째로 서 있다면 E는 맨 뒤에 서 있다.
③ C와 D는 연달아 서 있다.
④ F가 앞에서 네 번째로 서 있다면 D는 앞에서 다섯 번째로 서 있다.
⑤ E와 F는 연달아 서지 않는다.

26

U사에서는 기업의 비밀 기술을 유출한 범인을 찾기 위해 조사를 진행하고 있다. 현재 의심 중인 용의자 A~G 7명 중 2명이 범인이며, 범인에 대해 증인 5명이 이야기한 진술은 다음 [보기]와 같을 때, 범인인 사람을 모두 고르면?(단, 증인 5명의 이야기는 모두 진실이다.)

보기

- 증인1: B, G는 모두 범인이 아니다.
- 증인2: E, F는 모두 범인이 아니다.
- 증인3: A와 G 중에서 최소 1명은 범인이다.
- 증인4: B, C, D 중에서 최소 1명은 범인이다.
- 증인5: A, B, F 중에서 최소 1명이 범인이고, D, E, G 중에서 최소 1명이 범인이다.

① A, B　　② A, D　　③ B, D
④ C, G　　⑤ E, F

27

A, B, C 3명의 사람이 바늘을 던져 풍선을 터뜨리는 게임을 하고 있다. 터뜨리는 풍선의 색깔에 따라 다음과 같이 점수가 나눠진다고 할 때, 다음 [조건]을 보고 3명의 최종 점수가 될 수 있는 경우의 수를 고르면?(단, 점수가 같더라도 터뜨린 풍선의 종류가 다르면 다른 경우로 본다.)

[풍선 색깔별 획득 점수]

빨강 풍선	노랑 풍선	파랑 풍선
10점	8점	5점

조건

- 바늘을 던졌을 때 풍선을 맞히지 못하는 경우에는 0점으로 처리하였다.
- A, B, C 3명은 각자 5번씩 바늘을 던졌다.
- B의 점수가 가장 높고, C의 점수가 가장 낮다.
- A의 점수는 36점이고, C의 점수는 10점 이하이다.
- A, B, C 모두 똑같은 색깔의 풍선을 3번 이상 맞힌 적은 없다.
- A, B, C 중에 풍선을 한 번도 맞히지 못한 사람은 없다.

① 4가지 ② 5가지 ③ 8가지
④ 12가지 ⑤ 16가지

28

A~E사원은 인천, 원주, 대전, 광주, 부산 다섯 지역에 각각 출장을 다녀왔다. A~E 5명 중 1명은 거짓을 말하고 나머지 네 명은 진실을 말하고 있을 때, 거짓인 것을 고르면?

- A: C는 광주로 출장을 다녀오지 않았다.
- B: D는 대전으로 출장을 다녀왔다.
- C: A는 인천, B는 원주로 출장을 다녀왔다.
- D: E는 거짓을 말하고 있다.
- E: B는 진실을 말하고 있다.

① A는 인천으로 출장을 다녀오지 않았다.
② B는 진실을 말하고 있다.
③ C는 부산으로 출장을 다녀왔다.
④ D는 거짓을 말하고 있다.
⑤ E는 광주로 출장을 다녀왔다.

29

다음 [보기]에서 퍼실리테이션에 대한 설명으로 옳은 것을 모두 고르면?

보기

㉠ 조직 구성원들이 같은 문화적 토양을 가지고 이심전심으로 서로를 이해하는 상황을 가정한다.
㉡ 사실과 원칙에 근거한 토론이 중심적 역할을 한다.
㉢ 어떤 그룹이나 집단이 의사결정을 잘하도록 도와주는 일이다.
㉣ 깊이 있는 커뮤니케이션을 통해 서로의 문제점을 이해하고 공감함으로써 창조적인 문제해결을 도모하는 방법이다.
㉤ 제3자가 합의점이나 줄거리를 준비해 놓고 예정대로 결론이 도출되도록 한다.

① ㉠　② ㉢　③ ㉠, ㉡
④ ㉢, ㉣　⑤ ㉣, ㉤

30

이 차장은 내일 서울에 있는 본사에서 오전 10시 35분에 회의를 마친 뒤, 전주역으로 출장을 가려고 한다. 다음의 교통수단별 특징을 고려할 때, 이 차장이 전주역에 오후 2시 이전에 도착하도록 하는 적절한 교통수단을 고르면?(단, 자료에 제시된 시간 이외는 고려하지 않으며, 가능한 교통비가 가장 저렴한 교통수단을 이용한다.)

[본사 → 서울역 간 교통편]

구분	소요시간	출발시간	교통비
A버스	24분	매시 20분, 40분	2,100원
B버스	40분	매시 정각, 20분, 40분	1,500원
지하철	20분	매시 정각, 30분	1,600원
택시	30분	항상	11,700원

[서울역 → 전주역 간 교통편]

구분	소요시간	출발시간	교통비
새마을호	3시간	매시 정각부터 5분 간격	26,200원
KTX	1시간 32분	9시 정각부터 45분 간격	34,400원

① A버스－새마을호　② A버스－KTX
③ B버스－KTX　④ 지하철－KTX
⑤ 택시－새마을호

정답과 해설 p.2

DAY 02

왜 틀렸지?
왜 실수했지?

매일 한 줄 복기

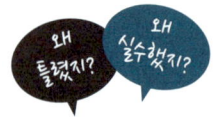

문제를 다 풀고 난 후 왜 틀렸는지, 자주 나오는 실수 패턴은 무엇인지, 어떤 문제부터 풀어보고 어떤 문제는 나중에 풀지를 바르게 판단했는지 복기해 보세요. 어느 부분이 부족한지 스스로 깨닫고, 다음 회차를 풀 때 적용한다면 NCS 실력이 빠르게 올라갈 것입니다.

작성 예시

- ✔ 지문 읽을 때 키워드부터 찾기! 지문 끊어 읽기! 선택지에서 체크한 키워드가 모두 나와야 한다.
- ✔ 그래프와 표 나올 때 제목이랑 단위부터 확인하기!
- ✔ 시간 내에 풀 수 있는 유형인지 아닌지를 꼭 체크하고 넘어가자. 무조건 넘기지 말자!
- ✔ 의사소통 먼저 풀면 시간이 절약되는 것 같음. 수리랑 문제해결 중 어떤 것부터 풀지 판단해 보자.

의사소통능력	
수리능력	
문제해결능력	

DAY 02

01

다음 글의 주제로 적절한 것을 고르면?

슈링크플레이션이란 '줄어들다'라는 뜻의 '슈링크(Shrink)'와 전반적으로 물가가 상승하는 현상을 나타내는 '인플레이션(Inflation)'의 합성어로, 기존 제품의 가격은 그대로 유지하면서 제품의 크기나 중량 등을 줄이거나 품질을 낮추어 생산하여 간접적으로 가격 인상 효과를 누리는 판매 방식을 말한다. 한때 국내에서 과자가 부서지거나 변질되는 것을 방지하기 위해 과자 봉지에 채워 넣은 질소가 실제 들어간 과자의 양보다 많다는 논란이 일어났던 '질소 과자'가 바로 슈링크플레이션의 대표적인 예이다.

기업들이 슈링크플레이션 전략을 쓰는 이유는 인플레이션의 영향으로 원자재 가격이 상승하게 된 경우, 제품의 가격을 인상하기보다는 내용물에 대한 생산 비용을 줄이는 방식으로 수익을 유지하기 위해서이다. 제품의 가격을 인상할 경우 고객 이탈의 위험성이 있기 때문에 가격은 유지하고 용량만 슬쩍 줄이는 이른바 '꼼수 전략'을 사용하는 것이다.

그런데 최근 정부가 슈링크플레이션 대응에 박차를 가했다. 산업통상자원부는 오프라인 대규모 점포를 중심으로 의무 시행하고 있는 단위가격표시제를 대규모 온라인쇼핑몰로 확대하는 내용을 담은 '가격표시제실시요령' 개정안을 행정예고하였다. 단위가격표시제란 상품의 가격을 일정 단위로 환산한 가격으로 통일하여 표시하는 제도이다.

개정안에 따르면 앞으로 단위가격표시제는 연간 거래금액이 10조 원 이상인 온라인쇼핑몰까지 의무적으로 표시해야 한다. 다만, 온라인쇼핑몰 내 입점상인에 대한 계도와 시스템 정비기간을 고려하여 1년의 유예기간을 둘 예정이라고 밝혔다.

또한, 1인 가구 증가에 따른 즉석식품, 반려동물 관련 제품 등 새로운 소비 흐름을 반영하여 단위가격표시 품목도 기존 84개에서 114개 품목으로 확대 개편하며, 개정안 고시 이후에 즉시 시행된다. 이에 따라 소비자들은 온라인쇼핑몰에서도 제품별 단위당 가격을 쉽게 비교하여 슈링크플레이션에 현명하게 대처하고 합리적으로 소비할 수 있을 것이라 기대된다.

① 국내에서 논란되었던 '질소 과자'는 슈링크플레이션의 대표적인 예이다.

② 슈링크플레이션에 대처하기 위해 정부가 단위가격표시제를 처음으로 의무화하였다.

③ 최근 1인 가구의 증가로 즉석식품 관련 제품에 대한 수요가 확대되어 새로운 소비 흐름이 탄생하고 있다.

④ 슈링크플레이션은 기업들이 제품의 가격 인상에 따른 위험 부담을 덜기 위해 생산 비용을 줄여 수익을 유지하는 전략이다.

⑤ 정부는 슈링크플레이션에 대한 대책의 일환으로 기존 오프라인 대규모 점포 중심으로 시행하던 단위가격표시제를 온라인쇼핑몰까지 확대할 계획이다.

02 다음 [가]~[바] 문단을 글의 흐름에 따라 순서대로 바르게 배열한 것을 고르면?

[가] 가상 · 증강현실 기술의 발달로 메타버스가 '차세대 인터넷' 시대를 주도할 새로운 패러다임으로 떠오르게 되면서 사회 · 경제 활동이 게임, 엔터테인먼트, 음악, 콘텐츠 산업을 중심으로 확산하고 있다. 코로나19 발생 이후 비대면 전환이 가속화되면서 생활양식과 산업현장이 비대면화를 넘어 3차원 가상공간인 메타버스 중심으로 빠르게 변화된 것이다. 특히 교육 분야에서는 아바타를 활용해 가상공간에서 실시간 음성 대화를 나누거나 3차원 오브젝트, 360도 영상 등을 활용하는 실감형 수업을 통해 몰입도를 높여 비대면 · 원격교육의 한계를 극복했다고 평가받는다.

[나] 메타버스(Metaverse)란 가공 · 초월을 의미하는 메타(Meta)와 세계를 의미하는 유니버스(Universe)의 합성어로, 가상과 현실이 융복합된 디지털 세계를 의미한다. 최근 5G와 가상기술을 토대로 하는 여가생활과 경제활동이 부상하면서 메타버스는 게임, SNS 등 기존 가상 세계 활동을 넘어 온라인 경험과 현실 세계의 활동이 연결되는 개념으로 확장되었다.

[다] 이와 같이 메타버스는 영화 「매트릭스」, 「아바타」에서처럼 인간이 현실 세계와 연결된 가상 세계에서 또 다른 자아를 갖고 활동하는 것을 가능하게 만들었다. 이제 더 이상 몇 시간씩 줄을 서서 대기할 필요 없이 좋아하는 가수의 팬사인회나 콘서트에 입장해 즐거운 시간을 보낼 수 있다. 또 메타버스 이용자들은 현실에서는 향유하지 못했던 명품 브랜드의 자동차나 옷을 가상 세계의 '또 다른 나'에게 경험하게 함으로써 대리 만족을 느끼기도 한다.

[라] 현재 빅테크를 비롯한 많은 국내외 기술 기업은 반도체, 사물인터넷, 5G, 클라우드, 콘텐츠, 모빌리티, 블록체인 등 4차 산업혁명 요소 기술과 융합해 새로운 경제 생태계를 만들고 있는 메타버스 시장에 진출하고 있다. 우리 정부 또한 메타버스 산업을 육성하기에 앞서 우리 기업이 확보한 디지털 혁신 기술과 서비스가 세계로 진출할 수 있도록 지원하고, 디지털 미래를 선도할 초연결 · 초실감 신산업 분야를 집중 육성하기로 밝혔다. 아울러 이동통신사, 미디어 업계 등 181개 기업과 기관이 함께 참여하는 '메타버스 얼라이언스'를 중심으로 민간이 주도하고 정부가 지원하는 메타버스 생태계를 조성해 나갈 계획이다.

[마] 메타버스는 교육 분야뿐만 아니라 코로나19 장기화로 비대면이 필요해진 엔터테인먼트와도 결합했다. E게임회사의 게임 플랫폼에서는 미국의 유명 래퍼의 가상 콘서트가 열려 1,200만 명이 접속해 참여하였고, 포털사이트 N사의 가상현실 플랫폼에서는 한국의 유명 아이돌의 가상 팬사인회가 열려 4,600만 명 이상의 이용자가 참여하기도 하였다.

[바] 현실 세계의 사회 · 경제 활동들도 메타버스 세계로 진입할 수 있다. 조 바이든 미국 대통령은 후보 시절 N게임회사의 게임을 통해 선거운동을 하기도 했고, 국내의 한 대학교에서는 가상현실 플랫폼을 활용해 아바타로 참석하는 '메타버스 입학식'을 진행하기도 하였다. 그리고 메타버스는 전통적인 소비 행태에도 변화를 일으켰는데, 패션 스타트업 F사는 현실에 존재하지 않는 디지털 드레스를 9,500달러에 판매하는 기록을 세웠다.

① [가]－[나]－[라]－[마]－[바]－[다]
② [나]－[가]－[마]－[바]－[다]－[라]
③ [나]－[바]－[마]－[다]－[가]－[라]
④ [라]－[가]－[나]－[마]－[다]－[바]
⑤ [라]－[나]－[마]－[가]－[바]－[다]

03

다음은 국민건강보험공단의 탄자니아 보편적 건강보험제도 정착 지원 사업 전문가 등에 대한 모집 공고문이다. 이를 이해한 내용으로 적절하지 않은 것을 고르면?

국민건강보험공단 글로벌협력사업실은 한국국제협력단(KOICA) ODA 공공협력사업의 일환으로 '탄자니아 보편적 건강보험제도 정착 지원 사업'을 추진할 예정입니다. 이 사업의 원활한 수행을 위해 건강보험 전문가 및 성과관리자 각 1인을 아래와 같이 모집하오니, 많은 지원 부탁드립니다.

[모집 개요]

사업명	탄자니아 보편적 건강보험제도 정착 지원 사업
사업기간	2024. 10.~2025. 5.
사업목적	탄자니아 보편적 건강보험제도 운영 기반 확립
주요 사업내용	▲ 한국의 건강보험 운영경험을 토대로 탄자니아에 적합한 건강보험 발전 및 이행방안 수립 ▲ 안정적 · 지속적인 건강보험제도 운영을 위한 관계자 역량 강화 ▲ 건강보험에 대한 국민 인식 개선 ※ 사업내용(사업규모, 접근방법, 지원내용 등 포함)은 협상/조정 가능
모집분야 및 인원	건강보험 전문가 1명, 성과관리자 1명
투입시기 (추후 확정*)	2024. 10. 18.(금)~2025. 4. 17.(목) / 국내 투입 기간은 주말, 공휴일 제외 – 건강보험 전문가: 현지 77일 + 국내 71일 … ①, ②, ③, ④ – 성과관리자: 현지 16일 + 국내 116일 … ①, ④ ① 사업 착수 출장: 2024. 10. 27.(일)~2024. 11. 3.(일) … 기간 확정 ② 1차 전문가 파견: 2024. 11. 4.(월)~2024. 12. 8.(일) ③ 2차 전문가 파견: 2025. 2. 10.(월)~2025. 3. 16.(일) ④ 성과 공유 워크숍 출장: 2025. 3. 9.(일)~2024. 3. 16.(일) * 사업 착수 출장(확정) 외의 국외 일정은 잠정적이며, 현지 여건(수원기관과의 협의, 항공 일정, 현지 치안 관련 현안) 및 전문가 여건 등을 종합하여 시기 및 투입률 최종 확정
활동방법	▲ (국내) 문헌조사 및 활동계획 수립(체크리스트 작성 포함), 사업 산출물 일체 작성 등 ▲ (현지) KOICA 및 유관기관과의 업무협의, 시범사업 예상 사업대상지 점검 및 사업 추진 여건 점검, 보고서 및 산출물 일체 도출 등

① "해당 모집 공고에서는 건강보험 전문가와 성과관리자로 총 2인을 모집하는구나."

② "해당 사업은 탄자니아의 보편적 건강보험제도 정착을 지원하고 운영 기반을 확립하기 위한 것이구나."

③ "한국의 건강보험 운영경험을 바탕으로 탄자니아에 적합한 건강보험 발전과 이행방안을 수립해야 해."

④ "사업 착수 출장 시기는 확정되어 있지만 기타 다른 일정은 현지 여건 등을 고려해서 추후 확정될 예정이야."

⑤ "성과관리자는 1 · 2차 전문가 파견 일정을 소화해야 해서 건강보험 전문가보다 국내 투입 기간이 길어."

04 다음은 국립공원공단의 중소기업 근로자 휴가지원 사업추진 계획안이다. 이를 바탕으로 바르게 이해한 사람을 [보기]에서 모두 고르면?

1. 추진개요

■ 추진배경 및 목적

○ 대기업과 중소기업 간 복지 격차 해소를 위한 중소기업 근로자 복리후생 지원

○ 중소기업 근로자 대상 국내여행 촉진으로 지역경제 활성화 기여

■ 사업개요

○ 사업명: 2024년 중소기업 근로자 휴가지원 사업

○ 사업내용: 한국관광공사 「근로자 휴가지원 사업」 기업분담금 지원

근로자 휴가지원 사업

▶ **주관기관:** 문화체육관광부 산하 한국관광공사

▶ **추진목적:** 자유로운 휴가문화 조성으로 기업과 정부가 함께 근로자 국내여행 경비 지원

▶ **사업방식:** 정부, 기업, 근로자가 공동 휴가자금(40만 원) 조성 → 근로자에게 휴가비 지급

– 분담비율: 정부 10만 원(25%) + 중소기업 10만 원(25%) + 근로자 20만 원(50%)

– 사용방식: 전용 온라인몰* 포인트 부여 후 개별 근로자가 국내여행 관련 상품구입

*전용 온라인몰: 40여 개 제휴사 및 20만여 개 상품 입점

▶ **참여 추가혜택**

– 기업: 사업 참여증서 발급, 정부인증(가족친화인증, 여가친화인증) 가점부여 및 실적인정 (근무혁신 인센티브제) → 조달청 입찰 가산점, 인증기업 홍보 및 정기근로감독 3년 면제 등 혜택

– 근로자: 여행상품할인, 이벤트 제공

2. 추진계획

■ 지원계획

○ 지원대상: 국립공원공단 협력사(중소기업 및 소상공인) 근로자

○ 지원인원: 총 10명(기업당 2명 이내) ※ 미달 시 기업당 인원 조정 가능

○ 지원내용: 중소기업 분담금(10만 원/인) 지원

○ 지원기간: 적립포인트 부여 시점 ~ '24. 10. 31.(목)

[국립공원공단 지원 중소기업 근로자 휴가지원 사업 구조]

구분	분담 1		분담 2		분담 3		근로자
국립공원공단 지원 前	중소기업 10만 원(25%)	+	근로자 20만 원(50%)	+	정부 10만 원(25%)	➡	근로자 40만 원
국립공원공단 지원 後	국립공원공단 10만 원(25%)	+	근로자 20만 원(50%)	+	정부 10만 원(25%)	➡	근로자 40만 원

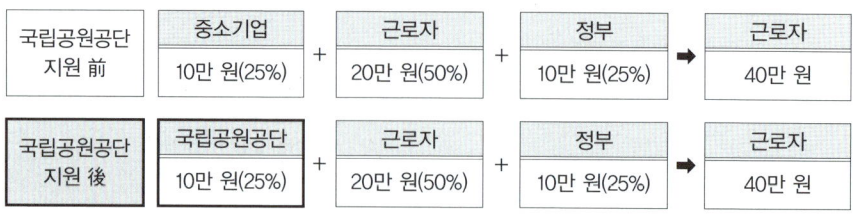

○ 선정방법: 평가기준에 따라 고득점순으로 선정

○ 지원 제한 대상
- 정부 · 지자체 주관 유사 사업에 참여 중 또는 이미 지원금을 수령한 자
- 한국관광공사 「근로자 휴가지원 사업」 가입 제한 대상*은 신청불가

  *해당 기업의 대표자이거나 임원(법인등기부등본 상)

  ※ 상세 가입자격은 근로자 휴가지원 사업 누리집 참고

○ 선정 우대기업
- 장애인 · 여성 · 사회적경제기업(항목 내 중복은 중복 가점 미부여)
- 공단과 성과공유제, 협력이익공유제 표준계약을 체결한 기업
- 타 기업과의 거래대금 결제 시 공단이 발행한 상생결제 채권을 이용한 실적이 있는 기업
- 사내벤처 출신 분사창업기업으로 공고일 기준 창업 7년 이하인 기업

3. 추진절차

① 공고 · 접수		② 대상자 선정		③ 휴가지원 사업 기업 참여신청
신청서 제출	➡	결과 알림	➡	신청 및 분담금 30만원 납입
(중소기업 → 국립공원공단)		(국립공원공단 → 중소기업) (국립공원공단 → 한국관광공사)		(중소기업 → 한국관광공사)
				⬇
⑥ 지원금 정산 지급		⑤ 참여근로자 이용정지		④ 포인트 지급 및 사용
지원금 사용금액 확인 후 정산 지급	⬅	참여근로자 이용정지 처리	⬅	전용 온라인몰 가입 및 상품구입
(국립공원공단 → 중소기업)		(중소기업)		(한국관광공사 → 중소기업)

보기

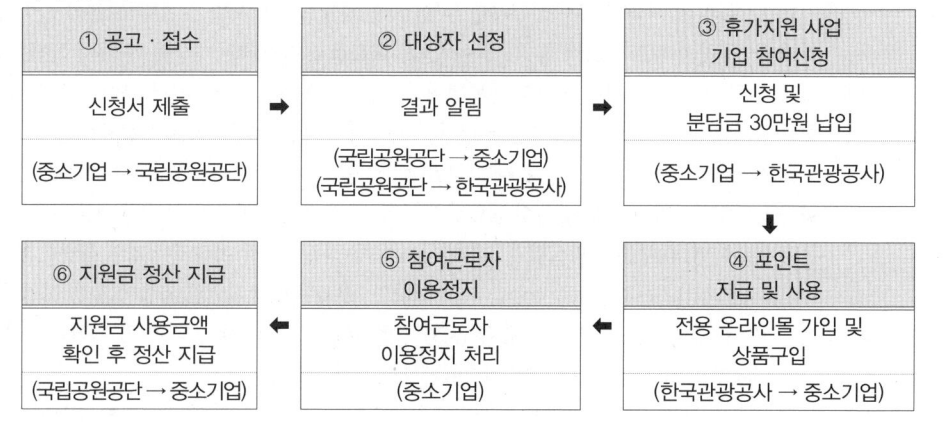

- 지선: 중소기업 근로자 휴가지원 사업에 참여하려는 중소기업 근로자는 신청서를 작성해서 개별적으로 국립공원공단에 제출하면 돼.
- 성재: 국립공원공단이 한국관광공사의 중소기업 「근로자 휴가지원 사업」에 참여해서 지원금 사용금액을 정산 후 중소기업에 근로자 1인당 중소기업의 분담금을 지급하는 방식이구나.
- 선경: 해당 사업에 참여한 중소기업은 가족친화인증, 여가친화인증 등의 가점을 부여받고, 정기근로감독을 3년 동안 받는 혜택도 받을 수 있어.
- 현석: 사내벤처 출신 분사창업기업으로 공고일 기준 창업 7년 이하이면서 국립공원공단과 성과공유제, 협력이익공유제 표준계약을 체결한 중소기업은 가점을 한 개 항목에서만 받을 수 있어.

① 성재　② 선경　③ 지선, 현석
④ 성재, 선경　⑤ 성재, 선경, 현석

05 다음 글의 내용과 일치하는 것을 고르면?

휴리스틱(Heuristic)은 문제 해결이나 의사 결정 과정에서 불확실한 사항에 대해 판단을 내려야 함에도 시간이나 정보가 불충분하여 명확한 실마리가 없을 경우에 사용하는 편의적인 기술이다. 인간은 모든 상황에서 체계적이고 합리적인 판단을 위해 노력하지 않는다. 그런 경우 인간은 인지적으로 상당한 피로를 겪을 수 있다. 이러한 상황에서 휴리스틱은 직관적이고 효율적인 접근 방식으로 복잡한 문제를 쉽게 해결하게 한다. 이와 같은 개념을 우리말로 쉽게 이해하자면 어림짐작, 어림셈, 지름길, 쉬운 방법 등으로 표현할 수 있다.

휴리스틱은 판단의 정확성보다는 제한된 상황에서 신속하고 현실적으로 해결하는 데 주안점을 둔 기술이다. 이로 인해 휴리스틱은 판단의 오류가 발생할 가능성이 높다는 문제점이 있다. 즉 미래의 상황을 예측하고 판단하는 작업과 같이 애초에 변동성이 높은 범주에는 꽤 효율적일 수 있지만, 면밀히 따지고 엄밀하게 정의를 내려야 하는 상황에는 적합하지 않다.

휴리스틱은 몇 가지 유형으로 구분될 수 있으며, 유형별로 발생할 수 있는 오류가 상이하다. 두 가지 유형 중 첫 번째로 대표성 휴리스틱이 있다. 대표성 휴리스틱은 대상의 한 가지 특징을 그 대상의 전체의 특징으로 간주하여 판단하는 방법이다. 이와 관련하여 트버스키와 카너먼의 '린다 문제'라는 실험이 있다. 트버스키와 카너먼은 린다라는 가상의 인물을 설정하여 피실험자들에게 이 인물을 철학을 전공했고 인종 차별 반대 등 사회 정의에 관심을 보이는 31살의 여성으로 소개했다. 그 후 피실험자들에게 린다라는 인물이 은행 직원일 확률과, 은행 직원이면서 여성 운동가일 확률 중에 무엇이 큰지 물었는데, 대부분의 피실험자들은 린다가 은행 직원이면서 여성 운동가일 확률이 더 클 것이라 예측했다. 그러나 논리적으로 확률을 따져 본다면 린다가 은행 직원일 확률이 은행 직원이면서 여성 운동가일 확률보다 더 클 수밖에 없다. 이와 같은 대표성 휴리스틱에 의한 인지 편향은 부분적인 요소를 대표적인 요인으로 근거 없이 인정하면서 발생하는 오류이다.

두 번째로 가용성 휴리스틱이다. 가용성 휴리스틱이란 어떤 대상이 발생하는 빈도나 확률을 판단할 때 그 대상에 관한 객관적인 정보를 활용하는 것이 아니라 그 대상과 관련하여 쉽게 떠오를 수 있는 사례를 기초로 판단하는 방법을 말한다. 예를 들어 한 실험에서 짧은 소설을 보여준 뒤 영어 철자가 7개인 단어 중에서 －ing로 끝나는 단어와 여섯 번째 철자가 n인 단어가 각각 몇 개인지 물었을 때, 사람들이 생각한 －ing로 끝나는 단어의 개수는 여섯 번째 철자가 n인 단어보다 약 2.9배 더 많았다. 이러한 결과는 상대적으로 －ing로 끝나는 단어를 더 잘 떠올릴 수 있기 때문이다. 그러나 영어 철자가 7개인 단어에서 －ing로 끝난다면 결국 여섯 번째 철자가 n이기 때문에 여섯 번째 철자가 n인 단어의 개수는 －ing로 끝나는 단어와 같거나 더 많을 수밖에 없다. 이와 같은 가용성 휴리스틱에 의한 인지 편향으로 사후 과잉 확신 편파라는 것이 있다. 예를 들어 한 사건의 결과를 보고 그 결과와 관련된 근거를 빠르게 떠올리면서 사건이 발생하기 전부터 자신이 예측한 결과였다고 생각하는 오류이다.

휴리스틱은 인지 심리학이나 컴퓨터 과학에서 알고리즘, 경영학 등 다양한 분야에서 활용될 수 있다. 특히 매일 흘러 넘치는 정보량과 빠르게 변화하는 시대에 마주한 오늘날의 사람들에게는 더 유용하게 느껴질 수 있다. 큰 노력을 기울이지 않아도 빠른 시간 안에 만족할 만한 해결 방안을 도출한다는 점에서 매력적이기 때문이다. 그러나 휴리스틱은 편향된 결과나 오류를 가져오기도 하므로 신중하게 사용해야 될 필요가 있다.

① 대표적 휴리스틱에 의한 인지 편향으로는 사후 과잉 확신 편파가 있다.

② 트버스키와 카너먼은 대표성 휴리스틱과 관련하여 영어 단어의 개수를 묻는 실험을 진행하였다.

③ 휴리스틱은 시간이나 정보가 충분하게 주어진 상황일수록 더 유용하게 활용할 수 있다.

④ 어떤 대상의 객관적인 정보보다는 그 대상과 관련하여 쉽게 떠올릴 수 있는 사례로 판단하는 것을 대표성 휴리스틱이라고 한다.

⑤ 변동성이 높은 미래의 상황을 예측해야 하는 상황에는 휴리스틱을 사용하는 것이 적합할 수 있다.

06

다음 자료를 참고할 때, 이해한 내용으로 적절하지 않은 것을 고르면?

[자료]

㉠	• 거짓말쟁이: 거짓말을 잘 하는 사람 • 욕쟁이: 남에게 욕을 잘하는 사람
㉡	• 그림쟁이: '화가(畫家)'를 낮잡아 이르는 말 • 노래쟁이: '가수(歌手)'를 낮잡아 이르는 말
㉢	• 땜장이: 땜질을 직업으로 하는 사람 • 칠장이: 칠하는 일을 직업으로 하는 사람

① ㉠을 보니, '－쟁이'가 붙으면 어떠한 특성을 지닌 사람으로 판단할 수 있겠어.

② ㉡을 보니, '－쟁이'는 특정 직업을 낮추어 칭하는 경우가 있음을 알 수 있어.

③ ㉢을 보니, '유기쟁이'보다는 '유기장이'로 쓰는 것이 적절한 표기일 것 같아.

④ ㉡과 ㉢을 보니, '관상쟁이'는 관상가를 직업으로 인정하지 않은 것의 결과라고 볼 수 있겠어.

⑤ ㉠~㉢의 예시로 '고집쟁이', '점쟁이', '침장이'를 각각 추가로 들 수 있겠어.

[07~08] 다음 글을 읽고 질문에 답하시오.

[가] 정책의 사각지대에 있는 비지정 무형유산은 국가와 지자체의 관심 부족과 지역인구 감소 등으로 소멸위기에 처해 있다. 또한 근현대에 새롭게 복원되거나 재창조된 무형유산, 그리고 아직 지정되지 않은 무형유산을 선제적으로 발굴하여 미래의 문화자원으로 육성할 필요성이 증가함에 따라 국가유산청에서는 미래 무형유산 발굴 · 육성 사업 계획을 추진할 계획이다.

[나] 해당 사업의 목표는 문화유산 전승이 단절될 위기에 있는 비지정 무형유산을 지자체와 함께 보호하여 지역의 대표 문화자원으로 육성하거나 무형유산으로 지정함에 있다. 또한 국가와 지자체, 그리고 전승 주체가 함께 지역 무형유산을 육성하는 과정에서 지역 정체성과 공동체 의식을 강화하고자 한다.

[다] 이를 위해 2026년까지 전통 공연 및 예술, 전통기술, 전통지식, 구전전통 및 표현, 전통적 생활관습, 사회적 의식 · 의례, 전통적 놀이와 축제 및 기예와 무예 등 100종목을 선정하여 3년간 투자해 육성할 계획이다. 육성 과정에서는 종목 가치 발굴, 전승 환경 조성, 전승 체계화를 지원할 것이다.

[라] '종목 가치 발굴'에서는 무형유산의 전승 현황을 기록하고 가치 발굴을 위해 지원한다. 해당 무형유산의 역사, 현황, 가치 발굴을 위한 조사 및 연구를 진행하고, 구술채록 등 전승자 인터뷰를 통해 자료를 수집한다. 또한 영상, 기록사진, 책자 발간 등으로 이를 기록화하고 학술대회를 개최한다. '전승 환경 조성'에서는 지속가능한 전승 토대 마련을 위해 지원한다. 지역 전승자를 발굴하여 교육하고, 체험 프로그램이나 교육 프로그램 등을 개발 및 운영하는 등 전승 네트워크를 구축할 것이다. 마지막 '전승 체계화'에서는 전시, 공연, 행사 등을 기획하여 가치 확산과 가치 공유를 지원할 계획이다.

[마] 신규사업으로 신청하기 위해서는 국가유산청의 「미래 무형유산 발굴 · 육성 사업」에 따른 선정이력이 없는 사업으로 역사적 · 예술적 · 학술적 가치가 있는 비지정 무형유산이어야 한다. 기타 신청자격에 충족하여 선정된 25개 내외의 사업체는 사업당 매년 최대 2억 원을 3년까지 지원하며, 사업계획 및 규모에 따라 예산 범위 내에서 차등 지원할 예정이다. 3년이 경과한 사업 중 추가 지원이 필요한 경우 계속사업 신청양식으로 재신청이 가능하며, 심사를 통해 1년 단위로 지원한다. 단, 사업 모니터링을 통한 성과평가에 따라 부실사업으로 판정된 경우 익년도에 예산을 삭감 조정한다.

07 윗글에서 [가]~[마] 문단의 소제목으로 적절하지 않은 것을 고르면?

① [가]: 미래 무형유산 발굴 · 육성 사업 추진 배경
② [나]: 미래 무형유산 발굴 · 육성 사업 추진 목표
③ [다]: 미래 무형유산 발굴 · 육성 사업 계획
④ [라]: 미래 무형유산 발굴 · 육성 사업 기대효과
⑤ [마]: 미래 무형유산 발굴 · 육성 사업 신청자격 및 지원규모

08 윗글을 바르게 이해하지 못한 사람을 [보기]에서 모두 고르면?

보기

- 지연: 미래 무형유산 발굴 · 육성 사업은 아직 지정되지 않은 무형유산을 선제적으로 발굴하여 미래의 문화자원으로 육성하고자 하는구나.
- 유준: 미래 무형유산 발굴 · 육성 사업에 선정된 사업은 3년 동안 최대 2억 원을 지원받을 수 있지만, 사업계획과 규모에 따라 예산 범위 내에서 차등 지원받을 수 있어.
- 윤화: 미래 무형유산 발굴 · 육성 사업에 선정되어 3년이 경과하면 다시 신규사업으로서 재신청을 할 수 있어.
- 은우: 전승 환경 조성을 위해서는 지역 전승자를 발굴하고 교육하는 등 지속가능한 전승 토대를 마련하는 것이 중요하겠어.

① 윤화 ② 지연, 은우 ③ 유준, 윤화
④ 지연, 유준, 은우 ⑤ 유준, 윤화, 은우

[09~10] 다음 글을 읽고 질문에 답하시오.

[가] 미쉐린 형제는 여행 계획을 세울 때 도움이 될 만한 정보를 제공하면 자동차 수요가 늘어나고, 이에 따라 타이어 판매가 함께 증가할 것이라 예상했다. 미쉐린 형제는 지도와 타이어 교체 방법, 주유소 위치뿐만 아니라 여행하다 쉴 곳을 찾는 사람들을 위해 식당과 호텔 목록 등 운전자들에게 유익한 정보를 실어 '레드 가이드'라는 이름의 자동차 여행 안내 책자를 제작했다.

[나] (㉠) 미쉐린가이드는 처음부터 미식가들을 위한 레스토랑 평가서로 시작한 것은 아니다. '미쉐린'이라는 이름에서 알 수 있듯이 미쉐린은 프랑스 타이어 회사이다. 1889년 앙드레와 에두아르 미쉐린 형제는 프랑스 중부 클레르몽－페랑 지역에 자신들의 이름을 딴 타이어 회사를 설립하였다. 당시에는 차가 3,000대 미만이던 시절이었으나, 프랑스의 자동차 산업에 큰 비전을 갖고 사업을 시작했다. 그렇다면 타이어 회사에서 왜 레스토랑 평가서를 발간하였을까?

[다] 오늘날 세계 미식가들의 신뢰를 받는 레스토랑 평가서는 미쉐린가이드라고 할 수 있다. 미쉐린가이드는 전 세계에서 뛰어난 요리와 미식 경험을 제공하는 레스토랑에 대해 별점을 부여하여 평가한다. 별의 개수에 따라 그 가치가 다른데, 별 1개는 해당 지역에서 방문할 가치가 있는 흥미로운 음식점, 별 2개는 멀리서 찾아갈 만큼 추천하는 음식점, 별 3개는 꼭 가 봐야 할 매우 훌륭한 음식점을 뜻한다. 이에 따라 별 3개를 받는 식당은 그 가치를 입증받아 큰 명예를 받는 것이라 할 수 있다.

[라] 미쉐린 형제의 새로운 미쉐린가이드에는 음식 종류별 레스토랑 추천 코너가 있었는데, 해당 코너의 영향력이 점점 커져 갔다. 이에 미쉐린 형제는 1926년부터 본격적으로 별도의 레스토랑 평가팀을 선발하여 레스토랑에 방문 후 별점으로 등급을 매겨 평가하기 시작하였다. 미쉐린가이드의 평가는 그 엄격성과 신뢰성을 바탕으로 명성을 쌓을 수 있었고, 현재까지 가장 신뢰 받는 레스토랑 지침서로서 자리 잡게 되었다.

[마] '레드 가이드'는 약 20년간 고객들에게 무료로 제공되어 많은 인기를 끌게 되었다. 그런데 어느날, 앙드레 미쉐린은 한 타이어 가게에 방문하여 자신들이 제작한 안내 책자가 그저 작업대 받침으로 쓰이고 있음을 발견한다. 이를 계기로 사람들은 돈을 내고 산 물건에 가치를 인정한다는 원칙을 깨닫고, 1920년 완전히 새로운 미쉐린가이드를 발행하여 7프랑에 판매하기 시작했다. (㉡) 미쉐린 형제는 미쉐린가이드를 유료로 판매하는 대신 유료 광고를 싣지 않겠다고 밝혔다.

09 윗글의 [가]~[마] 문단을 글의 흐름에 따라 순서대로 바르게 배열한 것을 고르면?

① [가]-[나]-[라]-[마]-[다]
② [가]-[라]-[마]-[나]-[다]
③ [다]-[나]-[가]-[마]-[라]
④ [다]-[라]-[가]-[나]-[마]
⑤ [라]-[마]-[가]-[다]-[나]

10 윗글의 빈칸 ㉠과 ㉡에 들어갈 접속사가 바르게 짝지어진 것을 고르면?

	㉠	㉡
①	그리고	만약
②	그러나	그리고
③	따라서	그런데
④	그러므로	게다가
⑤	하지만	즉

11

어느 아파트에 이사를 온 A씨는 이삿짐을 엘리베이터로 옮기려고 한다. 아파트 엘리베이터의 적재 용량은 715kg이고, 이미 무게가 50kg인 가전제품과 120kg의 가구를 실은 상태이다. 몸무게가 75kg인 A씨가 한 박스에 20kg인 이삿짐 여러 개를 엘리베이터에 실으려고 할 때, 최대 몇 박스의 이삿짐을 실을 수 있는지 고르면?

① 20박스 ② 21박스 ③ 22박스
④ 23박스 ⑤ 24박스

12

다음 식을 계산한 값을 고르면?

$$10+\{225\div15-3(8^2-34)\}\div5^2$$

① 5 ② 6 ③ 7
④ 8 ⑤ 9

13

A와 B는 각자 강아지를 한 마리씩 키운다. A가 키우는 강아지를 a, B가 키우는 강아지를 b라 할 때, 다음 [조건]을 바탕으로 b의 나이를 고르면?

조건

- A, B의 나이의 곱은 1,470이다.
- A, B의 나이는 모두 30세 이상이다.
- A, B의 나이의 합은 a, b의 나이의 합의 7배이다.
- a의 나이는 b보다 5세 더 많다.

① 2세 ② 3세 ③ 5세
④ 8세 ⑤ 11세

14

어느 공장에는 같은 자동차 부품을 생산하는 기계인 A, B가 있다. 하루에 생산하는 부품의 개수는 A가 5,000개, B가 3,500개이고 불량률은 A가 2%, B가 5%이다. 어느 자동차 부품 1개에서 불량이발생했을 때, 이 부품이 B에서 생산되었을 확률을 고르면?

① $\frac{1}{11}$ ② $\frac{3}{11}$ ③ $\frac{7}{11}$

④ $\frac{8}{11}$ ⑤ $\frac{17}{35}$

15

다음 [그래프]는 1972년부터 2022년까지 도시 및 농촌의 인구수에 대한 자료이다. 이를 바탕으로 옳지 않은 것을 고르면?

[연도별 도시 및 농촌의 인구수]

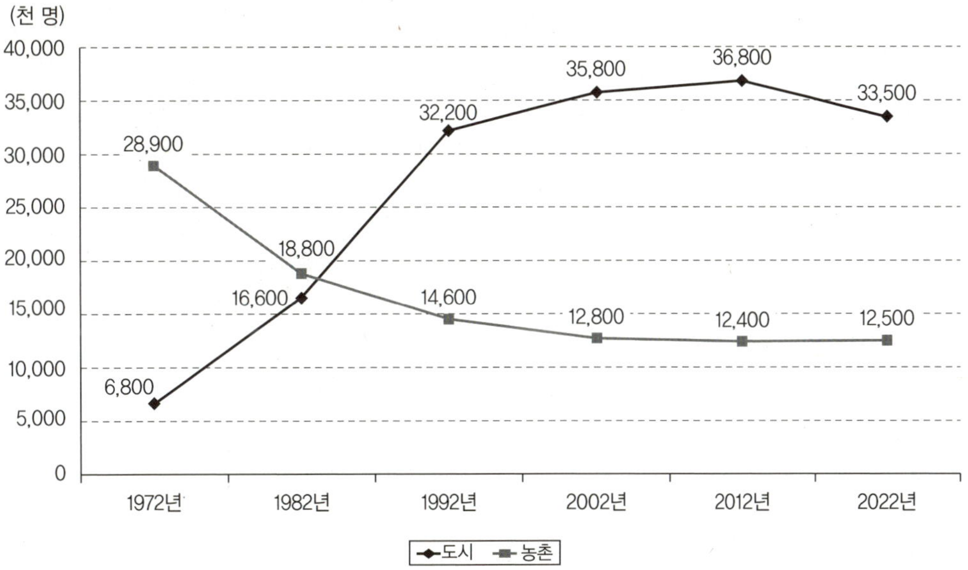

① 2022년 도시의 인구수는 50년 전 대비 4배 이상이다.

② 제시된 기간 중 1992년부터 2022년까지 농촌의 인구수는 평균 13,055천 명이다.

③ 제시된 기간 중 도시와 농촌의 인구수 차가 가장 큰 해에는 그 차가 2,440만 명이다.

④ 제시된 기간 동안 인구수의 증감 추이는 도시와 농촌이 반대이다.

⑤ 제시된 기간 중 도시의 인구수가 처음으로 농촌의 인구수보다 많아진 해의 10년 전 대비 증가한 도시 인구수는 1,500만 명 이상이다.

16

다음 [표]는 A국립공원의 방문객 수 추이에 대한 자료이다. 이를 바탕으로 [보기]에서 옳은 것을 모두 고르면?

[연도별 1분기 A국립공원 방문객 수]

(단위: 명, %)

구분	2020년	2021년	2022년	2023년	2024년
방문객 수	1,600,000	1,640,000	1,705,600	1,790,880	
방문객 수 비율	94	96	100	105	
전년 대비 증감률	–	2.5	4.0		–5.0

※ 방문객 수 비율은 2022년을 100으로 했을 때 해당 연도의 비율임

보기

㉠ 2024년 방문객 수는 2020년 대비 100,336명 증가하였다.
㉡ 2023년 방문객 수의 전년 대비 증감률은 5.0%이다.
㉢ 2021년 이후 방문객 수 비율은 매년 증가하였다.
㉣ 2021년부터 2022년까지 연평균 방문객 수는 1,672,800명이다.

① ㉠, ㉡
② ㉠, ㉢
③ ㉡, ㉣
④ ㉠, ㉡, ㉣
⑤ ㉡, ㉢, ㉣

17 다음 [표]는 국적별 외국인 입국자 수에 대한 자료이다. 이를 바탕으로 [보기]에서 옳지 않은 것을 모두 고르면?

[국적별 외국인 입국자 수]

(단위: 천 명)

구분		2020년	2021년	2022년	2023년
아시아주	소계	2,073	582	2,116	8,784
	남성	1,014	461	1,196	3,624
	여성	1,059	121	920	5,160
북아메리카주	소계	300	281	704	1,377
	남성	207	210	430	765
	여성	93	71	274	612
남아메리카주	소계	16	8	31	87
	남성	11	6	18	49
	여성	5	2	13	38
유럽주	소계	222	152	418	944
	남성	166	128	285	577
	여성	56	24	133	367
오세아니아주	소계	30	5	83	243
	남성	18	4	46	127
	여성	12	1	37	116

보기

㉠ 2020년 북아메리카주 입국자 중 여성이 차지하는 비중은 31%이다.
㉡ 2023년 오세아니아주 입국자 수는 3년 전 대비 710% 증가하였다.
㉢ 2022년 남성 입국자 수는 아시아주가 유럽주보다 901,000명 더 많다.
㉣ 2021년 이후 남아메리카주 입국자 수는 남성과 여성 모두 매년 전년 대비 증가한다.

① ㉠, ㉡　② ㉠, ㉢　③ ㉡, ㉢
④ ㉡, ㉣　⑤ ㉢, ㉣

18

다음 [표]는 기관유형별 국내특허 사례 수 및 국내특허 출원 총건수에 대한 자료이다. 이를 바탕으로 제시된 기간 동안 국내특허 사례 수가 매년 변하지 않은 기관유형의 연도별 특허 출원 평균 건수를 그래프로 바르게 나타낸 것을 고르면?

[기관유형별 국내특허 사례 수]

(단위: 개)

구분	2019년	2020년	2021년	2022년
공공연구기관	141	137	138	142
대학	143	143	143	139
정부출연연구기관	24	23	24	23
특정연구기관	10	11	11	10
전문생산기술연구소	15	15	15	15
국공립연구기관	44	42	41	47

[기관유형별 국내특허 출원 총건수]

(단위: 건)

구분	2019년	2020년	2021년	2022년
공공연구기관	11,158	11,786	11,772	11,936
대학	16,068	16,818	18,309	17,566
정부출연연구기관	5,685	5,752	5,694	5,720
특정연구기관	2,298	2,394	2,525	2,388
전문생산기술연구소	930	1,050	1,185	1,650
국공립연구기관	822	993	1,002	1,020

※ 특허 출원 평균 건수(건)=국내특허 출원 총건수÷국내특허 사례 수

①
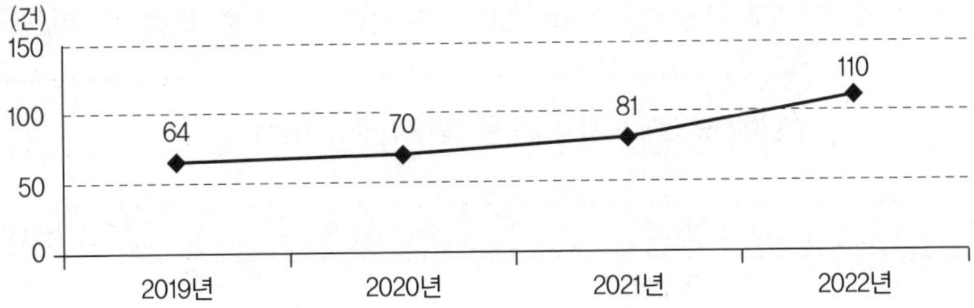
(건)
150
100
50
0
64
70
81
110
2019년
2020년
2021년
2022년

②
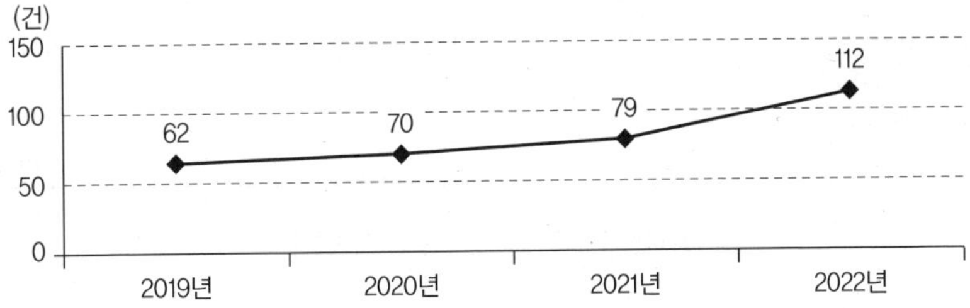
(건)
150
100
50
0
62
70
79
112
2019년
2020년
2021년
2022년

③
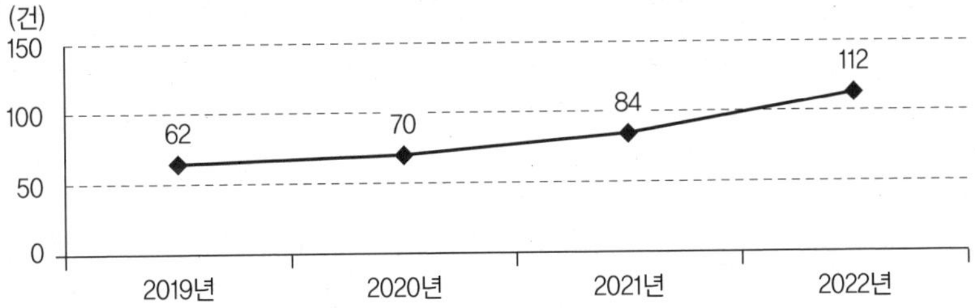
(건)
150
100
50
0
62
70
84
112
2019년
2020년
2021년
2022년

④
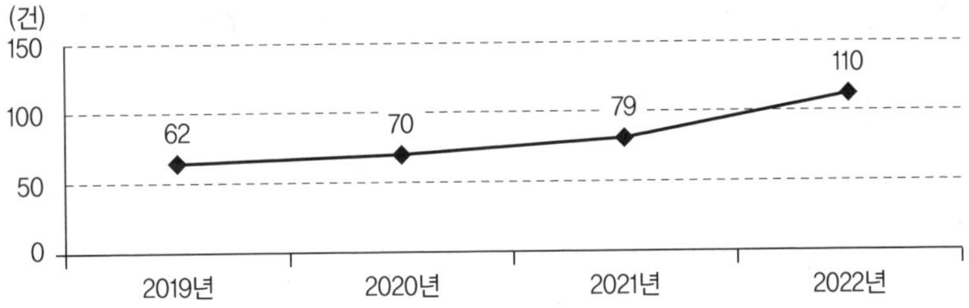
(건)
150
100
50
0
62
70
79
110
2019년
2020년
2021년
2022년

⑤
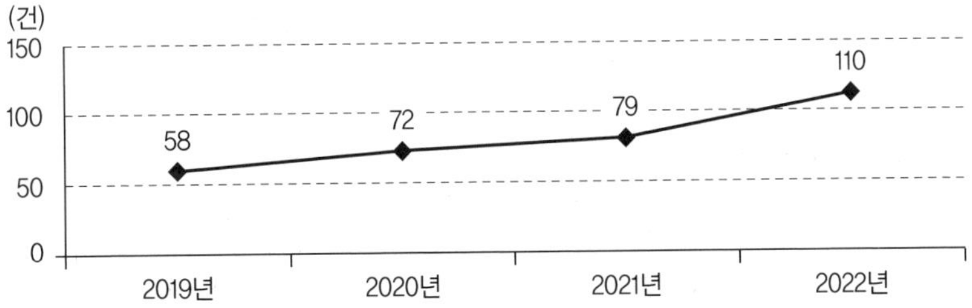
(건)
150
100
50
0
58
72
79
110
2019년
2020년
2021년
2022년

[19~20] 다음 [표]는 A~E 5개 도시의 출산율과 사망률에 대한 자료이다. 이를 바탕으로 질문에 답하시오.

[2023년 5개 도시의 인구수 및 출산율과 사망률]

(단위: %)

구분	인구수	출산율	사망률
A시	1,800만 명	12	8
B시	1,400만 명	12	21
C시	1,600만 명	16	11
D시	1,200만 명	9	3
E시	900만 명	25	10

[2024년 5개 도시의 출산율과 사망률]

(단위: %)

구분	출산율	사망률
A시	8	3
B시	20	16
C시	18	13
D시	14	9
E시	11	5

※ (당해 인구수)=(작년 인구수)×{1+(작년 출산율)−(작년 사망률)}

19 다음 중 자료에 대한 설명으로 옳은 것을 고르면?

① 2025년 C시의 인구수는 1,764만 명이다.
② 2024년에 인구수가 전년 대비 감소한 도시는 없다.
③ 2024년 E시의 사망률은 전년 대비 5% 감소하였다.
④ 2025년 인구수의 전년 대비 증가율이 가장 높은 도시는 B시이다.
⑤ 2023년 출산율이 가장 높은 도시는 사망률도 가장 높다.

20 다음 중 자료에 대한 설명으로 옳은 것을 [보기]에서 모두 고르면?

보기

㉠ 2024년의 인구수는 A시가 D시보다 600만 명 더 많다.
㉡ 2026년 E시의 인구수가 전년 대비 110만 명 이상 증가했다면 인구수의 전년 대비 증가율은 10% 이상이다.
㉢ 2022년 B시의 인구수가 1,250만 명이었고, 출산율이 14%였다면 사망률은 2%였다.
㉣ 2023년 대비 2024년에 출산율의 변화량이 가장 큰 도시는 B시이다.

① ㉠, ㉡　② ㉡, ㉢　③ ㉢, ㉣
④ ㉠, ㉡, ㉢　⑤ ㉡, ㉢, ㉣

21

A부장, B차장, C과장, D대리, E사원은 각각 봄, 여름, 가을, 겨울 중 한 계절에 미국, 튀르키예, 중국 중 한 나라로 출장을 간다. 다음 [조건]을 바탕으로 판단할 때, 항상 옳은 것을 고르면?(단, A~E 5명 중 출장을 가지 않은 사람은 없으며, 아무도 출장을 가지 않은 국가와 계절은 없다.)

조건

- 미국에 출장 가는 사람은 2명이며, 1명은 봄, 다른 1명은 가을에 출장을간다.
- 중국에 출장 가는 사람은 여름 또는 겨울에 출장을 간다.
- E사원은 반드시 C과장과 함께 출장을 간다.
- D대리만 가을에 출장을 간다.
- C과장은 겨울에 튀르키예로 출장을 간다.

① B차장은 중국으로 출장을 간다.
② A부장과 D대리는 함께 겨울에 출장을 간다.
③ D대리와 E사원은 함께 미국으로 출장을 간다.
④ A부장이 여름에 출장을 가면, B차장은 미국으로 출장을 간다.
⑤ D대리가 출장을 가는 국가는 확인할 수 없다.

22

귀하의 회사는 건물을 이전하며 각 부서별 사무실 위치를 배정하고 있다. 기획팀, 영업팀, 총무팀, 미래전략팀, 전산팀, 홍보팀, 인사팀, 연구팀까지 총 8개의 부서의 사무실을 [조건]에 따라 배정하였을 때, 변경된 사무실 위치에 대한 설명으로 항상 옳은 것을 고르면?(단, 1, 3, 5, 7호실과 2, 4, 6, 8호실은 각각 같은 라인에 있다.)

[사무실 배치도]

1호실	3호실	5호실	7호실
복도			
2호실	4호실	6호실	8호실

조건

- 전산팀과 기획팀은 복도를 사이에 두고 마주보고 있다.
- 연구팀은 홀수 호실에 배정하며, 연구팀의 맞은편 대각선으로 가장 먼 곳에는 총무팀이 있다.
- 홍보팀은 7호실로 배정받았다.
- 영업팀과 연구팀은 한 실을 건너 나란히 배정하고, 연구팀의 호실 번호가 영업팀의 호실 번호보다 높다.

① 인사팀은 6호실로 배정된다.
② 전산팀과 연구팀은 같은 라인에 배정된다.
③ 기획팀은 영업팀과 이웃한 호실에 배정된다.
④ 총무팀은 2호실에 배정된다.
⑤ 총무팀이 있는 라인에서 가장 높은 번호의 사무실에 배정되는 팀은 미래전략팀이다.

23

I사에 근무 중인 직원 A~E가 [조건]에 따라 특별상여금을 받았다고 할 때, 옳지 않은 것을 고르면?

조건

- 지급된 상여금은 50만 원, 100만 원, 150만 원, 200만 원, 250만 원이며, 평가등급에 따라 차등 지급된다.
- 평가등급이 높을수록 많은 상여금을 지급하며, 직원 A~E 중 평가등급이 동일한 사람은 없다.
- A의 상여금은 직원 A~E가 받은 상여금의 평균과 동일하다.
- C와 D의 평가등급은 B의 평가등급보다 높다.
- D의 상여금은 E보다 적다.

① C의 상여금이 A보다 적다면, D의 상여금은 E의 80%일 것이다.
② A의 상여금은 항상 D보다 많다.
③ C의 평가등급이 가장 높을 수도 있다.
④ C의 상여금이 E보다 많다면, D의 상여금은 E의 상여금의 50%일 것이다.
⑤ A~E가 특별상여금을 받을 수 있는 경우의 수는 3가지이다.

24

U기업의 신입사원들은 회사의 각 부서를 돌며 교육을 받고자 한다. 다음 [조건]에 따라 인사팀, 기획팀, 경영지원팀, 총무팀, 전산팀, 재무팀의 교육 순서를 정한다고 할 때, 항상 옳은 것을 고르면?

조건

- 경영지원팀은 총무팀보다 먼저 교육을 한다.
- 인사팀의 교육은 아무리 늦어도 경영지원팀 또는 총무팀 중 적어도 어느 한 부서의 교육보다는 먼저 실시되어야 한다.
- 재무팀의 교육은 경영지원팀과 총무팀의 교육보다 늦게 시작되지만, 전산팀의 교육보다 먼저 실시되어야 한다.
- 기획팀의 교육은 총무팀과 전산팀의 교육 사이에 실시한다.

① 경영지원팀은 첫 번째 또는 세 번째로 교육을 실시한다.
② 인사팀보다 일찍 교육을 하는 부서의 수는 늦게 교육을 하는 부서의 수보다 적다.
③ 재무팀은 기획팀보다 교육을 일찍 실시한다.
④ 전산팀보다 늦게 교육을 하는 부서가 있다.
⑤ 총무팀보다 일찍 교육을 하는 부서의 수가 늦게 교육을 하는 부서의 수보다 많다.

25

A사와 B사의 어제와 오늘 매출 내역을 조사한 결과가 다음 [조건]을 만족할 때, 항상 옳은 것을 고르면?

조건

- A사와 B사는 각각 한 가지 품목만 판매한다.
- A사와 B사는 어제 제품의 개당 가격을 서로 동일하게 판매하였다.
- 어제 B사의 판매량은 A사 판매량의 75%와 같았다.
- A사는 오늘 제품의 개당 가격을 어제와 동일하게 유지하였고, B사는 20%를 할인해 판매하였다.
- A사는 어제와 오늘 판매량이 동일하였고, B사는 어제보다 오늘 판매량이 200개 증가하였다.
- 오늘 A사와 B사의 제품 전체 판매 금액은 동일하였다.

① A사가 판매한 제품의 개당 금액은 2,500원이다.
② B사는 오늘 제품의 개당 금액을 500원 할인해 판매하였다.
③ B사의 오늘 판매량은 450개이다.
④ 오늘 A사의 판매량은 B사 판매량의 75%이다.
⑤ A사의 오늘 판매량은 B사의 어제 판매량보다 100개 더 많다.

26

P사의 인사팀에 재직 중인 귀하는 사내 조직문화 개선을 위한 문화 행사를 기획하고 있다. 인사팀 팀원 갑, 을, 병, 정, 무 5명을 대상으로 기획한 문화 행사에 대한 찬반 의견을 확인하였고, 이에 대해 인사팀 팀원들은 다음 [조건]과 같이 찬성과 반대 둘 중 하나의 의견을 제시하였다. 다음 중 찬성하는 팀원을 고르면?

조건

- 갑 또는 정 둘 중 적어도 하나가 반대하면 무는 반대한다.
- 을이 반대하면 정은 반대한다.
- 갑이 반대하면 병은 찬성한다.
- 을이 반대하면 갑은 찬성한다.
- 정이 반대하면 병도 반대한다.
- 무가 반대하면 을도 반대한다.

① 갑 ② 을 ③ 병 ④ 정 ⑤ 무

27

5층짜리 A빌딩에는 총 13명이 거주하고 있다. 다음 [조건]을 만족할 때, 각 층에 가구를 배치하는 경우의 수를 고르면?(단, 구성원 수가 같은 가구도 별개의 가구로 인식한다.)

조건

- A빌딩은 한 층에 한 가구씩 총 다섯 가구가 거주한다.
- 다섯 가구 중 1인 가구의 수가 가장 많다.
- 가장 많은 구성원을 가진 가구는 6인 가구이다.
- 5층에는 1인 가구 또는 4인 가구만 거주가 가능하다.

① 72가지 ② 144가지 ③ 168가지
④ 192가지 ⑤ 228가지

28

◇◇안전공단에서 근무하고 있는 김 사원은 경기도에 있는 사업장에 안전점검을 나가고자 한다. 제시된 [조건]에 따라 안전점검일을 결정할 때, 다음 중 김 사원이 안전점검 근무를 갈 수 있는 기간으로 옳은 것을 고르면?

[8월 달력]

일요일	월요일	화요일	수요일	목요일	금요일	토요일
				1	2	3
4	5	6	7	8	9	10
11	12	13	14	15	16	17
18	19	20	21	22	23	24
25	26	27	28	29	30	31

조건

- 안전점검은 8월 중에 끝마쳐야 한다.
- 8월 15일은 공휴일이다.
- 안전점검은 총 이틀간 연이어 진행하여야 한다.
- 토요일과 일요일, 공휴일에는 안전점검을 나갈 수 없다.
- 8월 1일부터 8월 8일까지는 경기도에 있는 사업장이 여름 휴가 기간이므로 안전점검을 나갈 수 없다.
- ◇◇안전공단은 순환근무를 위해 매해 8월 27일에 새로운 부서로 이동하므로, 27일부터는 안전점검을 포함한 모든 담당 업무를 후임자에게 인계하여야 한다.
- 김 사원은 매주 수요일마다 안전 회의에 참석해야 하며, 회의가 있는 날에는 안전점검을 수행할 수 없다.

① 8월 5~6일 ② 8월 9~10일 ③ 8월 15~16일
④ 8월 22~23일 ⑤ 8월 26~27일

[29~30] 다음은 농림축산식품부에서 발표한 계란 껍데기 표시정보에 대한 보도자료 중 일부 내용이다. 이를 바탕으로 질문에 답하시오.

> 농림축산식품부는 계란 껍데기 표시정보(난각표시)를 계란 이력번호로 운영하는 등 현장의 부담을 덜고, 국민의 알 권리를 보장하기 위하여 「가축 및 축산물 이력관리에 관한 법률(이하 축산물이력법)」 시행규칙을 1월 25일부터 개정·시행한다고 밝혔다. 주요 개정 내용은 다음과 같다.
>
> 1 계란 유통업자가 계란 포장지에 별도로 표시하는 계란 이력번호를 계란 껍데기 표시정보로 일원화
>
> 기존에는 축산물 이력추적을 통한 안전성 확보를 위한 「축산물이력법」에 따라 계란 유통업자로 하여금 계란이력정보(총 12자리, 축종코드(1자리)+발급일자(4자리)+계란이력번호의무표시자(3자리)+일련번호(4자리))를 포장지에 표시하도록 하였으며, 축산물의 위생 관리를 위한 「축산물위생관리법」에 따라 계란 정보(총 10자리, 산란일자*(4자리)+농장번호(5자리)+사육환경**(1자리))를 계란 껍데기에 함께 표시하도록 하였다.
>
> * 산란일은 '△△○○(월일)'의 방법으로 표시(예 10월 2일-1002)
>
> ** 1. 방사, 2. 평사, 3. 개선 케이지(0.075m²/마리), 4. 기존 케이지(0.05m²/마리)
>
> 이번 개정으로 계란 이력번호를 계란 껍데기 표시정보로 변경, 번호체계를 일원화하여 계란 유통업자(식용란선별포장업자, 식용란수집판매업자)가 별도로 포장지에 이력번호를 표시하지 않아도 판매가 가능하도록 규제를 완화하고 현장 업무 부담을 줄이는 한편 산란일자, 농장번호, 사육환경 등 계란 표시정보를 강조하여 소비자 혼란을 방지하였다.
>
> 참고로 소비자는 이번 개정으로 기존 계란 이력번호(12자리)가 아닌 계란 껍데기 표시정보(10자리)로 계란 생산자, 선별포장업자, 수집판매업자 등의 생산 · 유통 이력 정보를 확인할 수 있으며, 확인은 축산물이력관리시스템 누리집이나 축산물이력제 앱(app)을 통해 가능하다.

29

다음 중 보도자료의 내용으로 적절하지 않은 것을 고르면?

① 개정되는 축산물이력법에 따르면 계란 껍데기에는 축종코드가 표시된다.

② 계란 껍데기 표시정보로 변경되면 식용란수집판매업자는 포장지에 이력번호를 표시하지 않아도 된다.

③ 계란을 소비하는 소비자는 축산물이력제 앱을 통해 계란 생산자 정보를 확인할 수 있다.

④ 축산물이력법 시행규칙은 1월 25일에 개정 및 시행된다.

⑤ 닭 한 마리가 0.075m²의 공간에서 키워졌다면 계란 껍데기 표시정보의 마지막 숫자는 3이다.

30

다음 중 '0711M3FDS2'가 표시된 계란에 대한 설명으로 옳은 것을 고르면?

① 7월 11일에 포장된 달걀이다.

② 방목장에서 자유롭게 다니도록 사육된 닭이 낳은 계란이다.

③ 생산자 고유번호는 '1M3FD'이다.

④ 계란 껍데기 표시정보가 적힌 계란이다.

⑤ '0711M3FDS2'는 계란 유통업자가 계란 포장지에 표시한 계란 정보이다.

정답과 해설 p.10

DAY 03

매일 한 줄 복기

문제를 다 풀고 난 후 왜 틀렸는지, 자주 나오는 실수 패턴은 무엇인지, 어떤 문제부터 풀어보고 어떤 문제는 나중에 풀지를 바르게 판단했는지 복기해 보세요. 어느 부분이 부족한지 스스로 깨닫고, 다음 회차를 풀 때 적용한다면 NCS 실력이 빠르게 올라갈 것입니다.

작성 예시

- ✔ 지문 읽을 때 키워드부터 찾기! 지문 끊어 읽기! 선택지에서 체크한 키워드가 모두 나와야 한다.
- ✔ 그래프와 표 나올 때 제목이랑 단위부터 확인하기!
- ✔ 시간 내에 풀 수 있는 유형인지 아닌지를 꼭 체크하고 넘어가자. 무조건 넘기지 말자!
- ✔ 의사소통 먼저 풀면 시간이 절약되는 것 같음. 수리랑 문제해결 중 어떤 것부터 풀지 판단해 보자.

의사소통능력	
수리능력	
문제해결능력	

DAY 03

자동채점 바로가기

제한시간: 30분

01 다음 글의 빈칸에 들어갈 사자성어로 가장 적절한 것을 고르면?

> 주변을 살펴보면, 사람이 살아가는 방식은 참으로 다채롭다. 그런데 사람들은 자신의 길을 보려고 하기보다는 대부분 타인을 먼저 보고자 한다. 다른 사람이 어떻게 살고 있으며 행복한지 불행한지 살펴본다. 남이 행복하면 그 방법을 배우려 하고, 남이 불행하면 그렇게 하지 않으려 노력한다. 성공했는지 실패했는지도 본다. 성공한 점들은 배우려 하고 실패한 점들도 (   ) 삼아 같은 실패를 하지 않으려 노력한다. 또한 좋다고 알려진 기술이나 방법들을 배워 그대로 쓰거나 응용해서 자기 것으로 만들어 활용하면서 생활한다. 모르는 것은 교육을 받으러 가거나 책을 읽고 배운다. 이러한 방법을 활용하는 것이 소위 잘 사는 방법이라고 알려져 있다. 사회적으로 성공한 사람들도 모두 그렇게 살아왔으리라 짐작한다. 기존에 이미 알려진 것을 잘 배우고 얼마나 많이 활용하느냐에 모든 노력을 기울이는 데 답이 있는 셈이다.

① 타산지석(他山之石)
② 아전인수(我田引水)
③ 결자해지(結者解之)
④ 멸사봉공(滅私奉公)
⑤ 수불석권(手不釋卷)

02 다음 [가]~[마] 문단을 글의 흐름에 따라 순서대로 바르게 배열한 것을 고르면?

[가] 로마가 이토록 번영한 데에는 수도의 역할을 빠트릴 수 없다. 수도의 시초는 기원전 312년으로 거슬러 올라간다. 도시가 발달하면서 많은 양의 물이 필요하게 되자 로마의 정치인이었던 아피우스 클라우디우스 카에쿠스는 안정적으로 물을 공급하기 위해 최초의 로마식 수도인 아피아 수도를 건설하였다.

[나] 수도의 발전은 자연스레 목욕 문화의 발전으로 이끌었다. 로마 도시에 여러 개의 공중목욕탕이 있었을 만큼 로마인에게 목욕 문화는 큰 인기였다. 심지어 로마제국 당시 최전선이었던 하드리아누스 방벽에는 병사들을 위한 목욕탕을 따로 만들었을 정도였다.

[다] 로마제국은 이탈리아 반도와 유럽, 그리고 지중해를 넘어서 북아프리카, 페르시아, 이집트까지 지배하였던 고대의 제국이다. 기원전 8세기 무렵 그리스에서 지중해를 건너 이주한 집단이 테베레 강 근처에 정착하면서 로마의 역사가 시작된다고 전해진다. 로마는 공화정을 비롯한 정치 제도, 로마법, 로마자 등 유럽 전반의 문화와 사회 체제에 지대한 영향을 미쳤다.

[라] 아피아 수도를 시작으로 기원전 226년에 완성된 알렉산드리나 수도까지 로마에는 11개의 수도가 있었다. 인공수로를 설치하여 로마 주변의 샘물과 호수에서 물을 끌어들이고, 침전지에서 불순물을 제거하여 로마시의 언덕에 설치한 저수조로 보내는 방식이었다. 그리고 저수조로 보내진 물은 공중목욕탕, 주택, 분수대 등 도시 곳곳으로 급수되었는데, 이 급수량은 오늘날 인구 150만이 살고 있는 도시 급수량에 해당한다.

[마] 그런데 로마의 목욕탕은 단순히 세신을 위한 공간은 아니었다. 티투스 이후의 로마 황제들은 어마어마한 크기의 공중목욕탕을 건설해 권력을 과시하였고, 돔과 아치를 이용하여 뛰어난 건축양식을 자랑하기도 했다. 또한 공중목욕탕은 온탕, 냉탕뿐만 아니라 휴게실과 상점, 도서실, 미술관 등 다양한 문화시설을 갖춘 복합문화공간이었다. 로마인에게 공중목욕탕이 사교, 건강, 오락 등을 즐기는 복합문화공간이었다는 점을 고려하면 결국 로마의 부흥은 수도의 발전과 목욕 문화에 의해 발전할 수 있었다고 말할 수 있다.

① [가]－[다]－[라]－[마]－[나]

② [가]－[라]－[마]－[나]－[다]

③ [다]－[가]－[나]－[마]－[라]

④ [다]－[가]－[라]－[나]－[마]

⑤ [라]－[마]－[다]－[가]－[나]

03 다음 한국수자원공사의 보도자료를 읽고 이해한 내용으로 적절하지 않은 것을 고르면?

한국수자원공사는 국토 균형발전을 위해 1974년 10월 15일 서울 정동을 떠나 대전광역시 대덕구 연축동(충청남도 대덕군 회덕면 연축리)으로 본사를 옮겼다. 당시 정부의 수도권 인구 소산(疏散) 정책에 따라 연고가 없는 지방으로 이전을 결정한 최초의 공공기관이었다.

1970년대는 당시 산업기지개발공사였던 한국수자원공사가 전국에 걸쳐 다목적댐과 국가산업단지를 건설하던 시기였기에, 국토의 중심지이자 경부고속도로와 호남고속도로가 교차하는 대전이 이전지로 최적이었다. 대전에 둥지를 튼 한국수자원공사는 반세기에 걸쳐 지역 발전을 견인하며 "지방 번영을 위한 등불"이라는 다짐을 성실히 실천했다. 무엇보다 한국수자원공사는 대덕연구단지 조성에 참여하며 '과학도시 대전'의 정체성을 만들었고, 충남대학교 부지 개발 등 오늘날의 도시 공간을 함께 구상하고 완성해 왔다.

또한, 대청 다목적댐 건설로 금강의 기적을 일구기도 했다. 대청 다목적댐 조성으로 금강 하류 지역의 상습적인 수해를 줄이고, 충청권과 전북 일원에 연간 13억㎥의 생활 · 공업 용수, 3억 4,900만㎥의 농업 용수를 공급하는 등 도시화와 산업화에 공헌하였다. 대청댐 건설로 만들어진 국내 최장의 인공호인 대청호는 시민들이 사랑하는 대전의 대표적인 관광자원이 되었다.

한국수자원공사의 본사 이전은 지역 경제와 사회 전반에 활력을 불어넣는 화수분이 되었다. 1974년 이전 당시 한국수자원공사 예산은 158억 원으로 충청남도 예산인 102억 원보다 1.5배가 많았다. 이는 지역 금융에 화색을 돌게 했다. 대전 본사 시대가 열리며 함께 내려온 직원들은 식당과 숙박 등 골목 경제 소비를 촉진하는 주축이 되었고, 대규모로 이뤄진 물품 구매와 용역 등은 지역 경제의 새로운 시장으로 이어졌다. 실제 물품 구매와 용역 규모는 519억 원에 달하는 수준으로 성장했다. 이와 함께 지방세도 두둑해졌다. 2023년 기준 지방세 납부액은 55억 원에 달한다. 이러한 노력에 힘입어 한국수자원공사는 대기업이 없는 대전의 공백을 메우는 기업으로 성장했다. 한국과학기술정보연구원(KISTI)에 따르면 2021년 기준 공사 매출액은 3조 9,938억 원으로 대전 소재 기업 중 2위를 기록했고, 시장점유율은 6.4%로 나타났다.

한국수자원공사는 지난 50년의 경험을 새로운 지방시대 개척을 위한 동력으로 이어가고 있다. 특히, '기후위기 대응을 선도하는 글로벌 물 기업'을 비전으로 세계 무대로 도약하는 과정에서 지역 성장의 기회도 함께 발굴해 나간다는 방침이다. 이와 관련하여 2024년 1월 대전광역시와 글로벌 혁신도시 도약을 위한 업무협약을 체결하고, 대전시의 물 기술 혁신과 물 산업 육성방안을 주제로 충남대와 지역 기업들과 '제1차 혁신포럼 세미나'를 개최했다. 또한, 한남대와 대전국제개발협력센터 등과 '대전發 국제개발협력(ODA) 사업 얼라이언스'를 발족하며 세계를 무대로 상생발전의 지평을 넓히고 있다.

윤○○ 한국수자원공사 사장은 "한국수자원공사와 대전이 함께 이룬 50년의 성과는 국토 균형발전의 초석이자 지역 상생의 이정표를 제시한 것이기에 그 의미가 크며, 그동안 축적해 온 상생의 경험을 새로운 지방시대를 개척하기 위한 동력으로 삼겠다"라며, "지역사회의 도움과 협력 덕분에 오늘의 우리가 있을 수 있었던 만큼, 앞으로도 긴밀히 협력하여 글로벌 물 기업을 향한 우리의 새로운 도전과 성장이 지역의 번영으로 이어질 수 있도록 노력하겠다"라고 말했다.

① 한국수자원공사의 본사 이전은 골목 경제뿐만 아니라 물품 구매와 용역 등으로 지역 경제에 활력을 불어넣었다.

② 한국수자원공사는 대청 다목적댐을 조성하여 금강 하류 지역의 상습적인 수해를 줄였다.

③ 1974년 정부의 수도권 인구 소산(疏散) 정책에 따라 한국수자원공사 본사는 현재의 대전광역시 대덕구로 이전하였다.

④ 2021년 기준 한국수자원공사 매출액은 대전 소재 기업 중 두 번째로 높으며 6.4%의 시장점유율을 기록했다.

⑤ 한국수자원공사는 우리나라의 물 기술 혁신과 물 산업 육성방안을 주제로 충남대와 지역 기업들과 세미나를 개최했다.

04 다음 중 [보기]의 밑줄 친 단어의 문맥적 의미와 가장 유사한 것을 고르면?

보기

현재의 역사가 중에서도 로마 문명의 발전에 가장 큰 공로를 끼친 사람으로 카이사르로 꼽는 사람들이 많다.

① 하수도 공사로 보행자들께 불편을 끼쳐 죄송합니다.

② 시장에 들어서니 생선 비린내가 코에 끼쳤다.

③ 그 사건을 듣자마자 온몸에 소름이 쫙 끼쳤다.

④ 우리가 독립을 이루지 못했다면 주권을 잃은 슬픔을 만대에 끼칠 뻔했다.

⑤ 크든 작든 자신에게 은혜를 끼친 사람들에게 감사하는 마음을 가져야 한다.

05 다음 글을 바탕으로 추론한 내용으로 적절하지 않은 것을 고르면?

엠바고(Embargo)란 일정 시점까지 보도를 금지하는 절차를 뜻하는 언론 용어를 말한다. 정부기관이나 취재 대상 등 정보제공자가 어떤 뉴스나 보도자료를 언론기관에 제보하면서 일정 시점 이후에 공개하도록 요청할 경우, 언론기관이 그때까지 해당 보도를 자제하거나 기자들 간의 합의에 따라 보도 시점을 조절하는 관행이다.

엠바고는 크게 네 가지 유형으로 구분된다. 먼저 보충 취재용 엠바고는 보도 가치가 높은 정부 기관 등에서 발표한 전문적이고 복잡한 문제를 다루는 경우, 취재원으로부터 발표한 내용 등에 대해 보충 취재가 필요할 때 서로 합의하에 보도를 미루는 것을 말한다. 두 번째, 조건부 엠바고는 보도 가치가 있는 사건이 발생할 것이라고 확실하게 예측할 수 있으나, 그 시간을 예측하기 어려운 경우 그 사건이 일어난 이후에 보도될 것이라는 조건하에 보도자료를 미리 제공받는 것을 말한다. 세 번째, 공공이익을 위한 엠바고는 국익이나 국가 안전에 직결되는 중대한 사건이 진행 중일 경우 사건이 해결될 때까지 특정 정보를 보도하지 않고 중지하는 것을 말한다. 마지막으로, 관례적 엠바고는 외교관례를 존중하여 인사 이동에 관한 사항을 미리 취재했다고 하더라도 주재국의 정부가 동의할 때까지 보도를 보류하거나, 양국이 동시에 발표하기로 되어 있는 협정 또는 회담 개최에 대한 사항을 공식적인 발표가 있기 전까지는 보도를 일시적으로 중지하는 것을 말한다.

엠바고의 장점은 엠바고가 설정된 기간 동안에는 기자들은 보도 경쟁에 대한 우려 없이 심층적이고 전문적으로 취재할 수 있다는 것이다. 이는 결국 언론 보도의 정확성을 향상시켜 궁극적으로는 대중의 알 권리를 보호한다. 정부기관이나 기업체 등 정보제공자 또한 일정 기간 동안 보도가 자제되어 대외 노출에 대한 우려 없이 연구나 업무에 집중할 수 있다. 그러나 보도시점을 통제한다는 측면에서 엠바고를 바라본다면 국민의 알 권리를 침해한다는 비판이 있다. 국민이 반드시 알아야 하는 사항을 적시에 전달하지 않게 되면 국민이 피해를 볼 수 있기 때문이다. 또한 정보제공자가 원하는 방향대로 기사를 전달하게 되면 획일적으로 보도될 수 있어 보도의 다양성이 제한되기도 한다.

언론에서 엠바고는 오랜 관습에 의해서 이어져 왔다. 또한 신문윤리실천요강에 따라 합리적인 보도 보류 시한은 특별한 이유가 없는 한 존중해야 한다고 규정되어 있기도 하다. 따라서 언론인은 국민의 알 권리를 침해하지 않는 선에서 엠바고의 핵심적인 기능을 잘 살리는 것이 중요하다, 국가 안보와 같이 중요한 사항에 엠바고가 걸리게 된다면 취재 기자는 개인의 이익이 아니라 냉철한 시각에서 엠바고를 지켜야 할 것이다.

① 엠바고는 언론인의 합의에 따라 보도 시점을 조절하는 절차로, 오랜 관습에 의해서 이어져 왔다.

② 사건이 발생할 것이라고 예측할 수 없으나 사건이 발생될 시점을 예측할 수 있는 경우에는 조건부 엠바고를 설정할 것이다.

③ 엠바고의 긍정적인 측면은 전문적이고 심층적인 취재를 가능하게 함으로써 보도의 정확성을 높인다는 것이다.

④ 국가 간 회담이 개최되는 경우 기자들은 공식적인 발표가 있기 전까지 보도를 관례적으로 자제한다.

⑤ 국민이 반드시 알아야 될 사항에 엠바고가 설정되어 적시에 전달하지 못하면 국민의 권리를 침해할 수 있다.

[06~07] 다음 글을 읽고 질문에 답하시오.

서유럽의 북동부에 위치한 아일랜드는 유럽에서 세 번째로 큰 섬으로, 12세기부터 약 700년간 영국의 식민 지배를 받았다가 1921년에 독립한 나라이다. 최근 아일랜드의 1인당 GDP는 2023년 기준 세계 2위를 차지하였다. ㉠ 유럽에서는 아일랜드의 GDP와 국민 소득이 신기루와 다를 바 없다는 뜻으로 아일랜드의 민간 설화에 등장하는 요정인 '레프리콘'의 이름을 따 아일랜드의 경제를 '레프리콘 경제'라고 부른다. 팬데믹이 시작된 이후 모든 국가가 역성장했던 2020년에도 아일랜드는 3.4%라는 경제 성장률을 달성했고, 2021년에는 무려 13.7% 경제 성장을 이루었다. ㉡ 아일랜드의 이 같은 성장세에는 '법인세 혁명'이 있다.

세계에서 아일랜드를 부르는 또 다른 말이 있다. 바로 '조세 피난처'이다. 그만큼 아일랜드는 타 국가에 비해 법인세율이 상당히 낮은 편이다. 아일랜드는 2003년부터 지금까지 법인세율 12.5%를 유지하고 있다. 이는 현 시점의 유로존 평균 세율인 21%보다 약 9%p 낮은 수치이다. 심지어 지식재산권 수익에 대해서는 최대 50% 가까이 세금을 감면해 주고, 디자인, 저작권, 의약품 제조법 등의 지식재산권을 활용하여 발생한 수익에 대해서는 최대 100% 공제하는 등 다양한 조세 혜택을 제공한다. ㉢ 세제 혜택의 조건은 일정 규모 이상의 사업장을 아일랜드에 두는 것이다. 이로 인해 아일랜드는 구글, 메타, 아마존, 애플 등 글로벌 빅테크 기업의 유럽 본사를 당국으로 끌어들이는 데 성공할 수 있었다.

㉣ 그런데 2016년 유럽연합 집행위원회에서 애플이 아일랜드에서 받은 조세 혜택이 유럽연합 정부 보조금 규정에 의거한 불법 행위라고 간주하여 아일랜드에 세금 143억 유로를 납부할 것을 명령하였다. 이에 아일랜드와 애플이 항소하면서 기나긴 법정 공방이 이루어졌고, 마침내 2024년 유럽연합 최고법원인 유럽사법재판소에서 2016년의 유럽연합 집행위원회의 손을 들어주며 판결이 끝났다. 유럽사법재판소는 "아일랜드는 애플에 불법적인 지원을 제공했고 아일랜드는 이를 회수해야 한다"고 판결하여 애플은 130억 유로(한화 약 19조 3,000억 원)라는 엄청난 체납 세금을 치르게 되었다.

일각에서는 글로벌 빅테크 기업에 가하는 유럽연합의 규제가 지나치다고 본다. ㉤ 자체적으로 글로벌 빅테크 기업이 없는 유럽연합에서 규제와 징수로 타국을 견제할 뿐이라는 것이다. 이에 따라 지나친 규제보다는 자국의 산업 발전과 경쟁력을 키워 나가야 할 것이라고 지적한다.

06 윗글을 바탕으로 추론한 내용으로 적절하지 않은 것을 고르면?

① 2020년 모든 국가가 역성장한 가운데 아일랜드는 플러스 성장을 달성하였다.

② 아일랜드에서는 지식재산권 수익에 대해서는 최대 50%의 세금 감면 혜택이 주어진다.

③ 아일랜드는 2003년부터 유로존 평균보다 약 9%p 낮은 수치로 법인세율을 조절하고 있다.

④ 유럽연합 집행위원회와 애플, 아일랜드의 법정 공방은 애플과 아일랜드의 패소로 종결되었다.

⑤ 애플은 아일랜드에 체납 세금으로 130억 유로를 납부하게 되었다.

07 윗글의 밑줄 친 ㉠~㉤ 중 문맥상 가장 관련 없는 문장을 고르면?

① ㉠　② ㉡　③ ㉢　④ ㉣　⑤ ㉤

[08~09] 다음 보도자료를 읽고 질문에 답하시오.

인공지능의 필수 기반으로 자리 잡은 클라우드를 중심으로 국가적 총력전이 치열한 상황이다. 이에 따라 현 시점을 국내 클라우드 산업의 미래가 좌우될 역사적 위기이자 기회로 인식하여 새롭고 확실한 전략을 수립해야 한다.

인공지능의 발전으로 국제 클라우드 시장이 폭발적으로 성장하고 있으며, 동시에 국제적 경쟁구도가 확장 · 재편되고 있다. 2015년 세계 최초 클라우드법을 제정한 이후, 국내 시장은 제도적 노력에 힘입어 산업 생태계가 양적으로 성장하고 있다. 그러나 국내 전반의 클라우드 활용률은 여전히 낮고, 기술 · 기반 경쟁력과 국제 전략이 미흡한 실정이다.

이에 정부는 인공지능 시대에 걸맞은 국제적 방향으로의 전환, 유망성과 성장성을 바탕으로 한 기술 · 기반 경쟁력 확보, 민간의 역량을 강화할 수 있는 민간 주도의 생태계 지원에 정책방향의 주안점을 두었으며, 이를 위해 다음과 같은 3대 핵심 추진과제를 제시하였다.

첫 번째는 (㉠)이다. 교육 분야에서의 클라우드 기반 인공지능 디지털 교과서 도입, 금융권 망분리 규제완화를 통한 인공지능 · 클라우드 전면 활용 등 국민적 체감도가 높은 분야에서 도입을 전면화함으로써 국민적 혁신사례를 대폭 확대해 나간다. 또한, 민간 클라우드 도입 전면화에 주력해 나갈 방침이다. 공공 부문 기관 평가에 클라우드를 도입하여 공공 분야의 민간 클라우드 발주 표준양식을 마련하고 공개할 것이다. 정보시스템의 신규 · 재구축 시 기획 단계부터 민간 클라우드와 서비스형 소프트웨어 이용을 우선 검토하도록 하며, 마지막으로 공공 부문의 민간 클라우드 도입을 촉진하는 디지털서비스 전문계약제도의 전 과정에 걸쳐 개선을 추진한다.

두 번째는 (㉡)이다. 인공지능 컴퓨팅 기반 역량이 클라우드의 경쟁력으로 이어지는 새로운 기준에 발맞춰, 국산 인공지능 반도체와 인공지능 컴퓨팅 기반 등을 포괄한 전후방 핵심 산업을 집중 지원한다. 초고속 · 저전력 국산 인공지능 반도체 개발과 데이터센터 적용을 통해 국내 클라우드 경쟁력을 강화하는 한국형 인터넷 기반 자원 공유 사업(K－CLOUD 프로젝트)을 각 분야에 걸쳐 본격화하고, 산학연 수요를 기반으로 인공지능 컴퓨팅 기반 지원을 강화하며, 급증하는 수요에 대응하여 민관 합작의 대규모 국가 인공지능 컴퓨팅 센터 구축을 추진한다. 또한, 유망 서비스형 소프트웨어를 선별하여 지원하고, 클라우드 이용권도 연 1~2천만 원에서 6~8천만 원으로 집중하여 지원하는 구조로 개편할 방침이다.

세 번째는 (㉢)이다. 민간 투자의 촉진과 민간 주도 생태계로의 전환을 착실히 추진할 계획으로, 인공지능과 클라우드에 대한 범국가적 투자 촉진을 위해 해당 분야의 투자 세액공제 확대를 검토할 것이다. 그리고 민간이 중심이 되는 인공지능 혁신 자금과 서비스형 소프트웨어 전환지원센터 조성을 통해 민간 주도의 서비스형 소프트웨어 생태계로 전환한다. 마지막으로 민간 수요와 급변하는 기술환경에 발맞춰, 인력 양성도 강화할 예정이다. 또한, 인공지능 데이터센터 산업 진흥을 본격화하기 위해 실태조사 정례화, 국산장비 고도화, 실증 시험대 운용 등도 추진한다. 아울러, 국내외 기업간의 경쟁과 협력이 균형을 이룰 수 있도록 클라우드 보안인증제(CSAP)를 개선하고 국제적 협력 관계를 구축하는 전략을 통해 국내 기업이 세계 시장에 진출할 수 있도록 지원할 계획이다.

이와 같은 3대 핵심 추진과제에 따라 정부는 인공지능 시대에 발맞추어 클라우드 산업 활성화를 국가적 과제로 인식하고, 관계부처와 협업하여 클라우드 활용 전략을 속도감 있게 추진해 나갈 방침이다.

08 위 보도자료의 중심 내용으로 가장 적절한 것을 고르면?

① 현재 우리나라는 인공지능 기술 경쟁력과 국제 전략이 미흡하다.
② 국내 외 클라우드 시장의 경쟁이 과열화된 상황이다.
③ 국제 협력을 통해 클라우드 산업을 더욱 확대해야 한다.
④ 정부는 클라우드 산업 활성화를 위한 전략을 추진할 계획이다.
⑤ 인공지능의 발전으로 국제 클라우드 시장이 빠른 속도로 성장 중이다.

09 위 보도자료의 빈칸 ㉠~㉢에 들어갈 말을 [보기]에서 찾아 바르게 짝지은 것을 고르면?

보기

㉮ 클라우드 경쟁력 제고
㉯ 클라우드 전면적 도입
㉰ 클라우드 생태계 활성화

	㉠	㉡	㉢
①	㉮	㉯	㉰
②	㉮	㉰	㉯
③	㉯	㉮	㉰
④	㉯	㉰	㉮
⑤	㉰	㉯	㉮

10 다음은 한국수력원자력의 한－체코 에너지국제공동연구사업 수행을 위한 모집공고이다. 이를 바탕으로 바르게 이해하지 못한 사람을 [보기]에서 고르면?

한－체코 에너지국제공동연구사업 수행을 위한 모집공고

1. 과제명: 액화공기에너지저장(LAES)과 연계를 통한 원전 성능개선 한－체코 국제공동 타당성 연구
2. 목적: 한－체코 간 에너지국제공동연구를 통한 양국의 에너지기술경쟁력 제고 및 에너지 신시장 창출 기여
3. 과제내용
   - 혁신형 SMR과 LAES 기술 연계 기술성 및 경제성 평가
     - 체코 환경에서 요구되는 소형모듈원자로의 탄력운전 성능 확인
     - 혁신형 SMR의 동력변환계통과 LAES 연계를 통한 탄력운전 성능개선 평가
     - LAES의 냉·온열의 공정열 활용을 통한 혁신형 SMR의 열－전기 공급 능력 개선
   - LAES 연계를 통한 냉각탑 설계 최적화 및 경제성 개선 평가
     - 혁신형 SMR 내륙건설 시 필요한 냉각탑 개념설계
     - 혁신형 SMR과 LAES 연계를 통한 냉각탑 설계 최적화
     - 혁신형 SMR/LAES/냉각탑 통합 경제성 평가 모델 개발
   - 체코 독자 개발 SMR 노형인 CR－100과 LAES 기술 연계 기술성 및 경제성 평가
     - CR－100 SMR의 탄력운전 개선을 위한 LAES 개념설계
     - CR－100 SMR의 탄력운전 성능개선 평가
     - 통합 경제성 평가모델 개발을 통한 설계 최적화
4. 연구개발기간: 36개월(2024. 12. ~ 2027. 11.)
5. 연구개발비
   - 정부지원연구개발비: 15억 원
     - 1차년도(2024년) 정부지원연구개발비: 2.5억 원 내외
   - 기관부담연구개발비(현물포함): 연구개발과제에 참여하는 자는 정부지원연구개발비를 배분받아 연구개발과제를 수행하여야 하며, 영리기관은 기관부담연구개발비 중 현금을 개별 부담하여야 함
   - 정부지원 및 기관부담 연구개발비는 협약체결시 변경 가능
6. 신청자격
   - 산업통상자원부 공고 제2024－397호에 따름
     - 신청자격: 산업통상자원부에서 공고한 해당 과제의 수행에 결격 사유가 없는 연구기관, 기업, 대학
     - 수행능력: 증기터빈 사이클 분석, 원전과 에너지저장장치(ESS) 연계, 냉각타워 성능분석, 발전소 경제성 평가 연구범위 해당
   - 제출서류가 부정 또는 허위로 판명되면 선정 제외 또는 취소할 수 있음
   - 심의위원회 및 평가 결과에 따라 과제기간, 예산, 역무 등이 변동될 수 있음
   - 제출된 서류는 일절 반환하지 않음

7. 신청방법

- 제안서 제출요령: 제안서 양식에 맞춰 작성 후 관련 증빙자료와 함께 제출
  - 전자메일 및 우편으로 모두 제출
  - 증빙자료를 제출하지 않은 실적의 경우 불인정
- 제출서류 목록
  - 선정평가 요약표, 제안서 및 관련 증빙서류 각 1부
  - 평가 동의서 1부
  - 개인정보 제공 및 활용 동의서 1부

  ※ 과제 책임자 및 참여인력, 전문인력 보유 현황의 개인정보 제공자 모두 제출

보기

- 갑: 과제에 참여하는 자는 체코의 독자 개발 SMR 노형의 탄력운전 개선을 위한 LAES 개념설계를 해야 할 것이다.
- 을: 산업통상자원부의 공고에 따라 과제 수행에 결격 사유가 없으면서 증기터빈 사이클 분석, 냉각타워 성능분석 등을 수행할 수 있는 연구기관은 해당 과제에 참여할 수 있다.
- 병: 연구개발과제에 참여하려는 자는 선정평가 요약표, 제안서 및 관련 증빙서류, 평가 동의서, 개인정보 제공 및 활용 동의서를 전자메일 또는 우편으로 제출하여야 한다.
- 정: 연구개발과제에 참여하는 자는 정부지원연구개발비 15억 원을 배분받아 연구개발과제를 수행하여야 하며, 영리기관은 기관부담연구개발비 중 현금을 개별 부담하여야 한다.
- 무: 에너지국제공동연구 과제에서 혁신형 SMR과 LAES 기술 연계 기술성과 경제성 평가 항목으로는 체코 환경에서 요구되는 소형모듈원자로의 탄력운전 성능이 확인되어야 한다.

① 갑 ② 을 ③ 병 ④ 정 ⑤ 무

11

민호와 한별이는 각자 일정한 속력으로 자전거를 타고 있다. 한별이는 민호보다 500m 앞에서 동시에 출발했고, 서로 같은 방향으로 달렸는데 6분 후에 민호와 한별이가 만났다. 한별이의 속력이 15km/h일 때, 민호의 속력을 고르면?

① 18km/h ② 20km/h ③ 22km/h
④ 24km/h ⑤ 25km/h

12

S사는 명절을 맞이해서 직원들에게 제철과일을 나누어 주려고 한다. 제철과일을 1명당 7개씩 나누어 주면 3명은 받지 못하고 1명은 3개를 받으며, 1명당 6개씩 나누어주면 30개가 남는다. 직원 수를 x명, 제철과일 수를 y개라고 할 때, $x+y$의 값을 고르면?

① 405 ② 410 ③ 415
④ 420 ⑤ 425

13

지호, 기철, 희준이가 원 모양의 공원을 같은 경로로 한 바퀴 도는 데 걸리는 시간은 각자 10분, 15분, 18분이다. 세 사람이 모두 같은 지점에서 출발하여 같은 경로로 공원을 계속 돌아서 처음으로 세 사람이 모두 다시 출발 지점에서 만나기까지 각자 공원을 돈 횟수를 a, b, c라 할 때, $a+b+c$의 값을 고르면?

① 18 ② 19 ③ 20
④ 21 ⑤ 22

14 다음 [표]는 2023~2024년의 A~E사 시계 수출에 대한 자료이다. 이를 바탕으로 옳은 것을 고르면?

[연도별 시계 수출액]

(단위: 백만 달러)

구분	2023년		2024년		
	3/4분기	4/4분기	1/4분기	2/4분기	3/4분기
A사	340	450	160	260	230
B사	210	310	150	120	150
C사	200	150	320	260	310
D사	350	260	250	270	310
E사	90	130	260	310	320

[연도별 시계 수출량]

(단위: 백 개)

구분	2023년		2024년		
	3/4분기	4/4분기	1/4분기	2/4분기	3/4분기
A사	550	950	530	750	640
B사	930	840	900	910	840
C사	250	240	150	120	160
D사	920	950	940	960	950
E사	2,460	1,810	2,200	2,360	2,700

① 3/4분기에 A사의 시계 수출량은 2024년에 전년 대비 110백 개 증가하였다.

② 2024년 2/4분기 시계 수출액이 가장 큰 회사는 가장 작은 회사보다 210백만 달러 더 크다.

③ 2024년 E사의 1/4분기 시계 수출액은 직전 분기 대비 200% 증가하였다.

④ 2023년 3/4분기 시계 수출액이 가장 큰 회사와 시계 수출량이 가장 많은 회사는 다르다.

⑤ 2023년 4/4분기 이후 2024년 3/4분기까지 시계 수출액이 매분기 증가한 회사는 없다.

15

다음 [표]는 어느 병원의 하루 평균 이뇨제, 지사제, 진통제 사용량과 1인 1일 투여량에 대한 자료이다. 이를 바탕으로 옳지 않은 것을 고르면?(단, 이 병원에서 한 번 약을 처방받은 사람은 다시 내원하지 않는다.)

[하루 평균 이뇨제, 지사제, 진통제 사용량]

구분	2018년	2019년	2020년	2021년	2022년
이뇨제(mL)	3,000	3,480	3,360	4,200	3,720
지사제(정)	30	42	48	40	44
진통제(mg)	6,720	6,960	6,840	7,200	7,080

[이뇨제, 지사제, 진통제 1인 1일 투여량]

이뇨제	지사제	진통제
60mL/일	2정/일	60mg/일

※ 모든 의약품은 1인 1일 투여량을 준수하여 투여함

① 2021년 이뇨제의 하루 평균 사용량은 전년 대비 25% 증가하였다.

② 2018년부터 2021년까지 하루 평균 지사제 사용량은 연평균 40정이다.

③ 2019년부터 2022년까지 전년 대비 하루 평균 사용량의 증감 추이는 이뇨제와 진통제가 같다.

④ 2022년이 총 365일이었다면 2022년 한 해 동안 이 병원에서 지사제를 사용한 사람은 총 8,000명 미만이다.

⑤ 2019년에 하루 평균 이뇨제를 사용하는 사람 수는 진통제를 사용하는 사람 수보다 58명 더 적다.

16

다음 [그래프]는 K공항의 2018~2022년의 세관물품 신고 수에 대한 자료이다. 이를 바탕으로 [보기]에서 옳지 않은 것을 모두 고르면?

[연도별 세관물품 신고 수]

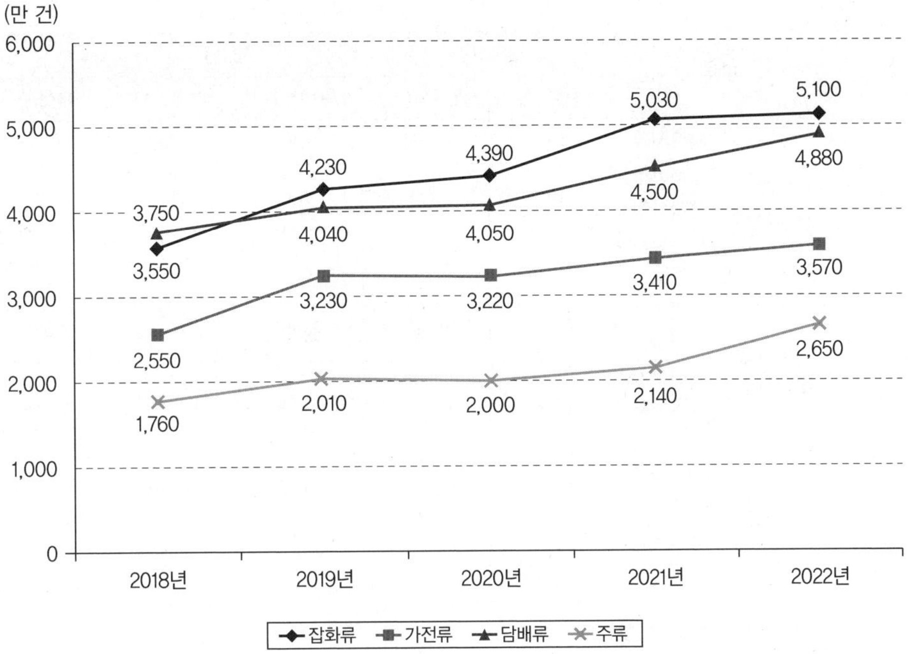

보기

㉠ 2020년 담배류 신고 수의 2년 전 대비 증가율은 8%이다.

㉡ 제시된 기간의 연평균 신고 수는 잡화류가 가전류보다 1,262만 건 더 많다.

㉢ 잡화류, 가전류, 담배류 중 2019년 이후 신고 수의 전년 대비 증감 추이가 주류와 같은 세관물품은 없다.

㉣ 제시된 세관물품 중 2022년 신고 수의 4년 전 대비 증가량이 세 번째로 많은 세관물품의 증가량은 1,020만 건이다.

① ㉠　② ㉠, ㉢　③ ㉡, ㉢

④ ㉡, ㉣　⑤ ㉡, ㉢, ㉣

17 다음 [표]는 2021~2023년의 노인복지시설에 대한 자료이다. 이를 바탕으로 [보기]에서 옳은 것을 모두 고르면?

[연도별 노인복지시설 현황]

(단위: 개소, 명)

구분		2021년		2022년		2023년	
		시설 수	입소정원	시설 수	입소정원	시설 수	입소정원
노인주거복지시설	양로시설	192	9,962	180	9,752	175	9,653
	노인공동생활가정	107	930	89	763	82	710
	노인복지주택	38	8,491	39	8,840	40	9,006
노인의료복지시설	노인요양시설	4,057	199,134	4,346	216,784	4,525	228,495
	노인요양공동생활가정	1,764	15,549	1,723	15,451	1,614	14,479
재가노인복지시설	주야간보호서비스	2,618	86,921	3,035	106,394	3,397	124,402
	단기보호서비스	69	513	70	463	60	646

보기

㉠ 2023년 노인의료복지시설은 총 6,139개소이다.

㉡ 2022년 노인공동생활가정의 시설 1개소당 입소정원은 9명 이상이다.

㉢ 2022년 이후 주야간보호서비스와 단기보호서비스의 시설 수와 입소정원은 모두 매년 전년 대비 증가하였다.

㉣ 2023년 노인주거복지시설 중 입소정원이 두 번째로 많은 시설의 입소정원은 2년 전 대비 515명 증가하였다.

① ㉢
② ㉠, ㉣
③ ㉡, ㉢
④ ㉠, ㉡, ㉣
⑤ ㉡, ㉢, ㉣

18

다음 [표]는 2021~2023년의 외국인 토지 보유 현황에 대한 자료이다. 이를 바탕으로 [보기]에서 옳은 것을 모두 고르면?

[연도별 외국인 토지 보유 면적]

(단위: 천 m^2)

구분	2021.1/2	2021.2/2	2022.1/2	2022.2/2	2023.1/2	2023.2/2
미국	136,751	137,904	138,360	140,952	141,679	141,155
기타 미주	24,380	24,990	25,195	25,510	26,274	26,227
영국, 프랑스,독일	7,947	8,143	8,198	8,336	8,298	8,200
기타 유럽	10,286	10,551	10,692	10,693	10,584	10,574
일본	16,786	16,793	16,789	16,714	16,547	16,343
중국	20,275	20,555	20,596	20,663	20,818	20,803
기타 아시아	11,141	11,147	11,302	11,410	11,486	11,532
기타 국가	29,171	29,321	29,612	29,728	29,782	29,763

보기

㉠ 2023년 전반기에 중국 국적 외국인의 토지 보유 면적은 2년 전 동기 대비 543천 m^2 증가하였다.
㉡ 2022년 후반기에 토지 보유 면적이 30,000천 m^2 이상인 국가는 2개이다.
㉢ 기타 전체를 제외하고 2021년 후반기 이후 토지 보유 면적이 매반기 증가한 국가는 3개 이상이다.
㉣ 2021년 후반기에 기타 미주와 기타 아시아의 토지 보유 면적의 차는 13,843천 m^2이다.

① ㉠, ㉡　　② ㉠, ㉣　　③ ㉡, ㉢
④ ㉡, ㉣　　⑤ ㉢, ㉣

[**19~20**] 다음 [표]는 2019~2020년의 월별 에너지원별 소비량에 대한 자료이다. 이를 바탕으로 질문에 답하시오.

[에너지원별 1~6월 소비량]

(단위: 천 toe)

구분			1월	2월	3월	4월	5월	6월
석탄	2020년	가정	28	23	18	12	5	3
		상업	0	0	0	0	0	0
	2019년	가정	46	27	18	13	6	4
		상업	0	0	0	0	0	0
석유	2020년	가정	380	318	271	264	266	136
		상업	221	184	170	170	189	135
	2019년	가정	520	353	272	247	147	127
		상업	230	175	155	155	118	100
도시가스	2020년	가정	1,852	1,693	1,360	999	592	327
		상업	430	375	283	219	186	213
	2019년	가정	1,996	1,738	1,321	971	535	316
		상업	486	407	333	284	226	225
전력	2020년	가정	538	540	505	510	479	495
		상업	1,168	1,122	981	897	847	909
	2019년	가정	537	528	460	482	448	455
		상업	1,193	1,119	947	918	838	860
열	2020년	가정	396	350	272	189	94	53
		상업	42	36	25	14	11	21
	2019년	가정	446	364	274	183	87	55
		상업	48	38	25	15	13	17

[에너지원별 7~12월 소비량]

(단위: 천 toe)

구분			7월	8월	9월	10월	11월	12월
석탄	2020년	가정	2	3	17	45	40	45
		상업	0	0	0	0	0	0
	2019년	가정	4	6	24	51	64	43
		상업	0	0	0	0	0	0
석유	2020년	가정	117	127	176	202	290	423
		상업	128	118	136	146	192	241
	2019년	가정	124	168	185	225	297	386
		상업	116	115	107	141	162	201

도시가스	2020년	가정	264	261	258	521	995	1,779
		상업	228	240	191	193	271	389
	2019년	가정	244	210	234	408	912	1,594
		상업	256	262	224	215	294	418
전력	2020년	가정	515	617	657	482	501	533
		상업	969	1,052	1,014	840	888	1,034
	2019년	가정	482	653	572	466	475	501
		상업	938	1,083	975	850	869	1,037
열	2020년	가정	50	45	55	128	241	430
		상업	24	31	16	10	21	46
	2019년	가정	45	38	47	100	243	395
		상업	26	31	18	10	22	42

※ 상반기 : 1~6월, 하반기 : 7~12월

※ 1분기 : 1~3월, 2분기 : 4~6월, 3분기 : 7~9월, 4분기 : 10~12월

19 주어진 자료를 바탕으로 그래프를 나타내었을 때, 옳지 않은 것을 고르면?

① [2020년 상반기 석유 소비량]

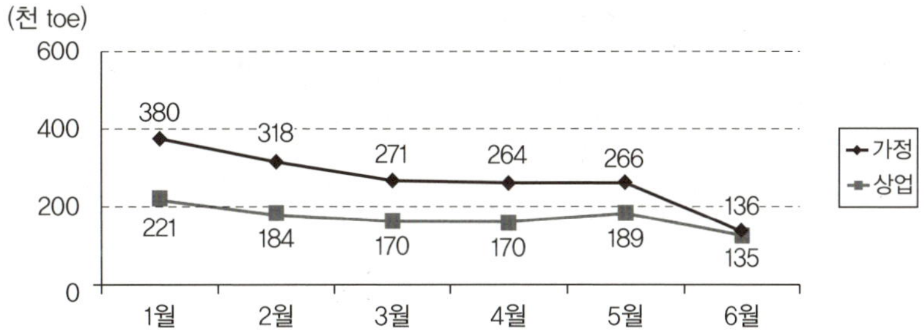

② [2019년 12월 에너지원별 소비량]

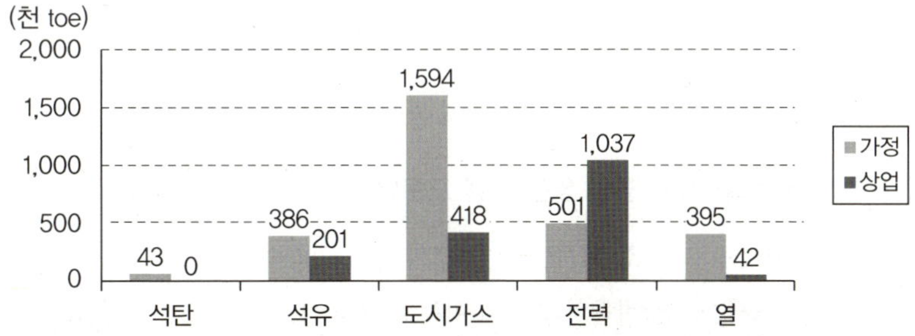

③ [2020년 가정 전력 소비량의 전월 대비 증감량]

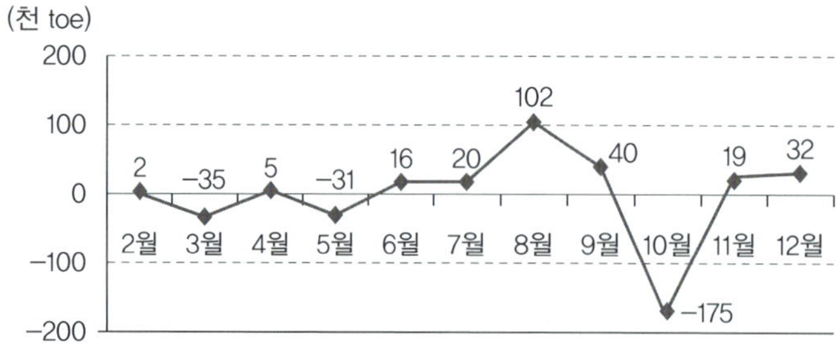

④ [연도별 하반기 상업 도시가스 소비량]

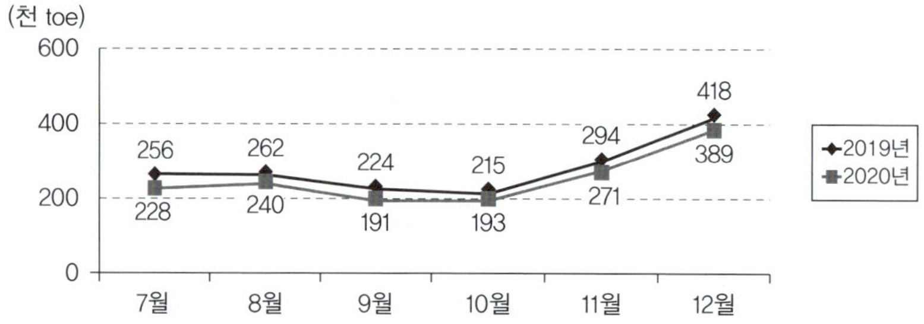

⑤ [2020년 상반기 열 소비량]

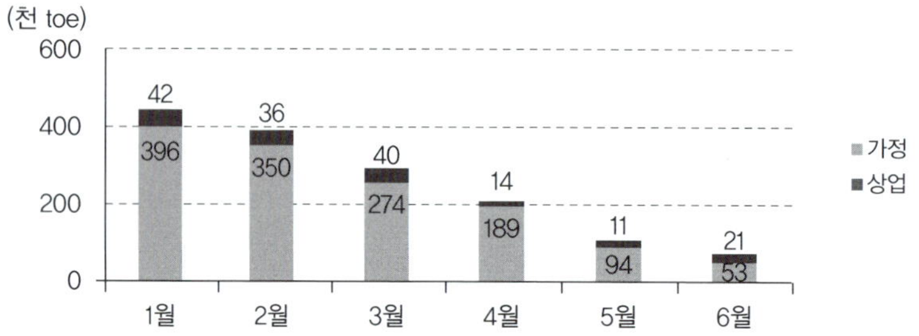

20 다음 중 자료에 대한 설명으로 옳지 않은 것을 고르면?

① 2020년 4분기 가정의 석유 소비량은 전년 4분기 대비 증가하였다.

② 2019년 상반기 도시가스 소비량의 증감 추이는 가정과 상업이 같다.

③ 2019년 5월 전체 열 소비량 중 상업이 차지하는 비중은 17%이다.

④ 2019년 9월 상업 석유 소비량은 3개월 전 대비 7% 증가하였다.

⑤ 7월에 상업 소비량이 많은 에너지원을 순서대로 나열하면 그 순서는 2019년과 2020년이 같다.

21

S공사는 공사에서 사용하는 소모품 연간 계약을 위해 A~F 6개 업체 중 3곳을 선정하고자 한다. 다음 [조건]을 바탕으로 A업체가 선정되지 않았다고 할 때, 선정될 수 있는 업체를 모두 고르면?

조건

- B업체가 선정되면, D업체도 선정된다.
- E업체가 선정되지 않으면, A업체가 선정된다.
- B업체가 선정되지 않으면, C업체가 선정된다.
- E업체가 선정되면, F업체는 선정되지 않는다.
- C업체나 A업체가 선정되면, F업체도 선정된다.

① B, C, D ② B, D, E ③ C, D, E
④ C, E, F ⑤ D, E, F

22

다음 [조건]에서 희수의 질문에 대한 수진, 철호, 영진, 선미의 추측 중 한 사람만 틀렸다고 할 때, 희수가 가지고 있을 수 있는 구슬의 색을 모두 고르면?

조건

- 희수: 나는 흰색, 검은색, 회색, 파란색, 빨간색 중 하나의 구슬을 가지고 있어. 어떤 구슬을 가지고 있을까?
- 수진: 나는 네가 가지고 있는 구슬이 검은색이 아니라고 생각해.
- 철호: 나는 네가 가지고 있는 구슬이 빨간색이거나 회색이라고 생각해.
- 영진: 나는 네가 흰색 구슬을 가지고 있다고 생각해.
- 선미: 나는 네가 가지고 있는 구슬이 회색과 파란색이 아니라고 생각해.

① 흰색, 회색 ② 흰색, 빨간색 ③ 검은색, 회색
④ 회색, 파란색 ⑤ 파란색, 빨간색

23

A~E 5명이 가위바위보 게임을 하고 있을 때, 다음 [조건]을 바탕으로 가위, 바위, 보 3가지 손 모양 중 각자가 낸 손 모양이 바르게 연결되지 않은 것을 고르면?

조건

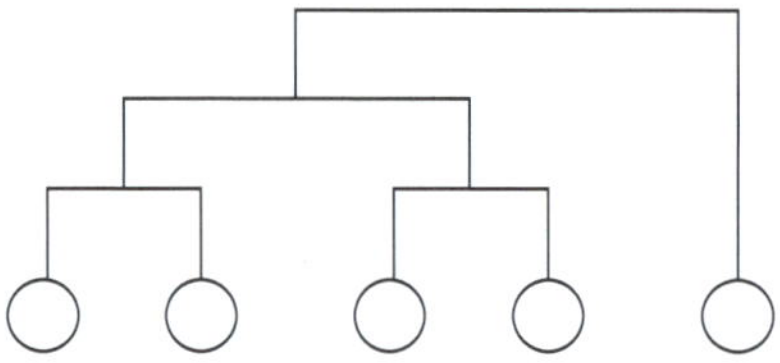

- A~E 5명은 토너먼트로 가위바위보 게임을 진행하였다.
- 첫 번째 게임의 승자와 두 번째 게임의 승자가 만나 세 번째 게임을 진행하고, 세 번째 게임의 승자는 부전승으로 올라온 사람과 네 번째 게임을 진행해 네 번째 게임의 승자가 최종 우승이 된다.
- 첫 번째 게임에서 C는 보를 낸 B에게 패했다.
- 두 번째 게임에서 E는 첫 번째 게임에서 C가 낸 것과 같은 것을 내서 A에게 승리했다.
- 다음으로 B와 E의 게임에서는 바위를 제외한 두 가지 손 모양이 나왔고, B가 승리했다.
- 마지막으로 B와 D의 게임에서는 B가 가위를 낸 상대방에게 패했다.

① A−바위　② B−보, 가위, 보　③ C−바위
④ D−가위　⑤ E−바위, 보

24

갑, 을, 병이 종류에 관계없이 섞인 29개의 동전을 다음 [조건]과 같이 나누어 가졌다고 할 때, 항상 참인 것을 고르면?

조건

- 동전의 종류는 500원, 100원, 50원, 10원으로 4가지이다.
- 세 사람은 각각 모든 종류의 동전을 가지고 있다.
- 갑이 가진 동전의 금액의 합이 가장 크고, 을이 가진 동전의 금액의 합이 가장 작다.
- 병이 가진 동전의 개수가 가장 많고, 갑이 가진 동전의 개수가 가장 적다.
- 병이 가진 동전의 개수는 11개이며, 동전의 금액의 합은 1,130원이다.

① 갑이 가진 500원짜리 동전은 최소 1개이다.
② 을이 가진 500원짜리 동전은 최대 2개이다.
③ 병이 가진 100원짜리 동전은 4개이다.
④ 갑이 가진 동전의 개수는 최대 8개이다.
⑤ 을이 가진 동전의 개수는 최소 9개이다.

25 K가 운영하는 약국에 희지, 아람, 미소, 소진 4명의 손님이 방문하였다. K는 4명의 손님들로부터 처방전을 받아 A~D 네 봉지의 약을 조제하였다. 다음 [조건]이 참일 때, 옳지 않은 것을 고르면?

조건

- 방문한 손님들의 병명은 감기, 위염, 두통, 치주염 중 하나이다.
- 방문한 손님들의 병명은 모두 서로 다르다.
- 약봉지 A와 약봉지 D에는 어린이가 먹어서는 안 되는 약품이 사용되었다.
- 아람이는 약봉지 B를 전달받았고, 위염이나 두통 환자가 아니다.
- 약봉지 A는 위염 환자의 것이 아니다.
- 약봉지 D에는 물약이 포함되어 있는데, 이 물약은 감기에만 사용된다.
- 미소는 감기 환자가 아니다.
- 소진이는 4명의 손님 중 유일한 어린이이다.

① 미소의 병명은 두통이다.
② 희지는 약봉지 D를 받는다.
③ 아람이의 병명은 치주염이다.
④ 소진이는 약봉지 C를 받는다.
⑤ 약봉지 A는 치주염 환자를 위한 약이다.

26

다음은 모든 방이 1인실인 3층짜리 캡슐호텔의 배치도이다. 이 호텔에 현재 A~I 총 9명이 다음 [조건]에 따라 투숙해 있다고 할 때, 옳은 것을 고르면?

[호텔 배치도]

3층	301호	302호	303호	304호
2층	201호	202호	203호	204호
1층	101호	102호	103호	104호

조건

- 각 층마다 가장 좌측 1호실을 시작으로 가장 우측인 4호실까지 4개의 방이 있다.
- 각 층마다 3명씩 투숙하고 있다.
- C, D, I는 같은 층에 투숙하고 있다.
- B의 바로 위에는 D가 투숙하고 있으며, D의 바로 왼쪽에 있는 방에는 아무도 투숙해 있지 않다.
- I는 F의 바로 아래층 방에 투숙하고 있다.
- I는 H보다 아래층에 투숙해 있다.
- G는 오른쪽 끝 방에 투숙하고 있으며, 옆방에는 아무도 투숙해 있지 않다.
- A는 F와 2개의 방을 사이에 두고 같은 층에 투숙하고 있다.
- E와 A는 다른 층 같은 호실에 투숙하고 있다.
- 빈 방 중 2곳의 호실이 같다.

① H는 303호에 투숙하고 있다.
② C가 투숙하는 방 바로 아래층에는 아무도 투숙해 있지 않다.
③ D는 3층에 투숙하고 있다.
④ A와 H는 다른 층에 투숙하고 있다.
⑤ G와 A는 같은 층에 투숙하고 있다.

27

시설안전팀 A차장, B과장, C대리, D주임, E주임, F주임, G사원 7명은 우등버스를 이용해 여수 지사로 출장을 가게 되었다. 시설안전팀 직원들이 다음 [조건]에 따라 우등버스의 1열 가석부터 3열 다석까지의 좌석에 앉는다고 할 때, 항상 참인 것을 고르면?

[우등버스 좌석 배치]

	가석	나석		다석	
1열			복도		앞
2열					↕
3열					뒤

좌 ↔ 우

조건

- A차장은 3열에 앉는다.
- C대리는 G사원보다 앞쪽 열에 앉는다.
- E주임은 2열 나석에 앉는다.
- F주임은 A차장의 바로 앞자리에 이웃해 앉는다.
- 과장은 복도 옆 좌석에 앉는다.
- 3열 가석과 1열 다석은 다른 승객이 예약한 좌석이므로 앉을 수 없다.
- 주임끼리는 이웃해 앉지 않는다.
- 이웃해 앉는다는 것은 좌우 혹은 앞뒤로 붙어 앉는 것을 의미하며, 복도를 사이에 두고 좌우로 앉는 것은 이웃해 앉는 것이 아니다.

① G사원은 E주임과 같은 열에 앉는다.
② B과장과 D주임은 이웃해 앉지 않는다.
③ F주임은 1열에 앉는다.
④ C대리가 복도 옆 좌석에 앉는다면 G사원은 3열에 앉는다.
⑤ A차장은 다석에 앉는다.

[28~29] 다음은 H공사의 근무 규정에 대한 자료이다. 이를 바탕으로 질문에 답하시오.

[H공사 근무 규정]

- 정규 근무시간은 9시부터 18시까지로 점심식사 시간(12시부터 13시까지)을 제외한 하루 8시간 근무를 원칙으로 한다.
- 초과 근무는 저녁식사 시간 1시간을 제외한 19시부터 인정되며, 초과 근무 매 30분마다 초과 근무수당으로 시간당 급여의 0.75배를 지급한다.
  ※ 단, 초과 근무수당은 당일 계산만 인정하며, 30분 미만은 버림한다.
- 유연근무제의 사용으로 9시 이후에 출근할 경우, 정규 출근 시간인 9시로부터 초과한 시간만큼 19시 이후에 근무를 추가로 해야 하며, 이 추가 근무에 대한 초과 근무수당은 지급하지 않는다.
  ※ 단, 정규 근무시간인 8시간 이상 근무 시 초과 근무 매 30분마다 초과 근무수당으로 시간당 급여의 0.75배를 지급한다.

28

다음은 H공사에 재직 중인 갑 과장의 지난주 근무 일정을 정리한 표이다. 근무 규정에 따라 판단할 때, 옳은 것을 고르면?(단, 갑 과장의 시간당 급여는 29,680원이다.)

월요일	화요일	수요일	목요일	금요일
09:00~18:30	09:00~22:20	09:00~20:10	09:00~18:00	09:00~19:00

① 갑 과장은 초과 근무수당으로 한 시간에 44,520원을 받는다.
② 갑 과장이 지난주 월요일에 근무한 근무 시간은 총 9시간 30분이다.
③ 갑 과장은 지난주 화요일 초과 근무에 대해 200분에 해당하는 초과 근무수당을 받는다.
④ 갑 과장이 지난주 목요일 근무로 받게되는 일급여는 267,120원이다.
⑤ 갑 과장이 지난주 초과 근무를 한 날은 총 4일이다.

29

다음은 H공사에 재직 중인 을 대리의 지난주 근무 일정을 정리한 표이다. 근무 규정에 따라 판단할 때, 지난주 근무로 을 대리가 받게 되는 주급여의 총액을 고르면?(단, 을 대리의 시간당 급여는 21,340원이다.)

월요일	화요일	수요일	목요일	금요일
09:40~20:10	09:30~19:30	09:00~20:20	09:50~20:20	09:00~19:30

① 80,025원 ② 144,045원 ③ 853,600원
④ 933,625원 ⑤ 944,295원

30 ○○공사의 총무팀에서 근무하는 안 대리는 신입사원 직무 교육을 진행하기 위하여 다음과 같이 5곳을 교육 장소 후보지로 선정하였다. 주어진 [조건]을 참고할 때, 5곳의 후보지 중 교육 장소로 가장 적절한 곳을 고르면?

[○○공사 신입사원 직무 교육 장소 후보]

후보	거리(공사 기준)	수용 가능 인원	시설현황	대관료	이동 시간(편도)
A연수원	50km	70명	대강당, 식당	80만 원/일	1시간 45분
B리조트	30km	100명	소강당	100만 원/일	1시간 20분
C세미나실	20km	45명	세미나실	65만 원/일	1시간
D호텔	70km	90명	대강당, 식당	180만 원/일	2시간 50분
E호텔	90km	150명	대강당, 식당	220만 원/일	3시간 30분

조건

- 신입사원 직무 교육은 1박 2일로 진행된다.
- ○○공사의 신입사원은 총 28명이며 전원이 교육에 참석한다.
- 멘토 사원은 신입사원과 동일한 수만큼 참석하며, 교육 진행을 위해 총무팀 직원 10명도 함께 참석한다.
- 유류비를 고려하여 공사 기준 후보지까지의 거리가 70km 이하인 곳으로 선정한다.
- 이동 시간은 왕복으로 3시간 30분 이하인 곳으로 선정한다.
- 집합 교육을 위해 대강당 시설이 없는 곳은 제외한다.
- 모든 조건을 만족하는 후보지가 2곳 이상일 경우 총 비용이 가장 저렴한 곳으로 결정한다.

① A연수원　② B리조트　③ C세미나실
④ D호텔　⑤ E호텔

정답과 해설 p.18

DAY 04

왜 틀렸지?
왜 실수했지?

매일 한 줄 복기

문제를 다 풀고 난 후 왜 틀렸는지, 자주 나오는 실수 패턴은 무엇인지, 어떤 문제부터 풀어보고 어떤 문제는 나중에 풀지를 바르게 판단했는지 복기해 보세요. 어느 부분이 부족한지 스스로 깨닫고, 다음 회차를 풀 때 적용한다면 NCS 실력이 빠르게 올라갈 것입니다.

작성 예시

- ✔ 지문 읽을 때 키워드부터 찾기! 지문 끊어 읽기! 선택지에서 체크한 키워드가 모두 나와야 한다.
- ✔ 그래프와 표 나올 때 제목이랑 단위부터 확인하기!
- ✔ 시간 내에 풀 수 있는 유형인지 아닌지를 꼭 체크하고 넘어가자. 무조건 넘기지 말자!
- ✔ 의사소통 먼저 풀면 시간이 절약되는 것 같음. 수리랑 문제해결 중 어떤 것부터 풀지 판단해 보자.

의사소통능력	
수리능력	
문제해결능력	

DAY 04

01 다음 글을 이해한 내용으로 옳지 않은 것을 고르면?

우리는 생각한 바를 말로 전달한다. 또 다른 사람의 말을 듣고, 그 사람이 무슨 생각을 하는가를 짐작한다. 이렇듯 생각과 말은 서로 떨어질 수 없는 깊은 관련이 있다.

그러면 말과 생각은 얼마나 깊은 관계를 가지고 있을까? 이 문제를 놓고 사람들은 오랫동안 사유를 거듭했다. 그중 대표적인 견해가 두 가지 있다. 첫 번째 관점은 말과 생각이 서로 꼭 달라붙은 쌍둥이인데 하나는 생각이 되어 자신에게 감추어져 있고 다른 하나는 말이 되어 상대의 귀에 들린다는 것이다. 두 번째 관점은 큰 그릇인 생각 속에 작은 그릇인 말이 들어가므로 생각에는 말 이외에도 다른 것이 더 있다는 것이다.

이 두 가지 견해 중 첫 번째 관점은 조금만 생각해 보면 틀렸다는 것을 즉시 깨달을 수 있다. 우리의 생각은 거의 대부분 말로 나타낼 수 있다. 하지만 누구든지 가슴 속에 응어리진 어떤 생각이 분명히 있기는 한데 그것을 어떻게 말로 표현해야 할지 애태운 경험을 가지고 있을 것이다. 이것만 보더라도 말과 생각이 서로 안팎을 이루는 쌍둥이가 아니라는 점은 쉽게 판명된다.

인간의 생각은 매우 넓고 크다. 말이란 결국 생각의 일부분을 주워 담는 작은 그릇에 지나지 않는다. 그러나 인간의 생각이 아무리 말보다 범위가 넓고 크다고 하여도 그것을 가능한 한 말로 바꾸어 놓지 않으면 그 생각의 위대함이나 오묘함이 다른 사람에게 전달되지 않는다. 따라서 생각이 형이요, 말이 동생이라고 할지라도 형은 동생의 신세를 지지 않을 수가 없게 되어 있다. 말을 통하지 않고는 생각을 전달할 수가 없는 것이다.

① 민지: 생각이 말보다 넓은 범위를 포괄하는 것 같아.

② 하니: 생각한 것을 모두 말로 표현할 수는 없어.

③ 다니엘: 말과 생각은 불가분의 관계인 것 같아.

④ 해린: 떠올린 생각을 잘 표현하는 도구 중 하나가 말인 거지.

⑤ 혜인: 말과 생각이 동등한 관계라고 보는 견해도 있다는 거네.

02 다음 글의 빈칸에 들어갈 접속어로 가장 적절한 것을 고르면?

> 우리가 흔히 알고 있는 18~19세기의 고전 음악은 대부분 2분박과 3분박으로 나누어진다. 그리고 이 2분박이나 3분박이 몇 개 모여서 작은 단위를 이루어 반복의 구조로 나타난다. 이것을 박자라고 한다. 왈츠나 미뉴에트의 경우 3/4박자로 작곡되는데 이것은 2분박, 즉 4분음표 3개가 모여서 하나의 단위를 이룬다는 뜻이다. 이를 오선보에 기록할 때는 그 단위를 마디로 표시하게 된다. (　　) 이 기호가 곧 리듬의 구조를 나타내는 것은 아니다. 박자는 리듬의 한 요소로 작용하는 근간이므로 박자의 기본 단위인 2분박과 3분박의 개념과 2박자와 3박자의 구조만 파악하면 우리는 모든 음악의 박자를 구조적으로 이해할 수 있게 된다.

① 더구나　② 하지만　③ 게다가
④ 그래서　⑤ 요컨대

03 다음 밑줄 친 단어의 쓰임이 바르지 않은 것을 고르면?

① 옷이 해진 부분에 짜깁기를 하다.
② 드넓고 살진 옥토에서 햇콩의 수확이 한창이다.
③ 내로라하는 선수들이 뒤처진 이유를 살펴보아야 한다.
④ 어머니께서 형이 좋아하는 생선을 조리고 계셨다.
⑤ 사우나에서 눈을 지그시 감고 앉아 있었다.

04 다음 글을 이해한 내용으로 적절한 것을 고르면?

> 사진의 발명과 영화의 탄생 이후 오늘날에 이르기까지 불과 100년이 조금 넘는 정도의 시간이 지났을 뿐이지만, 영사기와 필름 등의 개량으로 획기적인 발전을 이룰 수 있었다. 또한 과학기술의 발전으로 텔레비전, 비디오 등이 출시되어 시간이나 공간에 구애받지 않고 이미지를 감상할 수 있게 되었다. 더욱이 20세기 말에 비약적으로 발전한 컴퓨터와 인터넷의 영향으로 등장한 매체 환경에서 이미지는 이전과는 새로운 형태로 대중에게 가까이 다가온다.
>
> 매체가 지닌 새로운 전달 방식은 대중들을 이미지를 소비하는 동시에 개별적으로 생산에 참여하는 작독자[Prosumer(producer+consumer)]가 되게 한다. 나아가 스마트폰의 등장으로 언제 어디서든 정보를 검색할 수 있는 진정한 유비쿼터스(Ubiquitous) 환경이 이루어져 이미지의 향유가 더욱 자연스러워졌다. 현대인은 극장에서 영화를 감상하고, 거실에 앉아 텔레비전을 시청하고, 각자의 방에서 컴퓨터로 사진을 검색하고, 언제 어디서든 스마트폰을 꺼내 영상을 들여다본다. 인류 역사의 어느 시기보다 이미지가 과잉된 시대에 이를 활용하고 창조하며 살아가고 있는 것이다.

① 활자 매체에 기반을 두던 이미지의 정체성이 변화하였다.
② 사진보다 영화의 탄생이 더 중요한 역사적 의미를 갖는다.
③ 디지털 시대에 개인미디어를 소유한 독자들은 능동적인 생산자로 등장하게 되었다.
④ 디지털 다매체 환경이 일으킨 변화는 생활 전방위적으로 일어나 근본적인 삶의 태도를 변화시켰다.
⑤ 유비쿼터스 환경으로 대중들은 이미지 과잉 시대를 살아가면서 이미지 중독 증상을 경험하고 있다.

05 다음 글의 빈칸에 들어갈 내용으로 가장 적절한 것을 고르면?

> 19세기 말 후기인상파의 등장과 함께 미술계에는 자아를 표출하려는 경향이 강하게 나타나면서 새로운 기법이 사용되었다. 세잔은 모든 사물을 원추와 원통과 구형으로 볼 수 있다고 하는 회화 이념에 근거하여 주관적인 입장에서 사물을 해석하려고 하였으며, 고흐나 고갱 역시 사물의 외관보다도 내면의 진실된 것을 그리려고 하였다.
>
> 이러한 경향은 20세기 초 극도의 분석적인 방법으로 사물을 정확히 표현하려고 한 입체파에 의해 계승된다. 피카소나 브라크는 하나의 시점으로는 사물의 (　　　　　)을 알 수 없기 때문에 대상을 여러 각도에서 동시에 보아야 한다고 주장했다.
>
> 그러나 대상을 철저하게 분석해 들어간 결과는 실제의 사물과 동떨어진 모습으로 나타났다. 인물의 초상화를 예리하게 쪼개어진 수많은 단편의 집합으로 바꾸고 나면, 인간의 모습이 아니라 복잡한 기계의 해부도나 다름없었다. 입체파는 선과 면을 집적하여 화면을 자의적으로 구성함으로써 새로움이라는 미학상의 만족을 얻었지만, 애초에 그들이 추구했던 사물의 모습은 이해하기 어렵게 되어 버린 것이다.
>
> 이처럼 미술이 난해해지자 미술가와 민중은 서로 멀어질 수밖에 없었다. 그리하여 민중은 예술이 지나치게 독선적인 자기 칩거에 빠져 민중과의 대화를 스스로 포기하였다고 했고, 예술가들은 작품이 예전보다 더 상징적인 것으로 발전했다는 사실을 민중이 제대로 이해하지 못한다고 불평하기에 이르렀다.
>
> 예술과 민중이 서로에게 다가가려고 할 때 건강한 관계가 유지됨은 두말할 필요가 없다. 먼저 예술이 비인간화에서 탈피하여 인간화로 나아가야 할 것이다. 다행스럽게도 입체파가 분석적 기법에서 종합적 기법으로 방향을 선회하면서 사물의 모습은 상당히 회복될 수가 있었다.

① 참 모습
② 미적인 모습
③ 다양한 모습
④ 평면적인 모습
⑤ 입체적인 모습

06 다음 글을 이해한 내용으로 적절하지 않은 것을 고르면?

우리나라 초광역권 전략은 규모의 경제를 통해 지역의 성장잠재력을 높이고 국제 경쟁력을 강화하는 데 의의가 있다. 이는 수도권 과밀화와 지역 위기 확산, 지역 차별화와 청년인구의 이동 등을 완화하기 위한 강력한 대안이다.

수도권의 인구 및 경제 집중은 역으로 비수도권 지역경제 침체, 인재 유출, 지역대학 붕괴, 심지어 지방소멸 등 지역 위기를 악화한다. 4차 산업혁명 등 산업구조의 변화로 수도권의 승자독식 도시화가 더 강화되고 있다. 비수도권은 수출 의존도가 높아 세계경제 변동에 취약하며, 지역의 청년인구는 일자리를 찾아 수도권으로 이동하고 있다. 이러한 국토 불균형 현상을 바로잡고 장기적 국가 발전의 토대를 만들기 위해 경제, 행정, 문화, 사회 기능을 공간적으로 광역화하여 통합하려는 초광역적 공간전략은 지역 균형발전 차원에서 필요하다.

초광역권은 초국가적 차원에서 강하게 연결된 공간 결절점이며, 글로벌 시스템의 엔진으로 기능한다. 초광역권은 글로벌 네트워크 내 특정 지역들이 더 큰 스케일로 확장 · 재구조화된 것으로, 서로 높은 연결성과 함께 국제 경쟁력을 제고할 수 있는 공간 잠재력을 지닌다. 신지역주의와 지역 분권화의 영향으로 글로벌 공간구조는 과거 정치나 문화의 지역주의와는 근본적으로 다르게 바뀌고 있다. 20세기 후반부터 아시아는 블록 경제권으로 재편되고 있으며, 국가 경쟁력보다 지역 경쟁력을 강화하기 위하여 지역분권으로 규모의 경제를 달성할 수 있도록 노력하고 있다.

하지만 초광역권의 한계와 과제를 명확히 직시할 필요가 있다. 기존 광역적 공간전략은 지역 간 기능적 연계보다는 행정구역의 통합으로만 접근했던 나머지, 인근 지자체를 협력의 대상으로 본 것이 아니라 경쟁의 대상으로 인식한 경향이 더 컸다는 한계가 있다. 반면교사로 삼아야 할 대목이다. 대규모 인프라 유치를 위한 지역 간 지나친 경쟁으로 인해 초광역권이 좌초되는 상황을 막기 위해서는 지역별 특성에 부합하는 장기적 안목의 인프라 투자와 함께 초광역권에서 산출된 성과를 지역들이 상호 공유할 수 있는 시스템이 마련되어야 한다. 초광역권 전략이 성공하기 위해서는 지역 주도로 초광역권에 대한 장기적 비전을 설정하고, 정부는 거점과 주변 지역의 상생발전, 글로벌 경쟁력 강화를 위한 체계적인 지원을 보다 강화할 필요가 있다.

① 초광역권 전략은 규모의 경제를 통해 국토균형발전과 국가 경쟁력 강화를 추구하는 정책이다.
② 초광역권 전략은 정부 주도하에 주변 지자체와의 협력을 도모하는 시스템을 마련하는 등의 장기적 비전을 설정해야 한다.
③ 초광역권 전략은 비수도권 지역경제 침체, 인재 유출 등 지역 위기의 악화에 대한 대비책이다.
④ 초광역권 전략은 경제, 행정, 문화, 사회 기능을 공간적으로 광역화하여 통합하려는 것이다.
⑤ 초광역권 전략은 기존의 지역 개념을 확장하거나 재구조화하여 잠재력의 극대화를 도모하는 것이다.

[07~08] 다음 국립공원공단의 보도자료를 읽고 질문에 답하시오.

북한산국립공원은 대표적인 도심공원으로 생태계의 보고(寶庫)이자 자연환경을 향유할 수 있는 국민의 휴식공간이기도 하다. 하지만 연간 7백만 명이라는 엄청나게 많은 탐방객이 방문하다 보니 법적으로 지정된 정규 탐방로 외에 수많은 샛길이 생겨나 생물의 서식공간 축소 문제가 심각하게 대두되고 있다.

일반적으로 샛길 이용 등 인간의 간섭이 가해지면 생물의 서식공간인 비오톱(Biotope)*의 파편화가 일어나게 되며, 이는 일정 면적 이상의 서식지를 필요로 하는 생태계에 커다란 위협일 수밖에 없다. 이러한 이유로 국립공원공단에서는 특별보호구역을 지정하여 인위적 영향으로부터 공원자원을 보전하고, ㉠ 훼손된 자연의 회복을 위해 출입을 ㉡ 통제하고 있다.

북한산국립공원 우이령길은 군사적 사유로 그간 엄격한 출입 통제가 이루어졌으며, 탐방로를 제외한 전 구간을 특별보호구역으로 지정하여 관리하고 있다. 우이령은 북한산국립공원 내에서도 숲 생태계가 비교적 안정적이고 삵 등 멸종위기 야생동물의 서식이 확인되는 등 생태계 보전을 위한 주요한 핵심축으로 자리매김해 왔다. 이러한 노력의 결과로 2009년부터는 국민에게 ㉢ 개방되어 생태계에 지장을 주지 않는 차원에서 탐방객 수를 조정해 운영하는 탐방로 예약제를 운영하고 있다.

이러한 노력 외에도 국민이 집단지성을 통해 국립공원 보전에 직접 참여할 수 있는 기회 제공과 전문가 위주로 이루어지는 생태계 조사의 한계 보완, 연구효율성 강화 등 과학의 대중화 요구가 ㉣ 증대되었다. 이에 국립공원공단은 참여형 자원봉사의 개념인 '시민과학자' 제도를 도입하게 되었다. 이 제도는 2014년 국립공원연구원에서 전국적으로 운영하는 '국립공원 국민 모니터링단'을 모체로 하고 있으며, 계절알리미종(40종) 모니터링 등 자발적인 참여로 지속가능한 자연보호의 기반을 마련하는 데 중요한 역할을 한다. 해당 분야의 광범위한 데이터를 확보할 수 있는 자발적 봉사활동의 한 개념으로 부족한 조사 역량에 큰 힘이 될 것으로 보인다.

특히 북한산도봉사무소는 우이령 특별보호구역 내 인공새집 모니터링을 진행 중이다. 탐방로와 산림 내 설치된 인공새집에서 발견된 종과 산란율을 관찰하고, 조류가 인공새집을 얼마나 이용하는지를 통해 탐방객 활동이 생태계에 미치는 영향을 분석한다. 이는 우이령 생태계에 적합한 관리방안을 도출하기에 중요한 역할을 할 것이다. 이러한 지속적인 관찰을 통해 우이령길 보전과 합리적인 이용 간의 조화를 이루는 정책이 생태계에 어떠한 영향을 미치는지에 대한 객관적인 데이터를 ㉤ 확보할 수 있을 것이라 사료된다. 시민이 직접 참여하는 생태계 보전과 그 경험이 자라나는 미래세대에게 자연을 보호하는 가치와 중요성을 깨닫게 해줄 것이라 믿는다.

* 비오톱(Biotope): 특정한 식물과 동물이 하나의 생활공동체를 이루어, 지표상에서 다른 곳과 명확히 구분할 수 있는 생물서식지를 말함

07 위 보도자료를 읽고 이해한 내용으로 적절하지 않은 것을 고르면?

① 샛길 이용 등 인간의 간섭이 가해지면 생물서식지의 파편화가 일어날 수 있다.

② 북한산국립공원 우이령길은 군사적 사유로 그간 엄격한 출입 통제가 이루어졌다.

③ 전문가 위주의 생태계 조사를 강화하기 위해 참여형 자원봉사의 개념인 '시민과학자' 제도가 도입되었다.

④ 북한산국립공원에는 연간 7백만 명의 탐방객의 방문으로 법적으로 지정된 정규 탐방로 외에 수많은 샛길이 생겨났다.

⑤ 인공새집 모니터링을 통해 국립공원 보전을 위한 정책이 생태계에 어떠한 영향을 미치는지에 대한 객관적인 데이터를 확보하고자 한다.

08 위 보도자료에서 밑줄 친 ㉠~㉤을 바꿔 쓴 말로 적절하지 않은 것을 고르면?

① ㉠: 파괴된　　② ㉡: 제한하고　　③ ㉢: 개폐되어

④ ㉣: 증가되었다　　⑤ ㉤: 마련할

[09~10] 다음 해양수산부에서 발표한 보도자료를 읽고 질문에 답하시오.

해양생물다양성이란 해양생태계 내 생물종의 다양성뿐만 아니라 생물의 서식지와 생태계의 다양성을 포함하는 개념으로, 식량공급이나 기후조절, 생태관광 등 다양한 해양생태계 서비스를 공급하며 우리 삶에 영향을 미치고 있다.

하지만 최근 연안개발, 기후변화 등으로 해양생물다양성이 지속적으로 감소하여 보전의 필요성이 어느 때보다 커지고 있으며, 전 지구적으로 생물다양성 손실을 멈추기 위한 행동이 촉구되고 있다.

국내에서도 관계부처 합동으로 2024~2028 국가생물다양성 전략을 수립해 이행하고 있으며, 해양수산부도 해양생태계법 제38조에 따른 중장기 국가계획으로 이번 해양생물다양성 보전대책을 수립하였다. 해양생물다양성 보전대책은 '보전과 지속가능한 이용을 통한 해양생물다양성 가치 실현'이라는 비전을 바탕으로 '해양생물다양성 보전 및 증진', '해양생물다양성 위험요인 관리', '해양생물다양성 지속가능한 이용', '국제협력 및 인식 증진' 등의 4가지 전략을 담고 있다.

첫 번째로, 지리적 · 지형적으로 중요한 지역과 갯벌, 물범과 고래류의 해양포유류 서식처 등을 중심으로 1,000km^2 이상의 대형 해양보호구역을 지정해 현재 우리나라 해양의 1.8% 수준에 불과한 해양보호구역을 2030년까지 30% 수준으로 설정하기로 하였다. 이에 따라 체계적인 보전 · 관리를 위한 해양보호구역법도 2025년까지 제정할 계획이다. 또한 해양보호생물 지정과 관리체계를 개선하고 해양보호생물을 91종에서 120종으로 확대 지정한다. 해양보호생물 서식실태는 5년 주기로 정기 조사하도록 하고, 해양포유류 혼획 방지 등 해양생물 보호조치를 확대한다. 해양생물 증식과 복원을 위해서는 종복원 기술 개발을 통해 인공증식 종, 개체수를 확대하고, 바닷새 서식지와 산호초 군락지 등의 복원을 추진한다. 이를 위해 국립해양생물 종복원센터와 같은 관련 인프라도 확충할 계획이다.

두 번째로, 해파리, 갯끈풀 등 유해해양생물로 인한 피해를 줄이고 관리 역량 강화를 위해 해파리 대량발생 예측 신호등과 모바일 웹신고 등의 신속한 모니터링과 대응체계를 구축하고, 해파리 폴립 제거를 통해 사전예방을 추진해 나간다. 또한 2030년까지 국내 유입 시 생태계 교란이 우려되는 100종을 새롭게 지정하여 주요 무역항에서 모니터링을 실시한다. 이와 함께 기후변화에 대한 적응을 위해 해양생태계 기후변화 지표종 23종을 활용하여 모니터링을 실시하고 해양생물종별 취약성을 평가해 적응 시나리오도 수립한다. 해양산성화에 대비한 해역별 · 수층별 조사를 실시하고 국제협력 또한 강화할 예정이다.

세 번째로, 해양생태공원을 조성하고 갯벌생태마을을 운영하는 등 해양생태관광 활성화 계획도 수립해 이행한다. 해양생물을 활용한 소재 개발 · 국산화 · 표준화를 추진하고 미세조류 대량배양 기술 확보 등 안정적인 해양생물 소재 공급기반을 조성해 나가는 한편 해양수산생명자원관 등 기업 및 연구자를 대상으로 한 이익공유(ABS)를 위한 역량도 강화한다.

마지막으로, 국제협력 강화를 위해 생물다양성협약, 람사르협약 등 관련 국제협약을 적극 이행하고 군소도서국 대상 해양생물다양성 역량강화 공적개발원조(ODA) 사업을 추진한다. 인식 증진을 위해서는 해양생태계 조사 및 훼손행위 감시 등을 위한 시민 모니터링을 활성화하고, 해양생물다양성 권역별 연구 및 교육거점을 구축할 예정이다. 또한 민간기업의 해양환경 ESG 참여를 활성화하기 위해 기업이 참여할 수 있는 프로그램을 중점적으로 발굴해 나간다는 계획이다.

강○○ 해수부 장관은 "이번 해양생물다양성 보전대책을 통해 우리나라 갯벌과 같이 해양생물다양성이 풍부한 해양자원을 더욱 체계적으로 보전해 나갈 수 있을 것"이라며 "앞으로도 국제사회와 적극 협력해 전 지구적 해양생물다양성 제고와 지속가능한 이용에 선도적으로 앞장서겠다"라고 말했다.

09 위 보도자료를 읽고 이해한 내용으로 적절하지 않은 것을 고르면?

① 현재 우리나라 해양의 1.8%만이 해양보호구역으로 지정되어 있다.
② 해양생태계 기후변화 정도를 알 수 있는 지표가 되는 해양생물 23종이 있다.
③ 해양수산부는 5년 주기로 해양보호생물 서식실태를 정기 조사할 것이다.
④ 해양수산부는 해양보호생물로 지정된 해파리 폴립을 지속적으로 모니터링할 것이다.
⑤ 해양수산부는 해양생태계법 제38조에 따른 중장기 국가계획으로 해양생물다양성 보전대책을 수립하였다.

10 위 보도자료를 바탕으로 보고서를 작성하였을 때 밑줄 친 ㉠~㉤ 중 적절한 것을 고르면?

1. 추진개요
  (1) 추진명 : 해양생물다양성 보전대책
  (2) 추진배경
    ○ 연안개발, 기후변화 등으로 해양생물다양성의 지속적 감소
    ○ 전 지구적인 생물다양성 보전을 위한 행동 요구
2. 추진내용
  (1) 해양생물다양성 보전 및 증진
    ○ 보호구역에 관한 사항
      – 1천km^2 이상의 해양보호구역을 지정하여 2030년까지 우리나라 해양의 30% 수준으로 해양보호구역 설정
      – ㉠ 체계적인 보전 및 관리를 위한 관련법 2030년까지 제정할 계획
    ○ 보호생물에 관한 사항
      – ㉡ 해양보호생물 서식실태를 6년 주기로 실시
      – 해양포유류 혼획 방지 등 해양생물 보호조치 확대
    ○ 증식 및 복원에 관한 사항
      – 종복원 기술 개발을 통해 인공증식 종, 개체수 확대
      – 국립해양생물 종복원센터 등 관련 인프라 확충
  (2) ㉢ 해양생물다양성 기회요인 발굴
    ○ 유해생물에 관한 사항
      – 유해해양생물 차단을 위해 신속한 모니터링과 대응체계 구축
      – 해파리 폴립을 제거하여 사전예방 추진
    ○ 생태계 교란에 관한 사항
      – 국내 유입 시 생태계 교란이 우려되는 100종을 새롭게 지정하여 주요 무역항에서 모니터링 실시
    ○ 기후변화 적응에 관한 사항
      – 해양생태계 기후변화 지표종 23종을 활용하여 모니터링 실시
      – 해양생물종별 취약성을 평가하여 적응 시나리오 수립

(3) 해양생물다양성 지속가능한 이용

○ 생태관광에 관한 사항

– 해양생태공원 및 갯벌생태마을 지정과 운영

– 해양생태관광 활성화 계획 수립

– ㉣ 해양수산생명자원관 등 기업 및 연구자를 대상으로 한 이익공유(ABS)를 위한 역량 강화

○ 해양생물 연구에 관한 사항

– 해양생물을 활용한 소재 개발 · 국산화 · 표준화 추진

– 미세조류 대양배양 기술 확보 등 안정적인 해양생물 소재 공급기반 조성

(4) 국제협력 및 인식 증진

○ 국제협력에 관한 사항

– 생물다양성협약, 람사르협약 등 관련 국제협약 적극 이행

– 군소도서국 대상 해양생물다양성 역량강화 공적개발원조(ODA) 사업 추진

○ 인식 증진에 관한 사항

– ㉤ 해양생태계 조사 및 훼손행위 감시 등을 위한 시민 모니터링 활성화

– 해양생물다양성 권역별 연구 및 교육거점 구축

○ ESG에 관한 사항

– 민간기업이 참여할 수 있는 프로그램을 중점적으로 발굴하여 해양환경 ESG 참여 활성화

① ㉠　　② ㉡　　③ ㉢　　④ ㉣　　⑤ ㉤

11

갑의 집 앞에는 가로 520cm, 세로 700cm인 직사각형 모양의 화단이 있다. 이 화단의 네 모퉁이와 테두리에 일정한 간격으로 말뚝을 박아 울타리를 만들려고 할 때, 필요한 말뚝의 최소 개수를 고르면?(단, 말뚝의 두께는 무시한다.)

① 120개 ② 121개 ③ 122개
④ 123개 ⑤ 124개

12

어느 도서관에서 책 10권을 빌리려면 총 5,000원이 필요하고, 11권부터 20권까지는 10권을 초과하는 책에 대해 권당 x원, 21권부터 30권까지는 20권을 초과하는 책에 대해 권당 y원이 필요하다. 도서관에서 16권의 책을 빌린 A는 7,100원을 냈고, 27권을 빌린 B는 10,250원을 냈을 때, 이 도서관에서 23권의 책을 빌릴 때 필요한 금액을 고르면?

① 8,750원 ② 9,000원 ③ 9,100원
④ 9,200원 ⑤ 9,250원

13

일정한 규칙으로 수를 나열할 때, 빈칸에 들어갈 알맞은 수를 고르면?

10 −40 −12 ( ) 32 −128 −56 224 120

① −48 ② −24 ③ 24
④ 48 ⑤ 64

14

다음은 A의 생애를 나타낸 내용이다. A가 생을 마감한 나이는 몇 세인지 고르면?

A는 생의 $\frac{2}{5}$가 지난 후 대학교를 졸업했고, 졸업 후 4년 뒤에 결혼했다. 결혼한 지 2년 뒤에 아이가 태어났으며, 이 아이의 나이가 A의 생애의 $\frac{1}{2}$만큼 지났을 때 A는 생을 마감했다.

① 50세 ② 55세 ③ 60세
④ 65세 ⑤ 70세

15

다음 [표]와 [그래프]는 K대학교 학생의 아르바이트 월평균 소득 및 평균 근무 기간과 아르바이트 주간 평균 근로 시간에 대한 자료이다. 이를 바탕으로 옳은 것을 고르면?

[연도별 아르바이트 월평균 소득 및 평균 근무 기간]

(단위: 원, 개월)

구분	2018년	2019년	2020년	2021년
월평균 소득	434,600	469,500	482,200	554,530
평균 근무 기간	4.2	5.0	5.5	5.7

[연도별 아르바이트 주간 평균 근로 시간]

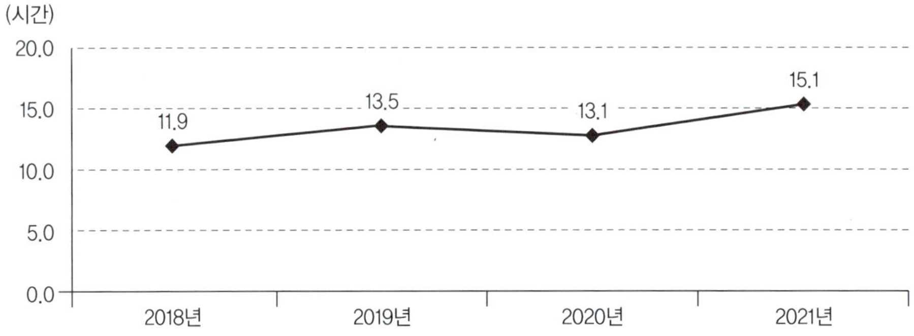

① 2021년 월평균 소득은 전년 대비 15% 증가하였다.

② 평균 근무 기간이 긴 해부터 순서대로 나열하면 주간 평균 근로 시간이 긴 해부터 나열한 순서와 같다.

③ 2020년 근무한 기간 동안 아르바이트 소득은 2년 전 대비 806,780원 증가하였다.

④ 2019~2021년 동안 월평균 소득의 전년 대비 증가율이 가장 높은 해는 2019년이다.

⑤ 2019년 이후 평균 근무 기간이 전년 대비 가장 많이 증가한 해에 월평균 소득도 전년 대비 가장 많이 증가하였다.

16 다음 [표]는 2024년 K국의 월별 에너지 수출입 현황에 대한 자료이다. 이를 바탕으로 옳지 않은 것을 고르면?

[월별 에너지 수입량]

(단위: 천 TOE)

구분	1월	2월	3월	4월
합계	28,100	27,080	29,910	31,750
석탄	6,980	6,250	7,790	8,270
석유	17,250	16,620	18,170	18,790
천연가스	3,870	4,210	3,950	4,690

[월별 에너지 수출량]

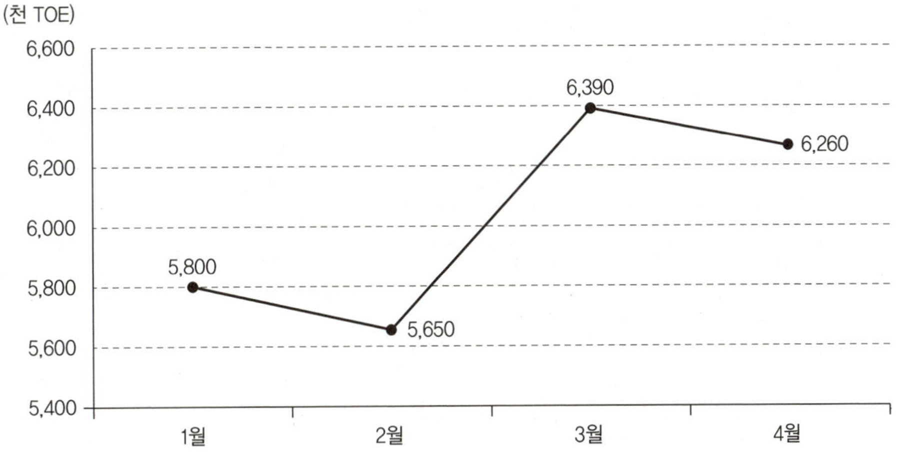

※ 에너지 순수입(천 TOE)=수입량−수출량

① 1월 대비 4월의 에너지 수입 증가량은 석유가 석탄보다 250천 TOE 더 많다.

② K국의 3월 에너지 순수입량은 전월 대비 증가하였다.

③ 2월 전체 에너지 수입량에서 천연가스가 차지하는 비중은 15% 이상이다.

④ 2월부터 4월까지 에너지 수입량이 전월 대비 매월 증가하는 에너지원은 2개이다.

⑤ 3월의 에너지 수출량은 1월 대비 10% 이상 증가하였다.

[17~18] 다음 [표]는 공항별 운항 수와 여객 수에 대한 자료이다. 이를 바탕으로 질문에 답하시오.

[공항별 운항 수]

(단위: 편수)

구분	도착	출발	합계
김포	6,159	6,157	12,316
김해	4,812	4,824	9,636
제주	7,567	7,571	15,138
대구	1,457	1,456	2,913
광주	560	559	1,119
무안	301	302	603
청주	814	814	1,628
여수	214	213	427
울산	272	272	544
사천	83	83	166
포항	60	60	120
군산	89	89	178
원주	31	32	63
인천	17,102	17,105	34,207
합계	39,521	39,537	79,058

[공항별 여객 수]

(단위: 명)

구분	도착	출발	합계
김포	1,114,895	1,109,701	2,224,596
김해	707,954	721,150	1,429,104
제주	1,349,682	1,367,509	2,717,191
대구	202,744	209,513	412,257
광주	89,623	89,670	179,293
무안	35,476	36,405	71,881
청주	129,309	128,983	258,292
여수	27,349	28,699	56,048
울산	32,537	33,032	65,569
사천	9,992	9,765	19,757
포항	4,204	4,582	8,786
군산	14,009	13,755	27,764
원주	3,683	3,790	7,473
인천	2,889,018	2,931,362	5,820,380
합계	6,610,475	6,687,916	13,298,391

17

다음 중 자료에 대한 설명으로 옳지 않은 것을 고르면?

① 출발 운항 수가 2번째로 많은 공항의 출발 여객 수는 도착 여객 수보다 17,827명 더 많다.

② 도착 운항 수보다 출발 운항 수가 더 많은 공항은 총 5개이다.

③ 포항 공항의 전체 여객 수에서 도착 여객 수가 차지하는 비중은 45% 이상이다.

④ 여수 공항의 출발 운항 수 1편수당 출발 여객 수는 약 127.8명이다.

⑤ 공항별 운항 수는 울산이 사천, 포항, 군산을 합한 것보다 80편수 더 많다.

18

도착 운항 수가 출발 운항 수보다 많으나 도착 여객 수는 출발 여객 수보다 적은 공항 중 도착 여객 수와 출발 여객 수의 차가 가장 적은 공항을 고르면?

① 김포　　② 대구　　③ 광주

④ 여수　　⑤ 원주

19

다음 [표]는 어느 국가의 2024년 국내선 공항 운항에 대한 자료이다. 이를 바탕으로 2024년 국내선 운항 횟수 상위 5개 공항의 2023년 운항 횟수를 그래프로 나타낸 것으로 옳은 것을 고르면?

[국내선 운항 횟수 상위 5개 공항]

순위	1	2	3	4	5
공항	AJ	KP	KH	KJ	TG
운항 횟수(회)	65,800	56,301	20,000	5,600	5,168
전년 대비 증가율(%)	25	47	60	12	52

①
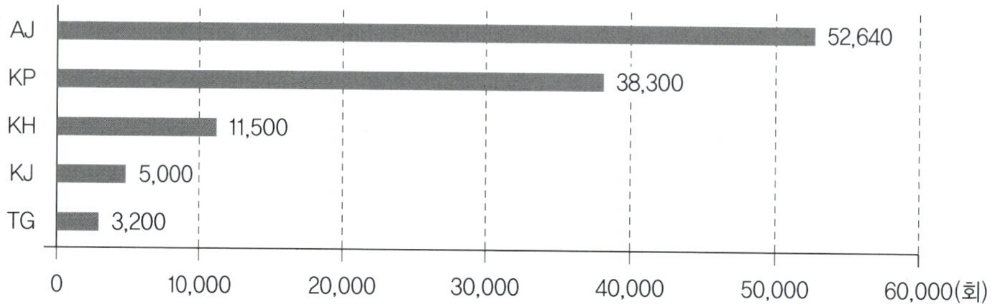

②
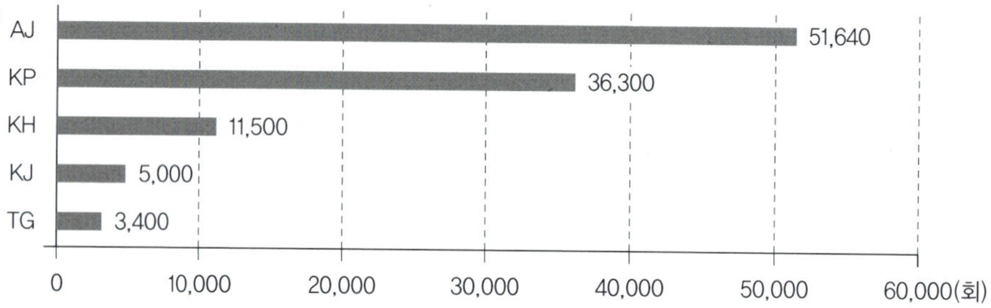

③
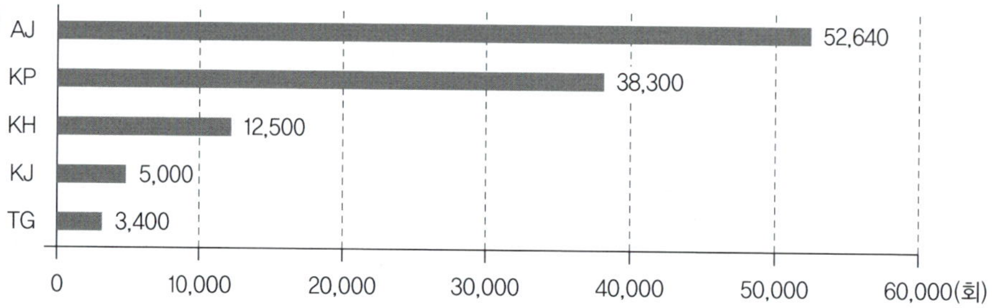

④
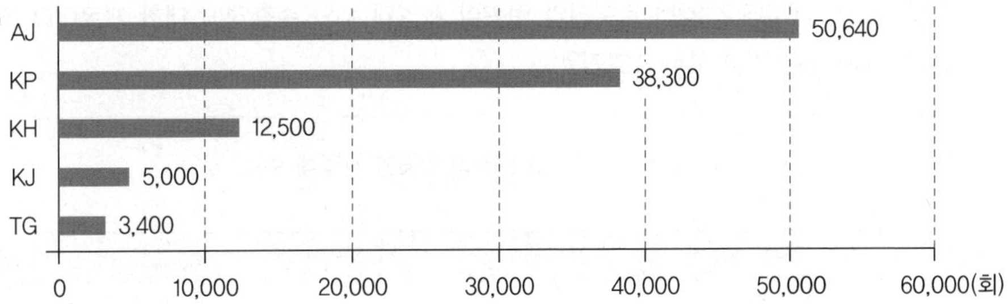
AJ
KP
KH
KJ
TG
50,640
38,300
12,500
5,000
3,400
0
10,000
20,000
30,000
40,000
50,000
60,000(회)

⑤
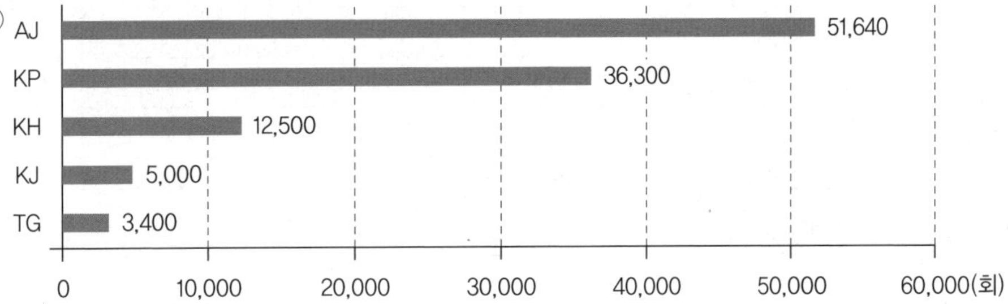
AJ
KP
KH
KJ
TG
51,640
36,300
12,500
5,000
3,400
0
10,000
20,000
30,000
40,000
50,000
60,000(회)

20

다음 [표]는 2019~2022년 로봇산업 업종별 사업체 수와 수출액에 대한 자료이다. 이를 바탕으로 [보기]에서 옳은 것을 모두 고르면?

[로봇산업 업종별 사업체 수]

(단위: 개)

구분	2019년	2020년	2021년	2022년
제조업용	601	711	725	672
전문 서비스용	279	375	417	448
개인 서비스용	127	150	208	197
로봇부품 및 소프트웨어	1,616	1,668	1,622	1,647
로봇 시스템	736	665	708	680
로봇 임베디드	167	214	228	221
로봇 서비스	1,141	1,235	1,291	1,219

[로봇산업 업종별 수출액]

(단위: 억 원)

구분	2019년	2020년	2021년	2022년
제조업용	8,360	8,757	8,980	9,327
전문 서비스용	317	348	353	435
개인 서비스용	713	691	643	687
로봇부품 및 소프트웨어	1,420	1,491	1,568	1,798
로봇 시스템	1,630	1,419	1,674	2,086
로봇 임베디드	40	22	28	73
로봇 서비스	775	642	326	303

보기

㉠ 2021년에 사업체 수 1개당 수출액은 제조업용이 로봇부품 및 소프트웨어의 10배 이상이다.
㉡ 2020년부터 2022년까지 전년 대비 사업체 수와 수출액이 모두 매년 증가한 업종은 없다.
㉢ 제시된 기간의 연평균 사업체 수는 로봇부품 및 소프트웨어가 로봇 서비스보다 400개 이상 더 많다.
㉣ 로봇 임베디드 수출액의 2019년 대비 감소율은 2021년이 2020년보다 20%p 더 낮다.

① ㉠, ㉡　② ㉠, ㉢　③ ㉡, ㉢
④ ㉡, ㉣　⑤ ㉢, ㉣

21

○○공사의 주거복지본부 건물은 8층이며, 각 층에는 다음 [조건]에 따라 부서가 배치되어 있다. 귀하가 공공주택에 대한 문의를 하기 위해 공공주택공급부에 방문하고자 할 때, 방문해야 하는 층을 고르면?

조건

- 건물 1층은 로비로 아무 부서도 배치되어 있지 않다.
- 각 층에는 1개의 부서씩 배치된다.
- 매입주택공급부는 가장 높은 층에 있다.
- 맞춤주택공급부가 있는 층 바로 아래층에는 전세주택공급부가 있다.
- 주거복지사업부가 있는 층 바로 위에는 동행계획부가 있다.
- 맞춤주택공급부는 공공주택공급부보다 높은 층에 있다.
- 청년월세지원부는 동행계획부보다 높은 층에 있다.
- 전세주택공급부에서 3개 층 아래에는 주거복지사업부가 있다.
- 공공주택공급부는 2층에 배치되어 있지 않다.

① 3층　② 4층　③ 5층
④ 6층　⑤ 7층

22

회사 사무실에서 절도 사건이 발생하였다. 절도 사건의 용의자로 지은, 형진, 주호 세 사람이 지목되었으며 각자 한 마디씩 진술을 하였다. 3명 중 범인은 반드시 거짓을 말하고 범인이 아닌 사람은 반드시 참을 말할 때, 다음 [대화]를 보고 반드시 범인인 사람을 모두 고르면?(단, 3명 모두 범인일 수 없다.)

대화

- 지은: 우리 셋 중 정확히 두 명이 거짓을 말하고 있다.
- 형진: 우리 셋 중 정확히 두 명이 참을 말하고 있다.
- 주호: 지은이와 형진이 중 정확히 한 명이 참을 말하고 있다.

① 지은　② 주호　③ 지은, 형진
④ 지은, 주호　⑤ 형진, 주호

23 다음 제시된 상품 마케팅 사례를 SCAMPER 방법론에 따라 분석하였을 때, 가장 연관성이 높은 기법을 고르면?

> 항공사나 기차 예약 시스템을 활용한 운동 예약 시스템이 큰 인기이다. 원하는 시간에 원하는 강사를 선택해 운동할 수 있는 운동 예약 시스템은 일정한 요일과 시간, 강사를 지정해 운동을 했던 과거와는 달리, 애플리케이션을 통해 원하는 시간에 원하는 강사를 선택한 뒤 간편하게 운동 예약이 가능해져 젊은 사람들에게 큰 인기를 얻고 있다.

① Substitute ② Combine ③ Adapt
④ Modify ⑤ Put to other use

24 다음 중 3C 분석의 관점과 이에 따라 분석한 내용이 바르게 연결된 것을 고르면?

① 자사 : 자사와 비교하여 우위에 있는 요소가 있는지 파악한다.
② 자사 : 자사와 같은 시장에 진입한 회사가 있는지 확인한다.
③ 경쟁사 : 제품을 주로 소비하는 대상의 특성은 무엇인지 확인하다.
④ 고객 : 비용이 증가하고 있지 않은지 점검한다.
⑤ 고객 : 회사의 상품과 서비스에 만족하고 있는지 파악한다.

25 호성, 준호, 영민, 인식이가 각각 국어, 수학, 사회, 과학 중 가장 좋아하는 한 과목을 선택하였다. 다음 [조건]을 모두 고려하였을 때, 항상 거짓인 것을 고르면?

조건

- 준호는 사회를 선택하지 않았다.
- 호성은 수학이나 사회 중 하나를 선택했다.
- 영민은 사회를 선택했다.
- 인식이는 국어나 수학 중 하나를 선택했다.
- 인식이는 준호와 선택한 과목이 다르다.
- 영민이가 선택한 과목은 선택한 사람이 한 명이 아니다.

① 국어를 선택한 사람은 한 명이다.
② 호성은 사회를 선택했다.
③ 인식이는 수학을 선택했다.
④ 준호가 과학을 선택하는 경우는 없다.
⑤ 수학은 아무도 선택하지 않았다.

[**26~27**] 다음은 2025년 ◇◇대학 영어영문학과 졸업생 5명(A~E)에 대한 정보이다. 5명의 졸업생은 해외 기업 인턴십 프로그램에 신청하였다. 이를 바탕으로 질문에 답하시오.

[2025년 ◇◇대학 영어영문학과 졸업생 정보]

구분	나이	평균 학점	공인영어점수	관련 자격증 개수	희망 국가
A	25세	4.25점	81점	2개	핀란드
B	26세	4.15점	88점	1개	대만
C	28세	3.95점	100점	2개	호주
D	27세	4.12점	79점	4개	독일
E	29세	4.40점	95점	0개	영국

26

다음 [조건]에 따라 점수를 부여한다고 할 때, C가 해외 기업의 인턴으로 가게 되는 국가를 고르면?

조건

- 나이 점수는 나이가 많은 사람부터 순서대로 5~1점을 부여한다.
- 학점 점수는 평균 학점이 높은 사람부터 순서대로 5~1점을 부여한다.
- 어학 점수는 공인영어점수의 10%를 점수로 환산한다.(단, 소수점 이하는 버림한다.)
- 자격 점수는 관련 자격증 1개당 2점을 부여한다.
- 총점은 나이 점수와 학점 점수, 어학 점수 및 자격 점수의 총합으로 정한다.
- 총점이 가장 높은 2명은 희망 국가로 해외 기업 인턴을 간다.
- 총점이 세 번째로 높은 졸업생은 미국으로, 네 번째로 높은 졸업생은 중국으로 해외 기업 인턴을 가며, 총점이 가장 낮은 1명은 해외 기업 인턴십 프로그램에 참여할 수 없다.
- 동점자의 처리는 어학 점수, 학점 점수, 자격 점수, 나이 점수 순으로 평가한다.

① 호주 ② 미국 ③ 영국
④ 중국 ⑤ 탈락

27

다음 [조건]과 같이 선발 기준이 변경되었을 때, 희망한 국가에 가지 못하는 지원자를 고르면?

조건

- 나이 점수는 총점에 포함되지 않는다.
- 학점 점수는 평균 학점을 소수점 첫째 자리에서 반올림하여 점수를 부여한다.
- 어학 점수는 공인영어점수의 10%를 점수로 환산한다.(단, 소수점 첫째 자리에서 반올림한다.)
- 자격 점수는 관련 자격증 1개당 1점을 부여한다.
- 총점이 가장 낮은 1명은 탈락하고, 나머지는 각자 희망하는 국가로 인턴을 간다.
- 동점자의 처리는 어학 점수, 자격 점수, 학점 점수 순으로 평가한다.

① A ② B ③ C ④ D ⑤ E

[28~30] 다음은 자동차 차대번호 부여방식에 대한 자료이다. 이를 바탕으로 질문에 답하시오.

[차대번호 구성]

제조국 구분(1자리) – 차량 구분(1자리) – 차의 특성(5자리) – 생산연도(1자리) – 생산번호(6자리)

K	J	D	A	2	2	A	L	0	0	0	0	0	1
제조국 구분	차량 구분	차의 특성					생산 연도	생산 번호					

[차대번호 부여방식]

1) 제조국 구분

A~H	S~Z	1~5	6~7	8~9	J	K
아프리카	유럽	북아메리카	오세아니아	남아메리카	일본	한국

2) 차량 구분

H	J	F	C	B
승용	승합	화물	특장	트레일러

3) 차의 특성

① 차종

A	B	C	D	E	F	G
경차	중소형차	소형차	준중형차	중형차	준대형차	대형차

② 세부 차종

A	B	H	L	M	N
카고	덤프	믹서	기본사양	고급사양	최고급사양

③ 차체 형상

1	2~4	6	8	0
리무진	문의 개수	쿠페	웨건	픽업

④ 안전 장치

1	2	3	4
장치 없음	수동 안전띠	자동 안전띠	에어백

⑤ 배기량

A	B	C	D
1,800cc 이하	2,000cc 이하	2,500cc 이하	2,500cc 초과

4) 생산연도

① 2001~2009년: 1~9

② 2010년 이후: A~Z

5) 생산번호

제작된 순서대로 000001~999999까지 부여

28 다음 중 자동차의 차대번호가 바르게 표기된 것을 고르면?

① HAAA31A9000008
② KJEM54CL000018
③ 4BGM24D9008517
④ DFFL22DD00089
⑤ 9JHN81BA189708

29 다음 중 차대번호가 '6HDM63BN079812'인 자동차에 대한 설명으로 옳은 것을 고르면?

① 준중형차로 최고급사양이다.
② 2023년에 생산된 자동차이다.
③ 남아메리카에서 제조되었다.
④ 배기량은 2,300cc이다.
⑤ 해당 연도에 798,120번째로 생산된 자동차이다.

30 다음 중 유럽에서 제조된 에어백 장치가 있는 승용차의 개수를 고르면?

TJGA44DE000004	7CGN42D1084809	JFGA24D8123744	WBGM24DG008136
DBFH04DI101101	HCGL21DH041070	ABCA04D8057987	UHAN44AC000179
9HEL82CC000179	KHBL43B9095478	ZHAN24AK927138	5HECB23C954080

① 없음　② 1대　③ 2대
④ 3대　⑤ 4대

정답과 해설 p.26

DAY 05

왜 틀렸지?

왜 실수했지?

매일 한 줄 복기

문제를 다 풀고 난 후 왜 틀렸는지, 자주 나오는 실수 패턴은 무엇인지, 어떤 문제부터 풀어보고 어떤 문제는 나중에 풀지를 바르게 판단했는지 복기해 보세요. 어느 부분이 부족한지 스스로 깨닫고, 다음 회차를 풀 때 적용한다면 NCS 실력이 빠르게 올라갈 것입니다.

작성 예시

- ✔ 지문 읽을 때 키워드부터 찾기! 지문 끊어 읽기! 선택지에서 체크한 키워드가 모두 나와야 한다.
- ✔ 그래프와 표 나올 때 제목이랑 단위부터 확인하기!
- ✔ 시간 내에 풀 수 있는 유형인지 아닌지를 꼭 체크하고 넘어가자. 무조건 넘기지 말자!
- ✔ 의사소통 먼저 풀면 시간이 절약되는 것 같음. 수리랑 문제해결 중 어떤 것부터 풀지 판단해 보자.

의사소통능력	
수리능력	
문제해결능력	

DAY 05

제한시간: 30분

01

다음 빈칸에 들어갈 말로 가장 적절한 것을 고르면?

> 최근 생명과학에 대한 세상의 관심이 높아지며 그 도덕성도 심심찮게 논란의 대상이 되고 있다. 그 중 생태계와 관련하여 생명과학이 주목을 받는 이유는 이미 심각한 상태로 오염된 환경을 효과적으로 복원할 수 있는 방법을 생명과학이 제시할지도 모른다는 기대감 때문이다.
>
> 그러나 생명과학이 개발해 내고 있는 각종 첨단 기술이 인간의 존엄성을 훼손하게 될 것이라는 우려의 표출도 있다. 다른 모든 자연과학과 마찬가지로 생명과학도 (　　　)을 지니고 있다. 그렇기 때문에 우리는 생명과학의 무한한 가능성에 큰 기대를 걸면서도 그것이 갖는 가공할 만한 위험성을 항상 경계하고 있는 것이다.
>
> 생태계의 복원과 인간의 존엄성은 단순한 논리로 접근할 수 없는 사안이다. 다양한 가치가 상호 연계되어 있기 때문에 건전하고 지속가능하도록 보전하기 위해서는 종합적이고 체계적인 접근이 요구된다. 따라서 단기간에 걸친 기술개발은 바람직하지 않다.

① 합리성　② 객관성　③ 양면성
④ 독창성　⑤ 모순성

02 다음 [보기]를 참고할 때, 밑줄 친 단어의 발음이 적절하지 않은 것을 고르면?

보기

> [표준발음법]
> 제15항 받침 뒤에 모음 'ㅏ, ㅓ, ㅗ, ㅜ, ㅟ'들로 시작되는 실질 형태소가 연결되는 경우에는, 대표음으로 바꾸어서 뒤 음절 첫소리로 옮겨 발음한다.
> 제18항 받침 'ㄱ(ㄲ, ㅋ, ㄳ, ㄺ), ㄷ(ㅅ, ㅆ, ㅈ, ㅊ, ㅌ, ㅎ), ㅂ(ㅍ, ㄼ, ㄿ, ㅄ)'은 'ㄴ, ㅁ' 앞에서 [ㅇ, ㄴ, ㅁ]으로 발음한다.
> 제19항 받침 'ㅁ, ㅇ' 뒤에 연결되는 'ㄹ'은 [ㄴ]으로 발음한다.
> [붙임] 받침 'ㄱ, ㅂ' 뒤에 연결되는 'ㄹ'도 [ㄴ]으로 발음한다.
> 제20항 'ㄴ'은 'ㄹ'의 앞이나 뒤에서 [ㄹ]로 발음한다.

① 그는 그 이야기를 다 듣고 <u>헛웃음[허두슴]</u>만 지었다.
② 그녀가 좋아하는 영화배우는 정말인지 <u>멋있다[머딛따]</u>.
③ <u>옷맵시[온맵씨]</u>가 나려면 그 구성요소부터 이해할 필요가 있다.
④ 되풀이되는 <u>물난리[물랄리]</u> 참변을 막기 위한 대응체계가 필요하다.
⑤ 아동학대 예방 및 아동보호를 위한 <u>협력[협녁]</u> 강화를 위한 협의체가 구성되었다.

03 다음 글의 빈칸 ㉠, ㉡에 들어갈 접속어가 바르게 짝지어진 것을 고르면?

> 김소월의 「진달래꽃」에서 '진달래꽃'은 화자의 주관적인 감정인 '이별'과 관련된 상실과 비애 등을 표현하는 데 기여한다. 김소월의 주요 작품에서 중요한 것은 화자의 주관을 드러내는 것이며, 객관적 사물은 그것을 효과적으로 드러내는 도구가 된다.
> (㉠) 「산유화」에서는 이러한 특징이 반대로 나타난다. (㉡) 「산유화」에서는 '산, 꽃, 새' 등의 객관적 사물이 시의 전면에 부각되고, 주관적 정서는 은밀하게 감추어져 있다. 이런 점에서 「산유화」는 김소월의 예외적인 작품으로 거론되며 더욱 성숙한 경지를 보여주는 작품이라는 평가를 받기도 한다.

	㉠	㉡
①	그런데	즉
②	그러나	그리고
③	그런데	따라서
④	따라서	예컨대
⑤	예컨대	즉

04 다음 글의 서술방식으로 적절한 것을 고르면?

반려동물 동거인 1천만 시대가 되어 5명 중 1명이 이에 해당할 정도로 반려동물은 이미 생활의 일부가 됐다. 그런데 가정 내에서 간혹 문제로 떠오르는 사안이 있다. 바로 임신했을 때 반려동물을 격리할 것인가, 말 것인가에 대한 고민이다. 떠도는 속설 때문에 주인의 임신과 함께 버려지는 반려동물이 많은 것도 사실이다. 반려동물이 과연 태아에게 치명적인 영향을 미치는 존재인지 알아보자.

최근 아이를 낳지 않고 반려동물만 키우는 딩크족이 늘고 있다. 이 때문인지 항간에는 반려동물과의 동거가 불임의 원인이 된다는 속설이 돌고 있다. 그러나 결론적으로 말하면 이것은 과학적 근거가 없는 허구이다. 반려동물을 키우면 모성 호르몬이 여성 호르몬을 억제해 임신이 잘 되지 않는다고 하는데, 애초에 모성 호르몬이라는 것은 존재하지 않을뿐더러 반려동물을 키운다고 해서 여성 호르몬이 영향을 받는다는 설도 증명된 적이 없다.

임신 사실을 안 순간 반려동물의 존재는 갑자기 고민거리가 되기도 한다. 임신부의 건강에 문제가 생길 수도 있다고 여겨지기 때문이다. 특히 반려동물의 털은 태아에게 나쁜 영향을 미친다고도 알려져 있어 임신부들을 불안하게 한다. 그러나 태아는 자궁경부와 양막의 보호를 받으므로 임신 중 반려동물의 털이 태아에게 접촉될 수 없다. 물론 털에 의한 알레르기 반응이나 천식, 두드러기 등에는 임신부가 쉽게 노출될 수도 있다. 평소 알레르기에 민감하게 반응해 온 임신부라면 당분간 떨어져 지내는 것이 좋다.

고양이를 키우면 기형아를 낳게 된다는 속설도 있지만, 그렇지 않다. 다만 고양이와 임신부에게 톡소플라즈마 항체가 없을 경우에는 문제가 될 수 있다. 톡소플라즈마 기생충에 급성으로 감염된 고양이가 기생충의 알을 배출하는 2주 동안 그 알을 임신부가 섭취하게 되면 낮은 확률로 기형아 발생의 위험이 있기 때문이다. 따라서 고양이를 키우고 있다면 이를 숙지하여 임신 초기 톡소플라즈마 감염을 예방할 수 있도록 해야 한다.

임신부들은 아무래도 임신 초기 입덧 때문에 냄새에 민감해진다. 입덧이 심할 때는 반려동물의 체취나 배설물 냄새가 더 역하게 느껴지기도 한다. 그러나 반려동물 때문에 없던 입덧이 생기거나 입덧이 더 심해지는 것은 아니다. 임신부가 있는 집이라면 가족들이 평소보다 청결하게 반려동물을 관리하는 것이 좋다.

임신 초기는 유산의 위험이 높고 안정이 필요한 시기이다. 평소 알레르기 질환에 노출되어 있는 임신부라면 면역력이 약해서 호흡기 증상이나 임신소양증 등을 일으킬 수 있으므로 반려동물에 대한 면역이 있는지도 미리 검사를 받아야 한다. 한편 반려동물은 임신 중 우울감이나 스트레스를 감소시키는 역할도 하므로 키울 것인지, 아닌지는 개개인의 특성과 처한 상황에 따라 신중하게 선택하는 것이 좋다.

① 반려동물이 태아에게 미치는 영향에 대한 속설을 소개하고 이를 모두 반박하고 있다.
② 반려동물이 임신에 미치는 영향에 대한 속설을 병렬적으로 소개하고 있다.
③ 반려동물이 임신부에게 부정적 영향을 끼칠 수 있음을 단계적으로 서술하고 있다.
④ 반려동물이 임신부에게 끼칠 수 있는 영향을 장점과 단점을 대비하여 설명하고 있다.
⑤ 통념을 제시한 후 이를 반박함으로써 반려동물이 가진 장점을 부각하고 있다.

05 다음 [가]~[마] 문단을 글의 흐름에 따라 순서대로 바르게 배열한 것을 고르면?

[가] '역사란 무엇인가'라는 대단히 어려운 물음에 아주 쉽게 답한다면, 그것은 인간 사회의 지난날에 일어난 사실 자체를 가리키기도 하고, 그 사실에 관해 적어 놓은 기록을 가리키기도 한다고 말할 수 있다. 그러나 과거에 일어난 사실이 모두 역사가 되는 것은 아니다. 예를 들면, 김 총각과 박 처녀가 결혼한 사실은 역사가 될 수 없지만 한글이 창제된 사실, 임진왜란이 일어난 사실 등은 역사가 되는 것이다.

[나] '역사는 변한다'라는 말은 누구도 부인할 수 없는 진리이다. 그렇다면 이 '역사가 변해 가는 방향이 어느 쪽인가?', '인간의 역사는 결국 어느 곳으로 향해 가고 있는가?' 하는 문제에 대한 이해 없이 역사 자체를 올바르게 보기는 어렵다. 이 물음에 대해 역사학은 역사의 변화에 일정한 방향이 있다고 말하고 있다. 정치적인 속박을 벗어나는 길, 경제적인 불평등을 극복하는 길, 사회적인 불평들을 해소하는 길, 사상의 자유를 넓혀 가는 길이 대표적이다. 그렇다면 주변에서 일어나고 있는 일들이 이러한 방향으로 나아가는 데 궁극적으로 합치되고 있는가 그렇지 못한가를 분간할 수 있어야 한다. 그것이 역사를 보는 직접적이면서도 쉬운 방법의 하나라 할 수 있다.

[다] 이렇게 보면 사소하거나 일상적으로 반복되는 일은 역사가 될 수 없고, 단발적으로 일어나는 거대한 사실만이 역사가 될 것 같지만 반드시 그렇지는 않다. 고려 시대의 경우를 보면, 주기적으로 일어나는 자연 현상인 일식과 월식은 하늘이 인간 세계의 부조리를 경고하는 것이라 생각했기 때문에 역사가 되었다. 반면에 세계에서 가장 먼저 발명된 금속 활자는 목판본이나 목활자 인쇄술이 금속 활자로 전환되는 중요성이 인식되지 않았기 때문에 당시 역사가 될 수 없었다. 따라서 역사라는 것은 지난날의 인간 사회에서 일어난 사실 중에서 누군가에 의해 중요하게 여겨져 선택된 일부라고 할 수 있다.

[라] 이를 고려해 보면, 여기에 몇 가지 재고해야 할 문제가 있다. 첫째는 '중요하게 여겨져 선택된 사실이란 무엇을 말하는 것인가' 하는 문제이고, 둘째는 '중요한 사실을 가려내는 사람의 생각과 처지'의 문제이다. 여기서 '무엇이 중요한 문제이며 그 기준이 무엇인가'에 대해서는 후세에게 어떤 참고가 될 만한 일이고, '참고가 될 만한 일과 될 만하지 않은 일을 가려내는 일'은 사람과 시대에 따라 다를 수 있다.

[마] 그러면 역사의 의미는 달라지는가? 후세에까지 중요하고 참고될 만한 것으로 남을 사실이 역사로 기록된다고 했지만, 경우에 따라서는 전혀 다른 뜻으로 해석되는 역사도 많다. 일제 식민지 시기까지 계속 동학란으로 불리다가 해방 이후 동학농민운동으로 불린 1894년 전봉준 등의 봉기가 그 단적인 예이다. 상감청자의 경우도 마찬가지이다. 근대 사회로 넘어온 후 우수성과 독창성이 세계적으로 알려지고 나서야 고려 시대에 상감청자가 만들어졌다는 사실이 중요한 사실로 다뤄지게 되었다.

① [가]－[나]－[다]－[라]－[마]
② [가]－[다]－[라]－[마]－[나]
③ [나]－[가]－[다]－[라]－[마]
④ [나]－[가]－[마]－[다]－[라]
⑤ [나]－[다]－[라]－[마]－[가]

06 다음 글의 주장을 비판한 사례로 가장 적절한 것을 고르면?

광고에서 소비자의 눈길을 확실하게 사로잡을 수 있는 요소는 모델이다. 일부 유명인은 여러 광고에 출연하고 있다. 이러한 중복 출연은 광고계에서 관행으로 되어 있고, 소비자도 이를 당연하게 여기고 있다. 그러나 유명인의 중복 출연이 과연 높은 광고 효과를 보장할 수 있는지 유명인이 중복 출연하는 광고의 효과를 점검해 볼 필요가 있다.

광고 효과는 상품의 특성에 적합한 이미지를 갖춘 인물이어야 제대로 나타날 수 있다. 예를 들어 상품 자체의 성능이나 효과가 중요한 자동차, 카메라, 공기 청정기, 치약 등에는 전문성과 신뢰성을 갖춘 모델이 적합하다. 이와 달리 상품이 전달하는 감성이 중요한 보석, 초콜릿, 여행 등에는 매력과 친근함을 갖춘 모델이 잘 어울린다.

그런데 유명인이 여러 유형의 상품 광고에 출연하면 모델의 이미지와 상품의 특성이 어울리지 않는 경우가 많아 광고 효과가 나타나지 않을 수 있다.

소비자가 모델을 상품과 연결시켜 기억하기 어렵게 한다는 점도 광고 효과에 부정적인 영향을 미친다. 유명인의 이미지가 여러 상품으로 분산되면 광고 모델과 상품 간의 결합력이 약해질 것이다. 이는 유명인 모델의 긍정적인 이미지를 상품에 전이하여 얻을 수 있는 광고 효과를 기대하기 어렵게 만든다.

또한 유명인의 중복 출연 광고는 메시지에 대한 신뢰를 높이기 힘들다. 유명인이 여러 광고에 중복하여 출연하면 경제적인 이익만을 추구한다는 이미지가 소비자에게 강하게 각인된다. 그러면 소비자는 유명인 광고 모델의 진실성을 의심하게 되어 광고가 전달하는 메시지가 객관성을 결여하고 있다고 생각하게 될 것이다.

유명인 모델의 광고 효과를 높이기 위해서는 유명인이 자신의 이미지와 잘 어울리는 특정 상품의 광고에만 지속적으로 나오는 것이 좋다. 이렇게 할 경우 상품의 인지도가 높아지고, 상품을 기억하기 쉬워지며, 메시지에 대한 신뢰도가 제고된다. 유명인의 인지도가 상품에 전이되고 소비자가 유명인이 진실하다고 믿게 되기 때문이다.

여러 광고에 중복 출연하는 유명인이 많아질수록 외견상으로는 광고 매출을 증대시켜 광고 산업이 활성화되는 것으로 보일 수 있다. 하지만 모델의 중복 출연으로 광고 효과가 제대로 나타나지 않으면 광고비가 과다 지출되어 결국 광고주와 소비자의 경제적인 부담으로 이어진다. 유명인을 비롯한 광고 모델의 적절한 선정이 요구되는 이유가 여기에 있다.

① 광고를 전달하는 매체에 따라 광고 효과가 달리 나타난다는 연구 결과가 있다.

② 한 사람의 유명인이 특정 상품의 광고 모델을 오래할 경우, 소비자의 충성도가 높아진다는 연구 사례가 있다.

③ 다수의 홍보 회사에 따르면, 유명인을 광고 홍보 모델로 기용할 때 제품군이 겹치지 않는 것을 원칙으로 한다는 사례가 있다.

④ 여러 광고에 중복 출연하는 홍보 모델이 있을 경우, 해당 홍보 모델의 부정적 기사가 모든 광고의 매출에 타격을 준 사례가 있다.

⑤ 특정 상품과 관련하여 유명인이 등장하는 광고를 자주 하면, 그 유명인이 등장하는 다른 상품들의 광고는 상대적으로 광고 횟수가 적어도 효과는 커진다는 연구 결과가 있다.

[07~08] 다음 한국철도공사의 보도자료를 읽고 질문에 답하시오.

코레일, (   )

中 철도공사와 철도협력 업무협약 체결… 한국 기업에 선로 우선배정 협의

오봉역-부산-中 연운항 거쳐 대륙철도(TCR) 연계 중앙亞 수출길 열어

한국철도공사(이하 코레일)가 중국국가철로그룹유한공사(CR)와 업무협약을 맺고, 유럽과 중앙아시아로 가는 수출화물을 대륙철도로 연계 수송하여 철도와 해운을 결합한 '국제철도협력기구(OSJD) 기반 국제복합운송 사업'의 첫발을 뗐다고 밝혔다. 한○○ 코레일 사장은 베이징에 있는 중국국가철로그룹유한공사(CR) 본사에서 유진방 회장과 만나, 유라시아 화물운송 협력 강화 등 전략적 동반자 관계 구축을 위한 업무협약을 체결했다.

중국국가철로그룹유한공사(CR)는 중국 철도의 운영 · 유지보수를 담당하는 공기업으로, OSJD의 중국 대표 회원사로서 유라시아 횡단철도 중국노선(TCR)의 운영을 맡고 있다. 고속철도 4만 5천km를 포함한 CR의 철도 영업거리는 15만 9천km에 달하고, 하루에 여객열차 9천 회, 화물열차 2만 회 이상 운행하며 1천만 명 이상의 승객과 1천만 톤 이상의 화물을 수송한다.

두 기관은 앞으로 양국 철도의 발전을 위해 한국에서 중국을 거쳐 중앙아시아, 유럽으로 가는 철도 운송노선의 경쟁력 향상과 물동량 증대에 협력하며, 공동연구와 인적 · 기술 교류를 시행하고, 제3국 등 해외시장도 공동 개발하기로 했다. 특히 코레일이 유라시아 횡단철도 중국노선(TCR)과 연계해 추진 중인 국제복합운송 열차의 선로 우선배정 등에 대해 협의하고, 통관 절차 지연 등 장애요인도 함께 해결해 나가기로 했다. 이에 코레일은 CR과 함께 장쑤성 연운항에서 카자흐스탄을 거쳐 중앙아시아까지 화물을 운송하는 블록트레인 방식으로 시간과 비용을 동시에 절감하는 수송 방안을 마련할 계획이다.

한편 코레일은 연운항항 철도수송 물류기지에서 '국제복합운송 시범사업' 기념행사를 열고, 한국기업의 수출품을 싣고 우즈베키스탄으로 향하는 55칸짜리 블록트레인 컨테이너 열차를 환송했다. 이번 사업은 중앙아시아로 수출하는 화물을 실은 40FT 컨테이너가 한국의 오봉역(경기도 의왕)을 출발해 부산항과 중국 연운항항을 거쳐 TCR을 타고 카자흐스탄과 우즈베키스탄에 도착하는 것으로, 24일 동안 약 7천km를 이동하게 된다.

* 구간: 오봉역 → 부산항 → 중국 연운항항 → 카자흐스탄 → 우즈베키스탄(6,852km)
* 기간: 2024. 6. 13.~7. 6.(24일)
* 품목/물량: 자동차부품, 가전제품 등/40FT 컨테이너 55개

코레일은 OSJD의 복합운송협정에 의거해, 한국 기업의 수출화물을 철도와 해운, 대륙철도 등 서로 다른 운송수단을 결합해 해외로 운송하는 복합물류 사업을 준비해 왔다. 한국 기업의 유럽, 중앙아시아 수출화물의 안정적인 수송 루트를 확보하고, 국내 물류 분야에서 철도수송 분담률을 높이는 것을 목적으로 한다.

코레일은 이번 시범사업을 성공적으로 마무리한 후 국내 철도와 대륙철도 구간에서 각각 복합운송 전용 정기화물열차의 운행을 추진하고, 국제복합운송의 구체적 업무절차도 표준화할 계획이다. 정기화물열차가 운행하면 한국 기업은 정해진 일정에 따라 안정적으로 수출루트를 확보할 수 있다. OSJD 국제 기준에 따라 코레일에 제출하는 표준운송장 하나로 국내 출발지부터 해외의 최종 목적지까지 운송할 수 있어 업무 효율성도 높아진다.

무엇보다, 열차배정 지연이나 국경역 통관심사 지연으로 발생하는 화물 적체 현상이 일부 해소될 수 있을 것으로 기대된다. 일반적으로 한국에서 중앙아시아까지 30일가량 소요되지만, 물동량이 집중되는 특정 시기에는 최대 6개월까지 지연되는 사례가 적잖게 발생했다.

한편, 앞서 대한민국 정부는 OSJD가 주관하는 국제철도화물운송협정(SMGS), 국제철도여객운송협정(SMPS), 복합운송협정 등 정부협정 3종에 가입해 유라시아 철도 운송의 제도적 기반을 마련했다. 코레일은 대한민국 대표 철도운영사로서 'OSJD 복합운송협정'의 실현을 위해 중국, 카자흐스탄, 우즈베키스탄의 철도공사와 국내 4개 물류 기업 등 총 13개 기관이 참여하는 다국적 협의체를 구성해 국제복합운송 사업을 추진해 왔다.

07 위 보도자료의 빈칸에 들어갈 제목으로 적절한 것을 고르면?

① 중국국가철로그룹유한공사(CR)의 철도 유지보수 사업 체결

② 중앙아시아를 거쳐 유럽으로 가는 화물운송 노선 독자 개발 추진

③ 열차배정 지연 등으로 발생하는 화물 적체 현상 일부 해소

④ '철도 · 해운 결합' 국제복합운송(한－중－카자흐－우즈벡) 시범사업 시동

⑤ 유라시아 철도 운송의 제도적 기반 마련을 위해 OSJD 주관 정부협정 3종 가입

08 위 보도자료를 이해한 내용으로 적절하지 않은 것을 고르면?

① 한국에서 중앙아시아까지 열차로 30일가량 소요되며, 물동량이 집중되는 시기에는 최대 6개월까지 지연되기도 한다.

② 코레일의 시범사업에 따라 중앙아시아로 수출하는 화물을 실은 40FT 컨테이너가 경기도 의왕에서 출발해 카자흐스탄과 우즈베키스탄에 도착한다.

③ 코레일은 국내 철도와 대륙철도 구간에서 각각 복합운송 전용 정기화물열차의 운행을 추진하고, 국제복합운송의 구체적 업무절차도 표준화할 계획이다.

④ 대한민국 정부는 OSJD가 주관하는 국제철도화물운송협정(SMGS), 국제철도여객운송협정(SMPS), 복합운송협정 등 정부협정 3종에 가입해 유라시아 철도 운송의 제도적 기반을 마련할 예정이다.

⑤ 정기화물열차가 운행하면 한국 기업은 OSJD 국제 기준에 따라 코레일에 제출하는 표준운송장 하나로 국내 출발지부터 해외의 최종 목적지까지 운송할 수 있다.

[09~10] 다음 글을 읽고 질문에 답하시오.

국민연금은 국민의 노령, 장애 또는 사망에 대하여 연금급여를 실시함으로써 국민의 생활 안정과 복지 증진에 이바지하는 것을 목적으로 시행되는 제도이다. 국민 개개인이 나이가 들거나, 갑작스러운 사고나 질병으로 인한 사망 또는 장애로 인해 소득활동이 중단된 경우 납부한 보험료를 기반으로 본인이나 유족에게 연금을 지급함으로써 기본 생활을 유지할 수 있도록 한다. 국민연금은 정부가 직접 운영하는 공적 연금제도로, 법적으로 가입이 의무화되어 있기 때문에 사보험에 비해 관리운영비가 적게 소요되며, 영업이익을 추구하지 않는다. 다만 국가는 연금급여가 안정적이고 지속적으로 지급되도록 필요한 시책을 수립 및 시행하여야 한다.

국민연금법에 따르면 국민연금은 공무원, 군인, 교직원 및 별정우체국 직원 등 국민연금법에서 규정하고 있는 자를 제외하고 국내에 거주하는 18세 이상 60세 미만의 국민이 가입 대상이 된다. 이때 가입자는 사업장가입자, 지역가입자, 임의가입자, 임의계속가입자로 구분된다. 먼저 사업장가입자는 국민연금에 가입된 사업장의 18세 이상 60세 미만의 사용자 및 근로자로서 국민연금에 가입된 자를 말하며, 국민연금 가입 대상자 중 사업장가입자가 아닌 사람은 지역가입자가 된다. 만일 사업장가입자와 지역가입자에 해당되지 않는 사람이 국민연금공단에 가입을 신청할 경우 임의가입자가 될 수 있으며, 국민연금공단에 신청하여 탈퇴할 수도 있다. 임의계속가입자는 국민연금 가입자 또는 가입자였던 자로서 60세에 달한 사람이 가입기간이 부족하여 연금을 받지 못하거나 가입기간을 연장하여 더 많은 연금을 받기를 원할 경우 국민연금공단에 신청하여 65세에 달할 때까지 임의계속가입자가 될 수 있다. 임의계속가입자 또한 신청에 의해 탈퇴할 수도 있다.

국민연금 급여는 10년 이상 가입한 자에 대해 60세부터 지급되는 노령연금, 가입 중에 발생한 질병 또는 부상으로 장애가 남아 있을 때 지급되는 장애연금, 국민연금 수급권자가 사망한 경우 그 유족에게 지급되는 유족연금, 가입기간이 10년 미만인 자가 60세가 된 경우, 가입자 또는 가입자였던 자가 사망하였으나 유족연금이 지급되지 아니한 경우, 국적을 상실하거나 국외로 이주한 경우 지급되는 반환일시금으로 구분된다. 급여는 수급권자의 청구에 따라 국민연금공단에서 지급하고, 연금액은 지급사유에 따라 기본연금액과 부양가족연금액을 기초로 산정한다.

국가는 매년 국민연금공단 및 국민건강보험공단이 국민연금사업을 관리 · 운영하는 데 필요한 비용의 전부 또는 일부를 부담해야 하며, 보건복지부장관은 (　　　㉠　　　). 즉 국민연금공단은 국민연금사업에 드는 비용에 충당하기 위하여 가입자와 사용자에게 가입기간 동안 매월 연금보험료를 부과하고, 국민건강보험공단이 이를 징수하는 것이다. 사업장가입자의 연금보험료의 경우 연금보험료의 기여금은 사업장가입자가, 부담금은 사용자가 부담하며 이는 각각 기준소득월액의 1,000분의 45에 해당하는 금액이 된다. 지역가입자와 임의가입자 및 임의계속가입자의 연금보험료의 경우 각각의 가입자 본인이 부담하고, 그 금액은 기준소득월액의 1,000분의 90으로 한다.

국민연금의 적립금 규모는 국민연금제도가 도입된 이래로 꾸준히 증가하여 2019년에는 700조 원을 돌파하였고, 이후 2041년에는 적립금이 1,777조 원까지 확대될 것으로 예상되고 있다. 그러나 노령화의 가속화로 국민연금의 징수액보다 지출액이 더 늘어나면서 2057년에는 적립금 잔고가 마이너스로 전환될 것으로 예상되기도 한다. 이러한 전망으로 국민연금에 대한 논의가 지속적으로 이루어져야 하며 현행 제도의 문제점을 개선하고 재설계해야 한다는 목소리가 제기되고 있다.

09 윗글을 읽고 이해한 내용으로 적절한 것을 고르면?

① 국민연금 지역가입자의 경우 국민연금공단에 신청함으로써 가입 자격을 얻을 수 있다.

② 사업장가입자의 연금보험료는 사업장가입자와 사용자가 각각 기준소득월액의 1,000분의 45에 해당하는 금액을 부담하여야 한다.

③ 국민연금제도가 도입된 이래로 지출액보다 징수액이 더 늘어나면서 국민연금 적립금은 향후에도 꾸준히 증가할 전망이다.

④ 국민연금 가입기간이 10년 이상인 사람이 60세에 달했을 때 반환일시금이 지급될 수 있다.

⑤ 국민연금은 정부가 직접 운영하는 공적 연금제도로서 국민 개개인의 의지나 선택에 의해 가입되도록 법적으로 명시되어 있다.

10 윗글의 빈칸 ㉠에 들어갈 말로 적절한 것을 고르면?

① 국민연금사업을 효율적으로 수행하기 위하여 국민연금공단에 위탁한다

② 연금보험료를 부과할 시 납입 고지에 대한 사항은 국민연금공단에 위탁할 수 있다

③ 국민연금기금 운용 전문인력을 양성하기 위한 교육훈련을 국내외 교육기관이나 연구소 등에 위탁할 수 있다

④ 국민연금사업 중 연금보험료 징수에 관한 사항을 국민건강보험공단에 위탁한다

⑤ 국민연금 가입 대상자의 안정된 노후생활 보장을 위한 노후준비서비스 제공에 대해 국민건강보험공단에 위탁할 수 있다

11

어느 음식 행사장은 방문이 예상되는 모든 손님을 응대하기 위해 아르바이트생을 뽑으려고 한다. 주어진 [조건]을 바탕으로 모든 손님을 응대하기 위해 필요한 아르바이트생은 최소 몇 명인지 고르면?

조건

- 방문이 예상되는 손님 수는 1,135명이다.
- 아르바이트생 1명이 손님 1명을 응대하는 데 필요한 시간은 14분이다.
- 아르바이트생은 360분 동안 일을 한다.
- 아르바이트생은 같은 손님을 동시에 응대하지 않는다.

① 44명 ② 45명 ③ 46명
④ 47명 ⑤ 48명

12

어느 주차장의 주차요금은 1시간 단위로 직전 시간대 대비 20%씩 증가한다. 평일 첫 1시간 주차요금이 3,000원일 때, 주말에 2시간 20분 동안 주차를 한 경우의 주차요금을 고르면?(단, 시간대별로 평일의 12분당 주차요금과 주말의 10분당 주차요금이 같으며, 주차요금은 1분 단위로 정상된다.)

① 9,648원 ② 9,684원 ③ 9,724원
④ 9,826원 ⑤ 9,848원

13

스타트업 회사인 P기업은 2024년 1월에 창업하였고, 1년을 4개 분기로 구분했을 때, 분기마다 매출이 직전 분기 대비 3배씩 증가하였다. P기업의 2025년 2분기 매출이 63억 1,800만 원일 때, 2024년 1분기 매출을 고르면?

① 2,600만 원 ② 2,660만 원 ③ 2,720만 원
④ 2,780만 원 ⑤ 2,800만 원

14

M회사는 전체 직원을 대상으로 매주 토요일과 일요일에 당직을 서는 직원을 하루에 1명씩 뽑으려고 한다. 한 주에 당직을 서는 직원을 뽑는 경우의 수가 총 56가지일 때, 이 회사의 전체 직원 수를 고르면?(단, 한 주에 같은 직원이 당직을 2번 서는 경우는 없다.)

① 8명 ② 9명 ③ 10명
④ 11명 ⑤ 12명

15 다음 [표]는 지역별 흡연율에 대한 자료이다. 이를 바탕으로 [보기]에서 옳지 않은 것을 모두 고르면?

[지역별 흡연율]

(단위: %)

구분	2019년	2020년	2021년	2022년	2023년
서울특별시	17.8	16.6	15.8	16.3	17.9
부산광역시	19.0	18.5	17.8	18.3	18.8
대구광역시	19.8	19.4	18.8	17.4	19.4
인천광역시	20.7	20.2	19.6	20.3	19.3
광주광역시	19.6	18.5	17.4	18.4	18.3
대전광역시	18.9	17.3	17.8	18.5	19.0
울산광역시	19.0	20.0	18.7	19.8	19.7
세종특별자치시	15.9	15.6	15.1	15.1	13.2
경기도	19.9	19.1	18.1	18.4	19.2
강원특별자치도	21.0	21.6	21.0	20.5	22.3
충청북도	22.2	21.5	21.0	20.7	21.9
충청남도	21.5	20.2	20.0	20.5	22.2
전북특별자치도	18.9	19.6	18.3	20.6	20.6
전라남도	21.1	18.5	17.9	19.4	20.2
경상북도	21.2	20.8	20.4	20.6	21.3
경상남도	18.9	19.2	18.5	19.7	19.1
제주특별자치도	20.6	18.8	20.0	21.9	19.1

보기

㉠ 2022년 흡연율이 두 번째로 높은 지역은 충청북도이다.
㉡ 2023년 대전광역시의 인구수가 144만 명이라면 흡연자 수는 270,600명이다.
㉢ 2021년 서울특별시 흡연율은 2년 전 대비 2%p 감소하였다.
㉣ 2020년 흡연율은 경상북도가 울산광역시보다 낮다.

① ㉢　② ㉠, ㉢　③ ㉡, ㉣
④ ㉠, ㉢, ㉣　⑤ ㉡, ㉢, ㉣

16 다음 [표]는 업소별 월평균 방역 횟수에 대한 자료이다. 이를 바탕으로 [보기]에서 옳은 것을 모두 고르면?

[업소별 월평균 방역 횟수]

(단위: 회)

구분		2020년		2021년	
		수도권	수도권 외	수도권	수도권 외
공공기관		12.5	8.4	19.3	11.3
사기업	대기업	18.2	15.4	21.8	16.2
	중소기업	8.8	4.2	13.9	11.2
	개인기업	3.4	1.8	10.1	6.5
학교		10.8	7.2	16.8	15.5
병원		62.4	58.2	88.2	70.4
학원·독서실		6.6	4.5	8.1	7.4
카페		8.4	6.8	10.2	9.8
식당		11.2	7.2	13.4	10.8
PC방		7.1	5.8	9.8	6.1
목욕탕·찜질방		5.9	1.2	6.3	4.1
노래방		2.8	1.4	4.3	4.1
유흥업소		1.8	1.1	3.8	2.7

보기

㉠ 2021년 월평균 방역 횟수는 수도권의 모든 업소에서 전년 대비 증가하였다.
㉡ 2020년 수도권 외 학교의 방역 횟수는 노래방과 유흥업소의 방역 횟수의 합보다 3.7회 더 많다.
㉢ 2021년 공공기관의 월평균 방역 횟수의 전년 대비 증가율은 수도권이 수도권 외보다 21%p 더 높다.
㉣ 2021년에 수도권과 수도권 외의 월평균 방역 횟수의 합이 30회 이상인 업소는 4개이다.

① ㉠　② ㉠, ㉣　③ ㉡, ㉣
④ ㉠, ㉡, ㉢　⑤ ㉠, ㉢, ㉣

17

다음 [그래프]는 관용차로 등록된 승합차 수와 영업용으로 등록된 특수차의 전년 대비 증가량에 대한 자료이다. 이를 바탕으로 [보기]에서 옳은 것을 모두 고르면?

[연도별 관용차로 등록된 승합차 수]

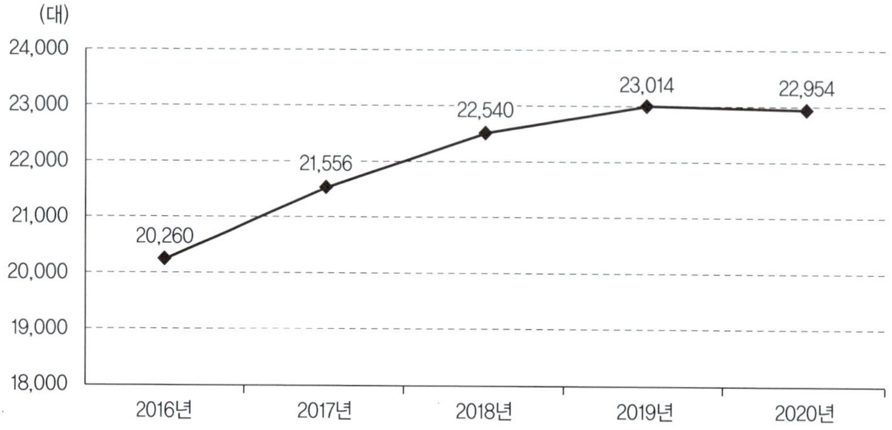

[연도별 영업용으로 등록된 특수차 수의 전년 대비 증가량]

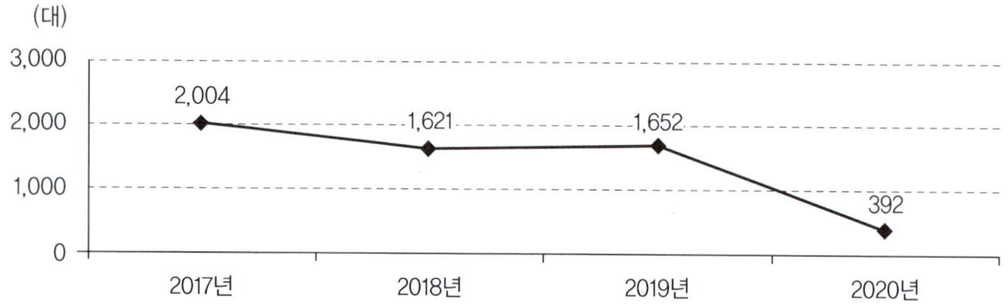

※ 2019년에 영업용으로 등록된 특수차 수는 62,554대임

보기

㉠ 2020년에 영업용으로 등록된 특수차 수는 관용차로 등록된 승합차 수보다 39,992대 더 많다.
㉡ 영업용으로 등록된 특수차 수는 2019년을 제외하고 모두 전년 대비 감소하였다.
㉢ 2017년 이후 관용차로 등록된 승합차 수가 전년 대비 가장 많이 증가한 해에 영업용으로 등록된 특수차 수도 가장 많이 증가하였다.
㉣ 관용차로 등록된 승합차 수와 영업용으로 등록된 특수차 수의 증감 추이는 같다.

① ㉠, ㉡　② ㉠, ㉢　③ ㉡, ㉢
④ ㉡, ㉣　⑤ ㉠, ㉢, ㉣

18 다음 [표]와 [그래프]는 2013년부터 2022년까지 쌀값과 논 면적의 추이에 대한 자료이다. 이를 바탕으로 [보기]에서 옳지 않은 것을 모두 고르면?

[연도별 20kg당 쌀값 추이]

(단위: 원/20kg)

2013년	2014년	2015년	2016년	2017년
44,000	42,500	37,500	32,000	39,000
2018년	**2019년**	**2020년**	**2021년**	**2022년**
45,000	47,000	50,000	57,000	48,500

[연도별 논 면적 추이]

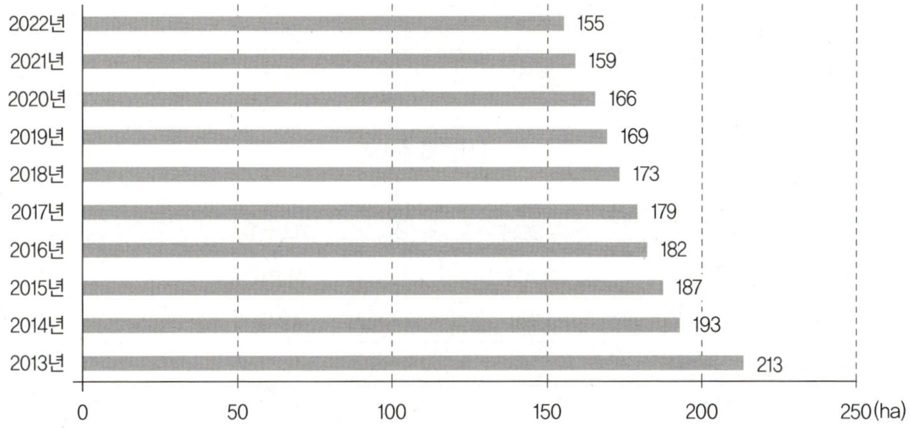

※ 전체 쌀값(원)=논 1ha당 수확한 쌀의 무게×논 면적×20kg당 쌀값×20

보기

㉠ 2014년 이후 논 면적이 전년 대비 가장 많이 감소한 해에 20kg당 쌀값도 전년 대비 가장 많이 감소하였다.

㉡ 매년 논 1ha당 수확한 쌀의 무게가 같다면 2020년 전체 쌀값은 2014년 대비 증가하였다.

㉢ 2013년부터 2017년까지 20kg당 연평균 쌀값은 39,000원이다.

㉣ 2022년 논 면적은 9년 전 대비 58ha 증가하였다.

① ㉠, ㉡ ② ㉠, ㉣ ③ ㉡, ㉢

④ ㉠, ㉡, ㉣ ⑤ ㉡, ㉢, ㉣

[19~20] 다음 [표]는 전국 산업별 사업체 수, 종사자 수, 매출액에 대한 자료이다. 이를 바탕으로 질문에 답하시오.

[산업별 사업체 수]

(단위: 천 개)

구분	2020년	2021년	2022년
전체 산업	6,032	6,079	6,139
제조업	579	579	586
건설업	471	485	494
운수 및 창고업	593	616	644
정보통신업	113	120	127
부동산업	278	285	290
교육 서비스업	234	249	256

[산업별 종사자 수]

(단위: 천 명)

구분	2020년	2021년	2022년
전체 산업	24,813	24,931	25,217
제조업	4,260	4,217	4,253
건설업	2,159	1,987	1,955
운수 및 창고업	1,326	1,361	1,383
정보통신업	774	831	872
부동산업	684	702	692
교육 서비스업	1,652	1,687	1,723

[산업별 매출액]

(단위: 조 원)

구분	2020년	2021년	2022년
전체 산업	6,710	7,474	8,781
제조업	1,816	2,171	2,501
건설업	477	505	556
운수 및 창고업	232	301	375
정보통신업	196	228	248
부동산업	202	227	218
교육 서비스업	122	132	123

19 주어진 자료에 대한 설명으로 옳은 것을 [보기]에서 모두 고르면?

보기

㉠ 2021년 이후 사업체 수와 매출액이 모두 전년 대비 매년 증가한 산업은 3개이다.
㉡ 2022년 사업체 수 1개당 종사자 수는 제조업이 정보통신업보다 적다.
㉢ 제시된 3년 동안의 연평균 매출액은 부동산업이 교육 서비스업보다 90조 원 더 많다.
㉣ 2020년 매출액이 세 번째로 높은 산업은 종사자 수도 세 번째로 많다.

① ㉠, ㉡　② ㉠, ㉢　③ ㉡, ㉢
④ ㉡, ㉣　⑤ ㉢, ㉣

20 주어진 자료를 참고하여 그래프로 나타낸 것으로 옳지 않은 것을 고르면?(단, 소수점 첫째 자리에서 반올림하여 계산한다.)

① [산업별 전년 대비 사업체 수 증가량]

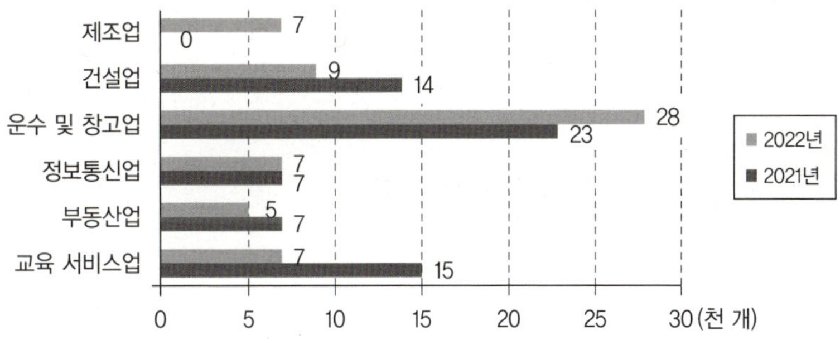

② [2022년 전체 산업 매출액 중 각 산업별 비중]

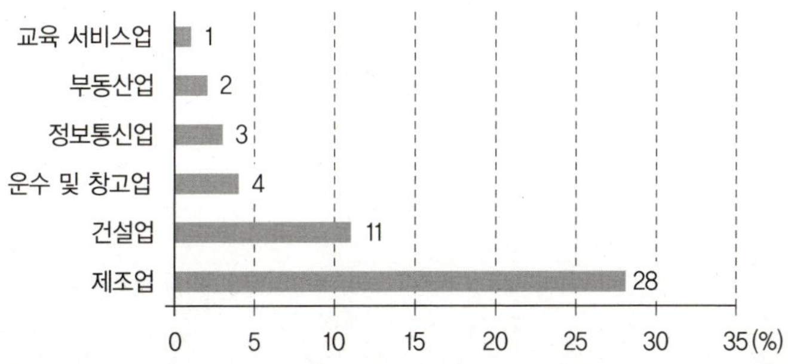

③ [2020년 산업별 종사자 수]

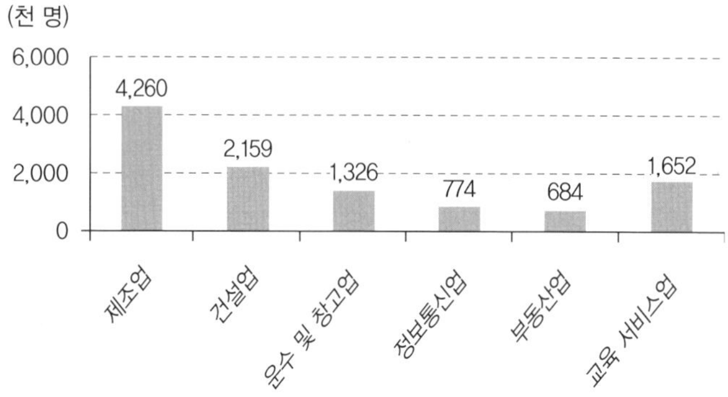

④ [산업별 매출액]

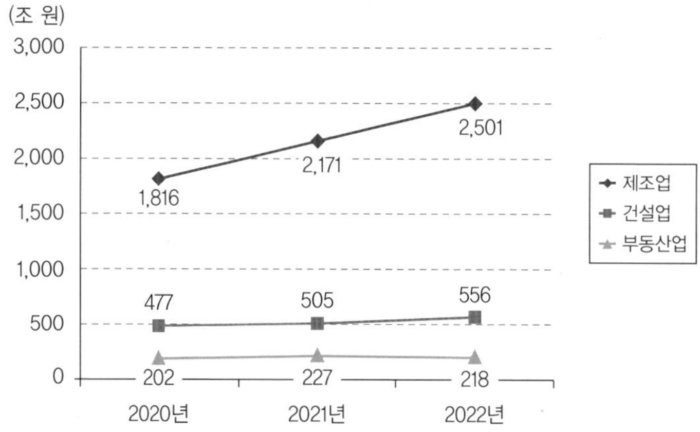

⑤ [산업별 사업체 수]

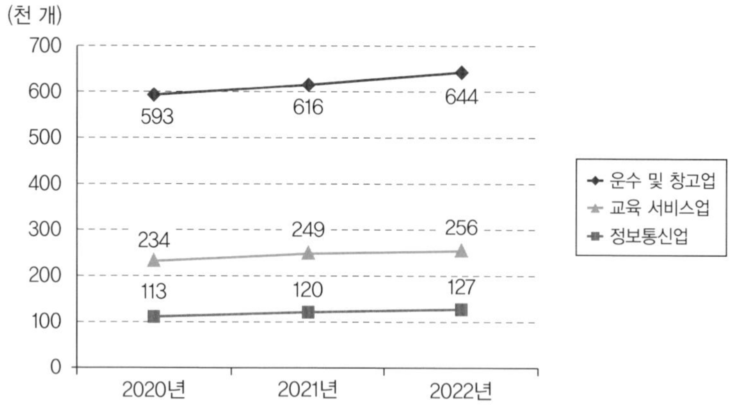

21 다음 제시된 오류의 예시로 가장 적절한 것을 고르면?

논증의 결론 자체를 전제의 일부로 사용하는 오류

① 을이 어제 넘어지면서 중요한 서류에 커피를 쏟았다. 을이 커피를 쏟은 이유는 내가 팀장님께 혼나기를 바랐기 때문이다.

② 팀장님은 어제 회사에 지각을 했다. 그러므로 내가 오늘 회사에 지각을 한 것으로 팀장님이 핀잔을 해서는 안 된다.

③ 흡연을 많이 하면 암에 걸리게 된다. 나는 흡연을 하지 않으므로 암에 걸리지 않을 것이다.

④ 점심시간에는 음식 배달이 늦어진다. 지금 음식 배달이 늦어지고 있으므로 지금은 점심시간이다.

⑤ 규칙적인 사람은 건강하다. 왜냐하면 건강한 사람은 규칙적인 생활을 하기 때문이다.

22 갑과 을이 다음 [조건]에 따라 게임을 할 때, 이에 대한 추론으로 옳지 않은 것을 고르면?

조건

- 갑과 을은 다음과 같이 시각을 표시하는 시계로 게임을 한다.

12시 59분 → 12:59

- 갑과 을이 각각 일어났을 때, 시계에 표시된 4개의 숫자 중 가장 큰 수와 가장 작은 수를 더하여 두 수의 합이 더 작은 사람이 이기는 방식으로 게임의 승패를 결정한다.(단, 숫자의 합이 같을 때에는 비긴 것으로 간주한다.)
- 갑은 오전 7:00~7:59에 일어나고, 을은 오전 11:00~11:59에 일어난다.

① 을이 오전 11시 정각에 일어나면, 반드시 을이 이긴다.

② 갑이 오전 7시 29분에 일어나면, 반드시 갑이 진다.

③ 갑이 오전 7시 30분에 일어나고 을이 오전 11시 5분 전에 일어나면, 반드시 을이 이긴다.

④ 갑과 을이 정확히 4시간 간격으로 일어났을 때 갑이 이기는 경우도 있다.

⑤ 갑과 을이 정확히 3시간 50분 간격으로 일어났을 때, 갑과 을이 비기는 경우도 있다.

23 회사의 구매 담당인 甲은 다음 [규칙]에 따라 소모품을 구매하였을 때, 지난해 계절별 구매 목록에 대한 설명 중 항상 거짓인 것을 고르면?

규칙

- 甲은 매년 개당 20만 원 미만, 20만 원 이상, 50만 원 이상, 100만 원 이상의 물품으로 구분지어 소모품 구매를 진행하고 있다.
- 甲이 지난해 구매한 소모품은 5개이다.
- 甲은 지난해 모든 가격대의 물품을 적어도 1개씩은 구매했다.
- 매 계절마다 적어도 하나 이상의 소모품을 구매하였다.
- 지난해 100만 원 이상의 물품은 총 2번 구매하였다.
- 두 계절 연속으로 같은 가격대의 물품을 구매하지 않았다.
- 한 계절에 같은 가격대의 물품을 2번 이상 구매하지 않았다.
- 지난해 겨울에 50만 원 이상의 물품을 구매하였다.
- 지난해 여름에 20만 원 미만, 100만 원 이상인 물품은 구매하지 않았다.

① 지난해 여름에 20만 원 이상의 물품을 구매하였다.
② 지난해 봄에 20만 원 미만의 물품을 구매했을 수도 있다.
③ 지난해 겨울에 100만 원 이상의 물품을 구매하였다.
④ 지난해 겨울에 2개의 물품을 구매했을 수도 있다.
⑤ 지난해 가을에 20만 원 이상의 물품을 구매하였다.

24

A, B, C, D 4개의 야구팀이 다음 [조건]에 따라 월요일부터 금요일까지 서울, 수원, 광주, 대구 경기장을 돌아가며 사용한다고 할 때, 옳지 않은 것을 고르면?

조건

- 각 지역의 경기장은 하루에 한 팀씩만 사용이 가능하다.
- 모든 팀은 월요일부터 금요일까지 연습을 쉬지 않는다.
- 모든 팀은 모든 지역의 경기장을 적어도 한 번 이상 사용해야 한다.
- C팀, D팀의 첫 일정은 대구 경기장이 아니다.
- 이동거리를 최소화하기 위하여 각 팀은 한 번씩 경기장 한 곳을 이틀 연속해서 사용한다.
- B팀은 월요일과 화요일에 광주 경기장을 사용한다.
- 목요일에는 A, B, C팀이 서울 경기장을 사용할 수 없다.
- 금요일에 C팀은 수원 경기장을 사용하고, D팀은 대구 경기장을 사용한다.
- A팀은 서울 경기장을 이틀 연속으로 사용한다.

① 수요일에 대구 경기장은 B팀이 사용한다.
② 목요일, 금요일에 연속으로 같은 지역의 경기장을 사용하는 팀은 없다.
③ 광주 경기장은 'B팀 → D팀 → C팀 → A팀' 순으로 사용한다.
④ D팀은 수원 경기장을 이틀 연속해서 사용한다.
⑤ A팀과 C팀은 한 지역의 경기장을 연속해서 사용하는 날이 같다.

25

다음 그림과 같이 검은색 바둑돌과 흰색 바둑돌을 교대로 개수를 늘려가며 삼각형 모양으로 배열할 때, 41번째에 배열되는 바둑돌 중 개수가 많은 바둑돌의 종류와 검은색 바둑돌과 흰색 바둑돌 개수의 차이를 순서대로 나열한 것을 고르면?

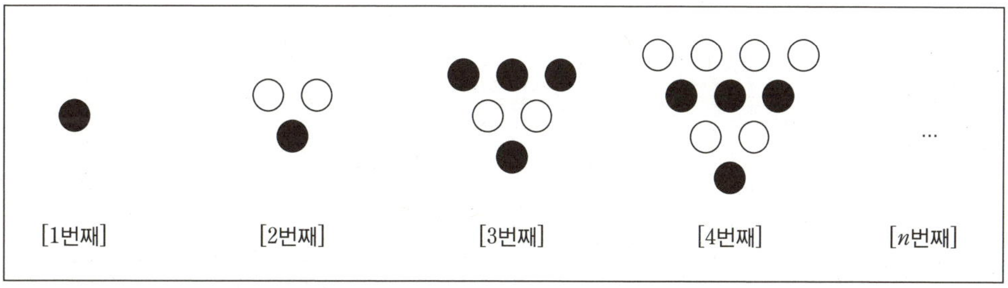

	바둑돌	차이		㉠	㉡
①	검은색	19개	②	검은색	20개
③	검은색	21개	④	흰색	19개
⑤	흰색	20개			

26

K공사의 대외협력팀 가 팀장, 나 과장, 다 대리, 라 대리, 마 주임, 바 주임, 사 사원, 아 사원 8명은 고속버스를 이용해 부산으로 출장을 가려고 한다. 다음 [조건]에 따라 직원들의 좌석이 배정될 때, 팀원들이 앉을 좌석에 대한 설명으로 항상 옳지 않은 것을 고르면?(단, 이웃하여 앉는다는 것은 두 사람 사이에 복도를 두지 않고 양옆으로 붙어 앉는 것을 의미한다.)

[고속버스 좌석표]

앞

	운전석			출입문		
창가	1A	1B	복도	1C	1D	창가
	2A	2B		2C	2D	

뒤

조건

- 다 대리는 2B 석에 앉는다.
- 팀장은 반드시 두 번째 줄에 앉는다.
- 사원은 복도 옆 자리에만 앉을 수 있다.
- 팀장은 주임과 이웃하여 앉는다.
- 바 주임은 아 사원과 이웃하여 앉는다.
- 과장은 창가쪽 자리에 앉는다.
- 같은 직급끼리는 이웃하여 앉지 않는다.

① 가 팀장의 앞 좌석에는 사 사원이 앉는다.

② 나 과장은 다 대리와 이웃하여 앉는다.

③ 마 주임은 아 사원 뒷좌석에 앉는다.

④ 주임끼리 같은 열에 앉는 경우는 없다.

⑤ 바 주임은 D열에 앉는다.

27 **○○공사에서는 2025년 하반기 채용형 인턴 20명을 선발하고자 한다. 다음 [조건]을 모두 고려하였을 때, 옳지 않은 것을 고르면?**

조건

- 2025년 하반기 채용형 인턴 지원자는 총 100명이다.
- 첫 번째 전형은 5명씩 조를 나누고, 네 조씩 짝을 이루어 제시된 주제에 대한 찬반 토론을 진행한다.
  - 제비뽑기로 찬성팀과 반대팀에 각각 두 조씩 배정해 토론을 진행한다.
  - 심사위원의 평가로 찬성팀 또는 반대팀 중 점수가 더 높은 팀이 합격한다.
- 두 번째 전형은 첫 번째 전형에서 같은 팀이었던 각 조끼리 제시된 전공 문제에 대한 정답 토론을 진행한다.
  - 심사위원의 평가로 두 조 중 점수가 더 높은 팀이 합격한다.
- 세 번째 전형은 남은 조끼리 제시된 상황에 대한 한 번의 토론을 진행한다.
  - 심사위원 평가로 순위를 정하고, 제일 순위가 낮은 조는 탈락한다.
  - 순위가 가장 높은 최우수조는 인턴 한 명당 20만 원, 그다음으로 순위가 높은 우수조는 한 명당 10만 원의 상여금이 주어진다.

① 지원자들을 조로 나누면 총 20조가 나온다.

② 세 번째 전형이 끝날 때까지 진행된 토론은 총 11번이다.

③ 전형이 모두 끝난 뒤 주어지는 상여금의 총액은 150만 원이다.

④ 두 번째 전형에서 탈락하는 사람은 5명이다.

⑤ 최종 합격한 사람이 치른 토론은 총 3번이다.

[**28~30**] 다음은 S문화회관의 예매번호 부여방식에 대한 자료이다. 이를 바탕으로 질문에 답하시오.

[S문화회관 예매번호 부여방식]

① 예매번호는 '[공연장소]-[층수]-[열]-[행]' 순으로 정한다.
※ 대극장 1층 K열 19행을 예매한 사람의 예매 번호는 'Gta11219'이다.

② 공연장소, 층수, 열, 행에 해당하는 코드는 다음과 같다.

• **공연장소**

대극장	체임버홀	하모니아홀	제이슨홀
Gt	Cb	Hn	Js

• **층수**

1층	2층	3층
a	b	c

• **열**

A	B	C	D	E	F
01	02	03	04	05	06
G	H	I	J	K	L
07	08	09	10	11	12

※ A, B, L열은 박스석, C~E는 무대 좌측, F~H는 무대 중앙, I~K는 무대 우측 좌석임

• **행**

1~10	11~20	21~30	31~40	41~50	51~60	61~70	71~80
101~110	211~220	321~330	431~440	541~550	651~660	761~770	871~880

28

다음 [보기]에서 예매번호가 Hnc09433인 사람에 대한 정보로 옳은 것을 모두 고르면?

보기

㉠ 2층 좌석을 예매했다.
㉡ 33행에 앉게 될 것이다.
㉢ 하모니아홀에서 열리는 공연을 관람한다.
㉣ 무대 중앙 좌석을 예매했다.

① ㉠　　② ㉡　　③ ㉠, ㉣
④ ㉡, ㉢　　⑤ ㉢, ㉣

29

다음은 S문화회관을 예매한 10명의 예매번호이다. 10명 중 박스석에 앉는 사람의 수를 고르면?

Cbb12761	Jsb03110	Gtc10435	Gta05658	Jsa11652
Cbc08543	Hna06657	Hnc09433	Hna01879	Cbc04216

① 없음 ② 1명 ③ 2명 ④ 3명 ⑤ 4명

30

서준이는 매월 2회 이상 S문화회관을 방문해 공연을 관람하고 있다. 올해 상반기 서준이가 S문화회관에서 관람한 공연의 예매번호가 다음과 같을 때, 서준이의 상반기 공연 관람 정보에 대한 설명으로 옳지 않은 것을 고르면?

구분	예매번호		
1월	Hnb03230	Jsc06764	
2월	Cbb11212	Gta01101	Hnb12875
3월	Hnb08543	Cbc04545	
4월	Cbb10432	Jsa05328	Cba09657
5월	Gtc06629	Hna06440	
6월	Jsb12880	Hna07217	

① 서준이가 가장 많이 앉은 층수는 2층이다.

② 서준이는 31~40행에 앉은 적이 있다.

③ 서준이는 대극장 공연을 2회 관람하였다.

④ 서준이는 I열에 앉은 적이 있다.

⑤ 서준이는 무대 좌측 좌석을 2회 예매하였다.

정답과 해설 p.34

절취선

오N완 실전 OMR

성 명

ㄱ	ㅏ	ㄱ	ㄱ	ㅏ	ㄱ	ㄱ	ㅏ	ㄱ	ㄱ	ㅏ	ㄱ
ㄴ	ㅑ	ㄴ	ㄴ	ㅑ	ㄴ	ㄴ	ㅑ	ㄴ	ㄴ	ㅑ	ㄴ
ㄷ	ㅓ	ㄷ	ㄷ	ㅓ	ㄷ	ㄷ	ㅓ	ㄷ	ㄷ	ㅓ	ㄷ
ㄹ	ㅕ	ㄹ	ㄹ	ㅕ	ㄹ	ㄹ	ㅕ	ㄹ	ㄹ	ㅕ	ㄹ
ㅁ	ㅗ	ㅁ	ㅁ	ㅗ	ㅁ	ㅁ	ㅗ	ㅁ	ㅁ	ㅗ	ㅁ
ㅂ	ㅛ	ㅂ	ㅂ	ㅛ	ㅂ	ㅂ	ㅛ	ㅂ	ㅂ	ㅛ	ㅂ
ㅅ	ㅜ	ㅅ	ㅅ	ㅜ	ㅅ	ㅅ	ㅜ	ㅅ	ㅅ	ㅜ	ㅅ
ㅇ	ㅠ	ㅇ	ㅇ	ㅠ	ㅇ	ㅇ	ㅠ	ㅇ	ㅇ	ㅠ	ㅇ
ㅈ	ㅡ	ㅈ	ㅈ	ㅡ	ㅈ	ㅈ	ㅡ	ㅈ	ㅈ	ㅡ	ㅈ
ㅊ	ㅣ	ㅊ	ㅊ	ㅣ	ㅊ	ㅊ	ㅣ	ㅊ	ㅊ	ㅣ	ㅊ
ㅋ	ㅐ	ㅋ	ㅋ	ㅐ	ㅋ	ㅋ	ㅐ	ㅋ	ㅋ	ㅐ	ㅋ
ㅌ	ㅒ	ㅌ	ㅌ	ㅒ	ㅌ	ㅌ	ㅒ	ㅌ	ㅌ	ㅒ	ㅌ
ㅍ	ㅔ	ㅍ	ㅍ	ㅔ	ㅍ	ㅍ	ㅔ	ㅍ	ㅍ	ㅔ	ㅍ
ㅎ	ㅖ	ㅎ	ㅎ	ㅖ	ㅎ	ㅎ	ㅖ	ㅎ	ㅎ	ㅖ	ㅎ
	ㅘ		ㄲ	ㅘ	ㄲ	ㄲ	ㅘ	ㄲ	ㄲ	ㅘ	ㄲ
	ㅙ		ㄸ	ㅙ	ㄸ	ㄸ	ㅙ	ㄸ	ㄸ	ㅙ	ㄸ
	ㅚ		ㅃ	ㅚ	ㅃ	ㅃ	ㅚ	ㅃ	ㅃ	ㅚ	ㅃ
	ㅝ		ㅆ	ㅝ	ㅆ	ㅆ	ㅝ	ㅆ	ㅆ	ㅝ	ㅆ
	ㅞ		ㅉ	ㅞ	ㅉ	ㅉ	ㅞ	ㅉ	ㅉ	ㅞ	ㅉ
	ㅟ			ㅟ	ㄺ		ㅟ	ㄺ		ㅟ	ㄺ
	ㅢ			ㅢ	ㄻ		ㅢ	ㄻ		ㅢ	ㄻ

수 험 번 호

⓪	⓪	⓪	⓪	⓪	⓪
①	①	①	①	①	①
②	②	②	②	②	②
③	③	③	③	③	③
④	④	④	④	④	④
⑤	⑤	⑤	⑤	⑤	⑤
⑥	⑥	⑥	⑥	⑥	⑥
⑦	⑦	⑦	⑦	⑦	⑦
⑧	⑧	⑧	⑧	⑧	⑧
⑨	⑨	⑨	⑨	⑨	⑨

출 생 월 일

⓪	⓪	⓪	⓪	⓪	⓪
①	①	①	①	①	①
②	②	②	②	②	②
③	③	③	③	③	③
④	④	④	④	④	④
⑤	⑤	⑤	⑤	⑤	⑤
⑥	⑥	⑥	⑥	⑥	⑥
⑦	⑦	⑦	⑦	⑦	⑦
⑧	⑧	⑧	⑧	⑧	⑧
⑨	⑨	⑨	⑨	⑨	⑨

수험생 유의사항

(1) 아래와 같은 방식으로 답안지를 바르게 작성한다.
[보기] ① ② ● ④ ⑤

(2) 성명란은 왼쪽부터 빠짐없이 순서대로 작성한다.

(3) 수험번호는 각자 자신에게 부여받은 번호를 표기하여 작성한다.

(4) 출생 월일은 아래와 같은 방식으로 작성한다.
(예) 2002년 4월 1일 → 020401

01	① ② ③ ④ ⑤		11	① ② ③ ④ ⑤		21	① ② ③ ④ ⑤
02	① ② ③ ④ ⑤		12	① ② ③ ④ ⑤		22	① ② ③ ④ ⑤
03	① ② ③ ④ ⑤		13	① ② ③ ④ ⑤		23	① ② ③ ④ ⑤
04	① ② ③ ④ ⑤		14	① ② ③ ④ ⑤		24	① ② ③ ④ ⑤
05	① ② ③ ④ ⑤		15	① ② ③ ④ ⑤		25	① ② ③ ④ ⑤
06	① ② ③ ④ ⑤		16	① ② ③ ④ ⑤		26	① ② ③ ④ ⑤
07	① ② ③ ④ ⑤		17	① ② ③ ④ ⑤		27	① ② ③ ④ ⑤
08	① ② ③ ④ ⑤		18	① ② ③ ④ ⑤		28	① ② ③ ④ ⑤
09	① ② ③ ④ ⑤		19	① ② ③ ④ ⑤		29	① ② ③ ④ ⑤
10	① ② ③ ④ ⑤		20	① ② ③ ④ ⑤		30	① ② ③ ④ ⑤

절취선

오N완 실전 OMR

성 명

ㄱ	ㅏ	ㄱ	ㄱ	ㅏ	ㄱ	ㄱ	ㅏ	ㄱ	ㄱ	ㅏ	ㄱ
ㄴ	ㅑ	ㄴ	ㄴ	ㅑ	ㄴ	ㄴ	ㅑ	ㄴ	ㄴ	ㅑ	ㄴ
ㄷ	ㅓ	ㄷ	ㄷ	ㅓ	ㄷ	ㄷ	ㅓ	ㄷ	ㄷ	ㅓ	ㄷ
ㄹ	ㅕ	ㄹ	ㄹ	ㅕ	ㄹ	ㄹ	ㅕ	ㄹ	ㄹ	ㅕ	ㄹ
ㅁ	ㅗ	ㅁ	ㅁ	ㅗ	ㅁ	ㅁ	ㅗ	ㅁ	ㅁ	ㅗ	ㅁ
ㅂ	ㅛ	ㅂ	ㅂ	ㅛ	ㅂ	ㅂ	ㅛ	ㅂ	ㅂ	ㅛ	ㅂ
ㅅ	ㅜ	ㅅ	ㅅ	ㅜ	ㅅ	ㅅ	ㅜ	ㅅ	ㅅ	ㅜ	ㅅ
ㅇ	ㅠ	ㅇ	ㅇ	ㅠ	ㅇ	ㅇ	ㅠ	ㅇ	ㅇ	ㅠ	ㅇ
ㅈ	ㅡ	ㅈ	ㅈ	ㅡ	ㅈ	ㅈ	ㅡ	ㅈ	ㅈ	ㅡ	ㅈ
ㅊ	ㅣ	ㅊ	ㅊ	ㅣ	ㅊ	ㅊ	ㅣ	ㅊ	ㅊ	ㅣ	ㅊ
ㅋ	ㅐ	ㅋ	ㅋ	ㅐ	ㅋ	ㅋ	ㅐ	ㅋ	ㅋ	ㅐ	ㅋ
ㅌ	ㅒ	ㅌ	ㅌ	ㅒ	ㅌ	ㅌ	ㅒ	ㅌ	ㅌ	ㅒ	ㅌ
ㅍ	ㅔ	ㅍ	ㅍ	ㅔ	ㅍ	ㅍ	ㅔ	ㅍ	ㅍ	ㅔ	ㅍ
ㅎ	ㅖ	ㅎ	ㅎ	ㅖ	ㅎ	ㅎ	ㅖ	ㅎ	ㅎ	ㅖ	ㅎ
	ㅘ		ㄲ	ㅘ	ㄲ	ㄲ	ㅘ	ㄲ	ㄲ	ㅘ	ㄲ
	ㅙ		ㄸ	ㅙ	ㄸ	ㄸ	ㅙ	ㄸ	ㄸ	ㅙ	ㄸ
	ㅚ		ㅃ	ㅚ	ㅃ	ㅃ	ㅚ	ㅃ	ㅃ	ㅚ	ㅃ
	ㅝ		ㅆ	ㅝ	ㅆ	ㅆ	ㅝ	ㅆ	ㅆ	ㅝ	ㅆ
	ㅞ		ㅉ	ㅞ	ㅉ	ㅉ	ㅞ	ㅉ	ㅉ	ㅞ	ㅉ
	ㅟ			ㅟ	ㄺ		ㅟ	ㄺ		ㅟ	ㄺ
	ㅢ			ㅢ	ㄻ		ㅢ	ㄻ		ㅢ	ㄻ

수 험 번 호

0	0	0	0	0	0
1	1	1	1	1	1
2	2	2	2	2	2
3	3	3	3	3	3
4	4	4	4	4	4
5	5	5	5	5	5
6	6	6	6	6	6
7	7	7	7	7	7
8	8	8	8	8	8
9	9	9	9	9	9

출 생 월 일

0	0	0	0	0	0
1	1	1	1	1	1
2	2	2	2	2	2
3	3	3	3	3	3
4	4	4	4	4	4
5	5	5	5	5	5
6	6	6	6	6	6
7	7	7	7	7	7
8	8	8	8	8	8
9	9	9	9	9	9

01	① ② ③ ④ ⑤	11	① ② ③ ④ ⑤	21	① ② ③ ④ ⑤
02	① ② ③ ④ ⑤	12	① ② ③ ④ ⑤	22	① ② ③ ④ ⑤
03	① ② ③ ④ ⑤	13	① ② ③ ④ ⑤	23	① ② ③ ④ ⑤
04	① ② ③ ④ ⑤	14	① ② ③ ④ ⑤	24	① ② ③ ④ ⑤
05	① ② ③ ④ ⑤	15	① ② ③ ④ ⑤	25	① ② ③ ④ ⑤
06	① ② ③ ④ ⑤	16	① ② ③ ④ ⑤	26	① ② ③ ④ ⑤
07	① ② ③ ④ ⑤	17	① ② ③ ④ ⑤	27	① ② ③ ④ ⑤
08	① ② ③ ④ ⑤	18	① ② ③ ④ ⑤	28	① ② ③ ④ ⑤
09	① ② ③ ④ ⑤	19	① ② ③ ④ ⑤	29	① ② ③ ④ ⑤
10	① ② ③ ④ ⑤	20	① ② ③ ④ ⑤	30	① ② ③ ④ ⑤

수험생 유의사항

(1) 아래와 같은 방식으로 답안지를 바르게 작성한다.
[보기] ① ② ● ④ ⑤

(2) 성명란은 왼쪽부터 빠짐없이 순서대로 작성한다.

(3) 수험번호는 각자 자신에게 부여받은 번호를 표기하여 작성한다.

(4) 출생 월일은 아래와 같은 방식으로 작성한다.
(예) 2002년 4월 1일 → 020401

절취선

오N완 실전 OMR

성 명

ㄱ	ㅏ	ㄱ	ㄱ	ㅏ	ㄱ	ㄱ	ㅏ	ㄱ	ㄱ	ㅏ	ㄱ
ㄴ	ㅑ	ㄴ	ㄴ	ㅑ	ㄴ	ㄴ	ㅑ	ㄴ	ㄴ	ㅑ	ㄴ
ㄷ	ㅓ	ㄷ	ㄷ	ㅓ	ㄷ	ㄷ	ㅓ	ㄷ	ㄷ	ㅓ	ㄷ
ㄹ	ㅕ	ㄹ	ㄹ	ㅕ	ㄹ	ㄹ	ㅕ	ㄹ	ㄹ	ㅕ	ㄹ
ㅁ	ㅗ	ㅁ	ㅁ	ㅗ	ㅁ	ㅁ	ㅗ	ㅁ	ㅁ	ㅗ	ㅁ
ㅂ	ㅛ	ㅂ	ㅂ	ㅛ	ㅂ	ㅂ	ㅛ	ㅂ	ㅂ	ㅛ	ㅂ
ㅅ	ㅜ	ㅅ	ㅅ	ㅜ	ㅅ	ㅅ	ㅜ	ㅅ	ㅅ	ㅜ	ㅅ
ㅇ	ㅠ	ㅇ	ㅇ	ㅠ	ㅇ	ㅇ	ㅠ	ㅇ	ㅇ	ㅠ	ㅇ
ㅈ	ㅡ	ㅈ	ㅈ	ㅡ	ㅈ	ㅈ	ㅡ	ㅈ	ㅈ	ㅡ	ㅈ
ㅊ	ㅣ	ㅊ	ㅊ	ㅣ	ㅊ	ㅊ	ㅣ	ㅊ	ㅊ	ㅣ	ㅊ
ㅋ	ㅐ	ㅋ	ㅋ	ㅐ	ㅋ	ㅋ	ㅐ	ㅋ	ㅋ	ㅐ	ㅋ
ㅌ	ㅒ	ㅌ	ㅌ	ㅒ	ㅌ	ㅌ	ㅒ	ㅌ	ㅌ	ㅒ	ㅌ
ㅍ	ㅔ	ㅍ	ㅍ	ㅔ	ㅍ	ㅍ	ㅔ	ㅍ	ㅍ	ㅔ	ㅍ
ㅎ	ㅖ	ㅎ	ㅎ	ㅖ	ㅎ	ㅎ	ㅖ	ㅎ	ㅎ	ㅖ	ㅎ
	ㅘ		ㄲ	ㅘ	ㄲ	ㄲ	ㅘ	ㄲ	ㄲ	ㅘ	ㄲ
	ㅙ		ㄸ	ㅙ	ㄸ	ㄸ	ㅙ	ㄸ	ㄸ	ㅙ	ㄸ
	ㅚ		ㅃ	ㅚ	ㅃ	ㅃ	ㅚ	ㅃ	ㅃ	ㅚ	ㅃ
	ㅝ		ㅆ	ㅝ	ㅆ	ㅆ	ㅝ	ㅆ	ㅆ	ㅝ	ㅆ
	ㅞ		ㅉ	ㅞ	ㅉ	ㅉ	ㅞ	ㅉ	ㅉ	ㅞ	ㅉ
	ㅟ			ㅟ	ㄺ		ㅟ	ㄺ		ㅟ	ㄺ
	ㅢ			ㅢ	ㄻ		ㅢ	ㄻ		ㅢ	ㄻ

수 험 번 호

0	0	0	0	0	0
1	1	1	1	1	1
2	2	2	2	2	2
3	3	3	3	3	3
4	4	4	4	4	4
5	5	5	5	5	5
6	6	6	6	6	6
7	7	7	7	7	7
8	8	8	8	8	8
9	9	9	9	9	9

출 생 월 일

0	0	0	0	0	0
1	1	1	1	1	1
2	2	2	2	2	2
3	3	3	3	3	3
4	4	4	4	4	4
5	5	5	5	5	5
6	6	6	6	6	6
7	7	7	7	7	7
8	8	8	8	8	8
9	9	9	9	9	9

수험생 유의사항

(1) 아래와 같은 방식으로 답안지를 바르게 작성한다.
[보기] ① ② ● ④ ⑤

(2) 성명란은 왼쪽부터 빠짐없이 순서대로 작성한다.

(3) 수험번호는 각자 자신에게 부여받은 번호를 표기하여 작성한다.

(4) 출생 월일은 아래와 같은 방식으로 작성한다.
(예) 2002년 4월 1일 → 020401

01	① ② ③ ④ ⑤		11	① ② ③ ④ ⑤		21	① ② ③ ④ ⑤
02	① ② ③ ④ ⑤		12	① ② ③ ④ ⑤		22	① ② ③ ④ ⑤
03	① ② ③ ④ ⑤		13	① ② ③ ④ ⑤		23	① ② ③ ④ ⑤
04	① ② ③ ④ ⑤		14	① ② ③ ④ ⑤		24	① ② ③ ④ ⑤
05	① ② ③ ④ ⑤		15	① ② ③ ④ ⑤		25	① ② ③ ④ ⑤
06	① ② ③ ④ ⑤		16	① ② ③ ④ ⑤		26	① ② ③ ④ ⑤
07	① ② ③ ④ ⑤		17	① ② ③ ④ ⑤		27	① ② ③ ④ ⑤
08	① ② ③ ④ ⑤		18	① ② ③ ④ ⑤		28	① ② ③ ④ ⑤
09	① ② ③ ④ ⑤		19	① ② ③ ④ ⑤		29	① ② ③ ④ ⑤
10	① ② ③ ④ ⑤		20	① ② ③ ④ ⑤		30	① ② ③ ④ ⑤

절취선

오N완 실전 OMR

성 명

ㄱ	ㅏ	ㄱ	ㄱ	ㅏ	ㄱ	ㄱ	ㅏ	ㄱ	ㄱ	ㅏ	ㄱ
ㄴ	ㅑ	ㄴ	ㄴ	ㅑ	ㄴ	ㄴ	ㅑ	ㄴ	ㄴ	ㅑ	ㄴ
ㄷ	ㅓ	ㄷ	ㄷ	ㅓ	ㄷ	ㄷ	ㅓ	ㄷ	ㄷ	ㅓ	ㄷ
ㄹ	ㅕ	ㄹ	ㄹ	ㅕ	ㄹ	ㄹ	ㅕ	ㄹ	ㄹ	ㅕ	ㄹ
ㅁ	ㅗ	ㅁ	ㅁ	ㅗ	ㅁ	ㅁ	ㅗ	ㅁ	ㅁ	ㅗ	ㅁ
ㅂ	ㅛ	ㅂ	ㅂ	ㅛ	ㅂ	ㅂ	ㅛ	ㅂ	ㅂ	ㅛ	ㅂ
ㅅ	ㅜ	ㅅ	ㅅ	ㅜ	ㅅ	ㅅ	ㅜ	ㅅ	ㅅ	ㅜ	ㅅ
ㅇ	ㅠ	ㅇ	ㅇ	ㅠ	ㅇ	ㅇ	ㅠ	ㅇ	ㅇ	ㅠ	ㅇ
ㅈ	ㅡ	ㅈ	ㅈ	ㅡ	ㅈ	ㅈ	ㅡ	ㅈ	ㅈ	ㅡ	ㅈ
ㅊ	ㅣ	ㅊ	ㅊ	ㅣ	ㅊ	ㅊ	ㅣ	ㅊ	ㅊ	ㅣ	ㅊ
ㅋ	ㅐ	ㅋ	ㅋ	ㅐ	ㅋ	ㅋ	ㅐ	ㅋ	ㅋ	ㅐ	ㅋ
ㅌ	ㅒ	ㅌ	ㅌ	ㅒ	ㅌ	ㅌ	ㅒ	ㅌ	ㅌ	ㅒ	ㅌ
ㅍ	ㅔ	ㅍ	ㅍ	ㅔ	ㅍ	ㅍ	ㅔ	ㅍ	ㅍ	ㅔ	ㅍ
ㅎ	ㅖ	ㅎ	ㅎ	ㅖ	ㅎ	ㅎ	ㅖ	ㅎ	ㅎ	ㅖ	ㅎ
	ㅘ		ㄲ	ㅘ	ㄲ	ㄲ	ㅘ	ㄲ	ㄲ	ㅘ	ㄲ
	ㅙ		ㄸ	ㅙ	ㄸ	ㄸ	ㅙ	ㄸ	ㄸ	ㅙ	ㄸ
	ㅚ		ㅃ	ㅚ	ㅃ	ㅃ	ㅚ	ㅃ	ㅃ	ㅚ	ㅃ
	ㅝ		ㅆ	ㅝ	ㅆ	ㅆ	ㅝ	ㅆ	ㅆ	ㅝ	ㅆ
	ㅞ		ㅉ	ㅞ	ㅉ	ㅉ	ㅞ	ㅉ	ㅉ	ㅞ	ㅉ
	ㅟ			ㅟ	ㄺ		ㅟ	ㄺ		ㅟ	ㄺ
	ㅢ			ㅢ	ㄻ		ㅢ	ㄻ		ㅢ	ㄻ

수 험 번 호

⓪	⓪	⓪	⓪	⓪	⓪
①	①	①	①	①	①
②	②	②	②	②	②
③	③	③	③	③	③
④	④	④	④	④	④
⑤	⑤	⑤	⑤	⑤	⑤
⑥	⑥	⑥	⑥	⑥	⑥
⑦	⑦	⑦	⑦	⑦	⑦
⑧	⑧	⑧	⑧	⑧	⑧
⑨	⑨	⑨	⑨	⑨	⑨

출 생 월 일

⓪	⓪	⓪	⓪	⓪	⓪
①	①	①	①	①	①
②	②	②	②	②	②
③	③	③	③	③	③
④	④	④	④	④	④
⑤	⑤	⑤	⑤	⑤	⑤
⑥	⑥	⑥	⑥	⑥	⑥
⑦	⑦	⑦	⑦	⑦	⑦
⑧	⑧	⑧	⑧	⑧	⑧
⑨	⑨	⑨	⑨	⑨	⑨

수험생 유의사항

(1) 아래와 같은 방식으로 답안지를 바르게 작성한다.
[보기] ① ② ● ④ ⑤

(2) 성명란은 왼쪽부터 빠짐없이 순서대로 작성한다.

(3) 수험번호는 각자 자신에게 부여받은 번호를 표기하여 작성한다.

(4) 출생 월일은 아래와 같은 방식으로 작성한다.
(예) 2002년 4월 1일 → 020401

01	① ② ③ ④ ⑤	11	① ② ③ ④ ⑤	21	① ② ③ ④ ⑤
02	① ② ③ ④ ⑤	12	① ② ③ ④ ⑤	22	① ② ③ ④ ⑤
03	① ② ③ ④ ⑤	13	① ② ③ ④ ⑤	23	① ② ③ ④ ⑤
04	① ② ③ ④ ⑤	14	① ② ③ ④ ⑤	24	① ② ③ ④ ⑤
05	① ② ③ ④ ⑤	15	① ② ③ ④ ⑤	25	① ② ③ ④ ⑤
06	① ② ③ ④ ⑤	16	① ② ③ ④ ⑤	26	① ② ③ ④ ⑤
07	① ② ③ ④ ⑤	17	① ② ③ ④ ⑤	27	① ② ③ ④ ⑤
08	① ② ③ ④ ⑤	18	① ② ③ ④ ⑤	28	① ② ③ ④ ⑤
09	① ② ③ ④ ⑤	19	① ② ③ ④ ⑤	29	① ② ③ ④ ⑤
10	① ② ③ ④ ⑤	20	① ② ③ ④ ⑤	30	① ② ③ ④ ⑤

절취선

오N완 실전 OMR

성 명

수 험 번 호

⓪	⓪	⓪	⓪	⓪	⓪
①	①	①	①	①	①
②	②	②	②	②	②
③	③	③	③	③	③
④	④	④	④	④	④
⑤	⑤	⑤	⑤	⑤	⑤
⑥	⑥	⑥	⑥	⑥	⑥
⑦	⑦	⑦	⑦	⑦	⑦
⑧	⑧	⑧	⑧	⑧	⑧
⑨	⑨	⑨	⑨	⑨	⑨

출 생 월 일

⓪	⓪	⓪	⓪	⓪	⓪
①	①	①	①	①	①
②	②	②	②	②	②
③	③	③	③	③	③
④	④	④	④	④	④
⑤	⑤	⑤	⑤	⑤	⑤
⑥	⑥	⑥	⑥	⑥	⑥
⑦	⑦	⑦	⑦	⑦	⑦
⑧	⑧	⑧	⑧	⑧	⑧
⑨	⑨	⑨	⑨	⑨	⑨

수험생 유의사항

(1) 아래와 같은 방식으로 답안지를 바르게 작성한다.
[보기] ① ② ● ④ ⑤

(2) 성명란은 왼쪽부터 빠짐없이 순서대로 작성한다.

(3) 수험번호는 각자 자신에게 부여받은 번호를 표기하여 작성한다.

(4) 출생 월일은 아래와 같은 방식으로 작성한다.
(예) 2002년 4월 1일 → 020401

01	①	②	③	④	⑤	11	①	②	③	④	⑤	21	①	②	③	④	⑤
02	①	②	③	④	⑤	12	①	②	③	④	⑤	22	①	②	③	④	⑤
03	①	②	③	④	⑤	13	①	②	③	④	⑤	23	①	②	③	④	⑤
04	①	②	③	④	⑤	14	①	②	③	④	⑤	24	①	②	③	④	⑤
05	①	②	③	④	⑤	15	①	②	③	④	⑤	25	①	②	③	④	⑤
06	①	②	③	④	⑤	16	①	②	③	④	⑤	26	①	②	③	④	⑤
07	①	②	③	④	⑤	17	①	②	③	④	⑤	27	①	②	③	④	⑤
08	①	②	③	④	⑤	18	①	②	③	④	⑤	28	①	②	③	④	⑤
09	①	②	③	④	⑤	19	①	②	③	④	⑤	29	①	②	③	④	⑤
10	①	②	③	④	⑤	20	①	②	③	④	⑤	30	①	②	③	④	⑤

2주차

※ DAY별 OMR 답안지는 DAY 10 문제 뒤에 수록되어 있습니다. 문제를 풀기 전 OMR 답안지를 잘라서 실전 연습을 해 보세요.

찾아가기

NCS 실전 훈련 실력진단표

NCS는 풀 수 있는 문제를 선별하는 능력과 높은 정답률이 중요한 시험입니다.

문제를 풀고 난 후, 제한시간(30분) 내에 푼 문제 수를 기록하고, 푼 문제 수 중에 맞힌 개수와 정답률을 기록해 보세요.

❗ '푼 문제 수'에는 정답을 체크하지 못하고 넘긴 문제는 포함하지 않습니다.

구분	학습날짜	제한시간 내에 푼 문제 수			맞힌 개수/푼 문제 수(정답률)
DAY 06	__월 __일	/30			____/____(　　%)
		의사소통	수리	문제해결	
		/10	/10	/10	
DAY 07	__월 __일	/30			____/____(　　%)
		의사소통	수리	문제해결	
		/10	/10	/10	
DAY 08	__월 __일	/30			____/____(　　%)
		의사소통	수리	문제해결	
		/10	/10	/10	
DAY 09	__월 __일	/30			____/____(　　%)
		의사소통	수리	문제해결	
		/10	/10	/10	
DAY 10	__월 __일	/30			____/____(　　%)
		의사소통	수리	문제해결	
		/10	/10	/10	

DAY 06

왜 틀렸지? 왜 실수했지?

매일 한 줄 복기

문제를 다 풀고 난 후 왜 틀렸는지, 자주 나오는 실수 패턴은 무엇인지, 어떤 문제부터 풀어보고 어떤 문제는 나중에 풀지를 바르게 판단했는지 복기해 보세요. 어느 부분이 부족한지 스스로 깨닫고, 다음 회차를 풀 때 적용한다면 NCS 실력이 빠르게 올라갈 것입니다.

작성 예시

- ✔ 지문 읽을 때 키워드부터 찾기! 지문 끊어 읽기! 선택지에서 체크한 키워드가 모두 나와야 한다.
- ✔ 그래프와 표 나올 때 제목이랑 단위부터 확인하기!
- ✔ 시간 내에 풀 수 있는 유형인지 아닌지를 꼭 체크하고 넘어가자. 무조건 넘기지 말자!
- ✔ 의사소통 먼저 풀면 시간이 절약되는 것 같음. 수리랑 문제해결 중 어떤 것부터 풀지 판단해 보자.

의사소통능력	
수리능력	
문제해결능력	

자동채점 바로가기

DAY 06

제한시간: 30분

01 다음 밑줄 친 단어의 표기가 적절하지 않은 것을 고르면?

① 그는 곰곰히 생각에 잠기었다.

② 그는 번번이 약속을 어겼다.

③ 방을 깨끗이 정리하였다.

④ 시험 준비를 꼼꼼히 해야 한다.

⑤ 그 사안은 결코 가벼이 여기지 않는다.

02 다음 표준발음법을 참고할 때, 옳지 않은 것을 고르면?

[표준발음법]

제5항 'ㅑ ㅒ ㅕ ㅖ ㅘ ㅙ ㅛ ㅝ ㅞ ㅠ ㅢ'는 이중 모음으로 발음한다.

다만 1. 용언의 활용형에 나타나는 '져, 쪄, 쳐'는 [저, 쩌, 처]로 발음한다.

다만 2. '예, 례' 이외의 'ㅖ'는 [ㅔ]로도 발음한다.

다만 3. 자음을 첫소리로 가지고 있는 음절의 'ㅢ'는 [ㅣ]로 발음한다.

다만 4. 단어의 첫음절 이외의 '의'는 [ㅣ]로, 조사 '의'는 [ㅔ]로 발음함도 허용한다.

① '다만 1'에 따르면 '다쳐'는 [다처]가 표준발음이다.

② '다만 2'에 따르면 '시계'는 [시게]로 발음할 수 있다.

③ '다만 3'에 따르면 '희망'은 [희망]이 표준발음이다.

④ '다만 4'에 따르면 '주의'는 [주의]가 표준발음이다.

⑤ '다만 4'에 따르면 '강의의'는 [강:이에]로 발음할 수 있다.

03 다음 글을 바탕으로 추론한 내용으로 적절하지 않은 것을 고르면?

밀의 알맹이는 배유, 껍질 그리고 배아로 구성돼 있다. 이 알맹이를 통곡물 그대로 빻아 만든 가루가 통밀가루이고, 알맹이에서 껍질과 배아를 제거한 후 오직 배유만 남겨 빻은 가루가 우리가 아는 하얀 밀가루다. 껍질과 배아만 제거했을 뿐인데, 두 가루로 만든 빵의 맛은 하늘과 땅 차이다. 왜 이렇게 차이가 나는 걸까?

이는 글루텐 때문이다. 글루텐은 빵의 식감을 결정하는 핵심 성분으로, 글루테닌과 글리아딘이 물과 함께 섞이면 만들어진다. 끈적한 성질이 있어, 반죽에 열을 가했을 때 효모(이스트)가 내뿜는 이산화탄소를 잘 포집할 수 있도록 도와준다. 이렇게 부풀어 오른 빵은 폭신폭신하고 쫄깃쫄깃하다. 글루텐의 재료가 되는 글루테닌과 글리아딘은 배유에 있다. 정제된 흰 밀가루에는 배유만 있으니, 당연히 글루텐이 잘 생긴다. 하지만 통밀빵의 경우, 함께 갈린 껍질과 배아가 글루텐을 잘라내 빵 반죽이 잘 부풀어 오르지 못하게 한다. 100% 통밀가루로만 만든 빵은 반죽 밀도가 높아서 조직이 치밀하고 식감이 푸석푸석하다.

향도 통밀빵보다 밀가루빵이 더 좋다. 밀가루빵은 맡기만 해도 웃음이 지어지는 고소한 향이 나는데, 통밀빵은 알 수 없는 쓴 향이 느껴진다. 그 이유는 밀 알맹이 껍질에 있는 페룰산(Ferulic Acid) 때문이다. 실제로 한 연구팀이 밀가루에 페룰산을 첨가한 후 빵을 만든 결과, 통밀빵과 비슷한 향이 나는 것을 확인했다. 연구팀은 “페룰산이 빵의 풍미를 담당하는 분자인 2AP를 억제해, 풍미를 떨어뜨리는 것으로 추정된다”고 했다.

어떻게 하면 통밀가루로 만든 빵의 맛을 끌어올릴 수 있을까? 일단 향 자체에는 변화를 주기 어렵다. 그러나 요거트를 넣어 식감은 향상시킬 수 있다. 요거트 속 유기산이 글루텐 형성을 도와 빵이 더 잘 부풀어 오를 수 있게 돕기 때문이다. 또 요거트 질감 자체가 반죽의 신장성을 늘려 빵의 식감을 부드럽게 만든다. 신맛이 풍미를 높여 줄 수도 있다.

한편, 건강적인 측면으로는 밀가루로 만든 빵보다 통밀빵이 훨씬 좋다. 식이섬유, 비타민, 무기질 등이 풍부할 뿐만 아니라 혈당을 서서히 올려 당뇨병을 예방할 수 있다. 또한 다이어트 등에도 도움이 된다. 혈당 분비가 빠르면 공복감도 빨리 찾아와 과식을 유발하기 때문이다.

① 밀가루는 밀의 알맹이에서 배아와 껍질을 제거하고 배유만 남겨 빻은 가루이다.
② 통밀빵은 식이섬유, 비타민, 무기질이 풍부하며 당뇨병을 예방할 수 있다.
③ 통밀빵에 페룰산을 제거하면, 밀가루빵과 같은 고소한 향이 날 수 있다.
④ 통밀빵에 요거트 등의 성분을 첨가하면 식감을 향상시킬 수 있다.
⑤ 통밀가루에는 글루테닌과 글리아딘이 없기 때문에 부풀어 오르지 않는다.

04 다음 글의 핵심 논지로 가장 적절한 것을 고르면?

[가] 사회복지 정책을 비판하는 논리 중 하나는 사회복지 정책이 개인의 자유를 침해한다는 것이다. 일반적으로 시장 경제에 의한 자원의 배분(配分)은 거래 당사자의 자유로운 선택에 따른 결과지만, 사회복지 정책에 의한 자원의 배분은 개인의 자유로운 선택을 제한하여 이루어지는 경향이 있기 때문이다. 하지만 기본적으로 사회복지 정책은 소수의 자유를 제한할 수도 있지만, 다수의 자유를 증진할 수도 있다.

[나] 사회복지 정책이 개인의 자유를 침해한다는 이유 중 하나는 다음과 같다. 정책 추진에 필요한 세금을 많이 납부한 사람이 이득을 보지 못할 경우, 개인의 자유가 제한된다는 것이다. 일반적으로 사회복지 정책이 제공하는 재화와 서비스는 공공재적 성격을 갖고 있어 이용에 차별을 두지 않는다. 따라서 납세액과 이득 사이에는 차이가 존재할 수 있고, 세금을 많이 납부한 사람이 적은 이득을 보게 될 경우, 그 차이만큼 불필요하게 자유를 제한하였다고 볼 수 있다.

[다] 그러나 자유의 제한은 다음과 같은 측면에서 합리화될 수 있다. 사회복지 정책을 통해 제공하는 서비스는 보편성이 있기 때문에, 사회 전체를 위해 공공적으로 제공하는 것이 개인의 자발적인 선택의 자유에 맡겨둘 때보다 효과적이다. 예를 들어 각 개인에게 민간 부문의 의료 서비스를 사용할 수 있는 자유가 주어질 때보다 모든 사람이 보편적인 공공 의료 서비스를 받을 수 있을 때에 의료 서비스의 질이 전반적으로 높아진다. 이때 세금을 많이 납부한 사람이 누릴 수 있는 소극적 자유는 줄어들지만, 사회 구성원이 누릴 수 있는 적극적 자유는 늘어나는 것이다.

[라] 자유민주주의 사회에서는 자아의 실현을 위하여 개인의 자유를 최대한으로 보장해야 한다. 그러나 무제한의 자유를 모든 사람에게 보장하기는 불가능하므로 우리가 추구해야 할 자유는 제한적일 수밖에 없다. 사회복지 정책이 시장 경제에 개입하여 자유로운 선택의 기회를 제한할 때는 소극적 자유를 침해하는 것이다. 반면에 사회복지 정책을 통하여 개인이 원하는 바를 성취할 수 있는 능력을 갖추게 할 때에는 적극적 자유를 신장(伸張)시키는 것이다. 이처럼 사회복지 정책은 소수의 소극적 자유를 줄이는 반면, 다수의 적극적 자유는 늘리는 방향으로 결정되는 경우가 많다.

[마] 적극적 자유를 높이는 것이 소극적 자유를 줄이는 것보다 사회적으로 더 바람직할 수 있다. 소극적 자유로부터 감소되는 효용이 적극적 자유로부터 증가되는 효용보다 적을 수 있기 때문이다. 이렇게 볼 때, 소극적 자유의 제한이 적극적 자유를 확대하여 인간답게 살 수 있는 사회적 가치를 실현하는 데 긍정적으로 작용한다면 이를 사회적으로 인정하지 않을 수 없을 것이다.

① 사회복지 정책은 기본적으로 평등 가치의 구현을 목표로 하고 있으므로 이 과정에서 특정한 사람의 자유를 제한하는 것은 불가피한 일이다.

② 사회복지 정책을 사회 구성원의 자유 의지에 맡겨둔다면 정책을 제대로 수행할 수 없기 때문에 개인의 자유를 침해하더라도 균등하게 세금을 부과할 수밖에 없다.

③ 사회 구성원에게 세금을 부과함으로써 재산권 행사의 자유를 일부 줄이는 대신 사회복지 정책을 통해 다른 사람들의 자유를 그만큼 증가시킬 수 있다.

④ 사회복지 정책에 제공되는 재화는 모든 구성원에게 동일하게 돌아갈 것이기 때문에 세금 부과와 재산권 자유 간의 상관관계는 낮다.

⑤ 국가적인 정책 추진을 위해 세금을 부담하는 것은 국민의 의무이기 때문에 사회복지 정책 추진을 위해 세금을 부과하는 것은 개인의 자유를 제한한다고 볼 수 없다.

05 다음 글을 바탕으로 추론한 내용으로 적절하지 않은 것을 고르면?

최근 노르웨이는 사회관계망서비스(SNS)를 이용할 수 있는 최소 연령을 기존 13세에서 15세로 올리기로 했다. 영국 가디언에 따르면 노르웨이 총리 요나스 가르 스퇴르는 '알고리즘의 힘'으로부터 어린이를 보호하기 위해 필요한 정책이라고 강조했다. SNS에 대한 지나친 의존이나 SNS를 통한 집단 따돌림 문제 등 청소년에 미치는 영향이 크다는 판단하에 SNS 이용 제한 연령을 상향한 것이다.

스퇴르 총리는 외로운 아이들에게 SNS가 또 하나의 커뮤니티를 제공하지만 한편으로는 알고리즘의 힘이 아이들의 자기표현을 좌우하게 해서는 안 된다고 밝혔다. 실제로 SNS는 유해한 정보가 쉽게 노출되는 환경이고, 사용자의 관심사를 반영하여 알고리즘에 따라 추천되는 콘텐츠가 획일화된 사고방식을 만들 수 있기 때문이다.

현재 노르웨이의 개인정보 보호법에서는 13세 미만의 미성년자가 부모의 동의 없이 SNS 계정을 만드는 것을 불법으로 규정하고, SNS 제공업체에도 적절한 확인 절차를 마련할 책임을 부과한다. 노르웨이 정부는 해당 법을 개정하여 대상 나이를 15세로 조정하려는 방침이다.

그러나 법을 개정한다고 해도 실효성에 대해서는 의문이라는 지적도 있다. 2018년 통계에 따르면, 노르웨이의 9~12세 여학생의 79%, 남학생의 69%가 SNS를 사용하는 것으로 조사됐고, 같은 해 개인정보 보호법이 시행된 이후 2022년 조사에는 9세 아동의 절반 가까이가 SNS를 이용한다고 답한 것이다. 이와 관련하여 노르웨이 정부는 은행 ID 등을 이용하는 등 여러 방안을 모색했으나, 실질적인 제도의 수립은 쉽지 않을 것으로 보인다.

미성년자 SNS 대책은 노르웨이뿐만 아니라 유럽연합의 주요 과제 중 하나이다. 유럽연합 집행위원장 우르줄라 폰데어라이엔은 최근 유럽의회 연설에서 아이들이 정신적 상처를 받게 하는 요인으로 장시간 SNS의 이용과 중독성 등을 꼽기도 했다. 앞서 프랑스는 2023년 6월 부모나 보호자의 승인이 없을 경우 15세 미만의 SNS 이용을 제한하는 법안을 제정하기도 했다. 호주 정부 또한 최소 14~16세부터 SNS를 사용할 수 있도록 하는 법을 도입하여 시범 사업을 실시할 계획이라고 밝혔다.

① 2018년 노르웨이의 9~12세 학생의 대다수가 SNS를 이용하였다.

② SNS의 미성년자 이용 제한은 현재 유럽연합에서도 주목하고 있는 주요 사안이다.

③ 노르웨이 정부는 SNS의 알고리즘에 의해 좌우될 수 있는 아이들의 자기표현 방식을 우려하고 있다.

④ 프랑스에서는 보호자의 승인 없이 15세 미만의 청소년이 SNS를 이용할 수 없다.

⑤ 현재 노르웨이에서 15세 미만의 미성년자가 부모의 동의 없이 SNS 계정을 생성할 경우 개인정보 보호법에 따라 불법으로 간주된다.

[06~07] 다음 안내문을 읽고 질문에 답하시오.

문화예술 활성화 및 문화 나눔 후원사업 제휴 공모

△△공사는 포스트 코로나 시대에 문화예술계 활성화를 위해 공연단체를 지원하고 문화취약지역을 찾아 문화 소외계층과 문화예술의 가치를 나누어 따뜻한 세상을 만들어 가고자 2024년도 문화 나눔 후원사업 제휴를 위한 문화예술 후원 매개 단체를 다음과 같이 공모하오니 많은 관심과 ㉠ 참여바랍니다.

1. 공모명: 문화예술 활성화 및 문화 나눔 후원사업 제휴기관 선정

2. 제휴사업 개요
   ○ 제휴기관 수: 1개
   ○ 제휴공연(횟수): 5회
   ○ 후원사업 예상 제휴금액: ㉡ 1.4억원
   ○ 제휴지역: 전국
   ※ 프로그램 기획, 출연진 운영 등 세부사항 우선 협상 시 별도 협의

3. 참가자격
   ○ 법적 요건: 「문화예술 후원 활성화에 관한 법률」 제5조에 의거하여 문화예술 후원 매개 단체로 인증받은 단체 · 기관(단, 공모일 현재 기준 인증이 유효한 단체 · 기관)
   ○ 사업 요건: 특정 시 · 도에 국한하지 않고 전국 단위로 문화예술을 사업 수행할 수 있는 단체 · 기관(단, 영리를 목적으로 하는 단체 · 기관은 제외)
   ○ 사업 규모: 공고일 기준 정규직원 5인 이상 및 공고일 기준 3년 ㉢ 연 평균 30억 원 이상 문화예술 사업 실적 집행
   ※ 공연계 트렌드 반영, 대중적 프로그램 가능

4. 제휴기간: 협약 체결일로부터 1년간
   ※ 제휴기간 이내 제휴공연 5회 ㉣ 완료 시 제휴 종료 가능하며 기간 내 제휴공연을 이행하지 못할 경우 이행 완료할 때까지 제휴기간 연장 가능

5. 공모일정
   ○ 제휴 요청서 교부: '24. 4. 24.(수)~'24. 4. 30.(화)
   ○ 제안서 접수: '24. 5. 1.(수)~'24. 5. 8.(수) 18:00까지 도착분에 한해 유효함
   ※ 접수방법: 우편(등기)

6. 선정방법: 심사위원회를 구성하여 제안서 평가로 진행, 고득점순으로 우선협상 후 최종 선정
   ※ 심사기준: 사업수행능력, 프로그램 기획 및 사업품질 제고, 상호협력 및 사후관리, 제휴예산 운영, 재무상태 등

06 위 안내문을 읽고 난 후의 반응으로 적절하지 않은 것을 고르면?

① 적어도 공모일까지는 문화예술 후원 매개 단체로 인증받아야 되겠구나.
② 해당 공모에 선정되면 1년 안에 제휴공연 5회를 반드시 완료하지 않아도 되겠구나.
③ 2024년 5월 8일 오후 6시에 도착하는 제안서까지 접수되므로 미리 우편 등기를 신청해야겠구나.
④ △△공사의 인사처에서 사업수행능력이나 재무상태 등을 평가하여 고득점순으로 우선협상을 진행할 예정이구나.
⑤ 공고일 기준 법적 요건과 사업 요건, 사업 규모를 만족하더라도 영리를 목적으로 하는 단체 · 기관은 참가할 수 없어.

07 위 안내문에서 밑줄 친 ㉠~㉣ 중 맞춤법이 옳지 않은 것을 모두 고르면?

① ㉠, ㉣
② ㉡, ㉢
③ ㉠, ㉡, ㉢
④ ㉠, ㉡, ㉣
⑤ ㉠, ㉡, ㉢, ㉣

[08~09] 다음 글을 읽고 질문에 답하시오.

우리는 처음 만난 사람의 외모를 보고, 상대를 어떤 방식으로 대우해야 할지를 결정할 때가 많다. 여자인지 남자인지, 피부색이 흰지 검은지, 나이가 많은지 적은지 혹은 너무나 흔해서 별 특징이 드러나 보이지 않는지 등을 통해 상대와 자신의 차이를 재빨리 감지한다. 일단 감지하고 나면 우리는 지위 차이를 인식하고 알고 있는 방식으로 상대를 대하게 된다.

한 개인이 특정 집단에 속한다는 것은 단순히 다른 집단의 사람과 다르다는 것뿐만 아니라, 그 집단이 다른 집단보다는 지위가 높거나 우월하다는 믿음을 갖게 한다. (㉠) 모든 인간은 평등하다는 신념에도 불구하고 우리는 이러한 위계화(位階化)를 왜 당연한 것으로 받아들일까? 위계화란 특정 부류가 자원과 권력을 소유하고 다른 부류는 낮은 사회적 지위를 갖게 되는 사회적이며 문화적인 체계이다. 그렇다면 우리는 이러한 불평등을 어떠한 방식으로 경험하고 있으며, 불평등은 실제 사회에서 어떻게 조직되는 것일까?

불평등을 경험하게 되는 방식은 여러 측면으로 나눌 수 있다. 산업 사회에서의 불평등은 계층과 계급의 차이를 통해서 정당화되는데, 이는 재산, 생산 수단의 소유 여부, 학력, 집안 배경 등의 결합에 따라 나타난다. (㉡) 또한 모든 사회에서 인간은 태어날 때부터 얻게 되는 인종, 성, 민족 등의 생득적 특성으로 불평등을 경험한다. 이러한 특성은 단순히 생물학적인 차이를 지칭하는 것이 아니라, 개인의 우열을 가늠하게 만드는 사회적 개념이 되곤 한다. (㉢) 나치 치하의 유대인 대학살은 아리안 종족의 우월성에 대한 믿음에서 기인했다. 또한, 한 사회에서 어떠한 가치와 믿음이 중요하다고 여겨지느냐에 따라, 인종적 우월성을 정당화시키는 문화적 관념으로 기능하기도 한다. 예를 들어 '나의 조상이 유럽인이다'라는 사실은 라틴 아메리카의 다인종 사회에서는 주요한 사회적 의미를 지닌다. 왜냐하면 그 사회에서는 인종적 차이가 보상과 처벌이 분배되는 방식을 결정하기 때문이다.

한편 불평등이 재생산되는 다양한 사회적 기제가 때로는 관습이나 전통이라는 이유로 특정 사회의 본질적인 특성으로 간주되고 당연시되는 경우가 많다. 그 결과, 같은 문화권 내의 구성원 사이에 권력 차이에 따른 폭력이나 비인간적인 행위가 자연스럽게 수용될 때가 많다. (㉣) 브라질 속담에 "브라질 남성에게 지구상의 천국이란 흑인 여성을 하인으로 삼고, 백인 여성과 결혼하며, 갈색 피부의 여성을 첩으로 두는 일이다"라는 말이 있다. 이 속담은 다인종 사회인 브라질에 인종적 스테레오 타입이 존재함을 보여준다. 이를 사회학적 맥락에서 살펴보면, 피부색이 더 하얀 아이를 낳아 '종자를 개선하고', '피를 깨끗이 한다'라는 사회적 압력이 있다는 것을 의미한다.

문화 인류학자들은 사회 집단의 차이와 불평등, 사회의 관습 또는 전통이라고 일컬어지는 문화 현상에 대해 어떤 입장을 취해야 할지 고민한다. 만약 이러한 문화 현상이 고유한 역사적 산물이므로 나름대로 가치를 지닌다는 입장만을 반복하거나 단순히 관찰자로서의 입장에 안주한다면, 차별의 형태를 제거하는 데 도움을 줄 수 없다. 실제로 문화 인류학 연구는 기존의 권력 관계를 유지시켜 주는 다양한 이데올로기를 분석하고, 개인의 특성이 우등성과 열등성을 구분하는 지표가 아니라 평등한 차이일 뿐이라는 것을 일깨우는 데 기여해 왔다. (㉤)

08 윗글의 빈칸 ㉠~㉤ 중에서 다음 글이 들어갈 위치로 적절한 것을 고르면?

인도의 지참금 폭력 사례가 이러한 측면을 잘 보여 준다. 인도의 결혼 지참금 제도는 1961년 공식적으로 불법으로 규정됐다. 그러나 여전히 예비 신부의 가족은 신랑 측에 현금, 옷, 보석 등을 건네야 한다. 딸이 있는 부모들은 지참금을 지불하기 위해 거액의 대출을 받거나 심지어 땅이나 집을 팔아 치우기도 한다. 그렇다고 해서 신부가 행복하게 산다는 보장도 없다. 인도의 '국가 범죄 기록국'에 따르면 들고 온 지참금이 부족하다는 이유로 살해당한 인도의 신부는 2017~2022년 사이 무려 3만 5,493명에 이른다. 하루 평균 20명꼴이다.

① ㉠ ② ㉡ ③ ㉢
④ ㉣ ⑤ ㉤

09 윗글을 이해한 내용으로 적절한 것을 고르면?

① 처음 만난 타인에 대한 판단은 남녀노소 상관없이 동일한 기준에 따라 결정된다.
② 사회의 위계화 기준은 사회 문화적 측면보다는 생득적 측면의 경향성이 더 강하다.
③ 한 사회의 관습이나 전통이 사회의 불평등을 재생산하는 사회적 기제로 작용하기도 한다.
④ 문화 인류학자의 의무는 객관적인 입장에서 인간의 문화 현상을 분석하여 위계화 원인을 분석하는 것이다.
⑤ 모든 인간이 평등하다는 신념에도 위계화가 정착된 까닭은 인간의 원초적 이기심에서 비롯되었다고 볼 수 있다.

10 다음 글을 이해한 내용으로 적절하지 않은 것을 고르면?

20세기 한국 사회는 내부 노동 시장에 의존한 '평생직장' 개념을 갖고 있었다. 하지만 1997년 외환 위기 이후 인력 관리의 유연성이 증가하면서 사라지기 시작하였다. 기업은 우수 인력을 외부 노동 시장에서 적기에 채용하고, 저숙련 인력은 주변화하여 비정규직을 계속 늘리는 전략을 구사 중이다. 이러한 기업의 인력 관리 방식에 따라 주당 18시간 미만으로 일하는 불완전 취업자가 증가하고 있다.

이와 같은 현상은 우리나라의 경제가 지식 기반 산업 위주로 점차 바뀌고 있음을 말해 준다. 지식 기반 산업이 주도하는 경제 체제에서는 고급 지식을 갖거나 숙련된 노동자가 더욱 높은 임금을 받게 된다. 즉, 지식 기반 경제로의 이행은 지식 격차에 의한 소득 불평등의 심화를 의미한다. 우수한 기술과 능력을 가진 핵심 인력은 높은 임금을 받고 양질의 능력을 개발할 기회를 얻는 선순환 구조를 갖지만, 비정규직이나 장기 실업자 등 주변 인력은 악순환을 겪을 수밖에 없다. 이러한 양극화 현상을 국가가 적절히 통제하지 못할 경우, 사회 계급 간의 간극은 더욱 확대될 것이다. 결국 고도화된 기술 사회가 온다고 해도 자본주의 경제 체제가 지속되는 한, 사회 불평등 현상은 여전히 존재하게 될 것이다. 국가가 강력하게 사회 정책적 개입을 추진하면 계급 간 격차를 현재보다는 축소시킬 수 있겠지만 해소하지는 못할 것이다.

이러한 사회 불평등 현상은 국제적으로도 발견된다. 각국 간 발전 격차가 확대되면서 전 지구적 생산의 재배치는 이미 20세기부터 진행되어 왔다. 정보 통신 기술이 지구의 자전 주기와 공간적 거리를 '장애물'에서 '이점'으로 변모시킨 결과, 전 세계적 노동 시장이 탄생하였다. 기업을 비롯한 각 사회 조직은 국경을 넘어 인력을 충원하고, 재화와 용역을 구입하고 있다. 개인도 인터넷을 통해 이러한 흐름에 동참하고 있다. 생산 기능은 저개발국으로 이전되고, 연구 · 개발 · 마케팅 기능은 선진국으로 모여드는 경향은 강화되어, 국가 간 정보 격차가 확대되고 있다. 유비쿼터스 기술에 의거하여 전 세계를 잇는 지역 간 분업은 앞으로 더욱 활발해질 것이다. 한편, 국가 간의 경제적 불평등 현상은 국제 자본과 노동의 이동으로 표출되고 있다. 노동 집약적 부문의 국내 기업이 해외로 생산 기지를 옮기는 현상을 넘어 초국적 기업이 본격적으로 대두되고 있다. 전 세계에 걸친 외부 용역 대치가 이루어지고, 콜센터를 외국으로 옮기는 현상도 보편화될 것이다.

① 현재 한국 사회는 20세기와는 다른 산업 구조로 바뀌었다.

② 우수한 기술과 능력을 지닌 핵심 인력은 모두 정규직으로 채용된다.

③ 국가가 강력한 통제를 가한다면, 사회 계급 간의 간극을 줄일 수 있다.

④ 지식 기반 산업이 주도하는 경제 체제는 국가 간의 불평등 현상도 일어나게 하였다.

⑤ 국가 간의 정보 격차 확대는 노동 집약적 부문의 해외 이전을 촉구하는 계기로 작용하였다.

11

P사는 공개채용 시험을 시행하여 신입사원을 채용하였다. 다음 [조건]을 만족하는 전체 응시자의 평균 점수를 고르면?

조건

- 총 500명이 응시하였으며, 합격한 인원은 20명이다.
- 합격자의 평균 점수는 불합격자의 평균 점수의 2배보다 5점 높다.
- 불합격자의 평균 점수는 전체 응시자의 평균 점수보다 2점 낮다.

① 44점 ② 45점 ③ 46점
④ 47점 ⑤ 48점

12

현재 민호의 나이는 민지보다 3살 더 많고, 15년 뒤에 민호와 민지의 나이의 비는 10 : 9일 때, 현재 민호의 나이를 고르면?

① 15세 ② 16세 ③ 17세
④ 18세 ⑤ 19세

13

영업사원인 갑은 회사에서 출발하여 하루에 거래처 A, B를 모두 방문한 뒤 회사로 복귀하였다. 다음 [조건]을 만족하는 갑의 하루 이동 거리를 고르면?(단, 회사에서 A, A에서 B, B에서 회사로 이동하는 데 걸린 시간은 분 기준으로 자연수이다.)

조건

- 회사, A, B는 3곳 이상 일직선상에 놓이지 않았으며, '회사－A－B－회사' 순으로 이동하였다.
- 회사에서 출발한 뒤 회사에 복귀하기까지 이동하는 데 사용한 시간은 총 47분이다.
- A에서 B까지의 거리는 8km이다.
- B에서 회사까지 48km/h의 속력으로 20분 동안 이동하였다.
- 회사에서 A까지 이동한 거리는 km 단위로 12의 배수이며, 100km 미만이다.
- 회사에서 A까지 이동한 속력은 A에서 B까지 이동한 속력의 $\frac{15}{8}$배이다.

① 36km ② 40km ③ 44km
④ 48km ⑤ 52km

14

농도가 30%이고, 500g인 소금물 A에 농도가 6%인 소금물 B를 섞어 요리에 사용하려고 한다. 농도가 8% 이하여야 요리에 사용할 수 있을 때, 최소한으로 필요한 소금물 B의 양을 고르면?

① 5,000g ② 5,250g ③ 5,500g
④ 5,750g ⑤ 6,000g

15

다음 [표]는 2019~2023년 남자와 여자의 연령대별 취업자 수에 대한 자료이다. 이를 바탕으로 옳지 않은 것을 고르면?

[남자, 여자의 연령대별 취업자 수]

(단위: 천 명)

구분		15~19세	20~29세	30~39세	40~49세	50~59세	60세 이상
2019년	남자	91	1,830	3,362	3,839	3,675	2,666
	여자	107	1,917	2,168	2,665	2,769	2,034
2020년	남자	72	1,754	3,273	3,762	3,663	2,858
	여자	90	1,847	2,091	2,584	2,693	2,218
2021년	남자	72	1,772	3,212	3,746	3,686	3,059
	여자	99	1,934	2,045	2,564	2,735	2,347
2022년	남자	73	1,823	3,196	3,743	3,763	3,330
	여자	105	1,995	2,107	2,570	2,856	2,527
2023년	남자	67	1,786	3,158	3,677	3,773	3,492
	여자	96	1,950	2,199	2,583	2,905	2,732

① 2023년의 50세 이상 취업자 수는 남자가 여자보다 1,628천 명 더 많다.
② 2022년에 40~49세 전체 취업자 수는 3년 전 대비 2% 이상 감소하였다.
③ 주어진 기간 중 20~29세 남자 취업자 수가 가장 많은 해는 20~29세 여자 취업자 수도 가장 많다.
④ 2020년의 15~19세 취업자 수는 여자가 남자의 1.25배이다.
⑤ 2021년의 여자 취업자 수는 60세 이상이 30~39세보다 302천 명 더 많다.

16 다음 [표]는 광역시의 한국 국적 취득자에 대한 자료이다. 이를 바탕으로 [보기]에서 옳은 것을 모두 고르면?

[지역별 동북아시아 출신 한국 국적 취득자]

(단위: 명)

구분	부산광역시	대구광역시	인천광역시	광주광역시	대전광역시	울산광역시
중국	1,137	767	3,159	639	730	538
대만	164	133	366	40	108	36
일본	33	10	38	11	23	8

[지역별 동남아시아 출신 한국 국적 취득자]

(단위: 명)

구분	부산광역시	대구광역시	인천광역시	광주광역시	대전광역시	울산광역시
베트남	1,610	1,376	1,339	881	754	960
필리핀	332	185	377	344	211	137
태국	19	15	42	17	14	8
인도네시아	6	8	10	0	0	0
캄보디아	135	180	110	162	123	66

[지역별 서남아시아 출신 한국 국적 취득자]

(단위: 명)

구분	부산광역시	대구광역시	인천광역시	광주광역시	대전광역시	울산광역시
스리랑카	0	0	5	0	0	0
파키스탄	27	37	72	0	0	0
방글라데시	0	0	26	0	0	0
네팔	29	10	16	19	8	6

보기

㉠ 동남아시아 출신의 한국 국적 취득자가 가장 많은 광역시와 동북아시아 출신의 한국 국적 취득자가 가장 많은 광역시는 같다.
㉡ 네팔 출신의 한국 국적 취득자는 6개 광역시를 전부 합쳐 총 88명이다.
㉢ 동북아시아 출신의 한국 국적 취득자는 대전광역시가 울산광역시보다 279명 더 많다.
㉣ 동남아시아 출신의 한국 국적 취득자 중 대구광역시에서 세 번째로 많은 나라는 태국이다.

① ㉠, ㉡ ② ㉠, ㉢ ③ ㉡, ㉢
④ ㉠, ㉡, ㉢ ⑤ ㉢, ㉣

17

다음 [표]는 주요 지역별 남녀 출생아 수에 대한 자료이다. 이를 바탕으로 [보기]에서 옳은 것을 모두 고르면?(단, 소수점 첫째 자리에서 반올림하여 계산한다.)

[지역별 남녀 출생아 수]

(단위: 명)

구분	2020년		2021년		2022년		2023년	
	남자	여자	남자	여자	남자	여자	남자	여자
서울특별시	24,344	23,101	23,436	22,095	21,787	20,815	20,257	19,199
부산광역시	7,770	7,288	7,436	7,010	7,258	6,876	6,590	6,276
대구광역시	5,734	5,459	5,545	5,116	5,153	4,981	4,819	4,591
인천광역시	8,261	7,779	7,643	7,304	7,330	7,134	7,015	6,644
광주광역시	3,667	3,651	4,063	3,893	3,851	3,595	3,142	3,030
대전광역시	3,913	3,568	3,851	3,563	3,970	3,707	3,720	3,474
울산광역시	3,294	3,323	3,176	2,951	2,747	2,652	2,557	2,525

※ 출생성비$\left(=\frac{\text{남자}}{\text{여자}}\times 100\right)$는 여자 100명당 남자 수이다.

보기

㉠ 2021년 이후 남자와 여자 출생아 수가 매년 전년 대비 감소한 지역은 6개이다.

㉡ 2023년 대전광역시의 출생성비는 3년 전 대비 3 감소하였다.

㉢ 2021년 이후 부산광역시의 남자 출생아 수와 여자 출생아 수의 차는 매년 감소하였다.

㉣ 제시된 지역 중 출생아 수가 1만 명 이상인 지역의 수가 처음으로 4개 미만인 해의 서울특별시 출생아 수는 4만 명 미만이다.

① ㉠, ㉡　② ㉠, ㉣　③ ㉡, ㉢　④ ㉠, ㉡, ㉣　⑤ ㉡, ㉢, ㉣

18

다음 [표]는 연도별 화장품 수출액 상위 10개국 현황에 대한 자료이다. 이를 바탕으로 옳지 않은 것을 고르면?

[연도별 화장품 수출액 상위 10개국 현황]

(단위: 백만 달러)

구분	2021년		2022년		2023년	
	국가명	수출액	국가명	수출액	국가명	수출액
1위	중국	4,881	중국	3,611	중국	2,777
2위	미국	841	미국	839	미국	1,214
3위	일본	784	일본	746	일본	801
4위	홍콩	578	홍콩	394	홍콩	501
5위	베트남	303	베트남	375	베트남	497
6위	러시아	290	러시아	286	러시아	408
7위	대만	164	대만	200	대만	221
8위	태국	136	태국	154	태국	193
9위	싱가포르	117	싱가포르	118	싱가포르	129
10위	말레이시아	105	말레이시아	115	말레이시아	120

① 제시된 기간의 화장품 수출액 상위 10개국의 순위는 매년 같다.

② 2023년에 수출액 1위 국가와 2위 국가의 수출액 차는 1,563백만 달러이다.

③ 2021~2023년 미국의 연평균 화장품 수출액은 970백만 달러 이상이다.

④ 화장품 수출액 상위 10개국 중에서 2022년 수출액이 전년 대비 감소한 국가의 수와 증가한 국가의 수는 같다.

⑤ 2023년 대만의 수출액은 전년 대비 10.5% 증가하였다.

[19~20] 다음 [표]는 연도별 범죄 발생 건수에 대한 자료이다. 이를 바탕으로 질문에 답하시오.

[연도별 범죄 발생 건수]

(단위: 건)

구분	2018년	2019년	2020년	2021년	2022년
전체	1,580,751	1,611,906	1,587,866	1,429,826	1,482,433
강력범죄	26,787	26,476	24,332	22,476	24,954
절도범죄	176,809	186,957	179,517	166,409	182,270
폭력범죄	287,611	287,913	265,768	232,661	245,286
지능범죄	344,698	381,533	424,642	361,107	405,105
풍속범죄	20,162	21,153	22,632	23,360	27,113
특별경제범죄	53,994	51,400	47,826	40,708	48,615
마약범죄	6,513	8,038	9,186	8,088	10,331
보건범죄	11,033	12,570	14,595	16,936	17,749
교통범죄	408,371	377,354	348,725	308,634	241,029

19

다음 자료에 대한 설명으로 옳지 않은 것을 [보기]에서 모두 고르면?

보기

㉠ 전체 범죄 발생 건수가 가장 많은 해에 지능범죄 건수가 차지하는 비중은 20% 이상이다.
㉡ 매년 범죄 발생 건수가 증가한 범죄는 1개이다.
㉢ 연평균 범죄 발생 건수는 강력범죄가 마약범죄보다 16,553.8건 더 많다.
㉣ 2019년 이후 지능범죄 건수가 전년 대비 가장 많이 증가한 해에 그 증가율은 약 10.2%이다.

① ㉠, ㉡　② ㉡, ㉢　③ ㉢, ㉣
④ ㉠, ㉡, ㉢　⑤ ㉡, ㉢, ㉣

20

다음 [표]는 2018~2022년 중 전체 범죄 건수가 두 번째로 적은 해의 범죄별 검거 건수에 대한 자료이다. 이 해의 범죄 발생 건수와 검거 건수의 차가 두 번째로 큰 범죄의 검거율을 고르면?(단, 소수점 첫째 자리에서 반올림하여 계산한다.)

[범죄별 검거 건수]

(단위: 건)

전체	강력범죄	절도범죄	폭력범죄	지능범죄
1,133,788	23,521	113,705	209,789	229,265
풍속범죄	**특별경제범죄**	**마약범죄**	**보건범죄**	**교통범죄**
22,384	39,078	9,881	16,807	233,413

※ 검거율(%) $= \frac{\text{검거 건수}}{\text{발생 건수}} \times 100$

① 58%　② 62%　③ 66%
④ 70%　⑤ 74%

21

다음 중 비판적 사고의 개발을 위해 필요한 요소들과 이에 대한 설명이 바르게 연결된 것을 [보기]에서 모두 고르면?

보기

㉠ 지적 정직성: 적절한 결론이 제시되지 않는 한 결론을 참이라고 받아들이지 않는 태도
㉡ 융통성: 특정한 신념의 지배를 받는 고정성, 독단적 태도, 경직성을 배척하는 태도
㉢ 결단성: 증거가 타당할 때는 결론을 맺는 태도
㉣ 다른 관점에 대한 존중: 내가 틀릴 수 있으며 내가 거절한 아이디어가 옳을 수 있다는 것을 기꺼이 받아들이는 태도
㉤ 체계성: 결론에 도달하는 데 감정적, 주관적 요소를 배제하고 경험적 증거나 타당한 논증을 근거로 하는 태도

① ㉠, ㉡, ㉣　② ㉠, ㉢, ㉤　③ ㉡, ㉢, ㉣
④ ㉡, ㉣, ㉤　⑤ ㉢, ㉣, ㉤

22

같은 회사에 근무하는 A~D 4명의 직원 중 일부는 어제 야간 근무를 하였다. 다음 진술 중 하나만 진실일 때, 어제 야간 근무를 한 사람을 모두 고르면?

- B, C, D 3명 중 적어도 1명은 어제 야간 근무를 했다.
- B가 어제 야간 근무를 했다면, A는 어제 야간 근무를 하지 않았다.
- A와 C가 모두 어제 야간 근무를 했다면, D도 어제 야간 근무를 했다.
- A와 C 중 적어도 1명은 어제 야간 근무를 하지 않았다.

① A, B　② B, C　③ C, D
④ A, B, C　⑤ B, C, D

23

다음 [대화]에서 B가 범하고 있는 논리적 오류로 가장 적절한 것을 고르면?

대화

- A: 현재 자신의 행복을 가장 중시하고 소비하는 '욜로(YOLO)족'과 같이 요즘 사회는 무분별한 소비 습관을 가진 젊은 세대들로 인해 많은 문제가 되고 있습니다. 노후 준비나 미래를 대비하는 계획 대신 지금 당장의 행복을 좇는 소비의 행태는 미래의 많은 경제적 어려움을 야기할 수 있고, 이는 큰 사회적 비용으로 돌아올 수 있습니다. 이에 대한 대책 논의가 필요합니다.
- B: 무분별한 소비문화가 만연한 요즘 우리는 자녀 교육을 돌아봐야 합니다. 둘 이상의 자녀가 보편적이던 과거와 다르게 하나만 낳아 잘 기르자는 인식이 만연한 요즘 '귀한 자식'이라는 말로 제대로 된 자녀 교육이 이루어지지 않고 있습니다. 무분별한 소비문화가 근절되기 위해서는 이런 자녀 교육의 부재를 주목해야 합니다.

① 무지의 오류　② 인신 공격의 오류
③ 허수아비 공격의 오류　④ 논점 일탈의 오류
⑤ 순환 논법의 오류

24

A기업은 자사 제품과 경쟁사 B사와 C사 제품에 대한 선호도 조사를 실시하였다. 조사 대상자들은 세 가지 제품에 대하여 가장 좋은 제품부터 각각 10점, 5점, 1점의 점수를 부여하였으며, 조사 결과가 다음 [조건]과 같다고 할 때, 자사 제품에 5점을 부여한 사람의 수를 고르면?

조건

- 조사 대상자는 총 100명이다.
- 조사 대상자는 세 가지 제품에 각각 다른 점수를 매겨야 한다.
- 자사 제품에 1점을 부여한 사람은 없다.
- C사 제품을 B사 제품보다 좋아한 사람은 61명이다.
- 자사 제품을 C사 제품보다 좋아한 사람은 55명이다.
- B사 제품을 자사 제품보다 좋아한 사람은 10명이다.

① 38명 ② 43명 ③ 48명
④ 55명 ⑤ 62명

25

다음 [보기]에서 설명하고 있는 문제해결방법을 고르면?

보기

전문가들을 대상으로 반복적인 피드백을 통한 하향식 의견 도출로 문제를 해결하려는 미래 예측 기법으로 흔히 의견 수립, 중재, 타협의 방식을 거듭하는 방법

① 심층면접법 ② 명목집단법
③ 퍼실리테이션 ④ 로직트리 기법
⑤ 델파이 기법

26

◇◇도서관에서는 2024년 도서관 이용자를 대상으로 2025년 신년맞이 1박 2일 무료 독서 캠프를 열고자 한다. 다음 [조건]에 따라 참가 신청을 받을 때, 독서 캠프에 참가할 수 있는 사람을 고르면?

[1박 2일 독서 캠프 신청 정보]

신청자	성별	학년	◇◇도서관 이용 횟수	타지역 도서관 이용 횟수
강호준	남	초등학교 6학년	3회	1회
양민환	남	초등학교 1학년	4회	2회
고한주	여	초등학교 5학년	1회	3회
김민하	여	중학교 1학년	–	10회
서한희	여	초등학교 3학년	2회	2회

조건

- 1박 2일 독서 캠프 신청 정보는 2024년 11월 기준이다.
- 1박 2일 독서 캠프 대상자는 2025년 3월 기준 초등학교 1학년 이상 초등학교 6학년 이하인 어린이이다.
- 1박 2일 독서 캠프 대상자 중 2024년 11월 기준 ◇◇도서관 이용 횟수 및 타지역 도서관 이용 횟수가 다음 조건 중 한 가지 이상을 만족하는 이용자를 선발한다.
  - ◇◇도서관 이용 횟수가 3회 이상인 이용자
  - ◇◇도서관 이용 횟수가 2회이고, 타지역 도서관 이용 횟수가 3회 이상인 이용자
  - ◇◇도서관 이용 횟수가 1회이고, 타지역 도서관 이용 횟수가 4회 이상인 이용자
  - 타지역 도서관 이용 횟수가 10회 이상인 이용자

① 강호준　　② 양민환　　③ 고한주
④ 김민하　　⑤ 서한희

27 다음은 교육부에서 발표한 보도자료이다. 이에 대한 내용으로 적절하지 않은 것을 고르면?

> 내년도 어린이집 입소와 유치원 입학 신청을 한곳에서 할 수 있는 '유보통합포털'이 오는 11월 1일에 개통한다. 교육부는 어린이집 입소와 유치원 입학 신청 창구를 일원화해, 자녀에게 맞는 어린이집과 유치원을 비교 선택 가능한 온라인 서비스를 시작한다고 25일 밝혔다. 이에 유보통합포털에서는 한 번의 회원가입과 로그인으로 어린이집 입소대기시스템은 물론 유치원 입학시스템 이용이 가능하다.
>
> 유보통합포털은 어린이집과 유치원에 직접 방문하지 않고 온라인으로 입소 · 입학 신청 전 과정을 진행할 수 있는 시스템이다. 이 시스템은 지난해 12월 정부조직법 개정으로 영유아 보육 · 교육 중앙 관리체계가 교육부로 일원화돼 기존에 이원화되어 있던 신청 방법을 하나로 통합하기 위해 구축했다.
>
> 이에 기존에는 어린이집 입소 대기 신청이 '아이사랑' 사이트, 유치원 입학 신청은 '처음학교로' 사이트에서 별도로 이뤄졌으나, 이번 유보통합포털 구축으로 앞으로는 유보통합포털 한 곳에서 신청할 수 있다.
>
> 특히 학부모가 어린이집과 유치원을 비교하고 신청할 수 있도록 핵심어(키워드)를 이용한 검색도 가능하게 해 편의성이 높아질 것으로 기대된다. 아울러 학부모가 유보통합포털을 통한 입소 · 입학 신청에 관한 사항을 쉽게 알 수 있도록 안내자료(리플릿), 웹 사용설명서, 포스터 등을 통해 안내하고 학부모 상담센터도 운영할 예정이다.
>
> 오○○ 교육부 차관은 "이번 유보통합포털 개통을 계기로 지속해서 학부모와 소통해 어린이집 입소, 유치원 입학 편의 기능을 강화하겠다"고 밝혔다. 그러면서 "지난 6월에 발표한 유보통합 실행계획 역시 차질 없이 추진해 교육 · 보육 현장에서 성공적으로 안착할 수 있도록 최선을 다하겠다"고 강조했다.

① 6월에는 유보통합 실행계획이 발표되었다.

② 11월 1일부터 어린이집 입소와 유치원 입학 신청을 같은 홈페이지에서 할 수 있다.

③ 기존에는 아이사랑 사이트에서만 유치원 입학 신청이 가능했다.

④ 유보통합포털에서는 키워드를 통한 검색이 가능하다.

⑤ 새로운 사이트의 개통으로 직접 유치원에 방문하지 않아도 입학 신청이 가능하다.

[28~29] G아파트의 자전거 보관소에서는 입주민들의 자전거를 편리하게 관리하기 위해 다음과 같은 방법으로 자전거에 일련번호를 부여한다. 이를 바탕으로 이어지는 질문에 답하시오.

[자전거 일련번호 발급 안내]

안녕하세요. G아파트 관리사무소에서 안내드립니다.

현재 저희 아파트 자전거 보관소는 무분별한 자전거 보관으로 인해 50% 이상의 자전거가 장기 방치되어 원활한 자전거 보관소 이용에 어려움을 겪고 있습니다. 이에 동대표 회의를 통해 실질적으로 자전거 보관소를 이용하시는 입주민분들의 효율적인 공간 활용을 위해 자전거 보관소를 이용하는 모든 자전거에 자전거 일련번호를 부여하기로 결정하였습니다.

다음과 같이 자전거 일련번호를 부여해 자전거 보관소 이용을 관리할 예정이오니, 자전거 보관소를 지속적으로 이용하고자 하는 입주민들께서는 관리사무소로 방문하여 자전거 일련번호를 발급받으시기 바랍니다. 감사합니다.

■ 자전거 일련번호 발급

• 일련번호 순서

A	L	2	0	1	1	0	1	–	1
자전거 정보 (종류, 무게)		입주민 정보(동, 호수)						–	등록순서

• 자전거 정보

– 자전거 종류 구분

일반 자전거			전기 자전거
성인용	아동용	산악용	
A	K	T	B

– 자전거 무게 구분

10kg 이하	10kg 초과 20kg 미만	20kg 이상
S	M	L

• 입주민 정보

– 동 구분: 101동부터 210동까지의 각 동의 앞자리 숫자와 끝자리 숫자를 2자리 숫자로 기재

예 210동–20

– 호수: 4자리 숫자로 기재

예 1101호–1101

• 등록순서: 동일 세대당 자전거 등록순서를 1자리로 기재

※ 단, 한 세대당 최대 등록 가능 대수는 3대임

28 다음 중 자전거의 일련번호가 바르게 표기된 것을 고르면?

① AL182001－01

② SK130506－2

③ TS22203－3

④ AM110704－1

⑤ BM181307－4

29 다음 중 일련번호가 'TS270603-3'인 자전거에 대한 설명으로 옳은 것을 고르면?

① 자전거의 무게는 약 14kg이다.

② 전기 모터를 이용해 주행이 가능하다.

③ 102동 603호 입주민의 자전거이다.

④ 해당 자전거의 소유자는 더 이상 자전거를 등록할 수 없다.

⑤ 해당 자전거의 소유자는 아동용 자전거도 등록하였다.

30 다음 기사 내용을 미루어 볼 때, 전기요금 인상에 대한 정부 관계자들의 태도로 가장 적절한 것을 고르면?

> 정부가 서민경제 부담 등을 고려해 주택용 · 일반용 전기요금을 동결하기로 했다. 다만 산업용 고객에 한정해 오는 24일부터 전력량 요금을 한 자릿수 인상률인 평균 9.7%를 인상하는 것으로 결정했다. 최○○ 산업통상자원부 2차관은 23일 브리핑에서 "정부는 최소한의 요금조정이 필요하다고 판단한 바, 한전의 재무 여건과 경제 주체들의 민생 부담 여력 등 변수를 종합적으로 검토했다"고 밝혔다.
>
> 이에 한국전력은 누적된 전기요금 인상요인의 일부를 반영하고 효율적 에너지소비를 유도하기 위해 이같은 내용의 전기요금 조정방안을 발표했다. 특히 이번 전기요금 조정은 그간 누적된 원가 상승 요인을 반영하되, 물가, 서민경제 부담 등을 종합적으로 고려했다.
>
> 한국전력은 국제 연료가격 폭등 등의 영향으로 2022년 이후 6차례 요금 인상과 고강도 자구노력에도 2021~2024년 상반기 누적적자 41조 원(연결 기준), 올해 상반기 부채 203조 원(연결 기준)에 이르러 재무부담이 가중됐다. 이에 반도체, 인공지능(AI) 등 미래 첨단산업 기반 조성을 위한 전력망 확충과 정전 · 고장 예방을 위한 필수 전력설비 유지 · 보수를 위해 전기요금 인상이 불가피했다고 밝혔다. 또한 효율적 에너지소비 유도와 안정적 전력수급을 위해서도 요금조정을 통한 가격신호 기능 회복이 필요하다고 설명했다.
>
> 이 결과 주택용 · 일반용 등은 동결하고, 전체 고객의 1.7%(약 44만 호)로 전체 전력사용량의 53.2%를 차지하는 산업용 고객은 평균 9.7%를 인상한다. 이 중 대용량 고객인 산업용(을)은 10.2% 인상하는 반면 경기침체에 따른 중소기업의 어려움 등을 감안해 중소기업이 주로 사용하는 산업용(갑)은 5.2% 인상한다.
>
> 한편 한국전력은 누적적자 해소와 전력망 투자재원 마련을 위해 전기요금을 단계적으로 정상화 중이라고 설명했다. 아울러 이번 요금조정을 기반으로 자구노력을 철저히 이행해 경영정상화에 박차를 가하고, 전력망 건설에 매진해 국가 경쟁력 강화에 이바지할 방침이다.

① 서민들에게 부담이 될 수 있으므로 전기요금 인상은 필요하지 않다.

② 산업용 전기를 과다사용하는 중소기업들이 전기요금 인상의 원인이다.

③ 필수 전력설비의 유지 · 보수를 위해 전기요금 인상은 필요하다.

④ 한국전력은 전기요금의 인상 없는 전력망 투자재원 마련을 위해 고강도 방안을 강구해야 한다.

⑤ 전기요금 인상은 비효율적 에너지 소비를 가져올 것이다.

정답과 해설 p.43

DAY 07

왜 틀렸지? 왜 실수했지?

매일 한 줄 복기

문제를 다 풀고 난 후 왜 틀렸는지, 자주 나오는 실수 패턴은 무엇인지, 어떤 문제부터 풀어보고 어떤 문제는 나중에 풀지를 바르게 판단했는지 복기해 보세요. 어느 부분이 부족한지 스스로 깨닫고, 다음 회차를 풀 때 적용한다면 NCS 실력이 빠르게 올라갈 것입니다.

작성 예시

- ✔ 지문 읽을 때 키워드부터 찾기! 지문 끊어 읽기! 선택지에서 체크한 키워드가 모두 나와야 한다.
- ✔ 그래프와 표 나올 때 제목이랑 단위부터 확인하기!
- ✔ 시간 내에 풀 수 있는 유형인지 아닌지를 꼭 체크하고 넘어가자. 무조건 넘기지 말자!
- ✔ 의사소통 먼저 풀면 시간이 절약되는 것 같음. 수리랑 문제해결 중 어떤 것부터 풀지 판단해 보자.

의사소통능력	
수리능력	
문제해결능력	

01 다음 글의 제목으로 가장 적절한 것을 고르면?

동일본대지진은 2011년 3월 11일 오후 2시 46분, 도쿄에서 300km가량 떨어진 미야기현 앞바다에서 발생했다. 이 지진은 일본 관측 사상 최대인 규모 9.0으로, 규모 9.5로 세계 1위인 1960년의 칠레 대지진 등에 이어 4위인 강력한 지진이었다. 미야기현 앞바다를 중심으로 남북 약 500km, 동서 200km가량의 광대한 해저를 뒤흔든 이 지진의 진원은 바다와 육지의 지각판이 서로 부딪치는 경계부로 해저 지각에 큰 변동을 일으키며 쓰나미를 만들었다. 최대 파고가 9.3m 이상으로 관측된 당시 쓰나미는 미야기, 이와테, 후쿠시마 등 동일본 연안 지역을 강타했다. 동일본대지진 당시 사망한 1만 5,899명과 실종된 2,527명의 대부분은 쓰나미로 인한 희생자들이다. 물적 피해도 컸다. 완전히 파괴된 건물이 12만 1,992호, 반파된 건물은 28만 2,920호에 달했다.

동일본 연안을 휩쓴 쓰나미의 거센 물살은 후쿠시마현 후타바 · 오쿠마 마을에 들어선 후쿠시마 제1원전도 덮쳤고, 이는 강진에 따른 송전탑 붕괴 등으로 외부 전원이 끊긴 상태에서 원자로를 식힐 냉각장치를 가동하는 데 필요한 비상용 발전기 가동까지 침수로 멈추게 하는 비상사태를 일으켰다. 대형 쓰나미에 제대로 대비하지 못했다는 점에서 인재였다. 같은 블록에 설치된 원자로 4기 중 정기점검 중이던 4호기를 제외한 1~3호기에서 노심*이 고열로 녹아내리는 용융이 발생해 지진이 일어난 지 하루 만인 3월 12일 오후부터 1호기를 시작으로 3호기, 4호기에서 연쇄적으로 원자로 건물에 들어찬 수소가스가 폭발했다. 당시 2호기에서도 노심용융이 일어났지만 1호기의 폭발 충격으로 건물에 구멍에 생긴 탓에 수소폭발을 면했다. 다만 다량의 방사성 물질 누출은 피하지 못했다. 핵연료가 장전되지 않은 상태였던 4호기는 3호기에 연결된 배관망을 통해 수소가스가 유입되는 바람에 원자로 건물이 폭발했다. 이 사고는 국제원자력 사고등급(INES) 기준으로 1986년의 옛 소련 체르노빌 원전 사고와 같은 최고 레벨(7)에 해당하는 '대재앙'이었다.

* 노심: 원자로에서 연료가 되는 핵분열성 물질과 감속재가 들어 있는 부분

① 일본 관측 사상 최대 동일본대지진 발생
② 동일본대지진으로 인한 사상 최악의 원전 사고
③ 동일본대지진은 쓰나미 · 원전폭발 겹친 '대재앙'
④ 동일본대지진의 발생 원인과 피해 규모 분석
⑤ 동일본대지진으로 인한 원전피해의 여파 검토

02 다음 글을 바탕으로 추론한 내용으로 적절한 것을 고르면?

ASMR은 각종 SNS 및 동영상 게재 사이트에서 흔하게 접할 수 있는 콘텐츠 중 하나이다. 그러다 보니 ASMR의 의미를 다수의 네티즌들이 궁금해하고 있다. ASMR이란 자율감각 쾌락반응으로, 뇌를 자극해 심리적인 안정을 유도하는 것을 말한다.

힐링을 얻고자 하는 청취자들이 ASMR의 특정 소리를 들으면 이 소리가 일종의 트리거로 작용해 팅글(Tingle: 기분 좋게 소름 돋는 느낌)을 느끼게 한다. 트리거로 작용하는 소리는 사람에 따라 다를 수 있다. 이는 청취자마다 삶의 경험이나 취향 등에서 뚜렷한 차이를 보이기 때문이다.

ASMR은 시각적, 청각적 혹은 인지적 자극에 반응한 뇌가 자율 신경계에 신경 전달 물질을 촉진하게 하여 심리적 안정감을 느끼도록 한다. 일상생활에서 편안하게 느꼈던 소리를 들으면, 그때의 긍정적인 감정을 다시 느끼면서 스트레스 정도를 낮출 수 있고 불면증과 흥분 상태 개선과 함께 안정감을 얻을 수 있다. 소곤소곤 귓속말하는 소리, 자연의 소리, 특정 사물을 반복적으로 두드리는 소리 등이 담긴 영상 속 소리 등을 예로 들 수 있다.

최근 유튜버를 비롯한 연예인들이 ASMR 코너를 만들어 대중과 소통 중이다. 요즘은 청포도 젤리 등 씹을 때 나는 소리가 좋은 음식으로 먹방 ASMR을 하기도 한다. 많은 사람들이 ASMR을 진행하기 때문에 인기 있는 콘텐츠가 되기 위해서는 세분화된 분야를 공략하거나 차별화하는 전략이 필요하게 되었다.

그중 독특한 콘텐츠로 대중의 사랑을 받고 있는 것은 공감각적인 ASMR이다. 공감각은 시각, 청각, 촉각 등 우리의 오감 중에서 2개 이상의 감각이 결합하여 자극받을 수 있도록 하는 것이다. 공감각적인 ASMR이 많은 인기를 끌고 있는 만큼, 앞으로의 ASMR은 공감각적인 콘텐츠로 대체될 것이라는 이야기가 대두되었다.

① 삶의 경험이나 취향이 비슷한 사람들은 트리거로 작용하는 소리도 유사하다.
② 최근 다양한 SNS에서 ASMR 콘텐츠가 많아지는 까닭은 수면 유도 효과 때문이다.
③ 뇌는 자율 신경계에 신경 전달 물질을 촉진시켜 심리적 안정감을 느끼게도 할 수 있다.
④ ASMR 중 가장 많은 대중의 사랑을 받는 것은 공감각적인 콘텐츠이다.
⑤ 인기 있는 ASMR 콘텐츠가 되기 위해서는 이미 인정받은 분야에 집중할 필요가 있다.

03 다음 글의 주제와 관련이 있는 사자성어로 적절한 것을 고르면?

> 삶의 마지막까지 무소유를 몸소 실천한 법정 스님은 아우에게 보내는 편지글에서 "인생은 이렇게 살아라. 너무 좋아해도 괴롭고 너무 미워해도 괴롭다. 사실 우리가 알고 있고 겪고 있는 모든 괴로움은 좋아하고 싫어하는 이 두 가지 분별에서 온다고 해도 과언이 아니다"라고 하였다. 늙는 괴로움도 젊음을 좋아하는 데서 오고 아픔의 괴로움도 건강을 좋아하는 데서 오며 죽음을 두려워하는 것 또한 살고자 하는 집착에서 온다는 것이다.
>
> 사랑의 아픔도 사람을 좋아하는 데서 오고 가난의 괴로움도 부유함을 좋아한 데서 온다. 이렇듯 모든 괴로움은 좋고 싫은 두 가지 분별에서 오는 것이니 좋고 싫은 것만 없다면 괴로울 것도 없고 마음이 고요한 평화에 이른다. 그렇다고 사랑하지도 말고 미워하지도 말고 그냥 돌처럼 무감각하게 살라는 말은 아니다. 사랑을 하되 집착이 없어야 하고 미워하더라도 거기에 오래 머물러서는 안 된다는 것이다.

① 사필귀정(事必歸正)

② 상전벽해(桑田碧海)

③ 새옹지마(塞翁之馬)

④ 연목구어(緣木求魚)

⑤ 조변석개(朝變夕改)

04 다음 글의 밑줄 친 ㉠~㉤을 수정한 내용으로 적절하지 않은 것을 고르면?

> 철수는 친구가 배우가 되어 얻은 ㉠ <u>유명세</u>를 시기했다. 그래서 부모님을 졸라 연기학원에 등록했다. 하지만 날이 갈수록 자신에게는 연기에 대한 재능이 없다는 것을 느끼게 되었다. 철수는 마음이 초조하고 ㉡ <u>안절부절했다</u>. 그러던 중 배우가 된 친구에게서 ㉢ <u>오랫만에</u> 만나자는 연락을 받았다. 철수는 친구를 ㉣ <u>마중하러</u> 공항으로 갔다. 약속한 라운지에서 활주로를 ㉤ <u>쳐다보고</u> 있으니 문득 친구를 시기한 자신이 한없이 부끄러워졌다.

① ㉠: 유명세 → 인기

② ㉡: 안절부절했다 → 안절부절못했다

③ ㉢: 오랫만에 → 오랜만에

④ ㉣: 마중하러 → 배웅하러

⑤ ㉤: 쳐다보고 → 내려다보고

05 다음은 한국도로공사가 발표한 보도자료이다. 이에 대한 내용으로 적절하지 않은 것을 고르면?

한국도로공사, 형제의 나라 튀르키예에 K-고속도로 건설한다

한국도로공사(이하 도공)가 튀르키예에서 열린 나카스-바삭세히르 도로투자사업의 금융약정식에서 한국-튀르키예 공동 컨소시엄이 최종 수주를 확정했다고 밝혔다. 이 행사에는 튀르키예 정부 최고위급 인사들과 함께 유럽부흥개발은행(EBRD), 이슬람개발은행(IsDB) 등 국제금융기관 대표자, 사업 주간사인 르네상스와 함께 한국 컨소시엄인 도공과 삼성물산, 해외도시개발인프라지원공사(KIND), KDB인프라자산운용의 고위급 관계자가 참석했다.

나카스-바삭세히르 도로 사업은 튀르키예 마르마라해 북부 지역에 위치한 이스탄불 주변의 8개 간선도로 정비사업 중 마지막 구간으로, 길이 31.3km의 4~8차로 고속도로로 건설될 예정이다. 이 사업은 민관협력사업(PPP, Public Private Partnership)으로 추진되며, 총 2조 1천억 원(프로젝트 파이낸싱 약 1조 6천억 원, 민간투자금 4천 4백억 원)을 투입, 2년 4개월간 건설공사를 완료하고 15년 6개월 동안 민간 운영기간을 거쳐 튀르키예 정부에 이전하게 된다.

사업을 수주한 한국 컨소시엄 중 삼성물산은 주간사인 르네상스와 함께 건설에 참여하며, 한국도로공사는 완공 후 15년 6개월간 운영에 참여하게 된다. 당초 본 사업은 건설사와 금융기관만으로 컨소시엄이 구성돼 도로운영에 대한 전문성 보완이 필요하였으며, 도공이 공동출자사로 참여함에 따라 사업주의 유지관리 역량에 기여하게 됐다.

이번 계약을 통해 도공은 국내뿐만 아니라 유럽과 중동의 금융기관도 신뢰하는 유지관리 전문기관이라는 것을 다시금 확인하게 됐고, 한국 컨소시엄은 건설과 운영을 포함해 5,800억 원 규모의 신규 해외수주고를 올리게 됐다. 특히 이번 사업은 유럽부흥개발은행 등 국제금융기관이 참여하고, 튀르키예 정부가 수익을 보장하는 구조로 사업의 안정성과 수익성이 높아 도공과 삼성물산뿐만 아니라 해외도시인프라지원공사(KIND)와 정부정책펀드인 KIAMCO PIS 펀드가 지분투자에 참여하는 최초의 도로 사업이 될 예정이다.

한국도로공사 사장은 "이번 사업은 공사가 참여한 해외투자사업 중 최대 규모로 유럽 등 선진국 시장으로 진출하는 교두보가 될 것으로 기대한다"며, "공사가 가진 높은 대외 신인도와 협상력을 바탕으로 민간 기업들의 해외진출 기회를 확보하고 한국의 우수한 K-도로를 세계에 널리 알리기 위해 노력하겠다"고 밝혔다.

① 나카스-바삭세히르 도로 사업은 도로운영에 대한 전문성 보완을 위해서 한국도로공사가 공동출자사로 참여하였다.

② 한국도로공사는 나카스-바삭세히르 도로 완공 후 15년 6개월간 운영에 참여하게 된다.

③ 건설공사가 완료된 나카스-바삭세히르 도로는 민간 운영기간을 거쳐 대한민국 정부에 이전된다.

④ 나카스-바삭세히르 도로 사업은 유럽부흥개발은행 등 국제금융기관이 참여하고, 튀르키예 정부가 수익을 보장하는 구조로 사업의 안정성과 수익성이 높다.

⑤ 나카스-바삭세히르 도로 사업은 튀르키예 마르마라해 북부 지역에 위치한 이스탄불 주변의 8개 간선도로 정비사업 중 마지막 구간이다.

06 다음 글의 빈칸에 들어갈 내용으로 적절한 것을 고르면?

조선시대 시조 문학의 주된 향유 계층은 사대부들이었다. 그들은 '사(士)'로서 심성을 수양하고 '대부(大夫)'로서 관직에 나아가 정치 현실에 참여하는 것을 이상으로 여겼다. 세속적 현실 속에서 나라와 백성을 위한 이념을 추구하면서도 심성을 닦을 수 있는 자연을 동경했던 것이다. 이러한 의식의 양면성에 기반을 두고 시조 문학은 크게 강호가류(江湖歌類)와 오륜가류(五倫歌類)의 두 가지 성격으로 발전하게 되었다.

강호가류는 자연 속에서 한가롭게 지내는 삶을 노래한 경향으로, 시조 가운데 작품 수가 가장 많다. 강호가류가 크게 성행한 시기는 사화와 당쟁이 끊이질 않았던 16~17세기였다. 세상이 어지러워지자 정치적 이상을 실천하기 어려웠던 사대부들은 정치 현실을 떠나 자연으로 회귀하였다. 이때 사대부들이 지향했던 자연은 세속적 이익과 동떨어진 안빈낙도(安貧樂道)의 공간이었다. 검소하고 청빈한 삶의 공간 속에서 사대부들은 강호가류를 통해 자연과 인간의 이상적 조화를 추구하며 자신의 심성을 닦는 수기(修己)에 힘썼다.

한편, 오륜가류는 백성에게 유교적 덕목인 오륜을 실생활 속에서 실천할 것을 권장하려는 경향이다. 사대부들이 관직에 나아가면 남을 다스리는 치인(治人)을 위해 최선을 다했고, 그 방편으로 오륜가류를 즐겨 지었던 것이다. 오륜가류는 쉬운 일상어를 활용하여 백성이 일상생활에서 마땅히 행하거나 행하지 말아야 할 것들을 명령이나 청유 등의 어조로 노래하였다. 이처럼 오륜가류는 유교적 덕목인 인륜을 실천함으로써 이상적 조화를 이루어 천하가 평화로운 상태까지 나아가는 것을 주요 내용으로 하였다.

이처럼 사대부들의 시조는 (   )(으)로 나타난다. 이는 사대부들이 재도지기(載道之器), 즉 문학을 도(道)를 싣는 수단으로 보는 효용론적 문학관에 바탕을 두었기 때문이다. 이때 도(道)란 수기의 도와 치인의 도라는 두 가지 의미를 지니는데, 강호가류의 시조는 수기의 도를, 오륜가류의 시조는 치인의 도를 표현한 것이라 할 수 있다.

① 심성 수양과 백성의 교화라는 두 가지 주제
② 백성을 다스리는 목민관으로서의 자세를 잊지 않는 바를 주제
③ 우국충절과 자연 속의 안빈낙도의 삶에 대한 내용을 주제
④ 관념적 표출에 집중하여 서정적인 면모를 드러내지 못하는 특성
⑤ 일반 시와 달리 유교적 이념을 벗어나지 않는 선에서 창작된 것

[07~08] 다음 글을 읽고 질문에 답하시오.

> 딥페이크란 인공지능을 활용한 이미지 합성 기술의 일종으로, 영상이나 사진 속 인물에 다른 사람의 얼굴을 합성한 편집물을 말한다. 딥페이크는 온라인에 무료로 공개된 소스코드와 머신러닝 알고리즘으로 손쉽게 제작할 수 있으며, 그 진위 여부를 가리기 어려울 만큼 정교하게 발전되었다. 그런데 최근 딥페이크 기술을 이용한 가짜 뉴스 유포와 성범죄 피해가 늘어나면서 딥페이크 기술을 두고 윤리 논쟁이 빚어지고 있다.
>
> 이에 대해 정부에서도 딥페이크 성범죄 피해를 예방하기 위한 제도 마련에 노력을 기울이고 있다. 여성가족부 산하기관인 한국여성인권진흥원에 설치된 디지털성범죄피해자지원센터에서는 디지털 성범죄에 노출된 피해자들을 위해 2018년에 개소한 이후, 디지털 성범죄 피해 상담과 피해 촬영물에 대한 삭제를 지원하고 있다. 또한 수사 · 법률 · 의료지원 연계 등 종합적인 서비스도 제공하고 있다.
>
> 딥페이크 피해 사실을 인지했다면 가장 먼저 피해 영상물 삭제를 요청해야 한다. 디지털 성범죄 특성상 유포가 굉장히 빠르고 쉽게 이루어지지만, 추적이 어렵기 때문이다. 삭제지원팀의 팀장은 디지털 성범죄 피해는 골든타임 내 신고가 가장 중요하다고 강조한다. 한번 유포되면 재유포가 이루어져 빠르게 신고하는 것만이 피해를 최소화할 수 있는 유일한 방법이기 때문이다. 삭제지원팀에서 2023년에 삭제 지원한 영상은 3만 5천여 건으로, 2022년에 비해 무려 14%가 늘어난 수치이다.
>
> 무엇보다도 디지털 성범죄의 근본적 차단을 위해서는 딥페이크와 같은 허위영상물을 제작하거나 소지하거나, 이를 시청하거나 ㉠ <u>유포</u>하는 행위 등이 모두 범죄 행위라는 인식 개선이 우선시되어야 한다. 가해자의 상당수가 딥페이크 성범죄를 단순히 재미로 시작했다고 주장하는데, 이는 범죄 행위가 주변에서 쉽고 빠르게 ㉡ <u>전파</u>될 수 있다는 위험을 나타낸다. 특히 딥페이크 범죄는 주변 사람 모두가 쉽게 피해를 입을 수 있다는 점, 그리고 주변 사람이 가해자가 될 수도 있다는 점에서 다른 성범죄 유형과 큰 차이를 보인다. 결국, 딥페이크 성범죄의 근본적인 해결 방안은 해당 범죄에 대한 인식 개선이다.

07 윗글에서 글쓴이의 주장과 일치하는 것을 고르면?

① 딥페이크 성범죄 처벌 수위를 현행보다 높여야 한다.
② 딥페이크 기술을 정부 차원에서 원천적으로 봉쇄해야 한다.
③ 딥페이크 성범죄 피해를 인지한 후에는 가장 먼저 영상물의 유포자를 추적해야 한다.
④ 딥페이크 성범죄를 근본적으로 예방하기 위해서는 해당 범죄에 대한 인식 개선이 우선시되어야 한다.
⑤ 딥페이크의 악용 사례를 예방하기 위해 딥페이크 이미지를 판별하는 기술이 개발되어야 한다.

08 윗글에서 밑줄 친 ㉠과 ㉡의 관계와 일치하지 않는 단어의 쌍을 고르면?

① 강조 — 부각
② 착수 — 완결
③ 논란 — 논쟁
④ 우선시 — 중요시
⑤ 정교하다 — 교묘하다

[09~10] 다음 글을 읽고 질문에 답하시오.

[가] 이와 같은 개선은 지진 재난문자 발송 범위가 지나치게 넓어 지진 발생에 대한 과도한 불안감이 조성된다는 국민의 불만이 높아진 데 있다. 2023년 11월에 발생한 규모 4.0의 경주 지진 당시 지진 재난문자 발송 기준에 따라 전국에 지진 안내문자를 발송하였는데, 수도권 등 실제 흔들림을 느끼지 못한 먼거리 지역 주민들은 오히려 재난문자에 대한 불안감과 피로도만 쌓이게 된 것이다. 또한, 2024년 4월 칠곡에서 발생한 규모 2.6 지진의 경우 지역 주민들이 실제 흔들림을 느꼈으나 지진 재난문자가 발송되지 않아 개선이 필요했었다.

[나] 기상청은 관계 부처와의 논의를 거쳐 지진 재난문자 발송 기준을 규모 중심에서 진도 기반으로 개선하고, 재난문자 발송 범위를 광역시 · 도에서 시군구로 세분화하는 개선 방안을 마련하여 시행하기로 하였다. 먼저 규모 4.0 미만 지진의 경우 진도와 관계 없이 발송했던 기존의 기준과 달리 실제 흔들림을 느낄 수 있는 예상 진도 또는 계기 진도 Ⅱ 이상의 지역으로 송출한다. 또한, 규모 3.5 이상의 국내 지역 지진에 발송했던 긴급 재난문자에 최대 예상 진도 Ⅴ 기준을 추가하여 피해 가능성이 높은 지진은 긴급 재난문자로, 피해 가능성이 낮은 지진은 안전 안내문자로 발송한다.

[다] 지진 재난문자는 지진 정보를 수신하는 방법 중 하나로, 규모 3.0 이상의 지진이 발생한 경우 규모에 따라 대상 영역을 구분하여 발송하고 있다. 국내의 경우 규모 3.0 이상부터 3.5 미만은 안전 안내로, 규모 3.5 이상부터 6.0 미만은 긴급 재난으로, 규모 6.0 이상은 위급 재난으로 분류하고 있으며, 재난문자 발송은 규모 3.0 이상부터 규모 3.5 미만은 지진 발생지를 중심으로 반경 50km 해당 광역시 · 도에, 규모 3.5 이상 4.0 미만은 지진 발생지를 중심으로 반경 80km 해당 광역시 · 도에, 규모 4.0 이상부터는 전국에 발송한다.

[라] 그런데 앞으로 지진 재난문자 발송 시에 실제 흔들림 정도인 진도를 반영하여 예상 진도 또는 계기 진도 Ⅱ 이상의 시군구 단위로 세분화된다. 효과적으로 지진을 대비하고 피해를 예방하기 위해 실제 흔들림과 피해 가능성을 반영하여 지진 재난문자 발송 기준을 개선한 것이다.

[마] 두 번째로 지진 재난문자 발송 범위를 시군구 단위로 세분화한다. 실제 느끼는 지진의 영향을 기존보다 상세하게 반영하고, 전국 발송 대상인 지진 규모를 5.0으로 높였다. 안전 안내문자에도 규모 2.0 이상이면서 최대 계기 진도 Ⅲ 이상인 지진으로 확대해 규모가 작더라도 실제 흔들림을 느끼는 지진에 대비할 수 있도록 하였다.

09 윗글의 [가]~[마] 문단을 글의 흐름에 따라 순서대로 바르게 배열한 것을 고르면?

① [가]－[나]－[다]－[라]－[마]
② [나]－[가]－[라]－[마]－[다]
③ [나]－[라]－[마]－[다]－[가]
④ [다]－[라]－[가]－[나]－[마]
⑤ [다]－[마]－[라]－[가]－[나]

10 윗글을 바탕으로 추론한 내용으로 적절한 것을 고르면?

① 규모 4.0의 지진은 지진 발생지를 중심으로 반경 50km 해당 광역시·도에만 발송되었다.
② 기존에는 지진의 진도를 반영한 지진 안내문자가 시군구 단위로 세분화하여 발송되었다.
③ 지진 재난문자 개선 이후 안전 안내문자는 지역 지진 규모 2.0 이상부터 발송될 것이다.
④ 2023년 11월에 발생한 경주 지진은 위급 재난으로 분류되어 전국에 지진 재난문자가 발송되었다.
⑤ 앞으로는 국내 지역에서 규모 3.5인 지진이 발생하더라도 안전 안내문자로 발송될 수 있다.

11

어느 회사에서 신규직원 오리엔테이션 진행을 위해 방을 배정하려고 한다. 신규직원을 방 하나에 11명씩 배정하면 그중 한 개의 방에는 3명이 배정되면서 4개의 방이 남고, 방 하나에 12명씩 배정하면 7개의 방이 남으면서 다른 방은 모두 찰 때, 방의 개수를 고르면?

① 30개　② 31개　③ 32개
④ 33개　⑤ 34개

12

프리랜서로 일을 하는 병호는 월요일부터 일요일까지 스스로 업무 날짜와 휴식 날짜를 정한다. 일주일 중 업무하는 날은 3일이고, 업무하는 날을 제외한 휴식하는 날 중 3일은 산책, 운동, 여행, 등산 중 3가지를 선택해 매일 하나씩 다른 활동을 하고, 나머지 하루는 요리 공부, 영어 공부, 스페인어 공부 중 하나를 할 때, 병호가 일주일 동안 업무 날짜와 휴식 날짜를 정하는 경우의 수를 고르면?

① 8,240가지　② 9,280가지　③ 10,080가지
④ 12,280가지　⑤ 14,400가지

13

다음 제시된 수는 일정한 규칙으로 배열되어 있다. 빈칸에 들어갈 알맞은 수를 고르면?

2　10　5　3　12　4　7　21　3　8　(　　)　2

① 14　② 16　③ 18
④ 20　⑤ 22

14

P회사의 전체 직원 중 여성은 55%이고, 석사 출신이거나 여성인 직원은 70%이다. P회사의 남성 직원 1명을 뽑았을 때, 이 직원이 석사 출신일 확률을 고르면?

① $\frac{1}{6}$　② $\frac{1}{5}$　③ $\frac{1}{4}$
④ $\frac{1}{3}$　⑤ $\frac{1}{2}$

15

다음 [표]는 제주특별자치도의 연도별 감귤 생산량 및 면적에 대한 자료이다. 이를 바탕으로 옳지 않은 것을 고르면?

[연도별 감귤 생산량 및 면적]

(단위: 톤, ha)

구분	생산량	면적
2017년	21,500	595,600
2018년	21,400	620,600
2019년	21,100	628,900
2020년	20,900	658,000
2021년	21,800	634,400
2022년	21,900	609,200

① 2022년의 감귤 면적은 3년 전 대비 19,700ha 감소하였다.

② 2018년 감귤 생산량 1톤당 감귤 면적은 29(ha/톤)이다.

③ 제시된 기간 중 2018년 이후 감귤 생산량이 전년 대비 감소한 해는 3개년이다.

④ 2017년부터 2020년까지 연평균 감귤 생산량은 21,225톤이다.

⑤ 제시된 기간 중 감귤 생산량이 최대인 해는 감귤 면적도 최대이다.

16 다음 [표]는 2020~2023년 매체별 광고비에 대한 자료이다. 이를 바탕으로 옳은 것을 고르면?

[매체별 광고비]

(단위: 억 원)

구분	2020년	2021년	2022년	2023년
전체	141,200	155,100	165,200	160,000
지상파TV	11,000	13,590	13,760	10,750
위성방송	330	320	300	300
IPTV	1,020	1,070	960	680
라디오	2,320	2,590	2,540	2,240
신문	15,900	17,080	18,010	15,980
잡지	3,260	3,120	3,260	3,220
PC	18,390	17,790	19,020	18,460
모바일	56,890	62,230	68,030	71,740

① 2023년에 라디오 광고비가 전체 광고비에서 차지하는 비중은 1.2%이다.

② 주어진 기간 중 잡지의 연평균 광고비는 3,215억 원이다.

③ 2021년 이후 전년 대비 광고비가 매년 증가하는 매체는 없다.

④ 2022년에 위성방송 광고비는 2년 전 대비 10% 감소하였다.

⑤ 주어진 매체 중 2021년 광고비가 세 번째로 많은 매체는 네 번째로 많은 매체보다 광고비가 3,510억 원 더 많다.

17

다음 [표]는 2023년 12월 일부 업종별 임금결정 현황에 대한 자료이다. 이를 바탕으로 [보기]에서 옳지 않은 것을 모두 고르면?

[2023년 12월 업종별 임금결정 현황]

(단위: 개, %)

구분	사업장 수	임금결정 현황 제출 사업장 수	협약임금 인상률	
			임금총액	통상임금
총계	7,165	6,869	4.2	4.5
제조업	2,265	2,175	4.5	4.7
건설업	179	171	5.6	4.9
도매 및 소매업	418	410	5.0	5.2
운수 및 창고업	508	474	4.4	4.3
숙박 및 음식점업	87	85	4.5	4.7
정보통신업	507	478	4.4	5.8
금융 및 보험업	386	361	3.9	4.3
부동산업	112	109	3.6	3.3
교육 서비스업	162	148	2.1	2.2

보기

㉠ 제시된 업종 중 임금총액의 협약임금 인상률이 가장 높은 업종은 통상임금의 협약임금 인상률도 가장 높다.

㉡ 사업장 수 대비 임금결정 현황 제출 사업장 수의 비율은 도매 및 소매업이 운수 및 창고업보다 높다.

㉢ 제시된 업종 중 협약임금 인상률에서 임금총액이 통상임금보다 높은 업종은 4개이다.

㉣ 제시된 업종 중 사업장 수가 세 번째로 적은 업종의 임금총액 협약임금 인상률은 총계의 50%이다.

① ㉠ ② ㉡ ③ ㉠, ㉢

④ ㉡, ㉣ ⑤ ㉠, ㉢, ㉣

18

다음 [표]는 2021년 시도별 공공의료기관 인력 현황에 대한 자료이다. 이를 바탕으로 [보기]에서 옳은 것을 모두 고르면?

[2021년 시도별 공공의료기관 인력 현황]

(단위: 명)

구분	일반의	전문의	레지던트	간호사
서울	35	1,905	872	8,286
부산	5	508	208	2,755
대구	7	546	229	2,602
인천	4	112	0	679
광주	4	371	182	2,007
대전	3	399	163	2,052
울산	0	2	0	8
세종	0	118	0	594
경기	14	1,516	275	6,706
강원	4	424	67	1,779
충북	5	308	89	1,496
충남	2	151	8	955
전북	2	358	137	1,963
전남	9	296	80	1,460
경북	7	235	0	1,158
경남	9	783	224	4,004
제주	0	229	51	1,212

※ 수도권은 서울, 인천, 경기를 포함하는 권역을 뜻함

보기

㉠ 전문의가 6번째로 많은 지역은 간호사도 6번째로 많다.
㉡ 일반의가 많은 상위 6개 지역의 일반의는 총 81명이다.
㉢ 수도권의 레지던트 중 서울의 레지던트가 차지하는 비중은 75% 이상이다.
㉣ 충북과 충남의 간호사 수의 합은 전북과 전남의 간호사 수의 합보다 962명 더 적다.

① ㉠, ㉡　② ㉠, ㉣　③ ㉡, ㉢
④ ㉠, ㉡, ㉢　⑤ ㉡, ㉢, ㉣

19 다음 [그래프]는 연도별 초 · 중 · 고 학교 수에 대한 자료이다. 이를 바탕으로 2018년 이후 초 · 중 · 고 학교의 전체 수가 2년 전 대비 가장 많이 증가한 해에 초 · 중 · 고 학교의 전체 수에서 초등학교 수가 차지하는 비중을 고르면?(단, 소수점 둘째 자리에서 반올림하여 계산한다.)

[연도별 초 · 중 · 고 학교 수]

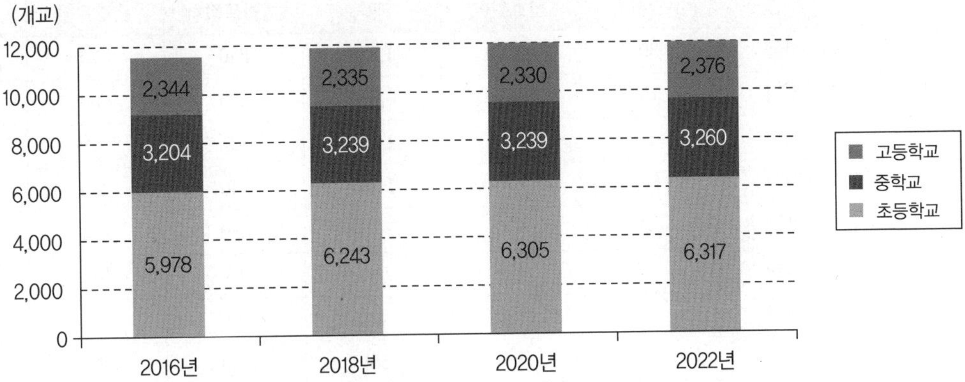

① 50.2%　② 51.2%　③ 52.8%
④ 53.1%　⑤ 54.5%

20

다음 [표]는 어느 달의 지역별 교통위반 행위별 단속 건수에 대한 자료이다. 이를 바탕으로 나타낸 그래프로 옳지 않은 것을 고르면?(단, 소수점 둘째 자리에서 반올림한다.)

[지역별 교통위반 행위별 단속 건수]

(단위: 건)

구분	무단횡단	신호위반	과속	불법주정차	음주운전	전체
서울	80	960	1,320	240	410	3,010
경기	70	820	1,020	210	530	2,650
대구	5	880	1,210	45	30	2,170
인천	50	870	1,380	240	280	2,820
부산	20	950	1,350	550	210	3,080
강원	5	180	550	15	70	820
대전	5	220	470	80	55	830
광주	15	310	550	180	35	1,090
울산	10	280	880	55	25	1,250
제주	10	980	550	140	120	1,800
세종	20	100	240	90	30	480
전체	290	6,550	9,520	1,845	1,795	20,000

※ 수도권은 서울, 인천, 경기를 포함하는 권역을 뜻함

① [울산 전체 교통위반 단속 건수에서 교통위반 행위별 단속 건수 비중]

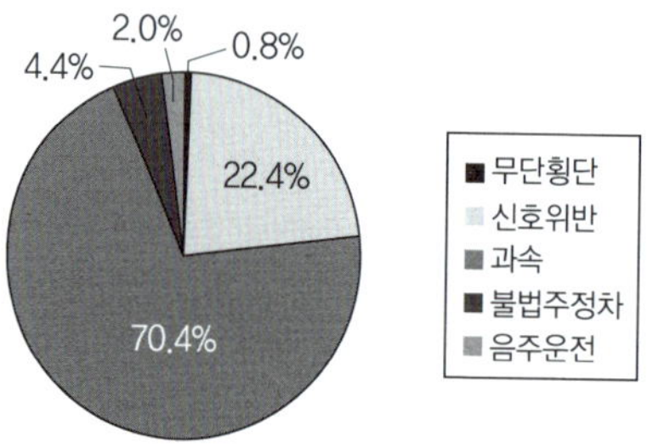

② [수도권 교통위반 행위별 단속 건수]

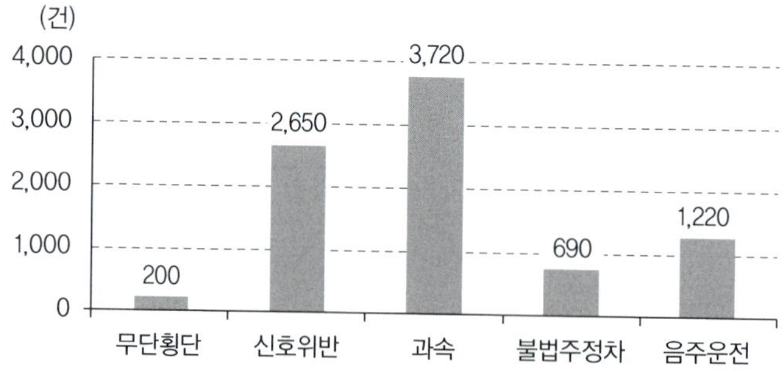

③ [지역별 음주운전 단속 건수]

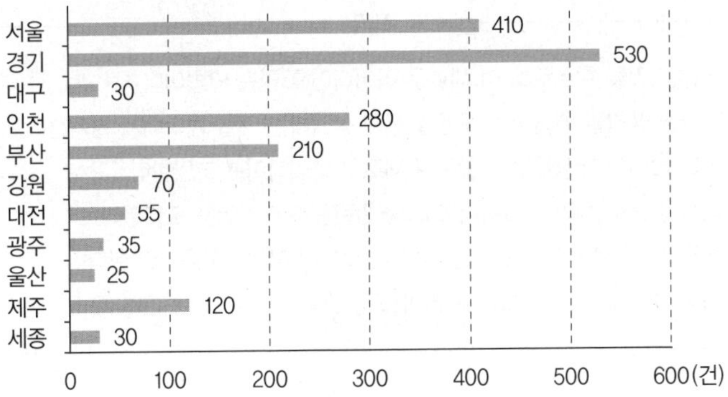

④ [신호위반 상위 5개 지역의 신호위반 건수]

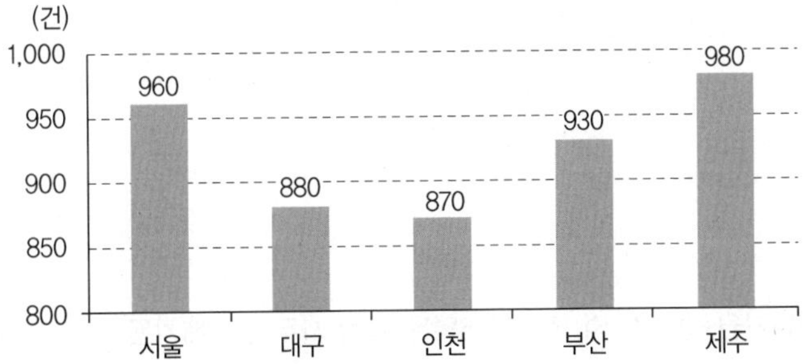

⑤ [과속 하위 5개 지역의 과속 건수]

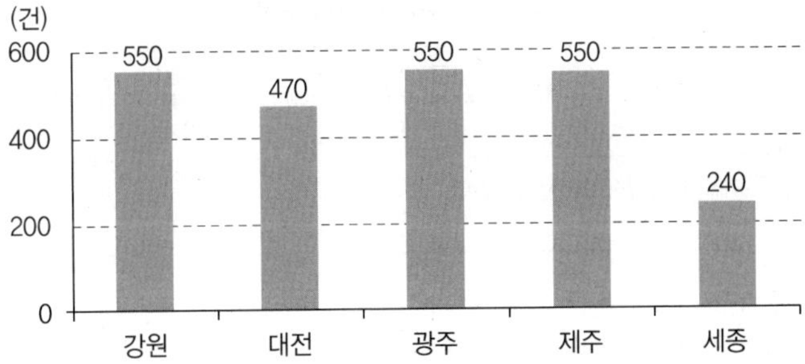

21 다음 중 비교발상법에 해당하는 설명으로 옳은 것을 [보기]에서 모두 고르면?

보기

㉠ 주제의 본질과 닮은 것을 힌트로 하여 새로운 아이디어를 얻는 방법이다.
㉡ 어떤 생각에서 다른 생각을 떠올리는 작용을 통해 생각나는 것을 계속해서 열거한다.
㉢ 서로 연관이 없어 보이는 대상들을 조합하여 새로운 아이디어를 고안한다.
㉣ 찾고자 하는 내용을 표로 정리해 차례대로 그와 관련된 아이디어를 도출한다.
㉤ 대상의 단점을 구체적으로 나열하고 개선 방법을 찾으며 아이디어를 고안한다.
㉥ 비교발상법의 종류에는 6색 사고 모자 기법이 포함된다.

① ㉠, ㉢
② ㉠, ㉣
③ ㉢, ㉤
④ ㉠, ㉢, ㉥
⑤ ㉡, ㉣, ㉤, ㉥

22 H공사에 입사한 신입사원 갑, 을, 병, 정, 무 5명은 각각 사무실에 배치된 뒤 모자라는 사무용품을 신청하였다. 5명의 사원 중 2명의 진술이 거짓일 때, 다음 중 신청 사원과 신청 물품이 항상 참인 것을 고르면?(단, 모든 직원은 진실만을 말하거나 거짓만을 말한다.)

[신입사원 사무용품 신청 목록]

구분	의자	모니터	노트북	키보드
수량	3개	2개	3개	2개

※ 5명의 신입사원은 각각 2개의 다른 물품을 신청하였다.

- 갑: 나는 노트북을 신청하였고, 을은 거짓말을 하고 있다.
- 을: 나는 모니터를 신청하지 않았고, 무는 진실을 말하고 있다.
- 병: 나는 키보드를 신청하였고, 정은 진실을 말하고 있다.
- 정: 나는 의자와 모니터를 신청하였다.
- 무: 나는 의자를 신청하였고, 갑과 정은 모두 거짓말을 하고 있다.

① 갑 — 모니터
② 을 — 의자
③ 병 — 노트북
④ 정 — 노트북
⑤ 무 — 키보드

23

S공사는 5개 지역에 있는 사업장을 돌며 순환 근무를 하고 있다. 입사동기인 A~E사원의 순환 근무 [조건]이 다음과 같을 때, 항상 참인 것을 고르면?

조건

- A~E사원은 항상 다른 사업장에서 근무한다.
- A~E사원은 항상 같은 주기로 각 사업장에 배치된다.
- 사업장이 있는 5개 지역은 서울, 태안, 인천, 군산, 제주이며, A~E사원은 모든 지점에 한 번씩 배치된다.
- 현재 A~E사원이 근무 중인 사업장은 다음과 같으며, 모두 세 번째로 근무하는 사업장이다. (A－태안, B－서울, C－제주, D－인천, E－군산)
- B와 C는 인천에서 근무한 적이 있다.
- D의 다음 근무지는 서울이고, 태안에서 가장 마지막에 근무한다.
- 제주에서 아직 근무하지 않은 사람은 A와 B이다.
- E는 서울에서 아직 근무하지 않았다.
- B가 현재 근무하는 지점은 A의 첫 순환 근무지이고, A가 현재 근무하는 지점은 C의 다음 순환 근무지이다.

① E는 아직 인천에서 근무하지 않았다.

② B는 태안에서 아직 근무하지 않았다.

③ 다음 순환 근무 기간에 군산에서 근무하는 사람은 C이다.

④ 군산에서 가장 먼저 근무한 사람은 C이다.

⑤ 제주에서 가장 먼저 근무한 사람은 D이다.

24

K씨는 어제까지는 한국 나이로 17세(만 16세)였기 때문에 투표를 할 수 없지만, 오늘부터 365일 후에 실시되는 국회의원 선거일에는 한국 나이로 19살이 되기 때문에 투표를 할 수 있다고 한다. 이를 충족시키기 위한 [조건]으로 옳은 것을 모두 고르면?(단, 선거일 당일 만 18세 이상인 사람만 투표가 가능하다.)

조건

㉠ 국회의원 선거일은 12월 31일이다.
㉡ 어제는 1월 1일이다.
㉢ K씨의 생일은 1월 1일이다.
㉣ 올해는 2월 29일까지 있는 윤년이다.

① ㉠
② ㉢
③ ㉣
④ ㉠, ㉢
⑤ ㉡, ㉣

25

다음 [조건]을 바탕으로 [보기]를 계산한 값을 고르면?

조건

연산자 ◇, ▲, ★, ◎는 다음과 같이 정의한다.

- ◇: 좌우에 있는 두 수를 곱한다. 단, 곱한 값이 30 이상이면 좌우에 있는 두 수를 더한다.
- ▲: 좌우에 있는 두 수 가운데 큰 수에서 작은 수를 뺀다. 단, 두 수가 같거나 뺀 값이 5 미만이면 두 수를 곱한다.
- ★: 좌우에 있는 두 수를 더한다. 단, 더한 값이 10 미만이면 좌우에 있는 두 수 가운데 큰 수에서 작은 수를 뺀다.
- ◎: 좌우에 있는 두 수 가운데 큰 수를 작은 수로 나눈다. 단, 두 수가 같거나 나눈 값이 3 미만이면 두 수를 곱한다.
- 연산은 소괄호, 중괄호, 대괄호 순으로 한다.

보기

[{(2◇5)▲(3◎9)}★6]◇8

① 21
② 48
③ 64
④ 81
⑤ 104

26 테니스 경기가 열리는 행복 경기장에는 A~D 네 개의 코트가 있다. 코트는 다음 [조건]을 만족해야만 대관이 가능하며, 이미 대관 완료된 코트 현황은 다음과 같다. 금요일의 빈 시간에 코트를 대관할 수 있는 단체를 모두 고르면?

[코트 대관 현황]

구분	월	화	수	목	금
A				최고	
B	시대		고시	시대	
C		고시		최강	
D	최고	고시			최강

조건

- 일주일에 최대 세 개의 코트까지 대관할 수 있다.
- 한 단체가 하루에 두 개의 코트를 대관하기 위해서는 반드시 인접한 코트로 대관해야 한다.
- 행복 경기장 내 코트 배치는 A−B−C−D 순서대로 직선으로 나열되어 있다.
- 한 단체는 하루에 최대 두 개의 코트까지 대관이 가능하다.
- 한 단체가 전날 대관한 코트는 다음날 동일한 단체가 다시 대여할 수 없다.

① 고시 ② 최강 ③ 시대, 최고
④ 시대, 최강 ⑤ 고시, 최고

27

다음은 고용노동부에서 제공하는 퇴직금 산정 기준이다. K과장의 근속 정보가 다음과 같다고 할 때, 현재 근속 정보 기준 K과장의 퇴직금 총액을 바르게 구한 것을 고르면?(단, 모든 계산은 소수점 첫째 자리에서 반올림한다.)

[퇴직금 산정 기준]

- (퇴직금)=(1일 평균임금)×30×$\frac{\text{(계속근로일수)}}{\text{(365일)}}$
- (1일 평균임금)=(A+B+C)÷92
  - A=(3개월간의 임금 총액)=[(기본급)+(기타수당)]×3
  - B=(연간 상여금)×$\frac{\text{(3개월)}}{\text{(12개월)}}$
  - C=(연차수당)×(미사용 연차 일수)×$\frac{\text{(3개월)}}{\text{(12개월)}}$

[K과장 근속 정보]

계속근로일수	기본급	기타수당	연차수당	연간 상여금	미사용 연차
4,672일	3,850,000원	550,000원	140,000원/일	2,750,000원	7일

① 52,358,786원
② 53,879,313원
③ 54,387,089원
④ 55,578,668원
⑤ 58,987,776원

28

Y회사에서는 지사를 낼 후보지역 가~자에 대해 접근성, 영업효율, 노동효율, 발전성 4가지 항목으로 평가를 진행하였다. 제시된 [조건]에 근거할 때, 채택된 후보 지역의 예상 소모비용의 총합을 고르면?

[후보지역 평가표]

후보지역	예상 소모비용 (만 원/월)	접근성	영업효율	노동효율	발전성
가	450	B	A	B	C
나	800	A	B	C	A
다	920	B	A	A	C
라	580	B	B	B	B
마	830	A	C	B	A
바	790	C	B	C	B
사	570	A	C	A	C
아	830	B	A	C	B
자	770	A	B	C	A

※ 평가등급은 'A－B－C' 순으로 높다.

조건

- 노동효율 부문의 평가는 고려하지 않는다.
- 발전성 부문의 평가 최저등급인 후보지역은 모두 제외한다.
- 영업효율 부문의 평가가 최고등급인 후보지역은 모두 채택한다.
- 접근성 부문의 평가가 최고등급이고, 발전성 부문의 평가가 B등급 이상인 후보지역도 채택한다.

① 2,970만 원/월　② 3,120만 원/월　③ 3,250만 원/월
④ 3,230만 원/월　⑤ 3,340만 원/월

29 다음은 행정안전부에서 발표한 보도자료이다. 이에 대한 내용으로 적절하지 않은 것을 고르면?

겨울철 재난관리자원 관리실태 점검 실시
– 제설제 및 제설장비 등 비축 · 관리 실태, 지자체 간 응원 체계 집중 점검

■ 행정안전부는 겨울철 자연재난 대책기간(2024. 11. 15.~2025. 3. 15.)을 앞두고 10월 28일(월)부터 11월 1일(금)까지 재난관리자원 관리실태 중앙합동점검을 실시한다.

○ 이번 점검은 대설 · 한파에 대비해 제설제와 응급구호세트 등 겨울철 주요 재난관리자원의 비축 및 관리 상황을 확인하기 위해 추진됐다.

○ 행안부는 시 · 도와 함께 중앙합동점검반(8개반, 25명)을 편성하고, 17개 시도 47개 시 · 군 · 구를 대상으로 표본점검을 실시한다.

※ 각 시 · 도는 소관 시 · 군 · 구 대상 자체 전수 점검 실시

■ 이번 점검에서는 지자체 간 자원 보유 현황을 공유하고, 필요시 신속히 지원할 수 있도록 '재난관리자원 통합관리시스템(KRMS*)' 등록 정보를 중점적으로 점검 · 보완한다.

* Korea disaster Resource Management System(재난관리 물품 · 재산 · 인력 및 비축시설 등 재난관리에 관한 정보를 관리하기 위해 구축 · 운영)

○ 또한, 제설장비 · 인력 등 지원이 필요할 경우에 대비해 공공기관, 민간단체와 협약을 통한 상호 응원을 적극 유도할 방침이다.

《우수 협력 사례》

◇ **강원도, 폭설 내린 전북도에 제설차 · 인력 지원**

– 강원도는 전북도에 최대 60cm가 넘는 폭설이 내리며 주요 도로 및 도심 제설작업에 어려움을 겪자 신속하게 제설장비와 인력을 지원

– 다목적 특수차량인 유니목(Unimog) 3대와 15톤 제설 트럭 4대, 인력 15명을 긴급 지원해 전북 전주시, 순창군, 임실군 등에서 제설작업 실시

■ 오○○ 자연재난실장은 "올 겨울철 폭설, 한파 등 예기치 못한 기상상황에도 신속히 대응할 수 있도록 관계기관 간 재난관리자원 응원 체계를 확립해 나가겠다"라고 말했다.

① 강원도는 제설 트럭을 임실군에 지원하여 제설작업을 도운 적이 있다.
② 재난관리자원 통합관리시스템을 통해 재난관리 인력에 대한 정보를 확인할 수 있다.
③ 재난관리자원 관리실태 중앙합동점검반은 1개반당 평균 약 3명의 인원으로 편성되었다.
④ 행정안전부는 전국 17개 시도가 소관하는 시 · 군 · 구를 대상으로 전수 점검을 실시하였다.
⑤ 겨울철 자연재난 대책기간은 약 4개월이다.

30 다음은 국가유산청에서 발표한 보도자료이다. 이에 대한 내용으로 적절한 것을 고르면?

국가유산수리 분야 참여 여건 개선 위한 법률 개정
– 국가유산수리업 등록요건 미달 예외사유 확대, 경미한 국가유산수리 설계승인 제외 등 규제 완화

국가유산청은 국가유산수리 분야의 규제를 일부 완화해 참여 여건을 보다 유연하게 하기 위해 「국가유산수리 등에 관한 법률」을 일부 개정(2024.10.22. 공포)하였다.

이번 개정에 따라, 기존에는 국가유산수리업자 등이 등록요건에 미달된 경우 등록 취소나 영업 정지 같은 행정 처분을 받지 않을 수 있는 예외로 자본금으로 인한 사유만 한정하고 있었는데, 앞으로는 육아휴직 등으로 발생한 일시적인 사유까지도 예외로 인정할 수 있게 되었다.

또한, 국가유산의 소규모 보수 · 안내판 설치 등 일상적 관리 차원의 경미한 국가유산수리는 국가유산청장의 설계승인을 받지 않아도 되도록 해 행정절차를 간소화하고 규제를 일부 완화하였다.

이와 함께 ▲ 국가유산수리기술위원으로 위촉할 수 있는 사람의 종사 업무분야를 확대하였고, ▲ 국가유산수리기능자 자격 인정 대상을 기존 국가 및 시도무형유산 보유자에서 전승교육사까지 추가하였다. 또한, ▲ 국가유산수리기술자 연령 결격사유를 기존 20세 미만에서 18세 미만으로 완화하는 등 국가유산수리 분야의 참여자를 다양화하는 내용으로 개정하였다.

국가유산청은 이번 법률 개정을 통해 국가유산수리업 등의 운영 여건과 행정 편의성이 개선되고, 다양한 분야의 전문성을 갖춘 참여자들이 국가유산수리 품질 향상에 기여할 것으로 기대하며, 앞으로도 국가유산수리 체계를 개선하기 위한 적극행정을 이어나갈 것이다.

① 이번 법률 개정이 이루어지기 전에는 국가유산에 안내판을 설치하는 것 또한 국가유산청장의 설계승인이 필요했다.
② 국가유산수리 등에 관한 법률은 2024년 10월 22일에 제정되었다.
③ 국가유산수리기술자는 미성년자가 할 수 없다.
④ 이번 법률 개정을 통해 국가유산수리업의 행정절차가 추가되었다.
⑤ 시도무형유산 보유자는 법률 개정 이전에는 국가유산수리기능자 자격 인정 대상에 해당하지 않았다.

정답과 해설 p.52

DAY 08

왜 틀렸지?
왜 실수했지?

매일 한 줄 복기

문제를 다 풀고 난 후 왜 틀렸는지, 자주 나오는 실수 패턴은 무엇인지, 어떤 문제부터 풀어보고 어떤 문제는 나중에 풀지를 바르게 판단했는지 복기해 보세요. 어느 부분이 부족한지 스스로 깨닫고, 다음 회차를 풀 때 적용한다면 NCS 실력이 빠르게 올라갈 것입니다.

작성 예시

- ✔ 지문 읽을 때 키워드부터 찾기! 지문 끊어 읽기! 선택지에서 체크한 키워드가 모두 나와야 한다.
- ✔ 그래프와 표 나올 때 제목이랑 단위부터 확인하기!
- ✔ 시간 내에 풀 수 있는 유형인지 아닌지를 꼭 체크하고 넘어가자. 무조건 넘기지 말자!
- ✔ 의사소통 먼저 풀면 시간이 절약되는 것 같음. 수리랑 문제해결 중 어떤 것부터 풀지 판단해 보자.

의사소통능력	
수리능력	
문제해결능력	

DAY 08

자동채점 바로가기

제한시간: 30분

01 다음 [가]~[라] 문단을 글의 흐름에 따라 순서대로 바르게 배열한 것을 고르면?

[가] 상속세란 피상속인의 사망 또는 실종으로 상속개시가 되면 피상속인으로부터 이전하는 재산에 대하여 상속인에게 부과하는 조세를 말한다. 상속은 보통 유언에 따라 진행되지만, 별도의 유언이 없는 경우 자녀와 손자녀 등 직계비속과 배우자가 1순위, 부모와 조부모 등 직계존속과 배우자가 2순위, 형제자매가 3순위, 4촌 이내의 방계혈족이 4순위로 진행된다.

[나] 그런데 최근 우리나라의 상속세와 관련된 법 개정이 시급하다는 목소리가 커지고 있다. 우리나라의 상속세율은 최저 10%에서 최고 50%까지 적용되는데, 이는 상속세율이 45%인 프랑스, 40%인 영국과 미국보다 높은 수치이다. 게다가 최대 주주 할증 과세까지 적용하면 상속세율은 사실상 60% 가까이 된다. 예를 들어 갑 기업의 대주주 주식 100억 원을 상속받는 경우 이를 120억 원으로 평가해 절반인 60억 원을 세액으로 결정하는 것이다. 이렇듯 세계 최고 수준의 상속세율은 국내 기업이 안정적으로 성장하는 길을 가로막는 걸림돌이 되기도 하며, 상속세에 대한 부담은 국민의 중산층에 가장 크게 지워진다. 이 때문에 경제활동의 변화에 따라 개선이 필요하다고 지적된다.

[다] 우리나라에 상속세가 처음으로 실시된 것은 1934년 6월에 공포된 「조선상속세령」에서 비롯되었다. 그 뒤 대한민국 정부 수립 이후인 1950년 3월에 「상속세법」으로 제정 및 공포되었고, 소득수준의 향상, 인구의 고령화, 여성의 경제적 지위 향상 등 사회상의 변화를 반영하여 여러 차례의 개정을 통해 오늘날 「상속세 및 증여세법」으로 변경되었다. 이때 증여세법은 증여에 대한 탈세 방지를 위해 상속세의 보완세로서 병립하여 실시하고 있다.

[라] 상속세는 피상속인의 유산 전체를 과세 대상으로 하여 재산세적 성격을 띠는 유산세 방식과 각 상속인이 상속받는 재산을 과세 대상으로 하여 수익세적 성격을 띠는 유산취득세 방식으로 구분되는데, 우리나라는 유산세 방식을 취하고 있다. 이로 인해 우리나라의 상속세의 큰 특징은 바로 재산세의 일종이라는 것에 있다. 상속개시에 따라 이전된 재산에 과세한다는 점에서 유통세의 성격에 가까웠으나, 오늘날에는 상속재산을 종합적으로 과세하기도 하고 그 세부담을 상속재산 중에서 지급할 것을 예정하므로 실질적으로는 재산세의 성질을 띤다는 것이다.

① [가]－[나]－[다]－[라]
② [가]－[라]－[다]－[나]
③ [나]－[가]－[다]－[라]
④ [다]－[나]－[가]－[라]
⑤ [다]－[라]－[나]－[가]

02 다음 글의 빈칸에 들어갈 접속어로 적절하지 않은 것을 고르면?

> 최근 웨어러블 장치의 수요가 높아지고 있다. 스마트 워치, 피트니스 손목 밴드, 데이터 안경 등은 데이터 수집을 위한 다양한 옵션을 제공한다. 예컨대, 이동 거리, 수면 리듬 또는 체온 등을 기록하여 사용자가 확인할 수 있다. (　　) 이 기술은 프로세스 최적화와 관련하여 기업에서 활용 가능한 잠재력을 창출하기도 한다.
>
> '웨어러블'이라는 용어는 신체에 직접 착용하는 모든 전자 장치를 포함한다. 엄밀히 말하자면 여기에는 맥박 조정기 또는 쿼츠 시계 등도 포함된다고 볼 수 있다. 하지만 일반적으로는 네트워크로 연결될 수 있으며 애플리케이션을 통해 제어할 수 있는 장치를 의미한다고 보아야 한다. 따라서 다른 기술에 연결할 수 있는 능력은 웨어러블 장치의 결정적인 기능이라고 볼 수 있다.

① 또한　　② 또는　　③ 더구나
④ 게다가　　⑤ 아울러

03 다음 [보기]의 ㉠~㉣ 중 밑줄 친 단어의 표기가 적절한 것을 모두 고르면?

보기

> ㉠ 사건을 <u>두리뭉실하게</u> 접근하지 말고 선명하게 바라봐야 한다.
> ㉡ 구하기 힘든 물건이라 <u>웃돈</u>을 주고 구해왔다.
> ㉢ 시험이 코앞인데 <u>만날</u> 놀기만 하는 모습이 좋게 보이지 않는다.
> ㉣ 노새는 <u>수탕나귀</u>와 암말이 교배되어 나오는 이종 교배종이다.

① ㉠, ㉡　　② ㉠, ㉣　　③ ㉢, ㉣
④ ㉠, ㉢, ㉣　　⑤ ㉠, ㉡, ㉢, ㉣

04 다음 글의 설명방식으로 적절하지 않은 것을 고르면?

출산으로 엄마가 된 여성은 지적능력이 감퇴한다는 것이 일반적인 상식이었다. 그런데 퓰리처상 수상 작가인 캐서린 엘리슨이 『엄마의 뇌: 엄마가 된다는 것이 우리의 뇌를 얼마나 영리하게 하는가』를 출간하여 화제가 된 바 있다. 엘리슨이 아이디어를 얻게 된 것은 1999년의 신경과학자 크레이그 킹슬리 등의 연구결과를 접하고 나서였다.

킹슬리 박사팀의 실험결과에 의하면 엄마쥐는 처녀쥐보다 인지능력이 급격히 증가하여 후각능력과 시각능력이 상승하였다. 또한 먹잇감을 처녀쥐보다 세 배나 더 빨리 찾았다. 뇌에서 기억과 학습을 담당하는 해마의 신경회로가 새롭게 재구성되는 것 같았다고 한다. 엄마쥐가 되면 암컷 쥐의 두뇌는 에스트로겐, 코티졸, 기타 다른 호르몬으로 흠뻑 빠지게 된다. 그런데 흥미로운 점은 두뇌 변화에는 어미 내적인 호르몬 작용뿐만이 아니라 새끼와의 상호작용이 더욱 큰 영향을 준다는 것이다. 젖을 먹이고 보살피는 과정에서 감각적 민감화와 긍정적 변화가 일어나 인지적 능력이 상승한 것으로 추정된다.

그러면 인간에게서는 어떨까. 대개 출산 후에는 육체적 피로와 정신적 스트레스로 인해 지적능력이 떨어진다고 생각한다. 그러나 이는 상당 부분 사회공동체적 자기암시로부터 온 선입견이라고 볼 수 있다. 신경심리학자 줄리에 수어는 임신한 여성을 두 집단으로 나누어, '임신이 기억과 과제 수행에 어떤 영향을 주는가를 알아보기 위해서 검사를 한다'라는 목표를 A집단에는 제시하였으나 B집단에는 설명하지 않고 과제를 실시했다. 그 결과 A집단이 B집단보다 과제 수행점수가 상당히 낮았다. A집단은 임신하면 머리가 나빠진다는 부정적 고정관념의 영향을 받아 헤어나지 못한 것이다.

연구결과에 의하면 암컷 쥐는 엄마쥐가 되면 감각, 인지적 능력과 추진력 등이 높아진다. 또한 아빠쥐도 새끼와 상호작용하면서 더 영리해진다고 한다. 임신한 엄마처럼 아빠의 뇌에서도 관련 호르몬 수치가 높아진다는 것이다. 지금껏 연구는 주로 실험용 쥐를 중심으로 이루어졌지만, 인간에게도 같은 원리가 적용될 가능성은 크다.

① 일반적인 통념에 대해 전문가의 견해를 근거로 들어 반박하고 있다.
② 여성이 출산 후 겪게 되는 뇌의 변화 과정을 실험을 통해 증명하고 있다.
③ 논지를 제시한 후, 대표적인 실험결과를 소개하여 주제를 명료화하고 있다.
④ 다양한 실험 결과를 통해 출산 후 엄마의 뇌에 일어나는 긍정적 변화를 강조하고 있다.
⑤ 실험을 통해 아이와의 상호작용은 엄마뿐만 아니라 아빠에게도 좋은 영향을 줄 수 있음을 설명하고 있다.

05 다음 글의 제목으로 가장 적절한 것을 고르면?

조선 시대 궁궐은 궁성(宮城)으로 둘러싸여 있고 그 내부는 몇 개의 구역으로 나뉘어 있다. 그 구역은 내전(內殿), 외전(外殿), 동궁(東宮), 생활주거공간, 후원(後苑), 궐내각사(闕內各司), 궁성과 궁문 및 궐외각사(闕外各司) 등으로 이루어져 있다.

내전은 왕과 왕비의 공식 활동과 일상적인 생활이 이루어지는 공간으로, 위치상으로 궁궐의 중앙부를 차지할 뿐만 아니라 그 기능에서도 궁궐의 핵을 이루는 곳이다. 내전은 크게 보아 대전(大殿)과 중궁전(中宮殿)으로 구성된다. 대전에는 여러 채의 건물이 있는데 그 가운데서도 왕이 일상적으로 기거하는 집을 연거지소(燕居之所)라고 하며, 이곳은 궁궐의 핵심을 이룬다. 중궁전은 왕비의 기거 활동 공간으로 궁궐 중앙부의 가장 깊숙한 부분을 차지한다. 궁궐에 따라서는 내전에 포함되기도 하고 외전에 포함되기도 하는 편전(便殿)은 왕이 주요 신료들을 만나서 공식적인 회의를 여는 곳이다.

외전은 왕이 공식적으로 신하들을 만나 의식, 연회 등의 행사를 치르는 공간이다. 외전의 중심인 정전(正殿)은 궁궐에서 외형상 가장 화려하고 웅장하여 왕의 위엄을 드러내는 건물이다. 정전은 회랑(回廊)으로 둘러싸여 있는데, 그 회랑으로 둘러싸인 네모난 넓은 마당이 조정(朝廷)이다. 조정이란 말뜻 그 자체로는 왕과 신료가 모여 조회(朝會)를 하는 뜰이다. 그러나 조회뿐만 아니라 외국 사신을 응대하기도 하고 그밖에 각종 잔치를 벌이는 등 국가의 공식적인 의식을 거행하는 곳이다.

왕세자는 떠오르는 해처럼 다음 왕위를 이을 사람이기 때문에, 왕세자의 활동 공간인 동궁은 내전의 동편에 배치하였다. 동궁은 왕세자가 활동하는 공간의 이름이지만, 왕세자 자신을 가리키는 이름으로 쓰이기도 하였다. 동궁 일대에는 세자를 교육하고 보필하는 업무를 맡았던 관서 등이 함께 있었다.

궁궐에는 왕과 왕비, 왕세자만 사는 것이 아니다. 왕의 어머니나 할머니, 후궁, 왕자, 공주 등 왕실 가족만 해도 상당수에 이른다. 또 내시, 궁녀, 노복, 군병도 상당히 많은 수가 있어야 궁궐이 유지된다. 이들이 먹고 자고 활동하는 곳은 위치상 내전의 뒤편에 배치된다. 이곳은 내전의 연장으로 볼 수 있는데, 뚜렷한 명칭이 있는 것은 아니어서 '생활주거공간' 정도로 명명하면 될 것이다.

후원은 궁궐의 북쪽 산자락에 있는 원유(苑囿)를 가리킨다. 그 위치를 따라서 북원(北苑)이라 하기도 하고, 아무나 들어갈 수 없다고 해서 금원(禁苑)이라 불렀다. 후원은 일차적으로 왕을 비롯해서 궁궐에서 생활하는 사람들의 휴식공간이다. 하지만 과거 시험장, 군사 훈련장, 종친 모임의 장소 등으로도 쓰였다.

궐내각사는 궁궐 안에 설치된 관서들로, 궁궐 안에 들어와 활동하는 관리들의 공간을 가리킨다. 여기에는 정치와 행정 업무를 맡은 기구, 경비와 호위 등 군사 관계 업무를 맡은 기구, 왕실 시중과 궁궐의 시설 관리를 맡은 기구 등이 있었다.

궐외각사는 궁궐의 정문 앞과 인접한 곳에 설치된 국가의 핵심 관서들을 말한다. 경복궁의 정문인 광화문 남쪽 좌우에는 의정부, 육조, 사헌부, 한성부 등 관료 기구의 중추를 이루는 관서 건물들이 어깨를 나란히 하고 늘어서 있었다.

이 거리를 흔히 육조 거리라 불렀다. 이곳에 배치된 관서들은 궁궐과 긴밀한 관계를 맺었다. 이런 점에서 볼 때 궁궐의 정치·행정적 기능과 비중은 궐내각사의 구성만으로 이해할 것이 아니라 궐외각사를 함께 고려하여 생각해야 한다.

① 궁궐과 궁궐 사람들
② 궁궐 구조와 쓰임
③ 궁궐 구조와 그 변천 과정
④ 궁궐 내부 구조의 원리
⑤ 조선 궁궐의 건축양식

06 다음 국세청의 보도자료를 바탕으로 추론한 내용으로 적절하지 않은 것을 고르면?

국세청에서 AI 중심 홈택스를 고도화하고, 디지털 취약계층 세금신고지원 등에 중점적으로 투자하기 위해 1조 9,512억 원이었던 2024년 예산 대비 528억 원을 증액하여 2조 40억 원으로 2025년도 예산안을 편성하였다. 2023년부터 2025년까지의 예산안 현황을 살펴보면, 인건비와 기본경비는 매년 증가하고 있으며 전체 예산안의 대부분을 차지하고 있다.

2025년 국세청의 예산안은 '국민이 보다 편리하고 공정한 세정 구현'에 중점을 두었다. 특히 AI 중심의 홈택스 고도화에는 80억 원을, 디지털 취약계층을 위한 납세자 세금신고지원 사업에는 38억 원으로 증액 편성하였다. 또한 그간 지속적으로 부족했던 탈세제보 포상금도 기존 120억 원에서 211억 원으로 증액한다.

홈택스 시스템은 국민 10명 중 9명이 사용하고, 1일 평균 방문횟수가 900만 건에 달하는 대국민 납세서비스이다. 국세청에서는 기존의 홈택스 서비스를 2단계 지능형 홈텍스로 고도화하기 위해 예산을 증액 편성하였다. 2단계 지능형 홈택스는 AI와 빅데이터를 바탕으로 사용자 경험을 제공하는 납세자 중심의 지능형 서비스로, 신고 화면을 한눈에 볼 수 있게 간결하고 직관적인 디자인으로 구성하고, 신고서를 자동으로 채워주는 기능을 대폭 확대할 예정이다. 또한, 납세자별로 필요한 내용을 보여주는 개인화 콘텐츠를 점차 확대하고, 부가가치세 신고와 연말정산간소화 상담 시 AI 국세 상담을 확대하여 통화 연결이 어려웠던 납세자의 불편을 해소할 예정이다.

납세자 세금신고지원 사업은 디지털 취약계층이 세금업무를 원활하게 이행할 수 있도록 전자신고, 전자세금계산서 발급 등을 상담 및 교육을 지원하는 서비스이다. 서비스 지역 추가 확대를 위해 전년 대비 4억 원을 증액하여 편성하였고, 증액된 예산으로는 현재 위탁인력 120명을 130명으로 확대 운영할 예정이다. 증원인력 10명은 수도권 외 지역에 신규 배치된다. 이를 통해 그동안 서비스 지역이 수도권에 편중되었던 문제를 개선함으로써 비수도권 소재 디지털 취약계층의 세금업무 편의를 증대할 것으로 기대된다.

① 2024년 납세자 세금신고지원 사업은 34억 원의 예산이 편성되었다.

② 2025년 수도권에 배치된 납세자 세금신고지원 사업 인력은 130명일 것이다.

③ 국세청에서 2025년 경직성 경비로 사용될 예산액은 2024년 대비 늘었을 것이다.

④ 현재 홈택스 시스템에는 신고서를 자동으로 채워주는 기능이 일부 도입되어 있다.

⑤ 국세청은 홈택스 고도화와 디지털 취약계층 세금신고지원 등에 필요한 예산을 118억 원 증액했다.

[07~08] 다음 중대산업재해 등에 관한 법률을 읽고 질문에 답하시오.

제2장 중대산업재해

제3조(적용범위) 상시 근로자가 5명 미만인 사업 또는 사업장의 사업주(개인사업주에 한정한다. 이하 같다) 또는 경영책임자등에게는 이 장의 규정을 적용하지 아니한다.

제4조(㉠) ① 사업주 또는 경영책임자등은 사업주나 법인 또는 기관이 실질적으로 지배·운영·관리하는 사업 또는 사업장에서 종사자의 안전·보건상 유해 또는 위험을 방지하기 위하여 그 사업 또는 사업장의 특성 및 규모 등을 고려하여 다음 각 호에 따른 조치를 하여야 한다.

1. 재해예방에 필요한 인력 및 예산 등 안전보건관리체계의 구축 및 그 이행에 관한 조치
2. 재해 발생 시 재발방지 대책의 수립 및 그 이행에 관한 조치
3. 중앙행정기관·지방자치단체가 관계 법령에 따라 개선, 시정 등을 명한 사항의 이행에 관한 조치
4. 안전·보건 관계 법령에 따른 의무이행에 필요한 관리상의 조치

② 제1항 제1호·제4호의 조치에 관한 구체적인 사항은 대통령령으로 정한다.

제5조(㉡) 사업주 또는 경영책임자등은 사업주나 법인 또는 기관이 제3자에게 도급, 용역, 위탁 등을 행한 경우에는 제3자의 종사자에게 중대산업재해가 발생하지 아니하도록 제4조의 조치를 하여야 한다. 다만, 사업주나 법인 또는 기관이 그 시설, 장비, 장소 등에 대하여 실질적으로 지배·운영·관리하는 책임이 있는 경우에 한정한다.

제6조(㉢) ① 제4조 또는 제5조를 위반하여 제2조 제2호 가목의 중대산업재해에 이르게 한 사업주 또는 경영책임자등은 1년 이상의 징역 또는 10억 원 이하의 벌금에 처한다. 이 경우 징역과 벌금을 병과할 수 있다.

② 제4조 또는 제5조를 위반하여 제2조 제2호 나목 또는 다목의 중대산업재해에 이르게 한 사업주 또는 경영책임자등은 7년 이하의 징역 또는 1억 원 이하의 벌금에 처한다.

③ 제1항 또는 제2항의 죄로 형을 선고받고 그 형이 확정된 후 5년 이내에 다시 제1항 또는 제2항의 죄를 저지른 자는 각 항에서 정한 형의 2분의 1까지 가중한다.

제7조(㉣) 법인 또는 기관의 경영책임자등이 그 법인 또는 기관의 업무에 관하여 제6조에 해당하는 위반행위를 하면 그 행위자를 벌하는 외에 그 법인 또는 기관에 다음 각 호의 구분에 따른 벌금형을 과(科)한다. 다만, 법인 또는 기관이 그 위반행위를 방지하기 위하여 해당 업무에 관하여 상당한 주의와 감독을 게을리하지 아니한 경우에는 그러하지 아니하다.

1. 제6조 제1항의 경우: 50억 원 이하의 벌금
2. 제6조 제2항의 경우: 10억 원 이하의 벌금

제8조(㉤) ① 중대산업재해가 발생한 법인 또는 기관의 경영책임자등은 대통령령으로 정하는 바에 따라 안전보건교육을 이수하여야 한다.

② 제1항의 안전보건교육을 정당한 사유 없이 이행하지 아니한 경우에는 5천만 원 이하의 과태료를 부과한다.

③ 제2항에 따른 과태료는 대통령령으로 정하는 바에 따라 고용노동부장관이 부과·징수한다.

07 위의 법률에서 빈칸 ㉠~㉤에 들어갈 내용이 바르게 짝지어지지 않은 것을 고르면?

① ㉠: 사업장 재직자등의 안전 및 보건 확보 의무

② ㉡: 도급, 용역, 위탁 등 관계에서의 안전 및 보건 확보 의무

③ ㉢: 중대산업재해 사업주와 경영책임자 등의 처벌

④ ㉣: 중대산업재해의 양벌규정

⑤ ㉤: 안전보건교육의 수강

08 위의 법률을 바르게 이해하지 못한 사람을 [보기]에서 모두 고르면?

보기

- 갑: 중대산업재해가 발생한 기관에서는 경영책임자가 안전보건교육을 이수하지 않으면 대통령으로부터 5천만 원 이하의 과태료가 부과돼.
- 을: 법인 또는 기관의 경영책임자가 안전 및 보건 확보 의무를 위반하는 행위를 하면 그 행위자만 벌하고 있어.
- 병: 중대산업재해 관련 법은 상시 근로자가 5명 미만인 사업 또는 사업장의 사업주 또는 경영책임자에게는 적용되지 않아.
- 정: 사업주 또는 경영책임자가 제3자에게 도급, 용역, 위탁 등을 행한 경우에는 제3자의 종사자에게 중대산업재해가 발생하지 않도록 안전 및 보건 확보 의무를 예외없이 취해야 해.

① 갑, 을
② 병, 정
③ 갑, 을, 병
④ 갑, 을, 정
⑤ 갑, 을, 병, 정

[09~10] 다음 글을 읽고 질문에 답하시오.

[가] 적극행정이란 불합리한 규제의 개선 등 공공의 이익을 위하여 창의성과 전문성을 바탕으로 공무원이 적극적으로 업무를 처리하는 행위를 말한다. 해당 규정은 헌법 제7조 제1항의 "공무원은 국민전체에 대한 봉사자이며, 국민에 대하여 책임을 진다", 국가공무원법 제56조의 "모든 공무원은 법령을 준수하며 성실히 직무를 수행하여야 한다"를 근거로 둘 수 있다. 반면 소극행정이란 적극행정에 반하는 개념으로, 공무원의 부작위 또는 직무태만 등으로 국민의 권익을 침해하거나 국가 재정상 손실을 발생하게 하는 행위를 일컫는다.

[나] 적극행정의 대표 유형은 행태적 측면과 규정의 해석 및 적용 측면으로 나눌 수 있다. 먼저 행태적 측면으로는 통상적으로 요구되는 정도의 노력이나 주의 의무 이상을 기울여 맡은 바 임무를 최선을 다해 수행하는 행위, 업무 관행을 반복하지 않고 가능한 최선의 방법을 찾아 업무를 처리하는 행위가 있다. 또한, 새로운 행정 수요나 행정 환경의 변화에 선제적으로 대응하여 새로운 정책을 발굴하고 추진하는 행위, 이해충돌이 있는 상황에서 적극적인 이해조정을 통해 업무를 처리하는 행위 등으로 볼 수 있다. 규정의 해석 및 적용 측면으로는 불합리한 규정과 절차나 관행을 스스로 개선하는 행위, 신기술 발전 등 환경 변화에 맞게 규정을 적극적으로 해석하고 적용하는 행위, 규정과 절차가 마련되어 있지 않지만 가능한 해결방안을 모색하여 업무를 추진하는 행위 등을 말한다.

[다] 소극행정의 유형으로는 문제해결을 위해 노력하지 않고 적당히 형식만 갖추어 부실하게 처리하는 적당편의, 합리적인 이유 없이 주어진 업무를 게을리하거나 불이행하는 업무해태의 행태가 있다. 또한, 법령이나 지침 등의 변화에도 불구하고 과거 규정에 따라 업무를 처리하거나 기존의 불합리한 업무 관행을 그대로 답습하는 탁상행정, 직무권한을 이용하여 부당하게 업무를 처리하거나, 국민 편익을 위해서가 아닌 자신의 조직이나 이익만을 중시하여 자의적으로 처리하는 기타 관중심 행정 등의 행태로 볼 수 있다.

[라] 국가에서는 공직사회에 적극행정 문화를 확산시키기 위해 여러 가지 추진 방안을 마련하고 있다. 적극행정 문화를 확산시키려면 적극행정에 대한 지원과 면책을 강화하는 등 공무원들이 적극적으로 일할 수 있는 기반을 마련하고, 적극행정을 한 공무원에 대한 보상 체계를 통해 적극행정에 대한 동기부여가 이루어져야 한다. 현재 적극행정에 대한 보상으로는 각 기관에서 반기별로 적극행정 우수공무원을 선발하여 승진이나 승급 등 인사상 우대조치를 부여하고, 범부처 차원에서는 연말에 적극행정 우수사례 경진대회를 실시하여 적극행정 우수공무원과 모범 사례를 발굴하고 공유하고 있다.

[마] 반면 소극행정에 대해서는 엄정한 대응과 단속을 통해 혁파할 필요가 있다. 인사혁신처에서는 국민신문고의 소극행정 신고센터를 신설하여 관련 사례를 상시 접수하고 있으며, 신고사항은 기관별 감사부서에서 즉시 조사 및 처리하게 한다. 또한 소극행정 특별점검반을 운영하여 악성 사례 또는 상습 사례가 적발되면 엄정한 조치와 징계를 통해 공직사회에서 소극행정에 대한 경각심을 고취시키고 있다.

09 윗글의 [가]~[마] 문단에 대한 논리적 구조로 적절한 것을 고르면?

① [가]-[나]-[다]┬[라]
　　　　　　　　　└[마]

② [가]-[나]┬[다]
　　　　　　├[라]
　　　　　　└[마]

③ [가]┬[나]┬[라]-[마]
　　　└[다]┘

④ [가]┬[나]-[라]
　　　└[다]-[마]

⑤ [가]┬[나]┬[마]
　　　├[다]┤
　　　└[라]┘

10 윗글을 바탕으로 추론한 내용으로 적절하지 않은 것을 고르면?

① 갑: “각 기관에서는 적극행정 우수공무원을 1년에 2번 선발하고 있겠구나.”

② 을: “공무원의 소극행정으로 피해를 보았다면 즉시 국민신문고에 신고해야겠어.”

③ 병: “적극행정에 대한 개념은 헌법과 국가공무원법의 내용을 통해서 근거를 확인할 수 있겠구나.”

④ 정: “불합리한 규정과 절차나 관행을 스스로 개선하는 행위는 규정의 해석 및 적용 측면의 적극행정이라고 볼 수 있어.”

⑤ 무: “문제해결을 위해 노력하지 않고 적당히 형식만 갖추어 부실하게 처리하는 공무원의 모습을 탁상행정이라고 볼 수 있지.”

11

둘레가 400m인 운동장 트랙 위에서 A와 B가 서로 반대 방향으로 움직이고 있다. A는 시간당 12km의 속력으로 움직이고, 두 사람이 같은 위치에서 동시에 출발한 지 8분이 되어서 7번째로 다시 만났을 때, B의 속력을 고르면?(단, 출발 후 서로 처음으로 다시 만난 경우가 1번째로 만난 경우이다.)

① 120m/min ② 150m/min ③ 180m/min
④ 210m/min ⑤ 240m/min

12

다음 [조건]을 바탕으로 영업부 7명 중 두 번째로 나이가 많은 사람의 나이를 고르면?

조건

- 영업부 7명 중 나이가 같은 사람은 3명이고, 그 외에는 모두 나이가 다르다.
- 영업부의 평균 나이는 35세이다.
- 영업부 7명의 나이의 중앙값은 31세이다.
- 영업부 7명의 나이의 최빈값은 31세이다.
- 나이가 가장 많은 사람과 나이가 가장 적은 사람의 나이의 합은 73이다.
- 세 번째로 나이가 많은 사람의 나이는 37세이다.

① 38세 ② 39세 ③ 40세
④ 41세 ⑤ 42세

13

어느 동아리에서 여름 휴가를 가기 위해 방 3개를 예약했고 간식 박스 8개를 각 방에 보관하려 한다. 각 방에 보관할 수 있는 간식 박스가 최대 4개일 때, 가능한 경우의 수를 고르면?(단, 간식 박스를 구분하지 않으며, 각 방에는 최소 1개의 간식 박스를 보관한다.)

① 12가지 ② 14가지 ③ 16가지
④ 18가지 ⑤ 20가지

14 다음 [표]는 S대학의 전공별 졸업자 취업률에 대한 자료이다. 이를 바탕으로 옳은 것을 고르면?

[전공별 졸업자 취업률]

(단위: %)

구분	2019년	2020년	2021년	2022년	2023년	2024년
사진 · 만화	35.7	38.2	34.1	39.2	43.2	41.0
예체능교육	40.1	48.5	45.7	43.1	42.0	45.2
응용미술	28.7	35.1	36.8	39.6	42.0	42.2
공예	44.8	45.1	42.3	40.2	41.4	44.1
무용	38.5	40.6	41.0	35.2	37.8	29.7
조형	22.5	29.4	31.5	35.7	34.5	30.3
연극영화	30.4	33.7	31.6	35.9	34.8	35.6
순수미술	28.6	28.4	30.6	31.4	32.1	32.2
성악	35.5	36.7	35.8	32.2	31.6	26.8
작곡	37.0	35.2	36.4	32.9	31.1	25.1
국악	23.4	27.8	26.7	28.9	30.7	35.1
기악	21.4	23.5	28.4	25.9	26.3	19.0
음악학	26.5	24.1	27.3	28.0	28.9	21.8
기타음악	30.1	34.2	32.7	30.4	29.0	26.5

① 2019년에 취업률이 네 번째로 높은 전공은 사진 · 만화이다.

② 2020년 이후 취업률이 매년 증가한 전공은 없다.

③ 2024년 무용의 취업률은 4년 전 대비 10.9%p 감소하였다.

④ 2023년 취업률은 조형이 음악학보다 4.6%p 더 높다.

⑤ 취업률이 가장 낮은 전공은 2021년과 2022년이 같다.

15 다음 [그래프]는 A국과 B국의 이민자 수에 대한 자료이다. 이를 바탕으로 옳지 않은 것을 고르면?

[A국과 B국의 이민자 수 현황]

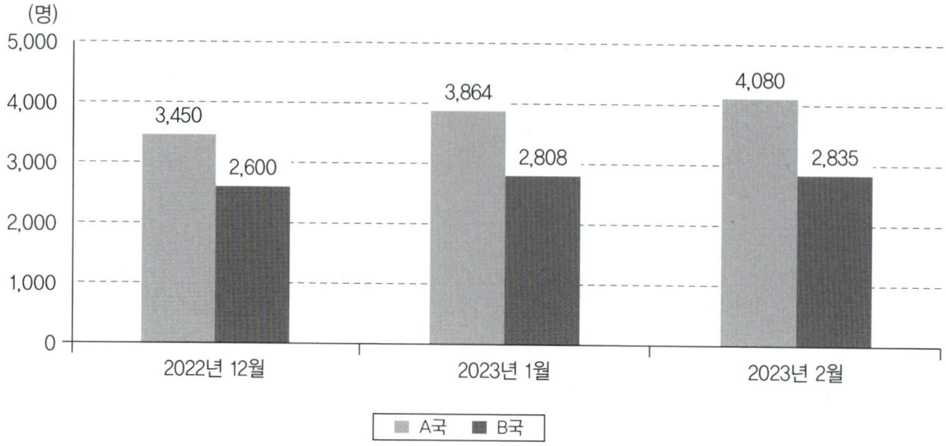

① 제시된 기간에 B국의 이민자 수는 총 8,243명이다.

② 2022년 12월 이민자 수는 A국이 B국보다 850명 더 많다.

③ 제시된 기간에 A국의 월평균 이민자 수는 3,800명 이상이다.

④ 2023년 1월 이후 A국과 B국의 이민자 수 증감 추이는 매월 같다.

⑤ 2023년 1월 이민자 수의 전월 대비 증가율은 A국이 B국보다 4%p 더 크다.

16 다음 [그래프]는 연도별 60세 이상인 취업자 수 및 비경제활동인구 수에 대한 자료이다. 제시된 기간 중 취업자 수와 비경제활동인구 수의 차가 두 번째로 큰 해에 그 차를 고르면?

[연도별 60세 이상 취업자 수 및 비경제활동인구 수]

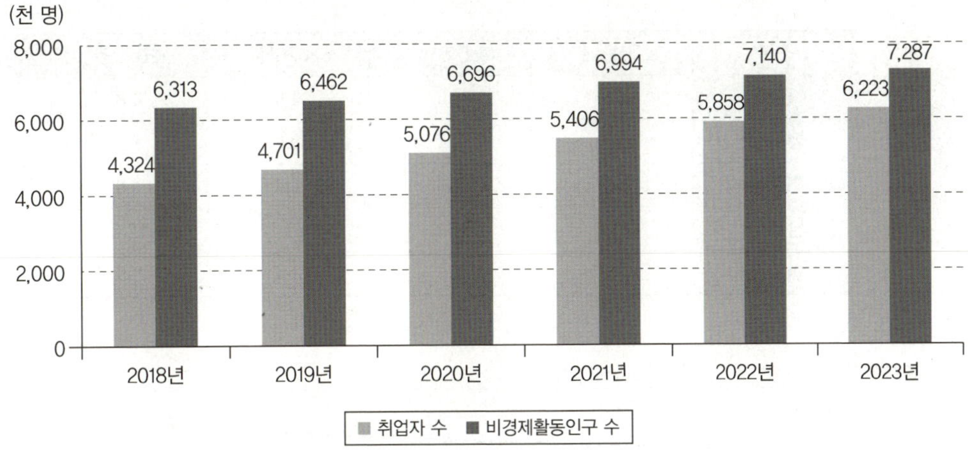

① 1,661천 명　② 1,682천 명　③ 1,703천 명
④ 1,734천 명　⑤ 1,761천 명

17

다음 [표]는 P시의 중 · 고등학생 흡연율에 관한 자료이다. 이를 바탕으로 연도별 흡연율 그래프를 바르게 나타낸 것을 고르면?

[P시의 중 · 고등학생 흡연율]

(단위: %)

구분	2018년	2019년	2020년	2021년	2022년
전체	4.4	4.6	4.6	4.8	5.2
남중생	1.8	2.2	2.4	2.2	2.4
여중생	1.2	1.6	1.4	1.6	1.4
남고생	11.6	12.0	12.4	12.8	13.6
여고생	3.2	3.6	3.4	3.6	4.0

①
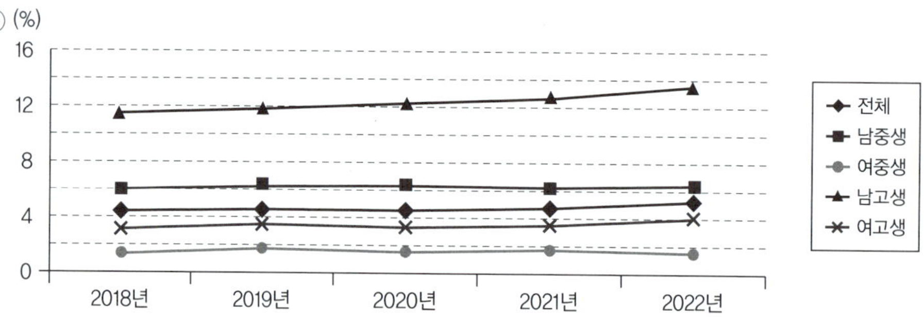

②
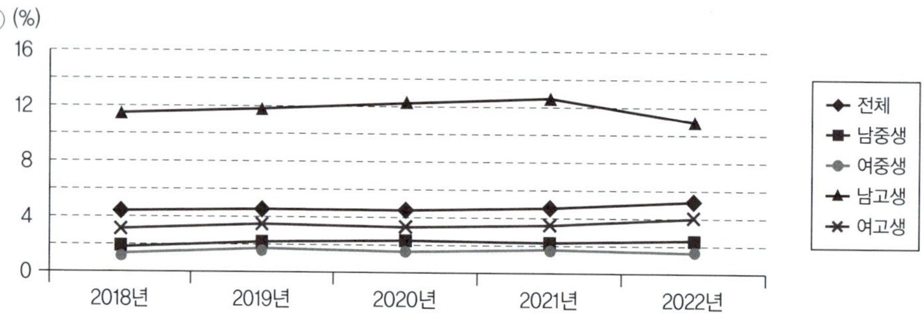

③
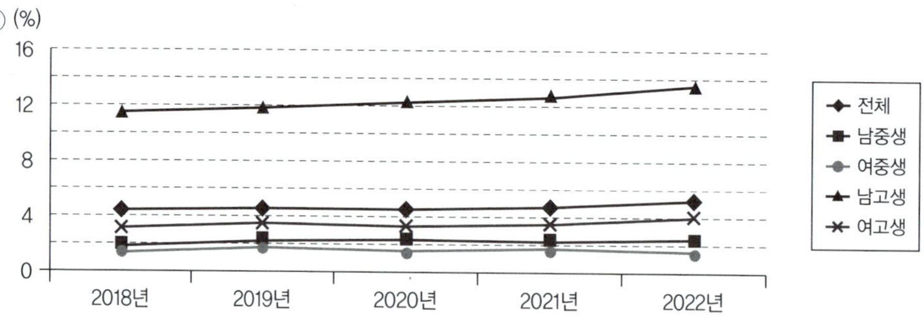

④
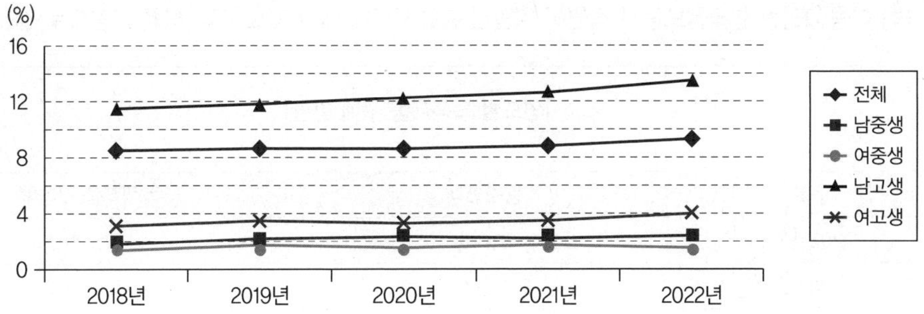
(%)
16
12
8
4
0
2018년
2019년
2020년
2021년
2022년
전체
남중생
여중생
남고생
여고생

⑤
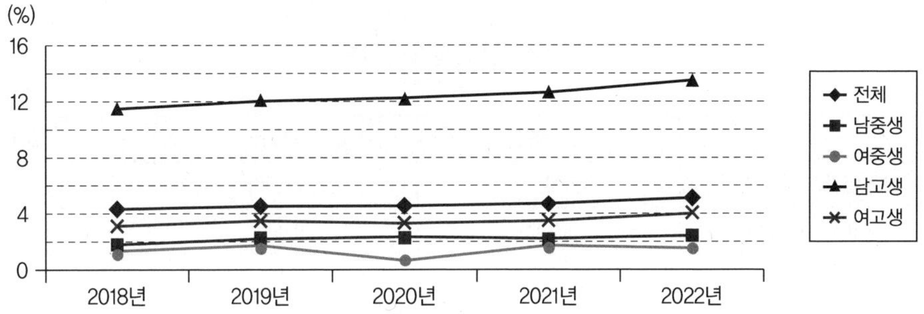
(%)
16
12
8
4
0
2018년
2019년
2020년
2021년
2022년
전체
남중생
여중생
남고생
여고생

[18~19] 다음 [표]는 한국철도공사 직원이 열람한 환경지표에 대한 자료이다. 이를 바탕으로 질문에 답하시오.

[연도별 녹색제품 구매 현황]

(단위: 백만 원)

구분	총구매액	녹색제품 구매액
2022년	1,800	1,700
2023년	3,100	2,900
2024년	3,000	2,400

[연도별 온실가스 감축 현황]

(단위: tCO_2eq, TJ)

구분	2022년	2023년	2024년
온실가스 배출량	1,604,000	1,546,000	1,542,000
에너지 사용량	30,000	29,000	30,000

[연도별 수질관리 현황]

(단위: m^3)

구분	2022년	2023년	2024년
오수처리량	70,000	61,000	27,000
폐수처리량	208,000	204,000	207,000

18 다음 중 자료에 대한 설명으로 옳은 것을 [보기]에서 모두 고르면?

보기

㉠ 2024년 총구매액에서 녹색제품 구매액이 차지하는 비중은 80%이다.
㉡ 2022년 폐수처리량은 오수처리량보다 128,000m^3 더 크다.
㉢ 제시된 기간 중 녹색제품 구매액이 가장 큰 해에 온실가스 배출량은 가장 적다.
㉣ 제시된 기간의 연평균 온실가스 배출량은 1,554,000tCO_2eq이다.

① ㉠ ② ㉢ ③ ㉠, ㉡
④ ㉠, ㉢, ㉣ ⑤ ㉡, ㉢, ㉣

19 주어진 자료에서 제시된 기간 중 총구매액이 가장 큰 해에 전년 대비 감소한 오수처리량과 폐수처리량의 합을 고르면?

① 9,000m^3 ② 11,000m^3 ③ 13,000m^3
④ 15,000m^3 ⑤ 17,000m^3

20

다음 [그래프]는 지역별 연령대별 인구 비중에 대한 자료이다. 이를 바탕으로 [보기]에서 옳은 것을 모두 고르면?

[지역별 연령대별 인구 비중]

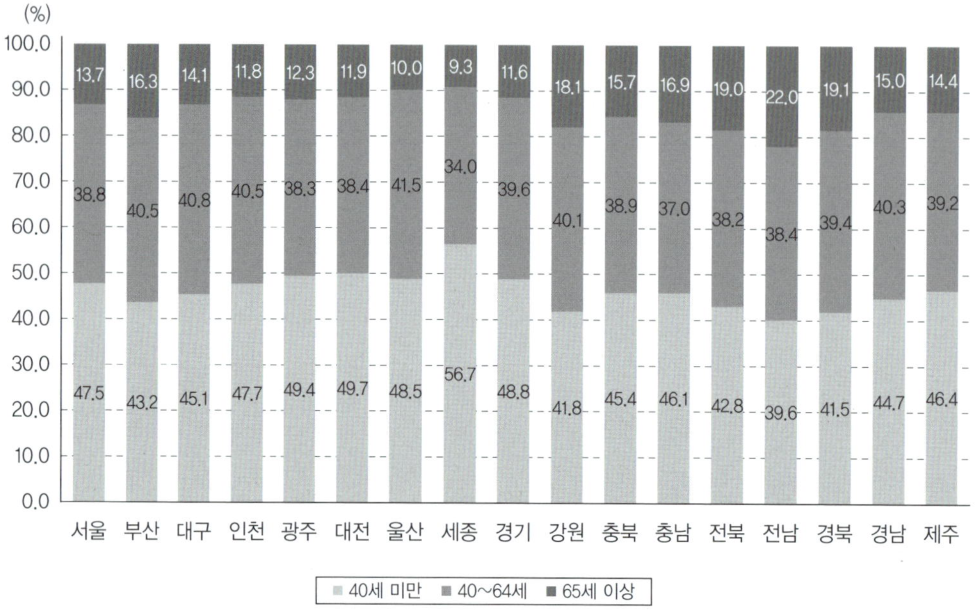

보기

㉠ 40세 미만의 비중이 가장 작은 지역과 가장 큰 지역의 비중 차는 17.1%p이다.

㉡ 인천과 충남의 인구수가 각각 301.6만 명, 211.9만 명이면 두 지역의 40~64세 인구수의 차는 437,450명이다.

㉢ 65세 이상의 비중이 가장 큰 지역부터 6개의 지역을 순서대로 나열한 순서와 40세 미만의 비중이 가장 작은 지역부터 6개의 지역을 순서대로 나열한 순서는 같다.

㉣ 40세 이상인 인구의 비중이 55% 이상인 지역은 5개이다.

① ㉠, ㉡ ② ㉠, ㉢ ③ ㉡, ㉢

④ ㉠, ㉡, ㉢ ⑤ ㉡, ㉢, ㉣

21

행복동에서는 임신부에게 출산장려금을 지원하고 있다. 행복동의 출산장려금 지급 기준과 행복동에 거주 중인 임신부에 대한 정보가 다음과 같을 때, 출산장려금을 가장 많이 받을 수 있는 사람을 고르면?(단, 출산장려금 지급 기준일은 2025년 9월 15일이다.)

[행복동 출산장려금 지급 기준]

- 출산장려금의 기본 지급액은 50만 원이다.
- 출산장려금 지급 기준일 기준 출산 예정일이 3개월 이내인 임신부는 30만 원을 추가 지급한다.
- 기존 자녀가 3명 이상인 임신부는 30만 원을 추가 지급한다.
  ※ 단, 자녀는 만 19세 미만의 아동 및 청소년으로 제한한다.
- 쌍둥이 임신부는 20만 원을 추가 지급한다.
- 소득 수준이 상인 임신부는 지급액에서 15만 원을 차감한다.
- 소득 수준이 하인 임신부는 지급액에서 10만 원을 추가 지급한다.

[행복동 거주 임신부 정보]

임산부	출산 예정일	기존 자녀	소득 수준	비고
A	2025년 11월 3일	만 1세	하	
B	2026년 1월 15일	만 3세	상	쌍둥이 임신
C	2025년 10월 30일	만 10세, 만 6세	상	
D	2026년 3월 3일	만 7세, 만 5세, 만 3세	중	
E	2025년 12월 31일	만 20세, 만 16세, 만 10세	중	

① A ② B ③ C ④ D ⑤ E

22

W중학교에서는 봄맞이 백일장 대회를 개최하였다. 백일장 대회에 참여한 A~E학생의 작품 제출 정보가 다음과 같고, [조건]에 따라 점수를 부여할 때, 대상을 받는 학생을 고르면?

[백일장 제출 작품 정보]

구분	글자 수(자)	작품 평가 요소			오탈자(건)
		주제적합성	통일성	가독성	
A	654	A	D	B	13
B	476	A	C	A	8
C	492	C	A	A	7
D	572	B	A	D	3
E	711	B	B	B	5

조건

- 기본 점수는 50점이다.
- 오탈자가 5건 이상일 때 3점을 감점하고, 3건이 추가될 때마다 추가로 2점씩 감점한다.
- 전체 글자 수가 500자 미만인 작품은 10점을 감점하고, 600자부터 50자가 추가될 때마다 2점을 추가로 부여한다.
- 작품의 평가는 주제적합성, 통일성, 가독성 3가지 요소를 A~D등급으로 평가한다.
- 작품 평가 요소 중 D등급을 1개 이상 받은 학생은 대상에서 제외된다.
- 등급 개수에 따라 추가 점수를 부여한다.
  - A등급 3개: 25점
  - A등급 2개, 타등급 1개: 15점
  - B등급 3개: 10점
- 총점이 가장 높은 학생에게 대상을 수여한다.

① A ② B ③ C ④ D ⑤ E

23

A사에 근무하고 있는 남자 직원은 진실만을 말하고 여자 직원은 거짓만을 말한다. 또한, B사에 근무하고 있는 남자 직원은 거짓만을 말하고 여자 직원은 진실만을 말한다. A사 직원 두 명과 B사 직원 두 명이 다음 [보기]와 같이 대화하고 있을 때, 참인 것을 고르면?

보기

- 갑: 나는 A사 직원이야.
- 을: 나는 B사 직원이고, 갑은 여자야.
- 병: 을은 A사 직원이고, 정은 여자야.
- 정: 을은 A사 직원이고, 병은 B사 직원이야.

① 갑은 A사 여자 직원이다.
② 갑과 을은 서로 다른 회사에 근무한다.
③ 을과 병은 서로 같은 회사에 근무한다.
④ 을, 병, 정 가운데 둘은 B사에 근무한다.
⑤ 이 대화에 참여하고 있는 이들은 모두 여자다.

24 다음은 식품의약품안전처에서 발표한 보도자료이다. 이에 대한 내용으로 적절하지 않은 것을 고르면?

2세 계획 중이라면 주의해야 할 의약품

임신 중 사용하면 특정 시기에 특징적인 기형을 유발할 수 있는 의약품이 있으므로, 이 경우 임신 시기에 따라 안전성 여부를 확인해야 한다. 먼저, 여드름 치료제인 '이소트레티노인'을 유의해야 한다. 이 성분은 착상 초기에 체내에 남아있을 경우 태아 기형을 유발할 수 있으므로 임신 1개월 전부터 이 치료제 사용을 중단해야 한다. 탈모치료제인 '피나스테리드', '두타스테리드' 등을 임신 계획 중 남편이 복용하고 있다면, 복용 지속 여부에 대해 의사 등 전문가와 상담받는 것이 필요하다. 뇌전증 치료제인 '발프로산' 등은 태아 신경관 이상 등을 유발할 수 있어 주의가 필요하다. 다만, 임신 중 발작이 오히려 태아에게 위험할 수 있으므로 전문가와 상담하여 의약품 사용을 조절하는 것이 좋다.

증상별 의약품 사용 정보

임신 기간에 의약품 사용 시 반드시 의사 또는 약사와 상담하고, 제품 포장 또는 첨부문서에 적힌 임부 관련 안내 사항을 꼼꼼하게 확인해야 한다.

① 고열 및 감기 증상

임신 초기 ▲38℃ 이상의 고열이 지속되면 태아 신경계에 영향을 미칠 수 있으므로, 증상이 심할 경우 '아세트아미노펜' 성분 해열 · 진통제를 복용할 수 있다. 감기에 걸렸다면 ▲ 콧물 · 코막힘 증상에는 '디펜히드라민', '클로르페니라민' 성분 의약품을, ▲기침 증상에는 '덱스트로메토르판', '디펜히드라민' 성분 의약품을 복용할 수 있다.

② 변비 증상

임신 중 신체 활동 감소, 자궁의 장 압박, 호르몬 변화 등으로 변비가 흔히 발생할 수 있다. 평소 충분한 수분 보충 등으로 변비 증상을 완화할 수 있지만, ▲변비 증상이 지속되면 '락툴로즈', '차전자피' 또는 '마그네슘 함유' 변비약을 복용할 수 있다.

③ 두통, 어깨결림 및 허리통증

임신 기간 급격한 신체 변화와 스트레스 등으로 두통, 어깨결림 및 허리통증 등이 나타날 수 있어 평소 충분한 휴식과 수면으로 안정을 취해야 한다. ▲두통 등 통증이 지속되는 경우 '아세트아미노펜' 성분 의약품을 복용할 수 있다. 다만, 복용량은 하루에 4,000mg을 넘지 않도록 한다. 통증 완화에 사용하는 ▲비스테로이드성 소염진통제(㉑ 이부프로펜, 덱시부프로펜, 나프록센 등)는 태아 신장에 문제를 일으킬 수 있으므로 임신 20~30주에는 꼭 필요한 경우에만 최소량을 최단기간 사용하고, 임신 30주 이후에는 사용하지 않는 것이 좋다. ▲피부에 붙이는 파스류, 바르는 연고 · 크림 · 겔제 비스테로이드성 소염진통제(㉑ 디클로페낙, 케토프로펜, 플루르비프로펜 성분 등)는 가급적 임신 기간 중에는 사용하지 않는 것이 좋다.

④ 알레르기 및 가려움증

임신 중 가려운 증상이 나타나면 알레르기 원인을 피하고, 온 · 습도 조절을 통해 실내 환경을 개선하는 것이 좋다. ▲가려움이 지속되면 '클로르페니라민' 성분 등 항히스타민제를 사용할 수 있지만, 스테로이드가 함유된 연고 등은 반드시 의사 · 약사 등 전문가와 상담한 후 사용해야 한다.

⑤ 다이어트 보조제

임신부의 체중 관리는 임신 중 만성질환 예방에 도움이 되지만, 체중이 감량될 정도의 다이어트는 태아의 저성장을 유발할 수 있다. 특히, 일부 성분(예 토피라메이트) 의약품은 태아 기형 유발과 관련되어 있으므로 이러한 성분이 들어간 다이어트 보조제는 권장하지 않는다.

임신 준비 시기, 전문가 약물 상담 필요

임신을 계획 중이거나, 가능성이 있는 경우에도 의약품 사용에 주의해야 한다. ▲임신 준비 시에는 엽산 등 영양 성분을 충분히 섭취하고, 감염질환 예방을 위해 필요한 예방접종을 받는 것이 좋다. 아울러 고혈압, 당뇨병, 천식, 우울증 · 불안장애 등 질환으로 이미 의약품을 사용하는 경우, 해당 증상이 적절히 조절되지 않는 경우 엄마와 태아의 건강을 위협할 수 있으므로 의약품 사용을 일부러 중단하지 말고 반드시 전문가 진료 후 적절한 치료를 받아야 한다. 임신 중에는 영양소를 골고루 섭취하고, 수분 보충과 적절한 운동, 스트레스 관리 등을 통해 몸과 마음이 건강하도록 보살펴야 한다. 의약품도 무조건 피하거나 불안해하기보다 증상에 따라 전문가 상담을 통해 안전하고 올바르게 사용하는 것이 좋다.

① 임신부의 체중 관리는 건강에 도움이 되지만 체중이 감량될 정도로는 하지 않는 것이 좋다.
② 발프로산이라는 성분은 태아의 신경관 이상을 유발할 수도 있다.
③ 케토프로펜 성분은 임신 기간 중 사용을 자제하는 것이 좋다.
④ 불안장애로 이미 의약품을 사용 중인 경우 임의로 중단하지 않아야 한다.
⑤ 임신 초기에는 고열이 지속되어도 해열 · 진통제 복용을 자제하는 것이 좋다.

[25~26] 다음은 사무실 이사와 함께 부서 개편을 기획하고 있는 △△기업의 팀 조직도 및 사무실 배치도이다. 이를 바탕으로 질문에 답하시오.

[팀 조직도]

총무	경영관리	전산	국내영업	디자인	CS	법무	인사	해외영업	상품개발	홍보	경영기획

※ CS(Customer Service)팀

[사무실 배치도]

창문	1팀	복도	3팀
	2팀		4팀

5F

창문	1팀	복도	3팀
	2팀		4팀

6F

창문	1팀	복도	3팀
	2팀		4팀

7F

조건

- 6층은 디자인과 홍보뿐만 아니라 영업까지 총괄할 수 있는 영업홍보부서로 개편한다.
- 경영관리부서는 새로운 상품의 기획 및 개발부터 고객 관리까지 총괄할 예정이다.
- 7층은 Back Office부서로 5층과 6층에 포함되지 않은 인사나 전산 관리 등 업무 지원을 총괄할 것이다.
- 같은 부서 내에서는 팀명에 따라 가나다 순으로 1~4팀으로 배치되며 영어이름일 경우 가장 첫 번째 팀으로 배치한다.

25

사무실 배치도에 따라 한 층에는 1개의 부서가 배치된다고 할 때, 7층 3팀에 배치될 팀을 고르면?

① 총무 ② 전산 ③ CS

④ 법무 ⑤ 인사

26

△△기업 인사팀에 근무 중인 박 과장은 부서 개편 및 팀 배치를 마치고 내선번호를 새로 부여하는 업무를 담당하게 되었다. 내선번호 부여 방식이 다음과 같을 때, 변경된 내선번호가 바르게 짝지어진 것을 고르면?

조건

- 내선번호는 회사번호 네 자리와 개인번호 네 자리 숫자를 합해 8자리 번호로 구성된다.

회사번호 네 자리	–	개인번호 네 자리

- 회사번호 네 자리는 모든 직원에게 동일하게 부여된다.
- 개인번호 중 첫 번째 자리는 사무실이 배치된 층과 동일한 숫자이다.
- 개인번호 중 두 번째 자리는 팀이 배치된 사무실 위치가 창문과 인접한 경우 8, 그렇지 않은 경우 9로 부여한다.
- 개인번호 중 세 번째 자리는 각 부서 내에 배치된 팀 숫자와 동일한 숫자이다.
- 개인번호 중 네 번째 자리는 팀 내 직급을 나타내며 부장, 차장, 과장, 대리, 주임, 사원 순서로 1~6까지 부여한다.

박 과장: 안녕하세요, 이 주임님. 부서 개편으로 CS팀으로 합류하게 되셔서 안내드립니다. 메일로 전달드린 사무실 위치 안내와 새로 부여된 내선번호 확인 부탁드립니다.

이 주임: 네, 감사합니다. 사무실 위치와 내선번호 ___(가)___ 확인하였습니다. 박 과장님께 문의드릴 일이 있으면 어디로 전화드리면 될까요?

박 과장: 네, 내선번호 ___(나)___로 전화 주시면 됩니다. 감사합니다.

	(가)	(나)
①	2890−5815	2890−7823
②	3456−5815	3586−7833
③	4321−5943	4321−7823
④	5789−7943	5789−5915
⑤	6091−7943	6891−5815

[**27~29**] 다음은 신도시 건설계획을 위해 조사한 아파트와 초등학교, 문화시설의 인접관계에 따른 사람들의 선호도를 점수로 나타낸 자료이다. 이를 바탕으로 질문에 답하시오.

[선호도 점수]

 아파트: 30점  초등학교: 50점  문화시설: 20점

[선호도 공식]

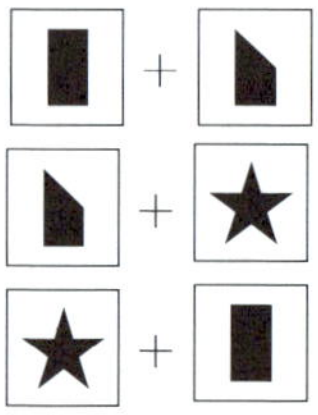

= (두 선호도 점수의 합)×5

= (두 선호도 점수의 합)×1.5

= (두 선호도 점수의 합)×3.5

※ 단, 서로 다른 시설이 인접한 경우에만 선호도 공식이 적용되며, 서로 같은 시설이 인접한 경우에는 해당 시설의 단일 선호도 점수의 절반만 적용된다.

※ 여러 개의 시설이 인접했을 경우, 최종 점수는 모든 인접관계 선호도 점수의 합으로 한다.

※ 인접 방향과 순서는 고려되지 않는다.

예

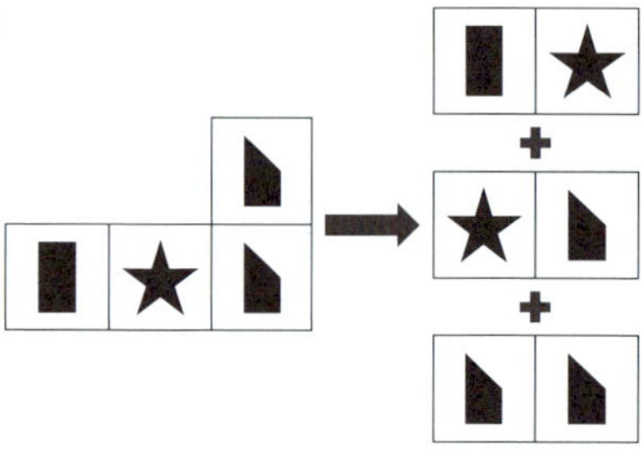

$(30+20)\times3.5+(20+50)\times1.5+50\div2$

$=175+105+25$

$=305$(점)

27 신도시 건설계획의 일부가 다음과 같을 때, 최종 점수를 바르게 계산한 것을 고르면?

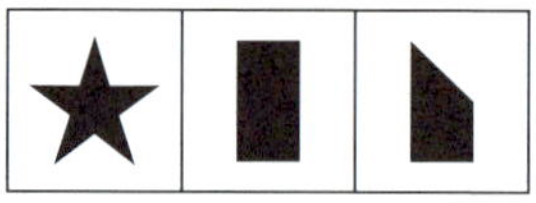

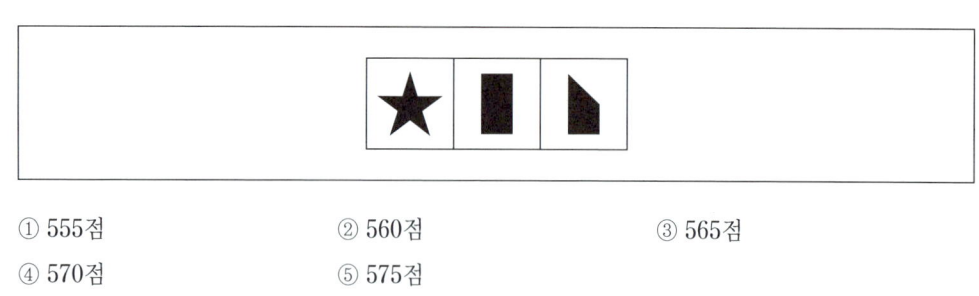

① 555점 ② 560점 ③ 565점

④ 570점 ⑤ 575점

28 신도시 건설계획의 일부가 다음과 같을 때, 최종 점수를 바르게 계산한 것을 고르면?

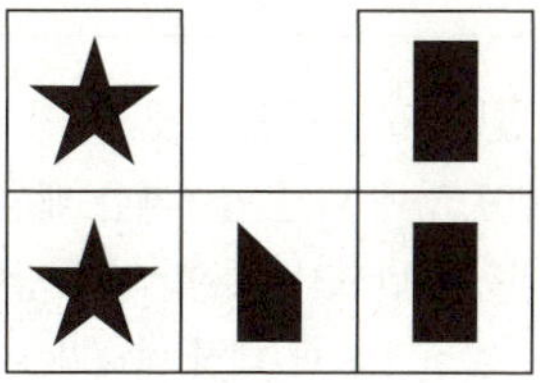

① 530점 ② 535점 ③ 540점
④ 545점 ⑤ 550점

29 최종 점수가 360점 이상이 되기 위해 '?'가 표시된 지역에 건설계획이 가능한 시설을 모두 고르면?

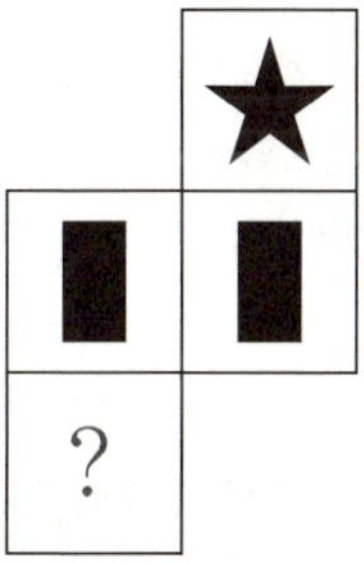

① 아파트 ② 초등학교
③ 아파트, 문화시설 ④ 문화시설, 초등학교
⑤ 초등학교, 아파트

30 다음은 국민건강보험공단에서 발표한 보도자료이다. 이에 대한 내용으로 적절하지 않은 것을 고르면?

국민건강보험공단은 전동킥보드 등을 운행하다가 교통법규 위반으로 사고가 발생할 경우, 「국민건강보험법」(제53조 및 제57조)에 따른 급여제한 대상에 해당되어 부상 치료에 소요된 공단부담금이 환수될 수 있으니 교통법규를 반드시 준수할 것을 당부했다.

특히, 「도로교통법」 등 관련 법령에 대한 이해가 부족한 중·고등학생의 무면허 운전, 신호위반 등으로 인한 교통사고가 증가하고 있어 안전 운행에 대한 국민들의 경각심이 필요하다. 행정안전부에 따르면 지난 2019년 447건의 개인형 이동장치 교통사고는 최근 5년간 꾸준히 증가하여 2023년 2,389건에 달하고, 이 중 20세 이하 청소년 운전자가 절반 이상(69.6%)을 차지한 것으로 나타났다.

공단은 개인형 이동장치를 타다가 12대 중대의무 위반에 해당하는 무면허, 신호위반, 음주운전 등으로 교통사고를 내고 관련 부상으로 치료받을 시, 이를 부당이득으로 간주하고 보험급여비용을 환수고지하고 있다.

> 【참고】 공단은 고의 또는 중대한 과실로 인한 범죄행위에 그 원인이 있을 경우 그 보험급여를 제한하고, 보험급여를 실시한 경우 그 금액을 부당이득으로 징수함
> - 교통사고가 「교통사고처리특례법」 제3조 제2항 12대 중대의무 위반을 원인으로 발생 시 '중과실 범죄행위'로 판단, 급여제한 및 부당이득 징수 처분
>
> ※ 「국민건강보험법」 제53조(급여의 제한), 제57조(부당이득의 징수)

실제 사례로 지난해 미성년자인 A군은 면허 없이 전동킥보드를 운전하던 중 신호를 위반하여 차량과 충돌하는 사고로 부상을 당해 약 4천만 원의 치료비(공단부담금)가 발생하였고, 공단에서는 사고 원인이 '중대한 과실로 인한 범죄행위'에 있다고 보아 부당이득금 환수고지 처분을 하였다. 다만, 건강보험이의신청위원회에서는 교통사고로 인한 급여제한의 경우 사고가 발생한 경위와 양상 등 사고 당시의 상황을 종합적으로 고려해 법규위반과 보험사고의 인과관계를 판단하며 가입자의 건강보험 수급권 보호를 위해 노력하고 있다.

건강보험이의신청위원회의 위원장은 "전동킥보드를 포함한 개인형 이동장치는 도로교통법상 '차(車)'로 분류되어, 무면허·신호위반 등으로 인해 교통사고가 발생할 경우, 해당 사고로 인한 부상 치료 시 건강보험 급여가 제한될 수 있으므로 도로교통법규를 위반하지 않도록 각별한 유의가 필요하다"라고 당부했다.

① 개인형 이동장치 교통사고는 2019년 대비 2023년에 1,942건 증가하였다.
② 전동킥보드는 도로교통법상으로 차로 분류된다.
③ 신호위반은 「교통사고처리특례법」 제3조 제2항 12대 중대의무 위반에 해당된다.
④ 2023년에 개인형 이동장치 교통사고를 발생시킨 운전자의 과반수 이상은 20세 이하이다.
⑤ 전동킥보드 교통사고로 부상이 발생해 치료를 받은 경우 보험급여비용이 항상 환수된다.

정답과 해설 p.60

DAY 09

왜 틀렸지?
왜 실수했지?

매일 한 줄 복기

문제를 다 풀고 난 후 왜 틀렸는지, 자주 나오는 실수 패턴은 무엇인지, 어떤 문제부터 풀어보고 어떤 문제는 나중에 풀지를 바르게 판단했는지 복기해 보세요. 어느 부분이 부족한지 스스로 깨닫고, 다음 회차를 풀 때 적용한다면 NCS 실력이 빠르게 올라갈 것입니다.

작성 예시

✔ 지문 읽을 때 키워드부터 찾기! 지문 끊어 읽기! 선택지에서 체크한 키워드가 모두 나와야 한다.
✔ 그래프와 표 나올 때 제목이랑 단위부터 확인하기!
✔ 시간 내에 풀 수 있는 유형인지 아닌지를 꼭 체크하고 넘어가자. 무조건 넘기지 말자!
✔ 의사소통 먼저 풀면 시간이 절약되는 것 같음. 수리랑 문제해결 중 어떤 것부터 풀지 판단해 보자.

의사소통능력	
수리능력	
문제해결능력	

DAY 09

제한시간: 30분

01 다음 글의 [가]~[마] 문단을 글의 흐름에 따라 순서대로 바르게 배열한 것을 고르면?

청소년 노동자를 바라보는 관점에는 양극단이 존재한다. '경제적으로 어려운 아이들'이라는 시각과 '지나치게 돈에 집착하는 아이들'이라는 시각이 그것이다.

[가] 두 가지 시각이 모두 도달하게 되는 결론은 청소년을 노동에서 분리하여 구원해야 마땅하다는 것이다.
[나] 전자는 청소년이 노동을 선택하는 이유를 '생계비 마련' 하나만으로 축소해 버리고 경제적 약자로만 바라본다는 점에서 문제가 있다.
[다] 그러다 보니 생활비 마련뿐만 아니라 생산적인 시간 활용, 주체적이고 독립적인 생활, 원활한 진로 탐색 등 노동을 선택하는 복합적인 이유가 삭제돼 버린다.
[라] 반면에 후자는 청소년 노동을 학생답지 않은 그릇된 행위로 만들어 버림으로써, 문제의 원인을 사회의 구조적 문제가 아니라 '청소년이 노동하고 있다는 사실' 자체로 돌려 버린다.
[마] 이런 시각은 행실과 됨됨이를 탓하기에 청소년들이 스스로 일하고 있다는 사실을 부끄러워하게 만들거나 다른 사람들에게 이를 숨기고 싶어 하도록 위축시킨다.

① [가]－[나]－[다]－[라]－[마]
② [가]－[나]－[라]－[다]－[마]
③ [나]－[다]－[라]－[마]－[가]
④ [나]－[라]－[마]－[다]－[가]
⑤ [나]－[마]－[라]－[다]－[가]

02 다음 [가]~[바] 문단을 글의 흐름에 따라 순서대로 바르게 배열한 것을 고르면?

[가] 휴대폰은 어린이들이 자신의 속마음을 고백하기도 하고, 혼잣말을 듣게 하기도 하며, 또 자신의 호주머니나 입속에 쑤셔 넣기도 하는 곰돌이 인형과 유사하다. 다른 점이 있다면, 곰돌이 인형은 휴대폰과는 달리 말하는 사람에게 주의 깊게 귀를 기울여 준다는 것이다.

[나] 그리 오래전 일도 아니지만, 우리가 시공간적으로 떨어져 있는 상대와 대화를 나누고 싶을 때 할 수 있는 일이란 기껏해야 독백을 하거나 글을 쓰며 호소하는 것밖에 없었다. 하지만 글을 써 본 사람이라면 펜을 가지고 구어(口語)적 사고를 진행한다는 것이 얼마나 어려운 일인지 잘 안다.

[다] 휴대폰이 제기하는 핵심 문제는 바로 이러한 모순 가운데 있다. 곰돌이 인형과는 달리 휴대폰을 통해 듣는 목소리는 우리가 듣기를 바라는 것과는 다른 대답을 자주 한다. 그것은 특히 우리가 대화 상대자와 다른 시간과 다른 장소 그리고 다른 정신 상태에 처해 있기 때문이다.

[라] 어린이에게 자신이 보호되고 있다는 느낌을 주기 위해 만들어진 곰돌이 인형을 어린이는 가장 좋은 대화 상대자로 이용한다. 마찬가지로 통신 수단으로 발명된 휴대폰은 고독 속에서 우리를 안도시키는 절대적 수단이 될 것이다.

[마] 곰돌이 인형에게 이야기하는 어린이가 곰돌이 인형이 자기 말을 듣고 있다고 믿는 이유는 곰돌이 인형이 결코 대답하는 법이 없기 때문이다. 만일 곰돌이 인형이 대답을 한다면 그것은 어린이가 자신의 마음속에서 듣는 말일 것이다.

[바] 반면 우리가 머릿속에 떠오르는 말에 따라, 그때그때 우리가 취하는 어조와 몸짓은 얼마나 다양한가! 휴대폰으로 말미암아 우리는 혼자 말하는 행복을 되찾게 되었다. 더 이상 독백의 기쁨을 만끽하기 위해서 혼자 숨어들 필요가 없는 것이다.

① [가]−[다]−[나]−[바]−[마]−[라]
② [가]−[라]−[나]−[바]−[마]−[다]
③ [가]−[라]−[다]−[나]−[바]−[마]
④ [가]−[마]−[다]−[나]−[바]−[라]
⑤ [가]−[마]−[다]−[라]−[나]−[바]

03 다음 글의 빈칸에 공통으로 들어갈 접속어로 적절한 것을 고르면?

상식적인 의사소통이 가능한 사람의 언어는 이미 논리적 법칙을 따르고 있다. 논리학은 그러한 법칙을 의식화, 도식화하는 과정일 뿐이다. (　　) 일상언어의 논리는 형식의 타당성만으로 설득력이 보장되는 것도 아니다. 그 내용의 진실성이 같이 고려되어야 하는 것이다.

(　　) 언어는 형식논리적 추리과정의 완전성 외에도 인간의 감정이나 윤리적 행동에 관계된 다양한 기능이 중첩되어 있다. "논리적으로 서술한다"라는 의미는 막연하지만 인간의 이성에 호소력을 가질 수 있는 방식으로 자신의 의사를 나타내는 것이다.

① 그리고　② 그러나　③ 그래서
④ 그런데　⑤ 따라서

04 다음 글의 밑줄 친 ㉠~㉤을 바꿔 쓴 말로 적절하지 않은 것을 고르면?

역사가가 과거의 사실과 직접 만나는 것은 물리적으로 불가능하다. 역사가는 사료를 매개로 과거와 ㉠ 만난다. 사료는 과거를 그대로 재현하는 것은 아니기 때문에 불완전하다. 이러한 불완전성은 역사 연구의 범위를 ㉡ 제한하지만, 그 불완전성 때문에 역사학이 학문이 될 수 있으며 역사는 끝없이 다시 서술된다. 매개를 거치지 않은 채 손실되지 않은 과거와 만날 수 있다면 역사학이 설 자리가 없을 것이다. 역사학은 전통적으로 문헌 사료를 주로 활용해 왔다. 유물, 그림, 구전 등 과거가 남긴 흔적도 모두 사료로 활용될 수 있다. 역사가들은 새로운 사료를 ㉢ 발굴하기 위해 노력한다. 알려지지 않았던 사료를 찾아내기도 하지만, 중요하지 않게 ㉣ 여겨졌던 자료를 새롭게 사료로 활용하거나 기존의 사료를 새로운 방향에서 ㉤ 파악하기도 한다. 평범한 사람들의 삶의 모습을 중점적인 주제로 다루는 미시사 연구가 재판 기록, 일기, 편지, 탄원서, 설화집 등의 이른바 '서사적' 자료에 주목한 것도 사료 발굴을 위한 노력의 결과이다.

① ㉠: 대면한다　② ㉡: 한정하지만
③ ㉢: 찾아내기　④ ㉣: 간주되었던
⑤ ㉤: 전개하기도

05 다음 글의 제목으로 가장 적절한 것을 고르면?

우리 몸은 '자연적 치유'의 기능을 가지고 있다. '자연적 치유'란 신체에 바이러스(항원)가 침투하더라도 외부의 도움 없이 이겨낼 수 있는 면역 시스템을 가진 상태를 의미한다. 이를 보다 정확하게 말하자면, 여러 가지 방법으로 바이러스에 감염된 세포를 찾아 바이러스를 제거하는 면역 시스템의 기능이 원활하다는 것이다. 그런데 이러한 면역 시스템에 관여하는 요소 중에서 매우 중요한 역할을 하는 세포가 있다. 바로 바이러스에 감염된 세포를 직접 찾아내 제거하는 '킬러 T세포'이다. 킬러 T세포는 우리 몸을 지키는 파수꾼인 셈이다.

킬러 T세포는 혈액이나 림프액을 타고 몸속 곳곳을 순찰하는 림프세포의 일종이다. 림프세포에는 킬러 T세포 말고도 헬퍼 T세포와 B세포가 더 있다. 헬퍼 T세포는 바이러스가 침투하면, B세포를 활성화시켜 항체를 생산하게 하고 이로 하여금 바이러스를 파괴하게 한다. 반면 킬러 T세포는 감염된 세포를 직접 공격한다. 또한 킬러 T세포는 도로에서 모든 운전자를 대상으로 음주 단속을 하는 경찰처럼 세포 하나하나를 점검하여 바이러스에 감염된 세포를 찾아낸다. 이 과정에서 바이러스에 감염된 세포가 킬러 T세포에게 발각되면 죽게 된다. 그렇다면 킬러 T세포는 어떤 방법으로 바이러스에 감염된 세포를 파괴할까?

면역 시스템에서 먼저 활동을 시작하는 것은 세포 표면에 있는 'MHC(주요 조직 적합성 유전자 복합체)'이다. MHC는 꽃게 집게발 모양의 단백질 분자로 세포 안에 있는 단백질 조각을 세포 표면으로 끌고 나오는 역할을 한다. 이 과정을 조금 더 자세히 살펴보자. 본래 세포 속에는 자기 단백질이 대부분이지만, 일단 바이러스에 감염되면 원래 없던 바이러스 단백질이 세포 안에 만들어진다. 이렇게 만들어진 자기 단백질과 바이러스 단백질은 단백질 분해효소에 의해 펩티드* 조각으로 분해되어 세포 속을 떠돌아다니다가 MHC와 결합해 세포 표면으로 배달되는 것이다. 이번에는 킬러 T세포가 활동한다. 킬러 T세포는 자기 표면에 있는 'TCR(T세포 수용체)'을 통해 세포의 밖으로 나온 MHC와 펩티드 조각이 결합해 이루어진 구조를 인식함으로써 바이러스 감염 여부를 판단한다. 만약 MHC와 결합된 펩티드가 자기 단백질의 것이라면 T세포는 자신이 만난 세포를 정상 세포로 인식하고 그냥 지나친다. 하지만 MHC와 결합된 펩티드가 바이러스 단백질의 것이라면 T세포는 활성화되면서 세포를 공격하는 단백질을 감염된 세포 속으로 보낸다. 이렇게 T세포의 공격을 받은 세포는 곧 죽게 되며 그 안의 바이러스 역시 죽음을 맞이하게 된다. 지금도 우리 몸의 이곳저곳에서는 비정상적인 세포분열이나 바이러스 감염이 계속되고 있다. 하지만 우리 몸에 있는 킬러 T세포가 병든 세포를 찾아내 파괴하는 메커니즘이 정상적으로 작동하고 있는 한 건강한 상태를 유지할 수 있다. 이렇듯 면역 시스템은 우리 몸을 지켜 주는 수호신이다. 또한, 우리 몸이 유기적으로 잘 짜인 구조임을 보여 주는 좋은 예라고 할 수 있다.

* 펩티드: 단백질 분자와 구조적으로 비슷하면서 보다 작은 유기물질

① 림프세포의 종류와 분석
② 면역 시스템의 작동 과정
③ 킬러 T세포의 방어 활성화 과정
④ 우리 몸의 면역 시스템, 킬러 T세포
⑤ 킬러 T세포의 종류와 구조 그리고 성상

[06~07] 다음 글을 읽고 질문에 답하시오.

과학수사에서 'DNA 분석'은 범인을 추정하거나 피해자의 신분 등을 확인할 때 중요한 수단으로 사용된다. DNA 분석이란 혈흔이나 모발 같은 샘플로부터 DNA를 채취하여 동일인 여부를 확인하는 방법으로, 현재 'STR 분석법'이 가장 많이 사용되고 있다. 'STR(Short Tandem Repeat)'은 '짧은 연쇄 반복'이라는 뜻으로, 'STR 분석법'은 DNA의 특정 구간에서 짧은 염기 서열이 연쇄적으로 반복하여 나타나는 부분을 분석하는 방법이다.

STR 분석법의 원리를 알기 위해서는 상동 염색체, DNA, 염기 서열에 대한 이해가 필요하다. 체세포의 핵에는 모양과 크기가 동일한 염색체가 2개씩 쌍으로 존재하는데, 이들 염색체를 상동 염색체라 한다. 상동 염색체는 부계(父系)와 모계(母系)에서 각각 하나씩 물려받는다. 이 상동 염색체를 구성하는 가장 중요한 물질이 유전자를 포함하고 있는 DNA이다. DNA는 아데닌(A), 구아닌(G), 사이토신(C), 타이민(T)이라는 네 종류의 염기 약 30억 개로 구성되는데, 이 염기들이 'AGGCTA…'와 같은 형태로 이어져 있다. 이것을 DNA의 염기 서열이라고 한다.

상동 염색체 내 특정 위치의 DNA 염기 서열을 분석해 보면 짧은 염기 서열이 연속적으로 반복해서 나타나는 특정 구간이 있다. 그리고 사람마다 반복되는 횟수가 다르다는 특징이 있다. STR 분석법은 바로 이 점에 착안하여 샘플 간 비교를 통해 동일인 여부를 확인한다.

STR 분석을 하기 위해서는 먼저, 분석하려는 염색체 내의 위치가 특정되어야 하는데, 이때 그 위치를 '좌위'라고 한다. '갑'이라는 사람의 어떤 좌위가 〈그림〉과 같이 '4q31.3'일 때, 이 좌위의 '4'는 염색체 번호를, 'q'는 염색체 하단부를, '31.3'은 염색대* 번호를 가리킨다. 이 좌위에는 염기 서열 'CTTT'가 반복되고 있는데, 왼쪽 염색체에서는 세 번, 오른쪽 염색체에서는 다섯 번 반복되고 있다. 이 경우 분석된 결과를 왼쪽부터 표시하여 '3－5' 형태로 나타낼 수 있다. 즉, '갑'은 4번 염색체 하단부(q)의 31.3번 염색대 위치에 'CTTT'가 '3－5'인 유전형을 가지고 있는 것이다. 이렇게 상동 염색체의 특정 위치에 나타나는 STR을 분석하여 '3－5'와 같은 결괏값으로 표기하는 것을 'DNA 프로필'이라고 한다.

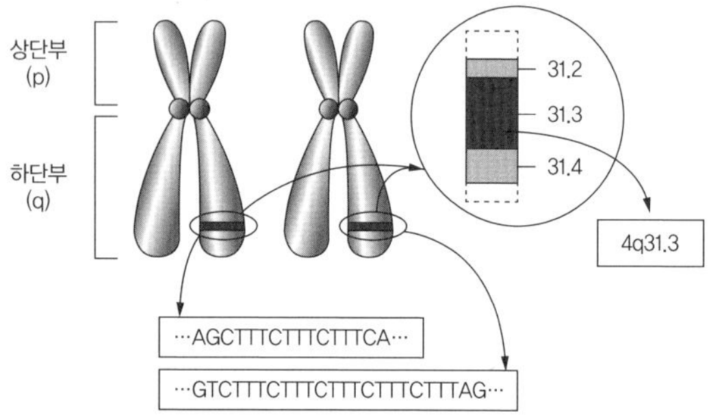

〈그림〉

현재 우리나라를 비롯한 여러 나라에서는 20개의 좌위를 표준으로 하여 과학수사에 동일하게 활용하고 있다. 비교 샘플의 DNA 프로필이 20개 좌위에서 모두 동일하다면, 비교 샘플이 동일인의 것일 확률이 100%에 가깝다. 이런 이유로 STR 분석법은 과학수사에서 큰 성과를 거두고 있으며, 관련 기술이 발전할수록 확인 가능한 좌위의 개수도 늘어나 더 정밀한 분석이 가능할 것이다.

* 염색대: 염색체를 염색할 때 발생하는 띠 모양

06 윗글을 이해한 내용으로 가장 적절한 것을 고르면?

① 체세포의 핵에는 모양과 크기가 동일한 DNA가 2개씩 쌍으로 존재한다.
② 비교하는 좌위의 수를 줄이게 되면 분석 결과의 정밀성도 낮아질 수 있다.
③ STR 분석법은 DNA에 있는 염기 서열 전체를 분석해야만 동일인 여부를 판단할 수 있다.
④ 인간 체세포의 핵은 대부분 아데닌(A), 구아닌(G), 사이토신(C), 타이민(T)이라는 네 가지 염기로 구성된다.
⑤ '을'이라는 사람의 어떤 좌위가 '7q23.4'일 때, 이 좌위의 '7'은 염색체 번호를, 'q'는 염색체 하단부를, '23.4'는 염색체 번호를 의미한다.

07 윗글의 설명방식으로 가장 적절한 것을 고르면?

① 주요 대상의 발전 과정을 통시적으로 고찰하고 있다.
② 구체적인 예시를 통해 주요 개념의 이해를 돕고 있다.
③ 실험 결과로부터 특정한 원리를 이끌어내고 있다.
④ 과학적인 근거를 들어 기존 연구의 오류를 지적하고 있다.
⑤ 중심 대상과 연관된 대상의 개념을 정의하고, 비교 분석하고 있다.

[08~09] 다음 글을 읽고 질문에 답하시오.

하이데거와 사르트르의 공통점은 인간 존재의 핵심을 타자와의 관계, 즉 소통으로 본다는 것이다. 타인과의 소통이 끊긴 상태가 곧 즉자존재이며, 이는 진정한 의미의 인간 존재가 아니다. 그저 살덩어리일 뿐이다. 다른 사람과 지속적으로 소통하며 관계를 맺어야만 세계 내 존재이자 진정한 의미의 인간이 될 수 있다. 하이데거의 관점으로 사르트르의 개념을 풀어 보면, 사물인 즉자존재가 곧 존재자이며, 인간인 대타존재가 곧 현존재다.

마르틴 부버는 내가 대하는 대상에 따라서 '나'라는 존재의 성격이 규정된다고 보았다. 부버에 따르면 '나'는 서로 다른 성격을 지니기에 하나의 단어 '나(I)'로 표기하기가 곤란하다. 따라서 부버는 '나'를 두 종류로 구분하여 부르자고 제안한다. 사물을 대하는 '나'는 '나－그것(I－it)'으로, 사람을 대하는 '나'는 '나－너(I－thou)'로 구분하자는 것이다. 내가 목이 말라서 물병을 집어 들 때 내 존재의 성격은 '나－그것(I－it)'이지만 내가 친구와 대화를 나눌 때 내 존재의 성격은 '나－너(I－thou)'가 된다. 이때 '너'는 인간일 수도 있고 동물일 수도 있다. 자신이 경탄하는 자연, 혹은 자신이 신봉하는 신적인 존재일 수도 있으며, '나－그것'의 관계와는 다르다. '나－ 그것'의 관계는 자신이 아닌 타인을 지식이나 경험을 얻기 위한 수단으로 판단해 인격적인 관계가 아니라 소유의 관계 안으로 편입시킨다.

사람과 관계를 맺는다는 것은 곧 소통을 한다는 뜻이다. 내가 진정 '나－너(I－thou)'가 되려면 대화가 필요하다. 즉 상대방을 '사람'으로서 존중과 배려의 마음으로 대해야 한다. 소통이라는 행위를 위해서는 자기 자신보다 항상 상대방을 먼저 고려해야 한다. 타인에 대한 인식이 자기 자신에 대한 인식에 선행해야 한다. 이기적인 인간은 대화 능력이 부족하다. 소통의 가장 근본적인 원형이 '대화'이다. 대화는 상대방과 '함께하는' 하나의 '행위'다. 서로를 인간으로 대하는 관계에서만 진정한 대화가 가능하다. 부버는 상대방과 자신이 대화를 통해서 새로운 존재로 고양될 때를 진정한 '대화적 순간'이라고 부른다. 사람을 사람으로 대해야 나도 진정한 인간이 될 수 있다는 뜻이다.

결국 하이데거, 사르트르, 부버는 모두 인간 존재의 핵심을 다른 사람과의 소통으로 본다. 인간이 되기 위해서는 소통을 해야만 한다.

08 윗글을 이해한 내용으로 적절하지 않은 것을 고르면?

① 갑: 하이데거의 현존재나 부버의 '나－너' 존재는 서로 유사한 개념이로군.
② 을: 상대방을 소통의 대상으로 존중하지 않는 한 진정한 인간이 될 수 없겠군.
③ 병: '나'라는 고정적 실체가 우선 존재하고 나서 사물이나 사람과 관계를 맺어야 하는군.
④ 정: 만약 산속에 갇혀 혼자 살아가는 사람이 있다면 그는 더 이상 인간이라고 보기 어렵겠어.
⑤ 무: 사람 사이에서 대화 능력을 키우려면 상대방을 먼저 배려하고 존중하는 마음부터 길러야겠어.

09 윗글을 바탕으로 [보기]의 (가), (나)를 이해할 때, 적절하지 않은 것을 고르면?

보기

(가) 엘리베이터가 사람들로 꽉 차 있다. 막 문이 닫히려는 순간 어떤 사람이 엘리베이터 안으로 한쪽 발을 들여놓는다. 그때 정원 초과 경고음이 울려 퍼진다. 엘리베이터 안에 있는 사람 모두 그 사람이 내리기를 바라고 있다.

(나) 어떤 사람은 어릴 적부터 함께 자랐던 참나무를 친구처럼 생각하고 있다. 그는 기쁘거나 힘든 일이 있을 때마다 참나무를 쓰다듬으며 대화를 나누었다. 그가 고향을 떠올릴 때 부모님 다음으로 그리워하는 대상 역시 참나무이다. 그는 고향에 방문할 때마다 나무의 상태를 확인하고 쓰다듬으며 인사를 건넨다.

① (가): 엘리베이터 안의 사람들은 서로가 '나－너'로서 대하는 것이 아니라 '나－그것'으로 대하고 있다.
② (가): 엘리베이터 안의 사람들은 서로에게 소통의 대상이 되는 것이 아니라 자신을 불편하게 하는 살덩어리일 뿐이다.
③ (가): 만약 누군가 경고음을 낸 사람에게 '내려라'라는 경고의 메시지를 전했다면, 서로 '나－너'의 관계가 형성된다.
④ (나): 상대방을 소통의 대상으로 존중한다면, 참나무 역시 우리에게 '나－너'의 존재가 될 수도 있다.
⑤ (나): 부모님과의 관계 혹은 참나무와의 관계를 통해 '그'라는 존재 성격이 달리 규정될 수 있다.

10 다음은 철도안전법의 일부이다. 이를 이해한 내용으로 적절한 것을 고르면?

> 제7조(안전관리체계의 승인) ① 철도운영자 등(전용철도의 운영자는 제외한다. 이하 이 조 및 제8조에서 같다)은 철도운영을 하거나 철도시설을 관리하려는 경우에는 인력, 시설, 차량, 장비, 운영절차, 교육훈련 및 비상대응계획 등 철도 및 철도시설의 안전관리에 관한 유기적 체계(이하 "안전관리체계"라 한다)를 갖추어 국토교통부장관의 승인을 받아야 한다.
>
> ② 전용철도의 운영자는 자체적으로 안전관리체계를 갖추고 지속적으로 유지하여야 한다.
>
> ③ 철도운영자 등은 제1항에 따라 승인받은 안전관리체계를 변경(제5항에 따른 안전관리기준의 변경에 따른 안전관리체계의 변경을 포함한다. 이하 이 조에서 같다)하려는 경우에는 국토교통부장관의 변경승인을 받아야 한다. 다만, 국토교통부령으로 정하는 경미한 사항을 변경하려는 경우에는 국토교통부장관에게 신고하여야 한다.
>
> ④ 국토교통부장관은 제1항 또는 제3항 본문에 따른 안전관리체계의 승인 또는 변경승인의 신청을 받은 경우에는 해당 안전관리체계가 제5항에 따른 안전관리기준에 적합한지를 검사한 후 승인 여부를 결정하여야 한다.
>
> ⑤ 국토교통부장관은 철도안전경영, 위험관리, 사고 조사 및 보고, 내부점검, 비상대응계획, 비상대응훈련, 교육훈련, 안전정보관리, 운행안전관리, 차량 · 시설의 유지관리(차량의 기대수명에 관한 사항을 포함한다) 등 철도운영 및 철도시설의 안전관리에 필요한 기술기준을 정하여 고시하여야 한다.
>
> ⑥ 제1항부터 제5항까지의 규정에 따른 승인절차, 승인방법, 검사기준, 검사방법, 신고절차 및 고시방법 등에 관하여 필요한 사항은 국토교통부령으로 정한다.
>
> 제8조(안전관리체계의 유지 등) ① 철도운영자 등은 철도운영을 하거나 철도시설을 관리하는 경우에는 제7조에 따라 승인받은 안전관리체계를 지속적으로 유지하여야 한다.
>
> ② 국토교통부장관은 안전관리체계 위반 여부 확인 및 철도사고 예방 등을 위하여 철도운영자 등이 제1항에 따른 안전관리체계를 지속적으로 유지하는지 다음 각 호의 검사를 통해 국토교통부령으로 정하는 바에 따라 점검 · 확인할 수 있다.
>
> 1. 정기검사: 철도운영자 등이 국토교통부장관으로부터 승인 또는 변경승인 받은 안전관리체계를 지속적으로 유지하는지를 점검 · 확인하기 위하여 정기적으로 실시하는 검사
> 2. 수시검사: 철도운영자 등이 철도사고 및 운행장애 등을 발생시키거나 발생시킬 우려가 있는 경우에 안전관리체계 위반사항 확인 및 안전관리체계 위해요인 사전예방을 위해 수행하는 검사
>
> ③ 국토교통부장관은 제2항에 따른 검사 결과 안전관리체계가 지속적으로 유지되지 아니하거나 그 밖에 철도안전을 위하여 필요하다고 인정하는 경우에는 국토교통부령으로 정하는 바에 따라 시정조치를 명할 수 있다.

① 국토교통부장관이 승인한 안전관리체계를 변경하려면 철도운영자의 승인을 받아야 한다.

② 국토교통부령으로 정하는 경미한 사항의 변경은 국토교통부장관에게 변경승인을 받아야 한다.

③ 승인절차, 승인방법, 검사기준, 검사방법, 신고절차 및 고시방법 등에 관하여 필요한 사항은 행정안전부령으로 정한다.

④ 국토교통부장관은 안전관리체계 승인 신청을 받으면 안전관리기준에 적합한지 검사한 후에 승인 여부를 결정해야 한다.

⑤ 철도운영자 등이 철도사고 및 운행장애 등을 발생시키거나 발생시킬 우려가 있는 경우에 안전관리체계 위반사항 확인 및 안전관리체계 위해요인 사전예방을 위해 수행하는 검사는 정기검사이다.

11

갑과 을은 A모임에서 20세가 넘어서 처음 만나 현재까지 인연을 이어오고 있다. A모임에서 둘이 만났을 당시 갑과 을의 나이의 일의 자리 숫자의 차는 2였고, 두 사람의 나이의 합은 60이었다. A모임에서 만났을 때의 갑의 나이의 2배가 현재 을의 나이이고, A모임에서 만났을 때의 을의 나이가 현재 갑의 나이보다 적었을 때, 현재 갑의 나이를 고르면?(단, 갑보다 을의 나이가 더 많다.)

① 24세　② 26세　③ 36세
④ 44세　⑤ 52세

12

농도가 15%인 소금물 400g에서 소금물을 조금 덜어내고, 덜어낸 만큼 물을 다시 부은 다음, 8%인 소금물을 섞어 10%인 소금물 500g을 만들었을 때, 처음에 덜어낸 소금물의 양을 고르면?

① 100g　② 110g　③ 120g
④ 130g　⑤ 140g

13

다음 수열을 통해 ㉠, ㉡ 값을 이용하여 (㉠÷2−3^2)+㉡÷7을 계산한 값을 고르면?

−7, −2, −4, 1, 2, 7, 14, 19, (㉠) 210, 208, 104, 102, 51, (㉡)

① 15　② 16　③ 17
④ 18　⑤ 19

14 다음 [표]는 주요 국가의 자동차 등록 현황에 대한 자료이다. 이를 바탕으로 [보기]에서 옳지 않은 것을 모두 고르면?

[국가별 자동차 등록 대수 및 자동차 1대당 인구수]

(단위: 만 대, 명)

국가	자동차 등록 대수	자동차 1대당 인구수
미국	25,034	1.2
일본	7,625	1.7
중국	4,735	28.3
독일	4,412	1.9
이탈리아	4,162	1.4
러시아	3,835	3.7
프랑스	3,726	1.7
영국	3,612	1.7
스페인	2,864	1.6
브라질	2,778	7.0
멕시코	2,557	4.2
캐나다	2,134	1.6
폴란드	1,926	2.0
한국	1,687	2.9

보기

㉠ 전체 인구수는 브라질이 폴란드의 5배 이상이다.
㉡ 자동차 1대당 인구수가 네 번째로 많은 나라의 인구수는 1억 4천만 명 이상이다.
㉢ 자동차 등록 대수 상위 3개국의 전체 자동차 등록 대수는 37,494만 대이다.
㉣ 자동차 1대당 인구수가 2명 미만인 나라 중 자동차 등록 대수가 3,500만 대 미만인 나라는 3개국이다.

① ㉠, ㉡ ② ㉠, ㉣ ③ ㉡, ㉢
④ ㉡, ㉣ ⑤ ㉢, ㉣

15 다음 [표]는 일부 도로의 졸음쉼터 현황에 대한 자료이다. 이를 바탕으로 [보기]에서 옳지 않은 것의 개수를 고르면?

[도로별 졸음쉼터 현황]

(단위: 곳)

<table>
<tr><th rowspan="2">도로</th><th colspan="2" rowspan="2">방향</th><th colspan="4">주차면 수</th></tr>
<tr><th>10개 미만</th><th>10개 이상
20개 미만</th><th>20개 이상
30개 미만</th><th>30개 이상</th></tr>
<tr><td rowspan="2">경부선</td><td>서울</td><td>부산</td><td rowspan="2">11</td><td rowspan="2">8</td><td rowspan="2">3</td><td rowspan="2">2</td></tr>
<tr><td>12</td><td>12</td></tr>
<tr><td rowspan="2">영동선</td><td>인천</td><td>강릉</td><td rowspan="2">6</td><td rowspan="2">8</td><td rowspan="2">0</td><td rowspan="2">1</td></tr>
<tr><td>6</td><td>9</td></tr>
<tr><td rowspan="2">중앙선</td><td>춘천</td><td>부산</td><td rowspan="2">11</td><td rowspan="2">0</td><td rowspan="2">0</td><td rowspan="2">2</td></tr>
<tr><td>7</td><td>6</td></tr>
<tr><td rowspan="2">호남선</td><td>천안</td><td>순천</td><td rowspan="2">13</td><td rowspan="2">7</td><td rowspan="2">0</td><td rowspan="2">0</td></tr>
<tr><td>11</td><td>9</td></tr>
<tr><td rowspan="2">서해안선</td><td>서울</td><td>목포</td><td rowspan="2">16</td><td rowspan="2">3</td><td rowspan="2">1</td><td rowspan="2">1</td></tr>
<tr><td>11</td><td>10</td></tr>
</table>

보기

㉠ 주어진 도로 중 졸음쉼터가 가장 많은 도로는 가장 적은 도로보다 11곳 더 많다.
㉡ 주어진 도로 중 주차면 수가 20개 이상인 졸음쉼터는 총 9곳이다.
㉢ 호남선의 졸음쉼터 중 주차면 수가 10개 미만인 졸음쉼터가 차지하는 비중은 26%이다.
㉣ 주차면 수가 30개 이상인 졸음쉼터가 1곳인 도로 중 전체 졸음쉼터가 더 많은 도로는 서해안선이다.

① 0개 ② 1개 ③ 2개 ④ 3개 ⑤ 4개

[16~17] 다음 [표]는 4개 지역의 20X8년 월별 평균기온 및 강수량에 대한 자료이다. 이를 바탕으로 질문에 답하시오.

[4개 지역의 20X8년 월별 평균기온 및 강수량]

(단위: ℃, mm)

구분		서울	대구	광주	제주
평균기온	1월	−3.8	−0.1	0.3	5.0
	2월	−0.7	2.2	2.5	5.5
	3월	4.5	7.2	7.1	8.8
	4월	11.6	13.5	13.3	12.1
	5월	17.2	18.7	18.3	17.2
	6월	21.7	22.8	22.4	21.2
	7월	25.3	26.3	26.2	25.4
	8월	25.8	26.6	27.1	26.7
	9월	20.2	21.3	21.1	22.4
	10월	13.4	15.3	15.7	17.4
	11월	6.7	8.2	9.1	12.3
	12월	−0.3	2.4	3.7	7.4
강수량	1월	20	20	40	40
	2월	20	30	40	50
	3월	40	40	50	60
	4월	50	70	80	100
	5월	60	60	60	100
	6월	100	130	150	200
	7월	300	210	230	200
	8월	250	200	220	210
	9월	150	110	150	200
	10월	30	40	50	40
	11월	20	30	50	20
	12월	20	20	30	30

※ 1~6월은 상반기, 7~12월은 하반기이다.

16

다음 중 자료에 대한 설명으로 옳지 않은 것을 고르면?

① 지역별 강수량이 가장 많은 월에 평균기온도 가장 높은 지역은 1개이다.
② 평균기온이 가장 높은 월과 가장 낮은 월의 차가 가장 큰 지역은 서울이다.
③ 하반기에 전체 강수량이 가장 적은 지역의 20X8년 평균 강수량은 85mm 이상이다.
④ 모든 지역의 평균기온은 6월 대비 8월에 15% 이상 증가했다.
⑤ 3월 평균기온이 가장 높은 지역과 강수량이 가장 높은 지역은 같다.

17

주어진 자료를 바탕으로 4개 지역의 강수량의 평균이 가장 큰 달에 해당하는 4개 지역의 평균기온의 평균을 고르면?

① 25.6℃ ② 25.8℃ ③ 26.0℃
④ 26.2℃ ⑤ 26.4℃

18

다음 [그래프]는 연도별 광업부문 온실가스 배출량에 대한 자료이다. 이를 바탕으로 2017년 이후 전력 온실가스 배출량이 전년 대비 가장 많이 증가한 해에 전체 광업부문 온실가스 배출량에서 전력 배출량이 차지하는 비중을 고르면?

[연도별 광업부문 온실가스 배출량]

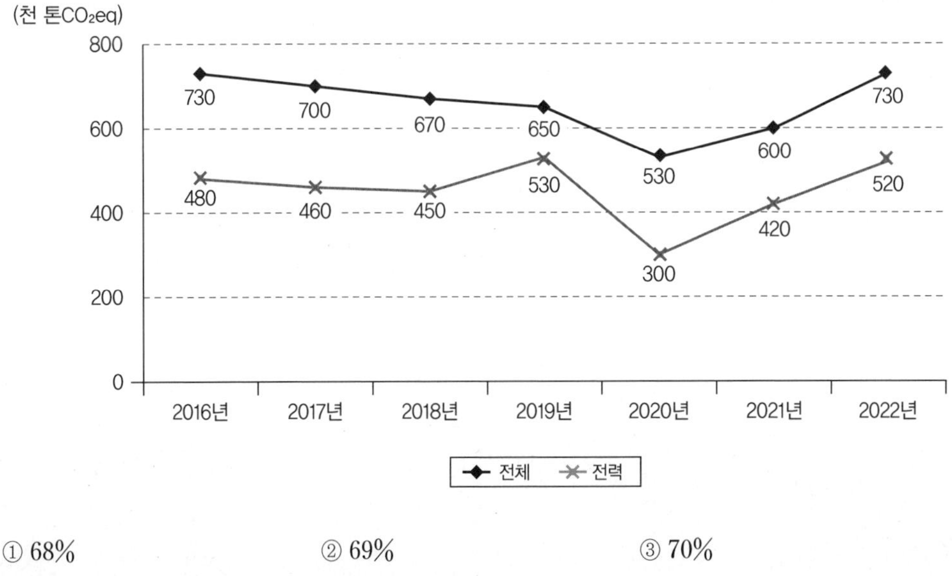

① 68% ② 69% ③ 70%
④ 71% ⑤ 72%

[19~20] 다음 [그래프]는 연도별 기초생활수급자 수에 대한 자료이다. 이를 바탕으로 질문에 답하시오.

[연도별 기초생활수급자 수]

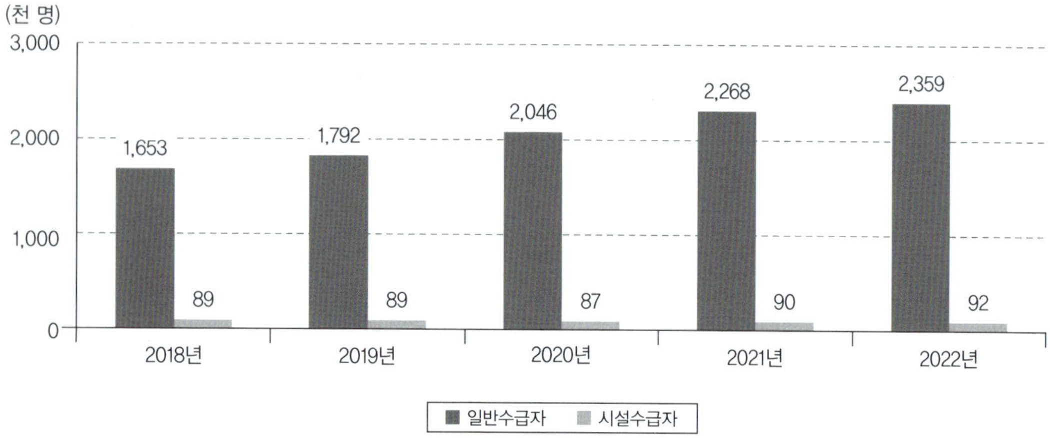

19

다음 중 자료에 대한 설명으로 옳지 않은 것을 [보기]에서 모두 고르면?

보기

㉠ 2022년 일반수급자 수는 3년 전 대비 30% 이상 증가하였다.
㉡ 제시된 기간 중 시설수급자 수가 가장 많은 해에 일반수급자 수도 가장 많다.
㉢ 제시된 기간의 연평균 시설수급자 수는 89,400명이다.
㉣ 일반수급자 수와 시설수급자 수의 차가 가장 작은 해에 그 차는 1,574천 명이다.

① ㉠
② ㉣
③ ㉠, ㉢
④ ㉢, ㉣
⑤ ㉡, ㉢, ㉣

20 주어진 자료를 바탕으로 2019년 이후 일반수급자 수와 시설수급자 수의 전년 대비 증가율을 나타낸 그래프로 옳은 것을 고르면?(단, 소수점 둘째 자리에서 반올림한다.)

①
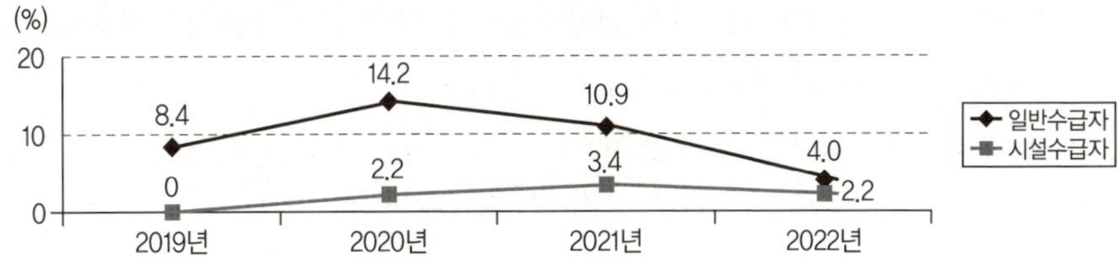

②
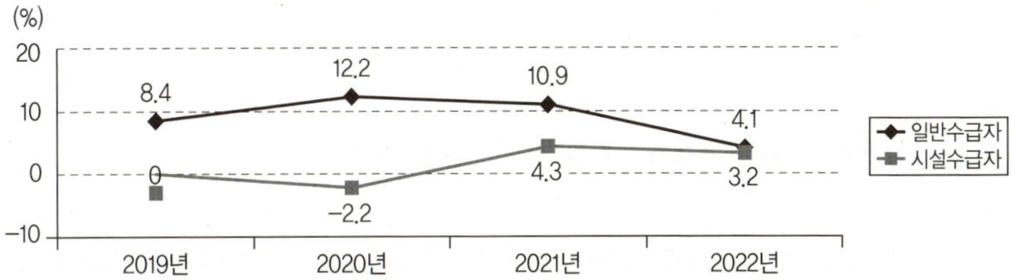

③
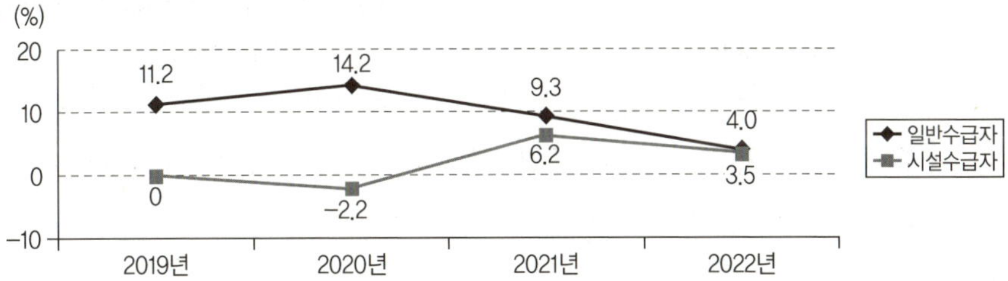

④
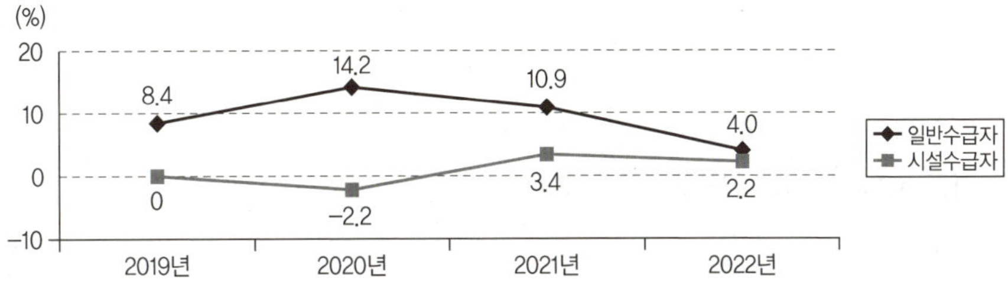

⑤
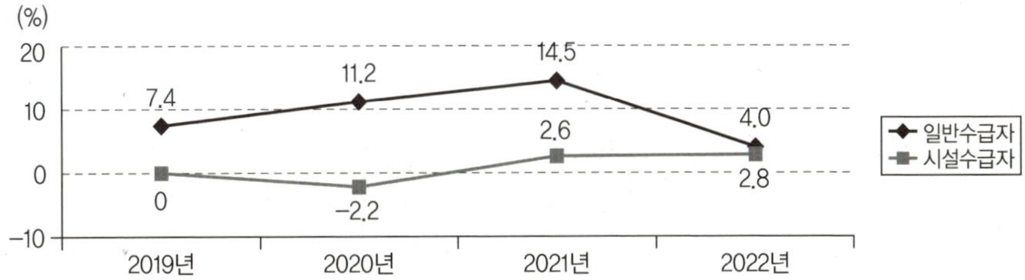

21 다음 중 창의적 사고에 대한 설명으로 옳지 않은 것을 고르면?

① 브레인스토밍은 주제와 본질적으로 닮은 것을 힌트로 하여 새로운 아이디어를 얻는 방법이다.
② 창의적 사고는 확산적 사고로 아이디어가 많으며 다양하고, 독특한 것을 의미한다.
③ 6색 사고 모자 기법은 자유연상법의 종류이다.
④ 체크리스트법은 강제연상법의 종류이다.
⑤ 비교발상법의 종류로는 NM법과 시네틱스법이 있다.

22 다음 A의 발언이 범한 논리적 오류로 적절한 것을 고르면?

> A: 고객들은 이전에 제시된 정보보다는 가장 마지막에 접한 정보를 더 잘 기억합니다. 그러므로 광고의 가장 마지막에 제품의 이름과 효과를 크게 강조한 △△상품이 다른 제품보다 고객들에게 인상에 남았을 것입니다.

① 초두효과 ② 후광효과 ③ 최신효과
④ 근접효과 ⑤ 현저성효과

23 다음은 수많은 정보를 재빠르게 접할 수 있도록 도와주는 저널기법의 종류 중 하나이다. 이 기법에 대한 설명으로 적절하지 않은 것을 고르면?

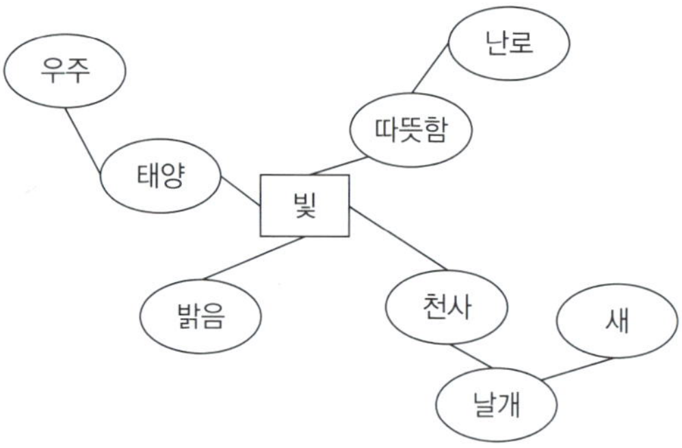

① 읽고 분석하고 기억하는 모든 것을 마음속에 지도를 그리듯 사고하는 훈련법이다.
② 문제점과 다른 개념들을 수형도와 같은 그래픽으로 보여 준다.
③ 시간을 효과적으로 쓸 수 있다.
④ 웹 기법으로 불리기도 한다.
⑤ 일정한 주제에 대해 구성원들의 자유분방한 발상을 통해 아이디어를 도출하는 기법이다.

24

이 대리는 창고를 정리하던 중 연도가 오래 지난 달력을 발견했는데, 달력이 오래되어 일부 날짜에 구멍이 뚫려서 그 이후 장에 있는 어떤 달의 숫자가 보이고 있다. 다음 중 달력과 관련하여 이 대리가 판단한 내용으로 옳은 것을 고르면?

- 달력은 용수철로 묶여져 앞뒤로 자유롭게 넘길 수 있으며, 1월부터 12월까지 차례로 넘기는 형태로 구성되어 있다.
- 현재 펼쳐진 장에는 일요일에 해당하는 날과 공휴일인 5일이 별색으로 표시되어 있다.
- 달력에 표시된 공휴일은 삼일절(3.1), 어린이날(5.5), 현충일(6.6), 광복절(8.15), 개천절(10.3), 크리스마스(12.25)뿐이다.
- 달력의 해당 연도는 윤년이 아니다.

일	월	화	수	목	금	토
		1	2	3	4	5
6	7	8	9	⑦	11	12
⑮	14	15	16	17	18	19
20	⑲	22	㉒	24	25	26
27	28	29	30	31		

① 현재 펼쳐진 달의 지난 달 1일은 월요일이다.
② ⑦이 원래 속해 있는 달은 현재 펼쳐진 달의 2개월 후이다.
③ ⑮가 원래 속해 있는 달은 7월이다.
④ ⑲가 원래 속해 있는 달은 짝수 달이다.
⑤ ㉒가 원래 속해 있는 달은 ⑦이 속해 있는 달의 3개월 후이다.

25

A, B, C, D, E 5명 중 2명은 도난 사건의 범인이다. 도난 사건에 대한 각각의 진술이 다음 [보기]와 같고, 범인만 거짓을 말한다고 할 때, 범인인 사람을 모두 고르면?

보기

- A: C는 범인이 아니다.
- B: 나는 범인이 아니다.
- C: B가 범인이다.
- D: A는 범인이 아니다.
- E: C는 거짓말을 했다.

① A, E ② B, C ③ B, E
④ C, D ⑤ C, E

[26~27] 다음은 국민건강보험공단의 2024년 전국민 마음투자 지원사업에 대한 자료이다. 이를 바탕으로 질문에 답하시오.

2024년 전국민 마음투자 지원사업 개요

■ 사업 개요

○ (사업 목적) 국민의 마음건강 돌봄 및 자살 예방 · 정신질환 조기 발견

○ (사업 기간) '24. 7. 1~

■ 주요 내용

○ (지원 대상) 우울, 불안 등 정서적 어려움으로 심리상담이 필요한 자(8만 명)

○ 대상자 기준

❶ 정신건강복지센터, 대학교상담센터, 청소년상담복지센터, Wee센터/Wee클래스 등에서 심리상담이 필요하다고 인정하는 자

※ (증빙서류) 기관에서 발급하는 의뢰서(신청일 기준 최근 3개월 이내)

❷ 정신의료기관 등에서 우울 · 불안 등으로 인하여 심리상담이 필요하다고 인정하는 자

※ (증빙서류) 정신건강의학과 의사, 한방신경정신과 한의사가 발급하는 진단서 또는 소견서(신청일 기준 최근 3개월 이내)

❸ 국가 건강검진 중 정신건강검사(우울증 선별검사, PHQ-9)에서 중간 정도 이상의 우울(10점 이상)이 확인된 자

※ (증빙서류) 신청일 기준 1년 이내에 실시한 국가 일반건강검진 결과서

❹ 자립준비청년 및 보호연장아동

※ (증빙서류) ▲보호종료된 자립준비청년은 보호종료확인서, ▲보호연장아동은 시설재원증명서 또는 가정위탁보호확인서

❺ 「동네의원 마음건강돌봄 연계 시범사업*」 통해 의뢰된 자

* 동네의원 이용환자 중 정신건강 위험군에 대해 의사 면담 등을 통해 선별하여 지역의 정신건강의료기관 또는 정신건강복지센터에 연계하는 시범사업('22~, 부산 등)

※ (증빙서류) 해당사업 지침의 별지 제4호 연계의뢰서(신청일 기준 최근 3개월 이내)

○ (지원 내용) 심리상담 서비스 바우처 총 8회 제공(회당 최소 50분 이상)

- 심리검사 및 대상자 상황 등을 고려하여 적합한 심리상담 서비스를 1:1 대면으로 제공하며, 지원 기간은 바우처 생성일로부터 120일까지

○ (서비스 유형) 제공인력 자격 기준에 따라 1급 및 2급 유형으로 구분*

* (1급 유형) (국가전문자격)정신건강전문요원 1급, 청소년상담사 1급, 전문상담교사 1급, (민간자격)임상심리전문가, 상담심리사 1급, 전문상담사 1급

(2급 유형) (국가전문자격)정신건강전문요원 2급, 청소년상담사 2급, 전문상담교사 2급, (국가기술자격)임상심리사 1급, (민간자격)상담심리사 2급, 전문상담사 2급

○ (서비스 제공기관) 배치기준(제공기관의 장* 1명, 제공인력 1명 이상)을 충족한 기관(정신의료기관, 민간 상담센터 등)

* (제공기관의 장 자격기준) ▲정신건강의학과 의사, ▲1급 유형의 기준을 충족한 자(지자체별 상황을 고려하여 필요한 경우, 2급 유형의 기준을 충족한 자도 제공기관 개설 가능)

○ (서비스 가격) 1회당 1급 유형은 8만 원, 2급 유형은 7만 원이며, 본인부담금은 소득수준별 차등화*

* ① 기준 중위소득 70% 이하: 자부담 0%

② 기준 중위소득 70% 초과 120% 이하: 자부담 10%

③ 기준 중위소득 120% 초과~180% 이하: 자부담 20%

④ 기준 중위소득 180% 초과: 자부담 30%

※ 단, 자립준비청년, 보호연장아동은 본인부담금 0%

[유형별 정부지원금 및 본인부담금(1회당)]

구분		1급 유형			2급 유형		
		정부 지원금	본인 부담금	합계	정부 지원금	본인 부담금	합계
기준 중위 소득	70% 이하	80,000원	–	80,000원	70,000원	–	70,000원
	70% 초과 120% 이하	72,000원	8,000원	80,000원	63,000원	7,000원	70,000원
	120% 초과 180% 이하	64,000원	16,000원	80,000원	56,000원	14,000원	70,000원
	180% 초과	56,000원	24,000원	80,000원	49,000원	21,000원	70,000원

■ 서비스 제공 절차

❶ **대상자는 서비스 유형**(1급/2급)을 선택하여 **읍 · 면 · 동 행정복지센터**에 **방문 신청** 또는 **온라인**(복지로) **신청**

※ 2024년도 하반기 신규 사업이므로, 신청은 1회만 가능함

❷ **읍 · 면 · 동 행정복지센터**는 **대상자 신청을 접수**하여 **관할 시 · 군 · 구(보건소)로 전송**

❸ **관할 시 · 군 · 구(보건소)**는 증빙서류 확인 및 소득조사 후 **대상자 선정 및 결과 통지***

* 서비스 내용, 이용자 준수사항, 바우처 가격, 본인부담금 납부방법, 서비스 이용절차 등 안내

❹ 서비스 결정 통지를 받은 후, **대상자는 주소지와 상관없이 제공기관을 선택**

❺ **제공기관**은 대상자와 **서비스 제공 계약***을 **체결**한 후, **서비스 제공**(총 8회)

* (계약서 필수포함사항) 계약기간, 제공인력, 계약금액, 계약 해제 · 해지에 따른 환불규정 등

❻ **대상자**는 제공기관에 **본인부담금 납부**, **제공기관**은 한국사회보장정보원에 **서비스 제공 비용을 청구**

※ 시 · 군 · 구(보건소)는 교부받은 국비 · 지방비를 합한 사업비를 한국사회보장정보원에 예탁

❼ **한국사회보장정보원**은 제공기관에 **서비스 제공 비용을 지급**

26 제시된 자료에 대한 내용으로 적절하지 않은 것을 고르면?

① 자립준비청년 및 보호연장아동은 정신의료기관 등에서 심리상담이 필요하다고 인정받지 않아도 지원사업 대상자에 해당된다.
② 심리상담을 제공하는 인력이 전문상담교사 1급인 경우 서비스 가격은 1회당 8만 원이다.
③ 심리상담 서비스는 최초 바우처 생성일로부터 120일까지 제공받을 수 있다.
④ 사업의 목적 중 하나는 국민들의 자살 예방 및 정신질환 조기 발견이다.
⑤ 기준 중위소득이 80%인 자립준비청년이 2급 유형의 서비스를 제공받으면 1회당 본인부담금은 7,000원이다.

27 다음은 전국민 마음투자 지원사업 서비스를 신청한 A씨에 대한 신청정보이다. A씨가 심리상담 서비스를 최대 횟수만큼 제공받았다고 할 때, 한국사회보장정보원에서 서비스 제공기관에 지급해야 할 총비용을 고르면?

> [대상자 여부]
> • 정신건강의학과 의사가 발급한 진단서 제출
> • 정신의료기관 등에서 우울 · 불안 등으로 인하여 심리상담이 필요하다고 인정하는 자
>
> [서비스 유형]
> • 제공인력 자격: 정신건강전문요원 2급
>
> [소득 기준]
> • 기준 중위소득 150%
> • 자립준비청년, 보호연장아동에 해당하지 않음

① 49,000원　② 56,000원　③ 112,000원
④ 392,000원　⑤ 448,000원

[28~30] 다음은 기차1~3의 정보와 A~E 5명의 탑승 정보에 대한 자료이다. 이를 바탕으로 질문에 답하시오.

- A~E 5명 모두 서울에서 고향으로 가기 위해 기차에 탑승한다.
- A~E 5명의 고향은 각각 강릉, 대전, 광주, 대구, 부산 중 한 곳이며, 고향이 같은 사람은 없다.
- 기차1~3은 모두 서울에서 출발하는 기차이며, 모든 기차에는 A~E 5명 중 최소 1명 이상 탑승한다.
- 기차1~3은 고향 A~E 외에 다른 지역을 지나지 않는다.
- 기차1은 서울을 출발해 대전, 대구를 경유하여 부산까지 가는 기차이다.
- 기차1과 기차3이 지나는 지역은 서울, 대전을 제외하고 중복되지 않는다.
- 기차1에는 D를 포함한 세 사람이 탄다.
- E는 어떤 기차를 타도 고향에 갈 수 있다.
- C와 D가 함께 탈 수 있는 기차는 없다.
- B가 탈 수 있는 기차는 기차3뿐이다.
- A의 고향은 대구이다.

28

다음 중 D의 고향을 고르면?

① 강릉 ② 대전 ③ 광주
④ 대구 ⑤ 부산

29

다음 중 항상 참인 설명을 고르면?

① 기차2는 대구를 지난다.
② C의 고향은 광주이다.
③ 기차3이 지나는 지역이 세 곳이라면 기차3은 강릉을 지난다.
④ 기차2는 세 곳의 지역을 지난다.
⑤ A와 B는 서로 같은 기차를 탄다.

30

다음 중 자신의 고향을 기차3이 지날 수 없는 사람을 모두 고르면?

① A ② C ③ A, D
④ C, E ⑤ D, E

정답과 해설 p.67

DAY 10

왜 틀렸지?
왜 실수했지?

매일 한 줄 복기

문제를 다 풀고 난 후 왜 틀렸는지, 자주 나오는 실수 패턴은 무엇인지, 어떤 문제부터 풀어보고 어떤 문제는 나중에 풀지를 바르게 판단했는지 복기해 보세요. 어느 부분이 부족한지 스스로 깨닫고, 다음 회차를 풀 때 적용한다면 NCS 실력이 빠르게 올라갈 것입니다.

작성 예시

- ✔ 지문 읽을 때 키워드부터 찾기! 지문 끊어 읽기! 선택지에서 체크한 키워드가 모두 나와야 한다.
- ✔ 그래프와 표 나올 때 제목이랑 단위부터 확인하기!
- ✔ 시간 내에 풀 수 있는 유형인지 아닌지를 꼭 체크하고 넘어가자. 무조건 넘기지 말자!
- ✔ 의사소통 먼저 풀면 시간이 절약되는 것 같음. 수리랑 문제해결 중 어떤 것부터 풀지 판단해 보자.

의사소통능력	
수리능력	
문제해결능력	

DAY 10

01 다음 빈칸에 들어갈 내용으로 가장 적절한 것을 고르면?

유럽인에게 포도주란 해당 지역의 해와 달, 비와 바람, 그리고 토지의 정기를 담고 있는 지역의 정신이다. 그래서 유럽의 포도주 구분은 보르도, 부르고뉴, 키안티, 리오하 등 지역별로 나뉜다. 포도주의 지역감정이 강하므로 보르도에 가서 부르고뉴 와인을 주문했다가는 외계인 취급을 받고 레스토랑에서 쫓겨날지도 모를 지경이다.

특히 프랑스에서 포도주는 간단한 식사에서 축제까지, 작은 카페의 대화에서 연회장의 교제에 이르기까지 언제 어디서나 함께한다. 포도주는 계절에 따른 어떤 날씨에도 분위기를 고양시킬 수도 있다. 추운 계절이 되면 따뜻한 분위기를 연출하고 한여름이 되면 서늘하거나 시원한 그늘과 같은 분위기를 조성한다. 또한 배고프거나 지칠 때, 지루하거나 답답할 때, 심리적으로 불안할 때나 육체적으로 힘든 그 어느 경우에도 프랑스인들은 포도주가 절실하다고 느낀다. 프랑스에서 포도주는 장소와 시간, 상황에 관계없이 음식과 결부될 수 있는 모든 곳에 등장한다.

포도주가 일상의 세세한 부분에까지 결부된 탓에 프랑스 국민은 이제 포도주가 있어야 할 곳에 포도주가 없다는 사실만으로도 충격을 받는다. 르네 코티는 대통령 임기가 시작될 때 사적인 자리에서 사진을 찍은 적이 있는데 그 사진 속 탁자에는 포도주가 없었다. 이 때문에 온 국민이 들끓고 일어났다. 프랑스 국민에게 그들 자신과도 같은 포도주가 보이지 않는다는 사실은 참을 수 없는 일이었다. 결국 프랑스인에게 포도주란 (   )

① 식탁에 곁들이는 습관과 같은 것이다.
② 자신들의 정체성을 나타내는 상징과도 같다.
③ 프랑스 자연의 정기를 담아내는 지역의 정신이다.
④ 공적인 인물에게 필수적인 음료라고 볼 수 있다.
⑤ 평생을 바쳐 마셔도 모두 알 수 없는 신비한 음료이다.

02 다음 글의 빈칸에 들어갈 사자성어로 적절하지 않은 것을 고르면?

> 그리스 로마 신화에서 (   )(으)로 꼽히는 이는 단연 헬레네다. 헬레네는 스파르타의 공주로 태어났지만 실제로는 제우스의 딸이다. 제우스는 아름다운 여인 레다에게 반해 백조로 변신하여, 그녀가 거니는 호숫가로 날아와 그녀에게 사랑을 속삭였다. 그 이후 레다는 두 개의 알을 낳았는데 헬레네는 그 알에서 태어난 사람이었다. 태어나자마자 눈부시게 빛났던 그녀를 본 남자들은 매혹되어 정신을 차릴 수 없었다. 그녀의 아름다움을 가장 먼저 알아본 이는 아테네 건국 영웅 테세우스였다. 둘은 사랑하였고, 헤어진 이후에는 그리스의 모든 영웅들이 그녀와의 결혼을 꿈꾸며 스파르타로 모여들었다. 그녀가 메넬라오스와 결혼한 뒤에 트로이아의 왕자 파리스가 그녀를 납치해가자 그녀를 되찾는 전쟁에 모두 참여할 정도였다. 트로이아인들은 대규모 연합군이 쳐들어왔을 때, 헬레네를 지키기 위해 10년의 피비린내 나는 전쟁을 감수하였다.

① 침어낙안(沈魚落雁)
② 가인박명(佳人薄命)
③ 화용월태(花容月態)
④ 경국지색(傾國之色)
⑤ 단순호치(丹脣皓齒)

03 다음 밑줄 친 단어의 표기가 적절하지 않은 것을 고르면?

① 밖에 있던 아버지가 금세 뛰어왔다.
② 선을 반듯이 긋는 연습을 하도록 해라.
③ 나는 어머니의 속을 썩히는 형이 미웠다.
④ 바지가 짧아서 바지 길이를 늘여서 입었다.
⑤ 그는 허구한 날 술을 마시고 집에 들어갔다.

04 다음 글의 주제로 가장 적절한 것을 고르면?

생물 다양성(Biodiversity)이란 원래 한 지역에 살고 있는 생물의 종(種)이 얼마나 다양한가를 표현하는 말이었다. 그런데 오늘날에는 종의 다양성은 물론이고, 각 종이 가지고 있는 유전적 다양성과 생물이 살아가는 생태계의 다양성까지를 포함하는 개념으로 확장해서 사용한다. 특히 최근에는 생태계를 유지시키고 인류에게 많은 이익을 가져다 준다는 점이 부각되면서 생물 다양성의 가치가 크게 주목받고 있다.

생물 다양성의 가장 기본적인 가치로 생태적 봉사 기능을 들 수 있다. 생물은 생태계의 엔지니어라 불릴 정도로 환경을 조절하고 유지하는 커다란 힘을 가지고 있다. 숲의 경우를 예로 들어 보자. 나무들은 서늘한 그늘을 만들어 주고 땅속에 있는 물을 끌어 올려 다양한 생물종이 서식할 수 있는 적절한 환경을 제공해 준다. 숲이 사라지면 수분 배분 능력이 떨어져 우기에는 홍수가 나고 건기에는 토양이 완전히 말라 버린다. 이로 인해 생물 서식지의 환경이 급격하게 변화되고 마침내 상당수의 종이 사라지게 된다. 이처럼 숲을 이루고 있는 나무, 물, 흙과 그곳에서 살아가는 다양한 생명체는 서로 유기적인 관계를 형성하면서 생태계의 환경을 조절하고 유지하는 역할을 담당하는 것이다.

또한, 생물 다양성은 경제적으로도 커다란 가치가 있다. 대표적인 사례로 의약품 개발을 꼽을 수 있다. 자연계에 존재하는 수많은 식물 중에서 인류는 약 20,000여 종을 약재로 사용해 왔다. 그 가운데 특정 약효 성분을 추출하여 상용화한 것이 이제 겨우 100여 종에 불과하다는 사실을 고려하면, 전체 식물이 가지고 있는 잠재적 가치는 상상을 뛰어넘는다. 그리고 부전나비의 날개와 사슴벌레의 다리 등에서 항암 물질을 추출한 경우나 야생의 미생물에서 페니실린, 마이신 등 약 3,000여 가지의 항생제를 추출한 경우에서도 알 수 있듯이, 동물과 미생물 역시 막대한 경제적 이익을 가져다 준다. 의약품 개발 외에도 다양한 생물이 화장품과 같은 상품 개발에 이용되고 있으며, 생태 관광을 통한 부가가치 창출에도 기여한다.

생물 다양성은 학술적으로도 매우 중요하다. 예를 들어 다윈(C. Darwin)은 현존하는 여러 동물의 상이한 눈을 비교하여, 정교하고 복잡한 인간의 눈이 진화해 온 과정을 추적하였다. 그에 따르면 인간의 눈은 해파리에서 나타나는 원시적 빛 감지 세포로부터, 불가사리처럼 빛의 방향을 감지할 수 있는 오목한 원시 형태의 눈을 거친 다음, 빛에 대한 수용력과 민감도를 높인 초기 수정체 형태의 눈을 지나, 선명한 상을 제공하는 현재의 눈으로 진화되었다. 이 사례에서 보듯이 모든 생물종은 고유한 형태적 특성을 가지고 있어서 생물 진화의 과정을 추적하는 데 중요한 정보를 제공해 준다. 형태적 특성 외에도 각각의 생물종이 지닌 독특한 생리적 · 유전적 특성 등에 대한 비교 연구를 통해 생물을 더 깊이 있게 이해할 수 있다. 그리고 이렇게 축적된 정보는 오늘날 눈부시게 성장하고 있는 생명과학의 기초가 된다.

이와 같이 인간은 생물 다양성에 기초하여 무한한 생태적 · 경제적 이익을 얻고 과학 발전의 토대를 구축한다. 그런데 최근 급격한 기후 변화와 산업화 및 도시화에 따른 자연 파괴로 생물 다양성이 크게 감소하고 있다. 따라서 이를 억제하기 위한 생태계 보존 대책을 시급히 마련해야 한다. 동시에 생물 다양성 보존을 위한 연구 기관을 건립하고 전문 인력의 양성 체계를 갖추어야 할 것이다.

① 생물 다양성 감소 현상의 원인 분석이 시급하다.
② 생물 다양성의 가치 보존을 위한 노력이 필요하다.
③ 생태계 보존을 위해 생물 다양성이 보존되어야 한다.
④ 생물 다양성 보존 방안의 다양화를 모색해야 한다.
⑤ 과학 발전을 토대로 생물 다양성의 가치를 보존해야 한다.

05 다음 [가]~[마] 문단을 글의 흐름에 따라 순서대로 바르게 배열한 것을 고르면?

[가] 강압집약적인 양식의 경우, 통치자들은 자신의 백성과 그들이 정복한 여타 민족들로부터 전쟁 수단을 짜냈다. 그리고 그 과정에서 방대한 추출 구조를 건립했다. 특히 브란텐부르크와 러시아는 조공을 받는 제국 단계의 강압집약적인 양식을 예증해 준다. 그러나 강압집약적인 양식의 극단에서 무장한 지주들이 너무도 많은 권력을 휘둘렀기 때문에 그들 중에서 아무도 그 외의 지주들에 대해 지속적인 지배권을 수립할 수 없었다. 수 세기 동안 폴란드와 헝가리의 귀족들은 실제로 그들 자신의 왕을 선출했으며, 왕들이 지나치게 최고권력을 장악하려고 했을 때는 물러나게 했다.

[나] 자본과 강압은 한 가지 이상의 조합으로 유럽 국가의 각 성장 단계에 등장했다. 국가 형성으로 나아가는 양식으로 강압집약적인 진로, 자본집약적인 진로, 자본화된 강압 진로를 분석할 수 있다. 서로 매우 다른 환경에서 성공적인 전쟁 준비를 착실히 추진한 통치자들은 그들 영토 안의 주요 사회 계급과 독특한 관계를 형성함으로써 대처했다. 통치자와 비통치자 간의 관계를 재형성하는 것은 대조적인 정부형태를 생성해 냈는데 각 정부형태는 어느 정도 그 사회적 환경에 맞추어 만들어졌다.

[다] 자본화된 강압 양식의 경우 통치자들은 위의 각 양식 중 몇 가지를 실행했지만 자본집약적인 이웃 통치자들이 국가 구조에 직접 자본가와 자본원을 편입시키기 위해 애쓴 수준보다 더욱 주력했다. 자본을 쥐고 있는 사람들과 강압을 쥐고 있는 사람들은 비교적 평등에 입각해서 상호 교섭했다. 프랑스와 잉글랜드는 점차 자본화된 강압 양식을 따랐으며 그 양식은 강압집약적인 양식과 자본집약적인 양식보다 더 이르고 완전하게 발전한 국민국가들을 생성해 냈다.

[라] 자본집약적인 양식의 경우 통치자들은 군사력을 빌리거나 구매하기 위하여 자본가와의 협약에 의존하는 방식으로 영구적이고 방대한 국가구조를 건조하지 않고도 전쟁을 치러냈다. 도시 국가, 도시 제국, 도시 연방, 그 밖의 분할된 주권 형태는 흔히 이러한 변동 진로로 접어들었다. 제노바, 두브로브니크, 네덜란드 공화국, 그리고 한때의 카탈로니아가 자본집약적인 양식의 사례이다. 네덜란드 공화국의 역사가 예증하듯이 이 양식은 그 극단에서 상당히 자율적인 도시 국가들의 연방을 생성했으며 그 연방들이 국가 정책을 둘러싸고 끊임없이 협상을 벌이도록 했다.

[마] 국제 경쟁의 압력에 밀려서 세 가지 진로는 모두 990년경에 시작되었던 다양한 비율의 조합형 가운데 마침내 자본과 강압의 집중 유형으로 수렴했다. 17세기부터는 자본화된 강압 형태가 전쟁에서 한층 더 효과적임을 줄곧 입증하며 다른 국가들에게 무시할 수 없는 하나의 모델을 마련해 주었다. 더욱이 19세기부터 최근까지 모든 유럽 국가는 사회 하부 구조를 건설하고 서비스를 제공하며 경제활동을 규제하고 인구 이동을 통제하며 시민의 복지를 보장하는 일에 그 전보다 훨씬 더 깊이 관여했다.

① [가]－[라]－[다]－[마]－[나]
② [가]－[마]－[나]－[라]－[다]
③ [나]－[가]－[다]－[라]－[마]
④ [나]－[가]－[라]－[다]－[마]
⑤ [나]－[마]－[가]－[라]－[다]

06 다음 경제자유구역의 지정 및 운영에 관한 특별법을 바르게 이해하지 못한 사람을 [보기]에서 모두 고르면?

제3조의2(경제자유구역기본계획의 수립) ① 산업통상자원부장관은 경제자유구역의 체계적인 발전을 위하여 계획기간을 10년 이상으로 하는 경제자유구역기본계획을 5년마다 수립하여야 한다.

② 산업통상자원부장관은 제1항에 따른 경제자유구역기본계획(이하 "경제자유구역기본계획"이라 한다)을 수립하려는 경우에는 다음 각 호의 절차를 거쳐야 한다.

1. 특별시장 · 광역시장 · 특별자치시장 · 도지사 또는 특별자치도지사(이하 "시 · 도지사"라 한다) 및 제27조의2 제1항에 따른 행정기구의 장의 의견 청취
2. 관계 중앙행정기관의 장과의 협의
3. 제25조에 따른 경제자유구역위원회(이하 "경제자유구역위원회"라 한다)의 심의 · 의결

③ 산업통상자원부장관은 제1항에 따라 경제자유구역기본계획을 수립한 때에는 그 내용을 관보에 고시하고 시 · 도지사와 제27조의2 제1항에 따른 행정기구의 장에게 통보하여야 한다.

④ 경제자유구역기본계획의 변경에 관하여는 제2항 및 제3항을 준용한다.

제3조의3(경제자유구역기본계획의 내용) 경제자유구역기본계획에는 다음 각 호의 사항이 포함되어야 한다.

1. 경제자유구역의 기본목표와 중장기 발전방향에 관한 사항
2. 경제자유구역의 개발에 관한 사항
3. 경제자유구역의 외국인투자 및 국내복귀기업 유치에 관한 사항
4. 경제자유구역별 차별화된 발전전략에 관한 사항
5. 경제자유구역에서 실시되는 개발사업(이하 "개발사업"이라 한다)과 입주기업 지원 등에 관한 사항
6. 그 밖에 경제자유구역의 발전을 위하여 필요한 사항

제3조의4(경제자유구역발전계획 수립 등) ① 시 · 도지사는 경제자유구역기본계획의 효율적인 추진을 위하여 5년마다 경제자유구역발전계획(이하 "발전계획"이라 한다)을 수립하고 시행하여야 한다. 이 경우 시 · 도지사는 미리 시장 · 군수 · 구청장(자치구의 구청장을 말한다. 이하 같다)의 의견을 들어야 한다.

② 발전계획에는 다음 각 호의 사항이 포함되어야 한다.

1. 경제자유구역별 발전목표에 관한 사항
2. 직전 발전계획의 추진 실적 및 성과 등 평가결과에 관한 사항
3. 해당 경제자유구역 내 핵심전략산업 유치현황과 여건분석에 관한 사항
4. 경제자유구역별 향후 10년간 중점추진과제에 관한 사항
5. 경제자유구역 내 핵심전략산업의 육성계획 또는 특화계획에 관한 사항
6. 그 밖에 경제자유구역 발전을 위하여 필요한 사항

③ 시 · 도지사는 제1항에 따라 수립된 발전계획을 산업통상자원부장관에게 제출하여야 한다.

보기

- 연서: 산업통상자원부장관은 경제자유구역기본계획을 10년마다 수립해야 하는구나.
- 수지: 경제자유구역기본계획을 효율적으로 추진하기 위해서 시 · 도지사는 경제자유구역발전계획을 5년마다 수립하고 시행해야 해.
- 윤태: 경제자유기본계획에는 경제자유구역별 차별화된 발전전략에 관한 사항이 포함되어야 하겠구나.
- 세희: 경제자유구역발전계획이 수립되면 시장이나 군수, 구청장 등에게 제출해야 돼.
- 윤원: 경제자유구역기본계획을 수립하기 전에는 행정기구의 장의 의견 청취, 관계 중앙행정기관의 장과의 협의, 경제자유구역위원회의 심의와 의결 절차를 거쳐야 해.

① 연서, 수지 ② 연서, 세희 ③ 수지, 세희
④ 윤태, 윤원 ⑤ 세희, 윤원

[07~08] 다음 글을 읽고 질문에 답하시오.

지구인이 만들어 낸 플라스틱 양은 1950년부터 2015년까지 무려 약 83억 톤에 이른다. 2020년 유엔환경계획(UNEA)의 특별 보고서에 따르면 1950년 한 해 약 200만 톤이던 플라스틱 생산량은 갈수록 증가해 2020년에는 약 4억 톤이 되었다. 이 플라스틱은 잘 썩지 않아서 만들면 만드는 대로 지구에 쌓이고 있다.

심지어 플라스틱은 생산되는 순간부터 분해될 때까지 온갖 환경 호르몬과 유해 물질을 꾸준히 배출해서 더욱 문제가 된다. 특정한 종류의 플라스틱은 높은 열에 노출되면 환경 호르몬이 검출된다. 안전할 것 같은 종이컵도 안쪽에 플라스틱이 코팅되어 있어서 갑상선호르몬에 영향을 주는 과불화화합물(PFAS)이 검출되기도 한다. 폴리스티렌(PS)으로 만들어진 음료 컵 뚜껑에서는 스타이렌 같은 휘발성 유기화합물(VOC)이 나와서 많은 나라에서 이를 폴리프로필렌(PP)으로 교체하기도 하였다. 그렇게 듣기만 해도 머리가 아프고 이름도 복잡한 온갖 해로운 물질이 플라스틱에서 쏟아져 나온다.

한편 플라스틱이 마모되어 만들어지는 ㉠ 미세 플라스틱도 심각한 문제이다. 이는 플라스틱의 생산량과 폐기량을 비교했을 때 오차가 너무 크다는 점에서 시작된 연구를 통해 발견되었다. 리처드 톰슨의 연구팀에서 나머지 플라스틱이 어디로 사라졌는지 조사한 결과, 어마어마한 양의 플라스틱이 눈에 안 보일 만큼 작은 알갱이로 부서져 바닷속을 떠돌고 있음을 밝혀냈다. 미세 플라스틱은 물고기의 먹이가 되어, 어류의 간에서 염증 반응을 일으키고, 에너지를 고갈시키며, 생존율과 번식량을 감소시킨다. 그리고 미세 플라스틱을 먹이로 섭취한 물고기는 우리 식탁에 올라와 입속으로 들어온다. 우리가 마시는 물과 소금으로 흘러 들어가기도 하고, 수증기와 함께 하늘로 올라가 비와 눈이 되어 전 지구에 내리고 있다.

미세 플라스틱은 미세 섬유에서도 만들어진다. 나일론, 폴리에스터, 폴리우레탄, 아크릴 같은 합성 섬유로 만든 옷을 세탁기에 넣고 빨면 수십만 개의 미세 섬유가 빠져나온다. 너무 작아서 어디에도 걸러지지 않는 미세 섬유는 누구의 방해도 받지 않고 바다로 흘러든다. 세계자연보호연맹(IUCN)에 따르면 미세 플라스틱 오염의 약 1/3은 미세 섬유 때문이라고 한다. 이는 패스트 패션이 비판받는 이유이기도 하다. 패스트 패션은 유행하는 디자인의 옷을 마치 패스트푸드처럼 매우 신속하게 제작, 유통, 판매하는 패션 산업을 가리킨다. 빠르게 변하는 유행을 따라 쉽게 사 입고 쉽게 버릴 수 있도록 가격이 저렴한 합성 섬유를 많이 사용하게 된다.

플라스틱을 줄이는 것이 지구를 위해 무척 훌륭하고 중요한 일이라는 건 틀림없는 사실이다. 그러나 무턱대고 플라스틱 사용을 금지하기보다는 신중한 접근이 필요하다. 예를 들어 빨대가 문제라면 플라스틱 빨대만 금지할 것인지 빨대 자체를 금지할 것인지, 금지한다면 기업의 빨대 생산과 유통에 벌금을 물릴 것인지 소비자의 빨대 이용에 벌금을 물릴 것인지, 그렇게 되면 아픈 사람이나 어린아이처럼 빨대가 꼭 필요한 사람들은 어떻게 할 것인지, 다른 재료로 빨대를 대신한다면 가장 편리하고 저렴하고 환경을 해치지 않는 소재가 무엇일지 고민을 거듭해야만 한다.

07 윗글을 이해한 내용으로 적절하지 않은 것을 고르면?

① 플라스틱 생산량은 1950년 이후 지속적으로 증가하는 추세이다.
② 고온에 노출되었을 때 환경 호르몬이 검출되는 플라스틱이 있다.
③ 폴리프로필렌(PP)에서는 휘발성 유기화합물(VOC)이 검출되지 않을 것이다.
④ 합성 섬유를 많이 사용하는 패스트 패션은 미세 플라스틱 오염으로 비판받고 있다.
⑤ 환경 오염을 줄이려면 개인보다는 기업의 플라스틱 사용 제한으로 접근해야 한다.

08 윗글의 밑줄 친 ㉠을 이해한 내용으로 가장 적절하지 않은 것을 고르면?

① 플라스틱 폐기량보다 생산량이 많은 이유와 관련된다.
② 크기가 작을수록 더욱 높은 유해성이 나타날 수 있다.
③ 합성 섬유의 세탁 과정에서 발생하여 바다로 흘러 들어간다.
④ 물리적으로 생태계에 부정적인 영향을 유발할 가능성이 있다.
⑤ 해양환경으로 유입되어 먹이사슬을 통해 인간에까지 전달된다.

[09~10] 다음 글을 읽고 질문에 답하시오.

최근 현대인의 도파민 중독 현상이 사회적 문제로 대두되었다. 일각에서는 현대 사회를 도파밍 시대라고도 한다. 도파밍이란 흥분과 쾌락을 경험할 때 뇌에서 분비되는 신경전달물질인 도파민(Dopamine)과 게임에서 아이템을 수집하는 것을 일컫는 말인 파밍(Farming)의 합성어로, 사람들이 흥분이나 쾌락을 느낄 수 있는 경험을 반복적으로 찾아다니는 사회 현상을 뜻한다.

그렇다면 도파민은 인간에게 해로운 물질인가? 도파민은 중추신경계에 존재하는 신경전달물질 중 하나로, 카테콜아민과의 화학물이다. 도파민에 대해 널리 알려진 기능은 바로 쾌락과 즐거움에 대한 신호를 전달한다는 것이다. 그래서 스마트폰과 SNS를 통해 빠르고 쉽게 쾌락을 느낄 수 있는 현대인의 모습을 도파민 중독 현상이라고 하는 것이다.

그러나 도파민은 인간의 쾌락과 즐거움 외에도 행동이나 움직임, 인식, 동기부여, 처벌과 보상, 학습 등의 다양한 기능을 한다. 최근 연구에 따르면 도파민이 자극과 보상 사이의 정신적 연관성을 형성하게 해 주는 교육 호르몬으로도 작용할 수 있다는 결과가 나왔다. 도파민 신경세포는 새롭고 두드러진 일이 일어날 때마다 활성화되는데, 인간이 새로운 기억을 만들기 위해 다른 사건들을 함께 관련짓도록 학습하는 것을 도와준다는 것이다.

미국과 호주 연구진은 생쥐들을 대상으로 ICSS(두뇌 안 자기자극 실험) 실험에 PIT(파블로프－도구 전이 실험)를 적용하여 실험을 진행하였다. ICSS는 지렛대를 눌러 도파민 신경세포에 전기자극이 가해지도록 하면 이를 자발적으로 누르는 현상이고, PIT는 먹이를 뜻하는 종소리가 울리면 저절로 침을 흘리게 되는 파블로프 학습 효과를 바탕으로 특정한 상황으로 특정한 행위를 수행하게 하는 도구학습 효과를 접목한 것이다. 연구진은 생쥐에게 소리나 클릭 등의 어떤 단서가 도파민 자극이나 먹이라는 특정 결과로 이어진다는 것을 학습시킨 후, 두 가지 지렛대 중 하나를 누르면 그에 해당하는 결과를 얻을 수 있음을 인지시켰다고 설명했다. 이를 통해 특정 단서와 짝을 이루는 특정 결과를 떠올리면 특정 지렛대를 선택적으로 누르도록 하는 ICSS 현상을 유도했다.

연구진은 실험을 통해 두 가지 결론을 도출할 수 있었다. 첫 번째, 도파민 신경세포가 생리적으로 발화되는 비율이 도파민 신경세포가 직접 가치 신호를 전달한다는 것을 뒷받침할 정도에 미치지 못한다는 것이다. 두 번째, 도파민 신경세포 자극을 생리적으로 발화되는 비율 이상으로 발생시키면 동물이 행동을 보이는 감각 특정 목표로 기능할 수 있다는 것이다. 이를 종합하면 (　　　㉠　　　)는 것이다. 예를 들어 약물남용 등으로 도파민 신경세포가 기존보다 더 많이 발화하는 경우, 이는 뇌에서 보상받을 수 있는 사건으로 각인되어 약물을 찾을 가능성이 더 높아질 수 있다.

연구진은 일상생활에서 도파민 신경세포가 발화할 때 자극을 주는 물질에 가치를 부여하는 것이 아니며, 대신 새로운 기억을 형성하거나 자극과 관련된 주변 환경의 물질이 어떻게 관련되어 있는지를 이해할 수 있도록 도움을 주는 기능을 한다고 설명했다. 이러한 연구 결과는 보상을 기반으로 한 학습에서 도파민의 역할을 이해하는 데 크게 기여할 수 있음을 시사한다.

09 윗글을 바탕으로 추론한 내용으로 옳지 않은 것을 고르면?

① 도파민은 중추신경계에서 쾌락과 즐거움에 대한 신호를 전달하는 신경전달물질이다.

② 생쥐가 도파민 신경세포에 전기자극이 가해지는 지렛대를 자발적으로 누르면 ICSS 현상이 나타난 것이다.

③ 도파민 신경세포가 발화할 때 자극을 주는 물질에 가치를 부여함으로써 쾌락 추구 행동을 유도한다.

④ 도파민은 인간이 새로운 기억을 만들기 위해 다른 사건들을 함께 연관 짓도록 학습하는 것에 도움이 된다.

⑤ 도파민 신경세포의 생리적 발화 비율은 도파민 신경세포가 직접 가치 신호를 전달한다는 것을 뒷받침하지 못한다.

10 윗글의 빈칸 ㉠에 들어갈 내용으로 적절한 것을 고르면?

① 도파민 신경세포의 낮은 발화 빈도는 생쥐가 PIT 효과와 관련된 쾌락 추구 행동에 대한 동기부여로서 작용할 수 있다

② 도파민 신경세포의 낮은 발화 빈도는 생쥐가 PIT 효과와 관련된 쾌락 추구 행동을 제한하는 처벌로서 작용할 수 있다

③ 도파민 신경세포의 낮은 발화 빈도는 생쥐가 PIT 효과와 관련된 쾌락 추구 행동에 참여하도록 유도하는 보상으로 작용할 수 있다

④ 도파민 신경세포의 높은 발화 빈도는 생쥐가 PIT 효과와 관련된 쾌락 추구 행동을 제한하는 처벌으로 작용할 수 있다

⑤ 도파민 신경세포의 높은 발화 빈도는 생쥐가 PIT 효과와 관련된 쾌락 추구 행동에 참여하도록 유도하는 보상으로 작용할 수 있다

11

직장인 K는 A역에서부터 49.5km 거리에 있는 회사에 매일 7시 30분까지 출근하기 위해 A역에서 70분 동안 시속 42km인 지하철을 타고 B역에서 내린 후 나머지 거리를 걸어서 출근한다. 어느 날 늦잠을 잔 K가 지하철을 6시 18분에 탔을 때, 늦지 않게 출근하려면 K는 B역에서 내린 후 최소 어느 정도의 속력으로 움직여야 하는지 고르면?(단, A역, B역, 회사는 일직선상에 있다.)

① 11km/h ② 12km/h ③ 13km/h
④ 14km/h ⑤ 15km/h

12

기획 업무를 담당하는 A와 B는 한 프로젝트를 맡았다. 프로젝트를 혼자서 완료하는 데 걸리는 시간은 A가 4일이고, B가 6일이다. 이 프로젝트를 A가 혼자 1일 동안 진행하고, 그 이후 B가 1일 동안 진행했으며, 그 이후 A와 B가 동시에 진행해서 완료했을 때, A와 B가 동시에 프로젝트를 진행하는 데 걸린 시간을 고르면?

① 1일 8시간 32분 ② 1일 8시간 36분 ③ 1일 9시간 32분
④ 1일 9시간 36분 ⑤ 1일 9시간 42분

13

다음 네트워크에서 선 위의 숫자는 각 플랫폼으로 전송이 가능한 최대 데이터 용량(TB)을 뜻한다. 데이터가 이동하는 데 걸리는 시간은 각 선의 길이와 상관없이 모두 같을 때, S플랫폼에서 A플랫폼까지 최단 시간으로 전송할 수 있는 경우 중 전송 가능한 최대 데이터 용량이 3TB 이상인 경우의 수를 고르면?

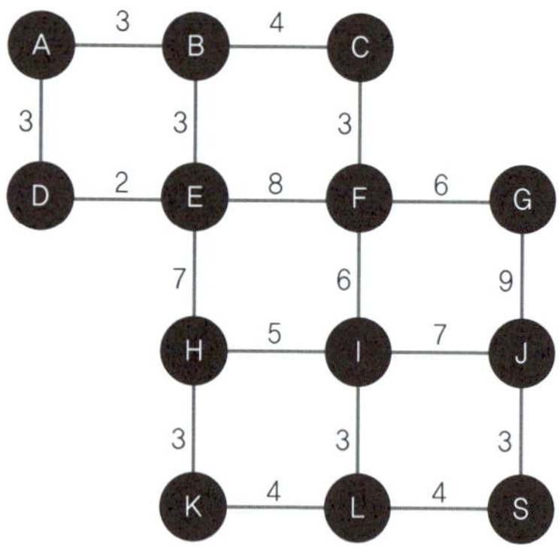

① 3가지 ② 6가지 ③ 9가지
④ 12가지 ⑤ 15가지

14 어느 독서 동호회는 회원이 200명이다. 이 동호회의 회원이 직장인일 확률은 60%이고, 사교를 목적으로 가입한 회원일 확률은 35%이며, 직장인을 제외한 회원 중 사교를 목적으로 가입한 회원일 확률은 55%이다. 동호회 회원 중 직장인 1명을 선택했을 때, 이 회원이 사교를 목적으로 가입한 회원일 확률을 고르면?

① $\frac{1}{5}$ ② $\frac{13}{60}$ ③ $\frac{7}{30}$

④ $\frac{1}{4}$ ⑤ $\frac{4}{15}$

15 다음 [그래프]는 2024년 월별 청년 고용률 및 실업률에 대한 자료이다. 이를 바탕으로 제시된 기간의 월평균 고용률과 월평균 실업률의 차를 고르면?

[2024년 월별 청년 고용률 및 실업률]

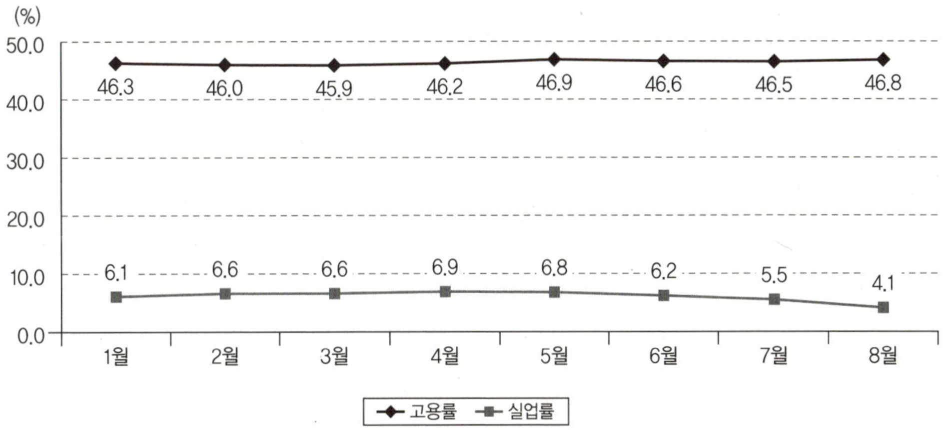

① 40.2%p ② 40.3%p ③ 40.4%p

④ 40.5%p ⑤ 40.6%p

16

다음 [표]는 주요 직업별 종사자 총 2만 명을 대상으로 주 평균 여가시간을 조사한 자료이다. 이를 바탕으로 [보기]에서 옳은 것을 고르면?

[주요 직업별 주 평균 여가시간]

구분	일반 회사직	자영업자	공교육직	사교육직	교육 외 공무직	연구직	의료직
1시간 미만	22%	36%	4%	36%	32%	69%	52%
1시간 이상 3시간 미만	45%	35%	12%	35%	28%	1%	5%
3시간 이상 5시간 미만	20%	25%	39%	25%	22%	7%	2%
5시간 이상	13%	4%	45%	4%	18%	23%	41%
응답자 수	4,400명	1,800명	2,800명	2,500명	3,800명	2,700명	2,000명

보기

㉠ 응답자 수가 두 번째로 많은 직업의 응답 비율이 가장 높은 평균 여가시간은 1시간 이상 3시간 미만이다.

㉡ 평균 여가시간이 5시간 이상이라고 응답한 비율이 세 번째로 높은 직업의 평균 여가시간이 5시간 이상인 응답자 수는 621명이다.

㉢ 평균 여가시간이 1시간 이상 5시간 미만인 응답자 수는 공교육직이 사교육직보다 72명 더 적다.

㉣ 가장 많은 직업에서 응답 비율이 가장 높은 평균 여가시간은 1시간 이상 3시간 미만이다.

① ㉠, ㉡ ② ㉠, ㉢ ③ ㉡, ㉢
④ ㉡, ㉣ ⑤ ㉢, ㉣

17 다음 [표]는 지역별 에너지원별 소비량에 대한 자료이다. 이를 바탕으로 옳은 것을 고르면?

[지역별 에너지원별 소비량]

(단위: 만 토(toe))

구분	석탄	석유	천연가스	수력 · 풍력	원자력
서울	885	2,849	583	2	574
인천	1,210	3,120	482	4	662
경기	2,332	2,225	559	3	328
대전	1,004	998	382	0.5	112
강원	3,120	1,552	101	28	53
부산	988	1,110	220	6	190
충청	589	1,289	88	4	62
전라	535	1,421	48	2	48
경상	857	1,385	58	2	55
대구	1,008	1,885	266	1	258
울산	552	888	53	1.5	65
광주	338	725	31	1	40
제주	102	1,420	442	41	221
합계	13,520	20,867	3,313	96	2,668

① 원자력 소비량이 천연가스 소비량보다 많은 지역은 총 4개이다.

② 제시된 지역 중 원자력과 석유를 가장 많이 사용한 지역은 강원이다.

③ 서울, 경기, 인천의 천연가스 소비량은 총 1,524만 토이다.

④ 수력 · 풍력 소비량은 강원이 충청의 700%이다.

⑤ 광주에서 소비량이 두 번째로 많은 에너지원이 해당 에너지원의 합계에서 차지하는 비중은 2.5%이다.

[18~19] 다음 [표]는 K국의 국가철도 주요 시설 현황에 대한 자료이다. 이를 바탕으로 질문에 답하시오.

[K국의 국가철도 주요 시설 현황]

1. 구조물

구분	교량	터널	옹벽	구교	하수	승강장	합계
개소	3,282	784	5,648	3,678	7,252	1,216	21,860
연장(km)	554.8	823.6	731.0	12.2	147.4	294.2	2,563

2. 궤도시설

구분	궤도(km)	침목(천 개)	분기기(틀)
일반선	7,930.3	13,302	10,951
고속선	1,433.8	2,357	527
합계	9,364.1	15,659	11,478

3. 건널목 및 입체교차 시설

• 건널목

(단위: 개소)

1종	2종	3종	합계
903	5	93	1,001

• 입체교차

(단위: 개소)

가도교	과선교	지하도	인도육교	입체통로	합계
1,624	822	273	149	839	3,707

4. 건축물 및 역사

구분		정거장	사무소	공장 및 운전건물	주택 및 기타건물	합계
건축물	동수(동)	1,911	1,135	1,573	470	5,089
	면적(천 m^2)	3,168	581	1,361	171	5,281
역사(동)		RC 및 철골조		조적조	목조 및 기타	합계
		468		137	33	638

5. 전철전력

구분	변전소(개소)	급전구분소(개소)	송전선로(km)	전차선로(km)	배전선로(km)
일반선	45	48	1,111.1	7,016.6	13,855
고속선	13	15	388.8	1,705.8	3,712
합계	58	63	1499.9	8,722.4	17,567

6. 정보통신

(단위: 대)

전송설비	열차무선설비	여객안내설비	영상설비	역무자동화설비
2,286	19,515	4,695	23,750	10,865

18 다음 중 자료에 대한 설명으로 옳지 않은 것을 고르면?

① 입체교차가 건널목보다 2,706개소 더 많다.

② 구조물 중 개소가 세 번째로 많은 구조물이 전체 구조물에서 차지하는 비중은 15% 이상이다.

③ 주택 및 기타건물의 1동당 면적은 400m^2 이상이다.

④ 정보통신 설비 중 가장 많은 설비와 가장 적은 설비의 합은 총 26,036대이다.

⑤ 전차선로는 일반선이 고속선의 4배 이상이다.

19 주어진 자료를 참고하여 그래프로 나타낸 것으로 옳지 않은 것을 고르면?(단, 소수점 둘째 자리에서 반올림한다.)

① [건널목 종별 비중]

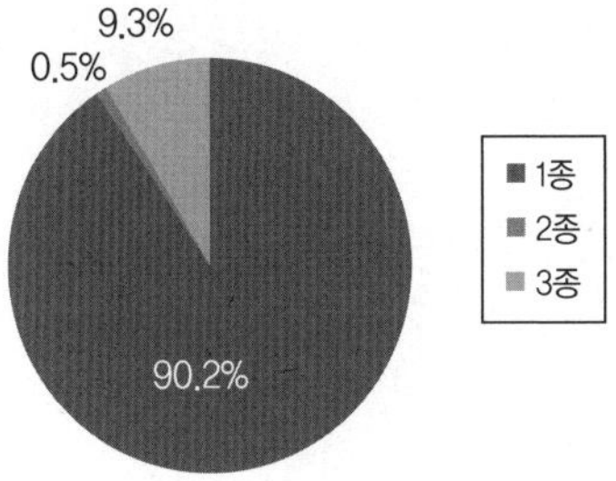

② [일반선 및 고속선의 변전소 및 급전구분소 현황]

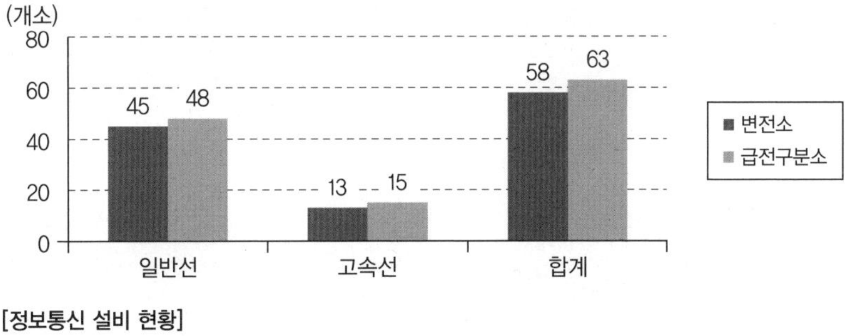

③ [정보통신 설비 현황]

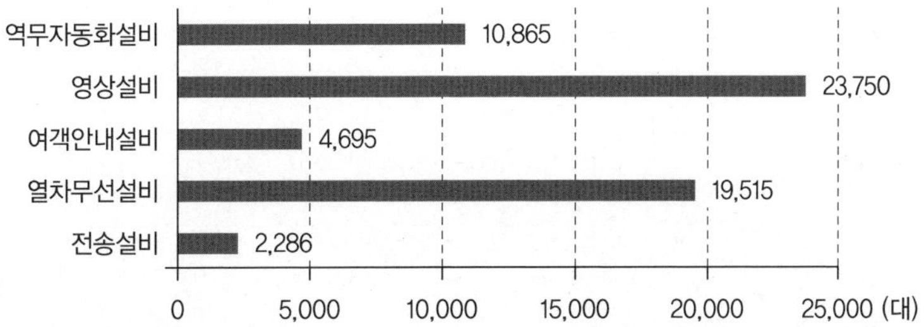

④ [역사 골조별 비중]

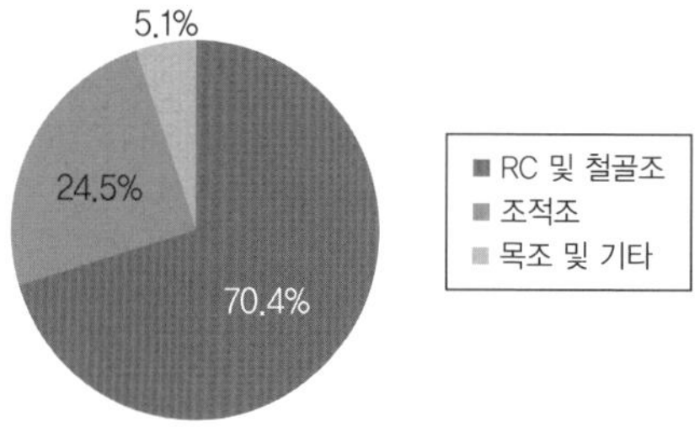

⑤ [구조물별 연장 길이 현황]

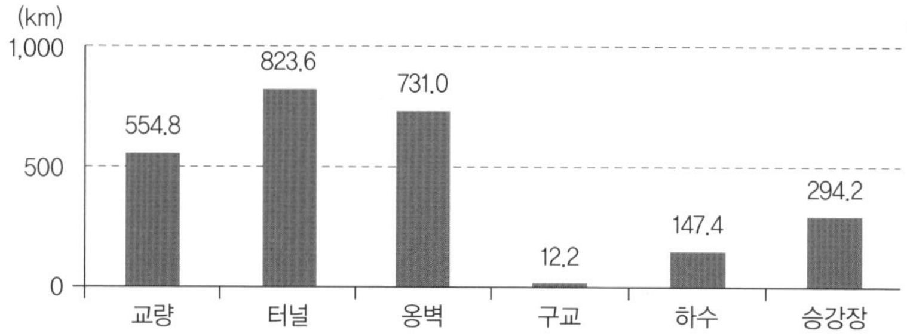

20

다음 [표]는 전국과 주요 지역별 전국 주택보급률에 대한 자료이다. 이를 바탕으로 [보기]에서 옳지 않은 것의 개수를 고르면?

[연도별 전국 주택보급률]

(단위: 천 호, %)

구분		2017년	2018년	2019년	2020년	2021년
전국	가구 수	19,111	19,368	19,674	19,979	20,343
	주택 수	19,559	19,877	20,313	20,818	21,310
	주택보급률	102.3	102.6	103.3	104.2	104.8
서울	가구 수	3,785	3,785	3,813	3,840	3,896
	주택 수	3,633	3,644	3,672	3,682	3,739
	주택보급률	96	96.3	96.3	95.9	96
부산	가구 수	1,336	1,344	1,354	1,364	1,377
	주택 수	1,370	1,376	1,396	1,413	1,439
	주택보급률	102.6	102.3	103.1	103.6	104.5
대구	가구 수	929	936	948	958	969
	주택 수	943	966	988	996	1,001
	주택보급률	101.6	103.3	104.3	104	103.3
인천	가구 수	1,045	1,063	1,080	1,095	1,121
	주택 수	1,055	1,073	1,084	1,108	1,123
	주택보급률	101	100.9	100.4	101.2	100.2
광주	가구 수	567	569	576	579	587
	주택 수	587	595	606	617	628
	주택보급률	103.5	104.5	105.3	106.6	107
대전	가구 수	583	591	598	602	609
	주택 수	595	601	605	612	618
	주택보급률	102.2	101.7	101.2	101.6	101.4

보기

㉠ 2018년 이후 가구 수와 주택 수는 모든 주요 지역에서 매년 전년 대비 증가하였다.
㉡ 2020년 전국 주택 수에서 부산과 대구의 주택 수가 차지하는 비중은 11% 이상이다.
㉢ 주요 지역 중 2018년 주택 수가 가장 적은 지역은 3년 뒤에도 주택 수가 가장 적다.
㉣ 2년 전 대비 2019년 가구 수의 증가량이 주택 수의 증가량보다 큰 주요 지역은 1개이다.

① 0개　② 1개　③ 2개
④ 3개　⑤ 4개

21

A~E 5명이 수행평가로 제자리멀리뛰기를 하였다. 측정 결과가 나오기 전에 순위를 예측해 보기 위해 [대화]를 했을 때, 5명 중 1명은 거짓을 말하고 있다. A, B, C, D, E의 순위로 가능한 것을 고르면?(단, 거짓을 말하는 사람의 진술은 모두 거짓이고, 진실을 말하는 사람의 진술은 모두 진실이다.)

대화

- A: 나는 D와 B보다는 멀리 뛰었어.
- B: 나는 1등이 아니고, 3등도 아니야.
- C: 나는 E보다는 멀리 뛰었지만, B보다는 멀리 뛰지 못했어.
- D: 나는 A와 B보다 멀리 뛰었어.
- E: 나는 2등도 아니고, 4등도 아니야.

① A－B－C－D－E
② B－C－A－E－D
③ C－E－B－D－A
④ D－B－C－E－A
⑤ E－D－B－A－C

22

강한 오피스텔 입주민들은 다음 [조건]에 따라 재활용쓰레기를 배출할 수 있다. 다음 중 옳지 않은 것을 고르면?

조건

- 강한 오피스텔은 A~E 5개의 동으로 이루어져 있다.
- 하루에는 1개 동 주민들만 재활용쓰레기 배출이 가능하다.
- 재활용쓰레기 배출은 3일 간격으로 이루어진다.
  예 월요일 배출 → 목요일 배출
- 5개 동의 재활용쓰레기 배출 순서는 'B → A → E → C → D'이며, 마지막 동의 순서 뒤에는 다시 첫 번째 동의 재활용쓰레기 배출 순서가 된다.
- 일주일은 일요일부터 시작해 토요일로 끝난다.
- 첫 번째 재활용쓰레기 배출은 7월 1일 수요일에 이루어졌다.

① 7월과 8월 중 A동과 C동이 모두 재활용쓰레기 배출을 한 주가 있다.
② 7월에 가장 마지막으로 재활용쓰레기를 배출한 동은 B동이다.
③ 7월과 8월 중 A동이 목요일에 재활용쓰레기를 배출한 적이 있다.
④ 7월 30일에는 어느 동도 재활용쓰레기를 배출할 수 없다.
⑤ D동이 처음으로 재활용쓰레기를 배출하는 요일은 월요일이다.

[23~24] 다음은 한 변의 길이가 1인 정사각형으로 표시된 사랑마을 지도이다. 사랑마을 지도 위에는 A, B, C, D, E, F 6개의 마트가 표시되어 있다. 이를 바탕으로 질문에 답하시오.

[사랑마을 지도]

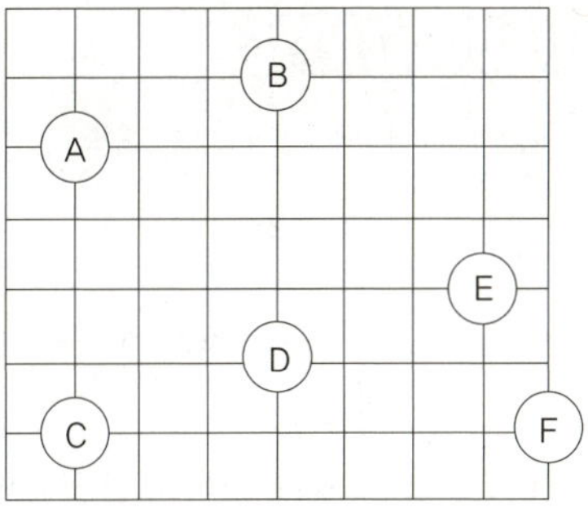

23

다음 [조건]을 만족하는 위치에 도매시장을 설립한다고 할 때, 총유통비용은 얼마인지 고르면?

조건

- 사랑도시에 도매시장을 설립하여 각 마트에 저렴하게 식자재를 공급할 예정이다.
- 길이가 1인 한 변을 이동하는 데 드는 유통비용은 1,000원이다.
- 모든 이동은 변을 따라서만 가능하다.
  예 대각선의 이동은 불가하다.
- 모든 마트에 납품되는 식자재는 도매시장에서 출발한다.
- 지도에 표시된 마트 외에 식자재가 유통되는 곳은 없다.
- 이미 마트가 지어진 위치에는 도매시장을 설립할 수 없다.
- 도매시장은 총유통비용이 최소가 되는 곳에 설립한다.

① 20,000원 ② 21,000원 ③ 22,000원
④ 23,000원 ⑤ 24,000원

24

다른 [조건]은 모두 동일하나, 유류비의 상승으로 가로의 길이가 1인 한 변을 이동하는 데 드는 비용은 2,000원, 세로의 길이가 1인 한 변을 이동하는 데 드는 비용은 3,000원으로 유통비용이 변하였다고 할 때, 총유통비용은 얼마인지 고르면?

① 53,000원 ② 54,000원 ③ 55,000원
④ 56,000원 ⑤ 57,000원

[25~26] 다음은 부산으로 출장을 가는 어촌어항재생팀의 좌석 배치에 대한 자료와 [조건]이다. 이를 바탕으로 질문에 답하시오.

[기차 좌석 구조]

	가 석	나 석		다 석	라 석	
1열			통로	×		앞
2열	×		통로			뒤

좌 ↔ 우

조건

- 출장인원은 A팀장, B대리, C주임, D주임, E사원이다.
- 출장인원은 기차의 1열 가 석부터 2열 라 석까지의 좌석 중 한 곳에 앉는다.
- ×가 표시된 곳은 이미 예약된 좌석으로 선택할 수 없다.
- B대리는 E사원과 이웃하여 앉아야 한다.
- A팀장은 반드시 통로쪽 좌석에 앉는다.
- D주임은 가 석 중 한 곳에 앉는다.
- C주임은 D주임보다 뒤쪽 열에 앉아야 한다.
- B대리는 2열 라 석에 앉는다.

※ 단, 이웃하여 앉는 것은 통로를 사이에 두지 않고 좌우 혹은 앞뒤로 앉는 것을 의미한다.

25 다음 [보기]에서 반드시 참인 것을 모두 고르면?

보기

㉠ E사원은 A팀장과 이웃하여 앉을 수 있다.
㉡ A팀장은 D주임과 이웃하여 앉는다.
㉢ E사원은 C주임보다 앞의 열에 앉지 않는다.
㉣ C주임은 2열 다 석에 앉을 수 있다.

① ㉠ ② ㉣ ③ ㉠, ㉡
④ ㉡, ㉢ ⑤ ㉢, ㉣

26

A팀장은 C주임에게 이번 출장지에서 발표할 발표 자료의 준비를 지시한 뒤, 출장지로 향하는 기차에서 받기로 하였다. 이에 따라 C주임이 A팀장과 이웃하여 앉아야 한다고 할 때, 반드시 2열에 앉는 직원들로 알맞게 묶인 것을 고르면?

① A팀장, B대리
② A팀장, C주임
③ B대리, C주임
④ B대리, E사원
⑤ D주임, A팀장

27

다음은 산림청에서 발표한 보도자료이다. 보도자료에 대한 내용으로 적절하지 않은 것을 고르면?

공공시설의 국산 목재 이용 확대로 탄소중립 실현

– 국산 목재 이용 확대를 위한 산림청 · 경기주택도시공사(GH) 업무협약 체결화

산림청과 경기주택도시공사는 서울 여의도 산림스마트워크 회의실에서 탄소중립을 실현하기 위한 국산 목재 이용 및 목조건축 활성화 업무협약(MOU)을 체결했다고 1일 밝혔다. 이번 협약을 통해 산림청은 국산 목재 사용을 촉진하는 법적 · 제도적 지원을 마련하고 경기주택공사에서 시행하는 공원, 공공건축물 조성 시 국산 목재를 우선 사용해 목재 이용을 확대한다. 유엔기후변화협약(UNFCCC)에서 탄소저장고로 인정하는 국산 목재는 철근 · 콘크리트 등과 같은 건축자재와 달리 제조 과정에서 탄소를 배출하지 않아 건축 분야에서 친환경 소재로 주목받고 있다.

경기주택도시공사는 지난 8월 넷제로 · 알이100(Net−Zero · RE100) 달성 전략과 로드맵을 발표하고 온실가스 감축을 위해 △신재생에너지 사업 참여 △기존 임대주택 태양광 설치 △공공주택 모듈러 건축* △탄소 상쇄 공원 조성 등을 적극 추진하고 있다.

*(모듈러 건축) 건축물 주요 부분을 공장에서 미리 제작한 후 현장으로 운반하여 조립하는 건축방식

산림청은 목재 가공 · 생산 · 유통 기반 시설을 확대해 국산 목재 공급망을 원활히 하고 △목재 친화 도시 조성 △목조건축 실연사업 △다중이용시설 실내 목질화 △어린이 이용 시설 목조화 등 지원 정책을 통해 공공부문의 국산 목재 이용률을 높여 나갈 방침이다. 산림청장은 "국제적으로 대기 중의 탄소를 줄이기 위한 친환경 해결 방안으로 목조건축물이 급부상하고 있다"라며, "공공시설의 국산 목재 이용 확대로 탄소중립을 실현할 수 있도록 경기주택공사와 협력해 나가겠다"라고 말했다.

① 산림청은 목재 생산 기반 시설을 확대할 계획이다.
② 공공시설에 국산 목재를 이용하는 빈도가 늘어나면 탄소중립을 실현할 수 있다.
③ 경기주택공사에서는 국산 목재를 이용해 공원을 조성할 것이다.
④ 모듈러 건축은 건축물의 주요 부분을 현장에서 바로 제작하여 건축하는 방식이다.
⑤ 건축자재 중 하나인 콘크리트는 제조 과정에서 탄소를 배출한다.

[28~30] 다음은 ○○공단의 지역가입자 건강보험료 산정 기준에 대한 자료이다. 이를 바탕으로 질문에 답하시오.

[지역가입자 건강보험료 산정 기준]

- (지역가입자 건강보험료)(원)=(소득월액보험료)+(재산보험료)
- 소득월액보험료 산정법
  - 소득월액보험료는 연소득에 따라 다음과 같은 2가지 방법으로 산정함

구분	소득월액보험료
연소득이 336만 원 이하인 경우	19,780원
연소득이 336만 원 초과인 경우	{연소득(원)÷12}×(건강보험료율)

  - 이자, 배당, 사업, 기타소득은 전액을 연소득으로 적용함
  - 근로, 연금소득은 50%만 연소득으로 적용함
  - 현재 건강보험료율은 7.09%(=0.0709)임
  - 산정된 소득월액보험료의 10원 단위 미만은 절사함
- 재산보험료 산정법
  - 재산(토지, 주택, 건축물, 선박, 항공기, 전/월세) 금액에 따라 재산보험료 부과점수가 결정되고, 재산보험료 부과점수에 부과점수당 금액(현재 208.4원)을 곱하여 산정함
  - 토지, 주택, 건축물, 선박, 항공기는 재산가액의 전액을 재산 금액으로 적용함
  - 전/월세 세입자는 {보증금+(월세금액×40)}의 30%만 재산 금액으로 적용함
  - 재산 금액에서 1억 원을 공제한 금액을 바탕으로 아래 표의 구간에 따라 재산보험료 부과점수를 결정함(공제 후 재산 금액이 0원인 경우, 0점)

공제 후 재산 금액(만 원)	점수(점)	공제 후 재산 금액(만 원)	점수(점)
0 초과 450 이하	22	38,800 초과 43,200 이하	757
450 초과 900 이하	44	43,200 초과 48,100 이하	785
900 초과 1,350 이하	66	48,100 초과 53,600 이하	812
1,350 초과 1,800 이하	97	53,600 초과 59,700 이하	841
1,800 초과 2,250 이하	122	59,700 초과 66,500 이하	881
2,250 초과 2,700 이하	146	66,500 초과 74,000 이하	921
2,700 초과 3,150 이하	171	74,000 초과 82,400 이하	961
3,150 초과 3,600 이하	195	82,400 초과 91,800 이하	1,001
3,600 초과 4,050 이하	219	91,800 초과 103,000 이하	1,041
4,050 초과 4,500 이하	244	103,000 초과 114,000 이하	1,091
4,500 초과 5,020 이하	268	114,000 초과 127,000 이하	1,141
5,020 초과 5,590 이하	294	127,000 초과 142,000 이하	1,191
5,590 초과 6,220 이하	320	142,000 초과 158,000 이하	1,241

6,220 초과 6,930 이하	344	158,000 초과 176,000 이하	1,291
6,930 초과 7,710 이하	365	176,000 초과 196,000 이하	1,341
7,710 초과 8,590 이하	386	196,000 초과 218,000 이하	1,391
8,590 초과 9,570 이하	412	218,000 초과 242,000 이하	1,451
9,570 초과 10,700 이하	439	242,000 초과 270,000 이하	1,511
10,700 초과 11,900 이하	465	270,000 초과 300,000 이하	1,571
11,900 초과 13,300 이하	490	300,000 초과 330,000 이하	1,641
13,300 초과 14,800 이하	516	330,000 초과 363,000 이하	1,711
14,800 초과 16,400 이하	535	363,000 초과 399,300 이하	1,781
16,400 초과 18,300 이하	559	399,300 초과 439,230 이하	1,851
18,300 초과 20,400 이하	586	439,230 초과 483,153 이하	1,921
20,400 초과 22,700 이하	611	483,153 초과 531,468 이하	1,991
22,700 초과 25,300 이하	637	531,468 초과 584,615 이하	2,061
25,300 초과 28,100 이하	659	584,615 초과 643,077 이하	2,131
28,100 초과 31,300 이하	681	643,077 초과 707,385 이하	2,201
31,300 초과 34,900 이하	706	707,385 초과 778,124 이하	2,271
34,900 초과 38,800 이하	731	778,124 초과	2,341

– 산정된 재산보험료의 10원 단위 미만은 절사함

• 지역가입자 건강보험료의 하한금액과 상한금액

– 하한금액: 19,780원

– 상한금액: 4,504,170원

28 주어진 자료에 대한 설명으로 옳은 것을 [보기]에서 모두 고르면?

보기

㉠ 지역가입자가 현금으로 자동차를 구매하여도 재산보험료는 변하지 않는다.

㉡ 소득이 없는 지역가입자에게도 건강보험료의 상한금액까지 청구될 수 있다.

㉢ 한 달에 받는 연금소득이 50만 원으로 일정하고, 그 외의 소득은 없는 지역가입자의 소득월액보험료는 35,450원이다.

㉣ 보증금 3억 원짜리 전세를 살면서 별도의 재산이 없는 지역가입자의 보증금이 4억 원으로 1억 원 높아지면 이 지역가입자가 추가로 내야 하는 재산보험료는 25,420원이다.

① ㉠, ㉡　② ㉠, ㉣　③ ㉡, ㉢

④ ㉡, ㉣　⑤ ㉢, ㉣

29

다음 [조건]은 지역가입자 A씨의 소득 및 재산 상황이다. A씨가 주택을 매각하고 전세로 옮겼을 때 아낄 수 있는 건강보험료 금액을 고르면?

조건

- A씨의 연 연금소득은 4,800만 원이며, 그 외 소득은 없다.
- A씨는 재산가액이 5억 원인 주택을 소유하고 있었으나, 이를 매각하고 보증금 5억 원짜리 전세로 옮겼다.
- A씨는 그 외의 재산은 없다.

① 46,260원 ② 57,730원 ③ 101,900원
④ 106,910원 ⑤ 113,370원

30

다음 [조건]은 지역가입자 B씨의 소득 및 재산 상황이다. 주어진 자료와 [조건]을 바탕으로 B씨에게 청구되는 건강보험료를 고르면?

조건

- B씨의 연 사업소득은 8,160만 원이며, 그 외 소득은 없다.
- B씨는 재산가액이 8억 원인 토지를 소유하고 있으며, 보증금 5,000만 원, 월세 200만 원짜리 월세를 살고 있다.
- B씨는 그 외의 재산은 없다.

① 665,720원 ② 674,050원 ③ 682,390원
④ 690,720원 ⑤ 699,060원

정답과 해설 p.75

절취선

오N완 실전 OMR

성 명

1 (초성)	1 (중성)	1 (종성)	2 (초성)	2 (중성)	2 (종성)	3 (초성)	3 (중성)	3 (종성)	4 (초성)	4 (중성)	4 (종성)
㉠	㉮	㉠	㉠	㉮	㉠	㉠	㉮	㉠	㉠	㉮	㉠

성명 칸: 글자 4칸, 각 칸은 초성·중성·종성 표기 열
- 초성: ㄱ ㄴ ㄷ ㄹ ㅁ ㅂ ㅅ ㅇ ㅈ ㅊ ㅋ ㅌ ㅍ ㅎ (2~4칸: ㄲ ㄸ ㅃ ㅆ ㅉ 추가)
- 중성: ㅏ ㅑ ㅓ ㅕ ㅗ ㅛ ㅜ ㅠ ㅡ ㅣ ㅐ ㅒ ㅔ ㅖ ㅘ ㅙ ㅚ ㅝ ㅞ ㅟ ㅢ
- 종성: ㄱ ㄴ ㄷ ㄹ ㅁ ㅂ ㅅ ㅇ ㅈ ㅊ ㅋ ㅌ ㅍ ㅎ (2~4칸: ㄲ ㄸ ㅃ ㅆ ㅉ ㄺ ㄻ 추가)

수 험 번 호

⓪	⓪	⓪	⓪	⓪	⓪
①	①	①	①	①	①
②	②	②	②	②	②
③	③	③	③	③	③
④	④	④	④	④	④
⑤	⑤	⑤	⑤	⑤	⑤
⑥	⑥	⑥	⑥	⑥	⑥
⑦	⑦	⑦	⑦	⑦	⑦
⑧	⑧	⑧	⑧	⑧	⑧
⑨	⑨	⑨	⑨	⑨	⑨

출 생 월 일

⓪	⓪	⓪	⓪	⓪	⓪
①	①	①	①	①	①
②	②	②	②	②	②
③	③	③	③	③	③
④	④	④	④	④	④
⑤	⑤	⑤	⑤	⑤	⑤
⑥	⑥	⑥	⑥	⑥	⑥
⑦	⑦	⑦	⑦	⑦	⑦
⑧	⑧	⑧	⑧	⑧	⑧
⑨	⑨	⑨	⑨	⑨	⑨

수험생 유의사항

(1) 아래와 같은 방식으로 답안지를 바르게 작성한다.
[보기] ① ② ● ④ ⑤

(2) 성명란은 왼쪽부터 빠짐없이 순서대로 작성한다.

(3) 수험번호는 각자 자신에게 부여받은 번호를 표기하여 작성한다.

(4) 출생 월일은 아래와 같은 방식으로 작성한다.
(예) 2002년 4월 1일 → 020401

01	① ② ③ ④ ⑤		11	① ② ③ ④ ⑤		21	① ② ③ ④ ⑤
02	① ② ③ ④ ⑤		12	① ② ③ ④ ⑤		22	① ② ③ ④ ⑤
03	① ② ③ ④ ⑤		13	① ② ③ ④ ⑤		23	① ② ③ ④ ⑤
04	① ② ③ ④ ⑤		14	① ② ③ ④ ⑤		24	① ② ③ ④ ⑤
05	① ② ③ ④ ⑤		15	① ② ③ ④ ⑤		25	① ② ③ ④ ⑤
06	① ② ③ ④ ⑤		16	① ② ③ ④ ⑤		26	① ② ③ ④ ⑤
07	① ② ③ ④ ⑤		17	① ② ③ ④ ⑤		27	① ② ③ ④ ⑤
08	① ② ③ ④ ⑤		18	① ② ③ ④ ⑤		28	① ② ③ ④ ⑤
09	① ② ③ ④ ⑤		19	① ② ③ ④ ⑤		29	① ② ③ ④ ⑤
10	① ② ③ ④ ⑤		20	① ② ③ ④ ⑤		30	① ② ③ ④ ⑤

절취선

오N완 실전 OMR

성 명

㉠	㉮	㉠	㉠	㉮	㉠	㉠	㉮	㉠	㉠	㉮	㉠
㉡	㉯	㉡	㉡	㉯	㉡	㉡	㉯	㉡	㉡	㉯	㉡
㉢	㉰	㉢	㉢	㉰	㉢	㉢	㉰	㉢	㉢	㉰	㉢
㉣	㉱	㉣	㉣	㉱	㉣	㉣	㉱	㉣	㉣	㉱	㉣
㉤	㉲	㉤	㉤	㉲	㉤	㉤	㉲	㉤	㉤	㉲	㉤
㉥	㉳	㉥	㉥	㉳	㉥	㉥	㉳	㉥	㉥	㉳	㉥
㉦	㉴	㉦	㉦	㉴	㉦	㉦	㉴	㉦	㉦	㉴	㉦
㉧	㉵	㉧	㉧	㉵	㉧	㉧	㉵	㉧	㉧	㉵	㉧
㉨	㉶	㉨	㉨	㉶	㉨	㉨	㉶	㉨	㉨	㉶	㉨
㉩	㉷	㉩	㉩	㉷	㉩	㉩	㉷	㉩	㉩	㉷	㉩
㉪	㉸	㉪	㉪	㉸	㉪	㉪	㉸	㉪	㉪	㉸	㉪
㉫	㉹	㉫	㉫	㉹	㉫	㉫	㉹	㉫	㉫	㉹	㉫
㉬	㉺	㉬	㉬	㉺	㉬	㉬	㉺	㉬	㉬	㉺	㉬
㉭	㉻	㉭	㉭	㉻	㉭	㉭	㉻	㉭	㉭	㉻	㉭

수 험 번 호

⓪	⓪	⓪	⓪	⓪	⓪
①	①	①	①	①	①
②	②	②	②	②	②
③	③	③	③	③	③
④	④	④	④	④	④
⑤	⑤	⑤	⑤	⑤	⑤
⑥	⑥	⑥	⑥	⑥	⑥
⑦	⑦	⑦	⑦	⑦	⑦
⑧	⑧	⑧	⑧	⑧	⑧
⑨	⑨	⑨	⑨	⑨	⑨

출 생 월 일

⓪	⓪	⓪	⓪	⓪	⓪
①	①	①	①	①	①
②	②	②	②	②	②
③	③	③	③	③	③
④	④	④	④	④	④
⑤	⑤	⑤	⑤	⑤	⑤
⑥	⑥	⑥	⑥	⑥	⑥
⑦	⑦	⑦	⑦	⑦	⑦
⑧	⑧	⑧	⑧	⑧	⑧
⑨	⑨	⑨	⑨	⑨	⑨

수험생 유의사항

(1) 아래와 같은 방식으로 답안지를 바르게 작성한다.
[보기] ① ② ● ④ ⑤

(2) 성명란은 왼쪽부터 빠짐없이 순서대로 작성한다.

(3) 수험번호는 각자 자신에게 부여받은 번호를 표기하여 작성한다.

(4) 출생 월일은 아래와 같은 방식으로 작성한다.
(예) 2002년 4월 1일 → 020401

01	① ② ③ ④ ⑤	11	① ② ③ ④ ⑤	21	① ② ③ ④ ⑤
02	① ② ③ ④ ⑤	12	① ② ③ ④ ⑤	22	① ② ③ ④ ⑤
03	① ② ③ ④ ⑤	13	① ② ③ ④ ⑤	23	① ② ③ ④ ⑤
04	① ② ③ ④ ⑤	14	① ② ③ ④ ⑤	24	① ② ③ ④ ⑤
05	① ② ③ ④ ⑤	15	① ② ③ ④ ⑤	25	① ② ③ ④ ⑤
06	① ② ③ ④ ⑤	16	① ② ③ ④ ⑤	26	① ② ③ ④ ⑤
07	① ② ③ ④ ⑤	17	① ② ③ ④ ⑤	27	① ② ③ ④ ⑤
08	① ② ③ ④ ⑤	18	① ② ③ ④ ⑤	28	① ② ③ ④ ⑤
09	① ② ③ ④ ⑤	19	① ② ③ ④ ⑤	29	① ② ③ ④ ⑤
10	① ② ③ ④ ⑤	20	① ② ③ ④ ⑤	30	① ② ③ ④ ⑤

절취선

오N완 실전 OMR

성 명

(Four syllable blocks; each block has a first-consonant column, a vowel column and a final-consonant column.)

Block 1:
- ㉠ ㉡ ㉢ ㉣ ㉤ ㉥ ㉦ ㉧ ㉨ ㉩ ㉪ ㉫ ㉬ ㉭
- ㅏ ㅑ ㅓ ㅕ ㅗ ㅛ ㅜ ㅠ ㅡ ㅣ ㅐ ㅒ ㅔ ㅖ ㅘ ㅙ ㅚ ㅝ ㅞ ㅟ ㅢ
- ㉠ ㉡ ㉢ ㉣ ㉤ ㉥ ㉦ ㉧ ㉨ ㉩ ㉪ ㉫ ㉬ ㉭

Blocks 2–4 (each):
- ㉠ ㉡ ㉢ ㉣ ㉤ ㉥ ㉦ ㉧ ㉨ ㉩ ㉪ ㉫ ㉬ ㉭ ㄲ ㄸ ㅃ ㅆ ㅉ
- ㅏ ㅑ ㅓ ㅕ ㅗ ㅛ ㅜ ㅠ ㅡ ㅣ ㅐ ㅒ ㅔ ㅖ ㅘ ㅙ ㅚ ㅝ ㅞ ㅟ ㅢ
- ㉠ ㉡ ㉢ ㉣ ㉤ ㉥ ㉦ ㉧ ㉨ ㉩ ㉪ ㉫ ㉬ ㉭ ㄲ ㄸ ㅃ ㅆ ㅉ ㄺ ㄻ

수 험 번 호

⓪	⓪	⓪	⓪	⓪	⓪
①	①	①	①	①	①
②	②	②	②	②	②
③	③	③	③	③	③
④	④	④	④	④	④
⑤	⑤	⑤	⑤	⑤	⑤
⑥	⑥	⑥	⑥	⑥	⑥
⑦	⑦	⑦	⑦	⑦	⑦
⑧	⑧	⑧	⑧	⑧	⑧
⑨	⑨	⑨	⑨	⑨	⑨

출 생 월 일

⓪	⓪	⓪	⓪	⓪	⓪
①	①	①	①	①	①
②	②	②	②	②	②
③	③	③	③	③	③
④	④	④	④	④	④
⑤	⑤	⑤	⑤	⑤	⑤
⑥	⑥	⑥	⑥	⑥	⑥
⑦	⑦	⑦	⑦	⑦	⑦
⑧	⑧	⑧	⑧	⑧	⑧
⑨	⑨	⑨	⑨	⑨	⑨

수험생 유의사항

(1) 아래와 같은 방식으로 답안지를 바르게 작성한다.
[보기] ① ② ● ④ ⑤

(2) 성명란은 왼쪽부터 빠짐없이 순서대로 작성한다.

(3) 수험번호는 각자 자신에게 부여받은 번호를 표기하여 작성한다.

(4) 출생 월일은 아래와 같은 방식으로 작성한다.
(예) 2002년 4월 1일 → 020401

01	① ② ③ ④ ⑤		11	① ② ③ ④ ⑤		21	① ② ③ ④ ⑤
02	① ② ③ ④ ⑤		12	① ② ③ ④ ⑤		22	① ② ③ ④ ⑤
03	① ② ③ ④ ⑤		13	① ② ③ ④ ⑤		23	① ② ③ ④ ⑤
04	① ② ③ ④ ⑤		14	① ② ③ ④ ⑤		24	① ② ③ ④ ⑤
05	① ② ③ ④ ⑤		15	① ② ③ ④ ⑤		25	① ② ③ ④ ⑤
06	① ② ③ ④ ⑤		16	① ② ③ ④ ⑤		26	① ② ③ ④ ⑤
07	① ② ③ ④ ⑤		17	① ② ③ ④ ⑤		27	① ② ③ ④ ⑤
08	① ② ③ ④ ⑤		18	① ② ③ ④ ⑤		28	① ② ③ ④ ⑤
09	① ② ③ ④ ⑤		19	① ② ③ ④ ⑤		29	① ② ③ ④ ⑤
10	① ② ③ ④ ⑤		20	① ② ③ ④ ⑤		30	① ② ③ ④ ⑤

절취선

오N완 실전 OMR

성 명

㉠	㉡	㉠	㉠	㉡	㉠	㉠	㉡	㉠	㉠	㉡	㉠

ㄱ ㄴ ㄷ ㄹ ㅁ ㅂ ㅅ ㅇ ㅈ ㅊ ㅋ ㅌ ㅍ ㅎ / ㅏ ㅑ ㅓ ㅕ ㅗ ㅛ ㅜ ㅠ ㅡ ㅣ ㅐ ㅒ ㅔ ㅖ ㅘ ㅙ ㅚ ㅝ ㅞ ㅟ ㅢ / ㄱ ㄴ ㄷ ㄹ ㅁ ㅂ ㅅ ㅇ ㅈ ㅊ ㅋ ㅌ ㅍ ㅎ

ㄱ ㄴ ㄷ ㄹ ㅁ ㅂ ㅅ ㅇ ㅈ ㅊ ㅋ ㅌ ㅍ ㅎ ㄲ ㄸ ㅃ ㅆ ㅉ / ㅏ ㅑ ㅓ ㅕ ㅗ ㅛ ㅜ ㅠ ㅡ ㅣ ㅐ ㅒ ㅔ ㅖ ㅘ ㅙ ㅚ ㅝ ㅞ ㅟ ㅢ / ㄱ ㄴ ㄷ ㄹ ㅁ ㅂ ㅅ ㅇ ㅈ ㅊ ㅋ ㅌ ㅍ ㅎ ㄲ ㄸ ㅃ ㅆ ㅉ ㄺ ㄻ

ㄱ ㄴ ㄷ ㄹ ㅁ ㅂ ㅅ ㅇ ㅈ ㅊ ㅋ ㅌ ㅍ ㅎ ㄲ ㄸ ㅃ ㅆ ㅉ / ㅏ ㅑ ㅓ ㅕ ㅗ ㅛ ㅜ ㅠ ㅡ ㅣ ㅐ ㅒ ㅔ ㅖ ㅘ ㅙ ㅚ ㅝ ㅞ ㅟ ㅢ / ㄱ ㄴ ㄷ ㄹ ㅁ ㅂ ㅅ ㅇ ㅈ ㅊ ㅋ ㅌ ㅍ ㅎ ㄲ ㄸ ㅃ ㅆ ㅉ ㄺ ㄻ

ㄱ ㄴ ㄷ ㄹ ㅁ ㅂ ㅅ ㅇ ㅈ ㅊ ㅋ ㅌ ㅍ ㅎ ㄲ ㄸ ㅃ ㅆ ㅉ / ㅏ ㅑ ㅓ ㅕ ㅗ ㅛ ㅜ ㅠ ㅡ ㅣ ㅐ ㅒ ㅔ ㅖ ㅘ ㅙ ㅚ ㅝ ㅞ ㅟ ㅢ / ㄱ ㄴ ㄷ ㄹ ㅁ ㅂ ㅅ ㅇ ㅈ ㅊ ㅋ ㅌ ㅍ ㅎ ㄲ ㄸ ㅃ ㅆ ㅉ ㄺ ㄻ

수 험 번 호

⓪	⓪	⓪	⓪	⓪	⓪
①	①	①	①	①	①
②	②	②	②	②	②
③	③	③	③	③	③
④	④	④	④	④	④
⑤	⑤	⑤	⑤	⑤	⑤
⑥	⑥	⑥	⑥	⑥	⑥
⑦	⑦	⑦	⑦	⑦	⑦
⑧	⑧	⑧	⑧	⑧	⑧
⑨	⑨	⑨	⑨	⑨	⑨

출 생 월 일

⓪	⓪	⓪	⓪	⓪	⓪
①	①	①	①	①	①
②	②	②	②	②	②
③	③	③	③	③	③
④	④	④	④	④	④
⑤	⑤	⑤	⑤	⑤	⑤
⑥	⑥	⑥	⑥	⑥	⑥
⑦	⑦	⑦	⑦	⑦	⑦
⑧	⑧	⑧	⑧	⑧	⑧
⑨	⑨	⑨	⑨	⑨	⑨

수험생 유의사항

(1) 아래와 같은 방식으로 답안지를 바르게 작성한다.
[보기] ① ② ● ④ ⑤

(2) 성명란은 왼쪽부터 빠짐없이 순서대로 작성한다.

(3) 수험번호는 각자 자신에게 부여받은 번호를 표기하여 작성한다.

(4) 출생 월일은 아래와 같은 방식으로 작성한다.
(예) 2002년 4월 1일 → 020401

01	①	②	③	④	⑤
02	①	②	③	④	⑤
03	①	②	③	④	⑤
04	①	②	③	④	⑤
05	①	②	③	④	⑤
06	①	②	③	④	⑤
07	①	②	③	④	⑤
08	①	②	③	④	⑤
09	①	②	③	④	⑤
10	①	②	③	④	⑤

11	①	②	③	④	⑤
12	①	②	③	④	⑤
13	①	②	③	④	⑤
14	①	②	③	④	⑤
15	①	②	③	④	⑤
16	①	②	③	④	⑤
17	①	②	③	④	⑤
18	①	②	③	④	⑤
19	①	②	③	④	⑤
20	①	②	③	④	⑤

21	①	②	③	④	⑤
22	①	②	③	④	⑤
23	①	②	③	④	⑤
24	①	②	③	④	⑤
25	①	②	③	④	⑤
26	①	②	③	④	⑤
27	①	②	③	④	⑤
28	①	②	③	④	⑤
29	①	②	③	④	⑤
30	①	②	③	④	⑤

절취선

오N완 실전 OMR

성 명

㉠	ㅏ	㉠	㉠	ㅏ	㉠	㉠	ㅏ	㉠	㉠	ㅏ	㉠
㉡	ㅑ	㉡	㉡	ㅑ	㉡	㉡	ㅑ	㉡	㉡	ㅑ	㉡
㉢	ㅓ	㉢	㉢	ㅓ	㉢	㉢	ㅓ	㉢	㉢	ㅓ	㉢
㉣	ㅕ	㉣	㉣	ㅕ	㉣	㉣	ㅕ	㉣	㉣	ㅕ	㉣
㉤	ㅗ	㉤	㉤	ㅗ	㉤	㉤	ㅗ	㉤	㉤	ㅗ	㉤
㉥	ㅛ	㉥	㉥	ㅛ	㉥	㉥	ㅛ	㉥	㉥	ㅛ	㉥
㉦	ㅜ	㉦	㉦	ㅜ	㉦	㉦	ㅜ	㉦	㉦	ㅜ	㉦
㉧	ㅠ	㉧	㉧	ㅠ	㉧	㉧	ㅠ	㉧	㉧	ㅠ	㉧
㉨	ㅡ	㉨	㉨	ㅡ	㉨	㉨	ㅡ	㉨	㉨	ㅡ	㉨
㉩	ㅣ	㉩	㉩	ㅣ	㉩	㉩	ㅣ	㉩	㉩	ㅣ	㉩
㉪	ㅐ	㉪	㉪	ㅐ	㉪	㉪	ㅐ	㉪	㉪	ㅐ	㉪
㉫	ㅒ	㉫	㉫	ㅒ	㉫	㉫	ㅒ	㉫	㉫	ㅒ	㉫
㉬	ㅔ	㉬	㉬	ㅔ	㉬	㉬	ㅔ	㉬	㉬	ㅔ	㉬
㉭	ㅖ	㉭	㉭	ㅖ	㉭	㉭	ㅖ	㉭	㉭	ㅖ	㉭
	ㅘ		ㄲ	ㅘ	ㄲ	ㄲ	ㅘ	ㄲ	ㄲ	ㅘ	ㄲ
	ㅙ		ㄸ	ㅙ	ㄸ	ㄸ	ㅙ	ㄸ	ㄸ	ㅙ	ㄸ
	ㅚ		ㅃ	ㅚ	ㅃ	ㅃ	ㅚ	ㅃ	ㅃ	ㅚ	ㅃ
	ㅝ		ㅆ	ㅝ	ㅆ	ㅆ	ㅝ	ㅆ	ㅆ	ㅝ	ㅆ
	ㅞ		ㅉ	ㅞ	ㅉ	ㅉ	ㅞ	ㅉ	ㅉ	ㅞ	ㅉ
	ㅟ			ㅟ	ㄺ		ㅟ	ㄺ		ㅟ	ㄺ
	ㅢ			ㅢ	ㄻ		ㅢ	ㄻ		ㅢ	ㄻ

수 험 번 호

⓪	⓪	⓪	⓪	⓪	⓪
①	①	①	①	①	①
②	②	②	②	②	②
③	③	③	③	③	③
④	④	④	④	④	④
⑤	⑤	⑤	⑤	⑤	⑤
⑥	⑥	⑥	⑥	⑥	⑥
⑦	⑦	⑦	⑦	⑦	⑦
⑧	⑧	⑧	⑧	⑧	⑧
⑨	⑨	⑨	⑨	⑨	⑨

출 생 월 일

⓪	⓪	⓪	⓪	⓪	⓪
①	①	①	①	①	①
②	②	②	②	②	②
③	③	③	③	③	③
④	④	④	④	④	④
⑤	⑤	⑤	⑤	⑤	⑤
⑥	⑥	⑥	⑥	⑥	⑥
⑦	⑦	⑦	⑦	⑦	⑦
⑧	⑧	⑧	⑧	⑧	⑧
⑨	⑨	⑨	⑨	⑨	⑨

수험생 유의사항

(1) 아래와 같은 방식으로 답안지를 바르게 작성한다.
[보기] ① ② ● ④ ⑤

(2) 성명란은 왼쪽부터 빠짐없이 순서대로 작성한다.

(3) 수험번호는 각자 자신에게 부여받은 번호를 표기하여 작성한다.

(4) 출생 월일은 아래와 같은 방식으로 작성한다.
(예) 2002년 4월 1일 → 020401

01	①	②	③	④	⑤	11	①	②	③	④	⑤	21	①	②	③	④	⑤
02	①	②	③	④	⑤	12	①	②	③	④	⑤	22	①	②	③	④	⑤
03	①	②	③	④	⑤	13	①	②	③	④	⑤	23	①	②	③	④	⑤
04	①	②	③	④	⑤	14	①	②	③	④	⑤	24	①	②	③	④	⑤
05	①	②	③	④	⑤	15	①	②	③	④	⑤	25	①	②	③	④	⑤
06	①	②	③	④	⑤	16	①	②	③	④	⑤	26	①	②	③	④	⑤
07	①	②	③	④	⑤	17	①	②	③	④	⑤	27	①	②	③	④	⑤
08	①	②	③	④	⑤	18	①	②	③	④	⑤	28	①	②	③	④	⑤
09	①	②	③	④	⑤	19	①	②	③	④	⑤	29	①	②	③	④	⑤
10	①	②	③	④	⑤	20	①	②	③	④	⑤	30	①	②	③	④	⑤

오늘
NCS
완료

3주차

※ DAY별 OMR 답안지는 DAY 15 문제 뒤에 수록되어 있습니다. 문제를 풀기 전 OMR 답안지를 잘라서 실전 연습을 해 보세요.

찾아가기

NCS 실전 훈련 실력진단표

NCS는 풀 수 있는 문제를 선별하는 능력과 높은 정답률이 중요한 시험입니다.

문제를 풀고 난 후, 제한시간(30분) 내에 푼 문제 수를 기록하고, 푼 문제 수 중에 맞힌 개수와 정답률을 기록해 보세요.

❗ '푼 문제 수'에는 정답을 체크하지 못하고 넘긴 문제는 포함하지 않습니다.

<table>
<tr><th>구분</th><th>학습날짜</th><th colspan="3">제한시간 내에 푼 문제 수</th><th>맞힌 개수/푼 문제 수(정답률)</th></tr>
<tr><td rowspan="3">DAY 11</td><td rowspan="3">__월 __일</td><td colspan="3">/30</td><td rowspan="3">____/____(　　%)</td></tr>
<tr><td>의사소통</td><td>수리</td><td>문제해결</td></tr>
<tr><td>/10</td><td>/10</td><td>/10</td></tr>
<tr><td rowspan="3">DAY 12</td><td rowspan="3">__월 __일</td><td colspan="3">/30</td><td rowspan="3">____/____(　　%)</td></tr>
<tr><td>의사소통</td><td>수리</td><td>문제해결</td></tr>
<tr><td>/10</td><td>/10</td><td>/10</td></tr>
<tr><td rowspan="3">DAY 13</td><td rowspan="3">__월 __일</td><td colspan="3">/30</td><td rowspan="3">____/____(　　%)</td></tr>
<tr><td>의사소통</td><td>수리</td><td>문제해결</td></tr>
<tr><td>/10</td><td>/10</td><td>/10</td></tr>
<tr><td rowspan="3">DAY 14</td><td rowspan="3">__월 __일</td><td colspan="3">/30</td><td rowspan="3">____/____(　　%)</td></tr>
<tr><td>의사소통</td><td>수리</td><td>문제해결</td></tr>
<tr><td>/10</td><td>/10</td><td>/10</td></tr>
<tr><td rowspan="3">DAY 15</td><td rowspan="3">__월 __일</td><td colspan="3">/30</td><td rowspan="3">____/____(　　%)</td></tr>
<tr><td>의사소통</td><td>수리</td><td>문제해결</td></tr>
<tr><td>/10</td><td>/10</td><td>/10</td></tr>
</table>

DAY 11

왜 틀렸지?

왜 실수했지?

매일 한 줄 복기

문제를 다 풀고 난 후 왜 틀렸는지, 자주 나오는 실수 패턴은 무엇인지, 어떤 문제부터 풀어보고 어떤 문제는 나중에 풀지를 바르게 판단했는지 복기해 보세요. 어느 부분이 부족한지 스스로 깨닫고, 다음 회차를 풀 때 적용한다면 NCS 실력이 빠르게 올라갈 것입니다.

작성 예시

- ✔ 지문 읽을 때 키워드부터 찾기! 지문 끊어 읽기! 선택지에서 체크한 키워드가 모두 나와야 한다.
- ✔ 그래프와 표 나올 때 제목이랑 단위부터 확인하기!
- ✔ 시간 내에 풀 수 있는 유형인지 아닌지를 꼭 체크하고 넘어가자. 무조건 넘기지 말자!
- ✔ 의사소통 먼저 풀면 시간이 절약되는 것 같음. 수리랑 문제해결 중 어떤 것부터 풀지 판단해 보자.

의사소통능력	
수리능력	
문제해결능력	

DAY 11

자동채점 바로가기

제한시간: 30분

01 다음 글의 밑줄 친 ㉠을 이해한 내용으로 적절하지 않은 것을 고르면?

'저작권'이란 인간의 사상이나 감정을 창의적으로 표현한 저작물을 보호하기 위해 저작자에게 부여한 권리를 말한다. 저작물은 '인간의 사상 또는 감정을 표현한 창작물'이며 저작자란 '저작 행위를 통해 저작물을 창작해 낸 사람'을 가리킨다. 그러므로 숨겨져 있던 다른 사람의 저작물을 발견했거나 발굴해 낸 사람, 저작물 작성을 의뢰한 사람, 저작에 관한 아이디어나 조언을 한 사람, 저작을 하는 동안 옆에서 도와주었거나 자료를 제공한 사람 등은 저작자가 될 수 없다. 저작물에는 1차적 저작물뿐만 아니라 2차적 저작물과 편집 저작물도 포함되어 있으므로 2차적 저작물 또는 편집 저작물의 작성자 또한 저작자가 된다.

저작권 보호와 관련하여 ㉠ "거인의 어깨 위 난쟁이는 거인보다 멀리 볼 수 있다."라는 말이 있다. 여기서 '거인'이란 현재의 저작자들보다 앞서 창작 활동을 통해 저작물을 남긴 선배 저작자를 가리키는 것인데, 이 말은 창작자가 다른 사람이 만들어 놓은 저작물을 모방하거나 인용할 수밖에 없다는 점을 강조한 것이다. 다만, 난쟁이가 거인의 어깨 위에 올라서는 특권을 누리기 위해서는 거인으로부터 허락을 받아야 하거나 거인에게 그에 따르는 대가를 지불해야 한다는 뜻도 내포하고 있다는 사실을 잊지 말아야 한다.

창작물을 저작한 사람에게 저작권이라는 권리를 부여해서 보호하는 이유는 '저작물은 문화 발전의 원동력이 되므로 좋은 저작물이 많이 나와야 그 사회가 문화적으로 풍요로워질 수 있기 때문'이라고 할 수 있다. 그런데 만일 저작자에게 아무런 권리를 부여하지 않는다면 저작자가 장기간 노력해서 창작한 저작물을 누구든지 아무런 대가를 치르지 않고도 마음대로 이용하게 될 것이므로, 저작자로서는 창작 행위를 계속하지 않을 가능성이 높다. 이는 인류발전의 퇴보를 가져올 것임에 틀림없다. 따라서 저작권을 보호하는 이유는 권리행사를 통해 창작을 위한 노력에 대한 적절한 보상을 보장함으로써 창작 행위를 계속할 수 있는 동기를 제공하기 위함이라고 할 수 있다.

① 우리가 옛사람보다 다채로운 표현을 할 수 있는 것은 고전 위에 서 있기 때문이다.
② 우리가 나아가야 할 방향을 빨리 찾을 수 있는 것은 어깨를 빌려준 선배들 덕분이다.
③ 과거 위대한 사람들의 업적이 있었기에 현재 자신의 문제를 획기적으로 해결할 수 있는 것이다.
④ 개인의 힘으로 이룰 수 있는 업적은 보잘것없으므로 앞서 쌓아 놓은 업적을 배우고 익혀야만 한다.
⑤ 모든 창조자는 타인에게 둘러싸여 있고 죽은 자와 산 자를 불문하고 무수한 타인에게 수많은 요소들을 물려받는다.

02 다음 글의 내용과 일치하지 않는 것을 고르면?

반딧불이의 섬광은 여러 가지 형태의 구애를 나타내는 신호가 있다. 빛 색깔의 다양성, 밝기, 빛을 내는 빈도, 빛의 지속성 등에서 고유한 특징을 가지기도 한다. 예를 들어 황혼 무렵에 사랑을 나누고 싶어 하는 반딧불이는 오렌지색을 선호하며, 그래도 역시 사랑엔 깊은 밤이 최고라는 반딧불이는 초록 계열의 색을 선호한다. 발광 장소도 지상이나 공중, 식물 등 그 선호도가 다양하다. 반딧불이는 이런 모든 요소를 결합하여 다양한 모습을 보여 주는데 이런 다양성이 조화롭게 이루어지면 말 그대로 장관을 이루게 된다.

먼저 반딧불이 한 마리가 60마리 정도의 다른 반딧불이들과 함께 일렬로 빛을 내뿜는 경우가 있다. 수많은 반딧불이가 기차처럼 한 줄을 지어 마치 리더의 지시에 따르듯 한 마리의 섬광을 따라 불빛을 내는 모습은 마치 작은 번개처럼 보인다. 이처럼 반딧불이는 집단으로 멋진 작품을 연출한다. 그중 가장 유명한 것은 동남아시아에 서식하는 반딧불이다. 이들은 모두 동시에 그리고 완벽하게 발광함으로써 크리스마스트리의 불빛을 연상시키기도 한다. 그러다 암컷을 발견한 수컷은 무리에서 빠져나와 암컷을 향해 직접 빛을 번쩍거리기도 한다.

이처럼 혼자 행동하기를 좋아하는 반딧불이는 빛을 번쩍거리면서 서식지를 홀로 돌아다니기도 한다. 뉴기니 지역의 반딧불이는 짝을 찾아 좁은 해안선과 근처 숲 사이를 반복적으로 이동한다. 반딧불이 역시 달이 빛나고 파도가 철썩이는 해변을 로맨틱한 장소로 여기는 것이다.

대부분의 반딧불이는 빛을 구애의 도구로 사용하지만, 어떤 반딧불이는 번식 목적이 아닌 사냥 목적으로 사용하기도 한다. 포투루스(Photurus)라는 반딧불이의 암컷은 아무렇지 않게 상대 반딧불이를 잡아먹는다. 이 무시무시한 작업을 벌이기 위해 암컷 포투루스는 포티너스(Photinus) 암컷의 불빛을 흉내 낸다. 이를 자신과 같은 종으로 생각한 수컷 포티너스가 암컷 포투루스에게 접근하지만, 정체를 알았을 때는 이미 너무 늦었다는 것을 알게 된다.

이렇게 다른 종의 불빛을 흉내 내는 반딧불이는 북아메리카에서 흔히 찾아볼 수 있다. 그러므로 짝을 찾아 헤매는 수컷 반딧불이에게 황혼이 찾아드는 하늘은 유혹의 무대인 동시에 위험한 장소이기도 하다. 번식욕을 채우려 연인을 찾다 그만 식욕만 왕성한 암컷을 만나게 되는 비운을 맞을 수 있기 때문이다.

① 반딧불이 중에서 다른 종의 불빛을 모방하는 종은 북아메리카에 서식한다.
② 반딧불이 중에서 포티너스라는 종은 상대 반딧불이를 잡아먹기 위해 빛을 사용한다.
③ 반딧불이 중에서 크리스마스트리처럼 단체로 빛을 내는 종은 동남아시아에 서식한다.
④ 반딧불이 중에서 깊은 밤에 사랑을 나누기 선호하는 개체는 초록 계열의 색을 선호한다.
⑤ 반딧불이 중에서 해변가에서 사랑을 나누기 선호하는 개체는 뉴기니 지역에 서식한다.

03 다음 글의 빈칸 ㉠~㉤ 중 [보기]의 내용이 들어갈 위치로 가장 적절한 것을 고르면?

국보 76호로 지정된 『난중일기』는 임진왜란이 일어나기 직전인 1592년 1월부터 노량해전에서 이순신이 전사하기 전인 1598년 11월까지의 기록이다. 모두 7책 205장의 분량이고 초서체로 쓰였다. 엄격하게 운영했던 진영에 대한 기록은 물론이고 매일 처리한 공무와 그날그날의 날씨, 격렬했던 전란의 양상까지도 세세하게 기록돼 있다. (㉠)

그러나 『난중일기』의 진면목은 7년 동안 전란을 치렀던 이순신의 인간적 고뇌가 가감 없이 드러나 있다는 데 있다. (㉡) 왜군이라는 외부의 적은 물론이고 조정의 끊임없는 경계와 의심이라는 내부의 적과도 싸우며, 영웅이기 이전에 한 사람의 인간으로서 느낀 극심한 심리적 고통이 잘 나타나 있다. (㉢) 전란 중 겪은 원균과의 갈등도 적나라하게 드러나 있어 그가 완벽한 인간이 아니라 감정에 휘둘리는 보통의 인간이었음을 보여 준다. (㉣) 그뿐만 아니라 이순신은 『난중일기』에서 사랑하는 가족의 이름과 함께 휘하 장수에서부터 병졸들과 하인, 백성들의 이름까지도 언급하고 있다. (㉤) 『난중일기』의 위대함은 바로 여기에 있다.

『난중일기』와 함께 국보로 지정된 『임진장초』는 이순신이 7년의 전쟁 동안 기록한 공식 문서다. 당시의 전황이나 수군의 출전경과, 진중의 경비와 준비 사항 등을 조정에 보고한 내용을 담고 있어 이순신 특유의 전법과 당시 군사제도 등을 연구하는 데 귀중한 자료로 평가된다. 이순신의 친필로 기록된 것은 아니지만 꼼꼼하게 군졸을 이끌었던 이순신 특유의 성격을 엿볼 수 있는 자료이다.

보기

나라에 위기가 닥쳤을 때 제 몸을 희생해 가며 나라 지키기에 나섰으나, 역사책에 이름 한 줄 남기지 못한 이들이 이순신의 일기에는 뚜렷하게 기록된 것이다.

① ㉠　　② ㉡　　③ ㉢

④ ㉣　　⑤ ㉤

04 다음 글의 설명방식으로 적절한 것을 고르면?

현대 사회에서 스타는 대중문화의 성격을 규정짓는 가장 중요한 열쇠이다. 스타가 생산, 관리, 활용, 거래, 소비되는 전체적인 순환 메커니즘이 바로 스타 시스템이다. 이것이 대중문화의 가장 핵심적인 작동 원리로 자리 잡게 되면서 사람들은 스타가 되기를 열망하고, 또 스타 만들기에 진력하게 되었다.

스크린과 TV 화면에 보이는 스타는 화려하고 영웅적이며, 매력적인 인간형으로 비춰진다. 대중들은 스타에 열광하는 순간 스타와 자신을 무의식적으로 동일시하며 그 환상적 이미지에 빠진다. 스타를 자신들의 결점을 대리 충족시켜 주는 대상으로 생각하기 때문이다. 그런 과정이 가장 전형적으로 드러나는 장르가 영화이다. 영화는 어떤 환상도 쉽게 받아들여질 수 있는 조건에서 상영되며 기술적으로 완벽하고 압도적인 이미지를 구현하여 관객을 끌어들인다. 컴컴한 극장 안에서 관객은 부동자세로 숨죽인 채 영화에 집중하게 되며 자연스럽게 이미지에 매료된다. 그리고 그 순간 무의식적으로 자신을 영화 속의 주인공과 동일시하게 된다. 관객은 매력적인 대상과 자신을 일치하면서 자신의 본래 모습을 잊고 이상적인 인간형을 간접 체험하게 되는 것이다.

스크린과 TV 화면에 비친 스타의 모습은 현실적인 이미지가 아니라 허구적인 이미지에 불과하다. 사람들은 스타 역시 어쩔 수 없는 약점과 한계를 안고 사는 인간일 수밖에 없다는 사실을 아주 쉽게 망각해 버리곤 한다. 이렇게 스타에 대한 열광의 성립은 대중과 스타의 관계가 기본적으로 피상적일 수밖에 없다는 데서 가능해진다. 자본주의의 특징 가운데 하나는 필요 이상의 물건을 생산하고 그것을 팔기 위해 갖은 방법으로 소비자들의 욕망을 부추긴다는 것이다. 스타는 그 과정에서 소비자의 구매 욕구를 불러일으키는 가장 중요한 연결고리 역할을 함과 동시에 그들도 상품처럼 취급되어 소비된다. 스타 시스템은 대중문화의 안과 밖에서 스타의 화려한 생활 패턴의 소개를 통해 사람들의 욕망을 자극한다. 또한 스타들을 상품의 생산과 판매를 위한 도구로 이용하며, 끊임없이 오락과 소비의 영역을 확장하여 이윤을 발생시킨다. 이 모든 것이 가능한 것은 많은 대중이 스타를 닮고자 하는 욕구를 가지고 있어 스타의 패션과 스타일, 소비 패턴을 모방하기 때문이다.

스타 시스템을 건전한 대중문화의 작동 원리로 발전시키기 위해서는 우선 대중문화 산업에 종사하고 싶어 하는 사람들을 위한 활동 공간과 유통 구조를 확보하여 실험적이고 독창적인 활동을 다양하게 벌일 수 있는 토양을 마련해 주어야 한다. 나아가 이러한 예술 인력을 스타 시스템과 연결하는 중간 메커니즘도 육성해야 할 것이다.

① 통시적인 관점에서 대상의 변화 과정을 설명하고 있다.
② 현상의 특성을 분석한 후 나아갈 방향을 제시하고 있다.
③ 여러 특수한 사례로부터 보편적인 이론을 도출하고 있다.
④ 구체적인 사례를 들어 대상이 지닌 특성들을 설명하고 있다.
⑤ 대상에 대한 문제점을 언급한 후 해결 방안을 제시하고 있다.

[05~06] 다음 글을 읽고 질문에 답하시오.

[가] 사물주소의 주된 목적은 다중 이용 시설물 등에 주소를 부여하여 공공서비스를 개선하고 생활안전 편의를 향상하는 데 있다. 예를 들어 부산 사상구는 버스 정류장에 QR 코드가 삽입된 사물주소판을 설치하였다. 야광으로 제작된 사물주소판은 위기상황이나 응급상황이 발생했을 때 신고자가 자신의 위치를 빠르고 정확하게 파악할 수 있어 신속한 대응이 가능해진다. 서울 송파구 또한 마을버스 정류장에 버스 운행 정보와 주변 관광정보 등 여러 정보를 제공하는 스마트 사물주소판을 설치하여 주민의 편의를 향상하였다.

[나] 사물주소란 많은 사람이 이용하는 시설물에 도로명과 기초번호 등을 부여한 주소를 말한다. 주차장, 버스 정류장, 전기차충전소, 어린이 놀이시설 등 일상생활과 밀접하게 연관된 시설물을 빠르고 간편하게 찾을 수 있도록 한 것이다. 우리나라에서는 2021년부터 주소 사각지대를 없애기 위해 도로명 주소법 개정안을 전면 시행하면서 사물주소가 도입되었다.

[다] 사물주소에 부여하는 주소는 도로명 주소와 같은 원리를 적용한다. 도로명 주소는 도로명과 건물번호로 이루어져 있다. 건물번호는 도로의 구간마다 도로의 시작 지점부터 끝 지점까지 20m 간격으로 나누어 차례대로 번호를 부여하는데, 도로 구간을 기준으로 왼쪽 건물은 홀수, 오른쪽 건물은 짝수를 부여한다. 사물주소는 도로명과 기초주소, 사물의 이름으로 구성된다. 사물주소의 기초번호는 도로명 주소의 건물번호를 부여하는 방식과 동일하다.

[라] 사물주소의 활용은 사람이 자신의 위치를 파악하거나 목적지를 찾아가기 위한 수단에만 그치지 않는다. 드론 배송, 로봇 배송, 자율주행 주차 등 신산업과 접목하는 방안도 추진할 수 있다. 이를 통해 건물이나 도로뿐만 아니라 사물이나 장소 등 사람이 드나드는 전국의 모든 공간을 주소 데이터로 전환하여 주소 기반 산업의 발전을 이끌 수 있다.

05

윗글의 [가]~[마] 문단을 글의 흐름에 따라 순서대로 바르게 배열한 것을 고르면?

① [가]-[나]-[다]-[라]
② [나]-[가]-[라]-[다]
③ [나]-[다]-[가]-[라]
④ [다]-[나]-[라]-[가]
⑤ [다]-[라]-[가]-[나]

06 윗글과 [보기]를 바탕으로 추론한 내용으로 적절하지 않은 것을 고르면?

보기

도로명은 도로 폭에 따라 구분된다. 폭이 40m 이상이거나 왕복 8차선 이상의 도로는 '–대로'를 붙이고, 폭이 12m 이상이거나 왕복 2~7차선인 도로는 '–로'를 붙인다. 그리고 그 밖의 좁은 길이나 골목길들은 모두 '–길'을 붙인다. 만약 큰 도로에서 작은 도로가 갈라진 경우, 큰 도로명과 함께 숫자를 써서 도로의 진행 방향 기준 왼쪽으로 갈라진 길에는 홀수를, 오른쪽으로 갈라진 도로에는 짝수를 붙여 'ㅇㅇ대로00길'처럼 사용한다.

① '청계천로 85 버스정류장'은 청계천로 왼쪽에 있다.
② '학동로 1'은 폭이 12m 이상이거나 왕복 2~7차선 도로에 위치한 주소이다.
③ '홍지문길 67'과 '홍지문길 68'은 도로를 두고 서로 마주 보고 있는 건물이다.
④ '삼성로 3'과 '삼성로 9'는 대각선으로 60m 떨어져 있는 건물이다.
⑤ '세종로2길 2'는 세종로에서 오른쪽으로 갈라진 도로에 위치한 주소이다.

07 다음 글의 빈칸에 들어갈 말로 가장 적절한 것을 고르면?

아주 오래전부터 우리는 모두 타고난 감정이 있다고 이해했다. 이런 감정은 우리 내부에서 일어나며 서로 뚜렷이 구별되는 별개의 것으로서 식별 가능한 현상이다. 만약 이 세계에서 총기 사고 또는 이성의 유혹과 같은 사태가 발생하면, 마치 스위치가 켜지듯이 자동적으로 감정이 일어난다. 그런 다음 우리는 누구나 쉽게 알아채는 미소, 찌푸림, 노려봄 등의 표정을 통해 감정을 다른 사람에게 드러낸다. 또한 우리의 목소리는 웃음, 외침, 울음 등을 통해 기분을 표현하고, 우리의 몸은 온갖 몸짓과 자세를 통해 느낌을 표출한다. 현대 과학에서는 이런 이야기에 부합하는 설명을 제시하는데, 흔히 고전적 견해라고 한다.

고전적 견해에 따르면 감정은 진화의 산물이다. 감정은 오래전부터 인류의 생존에 유리한 작용을 했으며 생물학적 본성의 고정된 일부이다. 따라서 감정은 (　　)인 것이다. 즉 나이, 문화, 지역에 상관없이 모든 사람은 거의 똑같이 슬픔을 경험할 것이다. 그리고 백만 년 전에 아프리카 사바나 지역을 배회했던 인류의 조상도 유사한 슬픔을 경험했을 것이다.

감정은 일종의 야만적인 반사이며 합리성과 매우 자주 충돌하는 것으로 간주된다. 감정과 이성 사이에 내전이 벌어진다는 것은 철학사의 거대 담론 중 하나이다. 이것은 우리를 인간으로 정의하는 데도 한몫한다. 합리성이 없다면 그저 감정적 짐승에 불과할 것이다.

① 개별적　② 보편적　③ 상대적
④ 절대적　⑤ 근본적

[08~09] 다음 해양수산부의 보도자료를 읽고 질문에 답하시오.

[가] 해양수산부와 기상청은 기후변화를 과학적으로 감시 · 예측하여 기후위기에 적극 대응하기 위해 「기후 · 기후변화 감시 및 예측 등에 관한 법률(이하 기후변화감시예측법)」과 시행령이 시행된다고 밝혔다.

[나] 「기후변화감시예측법」 시행령에 따르면 기상청은 기후위기 감시 · 예측 총괄 기관으로서 '기후 · 기후변화 감시 및 예측 등에 관한 기본계획'과 매년 시행계획을 수립하기 위한 체계적 절차를 마련하는 등 구체적인 역할을 수행한다. 또한, 관계부처가 기후변화 감시 · 예측 전략을 마련할 수 있도록 기본계획 수립 지침을 마련하고, 제출된 관계부처의 분야별 계획을 종합 · 조정하여 탄소중립녹색성장위원회의 심의를 거쳐 확정 · 배포한다.

[다] 해양수산부는 '해양 · 극지분야의 관측망'으로 국가해양관측망, 해양환경측정망 등을 구축 · 운영하여 해양 · 극지의 환경 및 생태계의 기후변화를 관측한다. 이를 통해 해수온, 염분, 해류, 해빙, 해수면 높이 등 기후요소와 이들 요소의 기후체계 내 상호작용, 빙하 유실 등 해양 · 극지의 이상기후 및 극한 기후와 관련된 감시 정보를 생산한다.

[라] 감시정보를 바탕으로 기상청은 기온, 강수량, 해수면 온도, 일사, 바람, 파고 등의 기후요소와 엘니뇨 · 라니냐 등의 현상에 대한 기후예측 정보를 생산하고, 해양수산부는 해수온, 염분, 해류, 해빙, 해수면 높이 등의 기후요소와 해양 순환 등 해양 · 극지의 환경 및 생태계에 관한 기후예측 정보를 생산하여 미래 기후위기 대응 역량을 강화해 나갈 계획이다.

[마] 해양수산부와 기상청은 기후 · 기후변화 감시정보와 예측정보를 공동으로 활용할 수 있도록 정보시스템을 구축하여, 일반 국민과 정책 입안자 등이 기후변화 감시예측 정보를 쉽게 활용할 수 있게 하였다. 아울러, 양 기관은 '기후변화감시예측 전문기관'의 지정 기준 및 절차를 정하여 전 지구 및 한반도의 기후변화 원인 규명, 기후체계의 상호작용 등 기후변화 관련 연구 · 개발에 박차를 가하게 된다.

08 위 보도자료의 부제로 적절하지 않은 것을 고르면?

① 기후 정보시스템 구축 등 공동활용 방안 구체화
② 기후위기 대응을 위한 기후예측감시예측법 제정
③ 체계적인 기후변화 감시 및 다양한 기후예측 정보 생산
④ 기후위기 대응을 위한 해양수산부와 기상청의 구체적 역할
⑤ 국가 차원의 기후변화 감시 · 예측 전략 수립을 위한 세부 절차 마련

09 위 보도자료의 [가]~[마] 문단에 대한 논리적 구조로 적절한 것을 고르면?

① [가]－[나]－[다]－[라]－[마]

② [가]－[나]－[다] / [라] / [마]

③ [가]－[나] / [다]－[라]－[마]

④ [가]－[나]－[다] / [라]－[마]

⑤ [가]－[나] / [다] / [라]－[마]

10 다음 중 사전 등재 순서에 따라 단어를 바르게 배열한 것을 고르면?

① 두부－뒤란－뒤뜰－따뜻하다
② 냠냠－네모－넘다－늴리리
③ 왜가리－우엉－웬만하다－위상
④ 구슬－교실－괴롭다－규약
⑤ 와전－외로움－왜곡－웬일

11

일정한 규칙으로 수를 나열할 때, 빈칸에 들어갈 알맞은 수를 고르면?

44　49　57　64　70　81　(　)

① 82　② 83　③ 84
④ 85　⑤ 86

12

M사원이 50,000원으로 구매한 간식의 종류는 초콜릿, 쿠키, 젤리, 사탕이고, 개당 가격은 각각 850원, 680원, 550원, 400원이다. 간식 중 사탕을 가장 많이 구매하였을 때, 구입한 사탕의 최소 개수를 고르면?(단, 모든 간식은 각각 10개 이상 구매하였다.)

① 18개　② 19개　③ 20개
④ 21개　⑤ 22개

13

농도가 10%인 설탕물 800g을 A, B 두 개의 접시에 각각 500g, 300g씩 나누어 담았다. 접시 A는 물을 300g 증발시키고, 접시 B에는 설탕을 넣어 두 접시의 농도를 같게 하려고 할 때, 접시 B에 넣어야 할 설탕의 양을 고르면?(단, 접시 B의 물은 증발하지 않았다.)

① 45g　② 50g　③ 55g
④ 60g　⑤ 65g

14 다음 [표]는 연령대별 평균 TV 시청시간을 조사한 자료이다. 이를 바탕으로 옳지 않은 것을 고르면?

[연령대별 평균 TV 시청시간]

(단위: 시간)

구분	평일		주말	
	오전	오후	오전	오후
10대 미만	2.2	3.8	2.5	5.2
10대	0.8	1.7	1.5	3.4
20대	0.9	1.8	2.2	3.2
30대	0.3	1.5	1.8	2.2
40대	1.1	2.5	3.2	4.5
50대	1.4	3.8	2.5	4.6
60대	2.6	4.4	2.7	4.7
70대	2.4	5.2	3.1	5.2
80대 이상	2.5	5.3	3.2	5.5

※ 구분: 청년층(20대), 장년층(30 · 40대), 중년층(50 · 60대), 노년층(70대 이후)

※ 장년층의 단순 평균 TV 시청시간(시간) $= \frac{\text{30대 평균 TV 시청시간} + \text{40대 평균 TV 시청시간}}{2}$

(중년층, 노년층도 동일한 방식으로 계산한다.)

※ 평일/주말 단순 평균 TV 시청시간(시간) $= \frac{\text{오전 평균 TV 시청시간} + \text{오후 평균 TV 시청시간}}{2}$

① 주말 오후 평균 TV 시청시간이 가장 많은 연령대는 가장 적은 연령대보다 3시간 이상 더 시청한다.
② 중년층의 평일 오후 단순 평균 TV 시청시간은 4.1시간이다.
③ 주말 단순 평균 TV 시청시간은 70대가 10대 미만보다 0.5시간 더 많다.
④ 평일 오전 평균 TV 시청시간이 2시간 미만인 연령대는 5개이다.
⑤ 평일 오전과 오후, 주말 오전과 오후 모두 평균 TV 시청시간이 2.5시간 이상인 연령대는 2개이다.

15 다음 [표]는 어느 편의점이 새로 출시된 상품을 매장에 입고하기 위해 매장을 방문한 고객 중 남성 500명, 여성 500명을 대상으로 상품별 선호도를 조사한 자료이다. 이에 대한 설명으로 옳지 않은 것을 고르면?

[상품별 선호도 조사 결과]

후보 상품	종류	남성	여성
A	도시락	74%	41%
B	빵	46%	66%
C	음료	26%	42%
D	도시락	61%	84%
E	음료	78%	52%

※ 응답자는 후보 상품에 대해 '선호' 또는 '비선호'로 응답하였으며, 조사 결과는 '선호' 응답 비율을 의미한다.

① 선호 응답 비율이 남성이 여성보다 높은 상품은 총 2개이다.
② 음료를 선호하는 남성은 여성보다 60명 더 많다.
③ D상품을 선호하는 남성과 여성은 총 725명이다.
④ A와 B상품을 동시에 선호하는 남성은 최대 230명이다.
⑤ 여성의 비선호 응답 비율이 두 번째로 높은 상품은 C이다.

16 다음 [표]는 P기업의 연간 기계별 정비횟수에 대한 불량부품 현황에 대한 자료이다. 이를 바탕으로 불량 발생률이 가장 높은 기계의 불량 발생 지수를 고르면?

[연간 기계별 정비횟수에 대한 불량부품 현황]

(단위: 개)

기계명	전체 부품 생산개수	불량부품 개수
A	15,000	60
B	5,000	35
C	750	30
D	500	25
E	350	35
F	200	40

※ 불량 발생률(%) $= \frac{\text{불량부품 개수}}{\text{전체 부품 생산개수}} \times 100$

※ 불량 발생 지수 $= \frac{\text{불량 발생률}}{100 - \text{불량 발생률}}$

① 0.15 ② 0.2 ③ 0.25
④ 0.3 ⑤ 0.35

17 다음 [표]는 연령대별 경제활동인구 및 비경제활동인구에 대한 자료이다. 이를 바탕으로 [보기]에서 옳지 않은 것을 모두 고르면?

[연령대별 경제활동인구 및 비경제활동연구]

(단위: 천 명, %)

구분	인구수	경제활동인구	취업자 수	실업자 수	비경제활동인구	실업률
10대(15~19세)	3,070	279	232	47	2,791	16.8
20대(20~29세)	7,078	4,700	4,360	340	2,378	7.2
30대(30~39세)	8,519	6,415	6,246	169	2,104	2.6
40대(40~49세)	8,027	6,366	6,250	116	1,661	1.8
50대(50~59세)	4,903	3,441	3,373	68	1,462	2.0
60세 이상	6,110	2,383	2,361	22	3,727	0.9
합계	37,707	23,584	22,822	762	14,123	3.2

※ 경제활동참가율(%)$=\frac{\text{경제활동인구}}{\text{인구수}}\times 100$

보기

㉠ 20대의 경제활동참가율은 60% 이상이다.
㉡ 40대 이상 실업자 수는 40대 미만 실업자 수보다 35만 명 더 적다.
㉢ 연령대별 경제활동인구가 많을수록 취업자 수도 많다.
㉣ 실업률이 네 번째로 높은 연령대는 경제활동인구가 비경제활동인구보다 1,879천 명 더 많다.

① ㉠, ㉡　② ㉠, ㉢　③ ㉡, ㉢
④ ㉡, ㉣　⑤ ㉢, ㉣

[18~19] 다음 [표]는 일부 시민을 대상으로 조사한 지역별 스마트TV 보유 여부에 대한 자료이다. 이를 바탕으로 질문에 답하시오.

[지역별 스마트TV 보유 여부]

(단위: 대, %)

구분	2021년		2022년		2023년	
	보유기기 수	스마트TV 비율	보유기기 수	스마트TV 비율	보유기기 수	스마트TV 비율
소계	4,411	30	4,324	33	4,309	39
서울	805	34	779	41	754	51
부산	296	41	281	50	291	53
대구	241	32	218	32	213	44
인천	255	26	248	27	225	37
광주	119	44	127	46	125	47
대전	117	43	129	19	131	7
울산	101	40	96	43	93	46
세종	34	25	40	28	26	36
경기	1,043	34	1,021	38	1,068	44
강원	160	25	158	22	153	16
충북	151	24	145	45	138	45
충남	158	16	165	13	172	12
전북	155	24	153	39	163	35
전남	130	12	135	15	144	24
경북	259	26	267	31	254	42
경남	315	11	287	7	290	9
제주	72	14	75	24	69	30

※ 보유기기 수는 스마트TV를 포함한 TV 보유 대수를 의미한다.

18 다음 중 자료에 대한 설명으로 옳지 않은 것을 고르면?

① 스마트TV 비율이 두 번째로 높은 지역은 매년 다르다.

② 2023년 충북과 충남의 총 보유기기 수는 2년 전 대비 1대 증가하였다.

③ 2023년 보유기기 수의 전년 대비 감소율은 세종이 제주보다 25%p 더 높다.

④ 2021년 강원의 스마트TV 수는 40대이다.

⑤ 스마트TV 비율이 매년 감소한 지역은 총 3곳이다.

19 주어진 자료를 참고하여 그래프를 나타낸 것으로 옳지 않은 것을 고르면?

① [2023년 스마트TV 비율이 전년 대비 감소한 지역의 감소량]

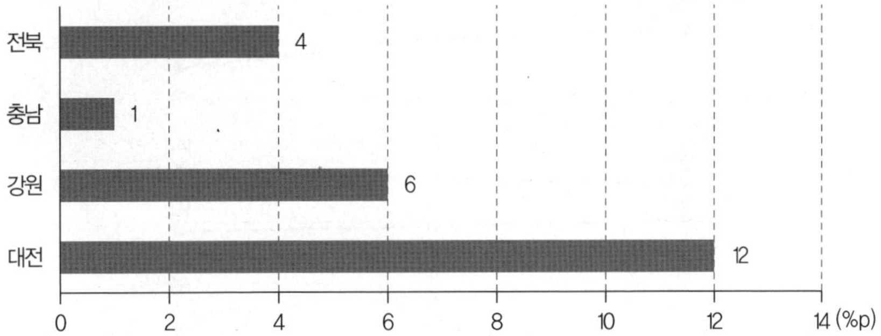

② [연도별 스마트TV 비율 상위 1~3위 지역의 스마트TV 비율]

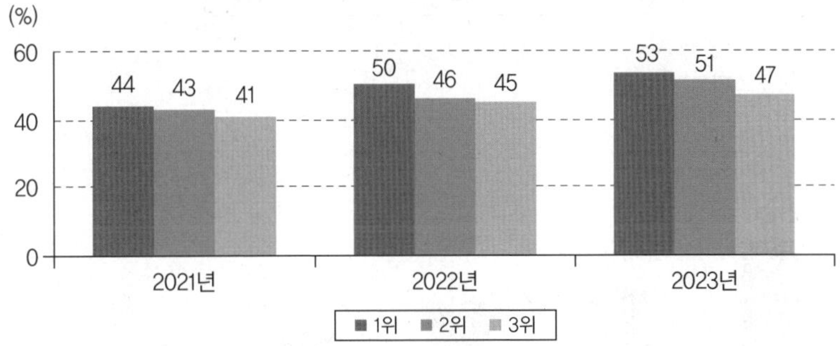

③ [2021년 지역별 스마트TV 수]

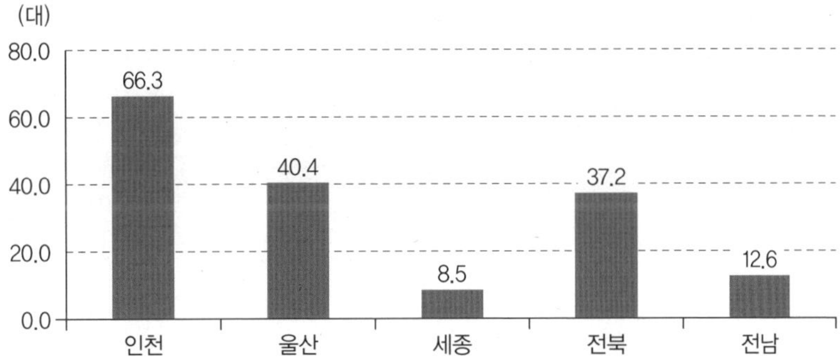

④ [연도별 보유기기 수]

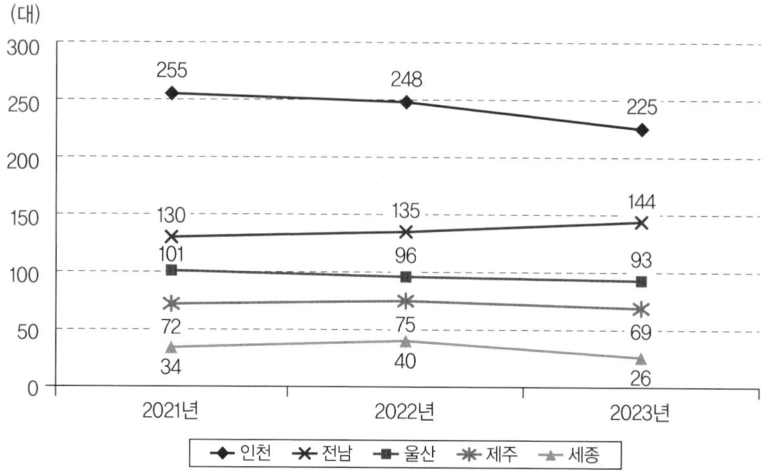

⑤ [지역별 연평균 스마트TV 비율]

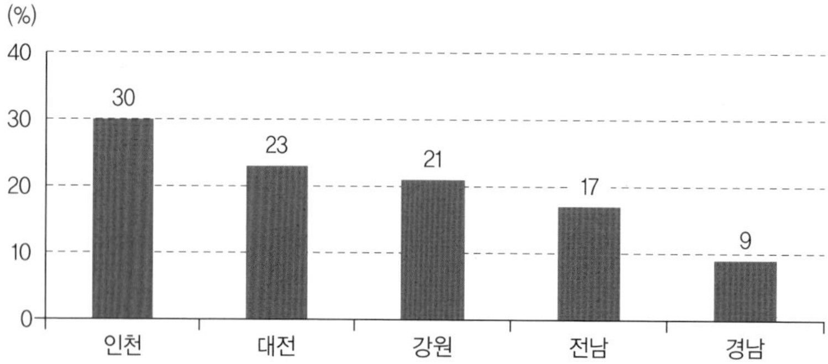

20 다음 [그래프]와 [표]는 데이터 산업 시장 규모 현황에 대한 자료이다. 이를 바탕으로 옳지 않은 것을 고르면?

[연도별 데이터 산업 시장 규모]

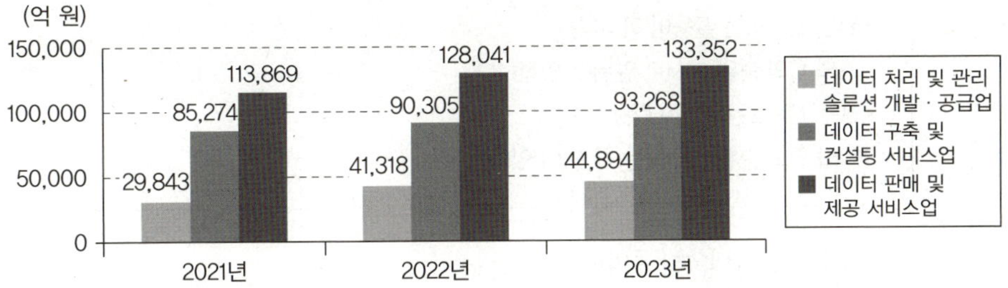

[데이터 판매 및 제공 서비스업의 주제 분야별 시장 규모]

(단위: 억 원)

구분	2021년	2022년	2023년
전체	113,869	128,041	133,352
교육 · 취업	9,692	8,907	8,889
신용 · 재무	14,706	10,575	11,052
통계	3,161	6,416	7,019
경영 · 비즈니스	22,351	35,640	36,900
뉴스	7,833	9,238	10,358
포털	18,371	13,965	14,353
행정 · 법률	1,493	979	1,183
학술	1,964	2,823	2,901
문화 · 예술	6,416	10,315	11,345
생활	27,881	29,182	29,351

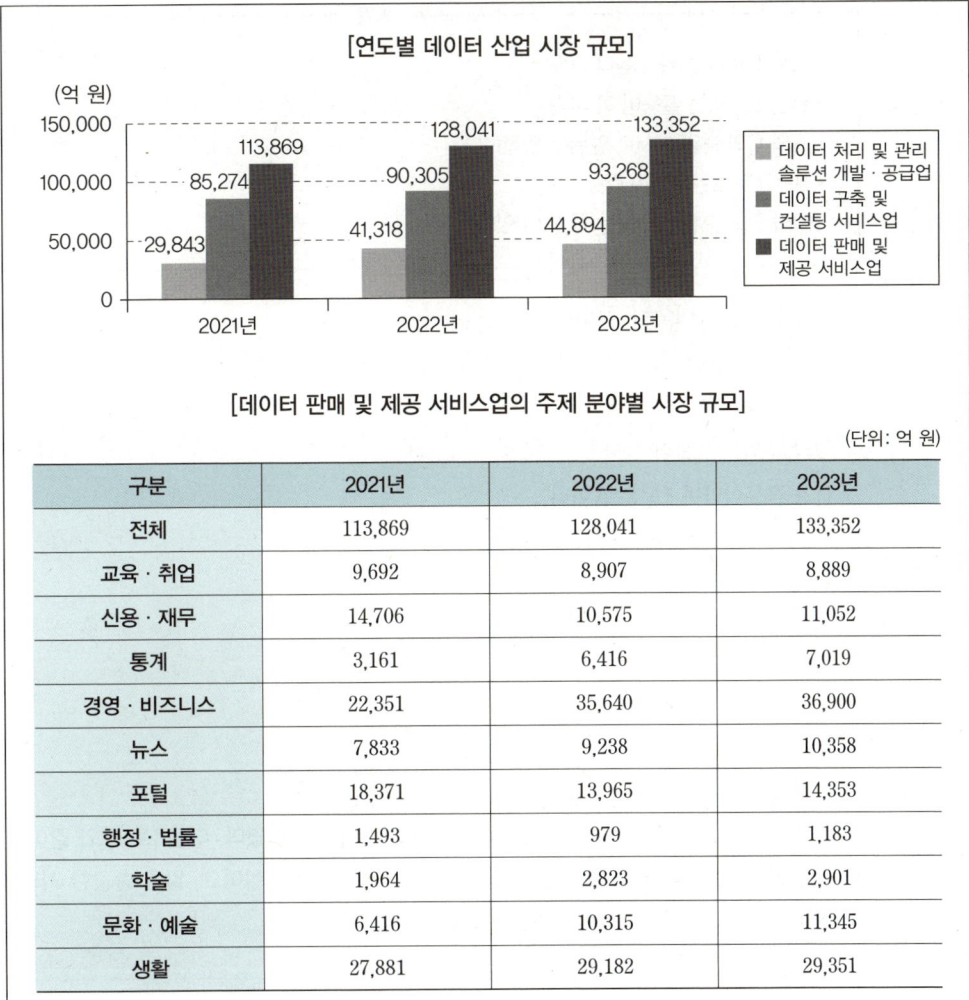

① 2021년 전체 데이터 산업 시장 규모에서 데이터 판매 및 제공 서비스업이 차지하는 비중은 약 49.7%이다.

② 데이터 판매 및 제공 서비스업에서 시장 규모가 2022년 이후 매년 전년 대비 증가한 주제 분야는 6개이다.

③ 2022년에 데이터 판매 및 제공 서비스업에서 시장 규모가 세 번째로 큰 주제 분야는 네 번째로 큰 주제 분야보다 시장 규모가 3,390억 원 더 크다.

④ 2023년의 전체 데이터 산업 시장 규모는 전년 대비 5% 이상 증가하였다.

⑤ 제시된 기간에 데이터 판매 및 제공 서비스업 주제 분야 중 뉴스의 시장 규모는 연평균 9,143억 원이다.

21

A~F 6명이 토너먼트 방식으로 팔씨름 경기를 한 다음 순위를 매겼다. 6명의 순위가 다음 [보기]와 같을 때, 항상 옳은 것을 고르면?

보기

- A는 D보다 순위가 높다.
- D는 1등 또는 꼴등이 아니다.
- A와 C의 순위는 서로 앞뒤로 인접하다.
- B는 1등 또는 꼴등이다.
- D와 E의 순위 사이에는 한 명이 있다.

① B가 1등이라면 F는 5등이다.

② C의 다음 순위가 D는 아니다.

③ E가 꼴등인 경우는 없다.

④ D의 순위는 A보다 높다.

⑤ B가 꼴등이라면 1등은 A이다.

22

같은 회사에 근무 중인 A, B, C, D는 각기 다른 시간에 출근하였다. 다음 [보기]와 같이 진술한 A, C, D의 진술이 자신보다 늦게 출근한 사람에 대한 진술이라면 진실이고, 일찍 출근한 사람에 대한 진술이라면 거짓이라고 할 때, 항상 참인 것을 고르면?

보기

- A: B는 세 번째로 출근하였고, C는 나보다 늦게 출근하였다.
- C: D는 가장 마지막에 출근하였고, A는 가장 먼저 출근하였다.
- D: B는 두 번째로 출근하였다.

① B는 가장 먼저 출근하지 않았다.

② A는 세 번째로 출근했다.

③ D는 가장 마지막에 출근했다.

④ C가 A보다 먼저 출근했다.

⑤ C가 B보다 먼저 출근했다.

23 다음 중 논리적 사고에 대한 설명을 바르게 한 사람을 [보기]에서 모두 고르면?

보기

- A: 지적 호기심과 객관성, 개방성은 논리적 사고를 개발하기 위한 태도야.
- B: 논리적 사고는 자신이 만든 계획이나 주장을 주위 사람에게 이해시킴으로써 실현하기 위해 필요한 능력이야.
- C: 논리적 사고를 개발하기 위한 방법으로는 So What 기법과 피라미드 구조화 방법이 있어.
- D: 논리적 사고를 위해서는 자신의 논리를 구조화하는 것이 중요하지 상대 논리를 구조화하는 것은 중요하지 않아.

① A ② B ③ A, D
④ B, C ⑤ C, D

24 다음 [보기]에 나타난 문제해결기법을 고르면?

보기

- 상황: 비행기의 바퀴를 달아야 하는가, 달지 않아야 하는가?
- 문제해결과정
  1. 비행기는 공기저항을 최소화하는 것이 좋으므로 바퀴는 달지 않아야 한다.
  2. 비행기가 착륙할 때는 반드시 바퀴가 필요하다.

     → 바퀴는 필요하지만 달지 않아야 한다는 모순이 발생하였다.
- 문제해결: 비행기가 비행 중일 때는 바퀴가 비행기 내부로 접혀 들어가고, 착륙할 때는 밖으로 꺼낼 수 있는 접이식 비행기 바퀴를 만든다.

① So What 기법 ② 브레인스토밍 ③ Synectics
④ TRIZ ⑤ 5Why

25

다음은 A카페의 직원 채용 정보이다. A카페에는 현재 정직원 5명과 계약직원 3명, 아르바이트생 3명이 근무 중이며, 스케줄 근무 편성을 고려해 전체 인원수는 지금보다 줄이지 않는다. A카페의 사장은 현재 카페의 인건비 절감을 위한 새로운 방법을 고민하고 있다. 다음 내용을 참고할 때, 인건비 절감을 위한 방법으로 가장 적절한 것을 고르면?(단, 한 달은 4주이다.)

[직원 채용 정보]

정직원	근무 시간	풀타임 근무(오전 8시~오후 7시)
	근무 요일	주 5일 근무(평일, 주말 무관)
	월급여	290만 원
계약직원	근무 시간	풀타임 근무(오전 8시~오후 7시)
	근무 요일	주 5일 근무(평일, 주말 무관)
	월급여	250만 원
아르바이트	근무 시간	시간 무관
	근무 요일	평일 3일, 주말 2일
	평일 급여	11,000원/시간
	주말 급여	13,500원/시간

① 계약직원을 모두 정직원으로 전환한다.

② 계약직원을 모두 아르바이트생으로 전환한다.

③ 아르바이트생을 모두 정직원으로 전환한다.

④ 아르바이트생을 모두 계약직원으로 전환한다.

⑤ 정직원 2명을 계약직원으로 전환하고, 주말 2일간 근무할 아르바이트생을 1명 더 추가 고용한다.

26

N사의 본사 건물에는 가~마 5개의 회의실이 있다. 매주 수요일에 정기회의를 진행하는 국내영업팀, 총무팀, 경영지원팀, 품질관리팀은 이번 주 수요일에 있을 정기회의에 필요한 사항을 충족하도록 회의실을 예약하고자 한다. 회의실 예약 정보와 부서별 회의 정보가 다음과 같을 때, 부서별로 예약할 수 있는 회의실이 바르게 짝지어진 것을 고르면?

[회의실 예약 정보]

회의실	최대수용 인원	화이트 보드	빔 프로젝터	화상회의 시스템	수요일 예약 현황			
					09:00~11:00	11:00~13:00	13:00~15:00	15:00~17:00
가	12인	×	○	×			해외영업팀	기술팀
나	7인	○	×	○				
다	8인	○	○	×				업무지원팀
라	9인	×	×	○	설비팀			전산관리팀
마	10인	○	○	×	경영관리팀			

[부서별 회의 정보]

- 각 부서는 서로 다른 회의실을 예약하며, 11시부터 13시까지는 점심시간으로 회의실을 사용하지 않는다.
- 국내영업팀은 총 8명이며, 전원 회의에 참석할 예정이다. 빔 프로젝터를 이용할 예정이며, 오전과 오후로 세션을 나누어 동일한 회의실을 각각 2시간씩 사용하고자 한다.
- 총무팀은 총 7명이며, 전원이 회의에 참석하여 15시부터 2시간 동안 해외지사와 화상회의를 진행할 예정이다.
- 경영지원팀은 총 12명이며, 3명은 출장으로 인해 불참할 예정이다. 회의는 13시부터 2시간 동안 진행될 예정이며, 회의 시 화이트보드를 사용하고자 한다.
- 품질관리팀은 총 4명이며, 전원이 회의에 참석하여 빔 프로젝터를 이용하여 오전 내내 회의를 진행하고자 한다.

① 품질관리팀－가
② 경영지원팀－나
③ 총무팀－다
④ 총무팀－라
⑤ 국내영업팀－마

[27~28] 다음은 2024년 L공사의 하반기 신입사원 채용공고이다. 이를 바탕으로 질문에 답하시오.

[2024년 하반기 L공사 신입사원 채용공고]

• 채용인원 및 선발분야: 총 16명(행정직 10명, 기술직 6명)

구분	계	행정직			기술직			
		소계	일반	보훈	소계	기계	건축	전산
정규직	16	10	8	2	6	2	1	3

• 지원자격

구분	주요내용
공통 자격요건	• 학력 제한 없음(행정직의 경우 전공 제한 없음) • 휴일 및 야간 당직근무 가능한 자
필수요건	• 공통: 어학 성적 보유자(영어, 일본어, 중국어 중 1개 분야 이상) • 기술직: 관련분야 전공자 혹은 관련 자격증 소지자 • 보훈 전형: 아래 관련 법률 1개 이상 해당자 – 독립유공자 예우에 관한 법률 제16조 – 국가유공자 등 예우 및 지원에 관한 법률 제29조 – 보훈보상대상자 예우에 관한 법률 제33조 – 5·18민주유공자 예우에 관한 법률 제20조 – 특수임무유공자 예우 및 단체설립에 관한 법률 제19조 – 고엽제후유의증 등 환자 지원 및 단체설립에 관한 법률 제2조 ※ 행정직 등 그 외 채용분야는 공통 응시 자격 충족 필요
연령	만 18세 이상(채용공고일 2024. 9. 23. 기준) ※ 단, 만 60세 이상인 자는 지원불가
병역	병역법에 명시한 병역기피 사실이 없는 자 (단, 현재 군복무 중인 경우 채용예정일 이전 전역 예정자 지원 가능)
기타	2024년 하반기 신입사원 채용부터 지역별 지원 제한 폐지

• 채용전형 순서: 서류전형 – 필기전형 – 인성검사 – 면접전형 – 건강검진 – 수습임용

• 채용예정일: 2024년 12월 5일

27

L공사 채용 Q&A 게시판에 다음과 같은 질문이 올라왔다. 이에 대한 답변으로 적절하지 않은 것을 고르면?

> 안녕하세요. 이번 L공사 채용공고를 확인하고 지원하려고 하는데 지원자격과 관련하여 여쭤보려고 합니다. 저는 현재 대학을 졸업하고 군인 장교 신분입니다. 제가 이번 채용에 지원할 수 있을까요? 답변 부탁드립니다. 감사합니다.

① 분야별 지원 필수요건이 다르므로 지원예정 분야를 먼저 확인하시고 지원하시기 바랍니다.

② 영어 또는 일본어 또는 중국어 어학 성적을 보유하고 있어야 지원 가능합니다.

③ 2024년 9월 23일 이전 전역 예정자라면 지원 가능합니다.

④ 이번 채용에서는 학력 제한 없이 휴일 및 야간 당직근무가 가능하시면 지원 가능합니다.

⑤ 보훈 전형의 경우 관련 법률 해당자만 지원이 가능합니다.

28

다음 [보기]에서 L공사에 지원할 수 없는 사람을 고르면?(단, 제시되지 않은 지원자격은 모두 충족한다고 가정한다.)

보기

- 영어 성적 유효기간이 경과하였고, 중국어 성적 보유자인 A
- 최종학력이 특성화 고등학교 졸업인 B
- 관련 학과를 전공하지 않고 관련 자격증만 갖춘 뒤 기술직에 지원한 C
- 휴일 및 야간 당직근무가 가능한 임산부 D
- 2024년 12월 5일 기준으로 만 18세가 되는 E

① A ② B ③ C

④ D ⑤ E

29 다음 퇴직금 산정 기준과 U씨가 현재 근로 중인 회사에서 받은 전체 월급명세서를 기준으로 U씨가 받을 수 있는 퇴직금을 고르면?(단, 주어진 조건 외는 고려하지 않으며, 모든 계산마다 원 단위는 절사한다.)

[퇴직금 산정 기준]

- 계속근로기간 1년(365일) 이상 근무자에게는 퇴직금이 지급된다.
- 평균임금에는 기본급과 상여금, 기타수당이 포함된다.
- 실비에는 교통비, 식비, 출장비가 포함된다.
- (1일 평균임금)=(퇴직일 이전 92일간에 지급받은 일할계산된 임금총액)÷92
- 실비는 평균임금에 포함되지 않는다.
- (퇴직금)=(1일 평균임금)×(30일)×$\frac{(\text{총근무일수})}{(365\text{일})}$

[월급명세서]

(단위: 천 원)

월	월 기본급	상여금	교통비	식비	기타수당	근무일수	기타
1월	1,526	–	142	71	130	22일	–
2월	2,150	–	200	100	260	28일	–
3월	2,150	–	200	100	260	31일	출장비 180
4월	2,150	–	200	100	130	30일	–
5월	2,150	–	200	100	–	31일	–
6월	2,150	1,720	200	100	260	30일	–
7월	2,150	–	200	100	130	31일	–
8월	2,150	–	200	100	–	31일	–
9월	2,150	–	200	100	130	30일	–
10월	2,150	–	200	100	330	31일	–
11월	2,150	–	200	100	130	30일	출장비 180
12월	2,150	6,450	200	100	–	31일	–
1월	1,040	–	968	484	–	15일	1월 16일자 퇴사

① 4,182,670원
② 4,374,850원
③ 4,498,790원
④ 4,570,380원
⑤ 4,655,840원

30 **다음은 농림축산식품부에서 발표한 보도자료이다. 이에 대한 내용으로 적절하지 않은 것을 고르면?**

> 농림축산식품부(이하 농식품부)가 지원하고 한국농수산식품유통공사(이하 유통공사)가 운영하는 농식품 빅데이터 거래소(Korea Agrofood Data eXchange, KADX)에 농식품 데이터를 활용한 혁신서비스 3종이 출시된다.
>
> 농식품 빅데이터 거래소는 민간과 공공이 보유한 농식품 데이터를 개방하고 거래를 중개하는 플랫폼으로, 그간 유통 · 소비 · 수출 분야 650여 종의 데이터를 제공하며 데이터 공유와 이용 활성화를 위해 힘써왔다. 특히 정부는 공공－민간 데이터를 융합해 비즈니스 모델로 활용할 수 있도록 서비스 기획부터 데이터의 가공－개발－출시까지 전 과정도 지원한다. 지난해 공모를 통해 국민이 쉽게 이용할 수 있는 데이터 서비스 아이디어를 선정했고, 올해 공동 개발과정을 거쳐 ▲알뜰한끼, ▲급식식재료플랫폼, ▲무역비서 총 3종을 새롭게 개시한다.
>
> 가격이 하락한 제철 농산물을 활용한 맞춤 요리법을 추천하는 「알뜰한끼」에서는 소매가격 데이터 기준으로 10일 전보다 알뜰하게 구입할 수 있는 식재료와 관련 요리법을 편리하게 확인할 수 있다. 특히 경제관계장관회의에서 대국민 서비스 개선과제 중 하나로 선정되어, 국민 밥상 물가 부담 완화에 도움이 될 것으로 기대된다.
>
> 「급식식재료플랫폼」은 민간의 급식용 가공식품 데이터에 유통공사의 농산물 도 · 소매 가격정보를 더해 영양교사의 시장조사 행정업무 부담을 덜고 제철 농산물 소비를 확대하기 위해 개발됐다. 서비스를 이용한 한 영양교사는 "식재료 발주를 위해 시장조사에 할애하던 시간이 많이 줄었다"라며, "제철 농산물을 활용한 식단도 볼 수 있어 현장에 도움이 된다"라는 소감을 전했다.
>
> 「무역비서」는 기업의 수출실적 마이데이터에 기반하여, 농식품 수출 시 관세 절감 효과가 가장 큰 무역협정과 관세를 제안하고 리콜 · 통관거부 등 비관세 정보도 알려준다. 이를 통해 수출기업은 최소 관세율을 확인하고, 비관세 장벽에 신속히 대응할 수 있을 것으로 기대된다. 올해는 7개국을 대상으로 서비스되며, 연말까지 수출기업 및 전문가 의견을 반영하여 더욱 편하게 이용할 수 있도록 보완해 나갈 예정이다.
>
> 각 서비스는 농식품 빅데이터 거래소 데이터 서비스 메뉴와 협업에 참여한 업체 및 기관의 플랫폼인 ▲만개의레시피(「알뜰한끼」) ▲블루시스마켓(「급식식재료플랫폼」) ▲TmyDATA(「무역비서」)에서 이용할 수 있다. 데이터 제공 및 서비스 이용에 관한 자세한 사항은 유통공사와 거래소 누리집*에서 문의 가능하다.
>
> * 문의처: 유통공사 빅데이터사업부 및 농식품 빅데이터 거래소 '문의하기' 게시판
>
> 농식품부 농식품혁신정책관은 "농식품 산업의 디지털 전환을 위해 빅데이터의 융 · 복합을 통한 새로운 아이디어 및 서비스 개발이 활성화될 필요가 있다"라며, "앞으로도 농식품 분야에 다양한 국민 체감형 서비스가 개발될 수 있도록 민간과 지속적으로 협업하고, 지원을 아끼지 않을 것"이라고 말했다.

① 정부는 농식품 데이터의 가공 과정도 지원하였다.

② 급식식재료플랫폼은 대국민 서비스 개선과제 중 하나로 선정되었다.

③ 무역비서 플랫폼을 통해 최소 관세율을 확인할 수 있다.

④ 급식식재료 플랫폼과 알뜰한끼 플랫폼 모두 제철 농산물 활용 식단을 확인할 수 있다.

⑤ 농식품 빅데이터 거래소는 민간과 공공이 협업하는 플랫폼이다.

정답과 해설 p.83

DAY 12

왜 틀렸지?

왜 실수했지?

매일 한 줄 복기

문제를 다 풀고 난 후 왜 틀렸는지, 자주 나오는 실수 패턴은 무엇인지, 어떤 문제부터 풀어보고 어떤 문제는 나중에 풀지를 바르게 판단했는지 복기해 보세요. 어느 부분이 부족한지 스스로 깨닫고, 다음 회차를 풀 때 적용한다면 NCS 실력이 빠르게 올라갈 것입니다.

작성 예시

- 지문 읽을 때 키워드부터 찾기! 지문 끊어 읽기! 선택지에서 체크한 키워드가 모두 나와야 한다.
- 그래프와 표 나올 때 제목이랑 단위부터 확인하기!
- 시간 내에 풀 수 있는 유형인지 아닌지를 꼭 체크하고 넘어가자. 무조건 넘기지 말자!
- 의사소통 먼저 풀면 시간이 절약되는 것 같음. 수리랑 문제해결 중 어떤 것부터 풀지 판단해 보자.

의사소통능력	
수리능력	
문제해결능력	

DAY 12

01 다음 글의 전개방식으로 적절한 것을 고르면?

심리학자인 미셸은 아동의 절제력에 관한 실험을 진행했다. 4세 아동들을 방으로 데려가 마시멜로를 하나씩 나눠 준 후, 선생님이 돌아올 때까지 먹지 않았다면 보상으로 하나를 더 주겠다고 제안했다. 아동들은 선생님이 나가자마자 먹기도 하고, 중간에 먹기도 했으며, 끝까지 참고 기다리기도 하였다. 그리고 이 실험에 참여한 아동들을 15년 후에 추적 관찰했을 때 오래 참고 기다린 아동일수록 높은 학업 성취도를 보였으며, 삶의 만족도도 높게 나타났다. 미셸은 이 실험에서 아동이 보인 행동, 즉 즉각적인 욕구 만족이나 보상을 스스로 지연하고, 그 과정에서 발생하는 좌절을 인내하는 능력을 '만족지연 능력'이라 불렀다.

정신분석 이론에서는 충동적 욕구를 따르는 원초아(Id)의 쾌락 원리보다 유용성을 고려하는 자아(Ego)의 현실 원리가 우세할 때 만족지연 능력이 생긴다고 본다. 발달 과정에서 만족지연 능력은 문화적 영향력보다 충동을 억제하려는 자아의 강도에 의해 형성된다. 아동이 성숙하고 자발적인 자제력을 갖게 되면서 만족지연 능력이 발달한다는 것이다.

인지발달 이론에서는 아동이 즉각적인 보상을 선택하는 이유를 지연된 보상이 더 가치 있을 수 있다는 측면을 고려하지 못하기 때문이라고 설명한다. 그리고 만족지연 능력이 높아지는 것을 아동의 인지적 성장이 반영된 것으로 본다. 즉각적으로 받을 수 있는 작은 보상과 일정 시간 지난 후 받을 큰 보상이라는 선택 상황에서 두 측면을 동시에 고려하는 인지적 능력, 즉 사건을 구조화하고 현실을 이해하는 능력이 향상되었기 때문이라는 것이다.

그렇다면 사회학습 이론에서는 만족지연 능력을 어떻게 보는가? 이 이론에 따르면 아동은 사회적 강화를 통해 만족을 지연하는 행동이 더 가치 있고 적절하다는 것을 인식하게 된다. 특히 지연된 보상이 실현될 것이라는 기대나 신뢰감은 약속 이행에 대한 과거의 경험에 크게 의존한다는 것이다. 만족지연 능력은 개인의 직접적인 경험 외에도 또래나 부모, 교사 등 사회적 모델들의 행동을 관찰함으로써 학습된다고 할 수 있다.

만족지연 능력에 관한 연구는 한 개인의 학문적 성취와 사회적 적응을 위한 발달의 기초가 어릴 때부터 형성된다는 결과를 보여 준다. 유해한 자극으로 가득한 현대 사회에서 아동이 스스로 충동을 조절하여 미래지향적이고 성취지향적인 가치관을 내면화할 수 있도록 교육하는 것은 중요하다. 따라서 만족지연 능력은 아동기에 핵심적으로 계발해야 하는 발달 과업이라 할 수 있다.

① 특정 대상에 대한 연구결과를 통시적으로 고찰하고 있다.
② 외국의 사례를 열거하여 공통의 논지를 이끌어 내고 있다.
③ 대상과 관련한 여러 이론을 고찰하며 의의를 밝히고 있다.
④ 일반인의 상식을 제기한 후 이를 논리적으로 비판하고 있다.
⑤ 대상에 대한 여러 가지 이론을 제시하여 장단점을 비교하고 있다.

02 다음 [보기]의 빈칸 ㉠~㉢에 들어갈 단어가 바르게 짝지어진 것을 고르면?

보기

- 매일 만나는 사람인데 오늘따라 (㉠) 멋있어 보인다.
- 우리는 (㉡)에 만난 친구가 너무 반가웠다.
- 그에게서 (㉢)이 지나도록 답장이 없었다.

	㉠	㉡	㉢
①	왠지	오랜만	몇칠
②	왠지	오랫만	며칠
③	왠지	오랜만	며칠
④	웬지	오랜만	몇일
⑤	웬지	오랫만	며칠

03 다음은 겹받침 'ㄼ'과 'ㄺ'의 발음에 대한 표준발음법의 규정이다. 이를 바탕으로 [자료]의 빈칸 ㉠~㉤에 들어갈 내용으로 적절하지 않은 것을 고르면?

> [표준발음법]
> 제8항 받침소리로는 'ㄱ, ㄴ, ㄷ, ㄹ, ㅁ, ㅂ, ㅇ'의 7개 자음만 발음한다.
> 제10항 겹받침 'ㄳ', 'ㄵ', 'ㄼ, ㄽ, ㄾ', 'ㅄ'은 어말 또는 자음 앞에서 각각 [ㄱ, ㄴ, ㄹ, ㅂ]으로 발음한다.
> 다만, '밟-'은 자음 앞에서 [밥]으로 발음하고, '넓-'은 '넓죽하다', '넓둥글다'와 같은 경우에 [넙]으로 발음한다.
> 제11항 겹받침 'ㄺ, ㄻ, ㄿ'은 어말 또는 자음 앞에서 각각 [ㄱ, ㅁ, ㅂ]으로 발음한다.
> 다만, 용언의 어간 말음 'ㄺ'은 'ㄱ' 앞에서 [ㄹ]로 발음한다.

자료

1. 겹받침 'ㄼ'의 기본 발음은 (㉠)
   예 여덟[여덜], 넓다[널따], 넓고[널꼬]
   [예외]
   1-1) '밟-'의 경우 (㉡)
   예 밟고[밥:꼬], 밟지[밥:찌]
   1-2) '넓-'의 경우
   예 넓죽하다[넙쭈카다], 넓둥글다[넙뚱글다]
2. 겹받침 'ㄺ'
   2-1) 기본 발음은 (㉢)
   예 읽다[익따], 맑지[막찌], 흙[흑]
   2-2) 용언의 어간 말음 'ㄺ'의 경우 (㉣)
   예 읽고[일꼬], 맑기[말끼], 묽고[물꼬]
   [참조] 흙과[흑꽈]의 경우 (㉤)

① ㉠: 어말 또는 자음 앞에서 [ㄹ]로 발음된다.
② ㉡: 자음 앞에서 [밥]으로 발음된다.
③ ㉢: 어말 또는 자음 앞에서 [ㄱ]으로 발음된다.
④ ㉣: 자음 앞에서 [ㄹ]로 발음된다.
⑤ ㉤: 조사 'ㄱ' 앞의 'ㄺ'은 [ㄱ]으로 발음된다.

04 다음 [가]~[마] 문단을 글의 흐름에 따라 순서대로 바르게 배열한 것을 고르면?

[가] 이와 같은 과정으로 형성된 대기업집단은 다른 독립기업에 비하여 우월한 시장지배력을 통해 국민경제 전체에 커다란 영향력을 행사하게 되었고, 계열회사 상호 간의 내부거래를 통해 상품이나 생산요소 시장을 독과점하거나 과도한 외부금융에 의존하여 외형적 성장을 추구함으로써 경영 위험을 증대시키기도 하였다. 또한, 계열회사에 대한 상호출자 및 순환출자 등을 통해 적은 자본으로 다수의 계열회사를 지배하는 소유·지배구조의 왜곡과 함께 2세, 3세로의 경영권 승계로 경제력이 개인에게 집중되는 현상까지 야기하였다.

[나] 따라서 「독점규제 및 공정거래에 관한 법률」은 개별 시장에서의 경쟁정책뿐만 아니라, 대기업집단의 경제력 집중으로 인한 폐해를 방지하기 위하여 '지주회사 규제, 상호출자 및 순환출자의 금지, 대규모 내부거래의 이사회 의결 및 공시' 등 규제를 통해 대기업집단의 소유분산, 업종전문화, 기업지배구조 개선 등의 목표를 가지고, 산업 전체 또는 국민경제 전반에 걸친 일반집중과 소유집중의 문제를 경쟁정책의 관점에서 다루고자 하였음을 알 수 있다.

[다] 한편, 우리나라는 단기간의 압축 성장을 실현하기 위한 국가 주도의 경제 성장 정책의 결과로서 경제력 집중이 나타나게 되었다는 데 그 특징이 있다. 경제개발 초기 단계에서 정부는 한정된 자본과 자원을 효율적으로 활용하기 위해 불균형 경제성장론에 기초하여 소수의 기업에게 각종 특혜와 지원을 아끼지 않았다. 그리고 특정한 시장에서의 독과점적 지위를 보장받은 일부 기업은 이를 기반으로 부가가치가 높은 새로운 시장으로의 진입과 지배력 확장을 반복해 나가면서 대기업집단의 경제구조를 형성하게 된 것이다.

[라] 「독점규제 및 공정거래에 관한 법률」에서 '경제력'이라 함은 어떠한 경제주체가 자신이 소유·지배하는 경제적 자원이나 수단을 바탕으로 다른 경제주체의 자유의사에 따른 경제적 선택에 영향을 줄 수 있는 힘을 말한다. 이러한 경제력이 특정한 경제주체에 집중되는 경우를 '경제력 집중'이라 한다. 경제력 집중은 그 집중의 경제적 현상 또는 특정한 시장이나 산업에 한정하여 나타나는 '시장집중'과 국민경제 전반에 걸쳐 나타나는 '일반집중'으로 구분된다.

[마] 경제력이 집중되는 경우 규모의 경제와 범위의 경제를 통해 경제적 효율성이 증대되는 측면이 있다. 그러나 경제력이 소수의 독과점 기업에 집중된다면 시장기능을 왜곡시켜 자원배분의 효율성과 소비자 후생을 저하시키고, 기술혁신과 경영의 합리화를 억제함으로써 궁극적으로 국가 경쟁력을 떨어뜨릴 수 있다. 특히 국민경제에 커다란 영향을 미치고 있는 대기업집단에 경제력이 편중될 경우, 그 계열사가 다수의 산업에 진출하여 개별 시장마다 독과점 지위를 점하게 되면 공정한 경쟁을 제한할 가능성이 더욱 높아지게 되는 부정적인 측면도 존재한다.

① [다]-[라]-[가]-[나]-[마]
② [라]-[마]-[나]-[가]-[다]
③ [라]-[마]-[다]-[가]-[나]
④ [마]-[나]-[가]-[다]-[라]
⑤ [마]-[다]-[라]-[나]-[가]

05 다음 글의 제목으로 가장 적절한 것을 고르면?

오늘날의 배추가 200여 년 전의 요리책에 나오는 배추와 같다고 단언할 수 없다. 옛 문헌에 나오는 '배추'와 20세기 이후의 배추가 같은 것이라고 생각하고 조선시대 배추김치를 복원할 수 있을까? 만약 비슷하게 복원했더라도 당시 사람들의 의식까지 음식에 담을 수 있을까? 음식의 역사를 다루면서 사료에 제시된 내용을 단순히 나열만 한다면 그것은 음식의 역사라고 할 수 없다. 당시 사람들이 왜 그러한 음식을 만들어 먹을 수밖에 없었는지를 밝혀야만 그 음식의 역사를 이해할 수 있다.

전통적인 음식의 지속과 새로운 음식의 개입, 그리고 혼종 과정은 바로 오늘날 한국 음식이 직면하고 있는 현실이다. 20세기 한국 음식은 식민주의, 전통주의, 민족주의, 국가주의, 세계화 담론이 뒤섞인 결과라고 본다. 이것은 결코 부정적이지 않다. 한반도에서 음식을 비롯한 문화의 흐름이 모두 혼종 과정이기 때문이다. 지난 100년을 관통하는 한국의 음식점과 메뉴, 그리고 식품산업의 사회·문화적 특징을 정리하면, 20세기 한국 사회에서 일어난 음식의 혼종은 새로운 패러다임을 이끄는 동력으로 작용했음을 발견할 수 있다.

음식의 역사는 거시적인 관점에서 접근하면 사소한 것처럼 보일 수도 있다. 하지만 음식의 역사만큼 크고 작은 변천 과정을 아우르는 것도 없다. 사람은 귀천에 상관없이 먹어야 살고, 먹고살기 위해 경제활동은 물론이고 사회활동과 정치활동도 하기 때문이다. 그러니 개인이나 사회가 어떤 음식을 먹고 살아왔는지를 알면 그 역사가 보인다. 20세기 한국 사회의 격변이 음식에 고스란히 반영된 결과도 마찬가지이다.

① 한국 음식의 역사
② 식탁 위의 20세기 한국사
③ 혼종의 과정, 문화의 흐름
④ 음식점 메뉴로 본 한국사
⑤ 한국 음식의 거시사와 미시사

[06~07] 다음 글을 읽고 질문에 답하시오.

주택 임대차는 임차인이 주택의 소유자인 임대인에게 보증금을 지급하고 합의한 기간 동안 목적물인 주택을 사용한 후, 기간이 만료되면 보증금을 반환받는 계약이다. 임대차를 체결하여 임차인에게 발생하는 권리인 임차권은 채권에 해당한다. 채권을 가진 사람은 원칙적으로 특정한 채무자에 대해서만 일정한 행위를 요구할 수 있고, 제삼자에게는 권리를 주장할 수 없다. 반면에 소유권이나 저당권, 전세권 등 물건에 대한 지배권이라 할 수 있는 물권은 누구에게나 주장할 수 있는 권리이다. 따라서 물권은 일반적으로 채권에 우선하는 효력이 인정되며, 같은 물권들 사이에서는 선순위 물권이 후순위보다 우선한다. 그래서 임차인은 계약을 맺은 임대인에 대해서만 임차권을 주장할 수 있고, 매매 등으로 주택의 소유권이 변경되면 새로운 소유자에게는 임차권을 주장하지 못할 수 있다.

이 문제를 해결하기 위한 방법으로 민법에는 전세권이 있다. 이는 보증금을 지급하고 부동산을 약정 기간 동안 이용한 후 부동산을 반환하고 보증금을 돌려받는 권리로, 임차권과 내용이 같지만 물권이라는 점에서 차이가 있다. 임차한 주택에 전세권을 설정하면 임대차 내용이 등기부에 기재된다. 등기는 부동산에 관한 물권의 권리관계를 등기부에 기재하여 공시함으로써 제삼자가 해당 내용을 알 수 있도록 하는 제도이다. 전세권을 설정하기 위해서는 임대인의 동의가 필요한데 대체로 임차인의 지위가 낮은 현실에서 임대인의 동의를 얻기는 쉽지 않다. 이러한 임차인의 지위를 보호하여 국민 주거 생활을 안정시키기 위해 제정된 특별법이 주택임대차보호법이다. 이 법률은 임차인이 일정한 요건을 갖추었을 경우 임차권에 물권적 효력을 부여하여 임차인의 지위를 강화한다. 그 요건은 임차인이 주택을 인도받는 것과 전입 신고를 마치는 것이다. 요건을 충족한 다음 날부터 임차권은 제삼자에게도 대항력을 갖는다. 요건만 갖추면 효력이 발생하고 임대인의 동의도 필요하지 않기 때문에 임차인을 효과적으로 보호하는 것이 가능하다.

대항력을 갖는다는 것은 제삼자에게도 임차권을 주장할 수 있게 되었다는 의미이다. 예컨대 임차한 주택이 경매되면 일반적으로 임차권은 소멸하지만 주택임대차보호법에 따른 대항력을 갖춘 경우에는 그렇지 않다. 임차인은 이에 덧붙여 주민센터 등의 공공 기관에서 주택 임대차 계약서에 확정일자를 받을 수 있다. 우선변제권을 확보하기 위해서이다. 임차한 주택이 경매되었을 때 임차인은 자신의 우선변제권 성립보다 뒤에 설정된 물권에 우선하여 보증금을 변제받을 수 있다. 우선변제권의 효력은 대항력과 확정일자가 모두 갖추어진 날부터 발생한다. 또한 주택임대차보호법에서는 사회적 약자를 보호하는 취지에서, 대항력을 갖춘 소액임차인에게는 정해진 금액까지의 보증금을 선순위 물권자보다 우선하여 변제받을 수 있는 최우선변제권까지 부여한다. 소액임차인으로 인정될 수 있는 보증금의 기준과 최우선변제권으로 변제받을 수 있는 금액은 대통령령으로 정해지며 지역에 따라 다르다.

주택 임대차가 만료되었는데 임차인이 임대인으로부터 보증금을 반환받지 못하는 일이 생기기도 한다. 이 경우 임차인은 이사를 가면 자신의 권리 순위가 상실될 수 있다는 우려를 하게 된다. 이런 문제 때문에 주택임대차보호법에는 임차권등기명령 제도가 포함되어 있다. 이는 종료된 임차권을 법원의 명령으로 등기부에 공시할 수 있도록 하는 것이다. 임대차가 종료된 후 보증금이 반환되지 않은 경우 임차인은 관할 법원에 임차권등기명령을 신청할 수 있고, 법원이 이를 심리하여 결정한다. 이때 임대인의 동의는 필요하지 않고, 전입 신고를 하지 않았거나 확정일자를 받지 않았던 임차인도 임차권등기를 하게 되면 대항력과 우선변제권을 취득하게 된다. 한편 ㉠ 임차권이 등기된 뒤에 해당 주택에 새로 임대차를 체결한 다른 소액임차인은 보증금의 최우선변제를 받을 수 없도록 하였다. 임차권등기를 한 임차인이 예상하지 못한 손해를 입을 수 있기 때문이다.

06 윗글의 내용과 일치하지 않는 것을 고르면?

① 주택 임대차가 만료되면 임차인은 임대인에게 임대차의 목적물을 반환해야 한다.

② 최우선변제권이 있는 소액임차인이더라도 보증금의 전부를 반환받지 못할 수 있다.

③ 채권은 제삼자가 아닌 특정한 채무자에 대해서만 일정한 행위를 요구할 수 있는 권리이다.

④ 임차인이 주택을 인도받고 전입 신고를 마친 당일부터 임차권은 제삼자에게도 대항력을 갖는다.

⑤ 임차권등기명령 제도는 임대차가 종료되어도 보증금이 반환되지 않은 경우 임차인이 신청할 수 있다.

07 윗글의 밑줄 친 ㉠의 이유를 추론한 내용으로 가장 적절한 것을 고르면?

① 최우선변제권은 선순위 물권자에게도 우선하여 정해진 금액까지의 보증금을 변제받을 수 있는 권리이기 때문이다.

② 최우선변제권은 사회적 약자를 보호한다는 취지에서 인정되는 법률이기 때문이다.

③ 주택임대차보호법은 임차권에 물권적 효력을 부여하여 임차인의 지위를 강화하는 특별법이기 때문이다.

④ 소액임차인으로 인정될 수 있는 보증금의 기준과 최우선변제권으로 변제받을 수 있는 금액은 대통령령으로 정해지기 때문이다.

⑤ 최우선변제권이 생기면 원래의 임차인이 가지고 있던 우선변제권의 효력이 사라지기 때문이다.

[08~09] 다음 행정안전부의 보도자료를 읽고 질문에 답하시오.

[가] 최근 행정안전부 장관을 주재로 한 국가안전시스템 개편 종합대책 및 기후위기 재난대응 혁신방안의 제24차 추진상황 점검회의가 개최되었다. 이 회의에서는 국가안전시스템 개편 종합대책과 기후위기 혁신방안 수립 이후 지난 2년간의 성과를 점검하고, 향후 계획 등을 논의하였다.

[나] 기후위기 혁신방안의 주요 성과로는 지하차도 안전관리 강화를 위한 통제기준 신설, 현장책임자 지정, 진입 차단시설 설치 대상 확대 등 지하차도 침수 대비 인명피해 방지대책을 마련했다. 또한 공동주택 지하주차장 침수 안전관리계획 수립 의무화, 건축물 지하층 · 1층 출입구에 물막이설비 설치기준 제정, 침수방지시설 유지관리를 의무화했다. 침수 취약계층 안전관리도 강화한바, 침수 취약계층 대피 지원 협의체를 구성해 재난 현장 대응기관 간 정책 소통 · 협력을 강화하고 여름철 풍수해 대책기간 동안 대피도우미를 통해 침수 취약계층 대피를 지원했다. 이와 함께 도시침수 예방을 위해 하천 관리체계를 강화했다. 이에 홍수특보 발령지점을 대폭 확대하고 수위관측소를 추가 설치했으며, 도시침수 예보 플랫폼을 구축해 서울 도림천을 시작으로 시범운영을 확대 실시했다. 특히 지방하천 20곳을 국가하천으로 승격하고, 국가 차원의 정비가 필요한 배수영향구간 411곳 정비를 추진했다.

[다] 한편 긴급신고기관 공동대응 체계를 구축한바, 소방 · 경찰 등 긴급신고기관 간 공동대응 시 현장 확인을 의무화하고 타 기관 출동 정보를 현장대원 등에게 문자로 제공하고 있다. 특히 소방 · 경찰 상황실 간 상호 협력관을 파견해 대응 협력을 강화했으며, 시도 소방본부와 지방경찰청까지 파견을 확대할 예정이다. 이 밖에도 지자체 상황실 등에 재난안전통신망 단말기 비치 · 사용 의무화, 재난상황관리를 위한 저화질 CCTV 교체 및 사각지대 CCTV 보강, 재난피해자 지원센터 운영 등 성과를 거뒀다.

[라] 국가안전시스템 개편 종합대책의 주요 성과로는 새로운 위험에 대한 상시 발굴 · 예측 및 대응체계를 마련한 것이다. 이에 '잠재재난 위험분석 센터'를 신설하고 빅데이터 및 국내외 사례 분석, 전문가 조사 등을 통해 위험요소를 발굴했으며 발굴 결과는 잠재재난 위험분석 보고서에 담아 관계기관 등에 공유했다. 또한 인파관리지원시스템을 구축해 운영하고 있다. 먼저 통신사 기지국 정보를 활용해 인파 밀집 위험수준을 관리하여 현장에서 본격 활용하고 있다. 서울 세계불꽃축제 등 지역축제 현장에서 인파관리지원시스템을 제대로 활용할 수 있도록 행안부 직원을 파견해 현장 기술지원을 제공했다. 특히 인파사고 안전관리의 제도 사각지대를 해소했다. 이에 다중운집인파사고를 사회재난 유형으로 포함해 안전관리 근거를 마련하고, 다중이용시설별 재난관리주관기관을 지정했다. 주최자 없는 축제에 대해서도 지자체에 안전관리 의무를 부여하고, 지역축제장 안전관리 매뉴얼을 개정 · 배포했다.

[마] 향후 계획으로는 2025년부터 인파관리시스템에 교통카드 및 와이파이 이용 등 수집 정보를 추가하고, 지자체 CCTV와 연계 기능을 강화하는 등 고도화할 예정이다. 아울러 재난피해자 통합지원센터 정착을 위해 지자체별로 조례 개정을 추진하는 등 2025년부터는 기존의 대책들을 보다 보완하고 발전시키는 방향으로 추진할 예정이다. 또한, 소방 현장지휘관 역량강화 교육 인원을 대폭 확대하고 가상 재난현장 시뮬레이션 영상을 개발 · 배포하며, 인공지능이 24시간 산불을 감시하는 ICT 플랫폼도 지속 확대할 예정이다.

08 위 보도자료의 [가]~[마] 문단을 글의 흐름에 따라 순서대로 바르게 배열한 것을 고르면?

① [가]－[다]－[나]－[마]－[라]
② [가]－[라]－[다]－[나]－[마]
③ [나]－[라]－[마]－[다]－[가]
④ [다]－[라]－[나]－[가]－[마]
⑤ [다]－[마]－[가]－[나]－[라]

09 위 보도자료를 바탕으로 추론한 내용으로 적절한 것을 고르면?

① 최근 지방하천 20곳이 국가하천으로 승격되어 국가하천이 총 411곳이 되었다.
② 지자체 상황실 등에는 재난안전통신망 단말기를 반드시 비치하여 사용해야 한다.
③ 주최자가 없는 축제가 진행될 경우 현장 기술지원을 위해 행안부 직원이 파견될 것이다.
④ 최근 국가안전시스템 개편 종합대책과 기후위기 혁신방안이 수립된 지 1주년을 맞이하였다.
⑤ 현재 인파관리시스템에 수집된 교통카드 및 와이파이 이용 정보 등을 통해 인파 밀집도를 파악하고 있다.

10 다음 글을 이해한 내용으로 적절한 것을 고르면?

젊은 세대의 외모에 대한 관심이 과거 세대와는 사뭇 다르다. 특히 어릴 때부터 마른 몸매의 연예인을 보며 성장한 10~20대 가운데 다이어트 열풍은 위험 수위에 다다르고 있다. 그러다 보니 다이어트에 집착하는 사람들이 갈수록 늘어나게 되었고, 급기야 지나친 다이어트의 한 극단인 '신경성 식욕 부진증', 즉 '거식증'이라는 병이 생기게 되었다.

신경성 식욕 부진증은 대표적인 섭식 장애의 하나로, 식욕이 정상이거나 오히려 증가된 상태에서 마른 몸매에 대한 끝없는 욕구 또는 체중 증가에 대한 극심한 공포로 인해 음식 섭취를 거부하는 질환이다. 10대 전후에서 시작해서 20대에 가장 많이 발견되며, 인구의 4% 정도까지 해당할 것이라고 추정된다. 흥미롭게도 이 병에 걸린 환자는 직접 요리를 해서 다른 사람에게 먹이는 것을 좋아한다. 그리고 칼로리 소모를 위해 하루 종일 쉬지 않고 움직일뿐더러 음식물의 영양분에 대한 지식이 해박하다. 이들은 일반적으로 머리가 좋고 자신을 완벽하게 통제하려는 완벽주의적 성향이 강하다.

신경성 식욕 부진증의 원인은 명확하지 않다. 다만 유전적 소인과 환경적 요인의 상호작용으로 발병한다고 알려져 있다. 청소년기나 성인기 초기의 체중 관리에 대한 강박관념 등이 원인이 되기도 한다. 신경성 식욕 부진증은 우울증이나 불안증과 같은 정신 장애의 또 다른 모습으로 나타날 수도 있다. 대중매체의 영향에 의한 잘못된 인식이 위험요인이 되기도 한다.

신경성 식욕 부진증의 근본적인 문제는 자신의 신체 이미지를 심각하게 왜곡한다는 것이다. 거울을 보여 주더라도 자신의 모습에 만족하지 않고, 체중이 감량되기만를 원한다. 또한 주변에서 별다른 문제가 없는 사람으로 보고, 특히 부모들은 다이어트를 열심히 하는 것뿐이라며 대수롭지 않게 여긴다. 그러나 신경성 식욕 부진증으로 인한 사망위험률은 일반 인구 대비 6배 높으며, 그중 1/5은 자살로 생을 마감하기도 하므로, 이 질환을 앓고 있는 환자에게는 특별한 주의를 요한다.

① 신경성 식욕 부진증에 걸리면 자살로 생명을 잃을 확률이 4% 정도다.
② 신경성 식욕 부진증은 영양분과 칼로리에 대해 무지하기 때문에 발병한다.
③ 신경성 식욕 부진증 환자는 체중에 신경을 쓰기 때문에 음식 자체에 거부감이 크다.
④ 신경성 식욕 부진증 환자 중에서 별다른 이상 없이 사회생활을 영위하는 사람도 있다.
⑤ 신경성 식욕 부진증의 원인 중 가장 큰 요인은 대중매체의 영향으로 인한 잘못된 인식이다.

11

도아랑 미진이는 서로 26km 떨어진 지역에 살고 있다. 둘은 만나기 위해 각자 살고 있는 지역에서 동시에 출발해 A지역에서 12분 뒤에 만났는데, 도아가 미진이보다 1.6배 빠르게 이동했다. 이때 도아의 속력을 고르면?(단, 도아와 미진이가 있는 지역과 A지역은 일직선상에 있다.)

① 50km/h ② 64km/h ③ 80km/h
④ 92km/h ⑤ 96km/h

12

슬기, 창연, 도영 세 사람은 주기적으로 외국어 수업을 듣는데 슬기는 4일마다, 창연이는 10일마다, 도영이는 6일마다 듣는다. 세 사람이 월요일에 수업을 함께 들었을 때, 처음으로 다시 같이 수업을 듣는 요일을 고르면?

① 월요일 ② 화요일 ③ 수요일
④ 목요일 ⑤ 금요일

13

A농장이 재배하는 사과의 품질은 가장 좋을 확률이 $\frac{1}{6}$, 보통일 확률이 $\frac{3}{4}$, 폐기해야 할 확률이 $\frac{1}{12}$이다. A농장의 사과 4개를 집었을 때, 2개는 품질이 가장 좋고, 1개는 보통, 1개는 폐기해야 할 사과일 확률을 고르면?

① $\frac{1}{48}$ ② $\frac{1}{24}$ ③ $\frac{1}{16}$
④ $\frac{1}{12}$ ⑤ $\frac{5}{48}$

14

다음 [표]와 [그래프]는 영농 폐비닐 발생량 및 수거량, 재활용량에 대한 자료이다. 이를 바탕으로 [보기]에서 옳은 것을 모두 고르면?

[지역별 영농 폐비닐 발생량]

(단위: 톤)

구분	2019년	2020년	2021년	2022년
전체	310,153	307,159	319,194	314,507
서울, 인천, 경기	36,141	36,345	33,203	34,142
강원	23,908	23,986	23,616	21,079
충북	23,216	24,138	28,863	30,357
대전, 세종, 충남	38,322	35,327	38,822	38,728
전북	36,277	35,917	37,970	38,223
광주, 전남	45,752	47,146	47,262	49,126
대구, 경북	49,726	49,049	55,065	51,053
부산, 울산, 경남	47,972	44,752	44,599	42,394
제주	8,837	10,497	9,794	9,405

[연도별 영농 폐비닐 수거량, 재활용량]

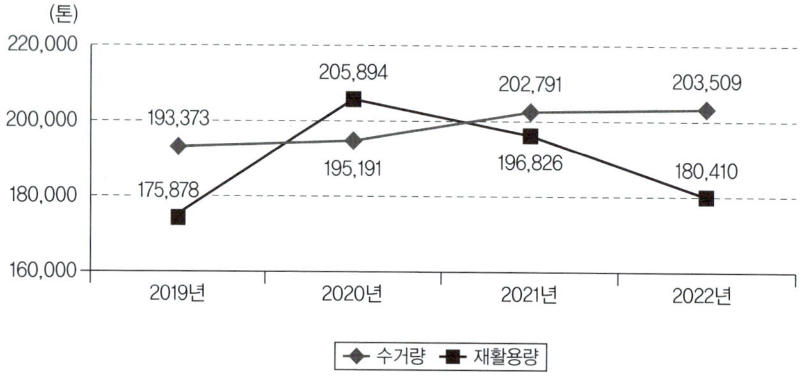

보기

㉠ 2019년 전체 영농 폐비닐 발생량에서 수거되는 비율은 65% 이상이다.

㉡ 제시된 기간에 영농 폐비닐 발생량이 가장 많은 지역과 가장 적은 지역은 매년 변하지 않는다.

㉢ 제시된 기간 중 전체 영농 폐비닐 발생량이 가장 적은 해에 영농 폐비닐 재활용량과 수거량의 차는 10,703톤이다.

㉣ 제시된 기간의 연평균 영농 폐비닐 발생량은 광주, 전남이 충북보다 20,678톤 더 많다.

① ㉠, ㉡　② ㉠, ㉢　③ ㉡, ㉢

④ ㉠, ㉡, ㉢　⑤ ㉡, ㉢, ㉣

15

다음 [표]는 2012~2019년의 국내 연간 취수량에 대한 자료이다. 이를 바탕으로 [보기]에서 옳지 않은 것을 모두 고르면?

[연도별 국내 연간 취수량]

(단위: 백만 m^3)

구분		2012년	2013년	2014년	2015년	2016년	2017년	2018년	2019년
지하수		89	90	93	96	98	102	163	170
지표수	하천표류수	3,207	3,154	3,267	3,253	3,270	3,256	3,235	2,599
	하천복류수	433	417	463	474	442	434	437	451
	댐	3,148	3,121	3,281	3,194	3,311	3,431	3,404	3,270
	기타 저수지	51	46	58	56	55	58	61	64
총취수량		6,928	6,828	7,162	7,073	7,176	7,281	7,300	6,554

보기

㉠ 총취수량이 가장 적은 해에 총취수량의 전년 대비 감소량은 가장 크다.
㉡ 하천표류수 취수량이 하천복류수 취수량의 7배 이상인 연도는 총 7개이다.
㉢ 2016년 이후 연평균 댐 취수량은 3,354백만 m^3이다.
㉣ 2016년 이후 지하수와 기타 저수지의 취수량은 매년 전년 대비 증가한다.

① ㉠, ㉡　② ㉠, ㉢　③ ㉡, ㉢
④ ㉡, ㉣　⑤ ㉢, ㉣

16

다음 [표]는 2020~2022년 지역별 대상포진 환자 수에 대한 자료이다. 이를 바탕으로 [보기]에서 옳은 것을 모두 고르면?

[2020~2022년 지역별 대상포진 환자 수]

(단위: 명)

지역	2020년	2021년	2022년
A	46,081	50,893	51,012
B	48,371	49,702	50,087
C	44,301	46,032	44,501
D	42,081	45,097	46,208
E	45,301	47,786	50,046
F	48,701	49,132	50,016
G	49,043	50,872	51,932

보기

㉠ C지역을 제외한 다른 지역은 모두 대상포진 환자 수가 매년 증가하였다.
㉡ 2021년에 대상포진 환자 수가 두 번째로 많은 지역은 2022년에도 두 번째로 많다.
㉢ 연평균 대상포진 환자 수는 E지역이 F지역보다 1,572명 더 적다.
㉣ 2022년 대상포진 환자 수의 2년 전 대비 증가량은 A지역이 D지역보다 704명 더 많다.

① ㉠　② ㉡　③ ㉣
④ ㉠, ㉢　⑤ ㉡, ㉢, ㉣

17

다음 [표]는 2018~2022년 발전원별 발전량 추이에 대한 자료이다. 이에 대한 설명으로 옳은 것을 고르면?

[발전원별 발전량 추이]

(단위: GWh)

자원	2018년	2019년	2020년	2021년	2022년
원자력	127,004	138,795	140,806	155,360	179,216
석탄	247,670	226,571	221,730	200,165	198,367
가스	135,072	126,789	138,387	144,976	160,787
신재생	36,905	38,774	44,031	47,831	50,356
유류 · 양수	6,605	6,371	5,872	5,568	5,232
합계	553,256	537,300	550,826	553,900	593,958

① 연평균 유류 · 양수 발전량은 5,924.6GWh이다.

② 2019년 발전량은 석탄이 원자력보다 88,772GWh 더 크다.

③ 2021년 발전량의 3년 전 대비 증가량은 가스가 신재생보다 크다.

④ 제시된 모든 발전원은 발전량이 매년 증가하거나 매년 감소한다.

⑤ 2019년 이후 발전원별 발전량이 큰 순서는 매년 같다.

[18~19] 다음 [표]는 주요 국가별 월평균 독서량을 조사한 자료이다. 이를 바탕으로 질문에 답하시오.

[국가별 연평균 독서량]

(단위: 권)

국가	월평균 독서량		
	남성	여성	전체
아시아	13	18	15
한국	10	14	13
호주	15	5	7
중국	15	21	17
인도	20	25	23
싱가포르	7	10	8
유럽	18	21	20
독일	16	20	18
러시아	20	25	23
스페인	19	25	21
영국	14	21	18
프랑스	19	17	18
아메리카	12	18	14
멕시코	12	5	7
캐나다	5	19	12
미국	10	18	12
브라질	19	16	17

※ 아시아, 유럽, 아메리카는 대륙임

18

다음 중 자료에 대한 설명으로 옳은 것을 [보기]에서 모두 고르면?

보기

㉠ 월평균 독서량이 남성과 여성 모두 20권 이상인 국가는 3개이다.
㉡ 전체 월평균 독서량이 두 번째로 많은 대륙에서 여성 독서량이 세 번째로 많은 국가는 한국이다.
㉢ 대륙별 남성 월평균 독서량이 가장 적은 국가 중 남성 월평균 독서량이 두 번째로 많은 국가는 싱가포르이다.
㉣ 여성보다 남성의 월평균 독서량이 더 많은 국가는 5개이다.

① ㉠, ㉡　② ㉠, ㉢　③ ㉡, ㉢
④ ㉡, ㉣　⑤ ㉢, ㉣

19

다음 [표]는 대륙별 응답자 수에 대한 자료이다. 유럽에서 전체 월평균 독서량이 가장 많은 국가의 응답자 수가 해당 대륙의 응답자 수의 25%일 때, 이 국가의 남성 인원수와 여성 인원수의 차를 고르면?

[대륙별 응답자 수]

(단위: 명)

구분	아시아	유럽	아메리카	전체
응답자 수	4,000	4,000	2,000	10,000

※ $(\text{전체 월평균 독서량}) = \frac{(\text{남성 월평균 독서량}) \times (\text{남성 인원수}) + (\text{여성 월평균 독서량}) \times (\text{여성 인원수})}{(\text{전체 인원수})}$

① 100명　② 150명　③ 200명
④ 250명　⑤ 300명

20

다음 [표]와 [그래프]는 최저임금 인상액의 적정성 응답비율을 조사한 자료이다. 이를 바탕으로 [보기]에서 옳지 않은 것을 모두 고르면?

[상용근로자 수별 적용되는 최저임금 인상액의 적정성 응답비율]

(단위: %)

구분	매우 높음		약간 높음		보통		약간 낮음		매우 낮음	
	2022년	2023년	2022년	2023년	2022년	2023년	2022년	2023년	2022년	2023년
전체	14.6	8.6	34.4	30.0	45.3	50.7	4.5	8.6	1.2	2.1
0인	18.7	15.1	42.3	36.6	35.2	44.7	3.6	3.3	0.2	0.3
1~4인	14.1	8.7	33.4	30.5	47.4	49.7	3.9	9.0	1.2	2.1
5~9인	14.0	7.1	32.3	28.6	44.5	53.5	7.0	8.6	2.2	2.2
10~29인	12.6	5.4	28.6	27.2	50.6	52.9	6.7	11.2	1.5	3.3
30~99인	8.6	4.2	37.1	14.1	50.0	64.8	4.3	12.7	0.0	4.2
100~299인	0.0	4.0	20.0	24.0	80.0	72.0	0.0	0.0	0.0	0.0

※ 적정성 응답비율이란 적정하다고 느낄수록 '매우 높음'에, 적정하지 않다고 느낄수록 '매우 낮음'에 응답한 비율임

[2023년 조사에 참여한 상용근로자 수별 사업체 수]

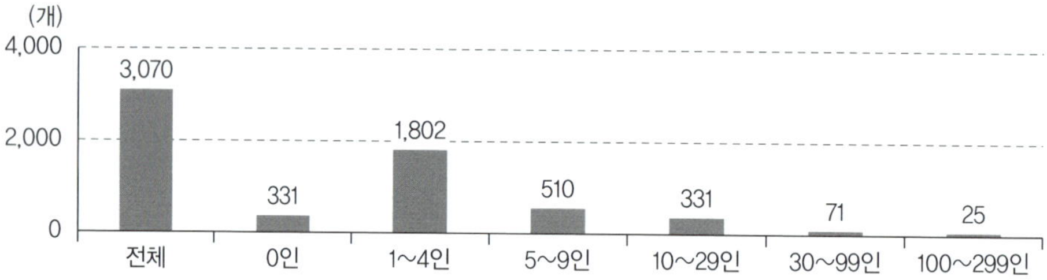

보기

㉠ 2022년과 2023년 모두 사업체의 상용근로자 수가 많을수록 최저임금 인상액의 적정성이 매우 높다고 응답하는 비율이 낮았다.

㉡ 2023년 최저임금 인상액의 적정성이 보통이라고 응답한 비율이 전년 대비 가장 많이 증가한 사업체 규모는 상용근로자 수가 0인인 사업체이다.

㉢ 2023년 최저임금 인상액의 적정성이 약간 높다고 응답한 전체 사업체 수는 921개이다.

㉣ 2023년 조사에 참여한 전체 사업체 중 상용근로자 수가 10~29인인 사업체 수가 차지하는 비중은 약 12.8%이다.

① ㉠, ㉡　　② ㉠, ㉢　　③ ㉡, ㉣

④ ㉠, ㉡, ㉢　　⑤ ㉡, ㉢, ㉣

21

B사 신입사원인 혜정, 서진, 호석이는 3일간 세 명의 팀장에게 교육을 받았다. 다음 [조건]이 모두 참일 때, 팀장의 이름으로 옳은 것을 고르면?

조건

- 신입사원은 모든 팀장의 이름을 모두 정확하게 기억하고 있다.
- 신입사원은 교육을 진행한 세 명의 팀장에 대하여 각각 한 명씩의 성(姓)만 올바르게 기억하고 있다.
- 팀장들의 성은 모두 다르며, 김 씨, 이 씨, 박 씨 중 하나이다.
- 혜정: 이승철 팀장님과 박민경 팀장님의 교육은 살짝 지루했어. 그런데 만철 팀장님은 성 씨가 뭐였더라? 박 씨였지?
- 서진: 아니야. 만철 팀장님은 김 씨야. 난 박민경 팀장님의 교육이 정말 유용했는데, 이승철 팀장님의 교육 때는 살짝 지루했어.
- 호석: 승철 팀장님이 박 씨고 다른 두 팀장님의 성함이 김민경 팀장님과 이만철 팀장님이었던 것 같은데 아니니?

① 김승철, 박만철, 이민경
② 김승철, 박민경, 이만철
③ 김민경, 박승철, 이만철
④ 김민경, 박만철, 이승철
⑤ 김만철, 박민경, 이승철

22

◇◇생물학회는 다음 [조건]에 따라 계절별로 학술대회에서 강의를 진행하고 있다. 올해 봄에 미생물학 분야와 분자생물학 분야에서 강의를 진행했다고 할 때, 항상 거짓인 것을 고르면?

조건

- 매년 미생물학, 면역학, 발생학, 분자생물학, 유전학 5개 분야 중에서 강의를 진행한다.
- 매 계절 최대 두 개 분야의 강의를 진행한다.
- 각각의 분야에서 매년 적어도 한 번 강의를 진행해야 한다.
- 한 계절에 같은 분야에 두 개 이상의 강의를 진행하지는 않는다.
- 두 계절 연속으로 같은 분야에서 강의를 진행하지는 않는다.
- 면역학 분야는 올해 두 번의 강의를 진행했다.

① 발생학 분야 강의는 여름에 진행한다.
② 올해에는 유전학 분야와 발생학 분야 강의를 함께 진행한다.
③ 분자생물학 분야 강의는 겨울에 진행한다.
④ 미생물학 분야 강의는 가을에 진행한다.
⑤ 가을에 면역학 분야 강의를 진행한다.

23

△△사는 사우디아라비아, 튀르키예, 인도, 라오스에 해외 지사를 설립하고 공장을 건축하고자 한다. 공장은 모든 지역에 3개씩 건축할 예정이고, 사내에서 공장 설계를 담당하고 있는 사람은 A, B, C 세 사람뿐이다. 세 사람의 진술이 다음과 같다고 할 때, [보기]에서 항상 참을 말하는 사람을 모두 고르면?

- A: 나는 최소한 5개의 공장을 설계할 예정이다.
- B: 나는 사우디아라비아, 튀르키예, 인도, 라오스에 1개씩 공장을 설계할 예정이다.
- C: 나는 라오스에 3개, 사우디아라비아에 3개의 공장을 설계할 예정이다.

보기

- 안 사원: A의 진술이 참이고 B의 진술이 거짓인 경우, C의 진술은 거짓이 된다.
- 이 주임: B의 진술이 거짓이고, C의 진술이 참일 경우, A의 진술은 참이 된다.
- 양 대리: C의 진술이 참일 경우, B의 진술은 거짓이 된다.

① 안 사원　② 이 주임　③ 양 대리
④ 안 사원, 이 주임　⑤ 이 주임, 양 대리

24

테니스 혼합복식 대회에 참여한 4팀이 직사각형 모양의 테이블에 앉아 있다. 다음 [조건]을 바탕으로 판단할 때, 같은 팀이 될 수 없는 사람끼리 바르게 짝지어진 것을 고르면?

조건

[테이블 배치도]

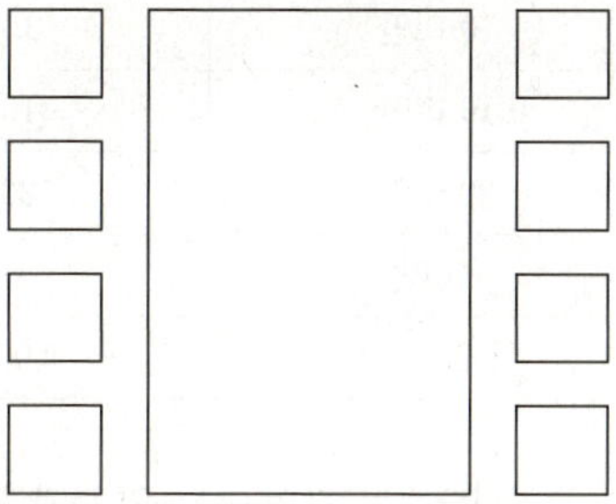

- 진성, 경수, 영철, 창민은 남자이고, 선희, 영지, 진서, 정현은 여자이다.
- 테이블을 기준으로 왼쪽에는 남자들이, 오른쪽에는 여자들이 앉아 있다.
- 진성이네 팀은 둘 다 가장 끝자리에 앉아 있다.
- 경수의 양옆에는 모두 누군가가 앉아 있다.
- 선희와 진서는 한 명을 사이에 두고 앉아 있으며, 진서와 마주 보고 앉은 사람은 영지와 같은 팀이다.
- 같은 팀끼리 서로 마주 보고 앉은 사람은 없다.
- 경수는 영철이의 왼쪽에 앉아 있다.
- 정현이는 진서의 왼쪽에 앉아 있다.
- 영지의 양옆에는 모두 누군가 앉아 있고, 영지와 마주 보고 앉은 사람은 선희와 같은 팀이다.

① 진성, 정현　　② 경수, 선희　　③ 창민, 영지
④ 영철, 진서　　⑤ 경수, 영지

[25~26] 다음은 오수처리시설 평가 기준과 결과에 대한 자료이다. 이를 바탕으로 질문에 답하시오.

[오수처리시설 평가 기준]

구분	정상	주의	심각
생물화학적 산소요구량	10 미만	10 이상	30 이상
부유물질	10 미만	10 이상	20 이상
총질소량	20 미만	20 이상	40 이상
총인량	2 미만	2 이상	10 이상
총대장균 균수	3,000 미만	3,000 이상	5,000 이상

[오수처리시설 A~E의 평가 지표]

구분	생물화학적 산소요구량	부유물질	총질소량	총인량	총대장균 균수
A	8	5	25	1	2,800
B	19	15	50	5	4,000
C	40	25	30	11	5,500
D	27	9	35	7	3,500
E	9	19	18	15	4,800

[평가 결과]

- '정상' 지표 4개 이상: 우수
- '주의' 지표 2개 이상 또는 '심각' 지표 2개 이하: 보통
- '심각' 지표 3개 이상: 개선필요

25 다음 중 오수처리시설의 평가 결과가 적절하게 짝지어진 것을 고르면?

① A－우수
② B－개선필요
③ C－보통
④ D－개선필요
⑤ E－우수

26 다음 [보기]를 읽고 B오수처리시설의 문제점과 개선방향을 적절하게 지적한 것을 고르면?

보기

B오수처리시설에서 근무 중인 귀하는 팀원들과 함께 B시설이 받은 평가 결과에 대해 회의를 하였다. 그 결과, B시설은 평가 결과상 C시설에 비해 좋은 평가를 받았지만, '정상' 지표는 없었으므로 관련된 시설분야에 대한 조사와 개선이 필요하다는 결론을 내리고 점차적으로 개선을 진행하기로 결정하였다. 지적사항으로 '심각' 지표를 가장 우선으로 개선하고, 최종적으로 '우수' 단계로 개선해야 한다.

① 총질소량과 총대장균 균수를 개선하면 평가 결과가 달라진다.
② 가장 좋은 평가 결과를 받기 위해서는 생물화학적 산소요구량을 포함한 3가지 지표를 한 단계씩 개선해야 한다.
③ 부유물질은 '심각' 지표이기 때문에 가장 먼저 개선해야 한다.
④ 총인량은 '정상' 지표이기 때문에 개선할 필요가 없다.
⑤ 가장 먼저 개선해야 하는 분야는 총질소량이다.

[27~28] 다음은 D사의 민원처리순서를 나타낸 자료이다. 이를 바탕으로 질문에 답하시오.

민원접수 • 민원실 • 방문, 우편, 전화, 인터넷 등	→	**민원처리 담당부서 지정** • 민원실	→	**민원처리 담당자 지정** • 민원처리담당부서
				↓
민원처리결과 알림 • 민원실 • SMS, E－mail	←	**민원내용 조사 및 처리** • 민원처리 담당자 • 최대 14영업일 소요 (민원 접수일 포함, 주말 및 공휴일 제외)	←	**민원처리 담당자 지정 알림** • 민원실 • SMS, E－mail
↓				
민원처리 결과보고서 작성 • 민원처리 담당자	→	**제도개선 및 업무반영 검토** • 민원처리담당부서 장	→	**내용 반영**

27

D사 민원실을 통해 민원을 접수한 김하나 씨는 다음과 같은 문자 메시지를 수신하였다. 김하나 씨의 민원이 처리되는 최대 기한에 해당하는 날짜를 고르면?(단, 5월 5일과 15일은 공휴일이다.)

> **[민원내용 접수 알림]**
>
> 안녕하세요, 고객을 생각하는 D사입니다. 김하나 고객님께서 문의하신 내용은 4월 30일(수) 오전 10시에 담당부서인 주차관리팀의 송해나 과장에게 담당 지정되었습니다. 민원내용의 면밀한 조사와 확인을 거쳐 답변을 전달드리겠습니다. 민원내용 처리에 대한 세부 사항을 확인하고자 하시는 경우, 본 연락처로 연락주시기 바랍니다. 감사합니다.

① 5월 13일　② 5월 14일　③ 5월 19일
④ 5월 20일　⑤ 5월 21일

28 D사의 민원실에 근무 중인 귀하는 홈페이지를 통해 접수된 민원처리 업무를 담당하고 있다. 다음 [보기]에서 귀하의 업무 처리 절차를 적절하게 나열한 것을 고르면?

보기

㉠ 민원처리 담당자 지정 알림 SMS 및 E－mail 발송
㉡ 고객 민원접수 확인
㉢ 민원처리결과 SMS 및 E－mail 발송
㉣ 민원 내용에 따른 담당부서 확인
㉤ 민원처리 담당부서 지정
㉥ 민원처리결과 확인

① ㉡－㉠－㉣－㉤－㉥－㉢
② ㉡－㉣－㉠－㉤－㉢－㉥
③ ㉡－㉣－㉤－㉠－㉥－㉢
④ ㉣－㉤－㉡－㉠－㉢－㉥
⑤ ㉣－㉡－㉤－㉠－㉥－㉢

29 다음은 과학기술정보통신부에서 발표한 보도자료이다. 이에 대한 내용으로 가장 적절하지 않은 것을 고르면?

정부는 오는 2030년까지 꿈의 암 치료제의 원료부터 신약까지 우리 손으로 개발하기 위한 전략을 마련했다. 이를 위해 ▲2030년까지 핵심 동위원소 자급률 100% 달성 ▲방사성의약품 글로벌 신약 후보 3종 이상 발굴 ▲방사선－바이오 수요 · 공급 전 주기 관리체계 구축 등에 나선다.

과학기술정보통신부는 7일 전 세계적으로 급속히 성장하는 방사선－바이오 시장 선점을 위해 '방사선－바이오 성과창출 전략'을 수립해 이같이 발표했다. 최근 노바티스사의 잇따른 치료용 방사성 의약품 성공으로 글로벌 제약사들은 앞다퉈 방사성의약품 개발과 인수합병에 투자를 확대하고 있으며 글로벌 방사선－바이오 시장은 2032년까지 29조 원대로 확대될 전망이다.

국내에서도 정부 주도로 방사성동위원소(Radioisotope, RI) 생산기술 개발과 RI신약센터, 수출용 신형연구로 등 인프라 구축에 주력해 왔으며, 민간에서도 암 치료제 임상진행, 방사성의약품 생산설비 구축 등 방사선－바이오 관련 기술개발과 투자를 본격화하고 있다.

이번 전략은 '방사선－바이오 산업 생태계 조성으로 미래 글로벌 시장 선점'을 비전으로 내세워 ▲핵심 원료 동위원소 완전 자급 ▲방사성의약품 글로벌 신약 후보 도출 ▲방사선－바이오 수요공급 전 주기 관리체계 구축이라는 목표를 설정하고 4대 추진전략과 9대 세부과제를 제시했다.

■ 핵심 방사성동위원소 자급체계 마련

정부는 의료용 동위원소의 국내 자급을 위한 국가 동위원소 프로그램(가칭)을 마련하고 방사성동위원소 생산, 공급, 인증 등을 총괄 조정하고 관리한다. 또한 유망한 차세대 동위원소의 국내 공급을 위해 생산기술 연구를 다변화하고, 고순도 분리정제 원천기술을 개발한다. 이어서 기존 생산 인프라의 고도화와 미래수요에 대응하는 전용 인프라를 신규 확보하고 기존 양산시스템과 결합해 국내 공급 네트워크를 강화한다. 아울러 생산된 의약품을 국내 · 외 수요자(제조기업, 병원)에게 신속하게 공급하도록 표준화한 콜드체인 운송체계를 확보한다.

■ 방사성의약품 신약 개발 전 주기 지원

정부는 방사선바이오 분야 R&D 단일프로그램화와 산학연의 폭넓은 연구개발 확대로 3대 중점 분야 기술을 집중 지원한다. 또한, 진단 및 치료 목적에 따른 다양한 유도체를 개발하고 고에너지 동위원소에 특화된 합성(링커) 기술을 최적화하며 진단과 치료를 동시에 하는 테라노틱스 신약 개발 기술을 지원한다. 기존에 구축된 시설(RI신약센터) 외 동남권의학원 등 지역에 GMP(Good Manufacturing Practice, 의약품 제조 및 품질관리 기준) 시설을 구축하고 권역별 임상 시험 등 신약개발 지원을 강화한다. 이와 함께 방사성의약품 신약후보물질의 '비임상－임상－출시 후 지원'까지 방사성 원료 특성을 고려한 신약 개발 전 주기 기술을 지원한다.

■ 산업성장 생태계 기반 조성

정부는 방사선바이오 분야 유망 · 강소 기술 발굴, 신약개발 등 체계적 지원을 위한 방사선바이오 산업 진흥센터(가칭)를 구성해 운영할 방침이다. 또한, 방사선 R&D 기획 · 추진 과정에서 수요 기업 협력을 강화해 미래 수요를 지속해서 발굴 · 반영한다. 아울러 각 권역별 인프라 특성을 고려한 신약개발, 동위원소 대량생산, 미래산업 등 특화 클러스터 조성과 산업육성을 집중 지원한다. 현장 수요 기반의 인력양성 실무역량 강화사업을 통해 기업 수요 맞춤형 또는 취업 연계형 산업 · 연구 · 의료인력 양성 프로그램을 개발한다.

■ 글로벌 네트워크 환경 구축 및 규제 개선

정부는 해외시장 진출에 필요한 현지 네트워크 거점구축 및 글로벌 시장 분석, 국제기구 연계 활동 강화 등을 추진한다. 또한, 방사선바이오 신기술, 기술 사업화, 인프라 운영 등과 관련한 규제개선 수요를 상시 발굴하는 산학연 협력체계를 운영하고, 유관부처, 기관 간 규제개선 협력 네트워크를 구축해 발굴된 규제개선 수요를 제안 · 협의한다. 이에 따라 안정적인 의약품 원료 동위원소 확보로 국내 방사성의약품 기업의 원활한 신약 생산 기반을 마련할 것으로 전망된다.

방사성의약품의 국산화를 통한 국내 K－방사선바이오 신약 개발로 글로벌 시장을 조기 선점하고, 누구라도 원할 때 공급 중단의 우려 없이 신속하게 치료받을 수 있는 환경을 조성할 것으로 기대된다. 과기정통부 1차관은 "방사선－바이오 성과창출 전략은 국내 방사성동위원소의 생산력 향상과 신약 개발 지원 인프라 확보 등으로 글로벌 방사성의약품 시장을 선점하기 위한 전략"이라고 말했다. 그러면서 "전 세계적으로 치열해지고 있는 방사성의약품 개발 경쟁에 맞서 우리도 기술경쟁력과 자립도를 높여 나갈 수 있도록 최선의 노력을 다할 것"이라고 강조했다.

① 방사선의약품을 국산화하면 누구라도 원할 때 신속하게 치료받을 수 있는 환경이 조성될 것이다.

② 정부는 기존에 구축되어 있는 RI신약센터를 확장하여 의약품 제조 및 품질관리 기준을 충족하는 시설을 구축할 계획이다.

③ 정부는 의약품이 병원 등에 신속하게 공급될 수 있도록 표준화한 콜드체인 운송체계를 확보할 계획이다.

④ 정부는 이번 전략의 비전으로 방사선－바이오 산업 생태계 조성을 통한 미래 글로벌 시장 선점을 내세웠다.

⑤ 정부는 방사선바이오 기술 산업화에 관련한 규제개선 수요를 찾아내기 위해 산학연과 협력을 할 계획이다.

30 다음은 질병관리청에서 발표한 보도자료이다. 이에 대한 내용으로 가장 적절한 것을 고르면?

추수기 및 가을 단풍철에는 털진드기와의 접촉 확률이 높아질 수 있어 털진드기 물림에 주의가 필요하다. 쯔쯔가무시증 예방을 위해서는 위험환경 노출을 최소화하고, 농작업 및 야외활동 시에는 털진드기에 물리지 않도록 긴소매 옷, 긴 바지 착용 등의 예방수칙을 잘 지켜야 한다.

또한, 쯔쯔가무시증은 감염 초기에 항생제 치료로 완치가 가능하므로 조기 발견 및 치료가 중요하다. 야외활동 후 진드기에 물린 자국(가피)이 관찰되고, 10일 이내 발열 · 발진 등 증상이 나타나면 쯔쯔가무시증을 의심하고 의료기관을 방문해 치료를 받아야 한다. 구체적인 진드기 매개 감염병 예방수칙은 다음과 같다.

[진드기 매개 감염병 예방수칙]

○ 농작업 또는 야외활동 전
- 작업복과 일상복 구분하여 입기
- 진드기에 노출을 최소화할 수 있는 복장* 갖춰 입기
  * 밝은색 긴소매 옷, 모자, 목수건, 양말, 장갑 등
- 농작업 시에는 소매를 단단히 여미고 바지는 양말 안으로 집어넣기
- 진드기 기피제 사용하기

○ 농작업 또는 야외활동 중
- 풀밭에 앉을 때 돗자리 사용하기
- 풀숲에 옷 벗어놓지 않기, 풀밭에서 용변 보지 않기
- 등산로를 벗어난 산길 다니지 않기
- 기피제의 효능과 지속시간을 고려해 주기적으로 사용하기

○ 농작업 또는 야외활동 후
- 귀가 즉시 옷은 털어 세탁하기
- 샤워하면서 몸에 벌레 물린 상처(검은 딱지 등) 또는 진드기가 붙어있는지 확인하기
- 의심 증상 발생 즉시 보건소 또는 의료기관 방문해 진료받기

① 밝은색 옷 착용 시 진드기에 노출될 확률이 높아지므로 밝은색 옷은 자제해야 한다.
② 효과가 뛰어난 진드기 기피제를 한 번만 사용하는 것이 좋다.
③ 쯔쯔가무시증 예방을 위해서는 위험환경 노출을 최대화해야 한다.
④ 야외활동 후 가피가 관찰되고 10일 이내에 발진 증상이 나타나면 즉시 진료를 받는 것이 좋다.
⑤ 쯔쯔가무시증에 감염될 경우 완치가 어려우므로 예방수칙을 지키는 것이 중요하다.

정답과 해설 p.91

DAY 13

왜 틀렸지? 왜 실수했지?

매일 한 줄 복기

문제를 다 풀고 난 후 왜 틀렸는지, 자주 나오는 실수 패턴은 무엇인지, 어떤 문제부터 풀어보고 어떤 문제는 나중에 풀지를 바르게 판단했는지 복기해 보세요. 어느 부분이 부족한지 스스로 깨닫고, 다음 회차를 풀 때 적용한다면 NCS 실력이 빠르게 올라갈 것입니다.

작성 예시

- ✔ 지문 읽을 때 키워드부터 찾기! 지문 끊어 읽기! 선택지에서 체크한 키워드가 모두 나와야 한다.
- ✔ 그래프와 표 나올 때 제목이랑 단위부터 확인하기!
- ✔ 시간 내에 풀 수 있는 유형인지 아닌지를 꼭 체크하고 넘어가자. 무조건 넘기지 말자!
- ✔ 의사소통 먼저 풀면 시간이 절약되는 것 같음. 수리랑 문제해결 중 어떤 것부터 풀지 판단해 보자.

의사소통능력	
수리능력	
문제해결능력	

DAY 13

자동채점 바로가기

제한시간: 30분

01 다음 글을 이해한 내용으로 적절하지 않은 것을 고르면?

프레임의 철학적 정의는 개인의 판단과 인식을 전제하는 맥락, 관점, 평가 기준, 가정이다. 이때 '판단과 인식'은 인간의 모든 정신 활동을 뜻한다. 따라서 위의 정의에 따르면 우리의 모든 정신 활동은 진공 상태에서 일어나는 것이 아니라, 어떤 맥락이나 가정하에서 일어난다. 대상을 있는 그대로 보는 것이 아니라 어떤 관점과 기준 그리고 일련의 가정을 염두에 두고 본다는 것이다. 만약 어떤 사람이 자신은 어떤 프레임의 지배도 받지 않고 세상을 객관적으로 본다고 주장한다면, 그 주장은 타당하지 않을 가능성이 대단히 높다.

그렇다면 프레임이 하는 역할은 무엇일까? 프레임은 우리가 판단하고 인식하는 과정을 선택적으로 개입하고, 궁극적으로 판단과 인식의 결과를 결정한다. 즉, 프레임은 무엇을 보고 어떻게 행동하는지 등의 모든 과정을 특정한 방향으로 유도하여 그 결과를 만들어 낸다. 어떤 프레임을 가지고 있느냐에 따라 처음부터 전혀 의식하지 못하는 대상이 있을 수 있다는 것이다. 예컨대 낙관적인 전망을 보게 하는 프레임이 있는 사람은 비관적인 가능성을 처음부터 찾지 못하고, 비관적인 가능성을 보게 하는 프레임이 있는 사람은 낙관적인 전망을 처음부터 찾지 못할 수 있다.

① 프레임은 인간의 정신 과정에 선택적으로 개입한다.

② 프레임은 인간이 세상을 살아갈 때 편향성을 지니게 되는 원인이다.

③ 프레임은 인간의 지각과 사고를 제약하는 틀이므로 극복해야 할 대상이다.

④ 프레임은 인간이 어떤 대상에 대해 객관적일 수 없다는 것의 근거가 될 수 있다.

⑤ 프레임은 인간이 판단할 때 고려조차 하지 못하는 선택지가 존재할 수 있음을 뜻한다.

02 다음 [보기]의 밑줄 친 단어와 동일한 의미로 쓰인 것을 고르면?

보기

선수들은 최선을 <u>다해서</u> 정정당당하게 싸웠다.

① 장군은 적군의 군량이 <u>다하기</u>를 기다렸다.

② 드디어 겨울이 <u>다하고</u> 봄이 왔다.

③ 모든 물건은 수명을 <u>다하는</u> 순간이 온다.

④ 아내는 정성을 <u>다해서</u> 부모님을 모셨다.

⑤ 자식의 도리를 <u>다하지</u> 못하는 것이 늘 부끄럽다.

03 다음 글을 바탕으로 추론한 내용으로 적절하지 않은 것을 고르면?

쾌락주의는 모든 쾌락이 그 자체로서 가치가 있으며 쾌락의 증가와 고통의 감소를 통해 최대의 쾌락을 산출하는 행위를 올바른 것으로 간주하는 윤리설이다. 이에 따르면 쾌락만이 내재적 가치를 지니며, 모든 것은 이러한 쾌락을 기준으로 가치 평가되어야 한다. 쾌락주의는 고대의 에피쿠로스에 의해 개인의 쾌락을 중시하는 이기적 쾌락주의로, 근대의 벤담과 밀에 의해 사회 전체의 쾌락을 중시하는 쾌락주의적 공리주의로 체계화되었다.

그런데 쾌락주의자는 단기적이고 말초적인 쾌락만을 추구함으로써 결국 고통에 빠지게 된다는 오해를 받기도 한다. 하지만 쾌락주의적 삶을 순간적이고 감각적인 쾌락만을 추구하는 방탕한 삶과 동일시하는 것은 옳지 않다. 쾌락주의는 일시적인 쾌락의 극대화가 아니라 장기적인 쾌락의 극대화를 목적으로 하므로 단기적이거나 말초적 쾌락만을 추구하는 것은 아니다. 예를 들어 사회적 성취가 장기적으로 더 큰 쾌락을 가져다준다면 쾌락주의자는 단기적 쾌락보다는 사회적 성취를 우선으로 추구한다.

또한, 쾌락주의는 쾌락 이외의 것은 모두 무가치한 것으로 간주한다는 오해를 받기도 한다. 하지만 쾌락주의가 쾌락만을 가치 있게 보지는 않는다. 세상에는 쾌락 말고도 가치 있는 것들이 있으며, 심지어 고통조차도 가치 있는 것으로 볼 수 있다. 발이 불구덩이에 빠져서 통증을 느껴 곧바로 발을 빼낸 상황을 생각해 보자. 이때의 고통은 분명히 바람직한 것임에 틀림없다. 만약 고통을 느끼지 못했다면, 불구덩이에 빠진 발을 꺼낼 생각을 하지 못해서 큰 부상을 당했을 수도 있기 때문이다. 물론 이때 고통이 가치 있다는 것은 도구인 의미에서 그런 것이지 그 자체가 목적이라는 의미는 아니다.

쾌락주의는 고통을 도구가 아닌 목적으로 추구하는 것을 이해할 수 없다고 본다. 금욕주의자가 기꺼이 감내하는 고통조차도 종교적 · 도덕적 성취와 만족을 추구하기 위한 도구인 것이지 고통 그 자체가 목적인 것은 아니기 때문이다. 대부분의 세속적 금욕주의자들은 재화나 명예와 같은 사회적 성취를 위해 당장의 쾌락을 포기하며, 종교적 금욕주의자들은 내세의 성취를 위해 현세의 쾌락을 포기하는데, 그것이 사회적 성취이든 내세적 성취이든지 간에 모두 광의의 쾌락을 추구하고 있는 것이다.

쾌락주의가 여러 오해로 인해 부당한 비판을 받고 있는 것은 사실이다. 그러나 쾌락주의는 어떠한 비판으로부터도 자유롭지는 못하다. 쾌락주의는 쾌락의 정의나 쾌락의 계산 등과 관련하여 문제점을 갖고 있다. 쾌락의 원천은 다양한데, 식욕의 충족에서 비롯된 쾌락과 사회적 명예의 획득에서 비롯된 쾌락은 같다고 볼 수 있는가? 이에 대해 벤담은 질적으로 동일하며 양적으로 다를 뿐이라고 대답함으로써 쾌락주의의 입장을 일관되게 유지할 수 있었으나, 저급한 돼지의 쾌락과 고차원적인 인간의 쾌락을 동일시하여 돼지와 인간을 동등한 존재로 간주하였다는 점에서 비쾌락주의자로부터 '돼지의 철학'이라고 비판받았다. 한편 밀은 만족한 돼지보다 불만족한 인간이 더 낫고, 만족한 바보보다는 불만족한 소크라테스가 더 낫다고 주장하여 쾌락의 질적 차이를 인정했다. 그런데 이 입장을 취하게 되면, 이질적인 쾌락 간의 수준을 측정하는 방법론적 문제가 발생한다. 이에 따라 밀은 양자를 모두 경험한 다수의 사람이 선호하는 쾌락을 고급 쾌락으로 명시하여 저급 쾌락과 고급 쾌락을 구분하였다. 인간은 자유롭고 존엄한 삶을 추구하는 존재인데, 이러한 자유와 존엄성의 실현에 기여하는 고급 쾌락이 더 바람직하다는 것이다. 하지만 이와 관련하여 후대의 일부 쾌락주의자들은 밀이 쾌락주의의 입장을 저버렸다고 비판하기도 하였다.

① 동구: 쾌락주의자들은 쾌락의 증감을 통해 최대의 쾌락을 느끼는 행위가 옳다고 보았어.

② 동혁: 쾌락주의자들은 단기적이고 말초적인 쾌락은 내재적 가치를 지니지 못한다고 하였어.

③ 동욱: 쾌락주의자들은 고통의 가치도 인정하지만, 그 가치는 도구적 의미에서만 인정할 것 같아.

④ 정훈: 쾌락주의자들은 금욕주의자가 고통을 감내하는 것도 결국은 쾌락의 일종으로 보았어.

⑤ 진복: 쾌락주의자들은 근대로 넘어오면서 개인보다는 사회 전체의 쾌락을 더 중시하게 되었어.

04 다음 글의 빈칸 ㉠에 들어갈 주제로 가장 적절한 것을 고르면?

현대 사회의 '외모 지상주의(Lookism)'는 결코 특정한 성이나 소수의 사람에게 국한된 문제가 아니다. 일반적으로 남성보다 여성이 외모 관리의 주체가 된다고 할지라도 외모 지상주의라는 것은 '보아 주는 사람'과 '보여 주는 사람' 사이의 상호 관계 속에서 형성된다. 어떤 남성의 외모에 호감이나 반감을 표하고, 반대로 어떤 여성의 외모에 반응을 보이면서 평가가 누적되는 것이다.

그러므로 아무리 외모에 별다른 관심과 신경을 쓰지 않는 사람이라고 할지라도 주변 사람의 외모를 평상시 어떤 관점으로 인식하는지, 자신의 외모를 타인에게 보여 줄 때 어떤 자세를 취하는지가 각기 다르다. 이러한 인식과 자세가 모여서 현시대의 외모관을 구성한다. 따라서 외모 지상주의는 단순히 여성의 문제이거나, 외모에 아주 관심이 많은 소수의 문제일 수 없다. 이는 외모에 대한 획일화된 반응과 평가로 형성된 사회의 문제이다.

이러한 사실은 길거리에서 확인할 수 있다. 아름다운 여성이 지나갈 때 남성 못지않게 여성도 그 외모를 쳐다본다. 다시 말해 '보아 주고', '보여 주는' 역할에는 사람마다 차이가 없다는 것이다. 이러한 '보아 주는' 쪽과 '보여 주는' 쪽의 상호작용을 통해 자연스럽게 형성된 결과가 바로 외모 지상주의이다. 그러므로 (㉠)

① 외모가 인생의 성패까지 좌지우지한다는 생각은 바뀌어야 한다.

② 보아 주는 쪽과 보여 주는 쪽의 상호작용 속에서 형성되는 사회 현상이다.

③ 외모 지상주의의 문제를 특정한 성이나 소수의 사람에게 일방적으로 전가하는 것은 무책임하다.

④ 외모 지상주의가 성 상품화와 성차별을 부추긴다는 견해는 근거가 부족하므로 적절하지 않다.

⑤ 외모 지상주의는 특정한 성이나 소수의 사람에게만 국한된 문제가 아니므로 국가적 차원에서 해결책을 모색해야 한다.

05 다음 글의 제목으로 가장 적절한 것을 고르면?

앙리 르페브르가 묘사한 현대 사회의 모습, 즉 일상이 지배하는 현대 사회의 특징은 무엇인가? 현대 사회는 덧없음을 사랑하고, 탐욕적이며, 생산적이고, 역동적이다. 그러나 사람들은 끊임없이 공허를 느끼고, 지속적이고 영원한 것을 갈구하며, 소외감과 무력감을 느끼고 있다. 이는 과거에 사람들을 견고하게 떠받쳐 주었던 양식(Style)이 사라졌기 때문이라고 르페브르는 말한다. 그는 일상성(Quotidienneté)의 특징으로 양식의 부재를 들었다.

양식이란 무엇인가? 예술 분야에서는 한 작품을 만들기 위하여 소재와 형태를 다루는 개인적이거나 집단적인 방법을 뜻한다. 이렇게 만들어진 작품은 그와 비슷한 성격의 다른 작품들과 함께 당대의 미학적 전형을 이룬다. 시대별 미술 사조나 음악 사조의 양식이 바로 그 예다.

한편으로는 개인의 행동 방식을 뜻하기도 한다. 생활 양식이나 행동 양식이라는 말이 그것이다. 옛날에는 농부의 옷장에도 양식이 있었으나 지금은 고급 가구에도 양식이 없다. 형태, 기능, 구조의 통일성이 양식을 형성하는데, 현대에 와서는 개별 요소들이 분리되거나 마구 뒤섞였다. 대중 사회의 부상은 필연적으로 양식의 종말을 고한다. 대중의 수용에 부응하는 대량생산은 기능 외적인 부분에 신경 쓸 여유가 없기 때문이다.

그러나 양식이 사라질수록 그에 대한 향수는 한층 더 짙어진다. 우리의 일상생활은 양식에 대한 노스탤지어와 그에 대한 악착같은 추구로 특징지을 수 있다고 르페브르는 말한다. 그가 묘사한 1960년대의 프랑스는 1980년대의 우리나라와 너무도 비슷하다. 19세기의 농민들이 마지못해 사용했을 골동품 가구가 현대 부르주아의 거실을 장식했듯이, 서울의 상류층 가정에서는 시골 행랑채에 있었을 법한 투박한 원목 가구를 거실의 중심에 두고 애지중지하고 있다. 이는 단순히 개인적인 여가 선용이나 취미가 아니다. 양식에 대한 노스탤지어, 그리고 일상과의 단절이라는 염원이 드러난 결과이다.

행동 방식이라는 측면에서도 일상성은 양식을 완전히 추방해 버렸다. 그리고 이러한 양식에 대한 그리움은 한층 더 진해져, 이를 되살리려는 노력은 거의 필사적이다. 추석 명절, 차례 풍습을 생각해 보자. 제기와 의복을 고루 갖춰 차례를 지내는 명문가를 조명하는 TV 화면은 양식에 대한 현대인의 강한 노스탤지어를 드러낸다. 그러나 도시의 몇몇 개인이 이 양식을 되살리고자 안간힘을 써 보아도 차례상 뒤에 서양식 가구가 놓여 있거나 주변에 양복, 양장 일색이기 마련이다. 모든 것이 어설프기에, 채워지지 않은 과거에의 향수가 한층 더 공허감을 안겨 줄 뿐이다. 과거의 양식을 되살리고 그 양식의 잔재에 자리 잡으려는 눈물겨운 노력에도 불구하고 현대인은 하나의 양식을 마련하는 데 실패했다. 양식에 근거하여 행동 기준을 삼은 옛날 사람들과 달리, 자신의 행동에 의미를 부여해 줄 양식이 사라진 오늘날 사람들이 공허와 권태, 무기력을 느끼는 것은 당연한 결과이다.

① 현대 사회의 일상성
② 르페브르의 일상성과 현대성
③ 양식의 소멸과 그에 대한 향수
④ 일상성으로 인한 양식의 소멸
⑤ 공허의 근원인 양식의 부재

[06~07] 다음 환경부의 보도자료를 읽고 질문에 답하시오.

[가] 2023년도 우리나라의 온실가스 총배출량은 624.2백만 톤으로, 원전 등 무탄소발전 확대 · 산업 체질 개선 · 글로벌 경제상황 등의 요인에 따라 목표 대비 6.5%를 초과 감축하는 성과를 보였다. 2022년 대비 2023년 세계 온실가스 배출량은 평균 1.1% 증가하였으며, 미국 4.1%, 영국 5.4%, EU 9% 감소, 중국 4.7%, 인도 7% 증가하였다.

[나] 2023년 세계 온실가스 배출량은 374억 톤으로 매년 증가하여 역대 최고치를 경신 중이다. 반면 우리나라의 온실가스 배출량은 지난 2018년 이후 지속적인 GDP 성장에도 불구하고 매년 감소하고 있다. 경제성장이라는 배출량 증가요인에도 실제 배출량이 감소하는 '경제성장－온실가스 배출량 간 탈동조화' 경향이 견고해졌다고 할 수 있다.

[다] 국가 전체 및 부문별 온실가스 배출량 감축실적을 점검하기 위해 탄소중립녹색성장위원회(이하 탄녹위)는 민간위원 15명, 전문위원 63명, 미래세대와 시민단체 등 이해관계자 12명이 참여하는 이행점검단을 구성 · 운영하였다. 에너지 전환 · 산업 · 건물 등 모든 부문에서 감소 추세인 것으로 평가되었는데, 에너지 전환 10.2% 감소, 산업 6.8% 감소, 건물 7.1% 감소로 당초 목표보다 초과달성하였다. 다만, 일부 부문에서는 전기차 보급 감소세, 가축 사육두수 감소효과 미미, 폐기물 소각량 증가 등으로 목표에 다소 미달하였다.

[라] 또한, 국가 차원에서 당면한 과제와 향후 조치할 사항에 대해서도 논의하였다. 2024년 8월 말 「탄소중립 녹색성장 기본법」에 대한 헌법불합치 결정과 관련하여 정부는 헌법재판소 결정 취지와 과학적 근거 등을 고려해 우리 사회가 수용할 수 있는 대안을 제시하고 관련 법안의 제 · 개정을 위해 국회와도 면밀하게 협조해 줄 것을 당부하였다.

[마] 탄녹위는 파리협정에 따라 국가 온실가스 감축목표인 「2035 NDC」를 2025년까지 UN에 제출해야 하는 상황에서, 「2035 NDC」 수립 시 사회적 합의와 다양한 이해관계, 국제적 책임 등을 감안해 폭넓은 의견수렴을 거쳐 적정한 감축 기여 수준을 설정하는 것도 필요하다고 제언하였다. 탄녹위는 이번 이행점검으로 파악된 개선 · 보완 필요사항을 관계 기관과 조치계획에 반영하고 지속적으로 확인 · 점검할 계획이다.

06 위 보도자료에서 다음 글이 들어갈 위치로 적절한 것을 고르면?

이번 점검을 통해, 탄녹위는 온실가스 배출량 감축 추세의 지속을 위해 친환경 기술의 혁신과 함께 정책 개선 등을 제언하였다. 에너지 효율화와 친환경 핵심 기술개발을 적극 유도해 산업 부문의 체질이 저탄소구조로 개선되어야 하며 이를 위한 기술혁신 노력도 필요하다고 강조하였다. 또한 송전망 적기 구축, 온실가스 배출 저감 시설과 무공해차 보급 확산 등을 위한 정책지원을 강화할 것도 주문하였다.

① [가]와 [나] 사이
② [나]와 [다] 사이
③ [다]와 [라] 사이
④ [라]와 [마] 사이
⑤ [마]의 뒤

07 위 보도자료를 이해한 내용으로 적절하지 않은 것을 고르면?

① 세계 온실가스 배출량은 2023년에 역대 최고치를 경신했다.
② 최근 「탄소중립 녹색성장 기본법」은 헌법불합치 결정을 받았다.
③ 2022년 대비 2023년 온실가스 배출량 추이는 우리나라와 중국이 비슷하다.
④ 파리협정에 따라 국가 온실가스 감축목표를 2025년까지 UN에 제출할 예정이다.
⑤ 우리나라의 온실가스 배출량 감축실적은 에너지 전환 · 산업 · 건물 부문에서 목표 대비 초과달성하였다.

[08~09] 다음 글을 읽고 질문에 답하시오.

[가] 의도적 언보싱은 특히 Z세대 중심으로, ㉠ 국내뿐 아니라 전 세계적인 추세를 보인다. 2023년 국내 한 취업 플랫폼이 MZ세대 직장인 1,114명을 대상으로 실시한 설문조사에서는 전체 응답자 중 '임원 승진에 대한 생각이 없다'고 답한 비율이 54.8%를 차지하였고, 그 이유로 '책임을 져야 하는 위치가 부담스럽다'고 답한 비율이 43.6%로 1위를 차지했다. ㉡ 그 다음으로 '임원 승진이 현실적으로 어려울 것 같다'고 답한 비율은 20.0%, '임원은 워라밸이 불가능할 것 같다'고 답한 비율은 13.3%, '임원을 하고 싶은 마음이 없다'고 답한 비율은 11.1%, '회사 생활을 오래 하고 싶지 않다'고 답한 비율은 9.8%로 나타났다.

[나] 국내와 영국의 Z세대가 ㉢ 이 같이 응답한 것에는 개인의 삶과 여유를 중시하는 Z세대의 ㉣ 특성상 고액 연봉과 승진에 대한 욕구보다는 길고 안정적인 직장 생활을 더 중요한 가치로 인식하고 있음을 알 수 있다. 결국 의도적 언보싱은 직장 문화의 새로운 변화가 나타나는 대표적인 현상이라고 볼 수 있다. 일이 곧 삶이었던 과거에는 승진이 성공의 척도였지만, 이제는 개인의 삶과 균형이 우선시된 것이다. 이에 따라 기업에서도 시대의 흐름을 읽고 유연한 리더십 구조와 자율성을 갖춘 업무 환경 등 중간 관리자의 공백에 대한 대책을 마련할 필요가 있다.

[다] 최근 기업 내 중간 관리자 역할을 기피하는 직장인이 늘면서 '의도적 언보싱(Conscious Unbossing)' 현상이 확산하고 있다. 의도적 언보싱이란 젊은 근로자가 직장에서 관리자로 승진하는 것을 거부하거나 최대한 늦추려는 경향을 뜻한다. 이는 과거와 달리 워라밸의 중요성이 대두된 사회 분위기와, 업무 스트레스에 비해 보상이 충분하지 않은 관리자 역할의 부담에서이다.

[라] 글로벌 채용 컨설팅 기업 로버트 월터스가 영국 Z세대를 대상으로 한 승진 관련 조사에 따르면, 응답자의 52%가 중간 관리직을 원치 않는다고 응답한 것으로 나타났다. 그중 69%는 '업무 스트레스는 높지만 보상은 낮다'고 인식한 것으로 밝혀졌고, 응답자의 16%는 '중간 관리자를 완전히 피하고 싶다'고 답하기도 했다. 반면 응답자의 72%는 부하 직원을 관리하는 일보다는 '개인적인 성장과 기술 축적에 시간 쓰는 것을 선호한다'고 답하기도 했다. 이에 대해 로버트 월터스의 디렉터 루시 비셋은 중간 관리자로 승진한 사람들은 급격히 증가한 업무량과 더 많은 기대치와 목표치를 달성해야 한다는 압박감을 지속적으로 경험하고 있고, 중간 관리자 역할 기피는 추후 고용주에게 문제가 될 수 있다고 지적했다.

08 윗글의 [가]~[라] 문단을 글의 흐름에 따라 순서대로 바르게 배열한 것을 고르면?

① [가]－[나]－[다]－[라]
② [나]－[가]－[라]－[다]
③ [나]－[라]－[다]－[가]
④ [다]－[가]－[라]－[나]
⑤ [다]－[나]－[가]－[라]

09 윗글에서 밑줄 친 ㉠~㉣ 중 띄어쓰기가 옳지 않은 것을 모두 고르면?

① ㉠
② ㉠, ㉡
③ ㉡, ㉢
④ ㉠, ㉣
⑤ ㉡, ㉢, ㉣

10 다음 글의 빈칸 ㉠~㉢ 중 동일한 접속어가 들어갈 수 있는 것끼리 묶은 것을 고르면?

제조물 책임법은 제조업자에게 고의나 과실이 없더라도 제조물의 결함으로 인해 생명 · 신체 · 재산상의 손해를 입은 사람에 대하여 제조업자가 손해 배상 책임을 지도록 하는 법률이다. 이 법이 적용되는 제조물과 제조업자의 범위를 살펴보면, 제조물은 공산품, 가공 식품 등의 제조 또는 가공된 물품을 의미하며 일상생활에서 사용하고 있는 거의 모든 물품이 포함된다. (㉠) 중고품, 폐기물, 부품, 원재료도 적용 대상이 된다. (㉡) 미가공 농수축산물 등은 원칙적으로 제조물의 범위에서 제외되는데, 농수축산물 등 일차 농산품에까지 확대할 경우 농업인 등이 쉽게 소송의 대상이 될 뿐만 아니라 연대 책임 조항에 의하여 유통업자와 가공업자의 과실에 대해서도 불공정하게 책임을 질 우려가 있기 때문이다. (㉢) 손해 배상의 책임 주체인 제조업자에는 부품 또는 완성품의 제조업자, 제조물 수입을 업(業)으로 하는 자, 자신을 제조자 혹은 수입업자로 표시한 자가 포함된다. 제조업자를 알 수 없는 경우에는 제조물의 공급업자도 해당된다.

제조물 책임은 제조물에 결함이 존재하는가의 여부에 의해 결정되는데, 결함의 유형에는 제조상의 결함, 설계상의 결함, 표시상의 결함이 있다. 제조상의 결함은 제조업자가 제조 또는 가공상의 주의 의무를 이행하였음에도 불구하고 제조물이 원래 의도한 설계와 다르게 제조 또는 가공됨으로써 안전하지 못하게 된 경우이며, 설계상의 결함은 제조업자가 소비자를 고려하여 합리적으로 설계했다면 피해나 위험을 줄이거나 피할 수 있었음에도 그렇게 하지 않아 제조물이 안전하지 못하게 된 경우를 말한다. 표시상의 결함은 제조업자가 합리적인 설명 · 지시 · 경고 또는 그 밖의 표시를 하였더라면 해당 제조물에 의하여 발생할 수 있는 피해나 위험을 줄이거나 피할 수 있었음에도 이를 표시하지 않은 경우를 말한다.

(㉣) 피해자가 제조업자에게 손해 배상을 청구하려면 원칙적으로 제조물의 결함 사실과 손해 발생의 사실, 그리고 제조물의 결함과 손해 발생의 인과 관계를 입증해야 한다. (㉤) 소비자의 입장에서 이를 입증하는 것은 쉽지 않다. (㉥) 제조물 책임법은 소비자가 제조물을 통상적인 방법으로 사용하다가 사고가 발생했다는 사실만 입증하면 해당 제조물 자체에 결함이 있었고 그 결함으로 인하여 피해가 발생한 것으로 추정하도록 하고 있다.

(㉦) 제조물의 결함으로 손해가 발생한 경우에 제조업자는 다음 중 어느 하나를 입증하면 손해 배상 책임을 면할 수 있다. 첫째, 제조업자가 해당 제조물을 공급하지 아니한 사실, 둘째, 제조업자가 해당 제조물을 공급한 때의 과학 · 기술 수준으로는 결함의 존재를 발견할 수 없었다는 사실, 셋째, 제조업자가 해당 제조물을 공급할 당시의 법령이 정하는 기준을 준수함으로써 제조물의 결함이 발생한 사실 등이다. 그 밖에 원재료 또는 부품 제조업자의 경우에는 해당 원재료 또는 부품을 사용한 제조물 제조업자의 설계 또는 제작에 관한 지시로 인하여 결함이 발생하였다는 사실을 입증하면 책임을 지지 않아도 된다. (㉧) 면책 사유에 해당하더라도 제조업자가 제조물의 결함을 알면서도 적절한 피해 예방 조치를 하지 않은 경우, 또는 주의를 기울였다면 충분히 알 수 있었을 결함을 발견하지 못한 경우에는 책임을 피할 수 없다.

제조물 책임법에 따른 제조업자의 배상 의무는 피해자의 생명 · 신체 또는 재산상의 손해에 대한 것으로 한정되고, 결함이 있는 제조물 자체는 민법에 따라 유통업자나 판매업자에게 구제받아야 한다. (㉨) 결함이 있는 녹즙기로 인하여 손을 다쳤을 경우, 치료비는 제조업자에게 배상받고 불량품인 녹즙기는 판매업자에게 환불받을 수 있다.

① ㉠, ㉢, ㉥　　② ㉡, ㉤, ㉧　　③ ㉡, ㉤, ㉨
④ ㉢, ㉦, ㉧　　⑤ ㉣, ㉥, ㉨

11

희성이는 회사에서 A와 B부품을 조립한다. 희성이는 출근해서 14분 동안 준비하고 바로 조립 업무를 시작하는데, 조립하는 데 걸리는 시간은 A와 B가 각각 4분, 5분씩이다. 희성이가 출근해서 1시간 동안 A와 B를 조립한다고 할 때, 조립할 수 있는 순서의 경우의 수를 고르면?(단, 희성이는 출근 후 1시간 동안 근무 준비를 마치고 조립을 쉬지 않고 연속적으로 한다.)

① 210가지 ② 235가지 ③ 265가지
④ 280가지 ⑤ 300가지

12

다음 [조건]을 보고 주어진 식의 값을 고르면?

조건

$$a▼b=ab-\frac{1}{b}$$

$$a▽b=\frac{2a}{3b}-a$$

$$\{(9▽2)▽4\}▼\frac{1}{5}$$

① -5 ② -4 ③ -3
④ -2 ⑤ -1

13

다음과 같이 수가 규칙적으로 나열될 때, 10번째 항까지의 수의 합을 고르면?

3, 33, 333, 3333, ⋯

① $\frac{100}{27}(10^9-1)$ ② $\frac{100}{27}(10^{10}-1)$ ③ $\frac{100}{9}(10^9-1)$
④ $\frac{100}{9}(10^{10}-1)$ ⑤ $\frac{100}{3}(10^9-1)$

14

다음 자료는 e-스포츠 게임 리그에 참가 중인 S팀과 P팀의 경기 조건에 대한 자료이다. 이를 바탕으로 S팀이 선수를 출전시키는 경우의 수를 고르면?

[경기 조건]

- 게임은 일대일로 총 3라운드 진행되며, 한 명의 선수는 하나의 라운드에만 출전할 수 있다.
- 신생팀인 P팀은 선수층이 얇은 관계로 1라운드에 임 선수를, 2라운드에 홍 선수를, 3라운드에 박 선수를 출전시킨다.
- S팀은 라운드별로 이길 수 있는 확률이 0.6 이상이 되도록 7명의 선수(A~G) 중 3명을 선발한다.
- A~G의 7명의 선수가 임 선수, 홍 선수, 박 선수에 대하여 이길 수 있는 확률은 다음과 같다.

[확률표]

S팀 \ P팀	임 선수	홍 선수	박 선수
A선수	0.42	0.67	0.31
B선수	0.35	0.82	0.49
C선수	0.81	0.72	0.15
D선수	0.13	0.19	0.76
E선수	0.66	0.51	0.59
F선수	0.54	0.28	0.99
G선수	0.59	0.11	0.64

① 9가지 ② 12가지 ③ 15가지
④ 18가지 ⑤ 20가지

15

다음 [표]는 A국과 B국의 에너지원 수입액에 대한 자료이다. 이를 바탕으로 [보기]에서 옳지 않은 것을 모두 고르면?

[A, B국의 에너지원 수입액]

(단위: 억 달러)

구분		1982년	2002년	2022년
A국	석유	74.0	49.9	29.5
	석탄	82.4	60.8	28.0
	LNG	29.2	54.3	79.9
B국	석유	75.0	39.0	39.0
	석탄	44.0	19.2	7.1
	LNG	30.0	62.0	102.0

보기

㉠ A국과 B국의 석유 수입액의 차는 2002년에 가장 크다.
㉡ 2022년 LNG 수입액의 40년 전 대비 증가량은 A국이 B국보다 21.3억 달러 적다.
㉢ 2002년 B국의 석유 수입액은 20년 전 대비 46% 감소하였다.
㉣ 1982년 A국의 석유, 석탄, LNG 수입액은 총 184.6억 달러이다.

① ㉠, ㉢　② ㉡, ㉢　③ ㉢, ㉣
④ ㉠, ㉡, ㉣　⑤ ㉡, ㉢, ㉣

16 다음 [표]는 과목별 중학생 1인당 월평균 사교육비에 대한 자료이다. 이를 바탕으로 [보기]에서 옳은 것을 모두 고르면?

[과목별 중학생 1인당 월평균 사교육비]

(단위: 만 원)

구분	2022년			2023년		
	1학년	2학년	3학년	1학년	2학년	3학년
국어	2.3	2.8	3.5	2.4	3.3	3.7
영어	15.2	15.4	15.1	15.7	16.0	14.9
수학	15.3	16.4	17.1	16.3	16.8	17.4
사회, 과학	1.5	2.2	2.7	1.6	2.4	2.6
논술	1.9	1.1	0.8	1.8	1.1	0.7
컴퓨터	0.3	0.1	0.2	0.2	0.2	0.2
제2외국어, 한문 등	0.3	0.3	0.2	0.3	0.2	0.2
음악	1.5	1.1	1.1	1.5	1.4	1.3
미술	0.7	0.6	1.2	0.5	0.5	0.9
체육	3.1	2.6	2.2	3.4	2.6	2.2

보기

㉠ 매년 모든 학년에서 사교육비로 가장 많이 지출한 과목은 수학이다.

㉡ 2023년 3학년의 국어, 영어, 수학의 사교육비의 합은 전년 대비 감소하였다.

㉢ 2022년에 음악 사교육비를 가장 많이 지출한 학년은 2023년에도 다른 학년보다 음악 사교육비를 가장 많이 지출하였다.

㉣ 2023년에 3개 학년의 사교육비가 모두 각각 1만 원 이하인 과목 중 3개 학년의 사교육비의 합이 가장 큰 과목은 컴퓨터이다.

① ㉠, ㉡　② ㉠, ㉢　③ ㉡, ㉢

④ ㉡, ㉣　⑤ ㉢, ㉣

17 다음 [표]는 어느 시의 월별 학교폭력 상담 및 신고 건수에 대한 자료이다. 이를 바탕으로 옳지 않은 것을 고르면?

[학교폭력 상담 및 신고 건수]

(단위: 건)

구분	2022년 7월	2022년 8월	2022년 9월	2022년 10월	2022년 11월	2022년 12월
상담	977	805	3,009	2,526	1,007	871
상담 누계	977	1,782	4,791	7,317	8,324	9,195
신고	486	443	1,501	804	506	496
신고 누계	486	929	2,430	3,234	3,740	4,236
구분	2023년 1월	2023년 2월	2023년 3월	2023년 4월	2023년 5월	2023년 6월
상담	( )	( )	4,370	3,620	1,004	905
상담 누계	9,652	10,109	14,479	18,099	19,103	20,008
신고	305	208	2,781	1,183	557	601
신고 누계	4,541	4,749	7,530	8,713	9,270	9,871

① 2022년 8~12월 중 상담 건수와 신고 건수가 모두 전월 대비 증가한 시기는 1개이다.

② 2023년 2월 상담 건수는 457건이다.

③ 신고 누계와 상담 누계의 합이 처음으로 10,000건 이상인 시기에 상담 건수와 신고 건수의 합은 3,000건 이상이다.

④ 2023년 6월 신고 누계 건수는 3개월 전 대비 2,341건 증가하였다.

⑤ 상담 건수 대비 신고 건수의 비율이 50% 이상인 시기의 개수는 2022년이 2023년과 같다.

[**18～19**] 다음 [표]와 [그래프]는 2023년 산업별 조직별 SW 인력 현황에 대한 자료이다. 이를 바탕으로 질문에 답하시오.

[2023년 산업별 조직별 SW 인력]

(단위: 명)

산업＼조직	전체	CDO	CIO	연구소	현업부서	전산 관리 조직	고객지원	기타
전체	292,794	874	2,186	34,931	60,777	118,100	35,216	40,710
광업/제조업	99,843	224	699	23,877	12,763	40,773	12,931	8,576
건설업	24,115	150	165	607	11,616	11,026	510	41
도매 및 소매업	12,789	51	96	260	2,814	7,933	978	657
운수 및 창고업	28,468	16	202	294	629	12,662	3,026	11,639
정보통신업	16,213	67	98	743	6,971	5,712	1,637	985
금융 및 보험업	44,560	250	384	775	7,107	18,952	15,110	1,982
전문, 과학 및 기술 서비스업	66,806	116	542	8,375	18,877	21,042	1,024	16,830

[2023년 조직별 SW 순유입 인력]

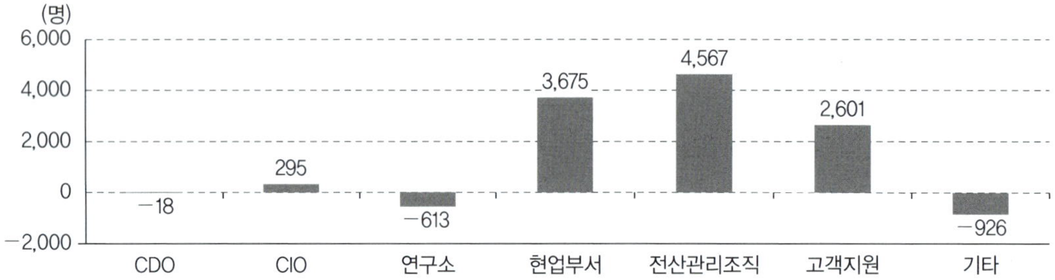

※ 순유입 인력은 2022년 대비 변화한 인력의 수를 의미한다.

※ (순유입 인력)=(유입 인력)−(유출 인력)

18 다음 중 자료에 대한 설명으로 옳은 것을 [보기]에서 모두 고르면?

보기

㉠ 제시된 산업 중 고객지원 SW 인력이 가장 많은 산업의 전체 SW 인력에서 고객지원 SW 인력이 차지하는 비중은 35% 이상이다.
㉡ 제시된 산업 중 현업부서 SW 인력이 전산 관리 조직 SW 인력보다 많은 산업은 1개이다.
㉢ 2023년 현업부서 SW 인력은 전년 대비 약 6.4% 증가하였다.
㉣ 2023년 전체 SW 인력은 전년 대비 9,581명 증가하였다.

① ㉠, ㉡　② ㉠, ㉢　③ ㉢, ㉣
④ ㉠, ㉢, ㉣　⑤ ㉡, ㉢, ㉣

19 다음 [표]는 2022년 기업규모별 SW 인력 현황에 대한 자료이다. 주어진 [조건]을 만족하는 곳에서 2022년에 근무했던 SW 인력의 수로 옳은 것을 고르면?(단, 소수점 첫째 자리에서 반올림하여 계산한다.)

[2022년 기업규모별 SW 인력 현황]

(단위: 명)

기업규모 \ 산업	전체	CDO	CIO	연구소	현업부서	전산 관리 조직	고객지원	기타
100~1,000명	44,360	485	1,426	8,042	4,297	22,894	1,345	5,871
1,000명 이상	65,377	460	564	12,571	22,065	11,928	16,676	1,113

조건

- 2023년 SW 인력이 전년 대비 가장 많이 증가한 조직
- 기업규모가 100명 미만
- 광업/제조업에서 근무

※ 첫 번째와 두 번째 조건에 해당하는 곳에서 근무하는 SW 인력 중 광업/제조업에서 근무한 SW 인력이 차지하는 비중은 30%이다.

① 23,613명　② 23,876명　③ 24,125명
④ 24,275명　⑤ 25,517명

20

다음 [표]는 2024년 월별 ETF 투자자별 거래량 실적에 대한 자료이다. 이를 바탕으로 [보기]에서 옳지 않은 것을 모두 고르면?

[2024년 월별 ETF 투자자별 거래량 실적]

(단위: 천 주)

구분		3월	4월	5월	6월	7월	8월
보험	매도	35,239	49,764	54,132	50,346	53,251	39,151
	매수	39,817	45,027	55,643	41,263	48,246	43,136
투신	매도	88,270	121,635	101,251	92,993	114,785	122,099
	매수	93,834	109,689	130,720	109,022	157,110	130,457
사모	매도	35,019	44,119	16,396	22,360	28,226	31,727
	매수	43,872	50,090	25,397	36,513	38,084	36,132
은행	매도	115,077	58,077	72,368	89,778	95,162	63,837
	매수	123,192	131,618	96,295	114,609	148,867	94,971
기타금융	매도	8,352	7,656	5,900	4,218	15,038	19,984
	매수	5,194	9,472	5,856	5,227	11,868	21,993
연기금 등	매도	16,593	7,253	21,789	11,642	36,808	41,556
	매수	16,114	29,657	23,297	16,580	36,249	45,480

※ 순매수(천 주)=매수−매도

보기

㉠ 7월 순매수 거래량은 은행이 투신보다 11,380천 주 더 많다.
㉡ 8월 매도 거래량이 세 번째로 많은 투자자의 매도 거래량은 4개월 전 대비 450% 이상 증가하였다.
㉢ 4월 이후 매도 거래량과 매수 거래량의 증감 추이가 같은 투자자는 없다.
㉣ 4~6월 사모의 월평균 매도 거래량은 27,114천 주이다.

① ㉢　② ㉣　③ ㉠, ㉡
④ ㉠, ㉢　⑤ ㉢, ㉣

21

Y은행에서 근무 중인 귀하는 SWOT 분석결과를 작성하였다. 발표 자료의 보완을 위해 분석결과를 바탕으로 [보기]와 같이 분석하였다고 할 때, 적절하지 않은 것을 모두 고르면?

[Y은행 SWOT 분석결과]

구분	분석결과
강점(Strength)	• 안정적 경영상태 • 안정적 자금흐름 • 많은 오프라인 영업점
약점(Weakness)	• 방어적 대출운영으로 인한 혁신기업 발굴 가능성 저조 • 타 은행 대비 저조한 디지털 전환 적응력
기회(Opportunity)	테크핀 기업들의 성장으로 인해 협업 기회 풍부
위협(Threat)	핀테크 및 테크핀 기업들의 금융업 점유율 확대

보기

㉠ 안정적 자금흐름을 기반으로 성장하고 있는 테크핀과의 협업을 통한 실적 증대는 SO전략으로 적절하겠어.

㉡ 신생 금융기업에 비해 많은 오프라인 영업점을 바탕으로, 아직 오프라인 채널을 주로 이용하는 고령층 고객에 대한 점유율 우위 선점은 WO전략으로 적절하겠어.

㉢ 안정적 경영상태를 바탕으로 새로이 점유율을 확대하는 금융기업들보다 과감한 투자에 앞장서 점유율을 방어하는 것은 ST전략으로 적절하겠어.

㉣ 디지털 전환과 관련된 인력을 투입하여 디지털 전환에의 적응력을 제고해 급성장하는 금융업 신생기업으로부터 점유율 우위를 확보하는 것은 WT전략으로 적절하겠어.

① ㉠ ② ㉡ ③ ㉠, ㉢
④ ㉡, ㉣ ⑤ ㉠, ㉢, ㉣

22

차 대리는 25일간 유럽 지사들을 방문할 예정이다. 다음 [조건]을 고려하였을 때, 차 대리가 영국에서 머무를 수 있는 최대 일수를 고르면?

조건

- 유럽 지사들은 국가 내 도시별로 1개씩 위치한다.
- 차 대리는 영국, 프랑스, 독일, 스페인 4개 국가를 방문한다.
- 국가별로 최소 1개 이상의 도시를 방문해 총 11개의 지사를 방문하고자 한다.
- 차 대리는 프랑스와 스페인에서 각각 3개의 도시를 방문한다.
- 방문한 각 지사마다 적어도 2일간 업무를 진행한다.

① 8일 ② 9일 ③ 10일
④ 11일 ⑤ 12일

23

E사는 거래 중인 해외 업체들과 화상 미팅을 진행하기로 하였다. E사와 해외 업체의 업무시간은 각각 현지 시간을 기준으로 오전 8시부터 오후 6시까지이며, 점심시간은 오전 11시 30분부터 오후 12시 30분까지이다. 다음 [조건]을 바탕으로, 회의가 가능한 시간을 고르면?(단, 미팅 시간은 서울을 기준으로 한다.)

조건

- 미팅은 총 1시간 30분 동안 진행된다.
- 미팅에 참여하는 업체는 서울에 위치한 E사와 호주에 위치한 A사, 태국에 위치한 B사이다.
- 호주는 서울보다 2시간 빠르고, 현지시간으로 오후 1시부터 1시간 동안 회의가 있다.
- 태국은 서울보다 2시간 느리고, 현지시간으로 오전 8시부터 3시간 동안 외부 업무로 자리를 비울 예정이다.

① 오전 9시~오전 10시 30분 ② 오전 10시~오전 11시 30분
③ 오후 1시~오후 2시 30분 ④ 오후 2시 30분~오후 4시
⑤ 오후 3시~오후 4시 30분

24

O사 마케팅팀 직원들은 신입사원 입사에 맞추어 사무실 자리 배치를 [조건]에 따라 바꾸기로 하였다. 변경된 사무실 자리 배치에 대한 설명으로 적절하지 않은 것을 고르면?

[사무실 자리 배치표]

팀장	A	B	마 대리	C	D	E
	F	김 주임	G	H	I	최 사원

조건

- 같은 직급은 옆자리로 배정하지 않는다.
- 팀장과 사원의 앞자리는 비어 있을 수 없다.
- 팀장은 오른쪽을 바라보며 앉고 팀장의 앞자리에는 차장 1명과 과장 1명이 앉는다.
- 인턴은 오른쪽에서 세 번째 좌석에 앉으며 대리와 사원 사이에 앉는다.
- 팀장을 제외한 직원들은 마주 보고 앉는다.
- 안 차장과 김 과장은 옆자리에 앉는다.
- 박 주임과 김 사원의 옆자리는 비어 있다.
- O사 마케팅팀 직원은 팀장, 주임 2명(김 주임, 박 주임), 대리 2명(마 대리, 한 대리), 과장 2명(오 과장, 김 과장), 차장 1명(안 차장), 사원 3명(김 사원, 이 사원, 최 사원), 인턴 1명(황보윤)이다.

① 김 주임의 앞자리와 옆자리에는 항상 과장이 앉는다.

② 인턴은 H에 앉을 수 있다.

③ 마 대리의 앞자리에는 항상 사원이 앉는다.

④ 한 대리는 최 사원의 옆자리에 앉을 수 있다.

⑤ 최 사원의 앞자리에는 사원 또는 대리만 앉는다.

25

H공사에서는 소모품을 A, B, C 3개 업체에 나누어 총 16박스를 구매하였다. 3개의 업체를 주어진 [조건]에 맞게 이용했을 때, [보기]에서 항상 옳은 것을 모두 고르면?

조건

- B업체에서 구입한 소모품의 개수는 A업체에서 구입한 소모품 개수의 2배 이상이다.
- 모든 업체에서 각각 2박스 이상 구매하였다.
- C업체에서 구입한 소모품의 개수는 B업체에서 구입한 소모품의 개수보다 같거나 많다.
- A업체와 B업체에서 구입한 소모품 개수의 합은 7박스 이상이다.

보기

㉠ B업체에서 소모품을 7박스 이하로 구입하였다.
㉡ C업체에서는 소모품을 8박스 이상 구입하였다.
㉢ B업체와 C업체에서 구입한 소모품 개수의 합은 14박스이다.

① ㉠
② ㉡
③ ㉢
④ ㉠, ㉡
⑤ ㉡, ㉢

26

다음은 인천국제공항의 자동출입국심사 이용에 대한 안내문이다. 다음 중 사전등록 없이 자동출입국심사대 이용이 가능한 사람을 고르면?

[자동출입국심사 이용가능대상 및 방법]

<table>
<tr><td rowspan="4">국민</td><td colspan="2">주민등록증 소지자</td><td>사전등록 절차 없이 바로 이용
※ 단, 주민등록증 발급 후 30년이 경과된 경우 사전등록 권고</td></tr>
<tr><td rowspan="2">주민등록증 미소지자</td><td>만 14세 이상</td><td>사전등록 후 이용</td></tr>
<tr><td>만 14세 미만
만 7세 이상</td><td>법정대리인과 동반하여 사전등록 후 이용
※ 제출서류
1) 부 또는 모가 법정대리인인 경우
부모 신분증, 신청인의 기본증명서(상세) 및 가족관계증명서
2) 부모 외 법정대리인인 경우
법정대리인의 신분증, 신청인의 기본증명서(상세) 및 그 관계 등을 입증할 수 있는 서류(법원 결정문 등)</td></tr>
<tr><td colspan="3"></td></tr>
<tr><td rowspan="4">외국인</td><td colspan="2">단기체류외국인(17세 이상)</td><td>사전등록 없이 출국심사장은 이용 가능</td></tr>
<tr><td rowspan="3">외국인등록증
/거소신고증</td><td>만 17세 이상</td><td>사전등록 없이 바로 이용</td></tr>
<tr><td>만 14세 이상</td><td>사전등록 후 이용</td></tr>
<tr><td>만 14세 미만
만 7세 이상</td><td>법정대리인과 동반하여 사전등록 후 이용
※ 제출서류
1) 부 또는 모가 법정대리인인 경우
부모 여권 또는 외국인등록증, 자국정부(주한공관 포함)가 발행한 가족관계 증빙서류
2) 부모 외 법정대리인인 경우
법정대리인의 신분증, 그 관계 등을 입증할 수 있는 서류(법원 결정문 등)</td></tr>
</table>

① 주민등록증 발급 전인 대한민국 국민 만 15세 A군

② 외국인등록증 없이 단기체류 후 출국하려는 만 17세 B양

③ 주민등록증이 없는 만 7세 대한민국 국민 C양

④ 외국인등록증을 소지한 만 14세 D군

⑤ 외국인등록증을 소지한 만 8세 E군

[27~28] 다음은 국민행복카드에 대한 자료이다. 이를 바탕으로 질문에 답하시오.

1) 국민행복카드 바우처 서비스별 지원대상

바우처 서비스	지원대상
건강보험 임신 · 출산 진료비 지원	임신확인서로 임신이 확진된 건강보험 가입자 또는 피부양자 중 임신 · 출산 진료비 지원 신청자
청소년산모 임신 · 출산 의료비 지원	만 19세 이하 산모로 청소년산모 임신 · 출산 의료비 지원 신청자
기저귀 · 조제분유 지원	중위소득 40%(최저생계비 100%) 이하 저소득층 영아(0~24개월) 가구
에너지바우처 지원	'생계, 의료, 주거, 교육' 급여 수급자로서 노인, 영유아, 장애인, 임산부, 중증/희귀/중증난치질환자, 한부모가족, 소년소녀가정(가정위탁보호아동) 포함 세대 중 어느 하나에 해당하는 세대
아이돌봄 서비스 지원	중위소득 120% 이하의 양육공백이 발생하는 가정(취업한 부모, 맞벌이 가정, 다자녀 가정 등)
여성청소년 생리대 바우처 지원	생계 · 의료 · 주거 · 교육 급여 수급자, 법정차상위계층, 한부모가족지원대상자에 해당하는 만 11~18세 여성청소년
보육료 지원	어린이집을 이용하는 만 0~5세
유아학비 지원	국 · 공 · 사립유치원에 다니는 만 3~5세
첫만남이용권 지원	2022년 1월 1일 출생아동부터 최초 1회 200만 원 바우처 지원

2) 국민행복카드 바우처 서비스별 지원혜택

바우처 서비스	지원혜택
건강보험 임신 · 출산 진료비 지원	임신 1회당 60만 원 이용권(국민행복카드, 고운맘카드) 지원(다태아 임산부는 100만 원 지원)
청소년산모 임신 · 출산 의료비 지원	임신 1회당 120만 원 범위 내, 임신부가 산부인과 병 · 의원에서 임신 및 출산과 관련하여 진료 받은 급여 또는 비급여 의료비
산모 · 신생아 건강관리 지원	소득분위 및 태아 수에 따라 450,000원부터 최대 1,620,000원 지원
기저귀 · 조제분유 지원	• 기저귀 지원: 월 64,000원 • 기저귀+조제분유 지원: 월 150,000원 ※ 22년 하반기 바우처 단가인상으로 인해 22. 8. 1. 이후 생성분은 기저귀(70,000원) 및 조제분유(90,000원) 적용
에너지바우처 지원	• 1인 세대: 310,200원(여름: 55,700원 / 겨울: 254,500원) • 2인 세대: 422,500원(여름: 73,800원 / 겨울: 348,700원) • 3인 세대: 547,700원 (여름:90,800원 / 겨울: 456,900원) • 4인 이상 세대: 716,300원(여름: 117,000원 / 겨울: 599,300원)
아이돌봄 서비스 지원	• 영아종일제: 소득유형에 따라 월 36~91만 원 지원 • 시간제: 소득유형에 따라 시간당 1,625~4,875원 지원
여성청소년 생리대 바우처 지원	여성청소년 생리대 구매비용 연 최대 144,000원 지원(22. 1~6월) 여성청소년 생리대 구매비용 연 최대 156,000원 지원(22. 7~12월) ※ 2022년 하반기 바우처 단가인상으로 인한 추가 지원 실시
첫만남이용권 지원	※ 2022년 1월 1일 출생아동부터 최초 1회 200만 원 바우처 지원

27 다음 중 바우처 서비스별 지원대상에 해당하는 사람을 고르면?

① 만 80세 노인인 A－에너지바우처 지원
② 2021년 12월 31일 출생아동 B－첫만남이용권 지원
③ 생계 급여 수급자인 만 10세 청소년 C－여성청소년 생리대 바우처 지원
④ 사립유치원을 다니는 만 5세 D－보육료 지원
⑤ 중위소득 30% 가구의 12개월 아이가 있는 E－기저귀 지원

28 다음 중 국민행복카드 지원혜택에 대해 옳게 설명하는 사람을 고르면?

① 지원: 쌍둥이를 임신했다면 임신 1회당 건강보험 임신 및 출산 진료비 지원으로 100만 원을 지원받을 수 있어.
② 원진: 2022년 8월 이후부터는 기저귀 지원 금액이 26,000원 늘어나네.
③ 진수: 2인 가구인 나는 에너지바우처 지원으로 이번 겨울 422,500원을 받을 수 있겠다.
④ 수미: 청소년산모 임신 의료비 지원으로 비급여 의료비는 지원받을 수 없어.
⑤ 미소: 2022년 7월 여성청소년 생리대 바우처 지원 금액은 전달보다 10,000원 증가했네.

29 다음은 겨울철 전기절약 행동요령에 대한 내용이다. 이에 대해 A~E가 나눈 대화로 가장 적절하지 않은 것을 고르면?

겨울철 전기절약 행동요령

1. 전기온풍기, 스토브 등 전열기 사용은 자제합니다.
   - 개인 전열기의 사용을 자제하면 절전효과가 높습니다.
   - 전기난방기는 전등(10W)을 100개 켤 수 있는 전력(1kW)을 소비하는 에너지 다소비기기입니다.
   - 전열기구 사용으로 높은 전기요금이 부과될 수 있으니, 가급적 사용을 자제하고 무릎담요를 사용하는 것이 좋습니다.
2. 컴퓨터, 프린터 등 사무기기를 장기간 미사용시 전원을 차단합니다.
   - 바쁘게 퇴근하다 보면 사무기기의 전원을 끄는 것을 잊을 때도 있고, 습관적으로 전원을 켜두고 퇴근하는 경우도 있습니다.
   - 사무기기의 전원을 끄지 않고 퇴근하면 밤새 불필요한 전기를 사용하게 되고, 전기요금의 상승으로 이어집니다.
   - 마지막으로 퇴근하는 사람이 온수기 전원을 끄고 가면 밤새 불필요한 전기사용을 막을 수 있습니다.
3. 실내온도는 겨울철 건강온도(18~20°C)를 유지하고 내복을 입습니다.
   - 겨울철에 옷을 여러 겹으로 입으면 속옷만 입는 것에 비해 4~6°C 정도 실내온도를 낮출 수 있습니다.
   - 난방온도를 1°C 낮추면 4~6%의 에너지 절약효과가 있고, 2°C 낮추면 10%의 에너지를 절감할 수 있습니다.
   - 눈에 띄는 곳에 온도계를 설치하면 실내온도를 쉽게 확인할 수 있어 지속적으로 관심을 가지고 절전을 생활화할 수 있습니다.
4. 중식시간 및 퇴실 1시간 전에는 난방기 가동을 중지합니다.
   - 연속 난방의 경우에는 난방을 중지하여도 중식시간과 퇴근 전 1시간 정도는 연속적인 효과를 낼 수 있습니다.
   - 관행적으로 난방기는 온도로 관리합니다. 이에 더불어 시간을 같이 관리하면 전기절약에 더 효과적입니다.
   - 타이머로 중식시간과 퇴근 1시간 전에 난방이 꺼지도록 예약한다면 큰 불편없이 많은 양의 전기를 절약할 수 있을 것입니다.
5. 점심시간, 야간시간에는 전체 일괄 소등하고 필요한 부분만 점등합니다.
   - 대부분 자리를 비우게 되는 점심시간에 조명을 켜둔 채 식사하러 가는 경우나 퇴실 시 소등하는 것을 잊는 경우가 있습니다.
   - 이런 경우를 대비하여 일괄 소등을 실시하고, 재실자가 있을 경우 필요한 부분만 점등하는 것이 효과적입니다.

6. 전력피크시간대(10~12시, 17~19시)에는 전기사용을 최대한 자제합니다.

- 겨울철에는 하루 중 오전 10시부터 12시까지와 오후 17시부터 19시까지의 시간대가 전력수요가 가장 많습니다.
- 최대전력수요 증가로 예비전력이 부족해지면 전력공급이 중단되어 일부 지역이 정전될 우려가 있습니다.
- 이 시간에는 불요불급한 전기사용과 전기난방을 최대한 자제함으로써 전력수급을 안정화해야 합니다

① A: 겨울철 전력피크시간대는 오후 6시부터 7시까지가 포함돼.

② B: 겨울철에 옷을 여러 겹 입으면 속옷만 입는 것에 비해 10% 정도 실내온도를 낮출 수 있대.

③ C: 연속 난방은 중지하여도 60분 정도 연속적인 난방 효과를 낼 수 있어.

④ D: 점심시간에는 일괄 소등하고 필요한 부분만 점등하는 게 효과적이야.

⑤ E: 전기난방기는 에너지 다소비기기로 10W 전등 100개를 켤 수 있는 전력을 소비해.

30 다음은 대학수학능력시험 시행일 출근시간 조정 요청에 대한 안내문이다. 이에 대한 설명으로 가장 적절한 것을 고르면?

> **대학수학능력시험 시행일 출근시간 조정 요청**
>
> 1. 대학수학능력시험이 20○○. 11. 14.(목) 시행될 예정입니다.
> 2. 대학수학능력시험이 20○○. 11. 14.(목) 시행 예정임에 따라 시험 당일 오전 수험생 · 학부모 · 감독관 등 많은 관련자의 이동으로 교통 급증이 예상되고 있습니다.
> 3. 이에 수험생 편의 및 원활한 교통 소통을 위하여 다음과 같이 출근시간 조정을 요청드리니, 적극적으로 협조하여 주시기 바랍니다.
>
> – 다음 –
>
> 가. 조정일자: 20○○. 11. 14.(목)
> ※ 대학수학능력시험 시행 당일
> 나. 조정시간: 출근시간을 오전 09:00에서 10:00로 조정
> 다. 조정대상: 전 직원(시차출퇴근 유형 이용자 및 야간근무자 제외)
> 라. 행정사항
> – 원활한 수능시험을 위한 정책적 협조 차원에서 이루어지는 것으로 법정근무시간을 변경하는 것이 아니므로 별도의 퇴근시간 조정은 없음
> – 유연근무 및 휴가 등 각종 근무상황은 평소와 같이 사용하며, 수능일에 유연근무를 하는 경우에는 위 조정시간에도 불구하고 변경된 근무시간에 맞게 반드시 출 · 퇴근 필수
> – 민원부서 등은 민원처리 등에 지장이 없도록 부서장 책임하에 운영, 교대근무자 및 현업근무자는 제외
> – 자녀가 수능시험에 응시하여 휴가가 필요한 경우, 자녀돌봄휴가가 아닌 연가(연가, 지각, 조퇴, 외출 등) 사용
> ※ 단, 자녀가 다니는 학교가 수능시험으로 '휴교'하는 경우는 자녀돌봄휴가 사용 가능(증빙 제출)

① 야간근무자를 포함한 전 직원은 출근시간 조정대상이다.
② 수험생 자녀가 있는 경우 자녀돌봄휴가 사용이 가능하다.
③ 출근시간을 1시간 느리게 조정해 퇴근시간도 1시간 늦어진다.
④ 유연근무자는 본인의 출근시간보다 1시간 늦게 출근하면 된다.
⑤ 민원부서의 경우 조정된 출근시간이 다른 부서와 차이가 있을 수 있다.

정답과 해설 p.99

DAY 14

왜 틀렸지?
왜 실수했지?

매일 한 줄 복기

문제를 다 풀고 난 후 왜 틀렸는지, 자주 나오는 실수 패턴은 무엇인지, 어떤 문제부터 풀어보고 어떤 문제는 나중에 풀지를 바르게 판단했는지 복기해 보세요. 어느 부분이 부족한지 스스로 깨닫고, 다음 회차를 풀 때 적용한다면 NCS 실력이 빠르게 올라갈 것입니다.

작성 예시

- ✔ 지문 읽을 때 키워드부터 찾기! 지문 끊어 읽기! 선택지에서 체크한 키워드가 모두 나와야 한다.
- ✔ 그래프와 표 나올 때 제목이랑 단위부터 확인하기!
- ✔ 시간 내에 풀 수 있는 유형인지 아닌지를 꼭 체크하고 넘어가자. 무조건 넘기지 말자!
- ✔ 의사소통 먼저 풀면 시간이 절약되는 것 같음. 수리랑 문제해결 중 어떤 것부터 풀지 판단해 보자.

의사소통능력	
수리능력	
문제해결능력	

01

다음 [가]~[라] 문단을 글의 흐름에 따라 순서대로 바르게 배열한 것을 고르면?

[가] 현재 밤섬에는 사람이 살지 않지만 과거에는 사람이 살았던 기록이 있다. 고려 초기에는 귀양지였으며, 조선시대 때 배를 만드는 기술자들이 본격적으로 정착했던 것으로 전해진다. 당시 밤섬에는 조선소가 있어 조선업자들이 살았고, 약초나 채소와 같은 농업도 번성하였다. 특히 조선 순조 때까지는 뽕나무를 많이 심던 곳으로 기록되었다. 밤섬의 주민들은 1968년 여의도 개발이 시작되기 전까지 62세대 594명이 거주하였다.

[나] 밤섬은 마포구와 여의도 사이의 한강에 위치한 섬으로, 밤알을 까놓은 것처럼 생겼다고 하여 붙여진 이름이다. 밤섬은 1999년 서울시에서 생태계보전지역으로 지정 고시하였고, 2012년에는 국제 협약을 근거로 희귀 동식물 서식지로서 중요성이 큰 습지를 보호하기 위해 지정된 람사르 습지에 등록되었다. 람사르 습지 등록은 서울시에서는 최초이며 국내에서는 18번째로, 도심의 철새 도래지로서 세계적으로도 생태적 보호 가치가 높은 곳임을 의미한다.

[다] 밤섬은 갈대와 버드나무 등이 우거지고 철새가 모이기 시작하면서 다시 주목받게 되었다. 1986년에는 한강종합개발사업 중 철새 도래지로 인정받아 일반인의 출입이 통제되었고, 1988년에는 약 5만 8천여 포기의 식물이 식재되기도 했다. 이에 따라 밤섬이 도심 속 최대 철새 도래지가 된 것이다. 현재 밤섬은 왜가리, 해오라기, 청둥오리, 꿩, 찌르레기 등이 서식하고 원앙, 황조롱이, 참매, 말똥가리 등의 철새가 날아오는 생태계의 보고로 자리 잡았다.

[라] 그러나 밤섬은 여의도가 개발되면서 폭파되고 말았다. 공사 진행에 따라 한강의 폭이 좁아지는 것을 막고, 제방을 쌓는 데 필요한 잡석을 채취하기 위하여 내린 결정이다. 결국 밤섬은 대부분 없어지고, 10여 개의 조그만 섬의 형태로 남게 되었다. 그런데 해마다 상류에서 내려오는 토사 등이 쌓이면서 현재의 모습을 갖추게 되었고, 생태계보전지역으로 지정되었을 당시의 면적은 약 24만 제곱미터에 이르렀다.

① [가]－[나]－[다]－[라]
② [나]－[가]－[라]－[다]
③ [나]－[다]－[라]－[가]
④ [다]－[나]－[가]－[라]
⑤ [다]－[라]－[나]－[가]

02 다음 글의 빈칸에 들어갈 내용으로 적절한 것을 고르면?

경제학적으로 보면, 오염물질을 배출하는 행위는 해당 오염물질을 배출하는 용도로 환경을 이용하는 것이다. 예컨대 폐수를 강에 쏟아붓는 기업은 생산 과정에서 나오는 폐수를 처분하기 위한 수단으로 강이라는 자원을 이용하는 것이며, 매연가스를 뿜어대는 기업은 그 매연가스를 처분하기 위한 수단으로 대기라는 자원을 이용하는 셈이다. 이렇게 보면 환경오염이란 오염물질 배출이라는 특정 용도에 환경을 과도하게 이용하여 다른 용도에 현저한 지장을 주는 현상이라고 말할 수 있다. 예를 들면, 대기오염이란 공해업체가 각종 대기오염물질을 배출하는 용도로 과도하게 이용하여 일반 시민이 호흡하는 용도에 현저한 지장을 주는 현상이다. 이때 공해업체가 환경을 오염물질 배출 용도로 과도하게 쓰는 이유는 다른 용도에 미칠 악영향에 상응하는 대가를 지불하지 않아도 되기 때문이다.

따라서 환경문제에 대하여 경제학이 제시하는 대책이란 원칙적으로 간단하다. 즉, 환경오염을 일으킨 주체에게 환경을 이용한 대가를 합당하게 치르도록 하는 방식이다. 식료품이나 의류에 가격을 매겨서 유통시키듯이 환경에도 적정가를 책정하여 환경을 이용하는 사람에게 대가를 치르게 하는 것이다. 환경을 오염시키는 행위에 응당한 가격을 치르게 만든다면, 반대로 환경개선에 기여하는 행위는 응당한 가격을 받게 만들어야 할 것이다. (   )

① 즉 경제학적 관점에서 본다면, 어떤 자원이든 충분한 대가를 전제로 공급해야 한다.
② 요컨대 환경문제의 근본적인 원인은 자연에 대한 인간의 지배주의적 본능에 있다.
③ 이와 같이 경제학의 입장에서 보면 환경 또한 거래대상이 되는 자원처럼 취급해야 한다.
④ 말하자면 환경법이나 환경규제만으로는 환경문제 해결에 한계가 있음을 인정해야 한다는 것이다.
⑤ 다시 말해서 환경오염을 유발한 주체가 책임을 지고 어떤 방식으로든 해결해야 한다는 것이다.

03 다음 글의 빈칸 ㉠~㉤ 중 [보기]의 내용이 들어갈 위치로 가장 적절한 것을 고르면?

번역가는 '어휘 자원'을 넓게 확보하는 일이 필수적이다. (㉠) 하늘을 높이 나는 갈매기가 멀리 볼 수 있듯이 어휘력이 뛰어난 번역가는 좋은 번역을 할 수 있다. 여기서 어휘력은 단순히 낱말을 얼마나 많이 알고 있는가의 문제에 그치지 않는다. (㉡) 물론 낱말을 많이 아는 것이 중요하지만 양만큼 중요한 것이 질이다. (㉢) 어휘의 넓이란 낱말의 양을 말하고, 어휘의 깊이란 낱말의 질과 수준을 말한다. (㉣) 모국어와 관련하여 번역가는 낱말을 가급적 많이 알고 있어야 하고, 낱말의 지시어나 함축어를 정확하게 이해하여야 하며, 이미 알고 있는 낱말을 적절히 활용할 수 있어야 한다. 또한 동의어와 반의어, 유의어 등을 아우를 수 있어야 하며, 가능하다면 낱말의 어원과 옛말, 외래어 등도 숙지하여야 하고, 한자어를 잘 알고 있어야 한다. 특히 한자어는 번역가에게 아주 중요하다. (㉤)

2019년의 통계 기준에 따르면 한국어 낱말 16만 4,125개 중에서 순수한 토박이말은 7만 4,612개로 45.5%, 한자어는 8만 5,527개로 52.1%, 외래어는 3,986개로 2.4%를 차지한다. 그 밖의 통계 자료에 따르면 무려 70%에 이르기도 한다. 이는 고대 그리스어와 라틴어에서 유래한 낱말과 앵글로색슨 계통의 토착어가 영어에서 차지하는 비중과 비슷한 수치이다.

보기

도형에 빗대어 말한다면 번역가의 어휘 구사력은 넓고 깊어야 한다.

① ㉠ ② ㉡ ③ ㉢
④ ㉣ ⑤ ㉤

04 다음 [보기]의 ㉠~㉤을 수정한 내용으로 적절하지 않은 것을 고르면?

보기

㉠ A의료기관이 양로원과 결연을 맺었습니다.
㉡ 오늘 오후에 팀 전체가 모여 회의를 갖겠습니다.
㉢ 내가 강조하고 싶은 점은 우리가 고유 언어를 가졌다.
㉣ 우리 학교 선생님께서는 따님이 있으십니다.
㉤ 이 자리를 빌어 감사의 인사를 전하겠습니다.

① ㉠: '결연'과 '맺다'의 의미가 중복되므로 '결연을 추진했습니다'로 고쳐 쓴다.
② ㉡: '회의를 갖겠습니다'는 번역 투이므로 '회의하겠습니다'로 고쳐 쓴다.
③ ㉢: 주어와 서술어의 호응이 자연스럽지 않으므로 '가졌다는 것이다'로 고쳐 쓴다.
④ ㉣: 잘못된 높임법을 사용했으므로 '따님이 계십니다'로 고쳐 쓴다.
⑤ ㉤: 자리를 '빌리다'는 뜻이므로 '이 자리를 빌려'로 고쳐 쓴다.

05 다음 [가], [나]의 주제와 관련이 있는 사자성어를 [보기]에서 찾아 바르게 짝지은 것을 고르면?

[가] 흥망(興亡)이 유수(有數)하니 만월대(滿月臺)도 추초(秋草)로다.
오백 년(五百年) 왕업이 목적(牧笛)에 부쳐시니
석양(夕陽)에 지나는 객(客)이 눈물계워 하노라
[나] 반중(盤中) 조홍(早紅)감이 고와도 보이나다
유자(柚子) 아니라도 품엄즉도 하다마는
품어가 반길 이 없을새 글로 설워하노라

보기

㉠ 만시지탄(晩時之歎) ㉡ 풍수지탄(風樹之嘆) ㉢ 맥수지탄(麥秀之嘆)
㉣ 망양지탄(望洋之嘆) ㉤ 비육지탄(髀肉之嘆)

	[가]	[나]
①	㉠	㉢
②	㉡	㉤
③	㉢	㉡
④	㉣	㉠
⑤	㉤	㉣

06 다음 글의 내용과 일치하지 않는 것을 고르면?

미국의 대통령 선거는 주(州)별로 정해진 선거인단의 투표를 통해 대통령을 선출하는 간접선거 형식으로 진행된다. 그러나 해당 주의 일반 유권자, 즉 국민은 자신들이 선출하고자 하는 대통령의 선거인단에 투표하며, 투표로 결정된 대통령 선거인단은 반드시 자신이 속한 정당의 대통령 후보에 투표하기 때문에 내용적인 면에서는 국민의 직접선거로 볼 수 있다.

미국의 대통령 선거 절차는 대의원 선출에서 시작된다. 대의원은 각 정당의 전당대회에서 대통령 후보를 지명할 권한을 지닌다. 대의원 선출은 예비선거와 당원대회로 이루어진다. 예비선거는 일반 유권자들이 전당대회에 나갈 대의원을 직접 뽑는 것이고, 당원대회는 정당의 임원이나 당원이 대의원을 선출하는 방식이다. 현재 미국 50개 주 가운데 대부분이 예비선거 방식을 채택하고 있으며, 각 주의 대의원은 해당 주의 당원 수에 따라 정해진다.

선출된 대의원은 전당대회에 참석하여 차기 대통령 후보를 선출한다. 대의원은 자신이 지지하는 후보를 미리 공개하기 때문에 전당대회 전에도 대의원 선거 결과에 따른 대통령 후보를 예상할 수 있다. 전당대회에서 대통령 후보는 대의원의 과반수 표를 통해 결정되며, 대통령 후보에 지명된 사람은 부통령 후보를 지명한다. 전당대회에서는 대통령 후보와 부통령 후보의 지명뿐만 아니라 당의 정책 방향을 결정하여 발표하기도 한다.

각 당의 대통령 및 부통령 후보가 결정되면 각 당의 대통령 선거인단 명부를 주에 공개한다. 일반 유권자는 자신들이 지지하는 대통령 후보에 투표함으로써 해당 당에 속한 대통령 선거인단을 뽑는 방식이다. 각 주의 선거인단은 해당 주의 상원의원과 하원의원의 수를 합산해 정하는데, 하원의원의 수가 인구수와 비례하기 때문에 인구가 많은 주일수록 선거인단 수가 늘어난다. 선거인단 투표는 승자독식체제로 진행된다. 만약 선거인단이 29명인 플로리다 주에서 민주당 후보가 1,001표, 공화당 후보가 1,000표를 받았다면, 단 1표 차이에 불과하더라도 승리한 민주당 후보가 플로리다 주의 선거인단 29명을 확보하는 방식이다.

선거인단은 각 주의 중심 도시에 모여 대통령 선거를 진행한다. 이때 선거인단은 자신이 소속한 당의 대통령 후보자에게 투표함으로써 해당 주의 유권자가 투표한 결과를 그대로 반영하게 된다. 따라서 대통령 선거인단 선거를 사실상 대통령 선거로 보기도 한다. 총 선거인단 538명 중 과반인 270명 이상을 확보하면 대통령에 당선된다.

① 일반 유권자가 대의원을 직접 뽑는 방식을 예비선거라고 한다.
② 미국의 부통령 후보는 전당대회에서 선출된 대통령 후보가 지명한다.
③ 미국 각 주의 상원의원과 하원의원을 합산한 수는 인구수에 비례한다.
④ 각 당의 대통령 후보는 각 주의 투표수에 비례하여 선거인단을 확보한다.
⑤ 미국은 간접선거로 진행되지만 국민의 의사가 반영된 직접선거의 내용을 띤다.

07 다음 글의 밑줄 친 ㉠에 대한 근거로 적절하지 않은 것을 고르면?

프리터족이란 'Free(프리)'와 'Arbeit(아르바이트)'를 합친 말로, 일정한 직업 없이 여러 아르바이트로 생계를 이어가며 생활하는 사람들을 일컫는 말이다. 이는 1980년대 일본의 경제불황 당시 등장한 노동 계층이자 신조어였다. 그런데 최근 우리나라에서도 프리터족을 추구하는 젊은이들이 늘어나고 있다. 최근 취업 포털 사이트에서 구직자, 대학생, 아르바이트생 949명을 대상으로 진행한 설문조사에 의하면 자신을 프리터족이라고 밝힌 응답자가 575명으로, 60%를 넘는 것으로 나타났다. 이는 같은 조사를 실시했던 2017년 대비 4.6%p 증가한 수치이다. 프리터족이라고 밝힌 응답자 가운데 2030세대는 493명으로 압도적으로 많았다. 자유로운 삶, 어학연수, 대학원 진학 등을 위해 자발적으로 프리터족이 되었다고 응답한 경우도 있었으나 취업이 어려워서 프리터족을 선택했다고 답한 비율이 약 40%에 달했다. 이러한 설문 조사 결과는 현재 20대 비정규직 비중이 역대 최고치로 치솟는 상황을 뒷받침한다. 국가통계포털에 따르면 최근 20대 임금근로자는 338만 9천 명으로, 이들 중 비정규직은 146만 1천 명, 비정규직 중에서 시간제 근로자는 81만 7천 명으로 집계되었다. 이는 20대 임금근로자 중 비정규직이 약 43.1%, 시간제 근로자가 약 24.1%를 차지하는 결과로, 2003년 통계 이후 역대 최고 수준이다. 이러한 현상을 두고 각계의 전문가들은 양질의 일자리 부족이 영향을 미쳤을 것이라고 지적한다. 취업난에 의해 구직기간이 장기화되면서 당장 생계비가 필요하거나 졸업 후의 공백을 메우기 위해 2030세대들이 프리터족을 선택한 것이다. 이렇듯 ㉠ 고용 환경이 악화되면서 직장에 대한 인식이 변화한 것이 한몫한다. 그러나 프리터족 생활이 길어질수록 경제적 고립이 심화될 수 있으며, 이들이 훗날 중년층으로 넘어가면 더욱 심각한 사회 문제가 발생할 수 있다. 따라서 정부와 기업이 양질의 일자리를 창출하는 데 적극 지원하고, 고용 환경을 개선하거나 경력 개발을 지원하는 등 구직 의사를 이끌어 사회 진출을 도와야 할 것이다.

① 임금수준이나 근무조건 등 일자리의 질이 낮은 경우가 많아 직장에 대한 기대가 낮아졌다.
② 비정규직 채용이 늘어난 구직 시장으로 인해 정규직 취업을 포기하는 사람이 늘어났다.
③ 취업난이 지속되면서 생계비 마련이 필요해진 사람들이 비정규직을 선호하게 되었다.
④ 졸업 후의 공백을 메우고자 아르바이트를 하는 사람이 늘어났다.
⑤ 최저 시급이 가파르게 오르면서 최저 시급만으로도 생계 유지가 가능하다고 생각하는 사회적 분위기가 형성되었다.

[08~09] 다음 한국수력원자력의 보도자료를 읽고 질문에 답하시오.

> 한국수력원자력(이하 한수원)이 AI 기술을 적용한 강우예측 모델 개발에 성공했다. 한수원은 최근 기후변화로 예측이 어려운 국지성 집중호우가 잦아짐에 따라 수력 댐 운영의 안전성을 높이기 위해 정밀한 실시간 강우예측이 필요하다고 판단하여 지난 3년간 강우예측 모델 개발을 진행해 왔다. (㉠)
>
> 특히, 한수원은 이번 개발 과정에서 총 460여 팀이 참가한 대국민 AI 경진대회를 개최한 바 있으며, 대회를 통해 발굴된 우수한 모델을 실제 기술개발에 활용했다. 이번 기술개발 성과를 바탕으로 올해 상반기 5개월간 시범운영을 한 결과, 정확도 높은 예측정보로 무효 방류량을 줄여 댐 운영 효율이 16%가량 개선됐다. (㉡)
>
> 권○○ 한수원 수력처장은 "개발된 기술은 국내 수력 댐 운영의 안전성을 높여 홍수로부터 국민의 인명 · 재산 피해를 최소화하는 데에 기여하는 것은 물론, 향후 수도권 및 용인 반도체 국가산단 등 용수공급에도 역할을 톡톡히 할 수 있을 것으로 전망된다"라고 말했다. (㉢)
>
> 한편, 한수원은 한강 수계에 화천, 춘천, 의암, 청평, 팔당, 괴산, 강릉, 섬진강 수계에 칠보, 보성강 등 10개의 댐과 수력발전소를 운영하고 있으며, 이 발전소들은 정부 정책에 발맞춰 전력생산뿐만 아니라 홍수조절, 용수공급 등을 차질없이 수행해 왔다. (㉣)
>
> 한수원은 강우예측 모델 외에 댐에 유입되는 물의 양을 예측하는 유입량 예측 모델, 댐 최적운영 모델 등 AI 기술을 활용한 다양한 연구개발을 추진하고 있으며, 기후변화로 인한 기록적 홍수와 가뭄이 반복되는 상황에서 향후 개발될 기술들을 바탕으로 국민의 인명과 재산을 보호하고, 소중한 물을 효율적으로 활용할 수 있도록 철저한 물관리에 최선을 다한다는 방침이다. (㉤) 한편, 한수원은 수자원, 설비개발 및 엔지니어링, 진단정비 등 다양한 분야에 대해 2034년까지 약 600억 원을 투자해 수력 댐 운영의 효율성과 안전성을 높이기 위한 연구개발을 지속적으로 추진할 예정이다.

08 위 보도자료의 내용과 일치하지 않는 것을 고르면?

① 한국수력원자력은 수력 댐 운영의 효율성과 안전성을 높이기 위한 연구개발을 추진할 예정이다.
② 한국수력원자력은 유입량 예측 모델, 댐 최적운영 모델 등 다양한 연구개발을 추진 중이다.
③ 국민 AI 경진대회에서 발굴된 우수한 모델은 강우예측 모델 개발에 실제로 활용되었다.
④ 국지성 집중호우가 줄어들면서 수력 댐 운영의 활용도를 높이기 위해 강우예측 모델이 개발되었다.
⑤ 한강 수계에 있는 10개의 댐과 수력발전소는 전력생산과 홍수조절, 용수공급 등에 활용되었다.

09 위 보도자료에서 [보기]의 문장이 들어갈 위치로 가장 적절한 것을 고르면?

보기

이를 통해 물 공급을 위한 수자원량이 연간 2억 m^3 이상 확보되고, 탄소중립에 기여할 수 있는 친환경에너지인 수력 발전량은 연간 7% 내외 증가될 것으로 기대된다.

① ㉠ ② ㉡ ③ ㉢
④ ㉣ ⑤ ㉤

10 다음 글의 주장과 관련된 사례로 적절한 것을 고르면?

어린이 보호 구역 관련 법이 1995년 처음으로 지정된 이후에도 어린이 보호 구역에서 발생한 교통사고는 끊이지 않았다. 어린이 보호 구역을 확대하고 처벌 수위를 높여야 한다는 여론이 잇따르자 정부 또한 어린이 보행 안전을 확보하기 위해 단속과 처벌을 강화하였다. 어린이 보호 구역은 어린이 교통사고 예방을 위해 유치원과 초등학교의 주 출입문에서 반경 300미터 이내의 주 통학로를 보호구역으로 지정하여 자동차 등의 통행속도를 제한하고, 교통안전 시설물과 도로부속물을 설치하는 구역이다. 시장과 관할 경찰과 협의하여 주변 지역의 교통 여건과 효과성 등을 고려해 반경 500미터 이내까지 확대하여 어린이 보호 구역으로 지정할 수 있기도 하다. 어린이 보호 구역 안에서는 통행속도가 시속 30km 이내로 제한되며, 자동차의 통행이나 주정차도 금지된다. 그리고 미끄럼 방지 포장, 과속방지턱, 방호 울타리, 반사경 등 교통안전 시설물을 설치할 수 있으며, 최근 도로교통법 개정에 따라 과속단속카메라 설치가 의무화되기도 했다. 또한, 오전 8시부터 오후 9시까지는 경찰이 직접 단속에 나서는 등 다양하게 운영될 수 있다. 어린이 보호 구역 안에서 속도 위반, 횡단보도 보행자의 횡단 방해, 주정차금지 위반 등 위반행위를 하는 자에게는 범칙금을 부과하는데, 일반도로의 범칙금이나 벌점보다 최대 2배까지 부과할 수 있다. 그러나 일각에서는 어린이 보호 구역에 대한 규제가 24시간 내내 지속되어 교통의 흐름을 저해하는 등 현실성이 떨어진다고 지적하기도 한다. 따라서 어린이 보호 구역 내의 위반 행위에 대해서는 엄중히 처벌하되, 주변의 교통 상황과 현실적인 여건을 고려하여 구간별 또는 시간대별로 운행속도를 제한하는 등 지금보다는 유연한 단속이 이루어져야 할 것이다.

① 어린이 보호 구역에서 2시간 이상 정차 시 승용차는 13만 원의 벌금이 부과된다.
② 승합차가 어린이 보호 구역에서 신호를 지키지 않으면 14만 원의 벌금이 부여된다.
③ 어린이 보호 구역에서 단속 시간에 주행 속도를 위반했다면 최대 15만 원의 범칙금을 내야 한다.
④ 어린이 보호 구역에서 오후 9시부터 익일 오전 7시까지의 심야 시간대에는 제한 속도를 시속 50km로 완화한다.
⑤ 어린이 보호 구역 내 신호등 없는 횡단보도에서 차량 운전자는 보행자 유무와 관계없이 무조건 일시정지 후 좌우를 살펴야 한다.

11

30보다 작은 연속된 세 짝수의 합이 9로 나누어떨어지는 경우의 수를 고르면?

① 4가지 ② 5가지 ③ 6가지
④ 7가지 ⑤ 8가지

12

어느 강에는 10.5km 떨어진 상류와 하류에 각각 선착장이 있고, 이 사이를 왕복하여 움직이는 배가 있다. 상류 선착장에서 하류 선착장으로 이동하는 데 걸리는 시간은 하류 선착장에서 상류 선착장으로 이동하는 데 걸리는 시간의 $\frac{3}{7}$배이고, 두 선착장 사이를 한 번 왕복하는 데 걸리는 시간은 1시간일 때, 강물의 속력을 고르면?(단, 강물은 상류에서 하류로 일정한 속도로 흐르고, 배의 속력도 일정하다.)

① 5km/h ② 10km/h ③ 15km/h
④ 20km/h ⑤ 25km/h

13

일정한 규칙으로 수를 나열할 때, 빈칸에 들어갈 알맞은 수를 고르면?

−23 −21 −18 −12 −1 ( ) 44

① 11 ② 13 ③ 15
④ 17 ⑤ 19

14

다음은 P시에서 지역 문화재 방문객 유치를 위해 A, B, C 세 문화재에 방문한 사람들에게 쿠폰이 담긴 봉투를 나누어 준 것에 대한 자료이다. 이를 바탕으로 어느 방문객이 방문해서 A, B, C문화재를 한 번씩 방문한 뒤 텀블러를 받을 확률을 고르면?

- 각 봉투에는 쿠폰이 1장, 2장 또는 3장이 들어있다.
- 문화재 관람을 마친 방문객에게만 쿠폰이 들어있는 봉투를 배부할 수 있다.
- 한 방문객이 봉투 하나를 뽑아 가면, 그 즉시 같은 수의 쿠폰이 들어있는 봉투 하나를 채워 넣는다.

[문화재별 쿠폰 수에 따른 봉투의 수]

구분	A문화재	B문화재	C문화재
쿠폰 1장	20개	30개	40개
쿠폰 2장	10개	20개	30개
쿠폰 3장	10개	10개	20개
합계	40개	60개	90개

[쿠폰 개수별 교환 상품]

구분	3장	4장	5장	6장	7장	8장	9장
상품	책갈피	볼펜	수첩	손수건	텀블러	USB	온누리 상품권

① $\frac{1}{8}$　② $\frac{1}{9}$　③ $\frac{1}{18}$

④ $\frac{1}{36}$　⑤ $\frac{1}{54}$

15

다음 [표]는 2020년 12월 경제활동인구에 대한 자료이다. 이를 바탕으로 [보기]에서 옳은 것을 모두 고르면?

[2020년 12월 경제활동인구]

(단위: 천 명)

구분	전체인구	경제활동인구	취업자	실업자	비경제활동 인구
15~19세	2,944	265	242	23	2,679
20~29세	6,435	4,066	3,724	342	2,369
30~39세	7,519	5,831	5,655	176	1,688
40~49세	8,351	6,749	6,619	130	1,602
50~59세	8,220	6,238	6,124	114	1,982
60세 이상	10,093	3,885	3,804	81	6,208
합계	43,562	27,034	26,168	866	16,528

※ 경제활동참가율(%)$=\frac{\text{경제활동인구}}{\text{전체인구}}\times 100$

※ 실업률(%)$=\frac{\text{실업자 수}}{\text{경제활동인구}}\times 100$

보기

㉠ 20~29세 실업률은 약 8.4%이다.
㉡ 50세 이상 경제활동참가율은 약 55.3%이다.
㉢ 20세 이상인 연령대에서 실업자 수가 가장 많은 연령대의 경제활동인구 수는 가장 적다.
㉣ 전체 취업자 중 39세 이하인 취업자가 차지하는 비중은 35% 미만이다.

① ㉠, ㉡　② ㉠, ㉢　③ ㉡, ㉢
④ ㉠, ㉡, ㉢　⑤ ㉠, ㉡, ㉣

16 다음 [표]는 어느 회사의 직원별 1년 평가 점수에 대한 자료이다. 이를 바탕으로 [보기]에서 옳은 것을 모두 고르면?

[직원별 1년 평가 점수]

(단위: 점)

구분	A항목	B항목	C항목	D항목	E항목	평균
갑	15	14	13	15	( )	14.2
을	12	14	15	10	14	13.0
병	10	12	9	14	18	12.6
정	14	14	15	17	( )	( )
무	( )	20	19	17	19	19.0
기	10	( )	16	11	16	( )
평균	13.5	14.5	14.5	( )	16.0	14.5

※ 항목별 점수의 범위는 0~20점임

※ 직원의 평가 기준은 5개 항목 점수의 산술평균으로 결정함

- 평균이 18점 이상 20점 이하: 수월 수준
- 평균이 15점 이상 18점 미만: 우수 수준
- 평균이 12점 이상 15점 미만: 보통 수준
- 평균이 12점 미만: 기초 수준

보기

㉠ 정은 우수 수준이다.

㉡ 기는 보통 수준이다.

㉢ 항목별 평균 점수가 가장 낮은 항목은 D이다.

㉣ C항목의 점수가 가장 높은 직원의 A항목 점수는 19점이다.

① ㉠, ㉡　　② ㉠, ㉢　　③ ㉡, ㉢

④ ㉠, ㉡, ㉢　　⑤ ㉠, ㉡, ㉣

17

다음 [표]는 2018~2020년 추석연휴 교통사고에 대한 자료이다. 이를 바탕으로 [보기]에서 옳지 않은 것을 모두 고르면?

[추석연휴 및 평소 주말 교통사고 현황]

(단위: 건, 명)

구분	추석연휴 하루 평균			평소 주말 하루 평균		
	사고	부상자	사망자	사고	부상자	사망자
전체 교통사고	487.4	885.1	11.0	581.7	957.3	12.9
졸음운전사고	7.8	21.1	0.6	8.2	17.1	0.3
어린이사고	45.4	59.4	0.4	39.4	51.3	0.3

※ 추석연휴에 포함된 주말의 경우 평소 주말 통계에 포함되지 않음

[추석 전후 일자별 하루 평균 전체 교통사고 현황]

(단위: 건, 명)

구분	추석연휴 전날	추석 전날	추석 당일	추석 다음날
사고	822.0	505.3	448.0	450.0
부상자	1,178.0	865.0	1,013.3	822.0
사망자	17.3	15.3	10.0	8.3

보기

㉠ 부상자 수는 평소 주말 하루 평균이 추석연휴 하루 평균보다 72.2명 더 많다.
㉡ 추석연휴 전날부터 추석 다음날까지 하루 평균 사고 건수는 매일 감소하였다.
㉢ 추석 전후 일자 중 사망자 수가 가장 많은 시기에 부상자 수도 가장 많다.
㉣ 하루 평균 어린이사고 사망자 수는 추석연휴가 평소 주말의 2배이다.

① ㉠, ㉡ ② ㉠, ㉣ ③ ㉡, ㉢
④ ㉡, ㉣ ⑤ ㉢, ㉣

[18~19] 다음 [표]는 20대부터 70대까지 20,000명을 대상으로 조사한 연령대별 운전면허 보유현황에 대한 자료이다. 이를 바탕으로 질문에 답하시오.

[연령대별 운전면허 보유현황]

(단위: %, 명)

구분	남성		여성	
	보유비율	조사인원	보유비율	조사인원
20대	38	1,800	22	2,000
30대	55	2,500	35	1,400
40대	75	2,000	54	1,600
50대	68	1,500	42	1,500
60대	42	1,500	24	2,000
70대	25	1,200	12	1,000

18

다음 중 자료에 대한 설명으로 옳은 것을 [보기]에서 모두 고르면?

보기

㉠ 60대 이상 운전면허 보유자는 여성이 720명이다.
㉡ 20대 운전면허 보유자는 남성이 여성보다 244명 더 많다.
㉢ 조사인원이 가장 많은 연령대에서 운전면허를 보유하지 않은 사람은 총 2,005명이다.
㉣ 운전면허 보유 비율이 가장 높은 연령대는 남성과 여성이 같다.

① ㉠, ㉡　② ㉠, ㉢　③ ㉡, ㉢
④ ㉡, ㉣　⑤ ㉢, ㉣

19

총조사인원 대비 성별, 연령대별 조사인원 비중을 주어진 자료와 같게 하여 20대부터 70대까지 30,000명을 대상으로 다시 조사했을 때도 운전면허 보유비율이 처음 조사한 자료와 같았을 때, 40대의 운전면허 보유자는 몇 명인지 고르면?

① 3,286명　② 3,546명　③ 3,724명
④ 3,952명　⑤ 4,046명

20

다음 [표]는 공공연구기관의 29세 이하 연구원 수에 대한 자료이다. 이를 바탕으로 나타낸 그래프 중 옳은 것을 고르면?

[연도별 공공연구기관의 29세 이하 연구원 수]

(단위: 명)

구분	2019년		2020년		2021년		2022년	
	총계	여자	총계	여자	총계	여자	총계	여자
국 · 공립	607	455	481	322	501	345	478	335
정부출연	1,976	961	1,755	831	1,531	740	1,624	783
기타비영리	738	388	1,391	749	1,452	780	1,637	902
국 · 공립병원	48	38	24	16	85	69	42	28
사립병원	77	66	42	36	57	49	58	46

① [연도별 29세 이하 남자 연구원 수의 전년 대비 증가량]

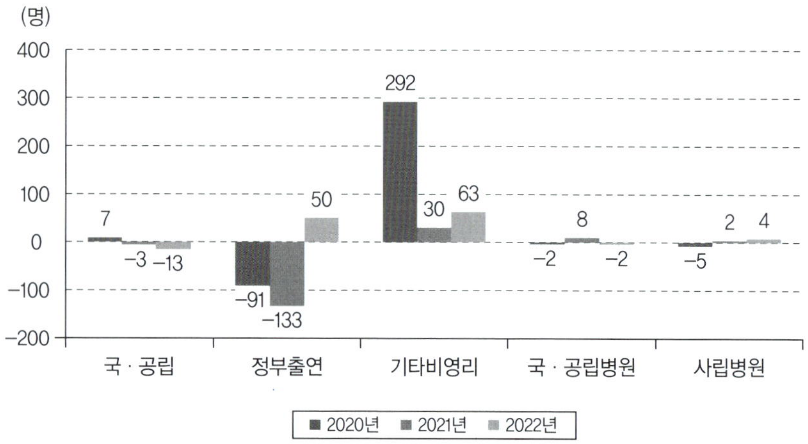

② [연도별 29세 이하 정부출연 여자 연구원 수의 전년 대비 증가율]

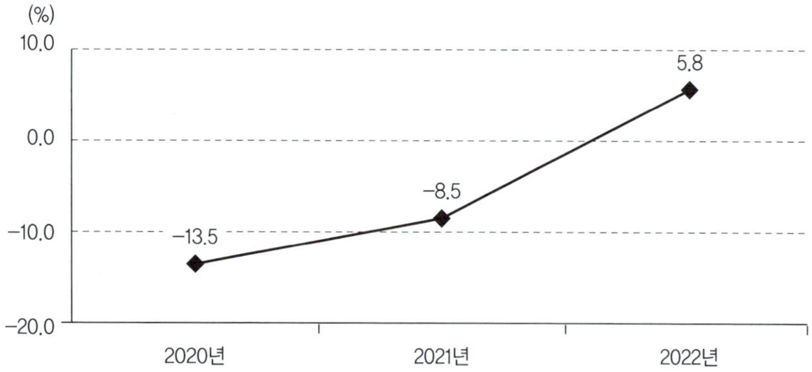

③ [2019년 공공연구기관별 29세 이하 남자 연구원 수의 비중]

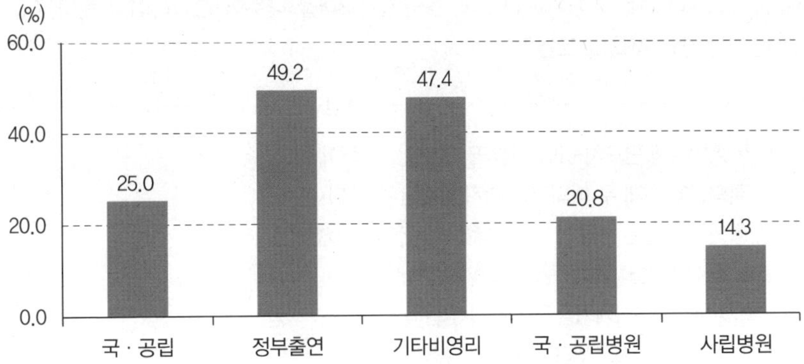

④ [공공연구기관별 연평균 29세 이하 여자 연구원 수]

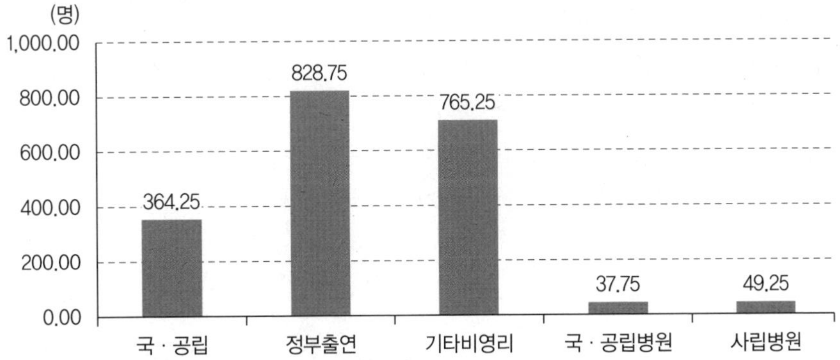

⑤ [연도별 공공연구기관의 29세 이하 여자 연구원 수]

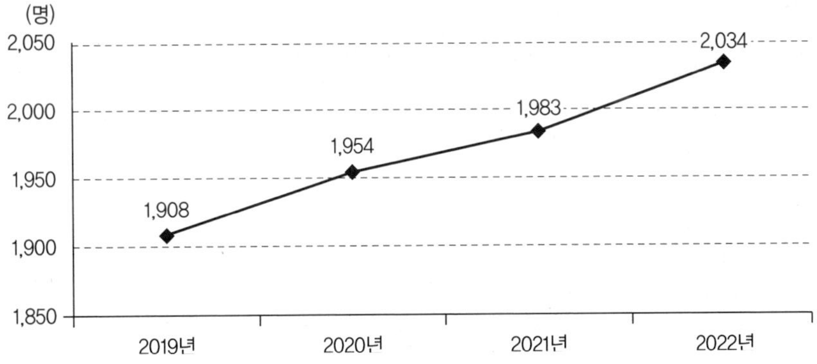

21

S공사의 사내에는 A~D회의실이 있다. S공사의 총무팀에 근무 중인 귀하는 올해 예산안으로 회의실에 빔프로젝터 2대, 화상카메라 2대, 음향기기 2대를 나누어 설치하려고 한다. 다음 [조건]을 바탕으로 반드시 참인 것을 고르면?

조건

- 모든 회의실에 반드시 하나 이상의 기기를 설치해야 한다.
- 한 회의실에 최대 두 대의 기기까지 설치할 수 있다.
- 한 회의실에 같은 종류의 기기 2대를 설치할 수는 없다.
- A회의실에는 화상카메라를 설치할 예정이다.
- B회의실에는 음향기기를 설치하지 않는다.
- D회의실에는 빔프로젝터를 설치할 예정이다.
- C회의실과 D회의실 중 한 곳에 화상카메라를 설치할 예정이다.

① B회의실에는 빔프로젝터를 설치할 것이다.
② A회의실에 음향기기를 설치할 예정이다.
③ C회의실에 화상카메라가 설치될 것이다.
④ D회의실에 화상카메라를 설치할 예정이다.
⑤ C회의실에 빔프로젝터가 설치될 것이다.

22

출석번호 1번부터 7번까지의 학생들을 모아 의자 뺏기 게임을 하고 있다. 몸풀기 경기로 모두 의자에 앉을 수 있는 경기를 진행했을 때 다음 [조건]과 같은 상황이 되었다. 다음 중 항상 참인 것을 고르면?

조건

- 네 명의 학생이 자기의 번호와 일치하지 않는 번호의 의자에 앉아 있다.
- 세 명의 학생은 자기의 번호보다 작은 번호의 의자에 앉아 있다.
- 짝수 번호의 학생들은 모두 짝수 번호의 의자에 앉아 있다.

1	2	3	4	5	6	7

① 1번 학생은 자기 번호와 동일한 번호의 의자에 앉아 있다.
② 3번 학생은 자기 번호보다 작은 번호의 의자에 앉아 있다.
③ 5번 학생은 7번 의자에 앉아 있다.
④ 2번 학생은 4번 의자에 앉아 있다.
⑤ 6번 학생은 2번 의자에 앉아 있다.

23

J공사 배전운영처에서 근무하는 점검관인 박 대리는 서대문은평지사, 마포용산지사, 광진성동지사를 점검차 방문하고자 한다. 4월 한 달 동안 다음 [조건]에 따라 지사를 점검했다고 할 때, 이에 대한 설명으로 항상 옳은 것을 고르면?

조건

- 박 대리는 하루에 하나의 지사만을 방문하며, 주말 및 공휴일에도 근무하였다.
- 박 대리는 3개 지사를 최소 1번씩은 방문하였다.
- 4월 동안 서대문은평지사를 방문한 날보다 광진성동지사를 방문한 날이 많았다.
- 마포용산지사를 방문한 날은 서대문은평지사를 방문한 날이나 광진성동지사를 방문한 날보다 적었다.
- 김 사원은 박 대리가 마포용산지사를 방문하는 날에만 함께 동행하였다.

① 광진성동지사를 최대 27번까지 방문할 수 있다.
② 박 대리가 4월 한 달 동안 휴가를 3일 사용하였다면 마포용산지사를 최대 7번 방문할 수 있다.
③ 김 사원과 최대 6번 동행할 수 있다.
④ 광진성동지사를 최소 10번 방문할 수 있다.
⑤ 서대문은평지사를 1번만 방문할 수 있다.

24

다음 중 문제해결 절차의 순서로 가장 적절한 것을 고르면?

① 문제 인식 → 원인 분석 → 문제 도출 → 해결안 개발 → 실행 및 평가
② 문제 인식 → 문제 도출 → 원인 분석 → 해결안 개발 → 실행 및 평가
③ 문제 도출 → 문제 인식 → 원인 분석 → 실행 및 평가 → 해결안 개발
④ 문제 도출 → 원인 분석 → 문제 인식 → 해결안 개발 → 실행 및 평가
⑤ 원인 분석 → 문제 인식 → 문제 도출 → 실행 및 평가 → 해결안 개발

25 다음은 국민건강보험공단에서 발표한 비만 기준에 대한 보도자료이다. 이에 대해 추론한 내용으로 가장 적절하지 않은 것을 고르면?

국민건강보험공단, 비만에 대한 새로운 기준 제시
"한국인 비만 기준, 체질량지수(BMI) 27 이상으로 상향 조정해야"

국민건강보험공단 건강보험연구원은 지난 8일 '2024년 한국보건교육건강증진학회 추계학술대회'에서 세계보건기구 서태평양지역의 기준을 따르고 있는 우리나라 비만 기준인 체질량지수(BMI)* 25 이상을 국내 상황에 맞게 최소 체질량지수(BMI) 27 이상으로 상향 조정해야 한다는 연구결과를 발표하였다. 이번 연구는 2002~2003년 일반건강검진을 받은 성인 최대 847만 명을 21년간 추적 관찰하여 체질량지수(BMI) 수준별로 사망과 심뇌혈관질환 발생 위험정도를 분석한 결과로, 빅데이터를 활용하여 우리나라 국민에 적합한 기준을 제시한 것에 의의가 있다.

체질량지수(BMI)와 총사망(All-cause Mortality) 간의 연관성 분석결과에서는 관찰 기간 내 사망자 제외 기준(1년, 3년, 5년)과 무관하게 공통적으로 현재의 비만 기준인 체질량지수(BMI) 25 구간에서 사망위험이 가장 낮은 U자 형태를 나타냈다. 관찰 시작시점 이후 5년 내 사망자를 제외한 분석결과, 체질량지수(BMI) 25 구간에서 사망위험이 가장 낮고, 체질량지수(BMI) 18.5 미만과 체질량지수(BMI) 35 이상에서 사망위험이 가장 높았다(체질량지수(BMI) 25 구간 대비 각각 1.72배, 1.64배). 특히 체질량지수(BMI) 25 이상에서 사망위험 증가 폭을 살펴보면 체질량지수(BMI) 29 구간에서 이전 구간 대비 사망위험 증가 폭이 2배 커짐을 확인하였다.

체질량지수(BMI)와 심뇌혈관질환(고혈압, 당뇨병, 이상지질혈증, 심혈관질환, 뇌혈관질환) 발생 간의 연관성 분석결과에서는 체질량지수(BMI)가 높아질수록 질병발생위험이 전반적으로 증가하여 체질량지수(BMI) 25 구간을 비만 기준으로 특정할 근거가 명확하지 않은 것으로 나타났다. 심뇌혈관질환 발생위험은 체질량지수(BMI) 18.5 미만에서 가장 낮고, 이후 전반적으로 증가하여 고혈압, 당뇨병은 체질량지수(BMI) 34 구간(각각 2.06배, 2.88배), 이상지질혈증은 체질량지수(BMI) 33 구간(1.24배), 심혈관 및 뇌혈관질환은 체질량지수(BMI) 34 구간(각각 1.47배, 1.06배)에서 각 질병의 발생위험이 가장 높았다. 체질량지수(BMI) 25 이상에서 질병발생위험 증가 폭을 살펴보면, 고혈압, 당뇨병, 이상지질혈증은 체질량지수(BMI) 27 구간, 심혈관질환은 체질량지수(BMI) 29 구간, 뇌혈관질환은 체질량지수(BMI) 31 구간에서 이전 구간 대비 질병발생위험 증가 폭이 커짐을 확인하였다.

이번 연구결과와 관련하여 동국대일산병원 교수는 "20년 전 분석에서는 체질량지수(BMI) 23에서 가장 낮은 사망위험을 보였다. 그간 우리의 체형과 생활습관, 그리고 질병 양상이 서구와 닮아가는 변화를 보였기 때문에 이제는 체질량지수(BMI) 25에서 가장 낮은 사망위험을 보이는 결과가 나왔고, 비만과 질병의 연관성은 과거와 비슷한 양상을 보이고 있다. 비만 진단기준은 질병과의 연관성을 우선시하고, 사망 자료를 보조적으로 고려해 설정해야 한다. 이번 연구결과를 종합해 볼 때 지금의 체질량지수(BMI) 진단기준을 27로 상향 조정하는 것이 한국인의 적절한 진단기준이라고 판단된다"라고 밝혔다.

건강보험연구원 건강관리연구센터장은 “이번 연구는 비만 기준과 관련한 건강보험 빅데이터 기반의 최대 규모 추적관찰 연구로, 우리나라 성인의 심뇌혈관질환 발생 및 사망 위험을 동시에 고려할 때 현행 비만 기준을 최소 체질량지수(BMI) 27 이상으로 상향 조정할 필요가 있으며, 중국은 이미 체질량지수(BMI) 28 이상을 비만 기준으로 적용하고 있다”라고 설명하며, “공단은 만성질환 발생 및 사망 위험성이 높은 비만 인구를 중심으로 보다 적극적으로 건강관리사업을 추진할 예정이다”라고 강조하였다.

* 체질량지수(Body Mass Index, BMI): 체중(kg)을 신장(m^2)으로 나눈 값

① 체질량지수와 심혈관질환 발생위험은 비례한다.
② 현재 중국의 비만 기준은 한국보다 높다.
③ 비만 진단기준은 질병보다는 사망 자료를 주로 고려해 설정하는 것이 좋다.
④ 20년 전과 현재 우리나라의 생활습관과 질병 양상에는 차이가 있다.
⑤ 우리나라는 체중을 신장으로 나눈 값이 25 이상이면 비만이라고 판단하고 있다.

26 다음은 A공사의 민원안내에 대한 자료이다. 이에 대한 설명으로 옳은 것을 고르면?

[민원안내]

민원사무명	처리기간	구비서류
진정, 질의, 청원, 이의신청	7일	진정서, 질의서, 청원서, 구두 또는 전화
건의	14일	건의서, 구두 또는 전화
재산 반납	7일	문서
재산사용료 완납증명 신청	즉시	문서, 구두 또는 전화
사실증명	즉시	증명원서
확인	즉시	확인신청서, 구두 또는 전화
공사준공증명	즉시	공사준공 증명원서
실적증명(납품, 용역, 거래공사)	즉시	실적 증명원서
재산사용 신청	20일	① 신청서 ② 사업계획서 ③ 신청지 도면 ④ 법인등기부등본 및 인감증명서* * 개인의 경우 주민등록 등본 또는 운전면허증 사본 제시 ⑤ 임대보증금(현금) ⑥ 제소전화해 동의서 ⑦ 행정기관의 허가 · 인가 · 신고 등을 증명할 수 있는 서류 ※ ⑥, ⑦은 해당자에 한함
공항시설물 등의 촬영허가	7일	사진촬영신청서 1부 시나리오 2부(흥행 목적의 경우)
청원시설(전기,통신,수도,가스) 사용승인(신규,증설,계속) 및 해지신청	7일	신청서
시설물 설치 및 수리신청(건축물, 공작물, 전력, 통신, 수도, GAS시설물 설치)	12일	신청서, 설계도서(도면, 시방서, 구조계산서) 및 공사명세서, 시방서(단, 경미한 사항은 제외), 필요할 경우 행정기관의 사전허가, 인가, 신고서 등
귀빈실 이용	1일	귀빈실 이용신청서 ※ 사용예정 24시간 전 신청서 제출
이동지역 내 차량 · 장비등록	5일	등록신청서, 제작증 또는 자동차등록증 사본 1부(또는 행정정보 공동이용 사전동의서), 소유권 및 제원을 증명할 수 있는 서류(제2호의 서류를 제출하지 못하는 경우만 해당), 전/측면사진 각1매, 관계법령이 정하는 바에 따른 인/허가 증명서류(해당되는 차량만 해당), 검사기록표(해당되는 차량만 해당), 수입품일 경우 임대차계약서 사본 1부(주민등록번호 뒷자리, 여권번호, 운전면허번호 등 개인정보 삭제 후 제출), 필요할 경우 기타 허가 등을 증명할 수 있는 서류
이동지역 내 차량 · 장비등록 말소 신청	즉시	말소 신청서
이동지역 운전승인 신청	즉시	신청서, 자동차 운전면허증 또는 중기조종사 면허증 원본제시(외국인 경우 국제운전면허증 원본제시)
난방기구 사용승인 신청	5일	난방기구 사용승인 신청서
복합민원사무	30일	개별민원의 제출서류 참조

※ 처리기간은 근무일인 주중을 기준으로 한다.

예 처리기간이 5일인 경우 접수일로부터 기산하여 5근무일이 되는 날 민원처리가 완료된다.

① 10월 2일(수)에 재산 반납 관련 민원신청을 한 경우 10월 8일(화)에 민원처리가 가능하다.

② 청원과 이의신청은 서면을 통해서만 가능하다.

③ 민원 처리기간이 가장 긴 민원은 재산사용 신청이다.

④ 귀빈실 이용을 하기 위해서는 사용예정 12시간 전 신청서를 제출해야 한다.

⑤ 이동지역 운전승인 신청을 하고자 하는 경우 신청자가 제출해야 할 서류는 최소 2개이다.

[27~29] 다음은 시간제 아이돌봄 서비스에 대한 안내문이다. 이를 바탕으로 질문에 답하시오.

시간제 아이돌봄 서비스 이용 안내

1. 시간제서비스 개요

서비스의 종류	이용대상	정부지원시간	이용요금	활동내용
시간제서비스 기본형	생후 3개월 이상 만 12세 이하 아동	연 960시간	시간당 11,630원	일반적인 아이돌봄 활동 ※ 가사활동은 제외
시간제서비스 종합형			시간당 15,110원	아이돌봄 아동과 관련된 가사서비스 제공

※ 단, 부 또는 모가 '장애의 정도가 심한 장애인'에 해당하는 경우 정부지원시간 한도를 연 1,080시간으로 확대 지원함

※ 정부지원시간 초과 시 전액 본인부담으로 서비스 이용 가능

2. 아이돌봄 활동 범위

기본형 서비스	○ 학교, 보육시설 등 · 하원 및 준비물 보조, 부모가 올 때까지 임시보육, 놀이활동, 준비된 식사 및 간식 챙겨 주기(조리를 통한 식사 등 일반 가사활동은 불가. 단, 이미 만들어진 식사를 아이를 위해 데워 주는 행위는 가능) – 36개월 이하 영아를 대상으로 시간제 아이돌봄을 제공할 경우 영아종일제 업무 병행 【외부활동(서비스제공기관과 이용자 간 사전협의 필요)】 – 돌봄 중 아동의 고열, 복통 등 긴급상황 발생시 이용자가 운행하는 차량에 탑승하거나 도보, 택시 및 대중교통을 통해 병원 동행 가능(단, 서비스제공기관 및 아이돌보미와 사전 협의 필요하며 발생한 비용에 대해서는 이용자가 전액 부담) – 거주지 내 놀이터 및 인접 어린이 놀이시설 등에서 가벼운 놀이활동 가능 ○ 돌봄 대상 아동의 관찰사항(일상생활, 아동발달, 건강, 특이사항) 등을 매일 이용가정에 전달
종합형 서비스	○ 시간제서비스 기본형의 돌봄 활동 범위 포함 및 아동과 관련한 가사 추가 – 아동 관련 세탁물 세탁기 돌리기 및 정리, 아동 놀이공간에 대한 정리 · 청소기 청소 · 걸레질하기, 아동 식사 및 간식 조리와 그에 따른 설거지 등

3. 서비스 이용요금 및 정부지원금

• 서비스 이용요금

이용 시간	(기본) 1회 2시간 이상 신청, (추가) 최소 30분 단위	
기본 요금	평일 주간	(기본형) 11,630원/시간 (종합형) 15,110원/시간
야간 할증	오후 10시~오전 6시	기본 요금의 50%를 증액
휴일 할증	일요일, 「관공서의 공휴일에 관한 규정」에 따른 공휴일, 근로자의 날	기본 요금의 50%를 증액
아동 추가 할인	1명의 아이돌보미가 동일 시간대에 2명 이상의 아동을 함께 돌보는 경우(종합형에만 해당)	기본 1명 외 추가되는 아동 각각에 대해 50% 감액 예 3명 동시 돌봄 시 11,630+5,815+5,815=23,260(원) *둘째 50%, 셋째 50% 감액
다자녀 할인	○ 중위소득 150% 이하(가, 나, 다형) 중 아래 조건에 맞는 가구에 할인 혜택이 적용됩니다.(라형 제외) – 두 자녀 이상 다자녀 가정에 본인부담금의 10% 추가 지원 ※ 가구 소득 변경(구성원 및 거주지 변경)에 따라 서비스 유형별 정부지원 범위가 달라질 수 있습니다.	(추가 할인) 본인부담금의 10%

※ 야간 할증과 휴일 할증은 중복 적용되지 않습니다(휴일 야간에는 기본 요금의 50%만 증액).

• 정부지원금

구분	소득기준 (4인 가족 기준 중위소득)	시간제기본형		시간제종합형	
		미취학(A형)	취학(B형)	미취학(A형)	취학(B형)
		정부지원	정부지원	정부지원	정부지원
가형	75% 이하	85%	75%	65%	58%
나형	120% 이하	60%	30%	45%	23%
다형	150% 이하	20%	15%	15%	12%
라형	150% 초과	0%	0%	0%	0%

※ 야간, 휴일 할증도 동일하게 정부지원금이 적용됨

4. 서비스 이용 취소

• 취소수수료

취소시각	서비스 시작 24시간 전부터 1시간 전	서비스 시작 1시간 전부터 서비스 시작 전
취소수수료	건당 11,630원 부과	11,630원×신청시간×50% *단, 최소 부과액은 11,630원
돌보미지급액	취소수수료 전액	

• 취소수수료 면제

서비스 취소 사유가 아래에 해당할 경우 취소수수료가 면제됩니다.

돌봄아동의 질병, 사고 발생 시
- 사고 발생을 확인할 수 있는 증빙서류 제출(진단서, 소견서, 진료확인서, 처방전 등)
- 돌봄아동 추가 방식의 서비스의 경우, 아동 1인의 질병, 사고 발생으로 서비스 전체가 취소될 경우에도 취소수수료 전액 면제

아동의 2촌 이내의 혈족 또는 직계 존비속 및 직계 존비속의 배우자 사망 시
- 사망사실 및 아동과의 관계를 확인할 수 있는 증빙서류 제출(사망진단서, 주민등록등본 등)

• 월 취소 제한

서비스 시작 시간 기준 72시간 이내 취소(24시간 이내 취소 포함) 신청 건 기준 월 3건 이상일 경우 서비스 이용 1개월 제한
- 단, 면책금(취소수수료의 2배)을 부담할 시 이용제한 사유에 해당하는 서비스 취소 1건 차감

동일한 이용일에 대한 2건 이상의 돌봄을 취소할 경우 월 취소 제한 판정 시 1건으로 산정함
- (예시) 동일한 이용일에 아동 A, B, C에 대해 각각 개별 건으로 돌봄을 신청한 경우 취소수수료는 건당 부과하나, 월 취소 제한 판정 시 1건으로 산입

27 다음 중 안내문에 대한 설명으로 적절하지 않은 것을 고르면?

① 시간제서비스 기본형을 이용하면 부모가 미리 준비해 둔 식사를 데워 아이들에게 챙겨주는 서비스도 받을 수 있다.
② 서비스 시작 시간 기준 72시간 이내 취소 건이 월 3건 이상인 경우 서비스 이용이 제한될 수 있다.
③ 서비스 이용요금의 야간 할증과 휴일 할증은 중복 적용되지 않는다.
④ 시간제서비스 종합형을 이용하면 아동과 관련되지 않은 가사서비스도 제공받을 수 있다.
⑤ 서비스는 한 번 신청 시 기본으로 2시간 이상만 신청이 가능하며, 추가는 30분 단위로 가능하다.

28 주어진 자료를 참고할 때, 다음 중 가장 많은 본인부담금을 납부하는 사람을 고르면?(단, 갑~무는 모두 시간제서비스 기본형을 신청하였으며, 원 단위 이하 절사한다.)

신청자	소득기준	신청시간	돌봄대상
갑	120%	평일, 오전 10시~오후 4시	미취학 남아 1명
을	84%	평일, 오후 4시~오후 9시	미취학 여아 1명, 취학 남아 1명
병	145%	평일, 오후 6시~오후 11시	취학 여아 1명
정	73%	평일, 오후 3시~자정	미취학 여아 1명, 취학 남아 2명
무	151%	평일, 오후 2시~오후 10시	취학 남아 1명

① 갑　② 을　③ 병
④ 정　⑤ 무

29 **주어진 자료를 참고할 때, J씨가 납부해야 할 취소수수료를 고르면?(단, 모든 금액은 원 단위 이하 절사한다.)**

- J씨 서비스 신청일: 12월 19일 14:00~16:00
- J씨 서비스 취소 신청일: 12월 19일 13:30
- J씨 서비스 취소 신청사유: 돌봄대상 아동의 친구 생일파티 참석

① 0원 ② 5,810원 ③ 8,720원
④ 11,630원 ⑤ 17,440원

30 반도체 업체 A사가 처한 다음과 같은 상황에서 A사가 취할 수 있는 SO전략으로 옳은 것을 고르면?

> 우수한 기술력과 넓은 판매망을 자랑하던 A사는 최근 경영상의 위기에 봉착하게 되었다. 해외에서 수입하던 부품의 단가가 해운업계의 구조조정으로 인한 물류비 상승으로 연일 치솟고 있는 가운데 환율 또한 폭등했기 때문이다. 이 때문에 부품을 수입하여 반도체를 생산하면 할수록 손실이 점점 커지는 상황에 놓이게 되었다. 이러한 국내 상황을 이해한 해외 거래처에서는 물품 대금 결제를 신용 거래 방식에서 현금 지급 방식으로 변경해 줄 수 있다고 했으나, 미봉책에 불과하다고 판단되어 재무팀에서 반대 의사를 표현했다. 발 빠른 경쟁업체들은 이미 저렴한 인건비를 이용할 수 있는 동남아로 생산기지를 이전하여 가격 경쟁력을 확보하였지만 A사는 정부의 지원 정책만 믿고 이전을 고려하지 않고 있었다. 그나마 그간의 사업을 통해 적지 않은 매출과 이익을 올린 터라 자금력의 여유가 있고, 동남아의 B국가에서 기술을 제공해 주면 대신 생산을 해주는 협약을 제안한 상황이지만, 지금의 사태가 지속된다면 연일 늘어나는 적자 폭은 눈덩이처럼 커질 수밖에 없다. 이에 한 사장은 직원들과 대내외적인 사업 환경에 대한 분석을 하게 되었고 결국 SO전략을 써보자는 결론을 도출하게 되었다.

① 정부의 지원을 요청해서 적자를 만회한다.

② B국가에 직원을 파견하여 생산 여건을 확인한 후 협약을 맺어 가격 경쟁력을 확보한다.

③ 자체 보유 기술 인력을 통해 수입에 의존하던 부품의 연구, 개발을 강화하여 자체 조달을 시도한다.

④ 거래처의 결제 방식 변경 제안을 수용한다.

⑤ 해운업계의 물류비 상승 리스크를 회피하기 위해 물류비를 거래처에 부담시킨다.

정답과 해설 p.107

DAY 15

왜 틀렸지? 왜 실수했지?

매일 한 줄 복기

문제를 다 풀고 난 후 왜 틀렸는지, 자주 나오는 실수 패턴은 무엇인지, 어떤 문제부터 풀어보고 어떤 문제는 나중에 풀지를 바르게 판단했는지 복기해 보세요. 어느 부분이 부족한지 스스로 깨닫고, 다음 회차를 풀 때 적용한다면 NCS 실력이 빠르게 올라갈 것입니다.

작성 예시

- ✔ 지문 읽을 때 키워드부터 찾기! 지문 끊어 읽기! 선택지에서 체크한 키워드가 모두 나와야 한다.
- ✔ 그래프와 표 나올 때 제목이랑 단위부터 확인하기!
- ✔ 시간 내에 풀 수 있는 유형인지 아닌지를 꼭 체크하고 넘어가자. 무조건 넘기지 말자!
- ✔ 의사소통 먼저 풀면 시간이 절약되는 것 같음. 수리랑 문제해결 중 어떤 것부터 풀지 판단해 보자.

의사소통능력	
수리능력	
문제해결능력	

DAY 15

자동채점 바로가기

제한시간: 30분

01 다음 글에서 [보기]의 문장이 들어갈 위치로 적절한 것을 고르면?

대한민국 「헌법」 제13조 제1항에서는 '모든 국민은 행위시의 법률에 의하여 범죄를 구성하지 아니하는 행위로 소추되지 아니하며, 동일한 범죄에 대하여 거듭 처벌받지 아니한다'고 규정하고 있다. 이는 이중처벌을 금지하는 원칙, 즉 일사부재리의 원칙으로 해석한다. 일사부재리의 원칙이란, 쉽게 말해 확정 판결이 난 동일한 사건에 대해 두 번 이상 심리 · 재판을 하지 않는다는 원칙을 말한다. 이때 동일한 사건이라고 하면, 동일한 청구인이 같은 심판 유형에서 동일한 심판 대상에 대해 다투는 경우를 전제로 한다. (㉠) 이에 따라 심판 대상이 같더라도 심판 유형이 다르거나 청구인이 다른 경우에는 일사부재리 원칙에 어긋나지 않는다. 또한, 헌법재판소의 판례에 따르면 청구인, 심판 유형, 심판 대상이 같더라도 당해 소송 사건이 같지 않다면 일사부재리의 원칙에 어긋나지 않는다. (㉡) 「형사소송법」에서도 일사부재리의 원칙으로 해석될 수 있는 조항이 있다. 「형사소송법」 제326조는 '확정 판결이 있었을 때, 사면이 있었을 때, 공소의 시효가 완성되었을 때, 범죄 후의 법령개폐로 형이 폐지되었을 때' 등의 경우에는 판결로써 면소의 선고를 하여야 한다고 규정한다. 여기서 면소의 선고란, 사건의 실체에 대하여 직접적인 판단 없이 소송절차를 종결시키는 것을 말한다. (㉢) 다만, 「민사소송법」에서 일사부재리의 원칙을 별도로 규정한 것은 없다. 민사소송의 법률효과는 판결이 난 후에도 새로 발생하고 소멸할 가능성이 있어 엄격하게 동일한 사건으로 간주할 수 없기 때문이다. 그래서 형사소송에 대한 확정 판결을 바탕으로 민사소송을 제기할 수는 있다. (㉣) 일사부재리의 원칙을 규정하는 이유는 동일 분쟁에 대해 반복적으로 소송이 제기되는 것을 미연에 방지함으로써 소송에 소요되는 시간이나 금전, 노동력 등을 남용하지 않기 위해서이다. 또한, 일사부재리의 원칙은 법적 분쟁을 빠르게 종결시켜 법적 안정 상태를 유지할 수도 있다. (㉤)

보기

「형사소송법」에서는 어떤 사건에 대한 유무죄 등의 판결이 확정되었을 경우, 판결의 실질적인 확정력의 효과로서 같은 사건에 대하여 두 번 다시 공소의 제기를 허용하지 않는 원칙으로 통한다.

① ㉠　② ㉡　③ ㉢
④ ㉣　⑤ ㉤

02 다음 한국전력공사가 발표한 보도자료의 제목으로 적절하지 않은 것을 고르면?

> 한국전력공사와 부산지방국토관리청이 '편리하고 안전한 전력-국도 SOC 사업' 구축을 위해 상호협력 업무협약을 체결하였다. 이번 협약을 통해 두 기관은 전력-국도 건설 계획부터 시설물 관리까지 공공 갈등 및 국민 불편을 최소화할 수 있는 상호협력 기반을 조성해 간다.
>
> 이번 상호협력 MOU는 부산 동구에 위치한 부산지방국토관리청에서 진행되었으며, 한전의 송변전건설단장, 남부건설본부장, 송전운영실장 등, 부산국토청의 도로관리국장, 도로계획과장, 도로공사2과장 등이 참석하였다.
>
> 주요 협약내용으로 도로 내 전력설비 병행 건설을 위한 인 · 허가 협조, 국도와 전력망 건설사업의 계획 및 설비 현황 공유, 도로 및 전력설비 건설사업 관련 시공 및 안전관리 등에서 협력하기로 하였다. 또한 협약사항의 구체적인 이행을 위해 실무협의체를 구성하여 협력과제를 지속적으로 추진해 나갈 예정이다.
>
> 전력망의 적기 확충은 국가와 지역 경제의 발전에 필수적인 사항이라는 점에서 한국전력공사와 부산지방국토관리청의 이번 업무협약은 매우 중요한 의미가 있다. 한전 송변전건설단장은 "도로-전력망 SOC 협력은 새로운 도전이자 기회이며, 국민의 편익 제공이라는 공동의 목표를 달성하기 위해서는 선형 SOC 기관 간 협력이 매우 중요하다"며, "특히 전력 · 국도 등 대규모 SOC 사업의 경우 설비계획 및 건설을 담당하고 있는 양 기관의 협력이 SOC 사업의 국가적 편익을 극대화하는 출발점이 되길 희망한다"고 밝혔다. 한전은 이번 협약을 시작으로 전력-국도 SOC 사업의 실질적인 협력 방안에 대한 아이디어를 발굴하고, 타 기관과의 협력도 지속적으로 확대해 나갈 예정이다.

① 한전, 편리하고 안전한 전력-국도 SOC 사업 추진
② 한전-부산국토청의 전력-국도 SOC 사업을 위한 실무협의체 구성
③ 전력-국도 SOC 협력 체계 구축으로 전력망 적기 확충 기반 마련
④ 한전, 전력-국도 건설 계획부터 시설물 관리 등 독자적인 운영체제 설립
⑤ 국토의 효율적 이용을 위한 한전과 부산국토청의 상호협력 업무협약 체결

03 다음 글을 바탕으로 추론한 내용으로 적절한 것을 고르면?

> 우리나라 소설에서 꿈의 문학적 활용은 고려 후기인 1281년경 저술된 「조신의 꿈」에서부터 시작된 만큼 그 역사가 길다. 「조신의 꿈」은 주인공이 꿈으로 들어가는 입몽과 현실로 돌아오는 각몽의 흐름으로 전개되는 환몽 구조의 시초격 작품이다. 이러한 환몽 구조는 주인공이 꿈속에서 다른 존재가 돼 새로운 삶을 사는 내용의 몽자류(夢字類) 소설에서 잘 나타난다. 1687년 집필된 「구운몽」은 대표적인 몽자류 소설 중 하나다.
>
> 한편 몽유록계(夢遊錄系) 소설 또한 고전 문학 가운데 꿈을 소재로 한 소설에 해당하지만, 몽자류 소설과 달리 꿈속에서도 주인공의 정체성이 유지된다는 특징이 있다. 몽유록(夢遊錄)은 '꿈에서 놀다 온 기록'이라는 뜻으로, 어떤 인물이 꿈에서 과거의 역사적 인물을 만나 특정 사건에 대한 견해를 듣고 현실로 돌아온다는 특징이 있다. 이때 꿈을 꾼 인물인 몽유자의 역할에 따라 몽유록을 참여자형과 방관자형으로 구분할 수 있다. 참여자형에서는 몽유자가 꿈에서 만난 인물들의 모임에 초대를 받고 토론과 시연에 직접 참여한다. 방관자형에서는 몽유자가 인물들의 모임을 엿볼 뿐 직접 그 모임에 참여하지는 않는다. 16~17세기에 창작되었던 몽유록에는 참여자형이 많다. 참여자형에서는 몽유자와 꿈속 인물들이 동질적인 이념을 공유하고 현실의 고통스러운 문제에 대해 의견을 나누며 비판적 목소리를 낸다. 그러나 주로 17세기 이후에 창작된 방관자형에서는 몽유자가 꿈속 인물들과 함께 현실을 비판하는 것이 아니라 구경꾼의 위치에 서 있다. 이 시기의 몽유록이 통속적이고 허구적인 성격으로 변모하는 것은 몽유자의 역할 변화와 무관하지 않다. 「구운몽」에서 주인공 성진은 꿈에서 양소유라는 인물로 다시 태어나지만, 몽유록계 소설인 「원생몽유록」에서 주인공인 원자허는 꿈에서도 원자허로 살아간다. 이는 몽자류 소설이 현실 세계에서의 교훈을 전달하기 위해 쓰인 반면, 몽유록계 소설은 현실에 대한 비판을 간접적으로 하기 위해 쓰였기 때문이다.
>
> ○○대 문예창작학과 허 교수는 "현대 사회 이전에는 표현에 대한 검열이 심해 인간의 욕망을 노골적으로 드러내면 공동체에서 영구 제거됐을 것"이라며 "고전 소설에서 꿈은 욕망을 드러내면서도 현실의 공격을 막아주는 방패 역할을 했다"라고 말했다.
>
> 이처럼 고전 소설에서부터 활발히 활용돼 온 꿈이라는 소재는 현대에 와서 더 다양하게 향유되고 있다. △△대 문예창작학과 손 교수는 "현실에서 성취하지 못했던 것을 꿈을 통해 성취하게 한다는 본질은 현대에 와서도 크게 다르지 않지만 작품과 시대에 따라 꿈이 작품에 나타나는 양상이 조금씩 다르다"라고 전했다. 특히 현대에 와서는 다양한 장르 소설이 등장하며 꿈이 각 소설의 장르적 요소를 극대화하는 기능을 수행해 왔다.

① 한국의 환몽 구조 소설은 13세기부터 현대에 이르기까지 다양하게 창작되고 있다.

② 17세기 이후 시기의 몽유록에서는 몽유자가 현실을 비판하는 경향이 강하게 나타난다.

③ 「구운몽」의 작가는 주인공 성진을 통해 현실에 대한 비판의식을 간접적으로 드러내었다.

④ 과거에 비해 현대 사회는 소설 창작에서 인간의 욕망 표현에 관대한 측면을 가지고 있다.

⑤ 꿈이 작품에 나타나는 양상은 지역별로 다르게 나타나지만, 꿈을 소재로 한 소설의 본질은 변하지 않았다.

[04~05] 다음 중소벤처기업부의 보도자료를 읽고 질문에 답하시오.

중소벤처기업부(이하 중기부)가 이동식 협동로봇의 안전기준에 관한 한국산업표준(KS)을 제정했다. 중기부는 대구광역시와 함께 '대구 이동식 협동로봇 규제자유특구'의 실증사업을 통해 이동식 협동로봇의 안전성을 (㉠)하였다. 그 결과, 산업현장에서 활용할 수 있는 표준을 제정하여 규제를 최종 개선하였다.

그동안 이동식 협동로봇을 사용할 때 명확한 안전기준이 없어 작업공간을 분리하거나 안전펜스를 설치해야 했다. 이에 따라 이동 중 작업이 사실상 불가능해 산업현장에서 도입이 (㉡)됐었다. 이에 이동식 협동로봇 규제자유특구가 2020년 8월 지정된 이후, 다양한 제조 · 생산환경에서 이동식 협동로봇에 대한 실증사업을 추진해 로봇의 효용성과 안전성을 검증하여 이동식 협동로봇의 한국산업표준을 제정했다.

이번 제정은 로봇산업 분야에서 이동식 협동로봇의 사용을 더욱 (㉢)시킬 수 있는 중요한 전환점이 될 전망이다. 특구 참여기업들은 이동식 협동로봇을 활용한 결과 생산성이 평균 9.3% 증가했으며, 2021년부터 2023년까지 3년 동안 1,500억 원 이상의 투자유치를 성공하였다. 또한, 1,000억 원 이상의 직 · 간접적 매출액을 달성하고, 청년고용 160명을 포함한 신규고용 216명을 창출하였다. 그리고 특허/디자인 출원 및 등록으로 지식재산권 49건을 획득하는 등 지역 로봇산업 발전에 큰 역할을 담당했다. 한편, 전 세계 이동식 협동로봇 시장은 지난해 3억 8,590만 달러로 추정되고 2030년까지 연평균 23.9%의 성장률이 예상된다.

이동식 협동로봇에 대한 안전기준이 세계적으로 (㉣)한 상황에서 이번 제정은 글로벌 표준화를 선도하는 기회가 되어 국제적인 경쟁력을 확보하고, 글로벌시장 선점의 발판이 될 것으로 기대된다. 중기부 특구혁신기획단장은 "이동식 협동로봇 특구를 통해 이동식 협동로봇의 한국산업표준을 (㉤)해 관련 규제를 적기에 개선하고, 첨단 로봇기술의 효율적이고 안전한 활용이 가능하게 되었다"며 "중기부는 앞으로도 특구를 통해 규제로 가로막힌 혁신사업의 실증과 사업화를 지원해 지역의 성장기반 마련을 위해 노력하겠다"고 강조했다.

04

위 보도자료의 제목으로 적절하지 않은 것을 고르면?

① 이동식 협동로봇의 안전기준 산업표준 제정
② 로봇산업의 전환점이 될 이동식 협동로봇 기준 제시
③ 중기부, 이동식 협동로봇 활용에 대한 법적 근거 마련
④ 이동식 협동로봇 규제자유특구 지정으로 실증사업 추진 계획
⑤ 안전기준 산업표준 제정으로 이동식 협동로봇의 글로벌시장 선점 발판 구축

05

위 보도자료의 빈칸 ㉠~㉤에 들어갈 단어가 바르게 짝지어지지 않은 것을 고르면?

① ㉠ – 검증　② ㉡ – 제한　③ ㉢ – 확산
④ ㉣ – 완전　⑤ ㉤ – 마련

06 다음 한국토지주택공사의 안내문을 이해한 내용으로 적절하지 않은 것을 고르면?

반환부지 임시개방구간 CCTV 추가설치 행정예고

우리 공사에서는 반환부지 임시개방구간과 관련하여 이용객의 안전 및 시설물 보호를 위해 부지 내에 CCTV 설치 · 운영 중에 있습니다. 이와 관련하여 주민 및 이해관계인의 의견을 수렴하고자 「개인정보보호법」 제25조 및 같은 법 시행령 제23조, 「행정절차법」 제46조에 따라 아래와 같이 행정예고를 실시하오니, 공고내용에 대하여 의견이 있으신 분은 기간 내에 의견서를 제출하여 주시기 바랍니다.

1. 공고명: 반환부지 임시개방구간 CCTV 추가설치 행정예고
2. 공고(의견제출)기간: 2024. 10. 22. ~ 2024. 11. 10.(20일간)
3. 공고방법: LH 홈페이지 공지사항에 게시
4. 설치목적
   ○ 시설안전 및 재난재해 · 화재예방
   ○ 고객의 안전을 위한 범죄 예방
   ○ 시설 물품 도난 및 파손방지
   ○ 경호구역에서의 보안 유지
   ○ 군사제한보호구역에서의 보안 유지
5. 설치장소: 반환부지 임시개방구간 내
   ○ 용산어린이정원 내 아트라운지
   ○ 용산어린이정원 부출입구
6. 설치수량: 11대(아트라운지 6대 신규설치, 부출입구 5대 추가설치)
7. 수집 · 처리되는 화상정보(개인정보) 관리 및 처리에 관한 사항
   ○ CCTV 설치목적에 부합되는 필요 최소한의 범위 내에서 화상정보 수집
   ○ 수집된 화상정보를 목적 이외의 용도에 활용 및 사용 금지
   ○ 화상정보의 정확성을 확보하여 이를 안전하게 관리
   ○ 화상정보 취급에 관한 일반사항을 공개하고 정보주체의 권리보장
8. 의견제출
   본 행정예고에 대하여 의견이 있는 기관 · 단체 또는 개인은 기간 내에 의견 제출서를 작성하여 LH 용산공원사업본부로 제출하여 주시기 바랍니다.
   ○ 행정예고 사항에 대한 의견(찬반 여부와 그 이유)
   ○ 의견 제출자의 성명(단체인 경우 단체명 및 대표자 성명), 생년월일, 주소, 전화번호
   ○ 문의처: LH 용산공원사업본부
   ○ 제출방법: 방문/우편, 팩스, 이메일 제출
9. 기타사항
   ○ 공고기간 내 의견서 제출 없을 경우 '의견없음'으로 간주함

① 군사제한보호구역에서의 보안 유지를 위해 CCTV 설치를 행정예고하는 안내문이다.

② 용산어린이정원 내 11개의 CCTV 설치에 대해 의견을 받기 위한 안내문이다.

③ 수집 · 처리되는 화상정보는 목적 이외의 용도에 활용되거나 사용되는 것을 금지한다.

④ 행정예고에 대한 의견은 개인의 이름으로만 방문 또는 우편, 팩스, 이메일로 제출할 수 있다.

⑤ 공고기간 20일이 지난 후 제출된 의견서가 없을 경우 해당 행정예고에 대한 의견이 없는 것으로 간주한다.

07 다음 글을 바탕으로 [보기]에 대하여 추론한 내용으로 옳지 않은 것을 고르면?

형태소는 의미를 가지는 언어 단위 중 가장 작은 단위이다. '가장 작은 단위'란 더 이상 쪼개면 그 의미가 없어지므로 더는 쪼갤 수 없는 단위라는 뜻이다. 그리고 '의미를 가지는 언어 단위'에서 '의미'는 어떤 기능을 수행하는지와 같은 문법적 의미까지 포함한다.

형태소에는 독립적으로 단어가 될 수 있는 자립형태소와 반드시 다른 형태소와 결합하여야 단어가 되는 의존형태소가 있다. 예를 들어 '흙', '나무' 등의 자립형태소는 다른 형태소에 의존하지 않지만, '읽어라'의 '읽-'과 같은 의존형태소는 '읽으니, 읽고, 읽게'처럼 반드시 다른 형태소와 결합하여야만 단어가 될 수 있다.

그래서 단어는 대체로 자립 형식이어야 한다는 제약을 받는다. 자립 형식이란 다른 요소와의 결합 없이 문장에 나타날 수 있는 언어 형식을 가리킨다. 단어는 자립형태소와 비슷하지만 '의미를 가지는 가장 작은 단위'라는 제약을 받지 않기 때문에 자립 형식 중에서 가장 작은 단위가 된다. 흔히 단어를 최소의 자립 형식이라고 규정하는 것도 이 때문이다.

그러나 최소의 자립 형식이라는 조건만으로 모든 단어를 규정지을 수는 없다. 어떤 언어 형식이 단어인지를 판별하는 일은 그리 단순하지 않다. 학자에 따라서는 어절을 단어로 보기도 하며, 더 분석된 단위를 단어로 취급하기도 한다.

예를 들면, 주시경 등의 초기 문법가들은 '철수가 책을 읽었다'라는 문장이 '철수', '가', '책', '을', '읽-', '-었다'의 여섯 개의 단어로 구성되었다고 보았지만, 최현배 등 한글맞춤법 제정에 참여하였던 학자들은 '철수', '가', '책', '을', '읽었다'의 다섯 개의 단어로 보았다. '읽-'과 같이 자립성이 없는 말에 '-었-'과 같은 의존형태소가 붙은 경우는 단어로 보지 않은 것이다. 그리고 이숭녕 등의 역사 문법가들은 '철수가', '책을', '읽었다'의 세 개의 단어로 나누었다.

역사 문법가들은 의존형태소인 '가', '를'을 단어로 인정하지 않았지만, 주시경이나 최현배 등의 학자들은 단어로 인정했다. '가', '를'이 '읽었다'에서의 '-었다'처럼 실질형태소에 붙는다는 점에 근거한다면 단어의 자격이 없다고 하겠으나, 결합 대상인 실질형태소의 특성이 다르다는 점을 중시하여 단어로 처리한 것이다. 다시 말해 '가', '를'이 붙는 말은 자립형태소인데 반하여, '-었다'가 붙는 말은 의존형태소이다. '읽-'은 '-었다'와 결합하여야만 자립성을 발휘할 수 있으나, '철수', '책'은 그 자체로도 자립성이 있다. 따라서 '가', '를'은 의존형태소이지만, 앞의 말과 쉽게 분리될 수 있다.

이러한 분리성은 '가', '를' 앞에 다른 단어가 개입될 수 있다는 점에 의해서도 분명해진다. '철수가 책만을 읽었다'의 예에서 볼 수 있듯이 '책'과 '을' 사이에 다른 단어인 '만'이 들어갈 수 있다. 즉, '책'과 '을'은 분리성을 가진다. 하지만 '책상'과 같은 경우는 '책'과 '상' 사이에 다른 단어가 들어갈 수 없다. 단어는 그 내부에 다른 단어가 들어갈 수 있는 분리성을 갖지 않는다. 그러므로 단어는 그 내부에서는 분리성이 없지만 다른 단어와의 경계에서는 분리성이 있는 언어 형식이라고 말할 수 있다.

보기

한 아이가 노래하면서 놀았다.

① 가은: 주시경 선생님이라면 '노래하면서'의 '－면서'를 단어의 자격이 있다고 보실 거야.

② 나은: 최현배 선생님은 '－면서'는 하나의 단어로 보지 않았지만, '가'는 한 단어로 보실 거야.

③ 다은: 이숭녕 선생님은 명사 '아이'와 조사 '가'가 결합된 '아이가'를 하나의 단어로 보실 거야.

④ 라은: 주시경 선생님은 '놀'과 '－았다'를 구분했지만, 최현배 선생님은 '놀았다'를 한 단어로 보실 거야.

⑤ 마은: 주시경 선생님은 이 문장을 모두 6개의 단어로 보실 것이고, 이숭녕 선생님은 4개의 단어로 보실 거야.

08 다음 국민건강보험공단의 보도자료와 [자료]를 바탕으로 이해한 내용으로 옳지 않은 것을 고르면?

국민건강보험공단은 전동킥보드 등을 운행하다가 교통법규 위반으로 사고가 발생할 경우, 「국민건강보험법」 제53조 및 제57조에 따른 급여제한 대상에 해당되어 부상 치료에 소요된 공단 부담금이 환수될 수 있으니 교통법규를 반드시 준수할 것을 당부했다. 특히, 「도로교통법」 등 관련 법령에 대한 이해가 부족한 중 · 고등학생의 무면허 운전, 신호위반 등으로 인한 교통사고가 증가하고 있어 안전 운행에 대한 국민들의 경각심이 필요하다.

행정안전부에 따르면 지난 2019년 447건의 개인형 이동장치 교통사고는 최근 5년간 꾸준히 증가하여 2023년 2,389건에 달하고, 이 중 20세 이하 청소년 운전자가 절반 이상(69.6%)을 차지한 것으로 나타났다. 이에 대해 전동킥보드 등의 개인형 이동장치는 운전면허가 없는 청소년 이용자가 많으며, 안전모 미착용이나 2명 이상 탑승 등 안전 수칙이 지켜지지 않는 경우가 많은 이유를 꼽았다.

국민건강보험공단은 개인형 이동장치를 타다가 12대 중대의무 위반에 해당하는 무면허, 신호위반, 음주운전 등으로 교통사고를 내고 관련 부상으로 치료받을 시, 이를 부당이득으로 간주하고 보험급여비용을 환수고지 하고 있다. 실제 사례로 지난해 미성년자인 A군은 면허 없이 전동킥보드를 운전하던 중 신호를 위반하여 차량과 충돌하는 사고로 부상을 당해 약 4천만 원의 치료비(공단 부담금)가 발생하였고, 공단에서는 사고 원인이 '중대한 과실로 인한 범죄행위'에 있다고 보아 부당이득금 환수 고지 처분을 하였다.

다만, 건강보험이의신청위원회에서는 교통사고로 인한 급여제한의 경우 사고가 발생한 경위와 양상 등 사고 당시의 상황을 종합적으로 고려해 법규 위반과 보험사고의 인과관계를 판단하며 가입자의 건강보험 수급권 보호를 위해 노력하고 있다. 건강보험이의신청위원회 위원장은 "전동킥보드를 포함한 개인형 이동장치는 도로교통법상 '차(車)'로 분류되어, 무면허나 신호위반 등으로 인해 교통사고가 발생할 경우, 해당 사고로 인한 부상 치료 시 건강보험 급여가 제한될 수 있으므로 도로교통법규를 위반하지 않도록 각별한 유의가 필요하다"라고 당부했다.

자료

국민건강보험법

제57조(부당이득의 징수) ① 공단은 속임수나 그 밖의 부당한 방법으로 보험급여를 받은 사람 · 준요양기관 및 보조기기 판매업자나 보험급여 비용을 받은 요양기관에 대하여 그 보험급여나 보험급여 비용에 상당하는 금액을 징수한다.

④ 공단은 속임수나 그 밖의 부당한 방법으로 보험급여를 받은 사람과 같은 세대에 속한 가입자(속임수나 그 밖의 부당한 방법으로 보험급여를 받은 사람이 피부양자인 경우에는 그 직장가입자를 말한다)에게 속임수나 그 밖의 부당한 방법으로 보험급여를 받은 사람과 연대하여 제1항에 따른 징수금을 내게 할 수 있다.

① 국민건강보험공단은 부당한 방법으로 보험급여를 받은 사람에 대해 보험급여에 상당하는 부당이득을 징수한다.

② 청소년이 전동킥보드를 운행하다가 사고를 낸 경우 부상 치료는 항상 100% 환자가 부담해야 한다.

③ A군은 「국민건강보험법」 제57조를 근거로 4천만 원가량의 치료비 환수고지 처분을 받았다.

④ 안전모 미착용 상태에서 전동킥보드 사고가 발생할 경우 같은 세대에 속한 가입자와 연대하여 부당이득을 징수할 수 있다.

⑤ 개인형 이동장치 운행 시 신호위반으로 교통사고가 발생하면 건강보험 급여가 제한될 수 있다.

[09~10] 다음 글을 읽고 질문에 답하시오.

[가] 폐어구는 해양 생태계에 치명적인 피해를 입힌다. 폐어구로 인한 가장 큰 문제점으로는 유령 어업이 있다. 유령 어업이란 제주에서 발견된 바다거북이나 남방큰돌고래의 피해 사례처럼 폐어구가 바다에 떠다니면서 해양생물을 포획하는 상황을 말한다. 이로 인해 많은 해양생물이 다치거나 폐사하여 해양 생태계를 파괴하고, 수산자원을 고갈시켜 어업 생산성을 떨어트린다.

[나] 최근 제주에서 폐어구에 걸려 죽은 바다거북이 잇따라 발견되고 있다. 폐어구에 감긴 바다거북을 가까스로 구조한다고 해도 입 주변이나 목, 지느러미 등에 붙은 폐어구가 낸 그 상처로 인해 괴사가 진행되면 결국 절단해야 한다. 2021년부터 제주에서 죽은 채 발견된 바다거북은 120마리로, 그 가운데 30여 마리의 몸에서 폐어구가 발견되었다. 인간에게 발견되지 않은 개체를 포함하면 그 수는 훨씬 많을 것으로 추정된다. 바다거북뿐만 아니라 남방큰돌고래 또한 폐어구에서 감겨 발견되는 등 폐어구는 제주 해양생물에 위협의 대상이 되고 있다.

[다] 그렇다면 폐어구는 정확히 무엇일까? 폐어구란 못쓰게 되어 버려진 어구를 말한다. 수산물 채취를 위해 사용되는 그물이나 통발, 부표 등은 대부분 플라스틱으로 만들어져 자연적으로 분해가 불가능하다. 바다에 버려지는 폐어구와 부표는 약 3.6만 톤에 달하는데, 이는 우리나라 연간 해양 플라스틱 쓰레기 발생량의 약 54%를 차지한다.

[라] 해양수산부는 해양 생태계를 파괴하는 폐어구를 수거하고 처리하는 사업을 지원하고 있다. 이 사업으로 2023년까지 여의도 면적의 5,350배 규모에 달하는 연근해 어장을 정화하며 2만 6,643톤의 폐어구를 수거하였다. 폐어구를 재활용하는 연구도 주목받고 있다. 한국해양과학기술원은 폐어망과 로프를 절단 후 분쇄하여 이를 콘크리트 보강재로 활용하면 콘크리트 구조물의 내구성을 향상시킬 수 있다는 연구 결과를 발표하기도 했다. 그러나 무엇보다도 어업 종사자들의 실질적인 변화가 필요하다. 생분해가 가능한 그물 등 친환경 어구의 사용을 늘리고, 폐어구 투기를 멈춰야 한다. 이러한 지속적인 관심과 실천을 통해 해양 생태계 회복에 힘써야 할 것이다.

[마] 그뿐만 아니라 선박의 프로펠러에 폐어구가 걸리는 등 해양사고의 원인이 되기도 한다. 국가통계포털에 따르면 우리나라에서 부유물 감김에 의한 선박사고는 2013년 194건에서 2023년 466건으로 증가하였다. 이는 10년 동안 약 2배 이상 증가한 수치이다. 또한 플라스틱으로 만들어진 폐어구가 바다에 버려지게 되면 완전히 분해되지 않고 잘게 부서져 미세 플라스틱으로 잔존하게 된다. 이는 해양오염의 직접적인 원인으로 지목되며, 미세 플라스틱을 먹이로 오인하여 섭취한 해양생물은 상위 포식자에게 섭취되어 인간의 건강에도 악영향을 미친다.

09 윗글의 [가]~[마] 문단을 글의 흐름에 따라 순서대로 바르게 배열한 것을 고르면?

① [나]－[가]－[라]－[마]－[다]
② [나]－[다]－[가]－[마]－[라]
③ [다]－[가]－[나]－[마]－[라]
④ [다]－[마]－[라]－[가]－[나]
⑤ [라]－[나]－[다]－[가]－[마]

10 윗글의 [라]를 바르게 이해하지 못한 사람을 [보기]에서 고르면?

보기

- 윤아: 폐어망을 활용한 원단을 사용해 옷이나 가방을 만드는 업사이클링이 확산되어야 할 것 같아.
- 경원: 한국어촌어항공단에서 3년에서 7년 주기로 폐어구를 수거하는 사업을 수행할 계획이라는 기사를 보았는데, 관련 기사를 더 찾아봐야겠어.
- 하영: 폐어구에 감겨 해양생물이 죽거나 다치지 않도록 해변에서 바다 표류물이나 쓰레기를 줍는 비치코밍 캠페인에 참여해야겠어.
- 호진: 앞으로 조류나 조력 등 친환경 해양에너지 개발과 실용 기술이 더욱 발전하여 온실가스 감축에 기여하고 지속 가능한 미래에 한 걸음 더 다가갔으면 좋겠어.
- 주예: 구매한 낚시 도구를 사용 후 반납하면 일정 금액의 보증금을 환급받을 수 있는 어구보증금 제도가 실시된다고 하였으니 폐어구 투기율을 낮출 수 있겠어.

① 윤아　② 경원　③ 하영
④ 호진　⑤ 주예

11

A지역에 거주하는 P와 B지역에 거주하는 T가 각자의 거주지에서 출발해 C지역에서 만났을 때, 다음 [조건]을 만족하는 T의 속력을 고르면?

조건

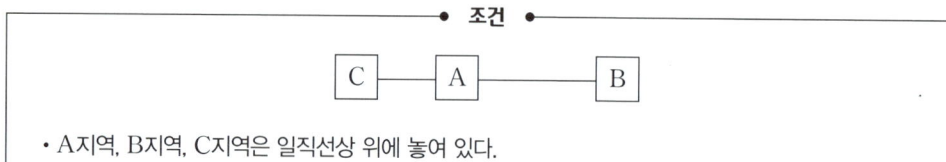

- A지역, B지역, C지역은 일직선상 위에 놓여 있다.
- A지역과 B지역의 거리는 112km이고, A지역과 C지역의 거리는 64km이다.
- P는 시속 40km의 속력으로 이동했다.
- P는 T보다 0.6시간 먼저 C지역에 도착했다.
- T는 시속 40km 이상의 속력으로 이동했다.

① 60km/h ② 65km/h ③ 70km/h
④ 75km/h ⑤ 80km/h

12

다음은 어느 풋살대회의 대진표이다. 대진표에서 맞붙은 두 팀 중 이긴 팀이 올라가며, 어느 팀이든 이길 확률과 질 확률은 같다. 대회에는 K팀을 포함한 6팀이 참가했고 제비뽑기를 통해 대진표를 완성시켜 경기를 진행했을 때, K팀이 경기를 2번만 하고 우승할 확률을 고르면?

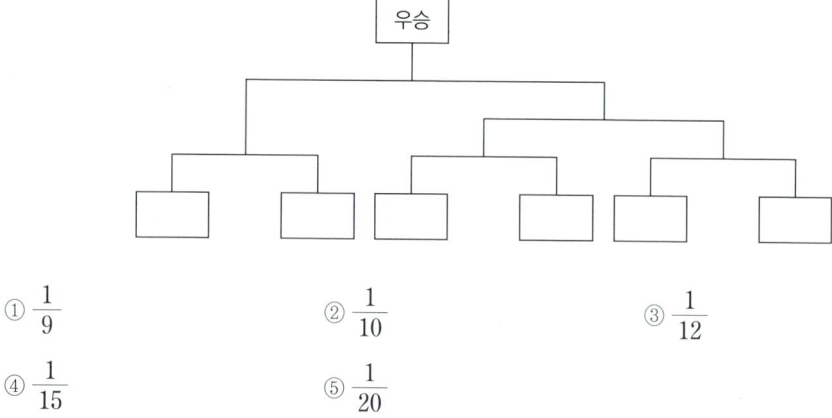

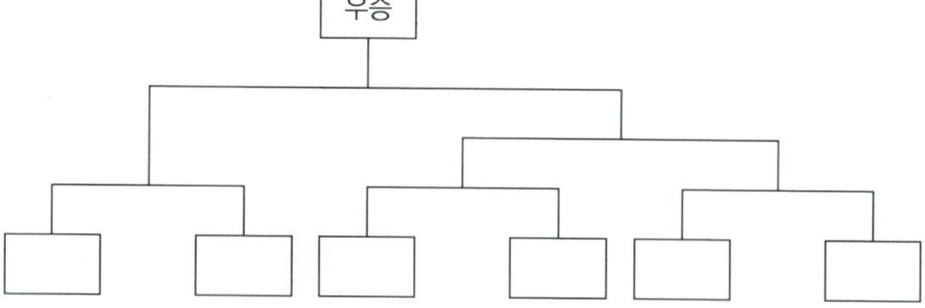

① $\frac{1}{9}$ ② $\frac{1}{10}$ ③ $\frac{1}{12}$
④ $\frac{1}{15}$ ⑤ $\frac{1}{20}$

13

동석이는 영어단어 200개를 외우기 위해 계획을 세워 실행했다. 10월 1일 화요일부터 단어를 외우기 시작하여 수요일마다 12개씩 외우고, 수요일이 아닌 다른 요일에는 8개를 외우거나 전혀 외우지 않았다. 10월의 어느 목요일에 200개를 다 외웠을 때, 동석이가 단어를 다 외운 날짜를 고르면?

① 10월 13일　② 10월 15일　③ 10월 17일　④ 10월 24일　⑤ 10월 31일

14

다음 [표]는 2022년 차종별 1일 평균 주행거리에 대한 자료이다. 이를 바탕으로 [보기]에서 옳은 것을 모두 고르면?

[2022년 차종별 1일 평균 주행거리]

(단위: km/일)

구분	서울	부산	대구	인천	광주	대전	울산	세종
승용차	31.7	34.7	33.7	39.3	34.5	33.5	32.5	38.1
승합차	54.6	61.2	54.8	53.9	53.2	54.5	62.5	58.4
화물차	55.8	55.8	53.1	51.3	57.0	56.6	48.1	52.1
특수차	60.6	196.6	92.5	125.6	114.2	88.9	138.9	39.9
전체	35.3	40.1	37.1	41.7	38.3	37.3	36.0	40.1

※ 항구도시는 '부산, 인천, 울산'이다.

보기

㉠ 화물차 1일 평균 주행거리가 가장 긴 도시는 대전이고, 가장 짧은 도시는 울산이다.
㉡ 서울에서 1일 평균 주행거리가 가장 긴 차종은 대구에서 1일 평균 주행거리가 가장 긴 차종과 같다.
㉢ 제시된 항구도시의 차종별 주행거리가 긴 순서는 모두 같다.
㉣ 전체 차종의 1일 평균 주행거리가 가장 긴 도시는 가장 짧은 도시보다 1일 평균 주행거리가 6.4km/일 더 길다.

① ㉠, ㉡　② ㉠, ㉢　③ ㉡, ㉣　④ ㉠, ㉡, ㉢　⑤ ㉡, ㉢, ㉣

15

다음 [표]는 A~H국가의 연도별 석유 생산량에 대한 자료이다. 이를 바탕으로 [보기]에서 옳은 것의 개수를 고르면?

[연도별 석유 생산량]

(단위: bbl/day)

구분	2018년	2019년	2020년	2021년	2022년
A국가	10,356,185	10,387,665	10,430,235	10,487,336	10,556,259
B국가	8,251,052	8,297,702	8,310,856	8,356,337	8,567,173
C국가	4,102,396	4,123,963	4,137,857	4,156,121	4,025,936
D국가	5,321,753	5,370,256	5,393,104	5,386,239	5,422,103
E국가	258,963	273,819	298,351	303,875	335,371
F국가	2,874,632	2,633,087	2,601,813	2,538,776	2,480,221
G국가	1,312,561	1,335,089	1,305,176	1,325,182	1,336,597
H국가	100,731	101,586	102,856	103,756	104,902

보기

㉠ 석유 생산량이 많은 국가의 순서는 매년 같다.
㉡ 2019년 석유 생산량이 네 번째로 많은 국가는 다섯 번째로 많은 국가보다 석유 생산량이 1,500,000bbl/day 이상 더 많다.
㉢ 2022년 석유 생산량이 여섯 번째로 많은 국가의 석유 생산량은 3년 전 대비 1,608bbl/day 증가하였다.
㉣ 제시된 기간 중 석유 생산량이 매년 증가하지 않은 국가는 4개이다.

① 0개 ② 1개 ③ 2개
④ 3개 ⑤ 4개

16 다음은 S기업의 종목별 체육대회에 대한 정보이다. 이를 바탕으로 옳지 않은 것을 고르면?

- S기업은 청팀과 백팀으로 나누어 체육대회를 진행하였다.
- 각 팀에 속한 부서의 종목별 승점을 전부 합산하여 청팀과 백팀의 최종점수를 산정하며, 최종점수가 더 높은 쪽이 승리한다.
- 각 종목별로 부서들이 획득한 승점은 다음과 같다.

구분		청팀			백팀		
		재정부	운영부	기획부	전략부	기술부	지원부
구기 종목	축구	590점	742점	610점	930점	124점	248점
	배구	470점	784점	842점	865점	170점	443점
육상 종목	50m 달리기	471점	854점	301점	441점	653점	321점
	100m 달리기	320점	372점	511점	405점	912점	350점

① 승리한 팀은 청팀이다.
② 운영부의 종목당 평균 승점은 668점이다.
③ 배구 승점의 합은 청팀이 백팀보다 618점 더 높다.
④ 구기종목 승점의 합이 가장 높은 부서는 가장 낮은 부서보다 1,501점 더 높다.
⑤ 50m 달리기 승점이 가장 낮은 부서는 100m 달리기 승점이 가장 낮은 부서와 같은 팀이다.

[**17~18**] 다음 [표]는 2023년의 승차권 정기권의 거리비례용 종별 운임에 대한 자료이다. 이를 바탕으로 질문에 답하시오.

[거리비례용 종별 운임]

(단위: 원)

종별	정기권 운임	교통카드 기준 운임	이용구간 초과 시 추가차감 기준	이용구간 14회 초과 시 추가비용 차감 후 정기권 잔액
1단계	–	1,450	20km마다 1회	34,700
2단계	–	1,550	25km마다 1회	36,300
3단계	–	1,650	30km마다 1회	38,600
4단계	–	1,750	35km마다 1회	41,000
5단계	–	1,850	40km마다 1회	43,300
6단계	–	1,950	45km마다 1회	45,600
7단계	–	2,050	50km마다 1회	48,000
8단계	–	2,150	58km마다 1회	50,300
9단계	–	2,250	66km마다 1회	52,700
10단계	–	2,350	74km마다 1회	55,000
11단계	–	2,450	82km마다 1회	57,300
12단계	–	2,550	90km마다 1회	59,700
13단계	–	2,650	98km마다 1회	62,000
14단계	–	2,750	106km마다 1회	64,400
15단계	–	2,850	114km마다 1회	66,700
16단계	–	2,950	122km마다 1회	69,000
17단계	–	3,050	130km마다 1회	71,400
18단계	117,800	3,150	추가 차감 없음	117,800

※ 원하는 종류의 정기권 운임을 충전하여 사용할 수 있으며, 사용 기간은 충전일로부터 30일 이내 60회이다.

※ 정기권 운임 가격에서 이용구간을 초과할 때마다 종별에 해당하는 교통카드 기준 운임이 차감된다.

※ 정기권 운임은 (교통카드 기준 운임)×44에 15%를 할인 후 10원 단위에서 반올림한다.

※ 승차권 사용 불가 구간 및 추가차감 구간은 별도의 기준에 따른다.

17

다음 중 7단계와 12단계의 정기권 운임의 차를 고르면?

① 17,800원 ② 18,100원 ③ 18,400원
④ 18,700원 ⑤ 19,000원

18

직장인 K는 거리비례용 정기권을 구매하여 매일 출퇴근하고 있다. 다음 [조건]을 바탕으로 직장인 K의 3월 말 정기권 잔액을 고르면?

조건

- K의 출근 거리와 퇴근 거리는 같고, 출근 거리는 편도 30km이다.
- K는 3월에 총 21일을 출근하였다.
- K는 출퇴근에 항상 정기권을 사용하였고, 출퇴근 외에는 정기권을 사용하지 않았다.
- K의 정기권 사용 내역 중 승차권 사용 불가 구간 및 추가차감 구간은 없었다.
- K는 4단계 거리비례용 정기권을 사용하여 출퇴근하였다.

① 2,500원 ② 2,600원 ③ 2,700원
④ 2,800원 ⑤ 2,900원

[**19~20**] 다음 [표]는 남성 2,000명, 여성 2,400명을 대상으로 관심도서를 조사한 자료이다. 이를 바탕으로 질문에 답하시오.

[성별 및 연령대별 조사자 수]

(단위: 명)

구분	10대	20대	30대	40대	50대	60대	전체
남성	150	450	540	370	280	210	2,000
여성	360	480	840	360	240	120	2,400

[연령대별 관심도서 – 남성]

구분	10대	20대	30대	40대	50대	60대
1위	수험서	수험서	경제	자기계발	경제	종교
2위	만화	여행	수험서	경제	종교	경제
3위	자기계발	경제	자기계발	여행	역사	소설 · 시
4위	여행	자기계발	만화	만화	만화	역사
5위	소설 · 시	만화	육아	종교	소설 · 시	만화

[연령대별 관심도서 – 여성]

구분	10대	20대	30대	40대	50대	60대
1위	수험서	수험서	육아	요리	잡지	잡지
2위	여행	요리	요리	자기계발	소설 · 시	종교
3위	자기계발	육아	자기계발	소설 · 시	경제	소설 · 시
4위	요리	여행	소설 · 시	육아	여행	여행
5위	소설 · 시	자기계발	여행	여행	종교	경제

※ 1명당 관심도서의 종류는 1개이고, 순위는 해당 도서를 관심도서로 선택한 조사자의 수가 많은 순서대로 나열함

19 다음 중 자료에 대한 설명으로 옳지 않은 것을 [보기]에서 모두 고르면?

보기

㉠ 전체 여성 중 30대 여성이 차지하는 비중은 전체 남성 중 30대 남성이 차지하는 비중보다 8%p 더 크다.

㉡ 경제가 관심도서 순위 3위 이내인 연령대의 개수는 남성이 여성보다 적다.

㉢ 전 연령대의 관심도서 순위 5위 이내에 포함된 도서는 남성은 만화, 여성은 여행이다.

㉣ 조사자 수가 남성이 여성보다 많은 연령대 중 관심도서 순위 4위 이내에 자기계발이 있는 연령대의 자기계발의 관심도서 순위는 여성이 남성보다 높다.

① ㉡　② ㉢　③ ㉠, ㉢

④ ㉡, ㉣　⑤ ㉢, ㉣

20 각 성별에서의 전체 조사자 수에서 각 연령대의 조사자 비중이 20% 이상인 연령대에서의 남성 10%와 여성 15%에 해당하는 조사자의 관심도서가 자기계발일 때, 해당 연령대의 관심도서가 자기계발인 남성과 여성 전체 수를 고르면?

① 234명　② 254명　③ 287명

④ 297명　⑤ 317명

21

M도시는 해외취업박람회를 개최하였다. 해외취업박람회에는 8개의 부스가 입점하기로 하였는데, A무역, B무역, C항공, D항공, E건설, F건설, G호텔, H호텔이 [조건]에 따라 8개의 부스에 각각 입점하기로 했다. 이때, 항상 거짓인 것을 고르면?

조건

- 같은 종류의 업체는 서로 같은 라인에 입점할 수 없다.(1~4부스가 같은 라인, 5~8부스가 같은 라인이다.)
- A무역과 B무역은 양 끝에 입점해 있다.
- E건설 바로 맞은편에 입점한 B무역은 F건설와 나란히 입점해 있다.
- G호텔과 H호텔은 복도를 사이에 두고 마주 보고 있다.
- C항공은 제일 앞 번호의 부스에 입점해 있다.

[부스 위치]

입구	1	2	3	4
	복도			
	5	6	7	8

① C항공 옆에는 호텔이 입점해 있다.
② G호텔은 무역 회사 옆에 입점해 있다.
③ E건설은 5번 부스에 입점해 있다.
④ D항공은 건설 회사 옆에 입점해 있다.
⑤ A무역은 입구 옆에 입점했다.

22

서로 다른 지사에서 근무 중인 A~E 5명은 부산 지사의 회의에 참석하기 위해 광명역에서 출발하여 대전역과 대구역을 차례로 정차하는 부산행 KTX 열차를 함께 탑승하였다. 이들 중 2명은 광명지사에서 근무 중이고, 다른 2명은 대구 지사에서 근무 중이며, 나머지 1명은 대전 지사에서 근무 중이다. 5명은 본인이 근무 중인 지역의 역에서 열차에 탑승하였으며, 같은 역에서 열차에 탑승한 경우 서로의 탑승 순서는 알 수 없다고 할 때, 다음 [대화]를 바탕으로 항상 옳은 것을 고르면?

대화

- A: 나는 C보다 먼저 탔어.
- B: 내가 가장 먼저 열차에 탔을 수도 있어.
- C: 나는 B보다 늦게 탔어.
- D: 내가 C보다 먼저 탔는지는 알 수 없어.
- E: 나는 내가 몇 번째로 탔는지 알 수 있어.

① A는 두 번째로 열차에 탑승하였다.
② E는 대전 지사에서 근무 중이다.
③ B와 D는 같은 역에서 탑승하였다.
④ A와 C는 같은 지사에서 근무 중이다.
⑤ C와 E는 같은 역에서 탑승하였다.

23

H공사에 근무 중인 사원 A~E 5명이 [조건]에 따라 지난주에 당직을 섰다고 할 때, 다음 중 반드시 참인 것을 고르면?

조건

- 모든 사원은 평일 중 주 1회 이상 3회 미만으로 당직을 선다.
- 주말 및 공휴일에는 당직을 서지 않는다.
- 지난주에는 공휴일이 포함되지 않았다.
- A와 C의 당직일은 겹치지 않는다.
- D는 지난주에 한 번 당직을 섰고, A와 함께 당직을 서지는 않았다.
- A와 C는 각각 이틀 연속으로 당직을 섰다.
- B는 월요일과 금요일에 당직을 섰다.
- E는 항상 혼자 당직을 섰으며 지난주 당직일수는 1번이다.
- A와 C는 모두 하루는 혼자 당직을 섰고, 다른 하루는 B와 함께 당직을 섰다.

① A는 화요일에 당직을 섰다.
② E는 수요일에 당직을 섰다.
③ B와 D는 함께 당직을 섰다.
④ C와 E는 함께 당직을 섰다.
⑤ 4명이 당직을 선 날이 있다.

24

팀 내 서무를 담당하고 있는 Q사원은 프린터기에 사용하는 용지를 매달 구매하고 있다. 크기가 다른 네 종류의 용지를 다음 [정보]에 맞게 7월에 구입한다고 할 때, 항상 옳지 않은 것을 고르면?

정보

- 구매할 용지는 A1, B1, A4, B4이며, 크기는 'B1>A1>B4>A4'이다.
- 주문은 1박스 단위로 한다.
- 용지의 종류와 관계없이 구매할 용지는 총 25박스이다.
- 용지의 크기가 작을수록 많이 주문한다.
- 다음은 상반기 월별 · 용지 종류별 사용 현황이며, 모든 용지는 각각 상반기 월별 사용량의 평균 이상을 주문한다.

구분	1월	2월	3월	4월	5월	6월
B1	2박스	3박스	2박스	1박스	1박스	2박스
A1	1박스	2박스	3박스	1박스	2박스	3박스
B4	4박스	2박스	3박스	4박스	3박스	5박스
A4	12박스	10박스	20박스	15박스	13박스	11박스

① A1박스는 B1박스보다 2박스 더 주문한다.

② A4박스는 16박스 주문한다.

③ B4용지는 A1용지보다 1박스 더 주문한다.

④ B1용지는 3박스 주문한다.

⑤ 가장 많이 주문하는 용지와 가장 적게 주문하는 용지의 차는 12박스이다.

25

D사에서는 회사 창립기념일을 맞이하여 사원들에게 나누어 줄 200개의 텀블러를 5가지 색상(검정색, 하얀색, 투명색, 초록색, 분홍색)으로 준비하였다. 사내 설문조사 결과와 [상황]을 고려하였을 때, [보기]에서 옳지 않은 것을 모두 고르면?

[텀블러 색상 선호도 관련 사내 설문조사 결과]

검정색	하얀색	투명색	초록색	분홍색
58명	129명	137명	29명	46명

상황

- 설문조사 결과가 1위인 색상의 텀블러는 전체 개수의 45%, 2위는 28% 이상 30% 미만으로 준비한다.
- 설문조사 결과 3~5위 색깔의 텀블러는 각각 17개 이상 준비한다.

보기

㉠ 하얀색 텀블러를 56개를 주문하는 경우의 수는 8가지이다.
㉡ 검정색과 초록색 텀블러의 개수의 합은 최대 36개이다.
㉢ 3~5위 색깔의 텀블러는 한 가지 색깔당 최대 20개까지 주문할 수 있다.
㉣ 텀블러의 주문 가능한 경우의 수는 총 20가지이다.

① ㉠　② ㉢　③ ㉠, ㉡　④ ㉡, ㉣　⑤ ㉢, ㉣

[26~27] 다음은 심폐소생술 키오스크 경진대회에 대한 안내문이다. 이를 바탕으로 질문에 답하시오.

심폐소생술 키오스크 경진대회 개최 안내

○ 실행계획

□ 기간: 20○○. 9. 18.(월)~9. 22.(금)

9.18.(월)	→	9.19.(화)	→	9.20.(수)	→	9.21.(목)	→	9.22.(금)
경영본부		유통본부		안전총괄본부		건설본부		경기도 지사

본부별 참여일정과 별도로 임직원 개인 일정에 따라 자유롭게 참여 가능

□ 대상: 전 임직원

□ 참여장소: 본사 1층 로비 심폐소생술 키오스크

□ 참여방법: 심폐소생술 키오스크 '랭킹 모드'를 이용한 심폐소생술 능력 측정

□ 진행방식

심폐소생술 키오스크 이용	→	랭킹 모드	→	심폐소생술 능력 측정	→	결과 확인 및 이름 입력
본사 1층 로비		메인화면 내 랭킹 모드 선택		약 2분 소요		본인 이름 입력

○ 평가항목 및 내용

평가항목	평가내용
총점	심폐소생술 시 압박 속도, 압박 깊이, 이완을 정확히 하였는가?
소생점수	응급 환자의 생존에 얼마나 기여하였는가?
소생시간	신속하고 효과적인 심폐소생술을 수행하였는가?

○ 개인 평가기준

□ 심폐소생술 키오스크 '랭킹 모드'에서 측정된 개인 총점 지표를 기준으로 순위 결정

심폐소생술 키오스크 내 등록된 닉네임과 본인 이름 불일치 시 평가 제외

□ 동점자 처리방법

동점자 발생 시, 개인 소생점수 → 개인 소생시간 → 추첨 프로그램으로 동점자 구분

구분	→	1순위	→	2순위	→	3순위	→	4순위
개인		개인 총점		개인 소생점수		개인 소생시간		추첨 프로그램

○ 팀 평가기준

□ 심폐소생술 키오스크 '랭킹 모드'에서 측정된 팀별 참여율을 기준으로 순위 결정

심폐소생술 키오스크 내 등록된 닉네임과 본인 이름 불일치 시 평가 제외

□ 동점자 처리방법

동점자 발생 시, 팀 평균 총점 → 팀 평균 소생점수 → 팀 평균 소생시간 → 추첨 프로그램으로 동점자 구분

구분	→	1순위	→	2순위	→	3순위	→	4순위	→	5순위
팀		팀별 참여율		팀 평균 총점		팀 평균 소생점수		팀 평균 소생시간		추첨 프로그램

○ **포상 안내**

□ 선정대상: 개인(총 10명), 팀(총 1팀)

□ 개인포상: 개인 평가결과에 따른 개인별 차등 지급

□ 팀 포상: 팀 평가결과에 따른 팀원 전체 지급

구분	최우수상	우수상	장려상
개인	5만 원 상당 백화점 상품권(1명)	3만 원 상당 문화상품권(3명)	1만 원 상당 커피 상품권(6명)
팀	1만 원 상당 커피 상품권(1팀) ※ 개인 포상 수상자 제외 후 지급		

26 주어진 안내문에 대한 설명으로 적절하지 않은 것을 고르면?

① 심폐소생술 능력을 먼저 측정한 뒤 결과를 확인하고 이름을 입력한다.

② 팀 평가는 팀별 참여율을 제일 우선순위로 평가한다.

③ 신속하고 효과적인 심폐소생술의 수행여부가 평가항목 중 하나이다.

④ 키오스크에 등록된 닉네임과 본인 이름이 불일치하면 평가 대상에서 제외된다.

⑤ 안전총괄본부 소속인 직원은 수요일에만 경진대회에 참여할 수 있다.

27 다음 [보기]에서 주어진 안내문을 이해한 내용으로 적절한 것을 모두 고르면?

보기

㉠ 경진대회에서 가장 많은 포상을 받으면 총 6만 원 상당의 상품권을 지급받을 수 있어.

㉡ 개인전에서 총점이 동점인 사람들은 개인 소생점수로 우열을 가리게 돼.

㉢ 심폐소생술 능력 측정에는 약 120초 정도의 시간이 소요돼.

㉣ 심폐소생술 키오스크는 본사 3층 로비에 설치되어 있어.

① ㉠　② ㉢　③ ㉠, ㉣

④ ㉡, ㉢　⑤ ㉡, ㉢, ㉣

[28~29] 다음은 해외에서 발생할 수 있는 도난/분실 상황별 대처매뉴얼에 대한 자료이다. 이를 바탕으로 질문에 답하시오.

도난/분실 상황별 대처매뉴얼

■ 영사콜센터－24시간 연중무휴

- 이용방법
  - 유선전화 상담(유료)
    국내: 02)3210－0404
    해외: ＋82－2－3210－0404
  - 전화앱, SNS 채팅상담(무료)
- 상담내용
  우리 국민 해외 사건 · 사고 접수, 신속해외송금지원제도 안내, 가까운 재외공관 연락처 안내 등 전반적인 영사민원 상담
- 외교부 '해외안전여행 애플리케이션'
  여행경보제도, 해외여행자등록제, 동행서비스, 위기상황별 대처매뉴얼, 좌충우돌 상황별 카툰, 재외공관 연락처 및 현지 긴급구조 번호 안내

■ 도난 · 분실 시

- 재외공관(대사관 혹은 총영사관)에서 사건 관할 경찰서의 연락처와 신고방법 및 유의사항을 안내받습니다.
- 의사소통의 문제로 어려움을 겪을 경우, 통역 선임을 위한 정보를 제공받습니다.
- 여권 분실
  여권을 분실한 경우, 가까운 현지 경찰서를 찾아가 여권 분실 증명서를 만듭니다. 재외공관에 분실 증명서, 사진 2장(여권용 컬러사진), 여권번호, 여권발행일 등을 기재한 서류를 제출합니다. 급히 귀국해야 할 경우 여행 증명서를 발급받습니다.
  ※ 여권 분실에 대비해 여행 전 여권을 복사해 두거나, 여권번호, 발행 연월일, 여행지 우리 공관 주소 및 연락처 등을 메모해 둡니다. 단, 여권을 분실했을 경우 해당 여권이 위 · 변조되어 악용될 수 있다는 점에 유의바랍니다.
- 현금 및 수표 분실
  - 여행 경비를 분실 · 도난당한 경우, 신속해외송금지원제도를 이용합니다(재외공관 혹은 영사콜센터 문의).
  - 여행자 수표를 분실한 경우, 경찰서에 바로 신고한 후 분실 증명서를 발급받습니다. 여권과 여행자수표 구입 영수증을 가지고 수표 발행은행의 지점에 가서 분실 신고서를 작성하면, 여행자 수표를 재발행받을 수 있습니다. 이때, T/C의 고유번호, 종류, 구입일, 은행점명, 서명을 알려줘야 합니다.
- 항공권 분실
  항공권을 분실한 경우, 해당 항공사의 현지 사무실에 신고하고, 항공권 번호를 알려줍니다.
  ※ 분실에 대비해 항공권 번호가 찍혀 있는 부분을 미리 복사해 두고, 구매한 여행사의 연락처도 메모해 둡니다.
- 수하물 분실
  수하물을 분실한 경우, 화물인수증(Claim Tag)을 해당 항공사 직원에게 제시하고, 분실 신고서를 작성합니다. 공항에서 짐을 찾을 수 없게 되면, 항공사에서 책임지고 배상합니다.
  ※ 현지에서 여행 중에 물품을 분실한 경우 현지 경찰서에 잃어버린 물건에 대해 신고를 하고, 해외여행자 보험에 가입한 경우 현지 경찰서로부터 도난 신고서를 발급받은 뒤, 귀국 후 해당 보험회사에 청구합니다.

• 중국에서 여권분실 도난 사건이 많아, 우리 공관으로부터 발급받은 여행 증명서가 있더라도, 공안당국이 발행한 여권분실 증명서가 있어야 출국할 수 있으므로, 주의해야 합니다.
  – 여권을 분실했을 경우, 먼저 관할 파출소에 신고하여 분실 증명서를 발급받고 중국 내 우리 관할 공관에 본인이 직접 방문하여 분실신고(사진 3매 지참)를 하여야 합니다.
  – 공관에서 발급하는 '분실여권 말소증명'과 파출소 발행의 '분실 증명서'와 호텔 등 외국인 합법거주지 등에서 발급하는 '숙박증명(주소등기표)'을 첨부하여, 분실지역 관할 공안국 외국인 출입경관리처에 가서 분실 증명서를 발급받습니다.
  – 공안국에서 발급받은 분실증명서를 가지고 공관을 방문해 단수여권을 발급받습니다.(발급수수료: 인민폐 120위엔)
  – 공안국 외국인출입경관리처에 가서 단수여권에 출국 시에 필요한 비자를 발급받습니다.

■ 도난 · 분실 예방책 TIP
  • 여권이나 귀중품은 호텔 프런트에 맡기거나 객실 내 금고 또는 안전박스에 보관합니다. 그날 사용할 만큼의 현금만 가지고 다닙니다.
  • 현금은 지갑과 가방, 호주머니에 지닙니다.
  • 식당에서는 의자에 가방을 걸어두지 마시고 식사하는 동안에는 가방을 본인 무릎 위에 두는 것이 안전합니다.
  • 뒷주머니에는 절대로 지갑을 넣지 마시고 바지 앞주머니나 코트 안주머니에 넣는 것이 안전합니다.
  • 가방을 가지고 걸을 때는 어깨로부터 가슴에 가로질러 X자로 맵니다.
  • 사람이 많은 출퇴근 시간의 기차나 버스 안에서 가방이나 지갑을 조심합니다.
  • 모르는 사람이 시간이나 길을 묻는 등 말을 걸어 올 때에는 조심합니다.
  • 호텔 프런트에서 체크인 및 체크아웃 시 수하물은 반드시 시선이 닿는 곳에 놓거나 일행이 있을 경우 한 사람은 수하물을 지키도록 합니다.

28 **G사 해외영업팀 팀장인 갑은 위의 자료를 확인하고 팀원들에게 당부의 말을 하고 있다. 다음 중 갑이 당부할 내용으로 적절하지 않은 것을 고르면?**

① 항공권을 분실할 경우를 대비해 항공권 번호가 있는 부분은 항상 미리 복사해 소지하고 출발하세요.
② 여권 분실에 대비해 여권번호와 발행연월일, 출장 지역의 우리 공관 주소와 연락처 등을 미리 메모해 둬야 합니다.
③ 출장 경비인 여행자 수표를 분실한 경우 여권을 가지고 수표 발행은행 지점에 가서 분실 신고서를 작성하면 다른 정보 없이 재발행이 가능하니 알아 두세요.
④ 수하물을 분실했을 때 화물인수증을 해당 항공사 직원에게 제시하고 신고서를 작성하면 항공사에서 책임지고 배상해 주니 걱정하지 마세요.
⑤ 영사콜센터는 24시간 연중무휴로 운영되니 위급상황 시 주저하지 말고 전화하세요.

29 **갑은 위 자료를 기반으로 해외영업팀 위험상황 대처메뉴얼을 만들어 사무실에 비치하였다. 다음 중 팀원들의 질문에 대한 갑의 대답으로 적절하지 않은 것을 고르면?**

① A대리: 중국에서 여권을 분실했는데 그 사실을 한국으로 돌아가기 전날 알았다면 어떻게 하죠?
갑: 급히 귀국해야 하는 경우이니 우리 공관으로부터 여행 증명서를 발급받으면 출국이 가능합니다.

② B사원: 현지에서 잃어버린 물품에 대해 가입한 해외여행자 보험사에 청구하려 할 때는 어떤 서류가 필요한가요?
갑: 현지 경찰서에 잃어버린 물건에 대해 신고를 해 도난 신고서를 발급받은 뒤, 귀국 후 해당 보험사에 청구를 해야 합니다.

③ C주임: 식당에서는 가방을 어떻게 보관하는 게 좋을까요?
갑: 식당에서는 의자에 가방을 그냥 두지 마시고 본인 무릎 위에 두는 것이 안전합니다.

④ D사원: 여행경보제도나 총영사관 연락처를 확인하고 싶으면 어떻게 하나요?
갑: 외교부에서 제공하는 해외안전여행 애플리케이션을 이용하면 자세히 안내받을 수 있습니다.

⑤ F사원: 영사콜센터는 무료로 이용 가능한가요?
갑: 영사콜센터의 유선 상담은 유료이며 전화앱이나 SNS 채팅상담은 무료로 이용이 가능합니다.

30 다음은 EAP 서비스 이용에 대한 안내문이다. 이에 대한 설명으로 가장 적절하지 않은 것을 고르면?

마음챙김 EAP 서비스 이용 안내

1. EAP 서비스란?

직장생활과 삶의 균형잡힌 조화를 위해 전문적인 심리상담과 코칭 등의 서비스를 제공하여 직장과 가정생활에서 마음을 챙겨갈 수 있도록 돕는 근로자 지원 프로그램

2. EAP 서비스 이용 방법

가. 상담 이용: 1:1 상담서비스는 1인당 4회까지 가능

※ 1회 50분 소요, 대면/비대면 선택 가능

나. 상담 주제

- 직장생활: 직무 스트레스, 직장 내 대인관계, 관리자 리더십
- 마음건강: 성격고민, 우울/무기력, 불안/강박
- 가족생활: 부부/결혼/이성, 부모/자녀양육
- 기타: 전문적인 심리검사

다. 신청 방법

- 전화 신청: 02－1234－5678
- 문자 신청: 010－1234－5678
- 온라인 신청: 회사 홈페이지

라. 신청 후 절차

상담 신청 → 상담 주제, 예약 일정 등 상의 → 상담실 방문하여 상담 참여

※ 상담 신청 시 24시간 이내 연락 예정

※ 상담 시간: 월~금 09:00~18:00

마. 상담 변경/취소

일정 확정 후 변경/취소는 예약일 하루 전 저녁 6시까지 가능하며, 이후 변경 및 취소는 1회 사용으로 간주함

① 상담은 1인당 최대 200분까지 진행 가능하다.

② 주말에는 오전 시간에만 상담이 가능하다.

③ 상담 신청은 전화, 문자, 온라인 신청이 가능하다.

④ EAP 서비스는 전문적인 심리상담 서비스를 제공해 마음 건강을 챙길 수 있는 프로그램이다.

⑤ 상담 일정이 확정된 후, 예약일 하루 전 저녁 6시 이후 취소 시 서비스 1회가 차감된다.

정답과 해설 p.115

절취선

오N완 실전 OMR

성 명

ㄱ	ㅏ	ㄱ	ㄱ	ㅏ	ㄱ	ㄱ	ㅏ	ㄱ	ㄱ	ㅏ	ㄱ
ㄴ	ㅑ	ㄴ	ㄴ	ㅑ	ㄴ	ㄴ	ㅑ	ㄴ	ㄴ	ㅑ	ㄴ
ㄷ	ㅓ	ㄷ	ㄷ	ㅓ	ㄷ	ㄷ	ㅓ	ㄷ	ㄷ	ㅓ	ㄷ
ㄹ	ㅕ	ㄹ	ㄹ	ㅕ	ㄹ	ㄹ	ㅕ	ㄹ	ㄹ	ㅕ	ㄹ
ㅁ	ㅗ	ㅁ	ㅁ	ㅗ	ㅁ	ㅁ	ㅗ	ㅁ	ㅁ	ㅗ	ㅁ
ㅂ	ㅛ	ㅂ	ㅂ	ㅛ	ㅂ	ㅂ	ㅛ	ㅂ	ㅂ	ㅛ	ㅂ
ㅅ	ㅜ	ㅅ	ㅅ	ㅜ	ㅅ	ㅅ	ㅜ	ㅅ	ㅅ	ㅜ	ㅅ
ㅇ	ㅠ	ㅇ	ㅇ	ㅠ	ㅇ	ㅇ	ㅠ	ㅇ	ㅇ	ㅠ	ㅇ
ㅈ	ㅡ	ㅈ	ㅈ	ㅡ	ㅈ	ㅈ	ㅡ	ㅈ	ㅈ	ㅡ	ㅈ
ㅊ	ㅣ	ㅊ	ㅊ	ㅣ	ㅊ	ㅊ	ㅣ	ㅊ	ㅊ	ㅣ	ㅊ
ㅋ	ㅐ	ㅋ	ㅋ	ㅐ	ㅋ	ㅋ	ㅐ	ㅋ	ㅋ	ㅐ	ㅋ
ㅌ	ㅒ	ㅌ	ㅌ	ㅒ	ㅌ	ㅌ	ㅒ	ㅌ	ㅌ	ㅒ	ㅌ
ㅍ	ㅔ	ㅍ	ㅍ	ㅔ	ㅍ	ㅍ	ㅔ	ㅍ	ㅍ	ㅔ	ㅍ
ㅎ	ㅖ	ㅎ	ㅎ	ㅖ	ㅎ	ㅎ	ㅖ	ㅎ	ㅎ	ㅖ	ㅎ
	ㅘ		ㄲ	ㅘ	ㄲ	ㄲ	ㅘ	ㄲ	ㄲ	ㅘ	ㄲ
	ㅙ		ㄸ	ㅙ	ㄸ	ㄸ	ㅙ	ㄸ	ㄸ	ㅙ	ㄸ
	ㅚ		ㅃ	ㅚ	ㅃ	ㅃ	ㅚ	ㅃ	ㅃ	ㅚ	ㅃ
	ㅝ		ㅆ	ㅝ	ㅆ	ㅆ	ㅝ	ㅆ	ㅆ	ㅝ	ㅆ
	ㅞ		ㅉ	ㅞ	ㅉ	ㅉ	ㅞ	ㅉ	ㅉ	ㅞ	ㅉ
	ㅟ			ㅟ	ㄺ		ㅟ	ㄺ		ㅟ	ㄺ
	ㅢ			ㅢ	ㄻ		ㅢ	ㄻ		ㅢ	ㄻ

수 험 번 호

⓪	⓪	⓪	⓪	⓪	⓪
①	①	①	①	①	①
②	②	②	②	②	②
③	③	③	③	③	③
④	④	④	④	④	④
⑤	⑤	⑤	⑤	⑤	⑤
⑥	⑥	⑥	⑥	⑥	⑥
⑦	⑦	⑦	⑦	⑦	⑦
⑧	⑧	⑧	⑧	⑧	⑧
⑨	⑨	⑨	⑨	⑨	⑨

출 생 월 일

⓪	⓪	⓪	⓪	⓪	⓪
①	①	①	①	①	①
②	②	②	②	②	②
③	③	③	③	③	③
④	④	④	④	④	④
⑤	⑤	⑤	⑤	⑤	⑤
⑥	⑥	⑥	⑥	⑥	⑥
⑦	⑦	⑦	⑦	⑦	⑦
⑧	⑧	⑧	⑧	⑧	⑧
⑨	⑨	⑨	⑨	⑨	⑨

수험생 유의사항

(1) 아래와 같은 방식으로 답안지를 바르게 작성한다.

[보기] ① ② ● ④ ⑤

(2) 성명란은 왼쪽부터 빠짐없이 순서대로 작성한다.

(3) 수험번호는 각자 자신에게 부여받은 번호를 표기하여 작성한다.

(4) 출생 월일은 아래와 같은 방식으로 작성한다.

(예) 2002년 4월 1일 → 020401

01	①	②	③	④	⑤	11	①	②	③	④	⑤	21	①	②	③	④	⑤
02	①	②	③	④	⑤	12	①	②	③	④	⑤	22	①	②	③	④	⑤
03	①	②	③	④	⑤	13	①	②	③	④	⑤	23	①	②	③	④	⑤
04	①	②	③	④	⑤	14	①	②	③	④	⑤	24	①	②	③	④	⑤
05	①	②	③	④	⑤	15	①	②	③	④	⑤	25	①	②	③	④	⑤
06	①	②	③	④	⑤	16	①	②	③	④	⑤	26	①	②	③	④	⑤
07	①	②	③	④	⑤	17	①	②	③	④	⑤	27	①	②	③	④	⑤
08	①	②	③	④	⑤	18	①	②	③	④	⑤	28	①	②	③	④	⑤
09	①	②	③	④	⑤	19	①	②	③	④	⑤	29	①	②	③	④	⑤
10	①	②	③	④	⑤	20	①	②	③	④	⑤	30	①	②	③	④	⑤

절취선

오N완 실전 OMR

성 명

ㄱ	ㅏ	ㄱ	ㄱ	ㅏ	ㄱ	ㄱ	ㅏ	ㄱ	ㄱ	ㅏ	ㄱ
ㄴ	ㅑ	ㄴ	ㄴ	ㅑ	ㄴ	ㄴ	ㅑ	ㄴ	ㄴ	ㅑ	ㄴ
ㄷ	ㅓ	ㄷ	ㄷ	ㅓ	ㄷ	ㄷ	ㅓ	ㄷ	ㄷ	ㅓ	ㄷ
ㄹ	ㅕ	ㄹ	ㄹ	ㅕ	ㄹ	ㄹ	ㅕ	ㄹ	ㄹ	ㅕ	ㄹ
ㅁ	ㅗ	ㅁ	ㅁ	ㅗ	ㅁ	ㅁ	ㅗ	ㅁ	ㅁ	ㅗ	ㅁ
ㅂ	ㅛ	ㅂ	ㅂ	ㅛ	ㅂ	ㅂ	ㅛ	ㅂ	ㅂ	ㅛ	ㅂ
ㅅ	ㅜ	ㅅ	ㅅ	ㅜ	ㅅ	ㅅ	ㅜ	ㅅ	ㅅ	ㅜ	ㅅ
ㅇ	ㅠ	ㅇ	ㅇ	ㅠ	ㅇ	ㅇ	ㅠ	ㅇ	ㅇ	ㅠ	ㅇ
ㅈ	ㅡ	ㅈ	ㅈ	ㅡ	ㅈ	ㅈ	ㅡ	ㅈ	ㅈ	ㅡ	ㅈ
ㅊ	ㅣ	ㅊ	ㅊ	ㅣ	ㅊ	ㅊ	ㅣ	ㅊ	ㅊ	ㅣ	ㅊ
ㅋ	ㅐ	ㅋ	ㅋ	ㅐ	ㅋ	ㅋ	ㅐ	ㅋ	ㅋ	ㅐ	ㅋ
ㅌ	ㅒ	ㅌ	ㅌ	ㅒ	ㅌ	ㅌ	ㅒ	ㅌ	ㅌ	ㅒ	ㅌ
ㅍ	ㅔ	ㅍ	ㅍ	ㅔ	ㅍ	ㅍ	ㅔ	ㅍ	ㅍ	ㅔ	ㅍ
ㅎ	ㅖ	ㅎ	ㅎ	ㅖ	ㅎ	ㅎ	ㅖ	ㅎ	ㅎ	ㅖ	ㅎ
	ㅘ		ㄲ	ㅘ	ㄲ	ㄲ	ㅘ	ㄲ	ㄲ	ㅘ	ㄲ
	ㅙ		ㄸ	ㅙ	ㄸ	ㄸ	ㅙ	ㄸ	ㄸ	ㅙ	ㄸ
	ㅚ		ㅃ	ㅚ	ㅃ	ㅃ	ㅚ	ㅃ	ㅃ	ㅚ	ㅃ
	ㅝ		ㅆ	ㅝ	ㅆ	ㅆ	ㅝ	ㅆ	ㅆ	ㅝ	ㅆ
	ㅞ		ㅉ	ㅞ	ㅉ	ㅉ	ㅞ	ㅉ	ㅉ	ㅞ	ㅉ
	ㅟ			ㅟ	ㄺ		ㅟ	ㄺ		ㅟ	ㄺ
	ㅢ			ㅢ	ㄻ		ㅢ	ㄻ		ㅢ	ㄻ

수 험 번 호

0	0	0	0	0	0
1	1	1	1	1	1
2	2	2	2	2	2
3	3	3	3	3	3
4	4	4	4	4	4
5	5	5	5	5	5
6	6	6	6	6	6
7	7	7	7	7	7
8	8	8	8	8	8
9	9	9	9	9	9

출 생 월 일

0	0	0	0	0	0
1	1	1	1	1	1
2	2	2	2	2	2
3	3	3	3	3	3
4	4	4	4	4	4
5	5	5	5	5	5
6	6	6	6	6	6
7	7	7	7	7	7
8	8	8	8	8	8
9	9	9	9	9	9

수험생 유의사항

(1) 아래와 같은 방식으로 답안지를 바르게 작성한다.
[보기] ① ② ● ④ ⑤

(2) 성명란은 왼쪽부터 빠짐없이 순서대로 작성한다.

(3) 수험번호는 각자 자신에게 부여받은 번호를 표기하여 작성한다.

(4) 출생 월일은 아래와 같은 방식으로 작성한다.
(예) 2002년 4월 1일 → 020401

01	①	②	③	④	⑤	11	①	②	③	④	⑤	21	①	②	③	④	⑤
02	①	②	③	④	⑤	12	①	②	③	④	⑤	22	①	②	③	④	⑤
03	①	②	③	④	⑤	13	①	②	③	④	⑤	23	①	②	③	④	⑤
04	①	②	③	④	⑤	14	①	②	③	④	⑤	24	①	②	③	④	⑤
05	①	②	③	④	⑤	15	①	②	③	④	⑤	25	①	②	③	④	⑤
06	①	②	③	④	⑤	16	①	②	③	④	⑤	26	①	②	③	④	⑤
07	①	②	③	④	⑤	17	①	②	③	④	⑤	27	①	②	③	④	⑤
08	①	②	③	④	⑤	18	①	②	③	④	⑤	28	①	②	③	④	⑤
09	①	②	③	④	⑤	19	①	②	③	④	⑤	29	①	②	③	④	⑤
10	①	②	③	④	⑤	20	①	②	③	④	⑤	30	①	②	③	④	⑤

절취선

오N완 실전 OMR

성 명

㉠	㉮	㉠	㉠	㉮	㉠	㉠	㉮	㉠	㉠	㉮	㉠
㉡	ㅑ	㉡	㉡	ㅑ	㉡	㉡	ㅑ	㉡	㉡	ㅑ	㉡
㉢	ㅓ	㉢	㉢	ㅓ	㉢	㉢	ㅓ	㉢	㉢	ㅓ	㉢
㉣	ㅕ	㉣	㉣	ㅕ	㉣	㉣	ㅕ	㉣	㉣	ㅕ	㉣
㉤	ㅗ	㉤	㉤	ㅗ	㉤	㉤	ㅗ	㉤	㉤	ㅗ	㉤
㉥	ㅛ	㉥	㉥	ㅛ	㉥	㉥	ㅛ	㉥	㉥	ㅛ	㉥
㉦	ㅜ	㉦	㉦	ㅜ	㉦	㉦	ㅜ	㉦	㉦	ㅜ	㉦
㉧	ㅠ	㉧	㉧	ㅠ	㉧	㉧	ㅠ	㉧	㉧	ㅠ	㉧
㉨	ㅡ	㉨	㉨	ㅡ	㉨	㉨	ㅡ	㉨	㉨	ㅡ	㉨
㉩	ㅣ	㉩	㉩	ㅣ	㉩	㉩	ㅣ	㉩	㉩	ㅣ	㉩
㉪	ㅐ	㉪	㉪	ㅐ	㉪	㉪	ㅐ	㉪	㉪	ㅐ	㉪
㉫	ㅒ	㉫	㉫	ㅒ	㉫	㉫	ㅒ	㉫	㉫	ㅒ	㉫
㉬	ㅔ	㉬	㉬	ㅔ	㉬	㉬	ㅔ	㉬	㉬	ㅔ	㉬
㉭	ㅖ	㉭	㉭	ㅖ	㉭	㉭	ㅖ	㉭	㉭	ㅖ	㉭
	ㅘ		ㄲ	ㅘ	ㄲ	ㄲ	ㅘ	ㄲ	ㄲ	ㅘ	ㄲ
	ㅙ		ㄸ	ㅙ	ㄸ	ㄸ	ㅙ	ㄸ	ㄸ	ㅙ	ㄸ
	ㅚ		ㅃ	ㅚ	ㅃ	ㅃ	ㅚ	ㅃ	ㅃ	ㅚ	ㅃ
	ㅝ		ㅆ	ㅝ	ㅆ	ㅆ	ㅝ	ㅆ	ㅆ	ㅝ	ㅆ
	ㅞ		ㅉ	ㅞ	ㅉ	ㅉ	ㅞ	ㅉ	ㅉ	ㅞ	ㅉ
	ㅟ			ㅟ	ㄺ		ㅟ	ㄺ		ㅟ	ㄺ
	ㅢ			ㅢ	ㄻ		ㅢ	ㄻ		ㅢ	ㄻ

수 험 번 호

⓪	⓪	⓪	⓪	⓪	⓪
①	①	①	①	①	①
②	②	②	②	②	②
③	③	③	③	③	③
④	④	④	④	④	④
⑤	⑤	⑤	⑤	⑤	⑤
⑥	⑥	⑥	⑥	⑥	⑥
⑦	⑦	⑦	⑦	⑦	⑦
⑧	⑧	⑧	⑧	⑧	⑧
⑨	⑨	⑨	⑨	⑨	⑨

출 생 월 일

⓪	⓪	⓪	⓪	⓪	⓪
①	①	①	①	①	①
②	②	②	②	②	②
③	③	③	③	③	③
④	④	④	④	④	④
⑤	⑤	⑤	⑤	⑤	⑤
⑥	⑥	⑥	⑥	⑥	⑥
⑦	⑦	⑦	⑦	⑦	⑦
⑧	⑧	⑧	⑧	⑧	⑧
⑨	⑨	⑨	⑨	⑨	⑨

수험생 유의사항

(1) 아래와 같은 방식으로 답안지를 바르게 작성한다.
[보기] ① ② ● ④ ⑤

(2) 성명란은 왼쪽부터 빠짐없이 순서대로 작성한다.

(3) 수험번호는 각자 자신에게 부여받은 번호를 표기하여 작성한다.

(4) 출생 월일은 아래와 같은 방식으로 작성한다.
(예) 2002년 4월 1일 → 020401

01	① ② ③ ④ ⑤	11	① ② ③ ④ ⑤	21	① ② ③ ④ ⑤
02	① ② ③ ④ ⑤	12	① ② ③ ④ ⑤	22	① ② ③ ④ ⑤
03	① ② ③ ④ ⑤	13	① ② ③ ④ ⑤	23	① ② ③ ④ ⑤
04	① ② ③ ④ ⑤	14	① ② ③ ④ ⑤	24	① ② ③ ④ ⑤
05	① ② ③ ④ ⑤	15	① ② ③ ④ ⑤	25	① ② ③ ④ ⑤
06	① ② ③ ④ ⑤	16	① ② ③ ④ ⑤	26	① ② ③ ④ ⑤
07	① ② ③ ④ ⑤	17	① ② ③ ④ ⑤	27	① ② ③ ④ ⑤
08	① ② ③ ④ ⑤	18	① ② ③ ④ ⑤	28	① ② ③ ④ ⑤
09	① ② ③ ④ ⑤	19	① ② ③ ④ ⑤	29	① ② ③ ④ ⑤
10	① ② ③ ④ ⑤	20	① ② ③ ④ ⑤	30	① ② ③ ④ ⑤

절취선

오N완 실전 OMR

성 명

㉠	ㅏ	㉠	㉠	ㅏ	㉠	㉠	ㅏ	㉠	㉠	ㅏ	㉠
㉡	ㅑ	㉡	㉡	ㅑ	㉡	㉡	ㅑ	㉡	㉡	ㅑ	㉡
㉢	ㅓ	㉢	㉢	ㅓ	㉢	㉢	ㅓ	㉢	㉢	ㅓ	㉢
㉣	ㅕ	㉣	㉣	ㅕ	㉣	㉣	ㅕ	㉣	㉣	ㅕ	㉣
㉤	ㅗ	㉤	㉤	ㅗ	㉤	㉤	ㅗ	㉤	㉤	ㅗ	㉤
㉥	ㅛ	㉥	㉥	ㅛ	㉥	㉥	ㅛ	㉥	㉥	ㅛ	㉥
㉦	ㅜ	㉦	㉦	ㅜ	㉦	㉦	ㅜ	㉦	㉦	ㅜ	㉦
㉧	ㅠ	㉧	㉧	ㅠ	㉧	㉧	ㅠ	㉧	㉧	ㅠ	㉧
㉨	ㅡ	㉨	㉨	ㅡ	㉨	㉨	ㅡ	㉨	㉨	ㅡ	㉨
㉩	ㅣ	㉩	㉩	ㅣ	㉩	㉩	ㅣ	㉩	㉩	ㅣ	㉩
㉪	ㅐ	㉪	㉪	ㅐ	㉪	㉪	ㅐ	㉪	㉪	ㅐ	㉪
㉫	ㅒ	㉫	㉫	ㅒ	㉫	㉫	ㅒ	㉫	㉫	ㅒ	㉫
㉬	ㅔ	㉬	㉬	ㅔ	㉬	㉬	ㅔ	㉬	㉬	ㅔ	㉬
㉭	ㅖ	㉭	㉭	ㅖ	㉭	㉭	ㅖ	㉭	㉭	ㅖ	㉭
	ㅘ		ㄲ	ㅘ	ㄲ	ㄲ	ㅘ	ㄲ	ㄲ	ㅘ	ㄲ
	ㅙ		ㄸ	ㅙ	ㄸ	ㄸ	ㅙ	ㄸ	ㄸ	ㅙ	ㄸ
	ㅚ		ㅃ	ㅚ	ㅃ	ㅃ	ㅚ	ㅃ	ㅃ	ㅚ	ㅃ
	ㅝ		ㅆ	ㅝ	ㅆ	ㅆ	ㅝ	ㅆ	ㅆ	ㅝ	ㅆ
	ㅞ		ㅉ	ㅞ	ㅉ	ㅉ	ㅞ	ㅉ	ㅉ	ㅞ	ㅉ
	ㅟ			ㅟ	ㄺ		ㅟ	ㄺ		ㅟ	ㄺ
	ㅢ			ㅢ	ㄻ		ㅢ	ㄻ		ㅢ	ㄻ

수 험 번 호

⓪	⓪	⓪	⓪	⓪	⓪
①	①	①	①	①	①
②	②	②	②	②	②
③	③	③	③	③	③
④	④	④	④	④	④
⑤	⑤	⑤	⑤	⑤	⑤
⑥	⑥	⑥	⑥	⑥	⑥
⑦	⑦	⑦	⑦	⑦	⑦
⑧	⑧	⑧	⑧	⑧	⑧
⑨	⑨	⑨	⑨	⑨	⑨

출 생 월 일

⓪	⓪	⓪	⓪	⓪	⓪
①	①	①	①	①	①
②	②	②	②	②	②
③	③	③	③	③	③
④	④	④	④	④	④
⑤	⑤	⑤	⑤	⑤	⑤
⑥	⑥	⑥	⑥	⑥	⑥
⑦	⑦	⑦	⑦	⑦	⑦
⑧	⑧	⑧	⑧	⑧	⑧
⑨	⑨	⑨	⑨	⑨	⑨

수험생 유의사항

(1) 아래와 같은 방식으로 답안지를 바르게 작성한다.
[보기] ① ② ● ④ ⑤

(2) 성명란은 왼쪽부터 빠짐없이 순서대로 작성한다.

(3) 수험번호는 각자 자신에게 부여받은 번호를 표기하여 작성한다.

(4) 출생 월일은 아래와 같은 방식으로 작성한다.
(예) 2002년 4월 1일 → 020401

01	①	②	③	④	⑤	11	①	②	③	④	⑤	21	①	②	③	④	⑤
02	①	②	③	④	⑤	12	①	②	③	④	⑤	22	①	②	③	④	⑤
03	①	②	③	④	⑤	13	①	②	③	④	⑤	23	①	②	③	④	⑤
04	①	②	③	④	⑤	14	①	②	③	④	⑤	24	①	②	③	④	⑤
05	①	②	③	④	⑤	15	①	②	③	④	⑤	25	①	②	③	④	⑤
06	①	②	③	④	⑤	16	①	②	③	④	⑤	26	①	②	③	④	⑤
07	①	②	③	④	⑤	17	①	②	③	④	⑤	27	①	②	③	④	⑤
08	①	②	③	④	⑤	18	①	②	③	④	⑤	28	①	②	③	④	⑤
09	①	②	③	④	⑤	19	①	②	③	④	⑤	29	①	②	③	④	⑤
10	①	②	③	④	⑤	20	①	②	③	④	⑤	30	①	②	③	④	⑤

절취선

오N완 실전 OMR

성 명

수 험 번 호

출 생 월 일

01	① ② ③ ④ ⑤		11	① ② ③ ④ ⑤		21	① ② ③ ④ ⑤
02	① ② ③ ④ ⑤		12	① ② ③ ④ ⑤		22	① ② ③ ④ ⑤
03	① ② ③ ④ ⑤		13	① ② ③ ④ ⑤		23	① ② ③ ④ ⑤
04	① ② ③ ④ ⑤		14	① ② ③ ④ ⑤		24	① ② ③ ④ ⑤
05	① ② ③ ④ ⑤		15	① ② ③ ④ ⑤		25	① ② ③ ④ ⑤
06	① ② ③ ④ ⑤		16	① ② ③ ④ ⑤		26	① ② ③ ④ ⑤
07	① ② ③ ④ ⑤		17	① ② ③ ④ ⑤		27	① ② ③ ④ ⑤
08	① ② ③ ④ ⑤		18	① ② ③ ④ ⑤		28	① ② ③ ④ ⑤
09	① ② ③ ④ ⑤		19	① ② ③ ④ ⑤		29	① ② ③ ④ ⑤
10	① ② ③ ④ ⑤		20	① ② ③ ④ ⑤		30	① ② ③ ④ ⑤

수험생 유의사항

(1) 아래와 같은 방식으로 답안지를 바르게 작성한다.
[보기] ① ② ● ④ ⑤

(2) 성명란은 왼쪽부터 빠짐없이 순서대로 작성한다.

(3) 수험번호는 각자 자신에게 부여받은 번호를 표기하여 작성한다.

(4) 출생 월일은 아래와 같은 방식으로 작성한다.
(예) 2002년 4월 1일 → 020401

오늘
NCS
완료

계산이 빨라지는

매일 3장 덧뺄곱나

매일 3장 학습으로 자료해석 계산 능력을 키워보세요!

조금씩 꾸준히 완성해 나가는 계산연습 습관!

매일 체크! 덧뺄곱나 실력 체크표

학습날짜	구분		풀이시간	등급
	DAY 01	유형 1		
		유형 2		
		유형 3		
	DAY 02	유형 1		
		유형 2		
		유형 3		
	DAY 03	유형 1		
		유형 2		
		유형 3		
	DAY 04	유형 1		
		유형 2		
		유형 3		
	DAY 05	유형 1		
		유형 2		
		유형 3		
	DAY 06	유형 1		
		유형 2		
		유형 3		
	DAY 07	유형 1		
		유형 2		
		유형 3		
	DAY 08	유형 1		
		유형 2		
		유형 3		

학습날짜	구분		풀이시간	등급
	DAY 09	유형 1		
		유형 2		
		유형 3		
	DAY 10	유형 1		
		유형 2		
		유형 3		
	DAY 11	유형 1		
		유형 2		
		유형 3		
	DAY 12	유형 1		
		유형 2		
		유형 3		
	DAY 13	유형 1		
		유형 2		
		유형 3		
	DAY 14	유형 1		
		유형 2		
		유형 3		
	DAY 15	유형 1		
		유형 2		
		유형 3		

DAY 01 | 덧셈 연습

유형 1	난이도 하
유형 2	난이도 중
유형 3	난이도 상

※ 정답 페이지를 반으로 접고 문제를 풀어보세요.

정답 확인

1) 12 + 15 = (27)
2) 21 + 39 = (60)
3) 85 + 60 = (145)
4) 13 + 35 = (48)
5) 13 + 87 = (100)
6) 82 + 26 = (108)
7) 83 + 60 = (143)
8) 73 + 56 = (129)
9) 34 + 11 = (45)
10) 17 + 62 = (79)
11) 46 + 86 = (132)
12) 95 + 44 = (139)
13) 18 + 69 = (87)
14) 93 + 98 = (191)
15) 94 + 34 = (128)
16) 905 + 622 = (1,527)
17) 421 + 761 = (1,182)
18) 389 + 179 = (568)
19) 657 + 468 = (1,125)
20) 157 + 778 = (935)
21) 445 + 665 = (1,110)
22) 537 + 651 = (1,188)
23) 704 + 648 = (1,352)
24) 480 + 410 = (890)
25) 250 + 257 = (507)
26) 757 + 287 = (1,044)
27) 118 + 875 = (993)
28) 692 + 198 = (890)
29) 621 + 212 = (833)
30) 749 + 915 = (1,664)
31) 2,674 + 3,558 = (6,232)
32) 3,047 + 1,969 = (5,016)
33) 1,864 + 5,416 = (7,280)
34) 6,442 + 8,274 = (14,716)
35) 1,523 + 4,393 = (5,916)
36) 9,147 + 8,457 = (17,604)
37) 1,119 + 9,911 = (11,030)
38) 7,939 + 3,059 = (10,998)
39) 8,527 + 2,851 = (11,378)
40) 9,753 + 7,425 = (17,178)
41) 9,728 + 6,416 = (16,144)
42) 3,602 + 5,546 = (9,148)
43) 3,696 + 3,978 = (7,674)
44) 5,825 + 8,516 = (14,341)

실력 체크표

시간대	등급	결과	나의 시간기록	나의 등급
~4:00	S	훌륭해요!		
4:00~4:30	A	우수해요!		
4:30~5:00	B	좋습니다!		
5:00~5:30	C	평균이에요!		
5:30~6:00	F	노력이 많이 필요해요!		

계산이 빨라지는 TIP

★ 보수 활용하기

계산식의 숫자를 보고 숫자와 가까운 10의 배수, 100의 배수, 1,000의 배수의 숫자를 찾아 계산한다.
이때 암산을 적극 활용한다!

예 $894+89=894+(100-11)=994-11=983$

유형 1 다음 식을 계산해 보세요.

1) 12 + 15 = (　　　)
2) 21 + 39 = (　　　)
3) 85 + 60 = (　　　)
4) 13 + 35 = (　　　)
5) 13 + 87 = (　　　)
6) 82 + 26 = (　　　)
7) 83 + 60 = (　　　)
8) 73 + 56 = (　　　)
9) 34 + 11 = (　　　)
10) 17 + 62 = (　　　)
11) 46 + 86 = (　　　)
12) 95 + 44 = (　　　)
13) 18 + 69 = (　　　)
14) 93 + 98 = (　　　)
15) 94 + 34 = (　　　)
16) 905 + 622 = (　　　)
17) 421 + 761 = (　　　)
18) 389 + 179 = (　　　)
19) 657 + 468 = (　　　)
20) 157 + 778 = (　　　)
21) 445 + 665 = (　　　)
22) 537 + 651 = (　　　)
23) 704 + 648 = (　　　)
24) 480 + 410 = (　　　)
25) 250 + 257 = (　　　)
26) 757 + 287 = (　　　)
27) 118 + 875 = (　　　)
28) 692 + 198 = (　　　)
29) 621 + 212 = (　　　)
30) 749 + 915 = (　　　)
31) 2,674 + 3,558 = (　　　)
32) 3,047 + 1,969 = (　　　)
33) 1,864 + 5,416 = (　　　)
34) 6,442 + 8,274 = (　　　)
35) 1,523 + 4,393 = (　　　)
36) 9,147 + 8,457 = (　　　)
37) 1,119 + 9,911 = (　　　)
38) 7,939 + 3,059 = (　　　)
39) 8,527 + 2,851 = (　　　)
40) 9,753 + 7,425 = (　　　)
41) 9,728 + 6,416 = (　　　)
42) 3,602 + 5,546 = (　　　)
43) 3,696 + 3,978 = (　　　)
44) 5,825 + 8,516 = (　　　)

정답 확인

구분	남	여
A	22	21
B	58	72
C	65	33
D	53	38
합계	198	164
순위	(1)	(2)

구분	남	여
A	759	201
B	202	261
C	222	290
D	937	279
합계	2,120	1,031
순위	(1)	(2)

구분	남	여
A	55	49
B	77	14
C	36	89
D	76	82
합계	244	234
순위	(1)	(2)

구분	남	여
A	782	330
B	249	812
C	508	841
D	374	524
합계	1,913	2,507
순위	(2)	(1)

구분	남	여
A	65	77
B	17	20
C	87	59
D	36	97
합계	205	253
순위	(2)	(1)

실력 체크표

시간대	등급	결과
~1:00	S	훌륭해요!
1:00~1:30	A	우수해요!
1:30~2:00	B	좋습니다!
2:00~2:30	C	평균이에요!
2:30~3:00	F	노력이 많이 필요해요!

나의 시간기록	나의 등급

계산이 빨라지는 TIP

★ 10의 배수로 만들어 더하기
여러 개의 수를 더할 경우, 더하는 중간 과정에서 10의 배수로 만들어 더한다.
예 21+72+33+38=(72+38)+21+33=110+54=164

유형 2 다음 남과 여의 합계를 비교하여 순위를 써보세요.

구분	남	여
A	22	21
B	58	72
C	65	33
D	53	38

순위	(　　)	(　　)

구분	남	여
A	759	201
B	202	261
C	222	290
D	937	279

순위	(　　)	(　　)

구분	남	여
A	55	49
B	77	14
C	36	89
D	76	82

순위	(　　)	(　　)

구분	남	여
A	782	330
B	249	812
C	508	841
D	374	524

순위	(　　)	(　　)

구분	남	여
A	65	77
B	17	20
C	87	59
D	36	97

순위	(　　)	(　　)

정답 확인

구분	2024	2025	2026	2027
A	284	718	740	869
B	311	768	751	293
C	464	148	521	787
D	484	197	790	825
합계	1,543	1,831	2,802	2,774
순위	(4)	(3)	(1)	(2)

구분	2024	2025	2026	2027
A	875	539	368	347
B	468	192	180	262
C	494	655	398	776
D	287	101	753	179
합계	2,124	1,487	1,699	1,564
순위	(1)	(4)	(2)	(3)

구분	2024	2025	2026	2027
A	237	202	988	303
B	895	194	952	492
C	834	121	120	635
D	933	222	400	645
합계	2,899	739	2,460	2,075
순위	(1)	(4)	(2)	(3)

구분	2024	2025	2026	2027
A	849	718	538	569
B	446	612	765	510
C	743	687	380	179
D	401	583	257	892
합계	2,439	2,600	1,940	2,150
순위	(2)	(1)	(4)	(3)

구분	2024	2025	2026	2027
A	589	623	841	610
B	895	265	622	991
C	705	179	465	923
D	306	414	898	987
합계	2,495	1,481	2,826	3,511
순위	(3)	(4)	(2)	(1)

실력 체크표

시간대	등급	결과
~5:00	S	훌륭해요!
5:00~5:30	A	우수해요!
5:30~6:00	B	좋습니다!
6:00~6:30	C	평균이에요!
6:30~7:00	F	노력이 많이 필요해요!

나의 시간기록	나의 등급

계산이 빨라지는 TIP

★ 받아올림이 있는 덧셈은 둘 중 하나의 수를 10의 배수로 바꾸어 계산하기
두 수의 덧셈에서 받아올림이 있는 경우에는 둘 중 하나의 수를 10의 배수로 바꾸어 계산한다.
예 28+35=28+(2+33)=30+33=63

유형 3 다음 제시된 연도 중 합계가 가장 큰 연도부터 순위를 써보세요.

구분	2024	2025	2026	2027
A	284	718	740	869
B	311	768	751	293
C	464	148	521	787
D	484	197	790	825

순위	(　　)	(　　)	(　　)	(　　)

구분	2024	2025	2026	2027
A	875	539	368	347
B	468	192	180	262
C	494	655	398	776
D	287	101	753	179

순위	(　　)	(　　)	(　　)	(　　)

구분	2024	2025	2026	2027
A	237	202	988	303
B	895	194	952	492
C	834	121	120	635
D	933	222	400	645

순위	(　　)	(　　)	(　　)	(　　)

구분	2024	2025	2026	2027
A	849	718	538	569
B	446	612	765	510
C	743	687	380	179
D	401	583	257	892

순위	(　　)	(　　)	(　　)	(　　)

구분	2024	2025	2026	2027
A	589	623	841	610
B	895	265	622	991
C	705	179	465	923
D	306	414	898	987

순위	(　　)	(　　)	(　　)	(　　)

DAY 02 | 덧셈 연습

유형 1	난이도 하
유형 2	난이도 중
유형 3	난이도 상

※ 정답 페이지를 반으로 접고 문제를 풀어보세요.

정답 확인

1) 56 + 12 = (68)
2) 20 + 98 = (118)
3) 21 + 82 = (103)
4) 21 + 60 = (81)
5) 47 + 29 = (76)
6) 30 + 94 = (124)
7) 18 + 14 = (32)
8) 60 + 61 = (121)
9) 60 + 32 = (92)
10) 75 + 63 = (138)
11) 66 + 87 = (153)
12) 75 + 81 = (156)
13) 67 + 80 = (147)
14) 31 + 63 = (94)
15) 13 + 68 = (81)
16) 180 + 968 = (1,148)
17) 482 + 370 = (852)
18) 643 + 481 = (1,124)
19) 592 + 356 = (948)
20) 410 + 759 = (1,169)
21) 678 + 456 = (1,134)
22) 331 + 486 = (817)
23) 997 + 853 = (1,850)
24) 561 + 417 = (978)
25) 711 + 364 = (1,075)
26) 646 + 166 = (812)
27) 515 + 630 = (1,145)
28) 131 + 890 = (1,021)
29) 160 + 555 = (715)
30) 395 + 808 = (1,203)
31) 3,751 + 1,475 = (5,226)
32) 7,395 + 9,145 = (16,540)
33) 4,341 + 2,246 = (6,587)
34) 9,149 + 3,320 = (12,469)
35) 8,687 + 9,463 = (18,150)
36) 5,686 + 4,596 = (10,282)
37) 8,617 + 3,745 = (12,362)
38) 6,313 + 3,425 = (9,738)
39) 1,766 + 4,202 = (5,968)
40) 2,553 + 1,979 = (4,532)
41) 9,485 + 5,918 = (15,403)
42) 7,206 + 3,887 = (11,093)
43) 2,382 + 5,101 = (7,483)
44) 5,056 + 1,047 = (6,103)

실력 체크표	시간대	등급	결과	나의 시간기록	나의 등급
	~4:00	S	훌륭해요!		
	4:00~4:30	A	우수해요!		
	4:30~5:00	B	좋습니다!		
	5:00~5:30	C	평균이에요!		
	5:30~6:00	F	노력이 많이 필요해요!		

유형 1 다음 식을 계산해 보세요.

1) 56 + 12 = (　　　)
2) 20 + 98 = (　　　)
3) 21 + 82 = (　　　)
4) 21 + 60 = (　　　)
5) 47 + 29 = (　　　)
6) 30 + 94 = (　　　)
7) 18 + 14 = (　　　)
8) 60 + 61 = (　　　)
9) 60 + 32 = (　　　)
10) 75 + 63 = (　　　)
11) 66 + 87 = (　　　)
12) 75 + 81 = (　　　)
13) 67 + 80 = (　　　)
14) 31 + 63 = (　　　)
15) 13 + 68 = (　　　)
16) 180 + 968 = (　　　)
17) 482 + 370 = (　　　)
18) 643 + 481 = (　　　)
19) 592 + 356 = (　　　)
20) 410 + 759 = (　　　)
21) 678 + 456 = (　　　)
22) 331 + 486 = (　　　)
23) 997 + 853 = (　　　)
24) 561 + 417 = (　　　)
25) 711 + 364 = (　　　)
26) 646 + 166 = (　　　)
27) 515 + 630 = (　　　)
28) 131 + 890 = (　　　)
29) 160 + 555 = (　　　)
30) 395 + 808 = (　　　)
31) 3,751 + 1,475 = (　　　)
32) 7,395 + 9,145 = (　　　)
33) 4,341 + 2,246 = (　　　)
34) 9,149 + 3,320 = (　　　)
35) 8,687 + 9,463 = (　　　)
36) 5,686 + 4,596 = (　　　)
37) 8,617 + 3,745 = (　　　)
38) 6,313 + 3,425 = (　　　)
39) 1,766 + 4,202 = (　　　)
40) 2,553 + 1,979 = (　　　)
41) 9,485 + 5,918 = (　　　)
42) 7,206 + 3,887 = (　　　)
43) 2,382 + 5,101 = (　　　)
44) 5,056 + 1,047 = (　　　)

정답 확인

구분	남	여
A	16	50
B	82	72
C	40	64
D	96	13
합계	234	199
순위	(1)	(2)

구분	남	여
A	270	176
B	574	294
C	330	124
D	874	130
합계	2,048	724
순위	(1)	(2)

구분	남	여
A	38	49
B	47	13
C	15	53
D	38	60
합계	138	175
순위	(2)	(1)

구분	남	여
A	557	500
B	127	140
C	360	785
D	847	154
합계	1,891	1,579
순위	(1)	(2)

구분	남	여
A	94	51
B	99	40
C	43	57
D	87	45
합계	323	193
순위	(1)	(2)

실력 체크표

시간대	등급	결과
~1:00	S	훌륭해요!
1:00~1:30	A	우수해요!
1:30~2:00	B	좋습니다!
2:00~2:30	C	평균이에요!
2:30~3:00	F	노력이 많이 필요해요!

나의 시간기록	나의 등급

유형 2 다음 남과 여의 합계를 비교하여 순위를 써보세요.

구분	남	여
A	16	50
B	82	72
C	40	64
D	96	13

순위	( )	( )

구분	남	여
A	270	176
B	574	294
C	330	124
D	874	130

순위	( )	( )

구분	남	여
A	38	49
B	47	13
C	15	53
D	38	60

순위	( )	( )

구분	남	여
A	557	500
B	127	140
C	360	785
D	847	154

순위	( )	( )

구분	남	여
A	94	51
B	99	40
C	43	57
D	87	45

순위	( )	( )

정답 확인

구분	2024	2025	2026	2027
A	981	785	919	580
B	129	686	172	905
C	414	660	833	512
D	375	586	435	392
합계	1,899	2,717	2,359	2,389
순위	(4)	(1)	(3)	(2)

구분	2024	2025	2026	2027
A	156	820	964	492
B	661	242	303	256
C	320	811	301	581
D	282	603	535	561
합계	1,419	2,476	2,103	1,890
순위	(4)	(1)	(2)	(3)

구분	2024	2025	2026	2027
A	799	500	442	613
B	733	148	768	891
C	657	678	629	888
D	466	772	352	341
합계	2,655	2,098	2,191	2,733
순위	(2)	(4)	(3)	(1)

구분	2024	2025	2026	2027
A	338	444	426	743
B	902	894	537	197
C	750	139	656	413
D	751	600	968	890
합계	2,741	2,077	2,587	2,243
순위	(1)	(4)	(2)	(3)

구분	2024	2025	2026	2027
A	230	812	970	298
B	549	586	614	935
C	935	275	895	860
D	441	959	817	853
합계	2,155	2,632	3,296	2,946
순위	(4)	(3)	(1)	(2)

실력 체크표

시간대	등급	결과	나의 시간기록	나의 등급
~5:00	S	훌륭해요!		
5:00~5:30	A	우수해요!		
5:30~6:00	B	좋습니다!		
6:00~6:30	C	평균이에요!		
6:30~7:00	F	노력이 많이 필요해요!		

유형 3 다음 제시된 연도 중 합계가 가장 큰 연도부터 순위를 써보세요.

구분	2024	2025	2026	2027
A	981	785	919	580
B	129	686	172	905
C	414	660	833	512
D	375	586	435	392

순위	( )	( )	( )	( )

구분	2024	2025	2026	2027
A	156	820	964	492
B	661	242	303	256
C	320	811	301	581
D	282	603	535	561

순위	( )	( )	( )	( )

구분	2024	2025	2026	2027
A	799	500	442	613
B	733	148	768	891
C	657	678	629	888
D	466	772	352	341

순위	( )	( )	( )	( )

구분	2024	2025	2026	2027
A	338	444	426	743
B	902	894	537	197
C	750	139	656	413
D	751	600	968	890

순위	( )	( )	( )	( )

구분	2024	2025	2026	2027
A	230	812	970	298
B	549	586	614	935
C	935	275	895	860
D	441	959	817	853

순위	( )	( )	( )	( )

DAY 03 | 덧셈 연습

유형 1	난이도 하
유형 2	난이도 중
유형 3	난이도 상

※ 정답 페이지를 반으로 접고 문제를 풀어보세요.

정답 확인

1) 88 + 47 = (135)
2) 99 + 70 = (169)
3) 24 + 83 = (107)
4) 94 + 43 = (137)
5) 34 + 16 = (50)
6) 95 + 34 = (129)
7) 27 + 57 = (84)
8) 49 + 86 = (135)
9) 89 + 82 = (171)
10) 40 + 89 = (129)
11) 31 + 92 = (123)
12) 42 + 24 = (66)
13) 23 + 32 = (55)
14) 86 + 16 = (102)
15) 76 + 89 = (165)
16) 109 + 933 = (1,042)
17) 716 + 959 = (1,675)
18) 386 + 217 = (603)
19) 403 + 146 = (549)
20) 746 + 643 = (1,389)
21) 559 + 846 = (1,405)
22) 600 + 877 = (1,477)
23) 150 + 158 = (308)
24) 619 + 744 = (1,363)
25) 254 + 613 = (867)
26) 523 + 574 = (1,097)
27) 991 + 530 = (1,521)
28) 815 + 294 = (1,109)
29) 166 + 803 = (969)
30) 321 + 612 = (933)
31) 1,476 + 1,179 = (2,655)
32) 4,001 + 9,159 = (13,160)
33) 1,527 + 7,493 = (9,020)
34) 3,315 + 5,371 = (8,686)
35) 3,484 + 8,828 = (12,312)
36) 1,717 + 5,013 = (6,730)
37) 4,314 + 4,423 = (8,737)
38) 6,317 + 5,108 = (11,425)
39) 4,475 + 3,035 = (7,510)
40) 6,617 + 8,271 = (14,888)
41) 3,506 + 4,360 = (7,866)
42) 7,408 + 9,826 = (17,234)
43) 8,124 + 8,220 = (16,344)
44) 8,868 + 7,069 = (15,937)

실력 체크표

시간대	등급	결과
~4:00	S	훌륭해요!
4:00~4:30	A	우수해요!
4:30~5:00	B	좋습니다!
5:00~5:30	C	평균이에요!
5:30~6:00	F	노력이 많이 필요해요!

나의 시간기록	나의 등급

유형 1 다음 식을 계산해 보세요.

1) 88 + 47 = (   )

2) 99 + 70 = (   )

3) 24 + 83 = (   )

4) 94 + 43 = (   )

5) 34 + 16 = (   )

6) 95 + 34 = (   )

7) 27 + 57 = (   )

8) 49 + 86 = (   )

9) 89 + 82 = (   )

10) 40 + 89 = (   )

11) 31 + 92 = (   )

12) 42 + 24 = (   )

13) 23 + 32 = (   )

14) 86 + 16 = (   )

15) 76 + 89 = (   )

16) 109 + 933 = (   )

17) 716 + 959 = (   )

18) 386 + 217 = (   )

19) 403 + 146 = (   )

20) 746 + 643 = (   )

21) 559 + 846 = (   )

22) 600 + 877 = (   )

23) 150 + 158 = (   )

24) 619 + 744 = (   )

25) 254 + 613 = (   )

26) 523 + 574 = (   )

27) 991 + 530 = (   )

28) 815 + 294 = (   )

29) 166 + 803 = (   )

30) 321 + 612 = (   )

31) 1,476 + 1,179 = (   )

32) 4,001 + 9,159 = (   )

33) 1,527 + 7,493 = (   )

34) 3,315 + 5,371 = (   )

35) 3,484 + 8,828 = (   )

36) 1,717 + 5,013 = (   )

37) 4,314 + 4,423 = (   )

38) 6,317 + 5,108 = (   )

39) 4,475 + 3,035 = (   )

40) 6,617 + 8,271 = (   )

41) 3,506 + 4,360 = (   )

42) 7,408 + 9,826 = (   )

43) 8,124 + 8,220 = (   )

44) 8,868 + 7,069 = (   )

정답 확인

구분	남	여
A	48	97
B	26	86
C	59	43
D	86	23
합계	219	249
순위	(2)	(1)

구분	남	여
A	966	234
B	466	976
C	200	141
D	965	672
합계	2,597	2,023
순위	(1)	(2)

구분	남	여
A	65	62
B	91	69
C	79	60
D	61	23
합계	296	214
순위	(1)	(2)

구분	남	여
A	774	530
B	395	216
C	523	977
D	636	501
합계	2,328	2,224
순위	(1)	(2)

구분	남	여
A	72	28
B	16	15
C	83	28
D	24	89
합계	195	160
순위	(1)	(2)

실력 체크표

시간대	등급	결과	나의 시간기록	나의 등급
~1:00	S	훌륭해요!		
1:00~1:30	A	우수해요!		
1:30~2:00	B	좋습니다!		
2:00~2:30	C	평균이에요!		
2:30~3:00	F	노력이 많이 필요해요!		

유형 2 다음 남과 여의 합계를 비교하여 순위를 써보세요.

구분	남	여
A	48	97
B	26	86
C	59	43
D	86	23

순위	( )	( )

구분	남	여
A	966	234
B	466	976
C	200	141
D	965	672

순위	( )	( )

구분	남	여
A	65	62
B	91	69
C	79	60
D	61	23

순위	( )	( )

구분	남	여
A	774	530
B	395	216
C	523	977
D	636	501

순위	( )	( )

구분	남	여
A	72	28
B	16	15
C	83	28
D	24	89

순위	( )	( )

정답 확인

구분	2024	2025	2026	2027
A	518	334	605	277
B	184	974	177	146
C	916	358	404	730
D	867	352	176	651
합계	2,485	2,018	1,362	1,804
순위	(1)	(2)	(4)	(3)

구분	2024	2025	2026	2027
A	244	993	144	495
B	587	770	605	832
C	894	134	103	718
D	724	741	613	942
합계	2,449	2,638	1,465	2,987
순위	(3)	(2)	(4)	(1)

구분	2024	2025	2026	2027
A	657	685	516	838
B	894	562	638	291
C	324	661	760	813
D	648	520	281	578
합계	2,523	2,428	2,195	2,520
순위	(1)	(3)	(4)	(2)

구분	2024	2025	2026	2027
A	363	756	435	160
B	618	383	297	688
C	772	710	211	386
D	350	840	945	679
합계	2,103	2,689	1,888	1,913
순위	(2)	(1)	(4)	(3)

구분	2024	2025	2026	2027
A	744	115	559	567
B	744	614	875	630
C	627	251	691	447
D	722	835	940	158
합계	2,837	1,815	3,065	1,802
순위	(2)	(3)	(1)	(4)

실력 체크표	시간대	등급	결과	나의 시간기록	나의 등급
	~5:00	S	훌륭해요!		
	5:00~5:30	A	우수해요!		
	5:30~6:00	B	좋습니다!		
	6:00~6:30	C	평균이에요!		
	6:30~7:00	F	노력이 많이 필요해요!		

유형 3 다음 제시된 연도 중 합계가 가장 큰 연도부터 순위를 써보세요.

구분	2024	2025	2026	2027
A	518	334	605	277
B	184	974	177	146
C	916	358	404	730
D	867	352	176	651

순위	(　　)	(　　)	(　　)	(　　)

구분	2024	2025	2026	2027
A	244	993	144	495
B	587	770	605	832
C	894	134	103	718
D	724	741	613	942

순위	(　　)	(　　)	(　　)	(　　)

구분	2024	2025	2026	2027
A	657	685	516	838
B	894	562	638	291
C	324	661	760	813
D	648	520	281	578

순위	(　　)	(　　)	(　　)	(　　)

구분	2024	2025	2026	2027
A	363	756	435	160
B	618	383	297	688
C	772	710	211	386
D	350	840	945	679

순위	(　　)	(　　)	(　　)	(　　)

구분	2024	2025	2026	2027
A	744	115	559	567
B	744	614	875	630
C	627	251	691	447
D	722	835	940	158

순위	(　　)	(　　)	(　　)	(　　)

DAY 04 | 뺄셈 연습

※ 정답 페이지를 반으로 접고 문제를 풀어보세요.

정답 확인

1) 72 − 31 = (41)
2) 82 − 44 = (38)
3) 59 − 45 = (14)
4) 66 − 23 = (43)
5) 22 − 16 = (6)
6) 92 − 21 = (71)
7) 70 − 15 = (55)
8) 63 − 10 = (53)
9) 36 − 22 = (14)
10) 50 − 20 = (30)
11) 86 − 13 = (73)
12) 71 − 39 = (32)
13) 72 − 44 = (28)
14) 66 − 12 = (54)
15) 57 − 39 = (18)
16) 256 − 146 = (110)
17) 568 − 265 = (303)
18) 431 − 255 = (176)
19) 881 − 529 = (352)
20) 545 − 441 = (104)
21) 412 − 397 = (15)
22) 919 − 531 = (388)
23) 448 − 434 = (14)
24) 983 − 469 = (514)
25) 556 − 214 = (342)
26) 520 − 340 = (180)
27) 279 − 142 = (137)
28) 465 − 433 = (32)
29) 739 − 551 = (188)
30) 340 − 155 = (185)
31) 5,990 − 4,403 = (1,587)
32) 7,850 − 4,770 = (3,080)
33) 7,572 − 6,993 = (579)
34) 7,697 − 2,397 = (5,300)
35) 6,301 − 2,447 = (3,854)
36) 2,863 − 2,816 = (47)
37) 6,194 − 5,932 = (262)
38) 2,332 − 1,825 = (507)
39) 7,852 − 1,108 = (6,744)
40) 4,679 − 2,799 = (1,880)
41) 8,552 − 7,730 = (822)
42) 3,217 − 2,313 = (904)
43) 5,541 − 4,677 = (864)
44) 6,756 − 6,417 = (339)

실력 체크표

시간대	등급	결과
~4:00	S	훌륭해요!
4:00~4:30	A	우수해요!
4:30~5:00	B	좋습니다!
5:00~5:30	C	평균이에요!
5:30~6:00	F	노력이 많이 필요해요!

나의 시간기록	나의 등급

계산이 빨라지는 TIP

★ 10의 배수로 만들어 빼기

어떤 수 A, B에 대하여 A−B에서 B의 일의 자리 수가 A보다 더 큰 경우에는 B의 일의 자리 수를 A의 일의 자리 수와 같게 바꾸어 계산한다.

예 82−**44**=82−**42**−**2**=40−2=38

유형 1 다음 식을 계산해 보세요.

1) 72 − 31 = ( )

2) 82 − 44 = ( )

3) 59 − 45 = ( )

4) 66 − 23 = ( )

5) 22 − 16 = ( )

6) 92 − 21 = ( )

7) 70 − 15 = ( )

8) 63 − 10 = ( )

9) 36 − 22 = ( )

10) 50 − 20 = ( )

11) 86 − 13 = ( )

12) 71 − 39 = ( )

13) 72 − 44 = ( )

14) 66 − 12 = ( )

15) 57 − 39 = ( )

16) 256 − 146 = ( )

17) 568 − 265 = ( )

18) 431 − 255 = ( )

19) 881 − 529 = ( )

20) 545 − 441 = ( )

21) 412 − 397 = ( )

22) 919 − 531 = ( )

23) 448 − 434 = ( )

24) 983 − 469 = ( )

25) 556 − 214 = ( )

26) 520 − 340 = ( )

27) 279 − 142 = ( )

28) 465 − 433 = ( )

29) 739 − 551 = ( )

30) 340 − 155 = ( )

31) 5,990 − 4,403 = ( )

32) 7,850 − 4,770 = ( )

33) 7,572 − 6,993 = ( )

34) 7,697 − 2,397 = ( )

35) 6,301 − 2,447 = ( )

36) 2,863 − 2,816 = ( )

37) 6,194 − 5,932 = ( )

38) 2,332 − 1,825 = ( )

39) 7,852 − 1,108 = ( )

40) 4,679 − 2,799 = ( )

41) 8,552 − 7,730 = ( )

42) 3,217 − 2,313 = ( )

43) 5,541 − 4,677 = ( )

44) 6,756 − 6,417 = ( )

정답 확인

A	B	A−B
28	20	(8)
24	12	(12)

A	B	A−B
740	479	(261)
731	438	(293)

A	B	A−B
42	37	(5)
46	23	(23)

A	B	A−B
395	283	(112)
459	280	(179)

A	B	A−B
20	14	(6)
75	68	(7)

A	B	A−B
764	627	(137)
830	675	(155)

A	B	A−B
289	160	(129)
230	109	(121)

A	B	A−B
366	101	(265)
534	335	(199)

A	B	A−B
153	118	(35)
453	392	(61)

A	B	A−B
286	159	(127)
358	180	(178)

실력 체크표

시간대	등급	결과	나의 시간기록	나의 등급
~0:30	S	훌륭해요!		
0:30~1:00	A	우수해요!		
1:00~1:30	B	좋습니다!		
1:30~2:00	C	평균이에요!		
2:00~2:30	F	노력이 많이 필요해요!		

유형 2 A−B의 값이 더 큰 것을 구해 보세요.

A	B	
28	20	(　　)
24	12	(　　)

A	B	
740	479	(　　)
731	438	(　　)

A	B	
42	37	(　　)
46	23	(　　)

A	B	
395	283	(　　)
459	280	(　　)

A	B	
20	14	(　　)
75	68	(　　)

A	B	
764	627	(　　)
830	675	(　　)

A	B	
289	160	(　　)
230	109	(　　)

A	B	
366	101	(　　)
534	335	(　　)

A	B	
153	118	(　　)
453	392	(　　)

A	B	
286	159	(　　)
358	180	(　　)

정답 확인

구분		2024	2025	2026	2027	
A		486	645	776	868	
B		120	297	423	579	
C		331	414	489	635	정답
전년 대비 증가량	A		(159)	(131)	(92)	(2025)
	B		(177)	(126)	(156)	(2025)
	C		(83)	(75)	(146)	(2027)

구분		2024	2025	2026	2027	
A		447	550	665	750	
B		276	442	617	746	
C		169	281	374	484	정답
전년 대비 증가량	A		(103)	(115)	(85)	(2026)
	B		(166)	(175)	(129)	(2026)
	C		(112)	(93)	(110)	(2025)

구분		2024	2025	2026	2027	
A		390	490	556	736	
B		441	600	768	836	
C		246	314	482	534	정답
전년 대비 증가량	A		(100)	(66)	(180)	(2027)
	B		(159)	(168)	(68)	(2026)
	C		(68)	(168)	(52)	(2026)

구분		2024	2025	2026	2027	
A		469	602	710	865	
B		447	596	660	782	
C		314	460	599	721	정답
전년 대비 증가량	A		(133)	(108)	(155)	(2027)
	B		(149)	(64)	(122)	(2025)
	C		(146)	(139)	(122)	(2025)

구분		2024	2025	2026	2027	
A		154	243	406	494	
B		264	320	429	507	
C		239	361	504	657	정답
전년 대비 증가량	A		(89)	(163)	(88)	(2026)
	B		(56)	(109)	(78)	(2026)
	C		(122)	(143)	(153)	(2027)

실력 체크표

시간대	등급	결과	나의 시간기록	나의 등급
~5:00	S	훌륭해요!		
5:00~5:30	A	우수해요!		
5:30~6:00	B	좋습니다!		
6:00~6:30	C	평균이에요!		
6:30~7:00	F	노력이 많이 필요해요!		

유형 3 다음 A, B, C 각각에서 전년 대비 2025~2027년의 증가량이 가장 큰 연도를 써보세요.

구분	2024	2025	2026	2027	
A	486	645	776	868	
B	120	297	423	579	
C	331	414	489	635	정답
전년 대비 증가량	A	( )	( )	( )	( )
	B	( )	( )	( )	( )
	C	( )	( )	( )	( )

구분	2024	2025	2026	2027	
A	447	550	665	750	
B	276	442	617	746	
C	169	281	374	484	정답
전년 대비 증가량	A	( )	( )	( )	( )
	B	( )	( )	( )	( )
	C	( )	( )	( )	( )

구분	2024	2025	2026	2027	
A	390	490	556	736	
B	441	600	768	836	
C	246	314	482	534	정답
전년 대비 증가량	A	( )	( )	( )	( )
	B	( )	( )	( )	( )
	C	( )	( )	( )	( )

구분	2024	2025	2026	2027	
A	469	602	710	865	
B	447	596	660	782	
C	314	460	599	721	정답
전년 대비 증가량	A	( )	( )	( )	( )
	B	( )	( )	( )	( )
	C	( )	( )	( )	( )

구분	2024	2025	2026	2027	
A	154	243	406	494	
B	264	320	429	507	
C	239	361	504	657	정답
전년 대비 증가량	A	( )	( )	( )	( )
	B	( )	( )	( )	( )
	C	( )	( )	( )	( )

DAY 05 | 뺄셈 연습

※ 정답 페이지를 반으로 접고 문제를 풀어보세요.

정답 확인

1) 54 − 12 = (42)
2) 60 − 38 = (22)
3) 93 − 20 = (73)
4) 97 − 10 = (87)
5) 24 − 13 = (11)
6) 40 − 35 = (5)
7) 77 − 68 = (9)
8) 19 − 13 = (6)
9) 68 − 50 = (18)
10) 48 − 30 = (18)
11) 69 − 12 = (57)
12) 96 − 45 = (51)
13) 96 − 59 = (37)
14) 93 − 20 = (73)
15) 60 − 10 = (50)
16) 727 − 359 = (368)
17) 591 − 209 = (382)
18) 932 − 370 = (562)
19) 140 − 119 = (21)
20) 294 − 125 = (169)
21) 361 − 154 = (207)
22) 134 − 110 = (24)
23) 218 − 200 = (18)
24) 812 − 481 = (331)
25) 369 − 155 = (214)
26) 936 − 486 = (450)
27) 702 − 566 = (136)
28) 288 − 284 = (4)
29) 151 − 133 = (18)
30) 583 − 345 = (238)
31) 5,950 − 4,291 = (1,659)
32) 3,086 − 1,250 = (1,836)
33) 2,739 − 2,717 = (22)
34) 3,273 − 1,126 = (2,147)
35) 3,751 − 1,766 = (1,985)
36) 4,959 − 1,605 = (3,354)
37) 1,460 − 1,367 = (93)
38) 2,642 − 2,509 = (133)
39) 2,731 − 2,241 = (490)
40) 4,279 − 2,091 = (2,188)
41) 2,447 − 2,096 = (351)
42) 4,429 − 2,762 = (1,667)
43) 6,999 − 2,850 = (4,149)
44) 2,364 − 1,857 = (507)

실력 체크표

시간대	등급	결과
~4:00	S	훌륭해요!
4:00~4:30	A	우수해요!
4:30~5:00	B	좋습니다!
5:00~5:30	C	평균이에요!
5:30~6:00	F	노력이 많이 필요해요!

나의 시간기록	나의 등급

유형 1 다음 식을 계산해 보세요.

1) 54 − 12 = (   )

2) 60 − 38 = (   )

3) 93 − 20 = (   )

4) 97 − 10 = (   )

5) 24 − 13 = (   )

6) 40 − 35 = (   )

7) 77 − 68 = (   )

8) 19 − 13 = (   )

9) 68 − 50 = (   )

10) 48 − 30 = (   )

11) 69 − 12 = (   )

12) 96 − 45 = (   )

13) 96 − 59 = (   )

14) 93 − 20 = (   )

15) 60 − 10 = (   )

16) 727 − 359 = (   )

17) 591 − 209 = (   )

18) 932 − 370 = (   )

19) 140 − 119 = (   )

20) 294 − 125 = (   )

21) 361 − 154 = (   )

22) 134 − 110 = (   )

23) 218 − 200 = (   )

24) 812 − 481 = (   )

25) 369 − 155 = (   )

26) 936 − 486 = (   )

27) 702 − 566 = (   )

28) 288 − 284 = (   )

29) 151 − 133 = (   )

30) 583 − 345 = (   )

31) 5,950 − 4,291 = (   )

32) 3,086 − 1,250 = (   )

33) 2,739 − 2,717 = (   )

34) 3,273 − 1,126 = (   )

35) 3,751 − 1,766 = (   )

36) 4,959 − 1,605 = (   )

37) 1,460 − 1,367 = (   )

38) 2,642 − 2,509 = (   )

39) 2,731 − 2,241 = (   )

40) 4,279 − 2,091 = (   )

41) 2,447 − 2,096 = (   )

42) 4,429 − 2,762 = (   )

43) 6,999 − 2,850 = (   )

44) 2,364 − 1,857 = (   )

정답 확인

A	B	A−B
69	25	(44)
87	29	(58)

A	B	A−B
503	253	(250)
790	524	(266)

A	B	A−B
61	39	(22)
92	69	(23)

A	B	A−B
753	503	(250)
747	510	(237)

A	B	A−B
68	45	(23)
51	29	(22)

A	B	A−B
860	207	(653)
764	159	(605)

A	B	A−B
265	117	(148)
526	410	(116)

A	B	A−B
585	447	(138)
257	124	(133)

A	B	A−B
394	280	(114)
433	347	(86)

A	B	A−B
853	461	(392)
547	139	(408)

실력 체크표

시간대	등급	결과	나의 시간기록	나의 등급
~0:30	S	훌륭해요!		
0:30~1:00	A	우수해요!		
1:00~1:30	B	좋습니다!		
1:30~2:00	C	평균이에요!		
2:00~2:30	F	노력이 많이 필요해요!		

유형 2 A-B의 값이 더 큰 것을 구해 보세요.

A	B	
69	25	( )
87	29	( )

A	B	
503	253	( )
790	524	( )

A	B	
61	39	( )
92	69	( )

A	B	
753	503	( )
747	510	( )

A	B	
68	45	( )
51	29	( )

A	B	
860	207	( )
764	159	( )

A	B	
265	117	( )
526	410	( )

A	B	
585	447	( )
257	124	( )

A	B	
394	280	( )
433	347	( )

A	B	
853	461	( )
547	139	( )

정답 확인

구분	2024	2025	2026	2027	
A	466	606	660	834	
B	326	384	449	545	
C	321	473	545	641	정답
전년 대비 증가량	A	(140)	(54)	(174)	(2027)
	B	(58)	(65)	(96)	(2027)
	C	(152)	(72)	(96)	(2025)

구분	2024	2025	2026	2027	
A	296	414	483	650	
B	329	423	516	644	
C	424	478	605	697	정답
전년 대비 증가량	A	(118)	(69)	(167)	(2027)
	B	(94)	(93)	(128)	(2027)
	C	(54)	(127)	(92)	(2026)

구분	2024	2025	2026	2027	
A	314	412	463	568	
B	140	206	263	388	
C	290	419	513	661	정답
전년 대비 증가량	A	(98)	(51)	(105)	(2027)
	B	(66)	(57)	(125)	(2027)
	C	(129)	(94)	(148)	(2027)

구분	2024	2025	2026	2027	
A	227	317	378	524	
B	173	245	414	464	
C	157	274	447	501	정답
전년 대비 증가량	A	(90)	(61)	(146)	(2027)
	B	(72)	(169)	(50)	(2026)
	C	(117)	(173)	(54)	(2026)

구분	2024	2025	2026	2027	
A	173	319	390	526	
B	485	597	728	891	
C	342	414	568	624	정답
전년 대비 증가량	A	(146)	(71)	(136)	(2025)
	B	(112)	(131)	(163)	(2027)
	C	(72)	(154)	(56)	(2026)

실력 체크표	시간대	등급	결과	나의 시간기록	나의 등급
	~5:00	S	훌륭해요!		
	5:00~5:30	A	우수해요!		
	5:30~6:00	B	좋습니다!		
	6:00~6:30	C	평균이에요!		
	6:30~7:00	F	노력이 많이 필요해요!		

유형 3 다음 A, B, C 각각에서 전년 대비 2025~2027년의 증가량이 가장 큰 연도를 써보세요.

구분	2024	2025	2026	2027	
A	466	606	660	834	
B	326	384	449	545	
C	321	473	545	641	정답
전년 대비 증가량	A	(　)	(　)	(　)	(　)
	B	(　)	(　)	(　)	(　)
	C	(　)	(　)	(　)	(　)

구분	2024	2025	2026	2027	
A	296	414	483	650	
B	329	423	516	644	
C	424	478	605	697	정답
전년 대비 증가량	A	(　)	(　)	(　)	(　)
	B	(　)	(　)	(　)	(　)
	C	(　)	(　)	(　)	(　)

구분	2024	2025	2026	2027	
A	314	412	463	568	
B	140	206	263	388	
C	290	419	513	661	정답
전년 대비 증가량	A	(　)	(　)	(　)	(　)
	B	(　)	(　)	(　)	(　)
	C	(　)	(　)	(　)	(　)

구분	2024	2025	2026	2027	
A	227	317	378	524	
B	173	245	414	464	
C	157	274	447	501	정답
전년 대비 증가량	A	(　)	(　)	(　)	(　)
	B	(　)	(　)	(　)	(　)
	C	(　)	(　)	(　)	(　)

구분	2024	2025	2026	2027	
A	173	319	390	526	
B	485	597	728	891	
C	342	414	568	624	정답
전년 대비 증가량	A	(　)	(　)	(　)	(　)
	B	(　)	(　)	(　)	(　)
	C	(　)	(　)	(　)	(　)

DAY 06 | 뺄셈 연습

유형 1	난이도 하
유형 2	난이도 중
유형 3	난이도 상

※ 정답 페이지를 반으로 접고 문제를 풀어보세요.

정답 확인

1) 35 − 32 = (3)

2) 69 − 68 = (1)

3) 28 − 23 = (5)

4) 24 − 10 = (14)

5) 57 − 36 = (21)

6) 21 − 14 = (7)

7) 97 − 95 = (2)

8) 88 − 10 = (78)

9) 61 − 46 = (15)

10) 87 − 33 = (54)

11) 51 − 41 = (10)

12) 56 − 29 = (27)

13) 30 − 21 = (9)

14) 68 − 61 = (7)

15) 14 − 10 = (4)

16) 884 − 598 = (286)

17) 273 − 171 = (102)

18) 462 − 150 = (312)

19) 708 − 701 = (7)

20) 396 − 347 = (49)

21) 511 − 149 = (362)

22) 329 − 148 = (181)

23) 877 − 633 = (244)

24) 498 − 115 = (383)

25) 441 − 373 = (68)

26) 803 − 446 = (357)

27) 428 − 133 = (295)

28) 552 − 137 = (415)

29) 809 − 226 = (583)

30) 832 − 240 = (592)

31) 2,346 − 1,774 = (572)

32) 1,833 − 1,546 = (287)

33) 8,070 − 3,295 = (4,775)

34) 7,091 − 2,725 = (4,366)

35) 5,183 − 1,561 = (3,622)

36) 5,531 − 2,849 = (2,682)

37) 7,352 − 7,182 = (170)

38) 2,495 − 1,099 = (1,396)

39) 8,577 − 6,325 = (2,252)

40) 9,291 − 6,675 = (2,616)

41) 1,378 − 1,271 = (107)

42) 6,062 − 1,604 = (4,458)

43) 9,056 − 1,822 = (7,234)

44) 3,150 − 2,061 = (1,089)

실력 체크표

시간대	등급	결과	나의 시간기록	나의 등급
~4:00	S	훌륭해요!		
4:00~4:30	A	우수해요!		
4:30~5:00	B	좋습니다!		
5:00~5:30	C	평균이에요!		
5:30~6:00	F	노력이 많이 필요해요!		

유형 1 다음 식을 계산해 보세요.

1) 35 − 32 = ( )

2) 69 − 68 = ( )

3) 28 − 23 = ( )

4) 24 − 10 = ( )

5) 57 − 36 = ( )

6) 21 − 14 = ( )

7) 97 − 95 = ( )

8) 88 − 10 = ( )

9) 61 − 46 = ( )

10) 87 − 33 = ( )

11) 51 − 41 = ( )

12) 56 − 29 = ( )

13) 30 − 21 = ( )

14) 68 − 61 = ( )

15) 14 − 10 = ( )

16) 884 − 598 = ( )

17) 273 − 171 = ( )

18) 462 − 150 = ( )

19) 708 − 701 = ( )

20) 396 − 347 = ( )

21) 511 − 149 = ( )

22) 329 − 148 = ( )

23) 877 − 633 = ( )

24) 498 − 115 = ( )

25) 441 − 373 = ( )

26) 803 − 446 = ( )

27) 428 − 133 = ( )

28) 552 − 137 = ( )

29) 809 − 226 = ( )

30) 832 − 240 = ( )

31) 2,346 − 1,774 = ( )

32) 1,833 − 1,546 = ( )

33) 8,070 − 3,295 = ( )

34) 7,091 − 2,725 = ( )

35) 5,183 − 1,561 = ( )

36) 5,531 − 2,849 = ( )

37) 7,352 − 7,182 = ( )

38) 2,495 − 1,099 = ( )

39) 8,577 − 6,325 = ( )

40) 9,291 − 6,675 = ( )

41) 1,378 − 1,271 = ( )

42) 6,062 − 1,604 = ( )

43) 9,056 − 1,822 = ( )

44) 3,150 − 2,061 = ( )

정답 확인

A	B	A−B
65	33	(32)
72	45	(27)

A	B	A−B
189	120	(69)
249	195	(54)

A	B	A−B
57	23	(34)
51	25	(26)

A	B	A−B
765	107	(658)
829	182	(647)

A	B	A−B
67	48	(19)
29	14	(15)

A	B	A−B
842	776	(66)
306	264	(42)

A	B	A−B
344	202	(142)
851	725	(126)

A	B	A−B
446	315	(131)
759	650	(109)

A	B	A−B
712	210	(502)
910	337	(573)

A	B	A−B
807	606	(201)
450	217	(233)

실력 체크표

시간대	등급	결과
~0:30	S	훌륭해요!
0:30~1:00	A	우수해요!
1:00~1:30	B	좋습니다!
1:30~2:00	C	평균이에요!
2:00~2:30	F	노력이 많이 필요해요!

나의 시간기록	나의 등급

유형 2 A−B의 값이 더 큰 것을 구해 보세요.

A	B	
65	33	( )
72	45	( )

A	B	
189	120	( )
249	195	( )

A	B	
57	23	( )
51	25	( )

A	B	
765	107	( )
829	182	( )

A	B	
67	48	( )
29	14	( )

A	B	
842	776	( )
306	264	( )

A	B	
344	202	( )
851	725	( )

A	B	
446	315	( )
759	650	( )

A	B	
712	210	( )
910	337	( )

A	B	
807	606	( )
450	217	( )

정답 확인

구분	2024	2025	2026	2027	
A	281	453	620	762	
B	399	449	604	735	
C	364	430	602	744	정답
전년 대비 증가량	A	(172)	(167)	(142)	(2025)
	B	(50)	(155)	(131)	(2026)
	C	(66)	(172)	(142)	(2026)

구분	2024	2025	2026	2027	
A	274	411	571	714	
B	248	391	511	670	
C	146	240	335	424	정답
전년 대비 증가량	A	(137)	(160)	(143)	(2026)
	B	(143)	(120)	(159)	(2027)
	C	(94)	(95)	(89)	(2026)

구분	2024	2025	2026	2027	
A	473	540	672	799	
B	392	482	625	779	
C	286	369	501	575	정답
전년 대비 증가량	A	(67)	(132)	(127)	(2026)
	B	(90)	(143)	(154)	(2027)
	C	(83)	(132)	(74)	(2026)

구분	2024	2025	2026	2027	
A	253	432	608	775	
B	184	324	437	523	
C	454	536	689	836	정답
전년 대비 증가량	A	(179)	(176)	(167)	(2025)
	B	(140)	(113)	(86)	(2025)
	C	(82)	(153)	(147)	(2026)

구분	2024	2025	2026	2027	
A	227	348	413	489	
B	267	431	489	621	
C	298	432	550	715	정답
전년 대비 증가량	A	(121)	(65)	(76)	(2025)
	B	(164)	(58)	(132)	(2025)
	C	(134)	(118)	(165)	(2027)

실력 체크표	시간대	등급	결과	나의 시간기록	나의 등급
	~5:00	S	훌륭해요!		
	5:00~5:30	A	우수해요!		
	5:30~6:00	B	좋습니다!		
	6:00~6:30	C	평균이에요!		
	6:30~7:00	F	노력이 많이 필요해요!		

유형 3 다음 A, B, C 각각에서 전년 대비 2025~2027년의 증가량이 가장 큰 연도를 써보세요.

구분	2024	2025	2026	2027	
A	281	453	620	762	
B	399	449	604	735	
C	364	430	602	744	정답
전년 대비 증가량	A	(　)	(　)	(　)	(　)
	B	(　)	(　)	(　)	(　)
	C	(　)	(　)	(　)	(　)

구분	2024	2025	2026	2027	
A	274	411	571	714	
B	248	391	511	670	
C	146	240	335	424	정답
전년 대비 증가량	A	(　)	(　)	(　)	(　)
	B	(　)	(　)	(　)	(　)
	C	(　)	(　)	(　)	(　)

구분	2024	2025	2026	2027	
A	473	540	672	799	
B	392	482	625	779	
C	286	369	501	575	정답
전년 대비 증가량	A	(　)	(　)	(　)	(　)
	B	(　)	(　)	(　)	(　)
	C	(　)	(　)	(　)	(　)

구분	2024	2025	2026	2027	
A	253	432	608	775	
B	184	324	437	523	
C	454	536	689	836	정답
전년 대비 증가량	A	(　)	(　)	(　)	(　)
	B	(　)	(　)	(　)	(　)
	C	(　)	(　)	(　)	(　)

구분	2024	2025	2026	2027	
A	227	348	413	489	
B	267	431	489	621	
C	298	432	550	715	정답
전년 대비 증가량	A	(　)	(　)	(　)	(　)
	B	(　)	(　)	(　)	(　)
	C	(　)	(　)	(　)	(　)

DAY 07 | 곱셈 연습

※ 정답 페이지를 반으로 접고 문제를 풀어보세요.

정답 확인

1) 18 × 2 = (36)
2) 52 × 6 = (312)
3) 33 × 7 = (231)
4) 50 × 3 = (150)
5) 52 × 5 = (260)
6) 13 × 2 = (26)
7) 93 × 5 = (465)
8) 79 × 5 = (395)
9) 58 × 2 = (116)
10) 84 × 3 = (252)
11) 785 × 5 = (3,925)
12) 523 × 7 = (3,661)
13) 439 × 9 = (3,951)
14) 582 × 5 = (2,910)
15) 939 × 3 = (2,817)
16) 503 × 3 = (1,509)
17) 995 × 6 = (5,970)
18) 319 × 8 = (2,552)
19) 528 × 3 = (1,584)
20) 67 × 15 = (1,005)
21) 44 × 47 = (2,068)
22) 25 × 95 = (2,375)
23) 25 × 90 = (2,250)
24) 63 × 40 = (2,520)
25) 57 × 80 = (4,560)
26) 12 × 69 = (828)
27) 13 × 94 = (1,222)
28) 39 × 97 = (3,783)
29) 33 × 85 = (2,805)
30) 43 × 16 = (688)
31) 456 × 13 = (5,928)
32) 686 × 51 = (34,986)
33) 133 × 88 = (11,704)
34) 888 × 12 = (10,656)
35) 301 × 52 = (15,652)
36) 200 × 41 = (8,200)
37) 609 × 15 = (9,135)
38) 897 × 95 = (85,215)
39) 112 × 96 = (10,752)
40) 135 × 56 = (7,560)
41) 824 × 632 = (520,768)
42) 460 × 940 = (432,400)
43) 517 × 262 = (135,454)
44) 291 × 195 = (56,745)

실력 체크표

시간대	등급	결과
~4:00	S	훌륭해요!
4:00~4:30	A	우수해요!
4:30~5:00	B	좋습니다!
5:00~5:30	C	평균이에요!
5:30~6:00	F	노력이 많이 필요해요!

나의 시간기록	나의 등급

계산이 빨라지는 TIP

★ 10의 배수로 만들어 곱하기

두 자리 수 이상인 수끼리 곱하는 경우, 둘 중 하나의 수를 10의 배수로 바꾸어 곱한 뒤 덧셈 또는 뺄셈하여 계산한다.

예 $12\times69=12\times(70-1)=12\times70-12=840-12=828$

유형 1 다음 식을 계산해 보세요.

1) 18 × 2 = (　　　　)

2) 52 × 6 = (　　　　)

3) 33 × 7 = (　　　　)

4) 50 × 3 = (　　　　)

5) 52 × 5 = (　　　　)

6) 13 × 2 = (　　　　)

7) 93 × 5 = (　　　　)

8) 79 × 5 = (　　　　)

9) 58 × 2 = (　　　　)

10) 84 × 3 = (　　　　)

11) 785 × 5 = (　　　　)

12) 523 × 7 = (　　　　)

13) 439 × 9 = (　　　　)

14) 582 × 5 = (　　　　)

15) 939 × 3 = (　　　　)

16) 503 × 3 = (　　　　)

17) 995 × 6 = (　　　　)

18) 319 × 8 = (　　　　)

19) 528 × 3 = (　　　　)

20) 67 × 15 = (　　　　)

21) 44 × 47 = (　　　　)

22) 25 × 95 = (　　　　)

23) 25 × 90 = (　　　　)

24) 63 × 40 = (　　　　)

25) 57 × 80 = (　　　　)

26) 12 × 69 = (　　　　)

27) 13 × 94 = (　　　　)

28) 39 × 97 = (　　　　)

29) 33 × 85 = (　　　　)

30) 43 × 16 = (　　　　)

31) 456 × 13 = (　　　　)

32) 686 × 51 = (　　　　)

33) 133 × 88 = (　　　　)

34) 888 × 12 = (　　　　)

35) 301 × 52 = (　　　　)

36) 200 × 41 = (　　　　)

37) 609 × 15 = (　　　　)

38) 897 × 95 = (　　　　)

39) 112 × 96 = (　　　　)

40) 135 × 56 = (　　　　)

41) 824 × 632 = (　　　　)

42) 460 × 940 = (　　　　)

43) 517 × 262 = (　　　　)

44) 291 × 195 = (　　　　)

정답 확인

A	23
B	10
C	21
비중(%)	86
	(46.4)

A	37
B	25
C	48
비중(%)	78
	(85.8)

A	25
B	15
C	64
비중(%)	50
	(52.0)

A	33
B	26
C	83
비중(%)	22
	(31.2)

A	14
B	81
C	77
비중(%)	56
	(96.3)

A	15
B	24
C	62
비중(%)	40
	(40.4)

A	15
B	43
C	26
비중(%)	27
	(22.7)

A	82
B	35
C	39
비중(%)	47
	(73.3)

A	75
B	32
C	73
비중(%)	95
	(171.0)

A	58
B	72
C	75
비중(%)	89
	(182.5)

실력 체크표

시간대	등급	결과	나의 시간기록	나의 등급
~4:30	S	훌륭해요!		
4:30~5:00	A	우수해요!		
5:00~5:30	B	좋습니다!		
5:30~6:00	C	평균이에요!		
6:00~6:30	F	노력이 많이 필요해요!		

유형 2 다음 A, B, C의 합에서 비중(%)만큼 차지하는 값을 구해 보세요.(소수점 둘째 자리에서 반올림하여 계산하세요.)

A	23
B	10
C	21
비중(%)	86
	(　　)

A	37
B	25
C	48
비중(%)	78
	(　　)

A	25
B	15
C	64
비중(%)	50
	(　　)

A	33
B	26
C	83
비중(%)	22
	(　　)

A	14
B	81
C	77
비중(%)	56
	(　　)

A	15
B	24
C	62
비중(%)	40
	(　　)

A	15
B	43
C	26
비중(%)	27
	(　　)

A	82
B	35
C	39
비중(%)	47
	(　　)

A	75
B	32
C	73
비중(%)	95
	(　　)

A	58
B	72
C	75
비중(%)	89
	(　　)

정답 확인

1) 13 × 13 (<) 39 × 12

2) 22 × 37 (>) 23 × 24

3) 39 × 13 (>) 39 × 11

4) 45 × 18 (>) 45 × 13

5) 42 × 17 (>) 50 × 13

6) 37 × 17 (<) 41 × 17

7) 21 × 20 (<) 42 × 17

8) 42 × 28 (<) 48 × 28

9) 19 × 44 (>) 33 × 25

10) 11 × 17 (<) 40 × 14

11) 11 × 15 (>) 11 × 11

12) 24 × 43 (<) 47 × 24

13) 23 × 44 (>) 35 × 27

14) 28 × 11 (<) 39 × 10

15) 17 × 29 (<) 43 × 25

16) 17 × 48 (>) 40 × 16

17) 17 × 10 (<) 46 × 10

18) 14 × 10 (<) 30 × 10

19) 47 × 36 (>) 48 × 18

20) 47 × 28 (>) 50 × 19

21) 21 × 45 (<) 42 × 39

22) 13 × 11 (<) 33 × 10

23) 14 × 13 (<) 48 × 10

24) 42 × 46 (>) 43 × 20

25) 16 × 32 (<) 42 × 29

26) 461 × 12 (<) 12 × 494

27) 229 × 39 (<) 39 × 319

28) 470 × 13 (>) 10 × 477

29) 127 × 30 (<) 13 × 475

30) 451 × 41 (>) 21 × 499

31) 477 × 18 (>) 15 × 494

32) 106 × 35 (<) 35 × 370

33) 180 × 31 (>) 19 × 253

34) 339 × 34 (>) 20 × 431

35) 342 × 26 (<) 22 × 459

36) 150 × 200 (>) 189 × 111

37) 277 × 346 (<) 479 × 213

38) 177 × 474 (>) 336 × 156

39) 341 × 140 (<) 480 × 110

40) 451 × 342 (>) 457 × 120

41) 449 × 438 (>) 457 × 254

42) 222 × 130 (<) 440 × 104

43) 285 × 291 (>) 405 × 200

44) 452 × 165 (>) 495 × 106

실력 체크표

시간대	등급	결과	나의 시간기록	나의 등급
~5:00	S	훌륭해요!		
5:00~5:30	A	우수해요!		
5:30~6:00	B	좋습니다!		
6:00~6:30	C	평균이에요!		
6:30~7:00	F	노력이 많이 필요해요!		

계산이 빨라지는 TIP

★ 증가율 이용하여 계산하기

두 곱셈식의 크기를 비교할 때, 각 곱셈식의 곱셈 기호를 기준으로 왼쪽에 있는 수와 오른쪽에 있는 수의 증가율을 비교하여 두 곱셈식의 크기를 비교할 수 있다.

예 42×17과 50×13의 크기를 비교하는 경우, 42 → 50은 20% 미만 증가하였고, 13 → 17은 30% 이상 증가하였으므로 42×17이 더 크다는 것을 쉽게 알 수 있다.

유형 3 다음 두 곱셈식의 크기를 비교하여 부등호를 써넣으세요.

1) 13 × 13 ( ) 39 × 12
2) 22 × 37 ( ) 23 × 24
3) 39 × 13 ( ) 39 × 11
4) 45 × 18 ( ) 45 × 13
5) 42 × 17 ( ) 50 × 13
6) 37 × 17 ( ) 41 × 17
7) 21 × 20 ( ) 42 × 17
8) 42 × 28 ( ) 48 × 28
9) 19 × 44 ( ) 33 × 25
10) 11 × 17 ( ) 40 × 14
11) 11 × 15 ( ) 11 × 11
12) 24 × 43 ( ) 47 × 24
13) 23 × 44 ( ) 35 × 27
14) 28 × 11 ( ) 39 × 10
15) 17 × 29 ( ) 43 × 25
16) 17 × 48 ( ) 40 × 16
17) 17 × 10 ( ) 46 × 10
18) 14 × 10 ( ) 30 × 10
19) 47 × 36 ( ) 48 × 18
20) 47 × 28 ( ) 50 × 19
21) 21 × 45 ( ) 42 × 39
22) 13 × 11 ( ) 33 × 10

23) 14 × 13 ( ) 48 × 10
24) 42 × 46 ( ) 43 × 20
25) 16 × 32 ( ) 42 × 29
26) 461 × 12 ( ) 12 × 494
27) 229 × 39 ( ) 39 × 319
28) 470 × 13 ( ) 10 × 477
29) 127 × 30 ( ) 13 × 475
30) 451 × 41 ( ) 21 × 499
31) 477 × 18 ( ) 15 × 494
32) 106 × 35 ( ) 35 × 370
33) 180 × 31 ( ) 19 × 253
34) 339 × 34 ( ) 20 × 431
35) 342 × 26 ( ) 22 × 459
36) 150 × 200 ( ) 189 × 111
37) 277 × 346 ( ) 479 × 213
38) 177 × 474 ( ) 336 × 156
39) 341 × 140 ( ) 480 × 110
40) 451 × 342 ( ) 457 × 120
41) 449 × 438 ( ) 457 × 254
42) 222 × 130 ( ) 440 × 104
43) 285 × 291 ( ) 405 × 200
44) 452 × 165 ( ) 495 × 106

DAY 08 | 곱셈 연습

※ 정답 페이지를 반으로 접고 문제를 풀어보세요.

정답 확인

1) 93 × 5 = (465)
2) 24 × 5 = (120)
3) 21 × 6 = (126)
4) 15 × 2 = (30)
5) 17 × 2 = (34)
6) 36 × 4 = (144)
7) 15 × 4 = (60)
8) 92 × 7 = (644)
9) 71 × 5 = (355)
10) 57 × 7 = (399)
11) 276 × 3 = (828)
12) 221 × 5 = (1,105)
13) 542 × 3 = (1,626)
14) 754 × 5 = (3,770)
15) 379 × 6 = (2,274)
16) 122 × 4 = (488)
17) 248 × 9 = (2,232)
18) 989 × 5 = (4,945)
19) 584 × 9 = (5,256)
20) 37 × 58 = (2,146)
21) 36 × 53 = (1,908)
22) 24 × 22 = (528)
23) 43 × 84 = (3,612)
24) 30 × 47 = (1,410)
25) 90 × 25 = (2,250)
26) 48 × 12 = (576)
27) 14 × 48 = (672)
28) 20 × 28 = (560)
29) 33 × 22 = (726)
30) 81 × 32 = (2,592)
31) 786 × 98 = (77,028)
32) 623 × 22 = (13,706)
33) 625 × 69 = (43,125)
34) 773 × 97 = (74,981)
35) 483 × 89 = (42,987)
36) 748 × 54 = (40,392)
37) 599 × 24 = (14,376)
38) 147 × 38 = (5,586)
39) 464 × 89 = (41,296)
40) 174 × 37 = (6,438)
41) 758 × 668 = (506,344)
42) 958 × 749 = (717,542)
43) 265 × 912 = (241,680)
44) 977 × 671 = (655,567)

실력 체크표

시간대	등급	결과
~4:00	S	훌륭해요!
4:00~4:30	A	우수해요!
4:30~5:00	B	좋습니다!
5:00~5:30	C	평균이에요!
5:30~6:00	F	노력이 많이 필요해요!

나의 시간기록	나의 등급

유형 1 다음 식을 계산해 보세요.

1) 93 × 5 = (　　　)
2) 24 × 5 = (　　　)
3) 21 × 6 = (　　　)
4) 15 × 2 = (　　　)
5) 17 × 2 = (　　　)
6) 36 × 4 = (　　　)
7) 15 × 4 = (　　　)
8) 92 × 7 = (　　　)
9) 71 × 5 = (　　　)
10) 57 × 7 = (　　　)
11) 276 × 3 = (　　　)
12) 221 × 5 = (　　　)
13) 542 × 3 = (　　　)
14) 754 × 5 = (　　　)
15) 379 × 6 = (　　　)
16) 122 × 4 = (　　　)
17) 248 × 9 = (　　　)
18) 989 × 5 = (　　　)
19) 584 × 9 = (　　　)
20) 37 × 58 = (　　　)
21) 36 × 53 = (　　　)
22) 24 × 22 = (　　　)
23) 43 × 84 = (　　　)
24) 30 × 47 = (　　　)
25) 90 × 25 = (　　　)
26) 48 × 12 = (　　　)
27) 14 × 48 = (　　　)
28) 20 × 28 = (　　　)
29) 33 × 22 = (　　　)
30) 81 × 32 = (　　　)
31) 786 × 98 = (　　　)
32) 623 × 22 = (　　　)
33) 625 × 69 = (　　　)
34) 773 × 97 = (　　　)
35) 483 × 89 = (　　　)
36) 748 × 54 = (　　　)
37) 599 × 24 = (　　　)
38) 147 × 38 = (　　　)
39) 464 × 89 = (　　　)
40) 174 × 37 = (　　　)
41) 758 × 668 = (　　　)
42) 958 × 749 = (　　　)
43) 265 × 912 = (　　　)
44) 977 × 671 = (　　　)

정답 확인

A	13
B	71
C	19
비중(%)	52
	(53.6)

A	69
B	47
C	59
비중(%)	63
	(110.3)

A	40
B	44
C	42
비중(%)	89
	(112.1)

A	40
B	15
C	57
비중(%)	18
	(20.2)

A	63
B	21
C	65
비중(%)	58
	(86.4)

A	12
B	20
C	81
비중(%)	28
	(31.6)

A	23
B	92
C	98
비중(%)	87
	(185.3)

A	38
B	98
C	97
비중(%)	13
	(30.3)

A	40
B	72
C	30
비중(%)	25
	(35.5)

A	79
B	17
C	70
비중(%)	23
	(38.2)

실력 체크표

시간대	등급	결과	나의 시간기록	나의 등급
~4:30	S	훌륭해요!		
4:30~5:00	A	우수해요!		
5:00~5:30	B	좋습니다!		
5:30~6:00	C	평균이에요!		
6:00~6:30	F	노력이 많이 필요해요!		

유형 2 다음 A, B, C의 합에서 비중(%)만큼 차지하는 값을 구해 보세요.(소수점 둘째 자리에서 반올림하여 계산하세요.)

A	13
B	71
C	19
비중(%)	52
	(　　)

A	69
B	47
C	59
비중(%)	63
	(　　)

A	40
B	44
C	42
비중(%)	89
	(　　)

A	40
B	15
C	57
비중(%)	18
	(　　)

A	63
B	21
C	65
비중(%)	58
	(　　)

A	12
B	20
C	81
비중(%)	28
	(　　)

A	23
B	92
C	98
비중(%)	87
	(　　)

A	38
B	98
C	97
비중(%)	13
	(　　)

A	40
B	72
C	30
비중(%)	25
	(　　)

A	79
B	17
C	70
비중(%)	23
	(　　)

정답 확인

1) 37 × 15 (>) 46 × 10

2) 49 × 31 (>) 50 × 25

3) 10 × 43 (<) 17 × 40

4) 26 × 34 (<) 50 × 34

5) 15 × 40 (<) 34 × 34

6) 33 × 25 (>) 49 × 12

7) 38 × 28 (>) 43 × 14

8) 23 × 31 (<) 37 × 20

9) 49 × 34 (>) 50 × 33

10) 41 × 26 (>) 42 × 13

11) 45 × 21 (>) 49 × 18

12) 37 × 37 (<) 50 × 30

13) 35 × 39 (>) 41 × 21

14) 22 × 33 (>) 33 × 17

15) 24 × 29 (<) 47 × 19

16) 50 × 22 (>) 50 × 14

17) 36 × 48 (>) 36 × 18

18) 23 × 25 (<) 50 × 23

19) 35 × 21 (>) 48 × 15

20) 34 × 10 (<) 47 × 10

21) 41 × 50 (<) 50 × 45

22) 50 × 26 (>) 50 × 20

23) 24 × 36 (<) 49 × 36

24) 50 × 33 (>) 50 × 29

25) 28 × 39 (<) 50 × 37

26) 420 × 47 (<) 47 × 451

27) 337 × 38 (<) 35 × 473

28) 359 × 36 (>) 16 × 453

29) 134 × 25 (<) 15 × 282

30) 357 × 15 (<) 14 × 479

31) 322 × 16 (<) 15 × 457

32) 292 × 43 (<) 30 × 484

33) 197 × 10 (<) 10 × 356

34) 317 × 25 (>) 12 × 403

35) 205 × 32 (<) 15 × 489

36) 328 × 458 (<) 471 × 344

37) 164 × 222 (<) 482 × 177

38) 498 × 194 (>) 500 × 128

39) 148 × 488 (>) 150 × 223

40) 354 × 366 (>) 432 × 280

41) 238 × 396 (<) 368 × 368

42) 318 × 229 (>) 337 × 205

43) 451 × 187 (>) 472 × 150

44) 391 × 323 (>) 473 × 267

실력 체크표

시간대	등급	결과	나의 시간기록	나의 등급
~5:00	S	훌륭해요!		
5:00~5:30	A	우수해요!		
5:30~6:00	B	좋습니다!		
6:00~6:30	C	평균이에요!		
6:30~7:00	F	노력이 많이 필요해요!		

계산이 빨라지는 TIP

★ 반올림해서 크기 비교하기

정확한 값을 구하지 않고 반올림한 뒤 계산하여도 크기를 비교할 수 있다.

예 318×229와 337×205의 크기를 비교하는 경우, 일의 자리에서 반올림한 뒤 10으로 나누면 32×23과 34×21의 크기를 비교하게 되고, 32 → 34와 21 → 23은 모두 2만큼 증가하였으므로 증가율은 21 → 23이 더 크다. 즉 32×23으로 계산한 318×229가 더 크다는 것을 쉽게 알 수 있다. 단, 어림값을 활용하면 오차에 의해 답이 틀릴 수 있으므로 원래의 수와 가장 근사한 값을 정해야 한다.

유형 3 다음 두 곱셈식의 크기를 비교하여 부등호를 써넣으세요.

1) 37 × 15 (　) 46 × 10

2) 49 × 31 (　) 50 × 25

3) 10 × 43 (　) 17 × 40

4) 26 × 34 (　) 50 × 34

5) 15 × 40 (　) 34 × 34

6) 33 × 25 (　) 49 × 12

7) 38 × 28 (　) 43 × 14

8) 23 × 31 (　) 37 × 20

9) 49 × 34 (　) 50 × 33

10) 41 × 26 (　) 42 × 13

11) 45 × 21 (　) 49 × 18

12) 37 × 37 (　) 50 × 30

13) 35 × 39 (　) 41 × 21

14) 22 × 33 (　) 33 × 17

15) 24 × 29 (　) 47 × 19

16) 50 × 22 (　) 50 × 14

17) 36 × 48 (　) 36 × 18

18) 23 × 25 (　) 50 × 23

19) 35 × 21 (　) 48 × 15

20) 34 × 10 (　) 47 × 10

21) 41 × 50 (　) 50 × 45

22) 50 × 26 (　) 50 × 20

23) 24 × 36 (　) 49 × 36

24) 50 × 33 (　) 50 × 29

25) 28 × 39 (　) 50 × 37

26) 420 × 47 (　) 47 × 451

27) 337 × 38 (　) 35 × 473

28) 359 × 36 (　) 16 × 453

29) 134 × 25 (　) 15 × 282

30) 357 × 15 (　) 14 × 479

31) 322 × 16 (　) 15 × 457

32) 292 × 43 (　) 30 × 484

33) 197 × 10 (　) 10 × 356

34) 317 × 25 (　) 12 × 403

35) 205 × 32 (　) 15 × 489

36) 328 × 458 (　) 471 × 344

37) 164 × 222 (　) 482 × 177

38) 498 × 194 (　) 500 × 128

39) 148 × 488 (　) 150 × 223

40) 354 × 366 (　) 432 × 280

41) 238 × 396 (　) 368 × 368

42) 318 × 229 (　) 337 × 205

43) 451 × 187 (　) 472 × 150

44) 391 × 323 (　) 473 × 267

DAY 09 | 곱셈 연습

※ 정답 페이지를 반으로 접고 문제를 풀어보세요.

정답 확인

1) 26 × 3 = (78)
2) 94 × 8 = (752)
3) 76 × 6 = (456)
4) 53 × 8 = (424)
5) 22 × 4 = (88)
6) 31 × 6 = (186)
7) 81 × 2 = (162)
8) 74 × 7 = (518)
9) 93 × 2 = (186)
10) 24 × 7 = (168)
11) 611 × 2 = (1,222)
12) 299 × 2 = (598)
13) 139 × 2 = (278)
14) 651 × 9 = (5,859)
15) 601 × 8 = (4,808)
16) 291 × 7 = (2,037)
17) 426 × 5 = (2,130)
18) 981 × 3 = (2,943)
19) 299 × 7 = (2,093)
20) 69 × 23 = (1,587)
21) 78 × 55 = (4,290)
22) 59 × 34 = (2,006)
23) 91 × 97 = (8,827)
24) 43 × 99 = (4,257)
25) 65 × 35 = (2,275)
26) 30 × 85 = (2,550)
27) 64 × 57 = (3,648)
28) 86 × 66 = (5,676)
29) 85 × 52 = (4,420)
30) 28 × 90 = (2,520)
31) 691 × 30 = (20,730)
32) 964 × 58 = (55,912)
33) 440 × 43 = (18,920)
34) 340 × 55 = (18,700)
35) 180 × 63 = (11,340)
36) 600 × 92 = (55,200)
37) 491 × 85 = (41,735)
38) 562 × 96 = (53,952)
39) 503 × 45 = (22,635)
40) 180 × 77 = (13,860)
41) 262 × 447 = (117,114)
42) 739 × 691 = (510,649)
43) 582 × 775 = (451,050)
44) 727 × 933 = (678,291)

실력 체크표	시간대	등급	결과	나의 시간기록	나의 등급
	~4:00	S	훌륭해요!		
	4:00~4:30	A	우수해요!		
	4:30~5:00	B	좋습니다!		
	5:00~5:30	C	평균이에요!		
	5:30~6:00	F	노력이 많이 필요해요!		

유형 1 다음 식을 계산해 보세요.

1) 26 × 3 = ( )
2) 94 × 8 = ( )
3) 76 × 6 = ( )
4) 53 × 8 = ( )
5) 22 × 4 = ( )
6) 31 × 6 = ( )
7) 81 × 2 = ( )
8) 74 × 7 = ( )
9) 93 × 2 = ( )
10) 24 × 7 = ( )
11) 611 × 2 = ( )
12) 299 × 2 = ( )
13) 139 × 2 = ( )
14) 651 × 9 = ( )
15) 601 × 8 = ( )
16) 291 × 7 = ( )
17) 426 × 5 = ( )
18) 981 × 3 = ( )
19) 299 × 7 = ( )
20) 69 × 23 = ( )
21) 78 × 55 = ( )
22) 59 × 34 = ( )
23) 91 × 97 = ( )
24) 43 × 99 = ( )
25) 65 × 35 = ( )
26) 30 × 85 = ( )
27) 64 × 57 = ( )
28) 86 × 66 = ( )
29) 85 × 52 = ( )
30) 28 × 90 = ( )
31) 691 × 30 = ( )
32) 964 × 58 = ( )
33) 440 × 43 = ( )
34) 340 × 55 = ( )
35) 180 × 63 = ( )
36) 600 × 92 = ( )
37) 491 × 85 = ( )
38) 562 × 96 = ( )
39) 503 × 45 = ( )
40) 180 × 77 = ( )
41) 262 × 447 = ( )
42) 739 × 691 = ( )
43) 582 × 775 = ( )
44) 727 × 933 = ( )

정답 확인

A	28
B	39
C	65
비중(%)	25
	(33.0)

A	88
B	37
C	88
비중(%)	93
	(198.1)

A	76
B	33
C	45
비중(%)	62
	(95.5)

A	28
B	16
C	21
비중(%)	35
	(22.8)

A	66
B	43
C	82
비중(%)	85
	(162.4)

A	85
B	57
C	56
비중(%)	66
	(130.7)

A	21
B	46
C	49
비중(%)	48
	(55.7)

A	84
B	96
C	23
비중(%)	88
	(178.6)

A	93
B	64
C	37
비중(%)	16
	(31.0)

A	83
B	49
C	34
비중(%)	25
	(41.5)

실력 체크표

시간대	등급	결과
~4:30	S	훌륭해요!
4:30~5:00	A	우수해요!
5:00~5:30	B	좋습니다!
5:30~6:00	C	평균이에요!
6:00~6:30	F	노력이 많이 필요해요!

나의 시간기록	나의 등급

유형 2 다음 A, B, C의 합에서 비중(%)만큼 차지하는 값을 구해 보세요.(소수점 둘째 자리에서 반올림하여 계산하세요.)

A	28
B	39
C	65
비중(%)	25
	(　　)

A	88
B	37
C	88
비중(%)	93
	(　　)

A	76
B	33
C	45
비중(%)	62
	(　　)

A	28
B	16
C	21
비중(%)	35
	(　　)

A	66
B	43
C	82
비중(%)	85
	(　　)

A	85
B	57
C	56
비중(%)	66
	(　　)

A	21
B	46
C	49
비중(%)	48
	(　　)

A	84
B	96
C	23
비중(%)	88
	(　　)

A	93
B	64
C	37
비중(%)	16
	(　　)

A	83
B	49
C	34
비중(%)	25
	(　　)

정답 확인

1) 12 × 50 (<) 41 × 48

2) 27 × 10 (<) 37 × 10

3) 50 × 20 (>) 50 × 10

4) 27 × 45 (>) 42 × 11

5) 39 × 34 (<) 50 × 27

6) 16 × 15 (<) 23 × 13

7) 42 × 46 (>) 44 × 18

8) 37 × 22 (<) 48 × 20

9) 29 × 42 (>) 29 × 24

10) 40 × 21 (>) 43 × 19

11) 16 × 20 (<) 32 × 14

12) 19 × 29 (>) 20 × 13

13) 44 × 18 (>) 46 × 12

14) 34 × 29 (>) 37 × 24

15) 14 × 30 (<) 39 × 17

16) 40 × 46 (>) 50 × 19

17) 49 × 48 (>) 50 × 10

18) 29 × 22 (<) 50 × 13

19) 36 × 42 (>) 40 × 35

20) 30 × 20 (>) 33 × 10

21) 44 × 30 (<) 48 × 28

22) 26 × 36 (<) 50 × 31

23) 10 × 20 (<) 36 × 20

24) 39 × 42 (>) 49 × 13

25) 24 × 42 (>) 26 × 15

26) 307 × 31 (>) 18 × 434

27) 430 × 36 (>) 13 × 492

28) 274 × 39 (>) 27 × 307

29) 231 × 26 (<) 24 × 280

30) 342 × 25 (>) 19 × 440

31) 340 × 49 (<) 44 × 492

32) 379 × 20 (>) 10 × 399

33) 249 × 40 (>) 17 × 296

34) 321 × 24 (>) 22 × 334

35) 474 × 22 (>) 16 × 491

36) 163 × 464 (<) 372 × 414

37) 493 × 183 (>) 493 × 150

38) 201 × 180 (<) 315 × 151

39) 419 × 152 (<) 459 × 149

40) 496 × 163 (>) 497 × 100

41) 148 × 286 (<) 296 × 284

42) 185 × 367 (<) 369 × 327

43) 348 × 129 (<) 438 × 117

44) 494 × 220 (>) 495 × 218

실력 체크표

시간대	등급	결과	나의 시간기록	나의 등급
~5:00	S	훌륭해요!		
5:00~5:30	A	우수해요!		
5:30~6:00	B	좋습니다!		
6:00~6:30	C	평균이에요!		
6:30~7:00	F	노력이 많이 필요해요!		

유형 3 다음 두 곱셈식의 크기를 비교하여 부등호를 써넣으세요.

1) 12 × 50 (　) 41 × 48
2) 27 × 10 (　) 37 × 10
3) 50 × 20 (　) 50 × 10
4) 27 × 45 (　) 42 × 11
5) 39 × 34 (　) 50 × 27
6) 16 × 15 (　) 23 × 13
7) 42 × 46 (　) 44 × 18
8) 37 × 22 (　) 48 × 20
9) 29 × 42 (　) 29 × 24
10) 40 × 21 (　) 43 × 19
11) 16 × 20 (　) 32 × 14
12) 19 × 29 (　) 20 × 13
13) 44 × 18 (　) 46 × 12
14) 34 × 29 (　) 37 × 24
15) 14 × 30 (　) 39 × 17
16) 40 × 46 (　) 50 × 19
17) 49 × 48 (　) 50 × 10
18) 29 × 22 (　) 50 × 13
19) 36 × 42 (　) 40 × 35
20) 30 × 20 (　) 33 × 10
21) 44 × 30 (　) 48 × 28
22) 26 × 36 (　) 50 × 31
23) 10 × 20 (　) 36 × 20
24) 39 × 42 (　) 49 × 13
25) 24 × 42 (　) 26 × 15
26) 307 × 31 (　) 18 × 434
27) 430 × 36 (　) 13 × 492
28) 274 × 39 (　) 27 × 307
29) 231 × 26 (　) 24 × 280
30) 342 × 25 (　) 19 × 440
31) 340 × 49 (　) 44 × 492
32) 379 × 20 (　) 10 × 399
33) 249 × 40 (　) 17 × 296
34) 321 × 24 (　) 22 × 334
35) 474 × 22 (　) 16 × 491
36) 163 × 464 (　) 372 × 414
37) 493 × 183 (　) 493 × 150
38) 201 × 180 (　) 315 × 151
39) 419 × 152 (　) 459 × 149
40) 496 × 163 (　) 497 × 100
41) 148 × 286 (　) 296 × 284
42) 185 × 367 (　) 369 × 327
43) 348 × 129 (　) 438 × 117
44) 494 × 220 (　) 495 × 218

DAY 10 | 나눗셈 연습

※ 정답 페이지를 반으로 접고 문제를 풀어보세요.

정답 확인

1) 37 ÷ 8 = (4.6)
2) 58 ÷ 7 = (8.3)
3) 82 ÷ 5 = (16.4)
4) 57 ÷ 6 = (9.5)
5) 92 ÷ 4 = (23.0)
6) 24 ÷ 3 = (8.0)
7) 16 ÷ 5 = (3.2)
8) 33 ÷ 6 = (5.5)
9) 90 ÷ 9 = (10.0)
10) 97 ÷ 3 = (32.3)
11) 540 ÷ 2 = (270.0)
12) 964 ÷ 5 = (192.8)
13) 596 ÷ 8 = (74.5)
14) 993 ÷ 9 = (110.3)
15) 830 ÷ 2 = (415.0)
16) 628 ÷ 4 = (157.0)
17) 570 ÷ 2 = (285.0)
18) 462 ÷ 2 = (231.0)
19) 138 ÷ 8 = (17.3)
20) 71 ÷ 77 = (0.9)
21) 38 ÷ 28 = (1.4)
22) 52 ÷ 80 = (0.7)
23) 37 ÷ 48 = (0.8)
24) 39 ÷ 82 = (0.5)
25) 62 ÷ 14 = (4.4)
26) 78 ÷ 31 = (2.5)
27) 73 ÷ 58 = (1.3)
28) 66 ÷ 64 = (1.0)
29) 95 ÷ 72 = (1.3)
30) 57 ÷ 34 = (1.7)
31) 602 ÷ 70 = (8.6)
32) 315 ÷ 53 = (5.9)
33) 985 ÷ 46 = (21.4)
34) 954 ÷ 44 = (21.7)
35) 887 ÷ 76 = (11.7)
36) 909 ÷ 61 = (14.9)
37) 278 ÷ 98 = (2.8)
38) 581 ÷ 80 = (7.3)
39) 668 ÷ 78 = (8.6)
40) 603 ÷ 57 = (10.6)
41) 164 ÷ 684 = (0.2)
42) 553 ÷ 221 = (2.5)
43) 997 ÷ 149 = (6.7)
44) 473 ÷ 329 = (1.4)

실력 체크표

시간대	등급	결과	나의 시간기록	나의 등급
~4:00	S	훌륭해요!		
4:00~4:30	A	우수해요!		
4:30~5:00	B	좋습니다!		
5:00~5:30	C	평균이에요!		
5:30~6:00	F	노력이 많이 필요해요!		

유형 1 다음 식을 계산해 보세요.(소수점 둘째 자리에서 반올림하여 계산하세요.)

1) 37 ÷ 8 = (　　　)
2) 58 ÷ 7 = (　　　)
3) 82 ÷ 5 = (　　　)
4) 57 ÷ 6 = (　　　)
5) 92 ÷ 4 = (　　　)
6) 24 ÷ 3 = (　　　)
7) 16 ÷ 5 = (　　　)
8) 33 ÷ 6 = (　　　)
9) 90 ÷ 9 = (　　　)
10) 97 ÷ 3 = (　　　)
11) 540 ÷ 2 = (　　　)
12) 964 ÷ 5 = (　　　)
13) 596 ÷ 8 = (　　　)
14) 993 ÷ 9 = (　　　)
15) 830 ÷ 2 = (　　　)
16) 628 ÷ 4 = (　　　)
17) 570 ÷ 2 = (　　　)
18) 462 ÷ 2 = (　　　)
19) 138 ÷ 8 = (　　　)
20) 71 ÷ 77 = (　　　)
21) 38 ÷ 28 = (　　　)
22) 52 ÷ 80 = (　　　)
23) 37 ÷ 48 = (　　　)
24) 39 ÷ 82 = (　　　)
25) 62 ÷ 14 = (　　　)
26) 78 ÷ 31 = (　　　)
27) 73 ÷ 58 = (　　　)
28) 66 ÷ 64 = (　　　)
29) 95 ÷ 72 = (　　　)
30) 57 ÷ 34 = (　　　)
31) 602 ÷ 70 = (　　　)
32) 315 ÷ 53 = (　　　)
33) 985 ÷ 46 = (　　　)
34) 954 ÷ 44 = (　　　)
35) 887 ÷ 76 = (　　　)
36) 909 ÷ 61 = (　　　)
37) 278 ÷ 98 = (　　　)
38) 581 ÷ 80 = (　　　)
39) 668 ÷ 78 = (　　　)
40) 603 ÷ 57 = (　　　)
41) 164 ÷ 684 = (　　　)
42) 553 ÷ 221 = (　　　)
43) 997 ÷ 149 = (　　　)
44) 473 ÷ 329 = (　　　)

정답 확인

A	31
B	94
C	66
비중(%)	(16.2)

A	43
B	14
C	76
비중(%)	(32.3)

A	77
B	30
C	78
비중(%)	(41.6)

A	46
B	81
C	52
비중(%)	(25.7)

A	75
B	41
C	14
비중(%)	(57.7)

A	24
B	17
C	32
비중(%)	(32.9)

A	61
B	38
C	92
비중(%)	(31.9)

A	44
B	87
C	69
비중(%)	(22.0)

A	77
B	24
C	32
비중(%)	(57.9)

A	97
B	29
C	58
비중(%)	(52.7)

실력 체크표

시간대	등급	결과	나의 시간기록	나의 등급
~4:30	S	훌륭해요!		
4:30~5:00	A	우수해요!		
5:00~5:30	B	좋습니다!		
5:30~6:00	C	평균이에요!		
6:00~6:30	F	노력이 많이 필요해요!		

유형 2 다음 A, B, C의 합에서 A가 차지하는 비중(%)을 구해 보세요.(소수점 둘째 자리에서 반올림하여 계산하세요.)

A	31
B	94
C	66
비중(%)	(　　)

A	43
B	14
C	76
비중(%)	(　　)

A	77
B	30
C	78
비중(%)	(　　)

A	46
B	81
C	52
비중(%)	(　　)

A	75
B	41
C	14
비중(%)	(　　)

A	24
B	17
C	32
비중(%)	(　　)

A	61
B	38
C	92
비중(%)	(　　)

A	44
B	87
C	69
비중(%)	(　　)

A	77
B	24
C	32
비중(%)	(　　)

A	97
B	29
C	58
비중(%)	(　　)

정답 확인

1) $\frac{45}{18}\ (>)\ \frac{65}{39}$

2) $\frac{38}{29}\ (<)\ \frac{59}{38}$

3) $\frac{41}{30}\ (>)\ \frac{49}{53}$

4) $\frac{34}{10}\ (>)\ \frac{41}{28}$

5) $\frac{20}{46}\ (<)\ \frac{45}{63}$

6) $\frac{45}{16}\ (>)\ \frac{62}{35}$

7) $\frac{10}{35}\ (<)\ \frac{35}{52}$

8) $\frac{12}{10}\ (>)\ \frac{22}{27}$

9) $\frac{39}{18}\ (>)\ \frac{64}{33}$

10) $\frac{46}{10}\ (>)\ \frac{68}{31}$

11) $\frac{20}{37}\ (<)\ \frac{43}{54}$

12) $\frac{41}{38}\ (<)\ \frac{62}{57}$

13) $\frac{99}{61}\ (>)\ \frac{117}{76}$

14) $\frac{89}{86}\ (>)\ \frac{96}{95}$

15) $\frac{82}{95}\ (<)\ \frac{98}{108}$

16) $\frac{79}{62}\ (<)\ \frac{98}{71}$

17) $\frac{62}{75}\ (>)\ \frac{69}{93}$

18) $\frac{56}{84}\ (<)\ \frac{75}{103}$

19) $\frac{69}{79}\ (<)\ \frac{89}{97}$

20) $\frac{81}{94}\ (<)\ \frac{96}{111}$

21) $\frac{76}{74}\ (>)\ \frac{85}{88}$

22) $\frac{55}{98}\ (<)\ \frac{65}{107}$

23) $\frac{75}{53}\ (>)\ \frac{83}{61}$

24) $\frac{88}{56}\ (<)\ \frac{105}{66}$

25) $\frac{852}{672}\ (>)\ \frac{879}{719}$

26) $\frac{828}{114}\ (>)\ \frac{864}{129}$

27) $\frac{422}{342}\ (<)\ \frac{444}{358}$

28) $\frac{601}{241}\ (>)\ \frac{614}{275}$

29) $\frac{262}{802}\ (<)\ \frac{311}{846}$

30) $\frac{743}{940}\ (<)\ \frac{778}{969}$

31) $\frac{809}{633}\ (>)\ \frac{845}{678}$

32) $\frac{401}{524}\ (>)\ \frac{410}{544}$

33) $\frac{186}{816}\ (<)\ \frac{220}{846}$

34) $\frac{239}{586}\ (<)\ \frac{267}{622}$

35) $\frac{672}{458}\ (>)\ \frac{711}{505}$

36) $\frac{110}{655}\ (<)\ \frac{145}{665}$

37) $\frac{274}{332}\ (<)\ \frac{307}{357}$

38) $\frac{245}{361}\ (<)\ \frac{269}{372}$

39) $\frac{657}{743}\ (<)\ \frac{681}{751}$

40) $\frac{736}{194}\ (>)\ \frac{749}{209}$

41) $\frac{884}{230}\ (>)\ \frac{932}{259}$

42) $\frac{764}{940}\ (>)\ \frac{769}{972}$

실력 체크표

시간대	등급	결과	나의 시간기록	나의 등급
~5:00	S	훌륭해요!		
5:00~5:30	A	우수해요!		
5:30~6:00	B	좋습니다!		
6:00~6:30	C	평균이에요!		
6:30~7:00	F	노력이 많이 필요해요!		

계산이 빨라지는 TIP

★ 분모와 분자의 증가율을 비교하여 분수의 크기 비교하기

분자의 증가율이 더 크면 오른쪽 수가, 분모의 증가율이 더 크면 왼쪽 수가 더 크다.

예 $\frac{99}{61}$, $\frac{117}{76}$의 크기를 비교하면 99 → 117은 20% 미만 증가했고, 61 → 76은 20% 이상 증가했으므로 왼쪽 수인 $\frac{99}{61}$의 크기가 더 크다는 것을 쉽게 알 수 있다.

유형 3 다음 두 분수의 크기를 비교하여 부등호를 써넣으세요.

1) $\frac{45}{18}$ (　) $\frac{65}{39}$

2) $\frac{38}{29}$ (　) $\frac{59}{38}$

3) $\frac{41}{30}$ (　) $\frac{49}{53}$

4) $\frac{34}{10}$ (　) $\frac{41}{28}$

5) $\frac{20}{46}$ (　) $\frac{45}{63}$

6) $\frac{45}{16}$ (　) $\frac{62}{35}$

7) $\frac{10}{35}$ (　) $\frac{35}{52}$

8) $\frac{12}{10}$ (　) $\frac{22}{27}$

9) $\frac{39}{18}$ (　) $\frac{64}{33}$

10) $\frac{46}{10}$ (　) $\frac{68}{31}$

11) $\frac{20}{37}$ (　) $\frac{43}{54}$

12) $\frac{41}{38}$ (　) $\frac{62}{57}$

13) $\frac{99}{61}$ (　) $\frac{117}{76}$

14) $\frac{89}{86}$ (　) $\frac{96}{95}$

15) $\frac{82}{95}$ (　) $\frac{98}{108}$

16) $\frac{79}{62}$ (　) $\frac{98}{71}$

17) $\frac{62}{75}$ (　) $\frac{69}{93}$

18) $\frac{56}{84}$ (　) $\frac{75}{103}$

19) $\frac{69}{79}$ (　) $\frac{89}{97}$

20) $\frac{81}{94}$ (　) $\frac{96}{111}$

21) $\frac{76}{74}$ (　) $\frac{85}{88}$

22) $\frac{55}{98}$ (　) $\frac{65}{107}$

23) $\frac{75}{53}$ (　) $\frac{83}{61}$

24) $\frac{88}{56}$ (　) $\frac{105}{66}$

25) $\frac{852}{672}$ (　) $\frac{879}{719}$

26) $\frac{828}{114}$ (　) $\frac{864}{129}$

27) $\frac{422}{342}$ (　) $\frac{444}{358}$

28) $\frac{601}{241}$ (　) $\frac{614}{275}$

29) $\frac{262}{802}$ (　) $\frac{311}{846}$

30) $\frac{743}{940}$ (　) $\frac{778}{969}$

31) $\frac{809}{633}$ (　) $\frac{845}{678}$

32) $\frac{401}{524}$ (　) $\frac{410}{544}$

33) $\frac{186}{816}$ (　) $\frac{220}{846}$

34) $\frac{239}{586}$ (　) $\frac{267}{622}$

35) $\frac{672}{458}$ (　) $\frac{711}{505}$

36) $\frac{110}{655}$ (　) $\frac{145}{665}$

37) $\frac{274}{332}$ (　) $\frac{307}{357}$

38) $\frac{245}{361}$ (　) $\frac{269}{372}$

39) $\frac{657}{743}$ (　) $\frac{681}{751}$

40) $\frac{736}{194}$ (　) $\frac{749}{209}$

41) $\frac{884}{230}$ (　) $\frac{932}{259}$

42) $\frac{764}{940}$ (　) $\frac{769}{972}$

DAY 11 | 나눗셈 연습

유형 1	난이도 하
유형 2	난이도 중
유형 3	난이도 상

※ 정답 페이지를 반으로 접고 문제를 풀어보세요.

정답 확인

1) 88 ÷ 2 = (44.0)
2) 93 ÷ 4 = (23.3)
3) 79 ÷ 3 = (26.3)
4) 57 ÷ 4 = (14.3)
5) 72 ÷ 5 = (14.4)
6) 71 ÷ 7 = (10.1)
7) 48 ÷ 5 = (9.6)
8) 87 ÷ 8 = (10.9)
9) 10 ÷ 6 = (1.7)
10) 40 ÷ 2 = (20.0)
11) 603 ÷ 4 = (150.8)
12) 150 ÷ 9 = (16.7)
13) 516 ÷ 4 = (129.0)
14) 978 ÷ 4 = (244.5)
15) 614 ÷ 2 = (307.0)
16) 155 ÷ 7 = (22.1)
17) 513 ÷ 7 = (73.3)
18) 362 ÷ 3 = (120.7)
19) 222 ÷ 9 = (24.7)
20) 77 ÷ 11 = (7.0)
21) 49 ÷ 61 = (0.8)
22) 38 ÷ 26 = (1.5)
23) 20 ÷ 26 = (0.8)
24) 97 ÷ 73 = (1.3)
25) 70 ÷ 80 = (0.9)
26) 70 ÷ 54 = (1.3)
27) 23 ÷ 87 = (0.3)
28) 34 ÷ 25 = (1.4)
29) 39 ÷ 59 = (0.7)
30) 22 ÷ 23 = (1.0)
31) 912 ÷ 80 = (11.4)
32) 788 ÷ 28 = (28.1)
33) 825 ÷ 15 = (55.0)
34) 956 ÷ 28 = (34.1)
35) 102 ÷ 83 = (1.2)
36) 899 ÷ 32 = (28.1)
37) 853 ÷ 97 = (8.8)
38) 808 ÷ 44 = (18.4)
39) 674 ÷ 33 = (20.4)
40) 336 ÷ 28 = (12.0)
41) 510 ÷ 104 = (4.9)
42) 972 ÷ 849 = (1.1)
43) 526 ÷ 855 = (0.6)
44) 221 ÷ 384 = (0.6)

실력 체크표	시간대	등급	결과	나의 시간기록	나의 등급
	~4:00	S	훌륭해요!		
	4:00~4:30	A	우수해요!		
	4:30~5:00	B	좋습니다!		
	5:00~5:30	C	평균이에요!		
	5:30~6:00	F	노력이 많이 필요해요!		

유형 1 다음 식을 계산해 보세요.(소수점 둘째 자리에서 반올림하여 계산하세요.)

1) 88 ÷ 2 = ( )
2) 93 ÷ 4 = ( )
3) 79 ÷ 3 = ( )
4) 57 ÷ 4 = ( )
5) 72 ÷ 5 = ( )
6) 71 ÷ 7 = ( )
7) 48 ÷ 5 = ( )
8) 87 ÷ 8 = ( )
9) 10 ÷ 6 = ( )
10) 40 ÷ 2 = ( )
11) 603 ÷ 4 = ( )
12) 150 ÷ 9 = ( )
13) 516 ÷ 4 = ( )
14) 978 ÷ 4 = ( )
15) 614 ÷ 2 = ( )
16) 155 ÷ 7 = ( )
17) 513 ÷ 7 = ( )
18) 362 ÷ 3 = ( )
19) 222 ÷ 9 = ( )
20) 77 ÷ 11 = ( )
21) 49 ÷ 61 = ( )
22) 38 ÷ 26 = ( )
23) 20 ÷ 26 = ( )
24) 97 ÷ 73 = ( )
25) 70 ÷ 80 = ( )
26) 70 ÷ 54 = ( )
27) 23 ÷ 87 = ( )
28) 34 ÷ 25 = ( )
29) 39 ÷ 59 = ( )
30) 22 ÷ 23 = ( )
31) 912 ÷ 80 = ( )
32) 788 ÷ 28 = ( )
33) 825 ÷ 15 = ( )
34) 956 ÷ 28 = ( )
35) 102 ÷ 83 = ( )
36) 899 ÷ 32 = ( )
37) 853 ÷ 97 = ( )
38) 808 ÷ 44 = ( )
39) 674 ÷ 33 = ( )
40) 336 ÷ 28 = ( )
41) 510 ÷ 104 = ( )
42) 972 ÷ 849 = ( )
43) 526 ÷ 855 = ( )
44) 221 ÷ 384 = ( )

정답 확인

A	75
B	53
C	30
비중(%)	(47.5)

A	29
B	51
C	63
비중(%)	(20.3)

A	55
B	38
C	67
비중(%)	(34.4)

A	29
B	74
C	41
비중(%)	(20.1)

A	83
B	79
C	52
비중(%)	(38.8)

A	37
B	99
C	64
비중(%)	(18.5)

A	92
B	96
C	51
비중(%)	(38.5)

A	25
B	58
C	36
비중(%)	(21.0)

A	73
B	85
C	87
비중(%)	(29.8)

A	71
B	18
C	68
비중(%)	(45.2)

실력 체크표

시간대	등급	결과
~4:30	S	훌륭해요!
4:30~5:00	A	우수해요!
5:00~5:30	B	좋습니다!
5:30~6:00	C	평균이에요!
6:00~6:30	F	노력이 많이 필요해요!

나의 시간기록	나의 등급

유형 2 다음 A, B, C의 합에서 A가 차지하는 비중(%)을 구해 보세요.(소수점 둘째 자리에서 반올림하여 계산하세요.)

A	75
B	53
C	30
비중(%)	(　　)

A	29
B	51
C	63
비중(%)	(　　)

A	55
B	38
C	67
비중(%)	(　　)

A	29
B	74
C	41
비중(%)	(　　)

A	83
B	79
C	52
비중(%)	(　　)

A	37
B	99
C	64
비중(%)	(　　)

A	92
B	96
C	51
비중(%)	(　　)

A	25
B	58
C	36
비중(%)	(　　)

A	73
B	85
C	87
비중(%)	(　　)

A	71
B	18
C	68
비중(%)	(　　)

정답 확인

1) $\frac{29}{45}\ (<)\ \frac{49}{69}$

2) $\frac{40}{31}\ (<)\ \frac{58}{43}$

3) $\frac{50}{14}\ (>)\ \frac{70}{21}$

4) $\frac{50}{43}\ (<)\ \frac{66}{52}$

5) $\frac{50}{26}\ (>)\ \frac{64}{35}$

6) $\frac{29}{48}\ (>)\ \frac{37}{67}$

7) $\frac{47}{47}\ (<)\ \frac{70}{58}$

8) $\frac{31}{21}\ (>)\ \frac{45}{32}$

9) $\frac{32}{17}\ (>)\ \frac{41}{37}$

10) $\frac{11}{13}\ (<)\ \frac{30}{30}$

11) $\frac{37}{39}\ (<)\ \frac{52}{49}$

12) $\frac{42}{32}\ (>)\ \frac{66}{55}$

13) $\frac{80}{72}\ (>)\ \frac{86}{81}$

14) $\frac{59}{75}\ (>)\ \frac{65}{93}$

15) $\frac{58}{55}\ (<)\ \frac{73}{63}$

16) $\frac{95}{75}\ (>)\ \frac{101}{94}$

17) $\frac{63}{91}\ (<)\ \frac{83}{102}$

18) $\frac{82}{99}\ (>)\ \frac{90}{112}$

19) $\frac{74}{69}\ (>)\ \frac{86}{85}$

20) $\frac{85}{71}\ (<)\ \frac{99}{76}$

21) $\frac{93}{87}\ (>)\ \frac{98}{107}$

22) $\frac{61}{50}\ (<)\ \frac{78}{58}$

23) $\frac{71}{84}\ (>)\ \frac{77}{104}$

24) $\frac{59}{91}\ (>)\ \frac{64}{110}$

25) $\frac{515}{324}\ (>)\ \frac{535}{358}$

26) $\frac{740}{516}\ (<)\ \frac{776}{537}$

27) $\frac{209}{678}\ (<)\ \frac{231}{699}$

28) $\frac{497}{117}\ (>)\ \frac{535}{146}$

29) $\frac{429}{812}\ (<)\ \frac{464}{828}$

30) $\frac{831}{657}\ (<)\ \frac{880}{683}$

31) $\frac{279}{778}\ (<)\ \frac{305}{813}$

32) $\frac{724}{936}\ (<)\ \frac{760}{973}$

33) $\frac{171}{397}\ (<)\ \frac{183}{418}$

34) $\frac{626}{929}\ (<)\ \frac{670}{938}$

35) $\frac{232}{889}\ (<)\ \frac{268}{911}$

36) $\frac{607}{233}\ (>)\ \frac{653}{273}$

37) $\frac{378}{138}\ (>)\ \frac{384}{160}$

38) $\frac{867}{906}\ (>)\ \frac{876}{950}$

39) $\frac{363}{259}\ (>)\ \frac{388}{307}$

40) $\frac{567}{433}\ (<)\ \frac{601}{442}$

41) $\frac{192}{588}\ (<)\ \frac{230}{607}$

42) $\frac{891}{809}\ (>)\ \frac{932}{855}$

실력 체크표	시간대	등급	결과	나의 시간기록	나의 등급
	~5:00	S	훌륭해요!		
	5:00~5:30	A	우수해요!		
	5:30~6:00	B	좋습니다!		
	6:00~6:30	C	평균이에요!		
	6:30~7:00	F	노력이 많이 필요해요!		

계산이 빨라지는 TIP

★ 분자의 크기를 줄여서 분수의 크기 비교하기

분자의 크기가 큰 경우, 분자를 분모에서 뺀 값으로 바꾸어 그 크기를 비교한다. 이때 분자를 바꾼 분수로 크기를 비교했을 때 더 작은 것이 원래 분수는 더 크다.

예 $\frac{59}{75}$, $\frac{65}{93}$의 크기를 비교할 때, 분자를 분모에서 뺀 값으로 바꾸면 $\frac{75-59}{75}=\frac{16}{75}$, $\frac{93-65}{93}=\frac{28}{93}$이고, 75 → 93은 약 30% 증가, 16 → 28은 50% 이상 증가하였으므로 $\frac{28}{93}$의 크기가 크다. 따라서 원래 분수는 $\frac{59}{75}$의 크기가 더 크다.

유형 3 다음 두 분수의 크기를 비교하여 부등호를 써넣으세요.

1) $\frac{29}{45}$ (　) $\frac{49}{69}$

2) $\frac{40}{31}$ (　) $\frac{58}{43}$

3) $\frac{50}{14}$ (　) $\frac{70}{21}$

4) $\frac{50}{43}$ (　) $\frac{66}{52}$

5) $\frac{50}{26}$ (　) $\frac{64}{35}$

6) $\frac{29}{48}$ (　) $\frac{37}{67}$

7) $\frac{47}{47}$ (　) $\frac{70}{58}$

8) $\frac{31}{21}$ (　) $\frac{45}{32}$

9) $\frac{32}{17}$ (　) $\frac{41}{37}$

10) $\frac{11}{13}$ (　) $\frac{30}{30}$

11) $\frac{37}{39}$ (　) $\frac{52}{49}$

12) $\frac{42}{32}$ (　) $\frac{66}{55}$

13) $\frac{80}{72}$ (　) $\frac{86}{81}$

14) $\frac{59}{75}$ (　) $\frac{65}{93}$

15) $\frac{58}{55}$ (　) $\frac{73}{63}$

16) $\frac{95}{75}$ (　) $\frac{101}{94}$

17) $\frac{63}{91}$ (　) $\frac{83}{102}$

18) $\frac{82}{99}$ (　) $\frac{90}{112}$

19) $\frac{74}{69}$ (　) $\frac{86}{85}$

20) $\frac{85}{71}$ (　) $\frac{99}{76}$

21) $\frac{93}{87}$ (　) $\frac{98}{107}$

22) $\frac{61}{50}$ (　) $\frac{78}{58}$

23) $\frac{71}{84}$ (　) $\frac{77}{104}$

24) $\frac{59}{91}$ (　) $\frac{64}{110}$

25) $\frac{515}{324}$ (　) $\frac{535}{358}$

26) $\frac{740}{516}$ (　) $\frac{776}{537}$

27) $\frac{209}{678}$ (　) $\frac{231}{699}$

28) $\frac{497}{117}$ (　) $\frac{535}{146}$

29) $\frac{429}{812}$ (　) $\frac{464}{828}$

30) $\frac{831}{657}$ (　) $\frac{880}{683}$

31) $\frac{279}{778}$ (　) $\frac{305}{813}$

32) $\frac{724}{936}$ (　) $\frac{760}{973}$

33) $\frac{171}{397}$ (　) $\frac{183}{418}$

34) $\frac{626}{929}$ (　) $\frac{670}{938}$

35) $\frac{232}{889}$ (　) $\frac{268}{911}$

36) $\frac{607}{233}$ (　) $\frac{653}{273}$

37) $\frac{378}{138}$ (　) $\frac{384}{160}$

38) $\frac{867}{906}$ (　) $\frac{876}{950}$

39) $\frac{363}{259}$ (　) $\frac{388}{307}$

40) $\frac{567}{433}$ (　) $\frac{601}{442}$

41) $\frac{192}{588}$ (　) $\frac{230}{607}$

42) $\frac{891}{809}$ (　) $\frac{932}{855}$

DAY 12 | 나눗셈 연습

※ 정답 페이지를 반으로 접고 문제를 풀어보세요.

정답 확인

1) 65 ÷ 3 = (21.7)
2) 48 ÷ 8 = (6.0)
3) 34 ÷ 6 = (5.7)
4) 10 ÷ 9 = (1.1)
5) 87 ÷ 9 = (9.7)
6) 30 ÷ 4 = (7.5)
7) 59 ÷ 3 = (19.7)
8) 57 ÷ 6 = (9.5)
9) 58 ÷ 7 = (8.3)
10) 10 ÷ 5 = (2.0)
11) 269 ÷ 9 = (29.9)
12) 174 ÷ 6 = (29.0)
13) 558 ÷ 4 = (139.5)
14) 928 ÷ 5 = (185.6)
15) 198 ÷ 7 = (28.3)
16) 499 ÷ 7 = (71.3)
17) 821 ÷ 5 = (164.2)
18) 479 ÷ 8 = (59.9)
19) 466 ÷ 7 = (66.6)
20) 16 ÷ 85 = (0.2)
21) 24 ÷ 95 = (0.3)
22) 76 ÷ 69 = (1.1)
23) 29 ÷ 28 = (1.0)
24) 57 ÷ 12 = (4.8)
25) 16 ÷ 85 = (0.2)
26) 68 ÷ 20 = (3.4)
27) 17 ÷ 69 = (0.2)
28) 14 ÷ 35 = (0.4)
29) 58 ÷ 93 = (0.6)
30) 19 ÷ 11 = (1.7)
31) 138 ÷ 78 = (1.8)
32) 874 ÷ 95 = (9.2)
33) 556 ÷ 97 = (5.7)
34) 577 ÷ 94 = (6.1)
35) 775 ÷ 61 = (12.7)
36) 320 ÷ 63 = (5.1)
37) 341 ÷ 25 = (13.6)
38) 242 ÷ 84 = (2.9)
39) 505 ÷ 99 = (5.1)
40) 526 ÷ 32 = (16.4)
41) 243 ÷ 310 = (0.8)
42) 201 ÷ 756 = (0.3)
43) 831 ÷ 278 = (3.0)
44) 487 ÷ 849 = (0.6)

실력 체크표

시간대	등급	결과	나의 시간기록	나의 등급
~4:00	S	훌륭해요!		
4:00~4:30	A	우수해요!		
4:30~5:00	B	좋습니다!		
5:00~5:30	C	평균이에요!		
5:30~6:00	F	노력이 많이 필요해요!		

유형 1 다음 식을 계산해 보세요.(소수점 둘째 자리에서 반올림하여 계산하세요.)

1) 65 ÷ 3 = ( )
2) 48 ÷ 8 = ( )
3) 34 ÷ 6 = ( )
4) 10 ÷ 9 = ( )
5) 87 ÷ 9 = ( )
6) 30 ÷ 4 = ( )
7) 59 ÷ 3 = ( )
8) 57 ÷ 6 = ( )
9) 58 ÷ 7 = ( )
10) 10 ÷ 5 = ( )
11) 269 ÷ 9 = ( )
12) 174 ÷ 6 = ( )
13) 558 ÷ 4 = ( )
14) 928 ÷ 5 = ( )
15) 198 ÷ 7 = ( )
16) 499 ÷ 7 = ( )
17) 821 ÷ 5 = ( )
18) 479 ÷ 8 = ( )
19) 466 ÷ 7 = ( )
20) 16 ÷ 85 = ( )
21) 24 ÷ 95 = ( )
22) 76 ÷ 69 = ( )
23) 29 ÷ 28 = ( )
24) 57 ÷ 12 = ( )
25) 16 ÷ 85 = ( )
26) 68 ÷ 20 = ( )
27) 17 ÷ 69 = ( )
28) 14 ÷ 35 = ( )
29) 58 ÷ 93 = ( )
30) 19 ÷ 11 = ( )
31) 138 ÷ 78 = ( )
32) 874 ÷ 95 = ( )
33) 556 ÷ 97 = ( )
34) 577 ÷ 94 = ( )
35) 775 ÷ 61 = ( )
36) 320 ÷ 63 = ( )
37) 341 ÷ 25 = ( )
38) 242 ÷ 84 = ( )
39) 505 ÷ 99 = ( )
40) 526 ÷ 32 = ( )
41) 243 ÷ 310 = ( )
42) 201 ÷ 756 = ( )
43) 831 ÷ 278 = ( )
44) 487 ÷ 849 = ( )

정답 확인

A	49
B	83
C	47
비중(%)	(27.4)

A	75
B	31
C	71
비중(%)	(42.4)

A	28
B	78
C	22
비중(%)	(21.9)

A	41
B	75
C	95
비중(%)	(19.4)

A	53
B	76
C	90
비중(%)	(24.2)

A	18
B	51
C	38
비중(%)	(16.8)

A	55
B	33
C	28
비중(%)	(47.4)

A	34
B	22
C	84
비중(%)	(24.3)

A	30
B	48
C	28
비중(%)	(28.3)

A	86
B	19
C	47
비중(%)	(56.6)

실력 체크표

시간대	등급	결과	나의 시간기록	나의 등급
~4:30	S	훌륭해요!		
4:30~5:00	A	우수해요!		
5:00~5:30	B	좋습니다!		
5:30~6:00	C	평균이에요!		
6:00~6:30	F	노력이 많이 필요해요!		

유형 2 다음 A, B, C의 합에서 A가 차지하는 비중(%)을 구해 보세요.(소수점 둘째 자리에서 반올림하여 계산하세요.)

A	49
B	83
C	47
비중(%)	(　　)

A	75
B	31
C	71
비중(%)	(　　)

A	28
B	78
C	22
비중(%)	(　　)

A	41
B	75
C	95
비중(%)	(　　)

A	53
B	76
C	90
비중(%)	(　　)

A	18
B	51
C	38
비중(%)	(　　)

A	55
B	33
C	28
비중(%)	(　　)

A	34
B	22
C	84
비중(%)	(　　)

A	30
B	48
C	28
비중(%)	(　　)

A	86
B	19
C	47
비중(%)	(　　)

정답 확인

1) $\frac{45}{42}\ (<)\ \frac{66}{50}$

2) $\frac{40}{34}\ (>)\ \frac{53}{56}$

3) $\frac{41}{15}\ (>)\ \frac{60}{30}$

4) $\frac{20}{23}\ (>)\ \frac{30}{41}$

5) $\frac{31}{27}\ (>)\ \frac{47}{46}$

6) $\frac{26}{29}\ (>)\ \frac{33}{42}$

7) $\frac{22}{31}\ (<)\ \frac{37}{51}$

8) $\frac{48}{50}\ (<)\ \frac{70}{61}$

9) $\frac{45}{12}\ (>)\ \frac{59}{17}$

10) $\frac{22}{28}\ (>)\ \frac{28}{40}$

11) $\frac{22}{15}\ (>)\ \frac{34}{32}$

12) $\frac{13}{39}\ (<)\ \frac{24}{55}$

13) $\frac{74}{78}\ (<)\ \frac{81}{85}$

14) $\frac{56}{93}\ (>)\ \frac{63}{107}$

15) $\frac{92}{59}\ (>)\ \frac{105}{75}$

16) $\frac{75}{85}\ (>)\ \frac{82}{102}$

17) $\frac{67}{80}\ (>)\ \frac{72}{97}$

18) $\frac{72}{63}\ (>)\ \frac{89}{83}$

19) $\frac{79}{52}\ (>)\ \frac{84}{66}$

20) $\frac{90}{80}\ (<)\ \frac{101}{87}$

21) $\frac{76}{81}\ (>)\ \frac{81}{90}$

22) $\frac{92}{51}\ (>)\ \frac{99}{65}$

23) $\frac{55}{61}\ (>)\ \frac{63}{72}$

24) $\frac{90}{50}\ (>)\ \frac{110}{67}$

25) $\frac{292}{479}\ (<)\ \frac{337}{511}$

26) $\frac{389}{599}\ (>)\ \frac{404}{631}$

27) $\frac{620}{137}\ (>)\ \frac{630}{148}$

28) $\frac{297}{584}\ (<)\ \frac{328}{631}$

29) $\frac{541}{111}\ (>)\ \frac{575}{150}$

30) $\frac{427}{260}\ (<)\ \frac{464}{278}$

31) $\frac{624}{549}\ (<)\ \frac{669}{582}$

32) $\frac{151}{614}\ (<)\ \frac{201}{663}$

33) $\frac{910}{475}\ (>)\ \frac{921}{502}$

34) $\frac{720}{704}\ (<)\ \frac{755}{727}$

35) $\frac{454}{717}\ (<)\ \frac{498}{744}$

36) $\frac{382}{443}\ (>)\ \frac{395}{482}$

37) $\frac{927}{756}\ (>)\ \frac{945}{778}$

38) $\frac{372}{114}\ (>)\ \frac{420}{149}$

39) $\frac{846}{146}\ (>)\ \frac{861}{174}$

40) $\frac{194}{933}\ (<)\ \frac{219}{973}$

41) $\frac{723}{775}\ (>)\ \frac{735}{807}$

42) $\frac{315}{204}\ (>)\ \frac{358}{239}$

실력 체크표

시간대	등급	결과	나의 시간기록	나의 등급
~5:00	S	훌륭해요!		
5:00~5:30	A	우수해요!		
5:30~6:00	B	좋습니다!		
6:00~6:30	C	평균이에요!		
6:30~7:00	F	노력이 많이 필요해요!		

유형 3 다음 두 분수의 크기를 비교하여 부등호를 써넣으세요.

1) $\frac{45}{42}$ ( ) $\frac{66}{50}$

2) $\frac{40}{34}$ ( ) $\frac{53}{56}$

3) $\frac{41}{15}$ ( ) $\frac{60}{30}$

4) $\frac{20}{23}$ ( ) $\frac{30}{41}$

5) $\frac{31}{27}$ ( ) $\frac{47}{46}$

6) $\frac{26}{29}$ ( ) $\frac{33}{42}$

7) $\frac{22}{31}$ ( ) $\frac{37}{51}$

8) $\frac{48}{50}$ ( ) $\frac{70}{61}$

9) $\frac{45}{12}$ ( ) $\frac{59}{17}$

10) $\frac{22}{28}$ ( ) $\frac{28}{40}$

11) $\frac{22}{15}$ ( ) $\frac{34}{32}$

12) $\frac{13}{39}$ ( ) $\frac{24}{55}$

13) $\frac{74}{78}$ ( ) $\frac{81}{85}$

14) $\frac{56}{93}$ ( ) $\frac{63}{107}$

15) $\frac{92}{59}$ ( ) $\frac{105}{75}$

16) $\frac{75}{85}$ ( ) $\frac{82}{102}$

17) $\frac{67}{80}$ ( ) $\frac{72}{97}$

18) $\frac{72}{63}$ ( ) $\frac{89}{83}$

19) $\frac{79}{52}$ ( ) $\frac{84}{66}$

20) $\frac{90}{80}$ ( ) $\frac{101}{87}$

21) $\frac{76}{81}$ ( ) $\frac{81}{90}$

22) $\frac{92}{51}$ ( ) $\frac{99}{65}$

23) $\frac{55}{61}$ ( ) $\frac{63}{72}$

24) $\frac{90}{50}$ ( ) $\frac{110}{67}$

25) $\frac{292}{479}$ ( ) $\frac{337}{511}$

26) $\frac{389}{599}$ ( ) $\frac{404}{631}$

27) $\frac{620}{137}$ ( ) $\frac{630}{148}$

28) $\frac{297}{584}$ ( ) $\frac{328}{631}$

29) $\frac{541}{111}$ ( ) $\frac{575}{150}$

30) $\frac{427}{260}$ ( ) $\frac{464}{278}$

31) $\frac{624}{549}$ ( ) $\frac{669}{582}$

32) $\frac{151}{614}$ ( ) $\frac{201}{663}$

33) $\frac{910}{475}$ ( ) $\frac{921}{502}$

34) $\frac{720}{704}$ ( ) $\frac{755}{727}$

35) $\frac{454}{717}$ ( ) $\frac{498}{744}$

36) $\frac{382}{443}$ ( ) $\frac{395}{482}$

37) $\frac{927}{756}$ ( ) $\frac{945}{778}$

38) $\frac{372}{114}$ ( ) $\frac{420}{149}$

39) $\frac{846}{146}$ ( ) $\frac{861}{174}$

40) $\frac{194}{933}$ ( ) $\frac{219}{973}$

41) $\frac{723}{775}$ ( ) $\frac{735}{807}$

42) $\frac{315}{204}$ ( ) $\frac{358}{239}$

DAY 13 | 덧뺄곱나 연습

유형 1	난이도 **하**
유형 2	난이도 **중**
유형 3	난이도 **상**

※ 정답 페이지를 반으로 접고 문제를 풀어보세요.

정답 확인

1) 14 + 67 = (81)
2) 85 + 86 = (171)
3) 91 + 53 = (144)
4) 91 + 27 = (118)
5) 800 + 307 = (1,107)
6) 794 + 259 = (1,053)
7) 917 + 650 = (1,567)
8) 3,158 + 5,911 = (9,069)
9) 4,823 + 4,481 = (9,304)
10) 5,519 + 1,082 = (6,601)
11) 9,836 + 1,950 = (11,786)
12) 71 − 34 = (37)
13) 25 − 18 = (7)
14) 58 − 26 = (32)
15) 28 − 25 = (3)
16) 541 − 538 = (3)
17) 410 − 381 = (29)
18) 841 − 407 = (434)
19) 1,176 − 1,088 = (88)
20) 9,006 − 8,978 = (28)
21) 3,594 − 3,333 = (261)
22) 8,458 − 2,942 = (5,516)
23) 42 × 3 = (126)
24) 37 × 5 = (185)
25) 52 × 6 = (312)
26) 23 × 99 = (2,277)
27) 57 × 26 = (1,482)
28) 13 × 51 = (663)
29) 322 × 74 = (23,828)
30) 338 × 27 = (9,126)
31) 399 × 204 = (81,396)
32) 774 × 134 = (103,716)
33) 879 × 607 = (533,553)
34) 73 ÷ 3 = (24.3)
35) 72 ÷ 8 = (9.0)
36) 16 ÷ 4 = (4.0)
37) 220 ÷ 7 = (31.4)
38) 665 ÷ 2 = (332.5)
39) 122 ÷ 3 = (40.7)
40) 93 ÷ 21 = (4.4)
41) 66 ÷ 52 = (1.3)
42) 86 ÷ 48 = (1.8)
43) 552 ÷ 40 = (13.8)
44) 292 ÷ 81 = (3.6)

실력 체크표

시간대	등급	결과	나의 시간기록	나의 등급
~4:00	S	훌륭해요!		
4:00~4:30	A	우수해요!		
4:30~5:00	B	좋습니다!		
5:00~5:30	C	평균이에요!		
5:30~6:00	F	노력이 많이 필요해요!		

유형 1 다음 식을 계산해 보세요.(소수점 둘째 자리에서 반올림하여 계산하세요.)

1)	14	+	67	= (	)
2)	85	+	86	= (	)
3)	91	+	53	= (	)
4)	91	+	27	= (	)
5)	800	+	307	= (	)
6)	794	+	259	= (	)
7)	917	+	650	= (	)
8)	3,158	+	5,911	= (	)
9)	4,823	+	4,481	= (	)
10)	5,519	+	1,082	= (	)
11)	9,836	+	1,950	= (	)
12)	71	−	34	= (	)
13)	25	−	18	= (	)
14)	58	−	26	= (	)
15)	28	−	25	= (	)
16)	541	−	538	= (	)
17)	410	−	381	= (	)
18)	841	−	407	= (	)
19)	1,176	−	1,088	= (	)
20)	9,006	−	8,978	= (	)
21)	3,594	−	3,333	= (	)
22)	8,458	−	2,942	= (	)
23)	42	×	3	= (	)
24)	37	×	5	= (	)
25)	52	×	6	= (	)
26)	23	×	99	= (	)
27)	57	×	26	= (	)
28)	13	×	51	= (	)
29)	322	×	74	= (	)
30)	338	×	27	= (	)
31)	399	×	204	= (	)
32)	774	×	134	= (	)
33)	879	×	607	= (	)
34)	73	÷	3	= (	)
35)	72	÷	8	= (	)
36)	16	÷	4	= (	)
37)	220	÷	7	= (	)
38)	665	÷	2	= (	)
39)	122	÷	3	= (	)
40)	93	÷	21	= (	)
41)	66	÷	52	= (	)
42)	86	÷	48	= (	)
43)	552	÷	40	= (	)
44)	292	÷	81	= (	)

정답 확인

2024년	48
2025년	53
2026년	57
2027년	10
연평균	(42)

2024년	28
2025년	82
2026년	(11)
2027년	43
연평균	41

2024년	510
2025년	336
2026년	956
2027년	158
연평균	(490)

2024년	783
2025년	562
2026년	923
2027년	763
연평균	(757.75)

2024년	800
2025년	676
2026년	(413)
2027년	957
연평균	711.5

2024년	(1,184)
2025년	7,174
2026년	1,252
2027년	4,454
연평균	3,516

2024년	8,258
2025년	1,502
2026년	5,013
2027년	7,459
연평균	(5,558)

2024년	4,419
2025년	5,742
2026년	9,553
2027년	(8,922)
연평균	7,159

2024년	3,379
2025년	9,262
2026년	9,583
2027년	4,876
연평균	(6,775)

2024년	94
2025년	63
2026년	40
2027년	(22)
연평균	54.75

실력 체크표

시간대	등급	결과	나의 시간기록	나의 등급
~4:30	S	훌륭해요!		
4:30~5:00	A	우수해요!		
5:00~5:30	B	좋습니다!		
5:30~6:00	C	평균이에요!		
6:00~6:30	F	노력이 많이 필요해요!		

유형 2 다음 빈칸에 들어갈 알맞은 수를 구해 보세요.

2024년	48
2025년	53
2026년	57
2027년	10
연평균	(　　)

2024년	28
2025년	82
2026년	(　　)
2027년	43
연평균	41

2024년	510
2025년	336
2026년	956
2027년	158
연평균	(　　)

2024년	783
2025년	562
2026년	923
2027년	763
연평균	(　　)

2024년	800
2025년	676
2026년	(　　)
2027년	957
연평균	711.5

2024년	(　　)
2025년	7,174
2026년	1,252
2027년	4,454
연평균	3,516

2024년	8,258
2025년	1,502
2026년	5,013
2027년	7,459
연평균	(　　)

2024년	4,419
2025년	5,742
2026년	9,553
2027년	(　　)
연평균	7,159

2024년	3,379
2025년	9,262
2026년	9,583
2027년	4,876
연평균	(　　)

2024년	94
2025년	63
2026년	40
2027년	(　　)
연평균	54.75

정답 확인

구분	2024	2025	2026	2027
A	957	239	781	805
B	916	916	598	502
C	578	364	952	131
D	764	121	773	207
합계	3,215	1,640	3,104	1,645
순위	(1)	(4)	(2)	(3)

1) 30 × 21 (>) 37 × 13

2) 36 × 37 (>) 42 × 12

3) 16 × 13 (<) 32 × 13

4) 29 × 23 (>) 37 × 17

5) 24 × 13 (<) 28 × 12

6) 148 × 213 (<) 430 × 210

7) 154 × 192 (<) 382 × 109

8) 142 × 456 (<) 437 × 347

9) 456 × 421 (>) 485 × 263

10) 178 × 424 (>) 435 × 168

11) $\frac{32}{26}$ (>) $\frac{40}{42}$

12) $\frac{40}{12}$ (>) $\frac{57}{21}$

13) $\frac{28}{42}$ (<) $\frac{44}{53}$

14) $\frac{32}{27}$ (<) $\frac{51}{32}$

15) $\frac{45}{12}$ (>) $\frac{69}{30}$

16) $\frac{447}{666}$ (<) $\frac{497}{689}$

17) $\frac{344}{468}$ (<) $\frac{394}{491}$

18) $\frac{406}{806}$ (<) $\frac{454}{815}$

19) $\frac{493}{426}$ (<) $\frac{507}{435}$

20) $\frac{796}{352}$ (>) $\frac{826}{393}$

구분		2024	2025	2026	2027	
A		237	322	385	504	
B		166	263	357	481	
C		397	455	573	646	정답
전년 대비 증가량	A		(85)	(63)	(119)	(2027)
	B		(97)	(94)	(124)	(2027)
	C		(58)	(118)	(73)	(2026)

구분		2024	2025	2026	2027	
A		163	250	308	410	
B		133	309	417	467	
C		469	527	623	722	정답
전년 대비 증가량	A		(87)	(58)	(102)	(2027)
	B		(176)	(108)	(50)	(2025)
	C		(58)	(96)	(99)	(2027)

실력 체크표

시간대	등급	결과	나의 시간기록	나의 등급
~5:00	S	훌륭해요!		
5:00~5:30	A	우수해요!		
5:30~6:00	B	좋습니다!		
6:00~6:30	C	평균이에요!		
6:30~7:00	F	노력이 많이 필요해요!		

유형 3-1 다음 제시된 연도 중 합계가 가장 큰 연도부터 순위를 써보세요.

구분	2024	2025	2026	2027
A	957	239	781	805
B	916	916	598	502
C	578	364	952	131
D	764	121	773	207

순위	(　　)	(　　)	(　　)	(　　)

유형 3-2 다음 식의 계산 결과를 비교하여 부등호를 써넣으세요.

1) 30 × 21 (　　) 37 × 13
2) 36 × 37 (　　) 42 × 12
3) 16 × 13 (　　) 32 × 13
4) 29 × 23 (　　) 37 × 17
5) 24 × 13 (　　) 28 × 12
6) 148 × 213 (　　) 430 × 210
7) 154 × 192 (　　) 382 × 109
8) 142 × 456 (　　) 437 × 347
9) 456 × 421 (　　) 485 × 263
10) 178 × 424 (　　) 435 × 168

11) $\frac{32}{26}$ (　　) $\frac{40}{42}$
12) $\frac{40}{12}$ (　　) $\frac{57}{21}$
13) $\frac{28}{42}$ (　　) $\frac{44}{53}$
14) $\frac{32}{27}$ (　　) $\frac{51}{32}$
15) $\frac{45}{12}$ (　　) $\frac{69}{30}$

16) $\frac{447}{666}$ (　　) $\frac{497}{689}$
17) $\frac{344}{468}$ (　　) $\frac{394}{491}$
18) $\frac{406}{806}$ (　　) $\frac{454}{815}$
19) $\frac{493}{426}$ (　　) $\frac{507}{435}$
20) $\frac{796}{352}$ (　　) $\frac{826}{393}$

유형 3-3 다음 A, B, C 각각에서 전년 대비 2025~2027년의 증가량이 가장 큰 연도를 써보세요.

구분		2024	2025	2026	2027	
A		237	322	385	504	
B		166	263	357	481	
C		397	455	573	646	정답
전년 대비 증가량	A		(　)	(　)	(　)	(　)
	B		(　)	(　)	(　)	(　)
	C		(　)	(　)	(　)	(　)

구분		2024	2025	2026	2027	
A		163	250	308	410	
B		133	309	417	467	
C		469	527	623	722	정답
전년 대비 증가량	A		(　)	(　)	(　)	(　)
	B		(　)	(　)	(　)	(　)
	C		(　)	(　)	(　)	(　)

DAY 14 | 덧뺄곱나 연습

유형 1	난이도 하
유형 2	난이도 중
유형 3	난이도 상

※ 정답 페이지를 반으로 접고 문제를 풀어보세요.

정답 확인

1) 84 + 11 = (95)
2) 80 + 54 = (134)
3) 44 + 48 = (92)
4) 57 + 59 = (116)
5) 579 + 708 = (1,287)
6) 745 + 590 = (1,335)
7) 828 + 640 = (1,468)
8) 1,544 + 8,076 = (9,620)
9) 8,092 + 1,923 = (10,015)
10) 8,989 + 1,775 = (10,764)
11) 9,880 + 4,009 = (13,889)
12) 78 − 72 = (6)
13) 71 − 32 = (39)
14) 23 − 13 = (10)
15) 79 − 32 = (47)
16) 107 − 104 = (3)
17) 447 − 144 = (303)
18) 510 − 374 = (136)
19) 3,819 − 2,253 = (1,566)
20) 8,200 − 7,513 = (687)
21) 2,047 − 1,710 = (337)
22) 4,828 − 1,501 = (3,327)
23) 69 × 8 = (552)
24) 76 × 6 = (456)
25) 78 × 7 = (546)
26) 21 × 62 = (1,302)
27) 63 × 25 = (1,575)
28) 71 × 90 = (6,390)
29) 991 × 31 = (30,721)
30) 422 × 63 = (26,586)
31) 196 × 944 = (185,024)
32) 475 × 119 = (56,525)
33) 646 × 103 = (66,538)
34) 70 ÷ 7 = (10.0)
35) 91 ÷ 2 = (45.5)
36) 11 ÷ 9 = (1.2)
37) 513 ÷ 2 = (256.5)
38) 428 ÷ 9 = (47.6)
39) 920 ÷ 9 = (102.2)
40) 19 ÷ 47 = (0.4)
41) 23 ÷ 65 = (0.4)
42) 10 ÷ 70 = (0.1)
43) 725 ÷ 26 = (27.9)
44) 481 ÷ 31 = (15.5)

실력 체크표	시간대	등급	결과	나의 시간기록	나의 등급
	~4:00	S	훌륭해요!		
	4:00~4:30	A	우수해요!		
	4:30~5:00	B	좋습니다!		
	5:00~5:30	C	평균이에요!		
	5:30~6:00	F	노력이 많이 필요해요!		

유형 1 다음 식을 계산해 보세요.(소수점 둘째 자리에서 반올림하여 계산하세요.)

1) 84 + 11 = (　　　　)
2) 80 + 54 = (　　　　)
3) 44 + 48 = (　　　　)
4) 57 + 59 = (　　　　)
5) 579 + 708 = (　　　　)
6) 745 + 590 = (　　　　)
7) 828 + 640 = (　　　　)
8) 1,544 + 8,076 = (　　　　)
9) 8,092 + 1,923 = (　　　　)
10) 8,989 + 1,775 = (　　　　)
11) 9,880 + 4,009 = (　　　　)
12) 78 − 72 = (　　　　)
13) 71 − 32 = (　　　　)
14) 23 − 13 = (　　　　)
15) 79 − 32 = (　　　　)
16) 107 − 104 = (　　　　)
17) 447 − 144 = (　　　　)
18) 510 − 374 = (　　　　)
19) 3,819 − 2,253 = (　　　　)
20) 8,200 − 7,513 = (　　　　)
21) 2,047 − 1,710 = (　　　　)
22) 4,828 − 1,501 = (　　　　)
23) 69 × 8 = (　　　　)
24) 76 × 6 = (　　　　)
25) 78 × 7 = (　　　　)
26) 21 × 62 = (　　　　)
27) 63 × 25 = (　　　　)
28) 71 × 90 = (　　　　)
29) 991 × 31 = (　　　　)
30) 422 × 63 = (　　　　)
31) 196 × 944 = (　　　　)
32) 475 × 119 = (　　　　)
33) 646 × 103 = (　　　　)
34) 70 ÷ 7 = (　　　　)
35) 91 ÷ 2 = (　　　　)
36) 11 ÷ 9 = (　　　　)
37) 513 ÷ 2 = (　　　　)
38) 428 ÷ 9 = (　　　　)
39) 920 ÷ 9 = (　　　　)
40) 19 ÷ 47 = (　　　　)
41) 23 ÷ 65 = (　　　　)
42) 10 ÷ 70 = (　　　　)
43) 725 ÷ 26 = (　　　　)
44) 481 ÷ 31 = (　　　　)

정답 확인

2024년	88
2025년	40
2026년	71
2027년	68
연평균	(66.75)

2024년	(98)
2025년	43
2026년	64
2027년	79
연평균	71

2024년	712
2025년	814
2026년	210
2027년	481
연평균	(554.25)

2024년	489
2025년	683
2026년	363
2027년	864
연평균	(599.75)

2024년	626
2025년	163
2026년	(678)
2027년	764
연평균	557.75

2024년	(7,775)
2025년	2,300
2026년	2,382
2027년	3,624
연평균	4,020.25

2024년	8,678
2025년	1,872
2026년	7,194
2027년	5,107
연평균	(5,712.75)

2024년	1,534
2025년	9,634
2026년	2,379
2027년	(7,861)
연평균	5,352

2024년	8,733
2025년	8,980
2026년	5,520
2027년	9,621
연평균	(8,213.5)

2024년	44
2025년	(57)
2026년	70
2027년	33
연평균	51

실력 체크표

시간대	등급	결과	나의 시간기록	나의 등급
~4:30	S	훌륭해요!		
4:30~5:00	A	우수해요!		
5:00~5:30	B	좋습니다!		
5:30~6:00	C	평균이에요!		
6:00~6:30	F	노력이 많이 필요해요!		

유형 2 다음 빈칸에 들어갈 알맞은 수를 구해 보세요.

2024년	88
2025년	40
2026년	71
2027년	68
연평균	(　　)

2024년	(　　)
2025년	43
2026년	64
2027년	79
연평균	71

2024년	712
2025년	814
2026년	210
2027년	481
연평균	(　　)

2024년	489
2025년	683
2026년	363
2027년	864
연평균	(　　)

2024년	626
2025년	163
2026년	(　　)
2027년	764
연평균	557.75

2024년	(　　)
2025년	2,300
2026년	2,382
2027년	3,624
연평균	4,020.25

2024년	8,678
2025년	1,872
2026년	7,194
2027년	5,107
연평균	(　　)

2024년	1,534
2025년	9,634
2026년	2,379
2027년	(　　)
연평균	5,352

2024년	8,733
2025년	8,980
2026년	5,520
2027년	9,621
연평균	(　　)

2024년	44
2025년	(　　)
2026년	70
2027년	33
연평균	51

정답 확인

구분	2024	2025	2026	2027
A	615	673	315	577
B	441	206	491	862
C	226	721	824	520
D	557	183	243	426
합계	1,839	1,783	1,873	2,385
순위	(3)	(4)	(2)	(1)

1) 332 × 28 (>) 19 × 432

2) 430 × 35 (>) 12 × 472

3) 294 × 29 (<) 28 × 398

4) 103 × 30 (<) 19 × 295

5) 403 × 33 (>) 24 × 429

6) 214 × 11 (<) 10 × 311

7) 483 × 30 (>) 16 × 484

8) 203 × 13 (<) 11 × 476

9) 372 × 28 (>) 13 × 494

10) 437 × 22 (>) 11 × 494

11) $\frac{67}{56}$ (>) $\frac{87}{74}$

12) $\frac{91}{80}$ (>) $\frac{98}{92}$

13) $\frac{98}{69}$ (<) $\frac{116}{74}$

14) $\frac{93}{80}$ (<) $\frac{109}{90}$

15) $\frac{50}{52}$ (>) $\frac{55}{72}$

16) $\frac{522}{212}$ (>) $\frac{528}{258}$

17) $\frac{634}{411}$ (>) $\frac{678}{458}$

18) $\frac{818}{887}$ (<) $\frac{849}{919}$

19) $\frac{242}{413}$ (<) $\frac{283}{440}$

20) $\frac{254}{358}$ (<) $\frac{270}{372}$

구분	2024	2025	2026	2027	
A	322	404	563	686	
B	232	374	451	553	
C	230	318	376	551	정답
전년 대비 증가량	A	(82)	(159)	(123)	(2026)
	B	(142)	(77)	(102)	(2025)
	C	(88)	(58)	(175)	(2027)

구분	2024	2025	2026	2027	
A	327	401	574	705	
B	356	431	509	567	
C	395	528	648	744	정답
전년 대비 증가량	A	(74)	(173)	(131)	(2026)
	B	(75)	(78)	(58)	(2026)
	C	(133)	(120)	(96)	(2025)

실력 체크표

시간대	등급	결과
~5:00	S	훌륭해요!
5:00~5:30	A	우수해요!
5:30~6:00	B	좋습니다!
6:00~6:30	C	평균이에요!
6:30~7:00	F	노력이 많이 필요해요!

나의 시간기록	나의 등급

유형 3-1 다음 제시된 연도 중 합계가 가장 큰 연도부터 순위를 써보세요.

구분	2024	2025	2026	2027
A	615	673	315	577
B	441	206	491	862
C	226	721	824	520
D	557	183	243	426

순위	( )	( )	( )	( )

유형 3-2 다음 식의 계산 결과를 비교하여 부등호를 써넣으세요.

1) 332 × 28 ( ) 19 × 432

2) 430 × 35 ( ) 12 × 472

3) 294 × 29 ( ) 28 × 398

4) 103 × 30 ( ) 19 × 295

5) 403 × 33 ( ) 24 × 429

6) 214 × 11 ( ) 10 × 311

7) 483 × 30 ( ) 16 × 484

8) 203 × 13 ( ) 11 × 476

9) 372 × 28 ( ) 13 × 494

10) 437 × 22 ( ) 11 × 494

11) $\frac{67}{56}$ ( ) $\frac{87}{74}$

12) $\frac{91}{80}$ ( ) $\frac{98}{92}$

13) $\frac{98}{69}$ ( ) $\frac{116}{74}$

14) $\frac{93}{80}$ ( ) $\frac{109}{90}$

15) $\frac{50}{52}$ ( ) $\frac{55}{72}$

16) $\frac{522}{212}$ ( ) $\frac{528}{258}$

17) $\frac{634}{411}$ ( ) $\frac{678}{458}$

18) $\frac{818}{887}$ ( ) $\frac{849}{919}$

19) $\frac{242}{413}$ ( ) $\frac{283}{440}$

20) $\frac{254}{358}$ ( ) $\frac{270}{372}$

유형 3-3 다음 A, B, C 각각에서 전년 대비 2025~2027년의 증가량이 가장 큰 연도를 써보세요.

구분	2024	2025	2026	2027	
A	322	404	563	686	
B	232	374	451	553	
C	230	318	376	551	정답
전년 대비 증가량	A	( )	( )	( )	( )
	B	( )	( )	( )	( )
	C	( )	( )	( )	( )

구분	2024	2025	2026	2027	
A	327	401	574	705	
B	356	431	509	567	
C	395	528	648	744	정답
전년 대비 증가량	A	( )	( )	( )	( )
	B	( )	( )	( )	( )
	C	( )	( )	( )	( )

DAY 15 | 덧뺄곱나 연습

유형 1	난이도 하
유형 2	난이도 중
유형 3	난이도 상

※ 정답 페이지를 반으로 접고 문제를 풀어보세요.

정답 확인

1) 64 + 81 = (145)
2) 62 + 14 = (76)
3) 87 + 75 = (162)
4) 13 + 75 = (88)
5) 895 + 685 = (1,580)
6) 478 + 238 = (716)
7) 615 + 353 = (968)
8) 3,194 + 7,037 = (10,231)
9) 9,320 + 9,545 = (18,865)
10) 5,596 + 7,759 = (13,355)
11) 4,578 + 8,008 = (12,586)
12) 21 − 15 = (6)
13) 16 − 12 = (4)
14) 64 − 47 = (17)
15) 91 − 11 = (80)
16) 253 − 131 = (122)
17) 513 − 236 = (277)
18) 235 − 213 = (22)
19) 1,819 − 1,238 = (581)
20) 3,400 − 1,660 = (1,740)
21) 9,446 − 3,385 = (6,061)
22) 3,338 − 2,550 = (788)
23) 38 × 4 = (152)
24) 60 × 7 = (420)
25) 93 × 9 = (837)
26) 25 × 72 = (1,800)
27) 49 × 93 = (4,557)
28) 87 × 55 = (4,785)
29) 464 × 76 = (35,264)
30) 804 × 42 = (33,768)
31) 199 × 191 = (38,009)
32) 531 × 702 = (372,762)
33) 354 × 717 = (253,818)
34) 18 ÷ 9 = (2.0)
35) 50 ÷ 9 = (5.6)
36) 57 ÷ 3 = (19.0)
37) 150 ÷ 2 = (75.0)
38) 986 ÷ 6 = (164.3)
39) 746 ÷ 6 = (124.3)
40) 98 ÷ 41 = (2.4)
41) 18 ÷ 97 = (0.2)
42) 51 ÷ 96 = (0.5)
43) 210 ÷ 18 = (11.7)
44) 819 ÷ 33 = (24.8)

실력 체크표

시간대	등급	결과	나의 시간기록	나의 등급
~4:00	S	훌륭해요!		
4:00~4:30	A	우수해요!		
4:30~5:00	B	좋습니다!		
5:00~5:30	C	평균이에요!		
5:30~6:00	F	노력이 많이 필요해요!		

유형 1 다음 식을 계산해 보세요.(소수점 둘째 자리에서 반올림하여 계산하세요.)

1) 64 + 81 = ( )
2) 62 + 14 = ( )
3) 87 + 75 = ( )
4) 13 + 75 = ( )
5) 895 + 685 = ( )
6) 478 + 238 = ( )
7) 615 + 353 = ( )
8) 3,194 + 7,037 = ( )
9) 9,320 + 9,545 = ( )
10) 5,596 + 7,759 = ( )
11) 4,578 + 8,008 = ( )
12) 21 − 15 = ( )
13) 16 − 12 = ( )
14) 64 − 47 = ( )
15) 91 − 11 = ( )
16) 253 − 131 = ( )
17) 513 − 236 = ( )
18) 235 − 213 = ( )
19) 1,819 − 1,238 = ( )
20) 3,400 − 1,660 = ( )
21) 9,446 − 3,385 = ( )
22) 3,338 − 2,550 = ( )
23) 38 × 4 = ( )
24) 60 × 7 = ( )
25) 93 × 9 = ( )
26) 25 × 72 = ( )
27) 49 × 93 = ( )
28) 87 × 55 = ( )
29) 464 × 76 = ( )
30) 804 × 42 = ( )
31) 199 × 191 = ( )
32) 531 × 702 = ( )
33) 354 × 717 = ( )
34) 18 ÷ 9 = ( )
35) 50 ÷ 9 = ( )
36) 57 ÷ 3 = ( )
37) 150 ÷ 2 = ( )
38) 986 ÷ 6 = ( )
39) 746 ÷ 6 = ( )
40) 98 ÷ 41 = ( )
41) 18 ÷ 97 = ( )
42) 51 ÷ 96 = ( )
43) 210 ÷ 18 = ( )
44) 819 ÷ 33 = ( )

정답 확인

2024년	24
2025년	59
2026년	28
2027년	94
연평균	(51.25)

2024년	(38)
2025년	34
2026년	85
2027년	29
연평균	46.5

2024년	520
2025년	849
2026년	(571)
2027년	855
연평균	698.75

2024년	116
2025년	629
2026년	612
2027년	763
연평균	(530)

2024년	102
2025년	580
2026년	308
2027년	512
연평균	(375.5)

2024년	9,339
2025년	(2,409)
2026년	7,769
2027년	7,369
연평균	6,721.5

2024년	4,061
2025년	6,753
2026년	9,033
2027년	4,280
연평균	(6,031.75)

2024년	(1,682)
2025년	4,715
2026년	1,932
2027년	9,549
연평균	4,469.5

2024년	8,930
2025년	1,607
2026년	4,175
2027년	7,773
연평균	(5,621.25)

2024년	47
2025년	60
2026년	49
2027년	(58)
연평균	53.5

실력 체크표

시간대	등급	결과	나의 시간기록	나의 등급
~4:30	S	훌륭해요!		
4:30~5:00	A	우수해요!		
5:00~5:30	B	좋습니다!		
5:30~6:00	C	평균이에요!		
6:00~6:30	F	노력이 많이 필요해요!		

유형 2 다음 빈칸에 들어갈 알맞은 수를 구해 보세요.

2024년	24
2025년	59
2026년	28
2027년	94
연평균	(　　)

2024년	(　　)
2025년	34
2026년	85
2027년	29
연평균	46.5

2024년	520
2025년	849
2026년	(　　)
2027년	855
연평균	698.75

2024년	116
2025년	629
2026년	612
2027년	763
연평균	(　　)

2024년	102
2025년	580
2026년	308
2027년	512
연평균	(　　)

2024년	9,339
2025년	(　　)
2026년	7,769
2027년	7,369
연평균	6,721.5

2024년	4,061
2025년	6,753
2026년	9,033
2027년	4,280
연평균	(　　)

2024년	(　　)
2025년	4,715
2026년	1,932
2027년	9,549
연평균	4,469.5

2024년	8,930
2025년	1,607
2026년	4,175
2027년	7,773
연평균	(　　)

2024년	47
2025년	60
2026년	49
2027년	(　　)
연평균	53.5

정답 확인

구분	2024	2025	2026	2027
A	404	562	204	466
B	330	195	380	751
C	115	610	713	419
D	446	182	132	315
합계	1,295	1,549	1,429	1,951
순위	(4)	(2)	(3)	(1)

1) 221 × 17 (<) 18 × 321

2) 329 × 24 (>) 11 × 361

3) 183 × 19 (<) 17 × 287

4) 193 × 29 (>) 18 × 184

5) 392 × 22 (>) 13 × 318

6) 148 × 253 (<) 247 × 225

7) 389 × 220 (<) 486 × 209

8) 384 × 130 (>) 410 × 116

9) 102 × 439 (<) 458 × 388

10) 271 × 392 (>) 462 × 155

11) $\frac{52}{63}$ (>) $\frac{59}{83}$

12) $\frac{70}{62}$ (>) $\frac{87}{79}$

13) $\frac{55}{96}$ (<) $\frac{63}{102}$

14) $\frac{50}{66}$ (>) $\frac{57}{84}$

15) $\frac{80}{92}$ (<) $\frac{95}{104}$

16) $\frac{293}{267}$ (>) $\frac{330}{304}$

17) $\frac{569}{733}$ (<) $\frac{618}{776}$

18) $\frac{452}{918}$ (<) $\frac{465}{928}$

19) $\frac{278}{836}$ (<) $\frac{286}{846}$

20) $\frac{483}{261}$ (>) $\frac{527}{288}$

구분		2024	2025	2026	2027	
A		431	488	572	663	
B		400	569	710	829	
C		265	392	541	714	정답
전년 대비 증가량	A		(57)	(84)	(91)	(2027)
	B		(169)	(141)	(119)	(2025)
	C		(127)	(149)	(173)	(2027)

구분		2024	2025	2026	2027	
A		122	291	365	417	
B		343	457	605	693	
C		233	347	414	547	정답
전년 대비 증가량	A		(169)	(74)	(52)	(2025)
	B		(114)	(148)	(88)	(2026)
	C		(114)	(67)	(133)	(2027)

실력 체크표	시간대	등급	결과	나의 시간기록	나의 등급
	~5:00	S	훌륭해요!		
	5:00~5:30	A	우수해요!		
	5:30~6:00	B	좋습니다!		
	6:00~6:30	C	평균이에요!		
	6:30~7:00	F	노력이 많이 필요해요!		

유형 3-1 다음 제시된 연도 중 합계가 가장 큰 연도부터 순위를 써보세요.

구분	2024	2025	2026	2027
A	404	562	204	466
B	330	195	380	751
C	115	610	713	419
D	446	182	132	315

순위	( )	( )	( )	( )

유형 3-2 다음 식의 계산 결과를 비교하여 부등호를 써넣으세요.

1) 221 × 17 ( ) 18 × 321
2) 329 × 24 ( ) 11 × 361
3) 183 × 19 ( ) 17 × 287
4) 193 × 29 ( ) 18 × 184
5) 392 × 22 ( ) 13 × 318
6) 148 × 253 ( ) 247 × 225
7) 389 × 220 ( ) 486 × 209
8) 384 × 130 ( ) 410 × 116
9) 102 × 439 ( ) 458 × 388
10) 271 × 392 ( ) 462 × 155

11) $\frac{52}{63}$ ( ) $\frac{59}{83}$
12) $\frac{70}{62}$ ( ) $\frac{87}{79}$
13) $\frac{55}{96}$ ( ) $\frac{63}{102}$
14) $\frac{50}{66}$ ( ) $\frac{57}{84}$
15) $\frac{80}{92}$ ( ) $\frac{95}{104}$

16) $\frac{293}{267}$ ( ) $\frac{330}{304}$
17) $\frac{569}{733}$ ( ) $\frac{618}{776}$
18) $\frac{452}{918}$ ( ) $\frac{465}{928}$
19) $\frac{278}{836}$ ( ) $\frac{286}{846}$
20) $\frac{483}{261}$ ( ) $\frac{527}{288}$

유형 3-3 다음 A, B, C 각각에서 전년 대비 2025~2027년의 증가량이 가장 큰 연도를 써보세요.

구분		2024	2025	2026	2027	
A		431	488	572	663	
B		400	569	710	829	
C		265	392	541	714	정답
전년 대비 증가량	A		( )	( )	( )	( )
	B		( )	( )	( )	( )
	C		( )	( )	( )	( )

구분		2024	2025	2026	2027	
A		122	291	365	417	
B		343	457	605	693	
C		233	347	414	547	정답
전년 대비 증가량	A		( )	( )	( )	( )
	B		( )	( )	( )	( )
	C		( )	( )	( )	( )

어떤 길은 시작한 것만으로도,
다른 길이 펼쳐진다.

너의 시작을 옳게 만드는 노력,
그 단단한 걸음에 빛나는 길이 마중나올 것이니.

#용기있는시작 #빛나는미래

Feel Good~!

오늘 NCS 완료

시즌1

#오N완 #NCS루틴 #100%새문항

정답과 해설

시대에듀

DAY 01 | 정답과 해설

01	02	03	04	05	06	07	08	09	10	11	12	13	14	15
④	④	③	②	③	②	④	⑤	⑤	④	⑤	③	④	⑤	③
16	**17**	**18**	**19**	**20**	**21**	**22**	**23**	**24**	**25**	**26**	**27**	**28**	**29**	**30**
②	②	④	②	②	④	⑤	④	①	④	②	⑤	①	④	③

01 의사소통능력

정답 ④

유형 독해 > 주제/제목 **난이도** ★☆☆

시간 단축 문제접근 TIP

이 글은 고전적 경영이론의 창시자인 테일러의 과학적 관리법을 중점적으로 설명하고 있으므로 글의 내용을 전체적으로 아우를 수 있는 제목을 찾는다.

이 글은 1문단에서 경영학의 개념과 목적, 2문단에서 고전적 경영이론의 창시자인 프레더릭 윈슬로 테일러, 3문단과 4문단에서 테일러의 과학적 관리법의 주요 원칙, 5문단에서 테일러의 과학적 관리법에 대한 평가에 대해 설명하고 있으므로 이 글의 제목으로는 '테일러의 과학적 관리법과 그에 대한 평가'가 가장 적절하다.

02 의사소통능력

정답 ④

유형 독해 > 일치/불일치 **난이도** ★★☆

시간 단축 문제접근 TIP

환경부와 관련 업계가 배달용기로 사용되는 일회용 플라스틱 사용량을 줄이기로 한 협약을 설명하는 글이므로 각 업계의 역할과 계획을 살피고, 구체적인 수치나 값에 유의하여 선지를 살펴본다. 6문단에서 환경부는 배달음식 분야 다회용기 보급을 위해 2024년 89억 원에서 2025년 100억 원까지로 예산을 늘리는 등 지원사업을 확대한다고 하였으므로 적절한 설명은 ④이다.

6문단에서 환경부는 배달음식 분야 다회용기 보급을 위해 2024년 89억 원에서 2025년 100억 원까지로 예산을 늘리는 등 지원사업을 확대한다고 하였으므로 환경부가 배달음식 분야 다회용기 보급을 위해 관련 예산과 지원사업을 확대하기로 하였다는 것은 적절한 설명이다.

| 오답풀이 |

① 5문단에서 배달플랫폼 업계는 소비자에게 일회용 수저 등이 무분별하게 배달되지 않도록 음식 주문 시 미선택을 기본값으로 안내하여 불필요한 일회용 플라스틱 사용을 줄일 계획이라고 하였으므로 적절하지 않다.

② 4문단에서 한국플라스틱포장용기협회가 제작한 경량화 배달용기는 기존에 유통 중인 배달용기와 유사한 강도를 유지하되, 제작에 투입된 플라스틱 사용량을 10%가량 줄인 용기를 말한다고 하였으므로 적절하지 않다.

③ 2문단에서 2024년 7월 기준으로 온라인 음식 서비스 거래액은 5년 전에 비해 약 3배가량 증가한 2조 5천억 원에 이른다고 하였으므로 적절하지 않다.

⑤ 1문단에서 환경부와 관련 업계의 협약 목표는 음식 배달문화가 확산되는 상황에서 포장 · 배달용 일회용 플라스틱 사용량을 10% 이상 줄이는 것에 있다고 하였으므로 적절하지 않다.

03 의사소통능력

정답 ③

유형 독해 > 일치/불일치 **난이도** ★★☆

시간 단축 문제접근 TIP

동물들의 의사 표현 방법을 시각적인 변화, 냄새, 동적인 행동으로 나누어 설명하는 글이므로 각 선지에서 언급된 동물의 의사 표현 방법을 지문과 대조한다. 4문단에서 꿀벌의 움직임은 먹이가 위치한 거리와 방향에 따라 달라진다고 하였으므로 적절하지 않은 설명은 ③이다.

4문단에서 꿀벌은 먹이가 위치한 거리와 방향에 따라 다른 움직임을 보이며, 먹이의 거리가 멀어질수록 움직임의 속도가 느려지고 꼬리를 흔드는 횟수가 많아진다고 하였으므로 먹이의 종류에 따라 움직임의 속도와 꼬리를 흔드는 횟수를 조절한다는 설명은 적절하지 않다.

| 오답풀이 |

① 3문단에서 냄새를 통해 의사를 표현하는 방법으로, 페로몬을 분비하는 개미를 예로 들며 페로몬을 통해 소통한다고 하였으므로 적절하다.

② 2문단에서 시칠리드는 자신의 기분 상태에 따라 점을 나타내거나 사라지게 할 수 있다고 하였으므로 적절하다.

④ 2문단에서 카멜레온은 먹이 사냥이 잘 되지 않거나 위협을 받을 때 피부색이 어둡게 변하기도 한다고 하였으므로 적절하다.

⑤ 1문단에서 동물행동학의 연구 방법으로 강아지나 고양이 등 반려동물의 행동 양상을 분석하여 이상 행동을 교정하거나 훈련한다고 하였으므로 적절하다.

04 의사소통능력

정답 ②

유형 어휘/어법 > 내용 수정 난이도 ★☆☆

시간 단축 문제접근 TIP

㉡에서 앞선 내용을 다른 표현으로 바꾸어 반복하고 있으므로 환언의 접속어인 '즉, 곧, 다시 말하면' 등이 들어가는 것이 적절하다.

㉡의 앞 문장에 언급된 '있는 그대로의 지형이나 자연물을 크게 훼손하지 않는 것', '나무와 연못이 있던 자연 속에 건물을 짓는 것'은 모두 인공적인 요소를 최대한 배제하는 방식이다. 따라서 앞 내용을 다르게 표현하여 반복하고 있으므로 환언의 접속사인 '즉, 곧, 다시 말하면' 등이 적절하다.

| 오답풀이 |

① '조화'는 '서로 잘 어울림'을 뜻하는 말로 두 개 이상의 대상이 있어야 분명한 의미를 나타낸다. 따라서 '조화를'을 자연과의 '조화를'으로 의미를 보완하여 수정하는 것이 옳다.

③ 글의 흐름과 관련이 없는 내용이다. 따라서 '주제와의 일관성', 즉 '통일성'을 고려할 때 삭제하는 것이 옳다.

④ '잘리어진'은 어간 '잘-'에 피동 접사 '-리-'와 피동형 '-어지-'가 결합한 이중피동 표현이다. 문법상 이중피동 표현은 적절하지 않으므로 '잘린'으로 수정하는 것이 옳다.

⑤ 인간을 자연 속에서 태어나 머물고 그곳으로 돌아갈 존재로 인식한다는 맥락과 '은둔 사상'은 부합하지 않으므로, '자연 회귀 사상'으로 수정하는 것이 옳다.

05 의사소통능력

정답 ③

유형 어휘/어법 > 접속사 넣기 난이도 ★☆☆

㉠의 앞 문장은 '순화의 개념'에 대한 정의이고 이를 바탕으로 '국어 순화의 개념'을 ㉠ 뒤에서 상술하고 있다. 따라서 ㉠에는 역접의 접속어인 '그러나, 하지만'보다는 인과의 접속어인 '따라서, 그래서'가 자연스럽다.

㉡의 앞 문장은 국어 순화 중 '잡스러운 것을 걸러서 순수(純粹)하게 하는 일'에 대한 상술을, 뒤에서는 '복잡한 것을 단순하게 하는 것'에 대한 상술을 순서대로 제시하고 있음을 알 수 있다. 따라서 ㉡에는 대등, 병렬의 접속어인 '또, 그리고'가 들어가는 것이 자연스럽다.

㉢의 다음 내용은 앞선 내용을 근거로 도출한 결론 및 결과에 대한 내용이므로 인과의 접속어인 '그래서, 따라서'가 들어가는 것이 자연스럽다.

06 의사소통능력

정답 ②

유형 독해 > 추론 난이도 ★★☆

1문단에서 서울교통공사는 2020년 한국국제협력단이 발주한 최초의 철도 운영 컨설팅 사업이었던 '자카르타 경전철 역량강화사업'을 수행하고 지난 4월 30일에 사업을 성공적으로 마쳤다고 하였다. 따라서 한국국제협력단이 발주한 최초의 철도 운영 컨설팅 사업이 지난 4월 30일에 마무리되었음을 알 수 있다.

| 오답풀이 |

① 3문단에서 호주 시드니 메트로의 서부 노선 및 서부 공항 노선의 개통 준비를 위한 사전 컨설팅이 수행 중에 있다고 하였으므로 호주 시드니 메트로의 서부 노선과 서부 공항 노선이 개통된 것이 아님을 알 수 있다.

③ 4문단에서 최근 10년간 필리핀 마닐라를 비롯한 인도, 코스타리카, 파나마 등에 총 26건의 크고 작은 사업을 수주하는 성과를 이루었다고 하였으므로 서울교통공사가 26개국에서 해외철도 운영과 유지보수 컨설팅 사업 등을 진행한 것이 아님을 알 수 있다.

④ 3문단에서 서울교통공사는 인도네시아 외에 호주 시드니, 필리핀 마닐라 등 다양한 해외사업을 수행 중에 있다고 하였으므로 서울교통공사가 인도네시아 자카르타 도시철도 운영 컨설팅 사업으로 해외사업 수주에 두 번째로 성공한 것이 아님을 알 수 있다.

⑤ 2문단에서 서울교통공사는 자카르타의 시범 역사로 1개소를 선정하여 고객 서비스 및 마케팅과 안전, 편의성 등 비운수사업 전략을 반영한 역사 리모델링을 통해 자카르타 도시철도 확산을 위한 모델로 삼고자 한다고 하였으므로 서울교통공사가 자카르타의 모든 지하철 역사를 리모델링하는 것이 아님을 알 수 있다.

07 의사소통능력

정답 ④

유형 독해 > 일치/불일치 난이도 ★☆☆

4문단에서 옐로우스톤을 발견한 탐사대는 옐로우스톤의 생태계를 파괴하여 개발해서는 안 된다고 생각하여 자연 그대로 보존할 것을 정부에 제안했다고 하였으므로 옐로우스톤을 처음으로 발견한 탐사대가 옐로우스톤을 국립공원으로 지정한 것은 아니다.

| 오답풀이 |

① 1문단에서 미국 와이오밍 주 북서부에 위치한 옐로우스톤은 세계 최초로 지정된 국립공원이라고 하였으므로 적절하다.

② 2문단에서 매머드 온천은 오랜 기간 동안 유황이 덧칠해져 노란색을 띠는 바위 위로 온천물이 흘러내려 많은 관광객이 찾아오는데, 곳곳에서 유황가스가 배출되기 때문에 역한 냄새가 난다고 하였으므로 적절하다.

③ 2문단에서 올드페이스풀 간헐천은 온천물의 증기를 90분마다 상공 60m까지 솟아 올린다고 하였으므로 적절하다.

⑤ 1문단에서 옐로우스톤이 수십만 년 전 화산 폭발로 이루어진 화산고원 지대로, 마그마가 지표로부터 5km 깊이에 있다고 하였으므로 적절하다.

08 의사소통능력

정답 ⑤

유형 독해 > 기타-문장 삽입 난이도 ★☆☆

ⓜ 뒤에서 국립공원 제도가 현대에 이르러 파괴되어 가는 자연생태계와 환경, 문화 · 역사 유산의 보전을 위해 국가 차원에서 관리가 이루어질 수 있게 하였다는 내용이 제시되므로 옐로우스톤이 세계 최초의 국립공원이 되어 이후 국립공원 제도가 전 세계로 확산되는 데 기여할 수 있었다는 [보기]의 문장과 이어지는 것이 자연스럽다.

09 의사소통능력

정답 ⑤

유형 독해 > 주제/제목 난이도 ★☆☆

우리나라 화장품의 2024년 3분기 누적 수출액이 역대 최대치를 기록했으며, 국가별 수출액 증가폭으로는 미국, 제품 유형별 수출액 증가폭으로는 인체세정용품이 가장 컸다는 내용이므로 글 전체를 아우르는 제목으로 가장 적절한 것은 ⑤이다.

| 오답풀이 |

① 3문단에서 화장품 제품 유형별 수출액은 기초화장품이 가장 많다고 언급하고 있으나, 전체를 포괄하는 글의 제목으로 적절하지 않다.

② 5문단에서 식약처가 해외 규제 동향을 빠르게 파악할 수 있도록 맞춤형 정보를 제공하고 있다고 언급하고 있으나, 전체를 포괄하는 글의 제목으로 적절하지 않다.

③ 2문단에서 중국 수출액은 2억 달러가 감소하였으나, 미국 수출액은 5.5억 달러 증가하였다고 하였으므로 적절하지 않다.

④ 1문단에서 우리나라 화장품의 24년 3분기 누적 수출액이 역대 최대치라고 하였으며, 5문단에서 식약처의 추진 계획과 포부를 확인할 수 있으므로 적절하지 않다.

10 의사소통능력

정답 ④

유형 독해 > 일치/불일치 난이도 ★★★

3문단에서 제품 유형별 화장품 수출액의 전년 동기 대비 증가폭에 대해 설명하고 있으며, 기초화장품의 수출이 가장 많으나, 증가폭은 인체세정용품이 40.7%로 가장 컸다고 했으므로 적절한 설명은 ④이다.

| 오답풀이 |

① 4문단에서 대중 수출액 중 기초화장품 수출액이 가장 크게 감소하였고, 대미 수출액은 중국과 달리 기초화장품의 증가액이 가장 컸다고 하였으므로 적절하지 않다.

② 2문단에서 주요 국가별 수출액은 미국이 14.3억 달러로, 이는 전년 동기 대비 5.5억 달러가 증가한 것이라고 하였으므로 전년도 3분기 대미 누적 수출액은 8.8억 달러가 되어 적절하지 않다.

③ 1문단에서 우리나라 화장품의 24년 3분기 누적 수출액이 74억 달러로, 전년 동기 누적 수출액인 62억 달러 대비 19.3% 증가한 수치라고 하였으므로 적절하지 않다.

⑤ 5문단에서 식약처는 미국, 중국 등에서 안전성 평가제를 시행함에 따라 화장품 산업의 국제 경쟁력을 확보하기 위해 국내에도 안전성 평가 도입을 준비하고 있다고 하였으므로 적절하지 않다.

11 수리능력

정답 ⑤

유형 응용수리 > 수와 식 난이도 ★☆☆

30초 컷 풀이 TIP

당월에 구입할 휴지는 전월에 구입한 휴지의 1.3배이므로 답은 1.3의 배수이어야 한다. 선택지 중 13의 배수를 찾으면 ⑤가 정답임을 쉽게 알 수 있다.

전월에 구입한 휴지의 72%를 사용하여 98개의 휴지가 남았으므로 전월에 사용한 휴지의 28%에 해당하는 개수가 98개이다.

(전월에 구입한 휴지의 개수) $=98\div0.28=350$(개)

따라서 당월에 구입할 휴지는 $350\times1.3=455$(개)이다.

12 수리능력

정답 ③

유형 응용수리 > 방정식　　난이도 ★☆☆

30초 컷 풀이 TIP

주어진 조건 중 다른 조건을 이용하지 않아도 값을 알 수 있는 조건을 먼저 파악하고, 이를 문제 풀이의 기점으로 삼는다. 해당 문제에서는 다섯 번째 조건을 통해 E공장의 일일 생산량이 120개임을 알 수 있으므로 이를 이용하여 풀이에 접근한다.

A, B, C, D, E공장의 일일 생산량을 a, b, c, d, e라 하면 조건을 통해 다음과 같은 식을 세울 수 있다.

$a-c=20$ … ㉠
$3b=d$ … ㉡
$d+e=9b$ … ㉢
$4a=e+80$ … ㉣
$12e=1,440$ … ㉤

㉤을 계산하면 $e=120$이므로 이를 ㉣에 대입하면 $a=50$이고, 이를 ㉠에 대입하면 $c=30$이다.
㉡과 ㉢을 연립하면 $2d=e$이므로 여기에 $e=120$을 대입하면 $d=60$이고, $d=60$을 ㉡에 대입하면 $b=20$이다.
따라서 A~E공장에서 30일 동안 생산할 수 있는 의자의 총개수는 $(50+20+30+60+120)\times30=8,400$(개)이다.

13 수리능력

정답 ④

유형 응용수리 > 수열　　난이도 ★★☆

홀수 번째 항은 ×3으로 증가하고, 짝수 번째 항은 +20씩 증가하는 수열이다.
따라서 빈칸에 들어갈 알맞은 수는 $7\times3=21$이다.

14 수리능력

정답 ⑤

유형 응용수리 > 경우의 수　　난이도 ★☆☆

12권의 책 중 첫째 주에 책을 읽을 수 있는 경우의 수는
${}_{12}C_4=495$(가지)
나머지 8권의 책 중 둘째 주에 책을 읽을 수 있는 경우의 수는
${}_{8}C_3=56$(가지)
나머지 5권의 책 중 셋째 주에 책을 읽을 수 있는 경우의 수는
${}_{5}C_2=10$(가지)
나머지 3권의 책 중 넷째 주에 책을 읽을 수 있는 경우의 수는
${}_{3}C_1=3$(가지)
따라서 한 달 동안 읽을 수 있는 책의 경우의 수는 $495\times56\times10\times3=831,600$(가지)이다.

15 수리능력

정답 ③

유형 자료해석 > 자료이해　　난이도 ★☆☆

㉠ 2021년 A철도사의 승차인원은 2020년 대비
$\frac{77,000-75,075}{77,000}\times100=2.5(\%)$ 감소하였다.
㉡ 2022년 차량 1대당 승차인원은 B철도사가 $2,415\div115=21$(만 명), C철도사가 $3,330\div185=18$(만 명)이므로 B철도사가 C철도사보다 $21-18=3$(만 명) 더 많다.

| 오답풀이 |
㉢ 2021년 이후 차량 수와 승차인원이 모두 매년 감소하는 철도사는 없다.
㉣ 2020년 승차인원은 C철도사가 B철도사보다 $3,610-2,630=980$(만 명) 더 많다.

16 수리능력

정답 ②

유형 자료해석 > 자료이해　　난이도 ★★☆

30초 컷 풀이 TIP

㉠ 최종에너지원 소비량의 합계는 4월이 6월보다 많지만 신재생의 소비량은 6월이 4월보다 많으므로 신재생이 차지하는 비중은 증가하였음을 쉽게 알 수 있다.

㉠ 최종에너지원 소비량 중 신재생이 차지하는 비중은 4월에 $\frac{710}{19,030}\times100\fallingdotseq3.7(\%)$, 6월에 $\frac{770}{17,500}\times100=4.4(\%)$이므로 4월보다 6월이 높다.
㉣ 7월 최종에너지원의 소비량 순위는 '석유−전력−석탄−도시가스−신재생−천연가스−열' 순이고, 4월은 '석유−전력−석탄−도시가스−신재생−열−천연가스' 순이므로 열과 천연가스의 순위가 변하였다.

| 오답풀이 |
㉡ 신재생은 5월 이후 8월까지 소비량이 매월 전월 대비 증가한다.
㉢ 주어진 기간 동안 천연가스와 열의 월평균 소비량은 다음과 같다.

- 천연가스: $\frac{170+150+180+200+200}{5}=180$(천 TOE)
- 열: $\frac{190+100+70+70+60}{5}=98$(천 TOE)

따라서 천연가스는 열의 $180\div98\fallingdotseq1.8$(배)이므로, 2배 미만이다.

17 수리능력

정답 ②

유형 자료해석 > 자료이해 난이도 ★★☆

30초 컷 풀이 TIP

① 30대 응답자 수와 40대 이상 응답자 수는 같으므로 B사 메일을 1순위로 사용하는 응답자 중 30대 이상인 응답자는 $3,000\times(0.08+0.12)=600$(명)임을 쉽게 알 수 있다.

대졸 학력인 응답자가 1순위로 사용하는 비율이 두 번째로 높은 이메일 계정인 직장 메일은 40대 이상에서도 두 번째로 비율이 높다.

| 오답풀이 |

① B사 메일을 1순위로 사용하는 응답자 중 30대는 $3,000\times0.08=240$(명), 40대 이상은 $3,000\times0.12=360$(명)이므로 30대 이상은 $240+360=600$(명)이다.

③ A사 메일을 1순위로 사용하는 응답자 수는 10대 미만이 $2,000\times0.3=600$(명), 10대가 $2,500\times0.55=1,375$(명)이므로 10대 미만이 10대보다 $1,375-600=775$(명) 더 적다.

④ 학교 메일을 1순위로 사용하는 비율은 중졸 학력인 응답자 비율이 초졸 학력인 응답자 비율보다 $\frac{22-11}{11}\times100=100(\%)$ 더 높다.

⑤ 대학원 재학 이상 학력인 응답자 수가 1,200명이라면 이 중에서 A사 또는 B사 메일을 1순위로 사용하는 응답자 수는 $1,200\times(0.47+0.14)=732$(명)으로 750명 미만이다.

18 수리능력

정답 ④

유형 자료해석 > 자료이해 난이도 ★★☆

수도권에서 전체 월평균소득이 가장 높은 연령대는 50대이고, 50대의 수도권과 수도권 외의 하위 30% 월평균소득의 차이는 $300-207=93$(만 원)이다.

| 오답풀이 |

① 통계조사 참여 인원은 60대가 20대보다 $1,500-1,100=400$(명) 더 적다.

② 상위 30%의 월평균소득이 가장 높은 연령대는 수도권이 50대, 수도권 외가 40대이므로 서로 다르다.

③ 30대 하위 30%의 월평균소득은 수도권이 210만 원, 수도권 외가 220만 원이므로 수도권보다 수도권 외가 더 높다.

⑤ 통계조사 참여 인원은 $1,500+1,300+1,000+1,400+1,100+700=7,000$(명)이고, 이 중 50대가 차지하는 비중은 $\frac{1,400}{7,000}\times100=20(\%)$이다.

19 수리능력

정답 ②

유형 자료해석 > 자료이해 난이도 ★★☆

ⓛ 수도권 외의 20대 월평균소득은 상위 30%가 하위 30%의 $340\div200=1.7$(배)이다.

ⓒ 70대 통계조사 참여 인원 중 수도권에 속한 사람이 200명이었다면, 수도권 외에 속한 사람은 $700-200=500$(명)이다. 따라서 전체 월소득은 $500\times80=40,000$(만 원)$=4$(억 원)이다.

| 오답풀이 |

㉠ 통계조사 참여 인원 중 60대가 차지하는 비중은 $\frac{1,100}{7,000}\times100\fallingdotseq15.7(\%)$, 40대가 차지하는 비중은 $\frac{1,000}{7,000}\times100\fallingdotseq14.3(\%)$이므로 60대가 40대보다 $15.7-14.3=1.4(\%p)$ 더 높다.

㉣ 상위 30%와 하위 30%의 월평균소득 차가 가장 큰 연령대는 수도권과 수도권 외 모두 50대이므로 서로 같다.

20 수리능력

정답 ②

유형 자료해석 > 자료이해 난이도 ★★★

2019년 75~79세의 모든 연금 수급자가 받는 월평균 연금 수급 금액은 총 $1,443\times469=676,767$(백만 원)이므로 6,767.67억 원이다. 따라서 6,500억 원 이상이다.

| 오답풀이 |

① 2022년에 인구수가 2019년 대비 가장 많이 증가한 연령대는 65~69세이다. 65~69세의 2022년 연금 수급률은 $\frac{2,744}{3,086}\times100\fallingdotseq88.9(\%)$이므로 90% 미만이다.

③ 연금 수급자 수는 2019년과 2020년에 70~74세가 80세 이상보다 많았지만 2021년과 2022년에는 70~74세가 80세 이상보다 적다. 따라서 연금 수급자 수의 순위는 매년 같지 않다.

④ 제시된 기간 중 75세 이상 인구가 처음으로 3,500천 명 이상인 해는 2020년이다. 2020년에 75세 이상인 연금 수급자 수는 $1,454+1,740=3,194$(천 명)이다.

⑤ 1인당 월평균 연금 수급 금액이 가장 높은 연령대와 가장 낮은 연령대의 1인당 월평균 연금 수급 금액 차는 2019년에 $635-414=221$(천 원), 2020년에 $664-447=217$(천 원)이므로 매년 증가하지 않는다.

21 문제해결능력

정답 ④

유형 사고력 > 조건추리 > 순서 난이도 ★★☆

시간 단축 문제접근 TIP

6명이 아침, 점심, 저녁마다 아메리카노 또는 카페라테를 마시므로 필요한 총 커피 수는 6×3=18(잔)이다. 선택지 ②와 ④에서 각각의 잔 수가 총 9잔, 10잔이라고 하였으므로 두 선택지가 모두 옳은 선택지일 수는 없다.
이에 따라 정답은 ② 또는 ④이다.

아침과 점심은 서로 다른 종류의 커피를 마시고, 아침에 카페라테를 마신 사람은 3명이므로 나머지 3명은 아침에 아메리카노를 마셨다. 이를 정리하면 다음과 같다.

구분	1	2	3	4	5	6
아침	카페라테	카페라테	카페라테	아메리카노	아메리카노	아메리카노
점심	아메리카노	아메리카노	아메리카노	카페라테	카페라테	카페라테

이때, 하루에 카페라테를 한 번만 마신 사람은 3명이라고 하였으므로 6명 중 3명은 저녁에 카페라테를 마시고, 나머지 3명은 아메리카노를 마신다는 것을 알 수 있다.
따라서 카페라테와 아메리카노는 각각 총 9잔이 필요하다.

| 오답풀이 |

①, ③ 아침과 점심은 서로 다른 종류의 커피를 마시므로 옳은 설명이다.
② 주어진 조건에 따라 필요한 카페라테의 수는 9잔이다.
⑤ 주어진 조건에 따라 저녁에 아메리카노를 마시는 사람은 3명이다.

22 문제해결능력

정답 ⑤

유형 사고력 > 언어추리 > 명제 난이도 ★★☆

시간 단축 문제접근 TIP

세 번째 조건의 대우에 따라 D가 행사에 참여하면 B는 행사에 참여하지 않으므로 선택지 ③과 ④는 오답임을 알 수 있다.

주어진 [조건]과 대우를 기호로 정리하면 다음과 같다.

조건	대우
~A → B	~B → A
A → ~C	C → ~A
B → ~D	D → ~B
~C → E	~E → C

D가 행사에 참여하는 경우, 세 번째 조건의 대우인 D → ~B에 따라 B가 행사에 참여하지 않는다. B가 행사에 참여하지 않으면 첫 번째 조건의 대우인 ~B → A에 따라 A는 행사에 참여한다. 또한, A가 행사에 참여하면 두 번째 조건에 따라 C는 행사에 참여하지 않고, C가 행사에 참여하지 않으면 네 번째 조건에 따라 E는 행사에 참여한다. 따라서 D가 행사에 참여하는 경우 행사에 참여하는 사람은 A, D, E이다.

23 문제해결능력

정답 ④

유형 사고력 > 조건추리 > 위치·배치 난이도 ★☆☆

시간 단축 문제접근 TIP

각 팀에는 부서별로 적어도 한 명이 이상이 들어가야 하므로 인원이 '가, 나' 2명뿐인 기획팀 사람들은 서로 같은 팀이 될 수 없다.

같은 부서의 같은 성별인 사람은 한 팀이 될 수 없으므로 같은 부서의 같은 성별인 A와 B, 을과 병은 서로 같은 팀이 될 수 없다. 또한, 각 팀에는 부서별로 적어도 한 명 이상이 들어가야 하므로 인원이 2명뿐인 기획팀 사람들은 서로 다른 팀에 들어가야 함을 알 수 있다. 이에 따라 가능한 경우를 정리하면 다음과 같다.

구분	TF1팀 또는 TF2팀	TF2팀 또는 TF1팀
경우1	가, A, 갑, 을	나, B, 병, C
경우2	가, B, 갑, 을	나, A, 병, C
경우3	가, B, 갑, 병	나, A, 을, C
경우4	가, A, C, 을	나, B, 갑, 병
경우5	가, A, C, 병	나, B, 갑, 을
경우6	가, A, 갑, 병	나, B, 을, C
경우7	나, A, 갑, 을	가, B, 병, C
경우8	나, B, 갑, 을	가, A, 병, C
경우9	나, B, 갑, 병	가, A, 을, C
경우10	나, A, C, 을	가, B, 갑, 병
경우11	나, A, C, 병	가, B, 갑, 을
경우12	나, A, 갑, 병	가, B, 을, C

따라서 A와 C가 같은 팀이 되는 경우 2, 3, 4, 5, 7, 8, 9, 10이므로 총 8가지이다.

| 오답풀이 |

① 경우1, 4, 5, 6, 8, 9에 따르면 TF2팀 구성원의 성별은 남자와 여자가 각각 2명씩이 아닌 경우도 있으므로 항상 옳은 설명은 아니다.
② 경우7, 12에 따르면 B와 C가 같은 팀인 경우 나는 다른 팀인 경우도 있으므로 항상 옳은 설명은 아니다.
③ 경우1, 2, 3, 6, 10, 11에 따르면 가와 C가 다른 팀인 경우도 있으므로 항상 옳은 설명은 아니다.

⑤ 경우2, 3, 4, 5, 8, 9, 10, 11에 따르면 A가 TF1팀이면서 C도 TF1팀인 경우도 있으므로 항상 옳은 설명은 아니다.

24 문제해결능력

정답 ①

유형 모듈형 > 논리적 오류 난이도 ★★☆

허수아비 공격의 오류란 상대방의 입장과 피상적으로 유사하지만 사실은 비동등한 명제인 '허수아비'로 상대방의 입장을 대체하여 환상을 만들어내고, 그 환상을 반박하는 오류이다.

| 오답풀이 |

② 군중에 호소하는 오류: 군중 심리를 자극하여 논지를 받아들이게 하는 오류

③ 주의 전환의 오류: 논쟁에서 논점을 흐리거나 주의를 전환시키는 오류

④ 성급한 일반화의 오류: 제한된 증거를 기반으로 성급하게 어떤 결론을 도출하는 오류

⑤ 흑백사고의 오류: 세상의 모든 일을 흑 또는 백이라는 이분법적 사고로 바라보는 오류

25 문제해결능력

정답 ④

유형 사고력 > 조건추리 > 순서 난이도 ★★☆

제시된 조건에 따르면 B는 맨 앞 또는 맨 뒤에 서 있고, F와 B는 한 사람을 사이에 두고 서 있으며, C와 E는 앞뒤로 인접해서 서 있으므로 가능한 경우는 다음과 같다.

구분	첫 번째	두 번째	세 번째	네 번째	다섯 번째	여섯 번째
경우1	B	A	F	C	E	D
경우2	B	A	F	E	C	D
경우3	B	A	F	D	C	E
경우4	B	A	F	D	E	C
경우5	B	D	F	A	C	E
경우6	B	D	F	A	E	C
경우7	A	C	E	F	D	B
경우8	A	E	C	F	D	B

따라서 모든 경우에 F가 앞에서 네 번째로 서 있는 경우 D는 다섯 번째에 서 있으므로 항상 옳은 설명이다.

| 오답풀이 |

① 경우7, 8에 따르면 B는 맨 뒤에 서 있을 수도 있으므로 항상 옳은 설명은 아니다.

② 경우1, 2, 4에 따르면 A가 앞에서 두 번째로 서 있을 때 E는 맨 뒤에 서 있지 않을 수도 있으므로 항상 옳은 설명은 아니다.

③ 경우1, 4, 5, 6, 7, 8에 따르면 C와 D는 연달아 서 있지 않을 수도 있으므로 항상 옳은 설명은 아니다.

⑤ 경우2, 7에 따르면 E와 F가 연달아 설 수도 있으므로 항상 옳은 설명은 아니다.

26 문제해결능력

정답 ②

유형 사고력 > 언어추리 > 참/거짓 난이도 ★☆☆

시간 단축 문제접근 TIP

증인 5명의 이야기는 모두 진실이고, 증인3에 따르면 A와 G 중에서 최소 1명은 범인이며, 증인1이 G는 범인이 아니라고 하였으므로 A는 반드시 범인임을 알 수 있다. 이에 따라 정답은 ① 또는 ②이다.

증인들의 진술을 표로 정리하면 다음과 같다.

구분	A	B	C	D	E	F	G
증인1		×					×
증인2					×	×	
증인3	△						△
증인4		△	△	△			
증인5	○			○			

따라서 범인인 사람을 모두 고르면 A, D이다.

27 문제해결능력

정답 ⑤

유형 사고력 > 조건추리 > 기타 난이도 ★★☆

(빨간 풍선을 맞힌 횟수, 노랑 풍선을 맞힌 횟수, 파랑 풍선을 맞힌 횟수, 풍선을 맞히지 못한 횟수)라고 하면 A의 점수가 36점이 되는 경우의 수는 (2, 2, 0, 1) 또는 (1, 2, 2, 0)으로 2가지이고, C의 점수가 10점 이하가 되는 경우의 수는 (1, 0, 0, 4), (0, 1, 0, 4), (0, 0, 1, 4), (0, 0, 2, 3)으로 4가지이다. 이때, B의 점수가 가장 높아야 하므로 A의 점수인 36점보다 높은 경우의 수는 (2, 2, 1, 0), (2, 1, 2, 0)으로 2가지임을 알 수 있다.
따라서 세 명의 점수 결과가 될 수 있는 경우의 수는 $2\times4\times2=16$(가지)이다.

28 문제해결능력

정답 ①

유형 사고력 > 언어추리 > 참/거짓 난이도 ★☆☆

5명 중 1명만 거짓을 말하고 있으므로 D의 말이 진실이면 E는 거짓을 말하고 있고, D의 말이 거짓이면 나머지 진술은 모두 진실이다. 먼저 D의 말이 진실이라고 하면 E의 말은 거짓이므로 B의 말 또한 거짓이어야 하는데 이는 1명만 거짓을 말하고 있다

는 조건에 모순된다. 이에 따라 D의 말은 거짓, 나머지 진술은 진실이므로 각각이 다녀온 출장지를 정리하면 다음과 같다.

A	B	C	D	E
인천	원주	부산	대전	광주

따라서 A는 인천으로 출장을 다녀왔으므로 항상 거짓인 설명이다.

| 오답풀이 |

② B는 진실을 말하고 있으므로 참인 설명이다.

③ C는 부산으로 출장을 다녀왔으므로 참인 설명이다.

④ D는 거짓을 말하고 있으므로 참인 설명이다.

⑤ E는 광주로 출장을 다녀왔으므로 참인 설명이다.

29 문제해결능력

정답 ④

유형 모듈형 > 문제해결방법 **난이도** ★★☆

퍼실리테이션(Facilitation)이란 '촉진'을 의미하며, 어떤 그룹이나 집단이 의사결정을 잘하도록 도와주는 일을 가리킨다. 최근 많은 조직에서는 보다 생산적인 결과를 가져올 수 있도록 그룹이 나아갈 방향을 알려 주고, 주제에 대한 공감을 이룰 수 있도록 능숙하게 도와주는 퍼실리테이터를 활용하고 있다. 퍼실리테이션에 의한 문제해결 방법은 깊이 있는 커뮤니케이션을 통해 서로의 문제점을 이해하고 공감함으로써 창조적인 문제해결을 도모한다. 소프트 어프로치나 하드 어프로치 방법은 타협점의 단순 조정에 그치지만, 퍼실리테이션에 의한 방법은 초기에 생각하지 못했던 창조적인 해결 방법을 도출한다. 동시에 구성원의 동기가 강화되고 팀워크도 한층 강화된다는 특징을 보인다. 이 방법을 이용한 문제해결은 구성원이 자율적으로 실행하는 것이며, 제3자가 합의점이나 줄거리를 준비해 놓고 예정대로 결론이 도출되어 가도록 해서는 안 된다.

따라서 퍼실리테이션에 대한 설명으로 옳은 것은 ㉢, ㉣이다.

| 오답풀이 |

㉠ 소프트 어프로치에 대한 설명이다.

㉡ 하드 어프로치에 대한 설명이다.

㉤ 퍼실리테이션은 제3자가 합의점이나 줄거리를 준비해 놓고 예정대로 결론이 도출되도록 해서는 안 되므로 옳지 않다.

30 문제해결능력

정답 ③

유형 문제처리능력 **난이도** ★★☆

제시된 조건에 따르면 이 차장은 내일 본사에서 오전 10시 35분에 회의를 마친 뒤 출장을 가려고 한다. 이에 따라 제시된 교통수단별 탑승시간 및 하차시간, 교통비 총액을 정리하면 다음과 같다.

구분	탑승 시간	하차 시간	구분	탑승 시간	하차 시간
A버스	10:40	11:04	새마을호	11:05	14:05
			KTX	11:15	12:47
B버스	10:40	11:20	새마을호	11:20	14:20
			KTX	12:00	13:32
지하철	11:00	11:20	새마을호	11:20	14:20
			KTX	12:00	13:32
택시	10:35	11:05	새마을호	11:05	14:05
			KTX	11:15	12:47

따라서 오후 2시 이전에 도착하는 교통수단은 A버스−KTX, B버스−KTX, 지하철−KTX, 택시−KTX이고 이 중 B버스의 교통비가 1,500원으로 가장 낮으므로 가장 저렴한 교통수단은 B버스−KTX임을 알 수 있다.

DAY 02 | 정답과 해설

01	02	03	04	05	06	07	08	09	10	11	12	13	14	15
⑤	②	⑤	①	⑤	⑤	④	③	③	②	④	③	②	③	②
16	**17**	**18**	**19**	**20**	**21**	**22**	**23**	**24**	**25**	**26**	**27**	**28**	**29**	**30**
③	⑤	④	①	④	④	④	②	②	⑤	①	②	④	①	④

01 의사소통능력

정답 ⑤

유형 독해 > 주제/제목 난이도 ★★☆

1~2문단에서 슈링크플레이션의 개념을 설명하고 있고, 3~5문단에서 슈링크플레이션에 대한 대책의 일환으로 단위가격표시제의 의무 시행을 확대하는 개정안을 소개하고 있으므로 전체 내용을 포괄할 수 있는 주제로 적절한 것은 ⑤이다.

| 오답풀이 |

① 1문단에서 국내의 '질소 과자' 논란이 슈링크플레이션의 대표적인 예라고 하였으나 이 글의 주제로는 적절하지 않다.

② 3문단에서 기존에 오프라인 대규모 점포 중심으로 단위가격표시제를 의무 시행하고 있었다고 하였으므로 단위가격표시제를 처음으로 의무화한 것은 아니다.

③ 5문단에서 1인 가구의 증가로 즉석식품, 반려동물 관련 제품 등 새로운 소비 흐름이 있다고 하였으나 이 글의 주제로는 적절하지 않다.

④ 2문단에서 기업이 슈링크플레이션 전략을 쓰는 이유에 대해 설명하였으나 이 글의 주제로는 적절하지 않다.

02 의사소통능력

정답 ②

유형 독해 > 배열하기 난이도 ★★☆

새롭게 떠오른 메타버스 기술에 대한 개념과 사례 및 의의, 그리고 정부의 메타버스 산업 육성 방침에 대한 내용이다. 글의 흐름에 따라 '[나] 가상과 현실이 융·복합된 디지털 세계를 의미하는 메타버스의 개념 → [가] 코로나19로 인한 비대면 전환 가속화로 급부상하게 된 메타버스와 교육 분야에서의 활용 → [마] 메타버스 활용 사례1: 엔터테인먼트 분야 → [바] 메타버스 활용 사례2: 사회·경제 분야 → [다] '또 다른 나'로서 대리만족할 수 있는 메타버스 기술의 의의 → [라] 메타버스 산업을 집중 육성하기 위한 정부의 방침' 순으로 배열하는 것이 적절하다.

03 의사소통능력

정답 ⑤

유형 독해 > 문서이해 난이도 ★★☆

건강보험 전문가는 사업 착수 출장, 1·2차 전문가 파견, 성과 공유 워크숍 출장 일정을 포함하여 현지 77일과 국내 71일 동안 투입되며, 성과관리자는 사업 착수 출장과 성과 공유 워크숍 출장 일정을 포함하여 현지 16일과 국내 116일 동안 투입된다고 하였다. 따라서 성과관리자가 1·2차 전문가 파견 일정을 소화해야 해서 건강보험 전문가보다 국내 투입 기간이 길다는 설명은 적절하지 않다.

| 오답풀이 |

① 해당 모집 공고는 건강보험 전문가 및 성과관리자 각 1인을 모집한다고 하였으므로 적절하다.

② 해당 사업은 탄자니아의 보편적 건강보험제도 정착 지원 사업으로서 탄자니아의 보편적 건강보험제도 운영 기반 확립을 목적으로 한다고 하였으므로 적절하다.

③ 주요 사업내용으로 한국의 건강보험 운영경험을 토대로 탄자니아에 적합한 건강보험을 발전시키고 이행방안을 수립한다고 하였으므로 적절하다.

④ 사업 착수 출장은 2024. 10. 27.(일) ~ 2024. 11. 3.(일)으로 기간이 확정되어 있으나 그 외 국외 일정은 잠정적이며, 현지 여건 및 전문가 여건 등을 종합하여 시기 및 투입률을 최종 확정한다고 하였으므로 적절하다.

04 의사소통능력

정답 ①

유형 독해 > 문서이해 난이도 ★★☆

시간 단축 문제접근 TIP

각 선지에서 언급된 내용이 문서의 '1. 추진개요', '2. 추진계획', '3. 추진절차' 중 어떤 항목에 해당하는지 살펴본 후, 자료와 빠르게 대조하여 옳은 설명을 찾는다.

'1. 추진개요' 항목에서 국립공원공단은 한국관광공사의 「근로자 휴가지원 사업」 기업분담금을 지원한다고 하였고, '2. 추진계획' 항목에서 국립공원공단은 중소기업 분담금(10만 원/인)을 지원한다고 하였으며, '3. 추진절차' 항목에서 국립공원공단이 지원금 사용금액 확인 후 중소기업에 정산 지급한다고 하였으므로 국립공원공단이 한국관광공사의 중소기업 「근로자 휴가지원 사업」에 참여해서 지원금 사용금액을 정산 후 중소기업에 근로자 1인당 중소기업의 분담금을 지급하는 방식임을 알 수 있다. 따라서 바르게 이해한 사람은 '성재'이다.

| 오답풀이 |

- 지선: '3. 추진절차' 항목에서 중소기업 휴가지원 사업에 참여하려면 중소기업이 국립공원공단에 신청서를 제출해야 하므로 옳지 않다.
- 선경: '1. 추진개요' 항목에서 한국관광공사의 「근로자 휴가지원 사업」에 참여한 기업은 가족친화인증, 여가친화인증 등의 가점을 부여받고, 정기근로감독을 3년 동안 면제받는 추가 혜택이 주어지므로 옳지 않다.
- 현석: '2. 추진계획' 항목에서 항목 내 중복일 경우 중복 가점이 미부여되는 기업은 장애인 · 여성 · 사회적경제기업에 한하므로 옳지 않다.

05 의사소통능력

정답 ⑤

유형 독해 > 일치/불일치 난이도 ★★★

시간 단축 문제접근 TIP

휴리스틱의 개념과 두 가지 유형별 실험 사례 및 인지 편향에 대해 설명하고 있으므로 먼저 선지 내용에 해당하는 문단을 찾는다. 대표성 휴리스틱에 대한 선지는 3문단에서, 가용성 휴리스틱에 대한 선지는 4문단에서 빠르게 단서를 찾고, 나머지 문단에서 휴리스틱 개념에 대한 설명을 대조하여 일치하는 설명을 찾는다. 2문단에서 미래의 상황을 예측하고 판단하는 작업과 같이 애초에 변동성이 높은 범주에는 휴리스틱이 꽤 효율적일 수 있다고 하였으므로 적절한 설명은 ⑤이다.

2문단에서 미래의 상황을 예측하고 판단하는 작업과 같이 애초에 변동성이 높은 범주에는 휴리스틱이 꽤 효율적일 수 있다고 하였으므로 변동성이 높은 미래의 상황을 예측해야 하는 상황에는 휴리스틱을 사용하는 것이 적합할 수 있다는 것은 적절한 설명이다.

| 오답풀이 |

① 4문단에서 사후 과잉 확신 편파는 가용성 휴리스틱에 의한 인지 편향이라고 하였으므로 적절하지 않다.

② 3문단에서 트버스키와 카너먼은 대표성 휴리스틱과 관련하여 린다라는 가상의 인물을 설정하여 피실험자들에게 대상의 특성에 대한 확률을 묻는 '린다 문제'라는 실험을 진행하였으므로 적절하지 않다.

③ 1문단에서 휴리스틱은 문제 해결이나 의사 결정 과정에서 불확실한 사항에 대해 판단을 내려야 함에도 시간이나 정보가 불충분하여 명확한 실마리가 없을 경우에 사용하는 편의적인 기술이라고 하였으므로 적절하지 않다.

④ 4문단에서 어떤 대상이 발생하는 빈도나 확률을 판단할 때 그 대상에 관한 객관적인 정보를 활용하는 것이 아니라 그 대상과 관련하여 쉽게 떠오를 수 있는 사례를 기초로 판단하는 방법을 가용성 휴리스틱이라고 하였으므로 적절하지 않다.

06 의사소통능력

정답 ⑤

유형 어휘/어법 > 표준어(발음) 난이도 ★☆☆

'고집쟁이'는 '고집이 센 사람'을 뜻하므로 ㉠의 예시로 적절하다. '점쟁이'도 '점치는 일을 직업으로 하는 사람'이라는 뜻으로, ㉡의 예시로 적절하다. 하지만 '침장이'는 비표준어로, '침의(鍼醫)'를 낮잡아 이르는 말은 '침쟁이'이다.

| 오답풀이 |

-장이	'그것과 관련된 기술을 가진 사람'의 뜻을 더하는 접미사 예 간판장이, 옹기장이, 양복장이
-쟁이	① '그것이 나타내는 속성을 많이 가진 사람'의 뜻을 더하는 접미사 예 겁쟁이, 떼쟁이, 무식쟁이 ② '그것과 관련된 직업을 가진 사람'을 낮잡아 이르는 접미사 예 관상쟁이, 그림쟁이, 이발쟁이

주어진 자료에 따르면, ㉠의 '-쟁이'는 '어떠한 특성을 지닌 사람' 또는 ㉡의 '특정 직업을 낮추어 칭하는 경우'로 판단할 수 있다. 또한 ㉢의 '-장이'는 '전문가'로 판단할 수 있음을 알 수 있다.

07 의사소통능력

정답 ④

유형 독해 > 주제/제목 난이도 ★☆☆

[라]는 [다]에서 설명한 미래 무형유산 발굴 · 육성 사업 계획으로 '종목 가치 발굴', '전승 환경 조성', '전승 체계화'라는 세 가지 항목에 대해 구체적인 활동 방안을 제시하여 설명하고 있으므로 [라]의 소제목으로는 '미래 무형유산 발굴 · 육성 사업 계획 세부 내용'이 적절하다.

08 의사소통능력

정답 ③

유형 독해 > 문서이해 난이도 ★★★

- 유준: [마]에서 미래 무형유산 발굴 · 육성 사업에 선정된 사업은 매년 최대 2억 원을 3년 동안 지원받을 수 있다고 하였으므로 적절하지 않다.
- 윤화: [마]에서 미래 무형유산 발굴 · 육성 사업에 선정되어 3년이 경과하면 계속사업 신청양식을 통해 재신청을 할 수 있다고 하였으므로 적절하지 않다.

| 오답풀이 |

- 지연: [가]에서 미래 무형유산 발굴 · 육성 사업은 근현대에 새롭게 복원되거나 재창조된 무형유산, 그리고 아직 지정되지 않은 무형유산을 선제적으로 발굴하여 미래의 문화자원으로 육성할 필요성이 증가함에 따라 추진할 계획이라고 하였으므로 적절하다.
- 은우: [라]에서 '전승 환경 조성'에서는 지속가능한 전승 토대 마련을 위해 지역 전승자를 발굴하여 교육하고, 체험 프로그램이나 교육 프로그램 등을 개발 및 운영하는 등 전승 네트워크를 구축할 것이라고 하였으므로 적절하다.

09 의사소통능력

정답 ③

유형 독해 > 배열하기 난이도 ★★☆

오늘날의 레스토랑 평가서인 미쉐린가이드의 소개와 미쉐린가이드가 현재까지 가장 신뢰받는 레스토랑 지침서로 자리 잡게 된 역사를 설명하는 내용이다. 글의 흐름에 따라 "[다] 오늘날 미식가들의 신뢰를 받는 레스토랑 평가서인 미쉐린가이드의 소개 → [나] 미쉐린가이드의 시작인 1889년 미쉐린 형제가 설립한 프랑스 타이어 회사 '미쉐린'의 소개 → [가] 자동차와 타이어 산업의 성장을 위해 발간하기 시작한 자동차 여행 안내 책자 '레드 가이드' → [마] 유료 판매를 시작한 새로운 미쉐린가이드 → [라] 엄격성과 신뢰성을 바탕으로 한 레스토랑 평가로 신뢰 받는 레스토랑 지침서로 자리 잡은 미쉐린가이드" 순으로 배열하는 것이 적절하다.

10 의사소통능력

정답 ②

유형 어휘/어법 > 접속사 넣기 난이도 ★☆☆

[나]는 [다]의 뒤에 위치하여 레스토랑 평가서인 미쉐린가이드가 원래 프랑스 타이어 회사에서 발간되었다는 사실을 밝히는 내용이므로 ㉠에는 앞뒤 내용이 상반될 때 쓰는 접속사인 '그러나'나 '하지만'이 들어가야 한다. [마]는 미쉐린 형제가 무료로 제공하던 '레드 가이드'를 유료로 판매하게 되면서 유료 광고를 싣지 않겠다고 밝힌 내용이므로 ㉡에는 앞뒤 내용을 병렬적으로 연결할 때 쓰는 접속사인 '그리고'가 들어가야 한다.

11 수리능력

정답 ④

유형 응용수리 > 부등식 난이도 ★☆☆

엘리베이터의 적재용량은 715kg이고, 이 안에 무게가 50kg인 가전제품과 120kg의 가구, 몸무게가 75kg인 A씨가 있으므로 이삿짐 박스를 실을 수 있는 남은 적재용량은 $715-50-120-75=470$(kg)이다. 이때 이삿짐은 한 박스에 20kg이므로 엘리베이터에 실을 수 있는 이삿짐의 개수를 x라고 하면

$20x \leq 470 \rightarrow x \leq 23.5$

따라서 이삿짐은 최대 23박스를 실을 수 있다.

12 수리능력

정답 ③

유형 응용수리 > 사칙연산 난이도 ★☆☆

30초 컷 풀이 TIP

덧셈, 뺄셈, 곱셈, 나눗셈의 혼합 계산은 아래와 같은 순서로 계산한다.
제곱수 → 괄호(소괄호 → 중괄호 → 대괄호) → 곱셈/나눗셈 → 덧셈/뺄셈

$10+\{225\div15-3(8^2-34)\}\div5^2$
$=10+\{225\div15-3(64-34)\}\div25$
$=10+\{15-3\times30\}\div25$
$=10+(-75)\div25$
$=10-3$
$=7$

13 수리능력

정답 ②

유형 응용수리 > 수와 식 난이도 ★★☆

A, B의 나이의 곱을 소인수분해하면 $A \times B = 1,470 = 2 \times 3 \times 5 \times 7^2$이다.
이때 A, B의 나이는 모두 30세 이상이므로 A, B의 나이로 가능한 수는 $1,470 = 30 \times 49$ 또는 $1,470 = 35 \times 42$이고, 이를 통해 A, B의 나이의 합을 구하면 각각 79, 77이다. 이때, A, B의 나이의 합은 a, b의 나이의 합의 7배이므로 A, B의 나이의 합은 77이고 A, B의 나이는 35세, 42세, a, b의 나이의 합은 11세임을 알 수 있다.
여기서 a의 나이는 b보다 5세 더 많으므로 b의 나이는 3세이다.

14 수리능력

정답 ③

유형 응용수리 > 확률 난이도 ★★☆

A, B기계에서 나온 불량품의 개수에서 B기계의 불량품이 차지하는 비율을 구하면 된다. A기계에서 나온 불량품의 개수는 $5,000 \times 0.02 = 100$(개), B기계에서 나온 불량품의 개수는 $3,500 \times 0.05 = 175$(개)이다.

따라서 구하려는 확률은 $\frac{175}{100+175} = \frac{175}{275} = \frac{7}{11}$이다.

15 수리능력

정답 ②

유형 자료해석 > 자료이해 난이도 ★★☆

30초 컷 풀이 TIP

① 도시의 인구수는 2022년에 33,500천 명, 50년 전인 1972년에 6,800천 명이고, $6,800 \times 4 = 27,200$이므로 도시의 인구수는 2022년에 50년 전 대비 4배 이상임을 쉽게 알 수 있다.

제시된 기간 중 1992년부터 2022년까지 농촌의 평균 인구수는

$\frac{14,600+12,800+12,400+12,500}{4} = 13,075$(천 명)이다.

| 오답풀이 |

① 2022년 도시의 인구수는 50년 전 대비 $33,500 \div 6,800 \fallingdotseq 4.9$(배)이다.
③ 도시와 농촌의 인구수 차가 가장 큰 해는 도시와 농촌의 그래프 사이 거리가 가장 긴 해인 2012년이고, 그 차는 $36,800 - 12,400 = 24,400$(천 명), 즉 2,440만 명이다.
④ 제시된 기간에 인구수의 증감 추이를 보면 도시는 매번 증가하다가 2022년에 한 번 감소하고, 농촌은 매번 감소하다가 2022년에 한 번 증가하므로 도시와 농촌의 증감 추이는 반대이다.
⑤ 제시된 기간 중 도시의 인구수가 처음으로 농촌의 인구수보다 많아진 해인 1992년의 10년 전 대비 증가한 도시 인구수는 $32,200 - 16,600 = 15,600$(천 명)으로, 1,500만 명 이상이다.

16 수리능력

정답 ③

유형 자료해석 > 자료이해 난이도 ★★☆

30초 컷 풀이 TIP

㉡ 2023년 방문객 수 비율은 2022년 대비 5%p 증가한 105%이고, 방문객 수 비율의 기준이 되는 연도는 2022년이므로 2023년 방문객 수는 2022년 대비 5% 증가했음을 쉽게 알 수 있다.

㉡ 2023년 방문객 수의 전년 대비 증감률은

$\frac{1,790,880 - 1,705,600}{1,705,600} \times 100 = 5.0(\%)$이다.

㉣ 2021년부터 2022년까지 연평균 방문객 수는

$\frac{1,640,000 + 1,705,600}{2} = 1,672,800$(명)이다.

| 오답풀이 |

㉠ 2024년 방문객 수는 전년 대비 5% 감소하였으므로 $1,790,880 \times 0.95 = 1,701,336$(명)이고, 2020년 대비 $1,701,336 - 1,600,000 = 101,336$(명) 증가하였다.
㉢ 2024년 방문객 수의 전년 대비 증감률은 음수이므로 2024년 방문객 수는 2023년 방문객 수보다 적다. 따라서 2021년 이후 방문객 수 비율은 매년 증가하지 않았다.

17 수리능력

정답 ⑤

유형 자료해석 > 자료이해 난이도 ★☆☆

㉢ 2022년 남성 입국자 수는 아시아주가 유럽주보다 $1,196 - 285 = 911$(천 명) 더 많으므로 911,000명 더 많다.
㉣ 남아메리카주 남성과 여성 입국자 수는 2021년에 모두 전년 대비 감소하였다.

| 오답풀이 |

㉠ 2020년 북아메리카주 입국자 중 여성이 차지하는 비중은

$\frac{93}{300} \times 100 = 31(\%)$이다.

㉡ 2023년 오세아니아주 입국자 수는 2020년 대비 $\frac{243-30}{30} \times 100 = 710(\%)$ 증가하였다.

18 수리능력

정답 ④

유형 자료해석 > 자료변환 **난이도** ★☆☆

제시된 기간 동안 국내특허 사례 수가 변하지 않은 기관유형은 매년 15개인 전문생산기술연구소이다. 전문생산기술연구소의 연도별 특허 출원 평균 건수를 계산하면 2019년에 930÷15=62(건), 2020년에 1,050÷15=70(건), 2021년에 1,185÷15=79(건), 2022년에 1,650÷15=110(건)이므로 옳은 그래프는 ④이다.

19 수리능력

정답 ①

유형 자료해석 > 자료이해 **난이도** ★☆☆

C시의 인구수는 2024년에 1,600×(1+0.16−0.11)=1,680(만 명)이고, 2025년에 1,680×(1+0.18−0.13)=1,764(만 명)이다.

| 오답풀이 |

② 2024년 인구수가 전년 대비 감소한 도시는 출산율보다 사망률이 높은 B시이다.

③ 2024년 E시의 사망률은 전년 대비 $\frac{10-5}{10}\times100=50(\%)$ 감소하였다.

④ 2025년 인구수의 전년 대비 증가율이 가장 높은 도시는 (2024년 출산율)−(2024년 사망률) 값이 6%로 가장 큰 E시이다.

⑤ 2023년 출산율이 가장 높은 도시는 E시이고, 사망률이 가장 높은 도시는 B시이므로 서로 다르다.

20 수리능력

정답 ④

유형 자료해석 > 자료이해 **난이도** ★★☆

30초 컷 풀이 TIP

ⓛ E시의 2025년 인구수는 계산하면 1,097.1만 명인데 10%에 해당하는 양은 109.71만 명이고, 110만 명은 10%에 해당하는 양보다 크므로 만약 110만 명 이상 증가했다면 10% 이상 증가했음을 알 수 있다.

㉠ 2024년 인구수는 A시가 1,800×1.04=1,872(만 명), D시가 1,200×1.06=1,272(만 명)이므로 A시가 D시보다 1,872−1,272=600(만 명) 더 많다.

ⓛ E시의 인구수는 2024년에 900×1.15=1,035(만 명), 2025년에 1,035×1.06=1,097.1(만 명)이다. 2026년 E시의 인구수가 전년 대비 110만 명 이상 증가했다면 인구수의 전년 대비 증가율은 $\frac{110}{1,097.1}\times100≒10.03(\%)$이므로 증가율은 10% 이상이다.

ⓒ 2022년 B시의 인구수가 1,250만 명이었다면 B시의 2023년 인구수의 전년 대비 증가율은 $\frac{1,400-1,250}{1,250}\times100=12(\%)$이므로 2022년 출산율이 14%였다면 사망률은 14−12=2(%)였다.

| 오답풀이 |

ⓔ 2024년 출산율의 전년 대비 변화량은 A시가 |8−12|=4(%p), B시가 |20−12|=8(%p), C시가 |18−16|=2(%p), D시가 |14−9|=5(%p), E시가 |11−25|=14(%p)이므로 가장 큰 도시는 E시이다.

21 문제해결능력

정답 ④

유형 사고력 > 조건추리 > 순서 **난이도** ★★☆

제시된 조건을 표로 정리하면 다음과 같다. E사원은 반드시 C과장과 함께 출장을 가는데, C과장은 겨울에 튀르키예로 출장을 가므로 E사원과 C과장은 겨울에 튀르키예로 출장을 간다. 이때, 미국에 출장을 가는 사람은 2명이므로 중국에 출장을 가는 사람은 1명뿐임을 알 수 있다. 중국에 출장 가는 사람은 여름 또는 겨울에 출장을 가므로 가을에 출장을 가는 D대리는 미국으로 출장을 가는 사람임을 알 수 있다.

구분	미국	튀르키예	중국
봄	A부장 또는 B차장		
여름			B차장 또는 A부장
가을	D대리		
겨울		C과장, E사원	

따라서 A부장이 여름에 중국으로 출장을 가면 B차장은 봄에 미국으로 출장을 가게 되므로 옳은 설명이다.

| 오답풀이 |

① B차장은 미국으로 출장을 갈 수도 있으므로 항상 옳은 설명은 아니다.

② A부장과 D대리는 함께 출장을 가지 않으므로 항상 옳지 않은 설명이다.

③ D대리와 E사원은 함께 출장을 가지 않으므로 항상 옳지 않은 설명이다.

⑤ D대리는 미국으로 출장을 가므로 항상 옳지 않은 설명이다.

22 문제해결능력

정답 ④

유형 사고력 > 조건추리 > 위치·배치 난이도 ★★☆

시간 단축 문제접근 TIP

주어진 조건 중 명확하게 위치가 드러나는 팀부터 배치한 뒤 다른 조건을 고려한다.

홍보팀은 7호실로 배정받았다.

1호실	3호실	5호실	**홍보팀**
복도			
2호실	4호실	6호실	8호실

연구팀은 홀수 호실에 배정하고, 영업팀과 연구팀은 한 실을 건너 나란히 배정하며, 연구팀의 호실 번호가 영업팀의 호실 번호보다 높으므로 연구팀은 5호실, 영업팀은 1호실에 배정됨을 알 수 있다.

영업팀	3호실	연구팀	홍보팀
복도			
2호실	4호실	6호실	8호실

이에 따라 연구팀의 맞은편 대각선으로 가장 먼 곳인 2호실에 총무팀이 있음을 알 수 있다.

제시된 조건에 따르면 홍보팀은 7호실로 배정받았고, 연구팀은 홀수 호실에 배정하고, 영업팀과 연구팀은 한 실을 건너 나란히 배정하며, 연구팀의 호실 번호가 영업팀의 호실 번호보다 높으므로 연구팀은 5호실, 영업팀은 1호실에 배정됨을 알 수 있다. 이에 따라 연구팀의 맞은편 대각선으로 가장 먼 곳인 2호실에 총무팀이 배정되었으며, 전산팀과 기획팀은 복도를 사이에 두고 마주보고 있으므로 각각 3호실 또는 4호실에 배정받게 된다. 이에 따라 남은 6호실과 8호실에 인사팀 또는 미래전략팀이 배정된다.

영업팀	전산팀 또는 기획팀	연구팀	홍보팀
복도			
총무팀	기획팀 또는 전산팀	인사팀 또는 미래전략팀	미래전략팀 또는 인사팀

| 오답풀이 |

① 인사팀은 6호실 또는 8호실로 배정될 수 있으므로 항상 옳은 설명은 아니다.

② 전산팀과 연구팀은 같은 라인에 배정되지 않을 수도 있으므로 항상 옳은 설명은 아니다.

③ 기획팀은 영업팀과 이웃한 호실에 배정되지 않을 수도 있으므로 항상 옳은 설명은 아니다.

⑤ 총무팀이 있는 라인에서 가장 높은 번호의 사무실에 배정되는 팀은 인사팀일 수도 있으므로 항상 옳은 설명은 아니다.

23 문제해결능력

정답 ②

유형 사고력 > 조건추리 > 기타 난이도 ★★☆

제시된 조건에 따르면 A의 상여금은 직원 A~E가 받은 상여금의 평균과 동일하므로 A의 상여금은 150만 원임을 알 수 있다. 이때, 평가등급이 높을수록 많은 상여금을 지급하며, C와 D의 평가등급은 B의 평가등급보다 높고, D의 상여금은 E보다 적으므로 E의 평가등급 또한 B의 평가등급보다 높다. 따라서 B의 상여금은 50만 원이고, 이에 따라 가능한 경우를 표로 나타내면 다음과 같다.

구분	50만 원	100만 원	150만 원	200만 원	250만 원
경우1	B	D	A	C	E
경우2	B	D	A	E	C
경우3	B	C	A	D	E

따라서 A의 상여금이 D보다 적은 경우도 있으므로 옳지 않은 설명이다.

| 오답풀이 |

① [경우3]에 따르면 C의 상여금이 A보다 적은 경우 D의 상여금은 200만 원으로 E의 상여금인 250만 원의 80%이므로 옳은 설명이다.

③ [경우2]에 따르면 C의 평가등급이 가장 높을 수도 있으므로 옳은 설명이다.

④ [경우2]에 따르면 C의 상여금이 E보다 많은 경우 D의 상여금은 100만 원으로 E의 상여금인 200만 원의 50%이므로 옳은 설명이다.

⑤ A~E가 특별상여금을 받을 수 있는 경우의 수는 3가지이므로 옳은 설명이다.

24 문제해결능력

정답 ②

유형 사고력 > 조건추리 > 순서 난이도 ★★★

주어진 조건에서 경영지원팀은 총무팀보다 먼저 교육을 하고, 재무팀의 교육은 경영지원팀과 총무팀의 교육보다 늦게 시작되지만, 전산팀의 교육보다 먼저 실시되어야 한다고 하였으므로 이 순서를 간단히 나타내면 '경영지원>총무>재무>전산'이다. 이때, 기획팀의 교육은 총무팀과 전산팀의 교육 사이에 실시하므로 '전산 또는 총무>기획>총무 또는 전산'이 된다. 또한, 인사팀의 교육은 경영지원팀 또는 총무팀 중 적어도 한 부서의 교육보다는 먼저 실시되어야 하므로 이를 고려하여 가능한 경우를 표로 나타내보면 다음과 같다.

구분	첫 번째	두 번째	세 번째	네 번째	다섯 번째	여섯 번째
경우1	경영지원	인사	총무	기획	재무	전산
경우2	경영지원	인사	총무	재무	기획	전산

경우3	인사	경영지원	총무	기획	재무	전산
경우4	인사	경영지원	총무	재무	기획	전산

따라서 인사팀은 첫 번째 또는 두 번째에 교육을 실시하므로 인사팀보다 일찍 교육을 하는 부서의 수가 늦게 교육을 하는 부서의 수보다 적다.

| 오답풀이 |

① 경영지원팀은 첫 번째 또는 두 번째로 교육을 실시하므로 항상 옳은 설명이 아니다.

③ 경우1, 3에 따르면 재무팀이 기획팀보다 교육을 늦게 실시하므로 항상 옳은 설명이 아니다.

④ 어떤 경우에도 전산팀보다 늦게 교육을 실시하는 부서는 없으므로 항상 옳지 않은 설명이다.

⑤ 총무팀보다 늦게 교육을 하는 부서의 수는 3개이고, 일찍 교육을 하는 부서의 수는 2개이다. 따라서 총무팀보다 늦게 교육을 하는 부서의 수가 더 많으므로 항상 옳지 않은 설명이다.

25 문제해결능력

정답 ⑤

유형 사고력 > 조건추리 > 기타 난이도 ★★☆

제시된 조건에 따라 어제 A사의 판매량을 x개라고 하면, B사의 어제 판매량은 $0.75x$개이고, 오늘 판매량은 $(0.75x+200)$개이다. 어제 A사와 B사의 제품의 개당 가격을 y원이라고 하면 오늘 B사의 제품의 개당 가격은 $0.8y$원임을 알 수 있다.

오늘 A사와 B사의 제품 전체 판매 금액은 동일하므로

$xy=(0.75x+200)0.8y \quad \therefore x=400$

따라서 A사의 어제와 오늘 판매량은 각각 400개, B사의 어제 판매량은 300개, 오늘 판매량은 500개이므로 A사의 오늘 판매량은 B사의 어제 판매량보다 100개 더 많다.

| 오답풀이 |

①, ② 어제와 오늘 A사와 B사 제품의 개당 가격은 확인할 수 없으므로 항상 옳은 것은 아니다.

③ B사의 오늘 판매량은 500개이므로 항상 옳지 않다.

④ 오늘 A사의 판매량은 B사 판매량의 $\frac{400}{500}\times100=80(\%)$이므로 항상 옳지 않다.

26 문제해결능력

정답 ①

유형 사고력 > 언어추리 > 명제 난이도 ★☆☆

갑이 반대한다고 가정하면 첫 번째 조건과 마지막 조건에 의해 무는 반대하고, 무가 반대하면 을도 반대한다. 하지만 네 번째 조건에서 을이 반대하면 갑은 찬성해야 하므로 모순이 발생한다. 따라서 '갑'은 찬성하는 팀원임을 알 수 있다.

27 문제해결능력

정답 ②

유형 사고력 > 조건추리 > 위치·배치 난이도 ★★☆

A빌딩에 거주하는 총인원은 13명이고, 가장 많은 구성원을 가진 가구는 6인 가구이며, 5층에는 1인 가구 또는 4인 가구만 거주가 가능하다. 이때 6과 1 또는 6과 4를 포함한 다섯 개의 숫자를 더했을 때 13이 되는 경우는 (6, 4, 1, 1, 1)과 (6, 1, 1, 2, 3)으로 두 가지 경우이다. 이에 따라 (6, 4, 1, 1, 1)을 A빌딩에 배치하는 경우의 수는 ${}_4C_1\times4!=96$(가지)이고, (6, 1, 1, 2, 3)을 5층 빌딩에 배치하는 경우의 수는 ${}_2C_1\times4!=48$(가지)이다.

따라서 각 층에 가구를 배치하는 경우의 수는 $96+48=144$(가지)이다.

28 문제해결능력

정답 ④

유형 문제처리능력 난이도 ★☆☆

8월 22~23일은 주중이고, 다른 근무 일정이 없으며, 부서이동 전이므로 안전점검 근무를 수행할 수 있는 일정이다.

| 오답풀이 |

① 8월 5~6일은 경기도에 있는 사업장이 여름 휴가 기간이므로 안전점검을 나갈 수 없다.

② 8월 10일은 토요일이므로 안전점검을 나갈 수 없다.

③ 8월 15일은 공휴일이므로 안전점검을 나갈 수 없다.

⑤ 8월 27일부터는 모든 담당 업무를 후임자에게 인계하여야 하므로 안전점검을 나갈 수 없다.

29 문제해결능력

정답 ①

유형 상황판단 > 독해추론 난이도 ★★☆

두 번째 문단에 따르면 기존에는 축종코드 1자리를 포함한 12자리 계란이력정보를 포장지에 표시하였으나, 개정되는 축산물이력법에 따르면 계란 껍데기에 산란일자, 농장번호, 사육환경의 정보를 표시하게 된다고 하였으므로 적절하지 않다.

| 오답풀이 |

② 3문단에 따르면 계란 껍데기 표시정보로 변경되면 식용란수집판매업자를 포함한 계란 유통업자는 포장지에 이력번호를 표시하지 않아도 된다고 하였으므로 적절하다.

③ 마지막 문단에서 소비자는 축산물이력제 앱을 통해 계란 생산자 정보를 확인할 수 있다고 하였으므로 적절하다.

④ 1문단에 따르면 축산물이력법 시행규칙은 1월 25일에 개정 및 시행되므로 적절하다.

⑤ 2문단에 따르면 계란 껍데기 표시정보의 마지막 정보는 사육환경이며, 닭 한 마리가 $0.075m^2$의 공간에서 키워졌다면 '개선 케이지'에 해당하므로 계란 껍데기 표시정보의 마지막 숫자는 3이다.

30 문제해결능력

정답 ④

유형 문제처리능력 난이도 ★★☆

10자리가 표시된 계란이므로 계란 이력제가 아닌 '계란 껍데기 표시정보'가 적힌 계란이다.

| 오답풀이 |

① 계란 껍데기 표시정보의 앞 4자리는 닭의 산란일이다.
② 사육환경 번호가 2인 계란은 축사 내 평사에서 키워진 닭이 낳은 계란이다.
③ 생산자 고유번호는 'M3FDS'이다.
⑤ '0711M3FDS2'는 계란 껍데기에 표시되는 계란 정보이다.

DAY 03 | 정답과 해설

01	02	03	04	05	06	07	08	09	10	11	12	13	14	15
①	④	⑤	④	②	③	①	④	③	③	②	③	③	④	④
16	**17**	**18**	**19**	**20**	**21**	**22**	**23**	**24**	**25**	**26**	**27**	**28**	**29**	**30**
③	②	②	⑤	③	②	②	①	④	⑤	②	⑤	①	④	①

01 의사소통능력 정답 ①

유형 어휘/어법 > 사자성어 난이도 ★☆☆

글의 흐름상 빈칸은 성공한 점과 실패한 점을 모두 배우려 한다는 의미로 해석할 수 있다. 따라서 '다른 산의 나쁜 돌이라도 자기 산의 옥돌을 가는 데에 쓸모가 있다는 뜻으로, 남의 하찮은 말이나 행동도 자신을 수양하는 데에 도움이 될 수 있음을 비유적으로 이르는 말'을 뜻하는 '타산지석(他山之石)'이 가장 적절하다.

| 오답풀이 |

② 아전인수(我田引水): 자기 논에 물 대기라는 뜻으로, 자기에게만 이롭게 되도록 생각하거나 행동함을 이르는 말.

③ 결자해지(結者解之): 맺은 사람이 풀어야 한다는 뜻으로, 자기가 저지른 일은 자기가 해결하여야 함을 이르는 말.

④ 멸사봉공(滅私奉公): 사욕을 버리고 공익을 위하여 힘씀.

⑤ 수불석권(手不釋卷): 손에서 책을 놓지 아니하고 늘 글을 읽음.

※ '손에서 책을 놓지 아니하고 늘 글을 읽음'으로써 실패한 점들도 배운다는 의미로 유추할 수도 있을 것이나, 빈칸 뒤의 서술어 '삼아'와 문맥상 어울리지 않으므로 가장 적절한 사자성어로 보기는 어렵다.

02 의사소통능력 정답 ④

유형 독해 > 배열하기 난이도 ★★☆

로마제국이 번영한 바탕에는 수도의 발전에 따른 공중목욕탕 문화에 있다는 내용이다. 글의 흐름에 따라 '[다] 유럽 전반에 영향을 미친 로마제국 → [가] 최초의 로마식 수도였던 아피아 수도 → [라] 로마의 수도 급수 방식 → [나] 로마의 목욕 문화의 발전 → [마] 복합문화공간의 역할을 했던 로마의 공중목욕탕' 순으로 배열하는 것이 적절하다.

03 의사소통능력 정답 ⑤

유형 독해 > 문서이해 난이도 ★★☆

5문단에서 대전시의 물 기술 혁신과 물 산업 육성방안을 주제로 충남대와 지역 기업들과 '제1차 혁신포럼 세미나'를 개최했다고 하였으므로 한국수자원공사가 우리나라의 물 기술 혁신과 물 산업 육성방안을 주제로 한 세미나를 개최했다는 내용은 적절하지 않다.

| 오답풀이 |

① 4문단에서 한국수자원공사의 본사 이전이 지역 경제와 사회 전반에 활력을 불어넣는 화수분이 되었다는 내용과 함께 대전에 내려온 직원들이 식당과 숙박 등 골목 경제 소비를 촉진하는 주축이 되었고, 대규모로 이뤄진 물품 구매와 용역 등은 지역 경제의 새로운 시장으로 이어졌다고 하였으므로 적절하다.

② 3문단에서 대청 다목적댐 조성으로 금강 하류 지역의 상습적인 수해를 줄였다고 하였으므로 적절하다.

③ 1문단에서 한국수자원공사는 1974년 10월 15일 서울 정동을 떠나 대전광역시 대덕구 연축동으로 본사를 옮겼으며, 이는 당시 정부의 수도권 인구 소산(疏散) 정책에 따라 연고가 없는 지방으로 이전을 결정한 것이었다고 하였으므로 적절하다.

④ 4문단에서 한국과학기술정보연구원(KISTI)에 따르면 2021년 기준 공사 매출액은 3조 9,938억 원으로 대전 소재 기업 중 2위를 기록했고, 시장점유율은 6.4%로 나타났다고 하였으므로 적절하다.

04 의사소통능력 정답 ④

유형 어휘/어법 > 동의어/유의어 난이도 ★☆☆

밑줄 친 '끼친'은 '어떠한 일을 후세에 남긴'의 뜻을 지닌 단어이다. 해당 단어는 세 자릿수 서술어로 부사어와 목적어를 모두 필요로 한다. 따라서 부사어만을 필요로 하는 ②, ③은 정답이 될 수 없다. 그리고 문맥상 '공로를 세대에 걸쳐 전했거나 미쳤다'라는 맥락으로 쓰인 것이므로, 가장 유사한 의미를 가진 것은 '슬픔을 세대에 걸쳐 전하다'의 뜻을 표현한 ④이다.

| 오답풀이 |

①, ⑤ '영향, 해, 은혜 따위를 당하거나 입게 하다'의 뜻으로 쓰인 단어이다.

② '기운이나 냄새, 생각, 느낌 따위가 덮치듯이 확 밀려들다'의 뜻으로 쓰인 단어이다.

③ '소름이 한꺼번에 돋아나다'의 뜻으로 쓰인 단어이다.

05 의사소통능력

정답 ②

유형 독해 > 추론 난이도 ★☆☆

2문단에서 조건부 엠바고는 보도 가치가 있는 사건이 발생할 것이라고 확실하게 예측할 수 있으나, 그 시간을 예측하기 어려운 경우 그 사건이 일어난 이후에 보도될 것이라는 조건하에 보도자료를 미리 제공받는 것이라고 하였다. 따라서 사건이 발생할 것이라고 예측할 수 없으나 사건이 발생될 시점을 예측할 수 있는 경우에 조건부 엠바고를 설정할 것이라는 추론은 적절하지 않다.

| 오답풀이 |

① 1문단과 4문단을 통해 엠바고가 언론인의 합의에 따라 보도 시점을 조절하는 절차로 오랜 관습에 의해 이어져 왔다는 추론이 적절함을 알 수 있다.

③ 3문단을 통해 엠바고가 설정되면 기자들이 보도 경쟁에 대한 우려 없이 전문적이고 심층적인 취재를 할 수 있어 언론 보도의 정확성을 높일 것이라는 추론이 적절함을 알 수 있다.

④ 2문단을 통해 국가 간 회담이 개최될 경우 공식적인 발표가 있기 전까지 보도를 관례적으로 자제할 것이라는 추론이 적절함을 알 수 있다.

⑤ 3문단을 통해 국민이 반드시 알아야 할 사항에 엠바고가 설정되어 적시에 전달되지 못하면 국민의 권리를 침해할 수 있을 것이라는 추론이 적절함을 알 수 있다.

06 의사소통능력

정답 ③

유형 독해 > 추론 난이도 ★★☆

시간 단축 문제접근 TIP

2문단에서 아일랜드가 2003년부터 지금까지 유지하고 있는 법인세율 12.5%는 현 시점의 유로존 평균 세율인 21%보다 약 9%p 낮은 수치라고 하였으므로 적절하지 않은 추론은 ③이다.

2문단에서 아일랜드의 법인세율은 2003년부터 지금까지 12.5%를 유지하고 있고, 이는 현 시점의 유로존 평균보다 약 9%p 낮은 수치라고 하였다. 따라서 아일랜드가 2003년부터 유로존 평균보다 약 9%p 낮은 수치로 법인세율을 조절하고 있는 것은 아니다.

| 오답풀이 |

① 1문단에서 아일랜드는 모든 국가가 역성장했던 2020년에도 3.4%라는 경제 성장률을 달성했다고 하였으므로 적절하다.

② 2문단에서 아일랜드는 지식재산권 수익에 대해서는 최대 50% 가까이 세금을 감면해 준다고 하였으므로 적절하다.

④ 3문단에서 유럽사법재판소에서 2016년의 유럽연합 집행위원회의 손을 들어주며 판결이 끝났다고 하였으므로 적절하다.

⑤ 3문단에서 유럽사법재판소는 "아일랜드는 애플에 불법적인 지원을 제공했고 아일랜드는 이를 회수해야 한다"고 판결하여 애플이 130억 유로의 체납 세금을 치르게 되었다고 하였으므로 적절하다.

07 의사소통능력

정답 ①

유형 독해 > 기타-문맥파악 난이도 ★★☆

시간 단축 문제접근 TIP

아일랜드가 글로벌 기업에 대한 법인세 혜택으로 경제 성장을 이루었으나, 최근 유럽사법재판소에서 애플이 아일랜드에서 받은 조세 혜택이 불법 행위라는 유럽연합 집행위원회의 손을 들어주며 애플이 아일랜드에 엄청난 체납 세금을 납부하게 되었다는 내용이므로 문맥상 가장 관련 없는 문장은 ㉠이다.

㉠ 앞에서는 아일랜드의 1인당 GDP가 2023년 기준 세계 2위를 차지했다고 하였고, ㉠ 뒤에서는 팬데믹이 시작한 이후 아일랜드는 2020년과 2021년에도 경제 성장을 이루었다고 하였으므로, 유럽에서 아일랜드의 경제가 신기루와 같아서 아일랜드의 민간 설화에 등장하는 요정의 이름을 따 '레프리콘 경제'라고 부른다는 문장은 문맥상 어울리지 않는다.

08 의사소통능력

정답 ④

유형 독해 > 주제/제목 난이도 ★★☆

클라우드 시장이 빠른 속도로 성장 중이나, 국내의 저조한 활용률과 기술 · 기반 경쟁력 및 국제 전략이 미흡한 상황에서 정부가 클라우드 기술 · 기반 산업의 활성화를 위해 추진할 세 가지 핵심 전략을 제시하고 있으므로 보도자료의 중심 내용으로 가장 적절한 것은 ④이다.

09 의사소통능력

정답 ③

유형 독해 > 기타-빈칸 추론 난이도 ★★☆

㉠ 교육 분야와 금융권 등 등 국민적 체감도가 높은 분야에서 인공지능과 클라우드 도입을 전면화함으로써 국민적 혁신사례를 대폭 확대해 나간다고 하였으므로 '㉯ 클라우드 전면적 도입'이 들어가야 한다.

㉡ 인공지능 컴퓨팅 기반 역량이 클라우드 경쟁력으로 이어지는 새로운 기준에 발맞춰 전후방 핵심 산업을 집중 지원한다고 하였으므로 '㉮ 클라우드 경쟁력 제고'가 들어가야 한다.

㉢ 민간 투자의 촉진과 민간 주도 생태계로의 전환을 착실히 추진할 것이라고 하였으므로 '㉰ 클라우드 생태계 활성화'가 들어가야 한다.

10 의사소통능력

정답 ③

유형 독해 > 문서이해 난이도 ★★★

'7. 신청방법' 항목에서 선정평가 요약표, 제안서 및 관련 증빙서류 각 1부, 평가 동의서 1부, 개인정보 제공 및 활용 동의서 1부를 전자메일 및 우편으로 모두 제출해야 한다고 하였으므로 바르게 이해하지 못한 사람은 '병'이다.

| 오답풀이 |

- 갑: '3. 과제 내용' 항목에서 체코의 독자 개발 SMR 노형인 CR-100의 탄력운전 개선을 위한 LAES 개념설계를 평가한다고 하였으므로 바르게 이해하였다.
- 을: '6. 신청자격' 항목에서 산업통상자원부에서 공고한 해당 과제의 수행에 결격 사유가 없는 연구기관, 기업, 대학 중 증기터빈 사이클 분석, 원전과 에너지저장장치(ESS) 연계, 냉각타워 성능분석, 발전소 경제성 평가 연구범위를 수행할 수 있어야 한다고 하였으므로 바르게 이해하였다.
- 정: '5. 연구개발비' 항목에서 정부지원연구개발비는 15억 원이고, 연구개발과제에 참여하는 자는 정부지원연구개발비를 배분받아 연구개발과제를 수행하여야 하며, 영리기관은 기관부담연구개발비 중 현금을 개별 부담하여야 한다고 하였으므로 바르게 이해하였다.
- 무: '3. 과제내용' 항목에서 혁신형 SMR과 LAES 기술 연계 기술성 및 경제성 평가 항목 중 체코 환경에서 요구되는 소형모듈원자로의 탄력운전 성능 확인이 있으므로 바르게 이해하였다.

11 수리능력

정답 ②

유형 응용수리 > 거리/속력/시간 난이도 ★★☆

30초 컷 풀이 TIP

민호는 6분(=0.1시간) 만에 500m(=0.5km)를 따라잡았으므로 민호의 속력은 한별이의 속력보다 $\frac{0.5}{0.1}=5$(km/h) 더 빠르다. 따라서 민호의 속력은 $15+5=20$(km/h)임을 쉽게 알 수 있다.

한별이는 민호보다 500m(=0.5km) 앞에서 출발했으므로 한별이가 6분(=0.1시간) 동안 움직인 거리는 $0.5+15\times0.1=2$(km)이다. 즉, 민호는 2km를 0.1시간 동안 움직였다.

따라서 민호의 속력은 $\frac{2}{0.1}=20$(km/h)이다.

12 수리능력

정답 ③

유형 응용수리 > 방정식 난이도 ★★☆

1명당 7개씩 나누어주면 3명은 받지 못하고, 1명은 3개를 받으므로 제철과일을 7개씩 받은 직원은 $(x-4)$명이고, 제철과일의 수는 $7(x-4)+3$이다.
또한, 1명당 6개씩 나누어주면 30개가 남으므로 제철과일의 수는 $6x+30$이다.
$7(x-4)+3=6x+30 \rightarrow x=55$
$y=6\times55+30=360$
$\therefore x+y=55+360=415$

13 수리능력

정답 ③

유형 응용수리 > 수와 식 난이도 ★☆☆

세 사람이 같은 지점에서 출발하여 같은 경로로 공원을 계속 돌아 처음으로 다시 출발 지점에서 만나기까지 걸린 시간은 세 사람이 각자 공원을 한 바퀴 도는 데 걸리는 시간의 최소공배수와 같다. 10, 15, 18의 최소공배수는 90이므로 각자 공원을 돈 횟수는 지호가 $90\div10=9$(바퀴), 기철이가 $90\div15=6$(바퀴), 희준이가 $90\div18=5$(바퀴)이다. 따라서 $a+b+c=9+6+5=20$이다.

14 수리능력

정답 ④

유형 자료해석 > 자료이해 난이도 ★☆☆

30초 컷 풀이 TIP

계산이 필요하지 않거나 빠르게 계산할 수 있는 선택지부터 판단하면 풀이 시간을 단축시킬 수 있다.
주어진 문제에서 계산이 필요하지 않은 선택지인 ④, ⑤를 먼저 판단한다. 그다음 나머지 선택지에 주어진 숫자를 보면 ③의 200%라는 수가 다른 선택지보다 간단하므로 이를 계산한다. 200% 증가했다는 것은 직전 분기 대비 3배가 되었다는 뜻인데, 주어진 자료에서는 2배가 되었으므로 옳지 않은 선택지임을 쉽게 알 수 있다.

2023년 3/4분기 시계 수출액이 가장 큰 회사는 D사이고, 시계 수출량이 가장 많은 회사는 E사이므로 서로 다르다.

| 오답풀이 |

① 3/4분기에 A사의 시계 수출량은 2024년에 2023년 대비 $640-550=90$(백 개) 증가하였다.

② 2024년 2/4분기 시계 수출액이 가장 큰 E사는 가장 작은 B사보다 $310-120=190$(백만 달러) 더 크다.

③ 2024년 E사의 1/4분기 시계 수출액은 직전 분기 대비 $\frac{260-130}{130}\times100=100(\%)$ 증가하였다.

⑤ 2023년 4/4분기 이후 2024년 3/4분기까지 E사의 시계 수출액은 매분기 증가하였다.

15 수리능력

정답 ④

유형 자료해석 > 자료이해 난이도 ★★☆

30초 컷 풀이 TIP

⑤ 1인 1일 투여량은 이뇨제와 진통제 모두 단위를 제외한 값이 60으로 같다. 즉 두 의약품의 하루 평균 사용량의 차와 두 의약품을 사용한 사람 수는 비례한다. 따라서 두 의약품의 하루 평균 사용량의 차는 $6,960-3,480=3,480$이므로 사람 수의 차는 $3,480\div60=58$(명)임을 쉽게 알 수 있다.

하루 평균 지사제 사용량은 44정이고, 지사제의 1인 1일 투여량은 2정이므로 하루 평균 지사제를 투여받은 사람은 $44\div2=22$(명)이다. 따라서 2022년이 총 365일이었다면 이 병원에서 지사제를 투여받은 사람은 총 $22\times365=8,030$(명)이므로 8,000명 이상이다.

| 오답풀이 |

① 2021년 이뇨제의 하루 평균 사용량은 전년 대비 $\frac{4,200-3,360}{3,360}\times100=25(\%)$ 증가하였다.

② 2018년부터 2021년까지 하루 평균 지사제 사용량은 연평균 $\frac{30+42+48+40}{4}=40$(정)이다.

③ 2019년부터 2022년까지 하루 평균 사용량의 증감 추이는 이뇨제와 진통제가 모두 '증가－감소－증가－감소'로 같다.

⑤ 2019년 하루 평균 이뇨제를 사용하는 사람 수는 $3,480\div60=58$(명), 진통제를 사용하는 사람 수는 $6,960\div60=116$(명)이므로 이뇨제를 사용하는 사람 수가 진통제를 사용하는 사람 수보다 $116-58=58$(명) 더 적다.

16 수리능력

정답 ③

유형 자료해석 > 자료이해 난이도 ★★☆

㉡ 제시된 기간의 연평균 신고 수는 잡화류가 $\frac{3,550+4,230+4,390+5,030+5,100}{5}=4,460$(만 건), 가전류가 $\frac{2,550+3,230+3,220+3,410+3,570}{5}=3,196$(만 건)이므로 잡화류가 가전류보다 $4,460-3,196=1,264$(만 건) 더 많다.

㉢ 2019년 이후 주류의 신고 수 증감 추이는 '증가－감소－증가－증가'이고, 가전류도 주류와 증감 추이가 같다.

| 오답풀이 |

㉠ 2020년 담배류 신고 수의 2018년 대비 증가율은 $\frac{4,050-3,750}{3,750}\times100=8(\%)$이다.

㉣ 2022년 신고 수의 2018년 대비 증가량은 잡화류가 $5,100-3,550=1,550$(만 건), 가전류가 $3,570-2,550=1,020$(만 건), 담배류가 $4,880-3,750=1,130$(만 건), 주류가 $2,650-1,760=890$(만 건)이다. 따라서 신고 수의 증가량이 세 번째로 많은 세관물품은 가전류이고 그 증가량은 1,020만 건이다.

17 수리능력

정답 ②

유형 자료해석 > 자료이해 난이도 ★★☆

30초 컷 풀이 TIP

㉡ 2022년 노인공동생활가정의 시설 수의 9배는 $89\times9=801$이고, 입소정원의 수는 763이므로 1개소당 입소정원은 9명 미만임을 쉽게 알 수 있다.

㉠ 2023년 노인의료복지시설은 총 $4,525+1,614=6,139$(개소)이다.

㉣ 2023년 노인주거복지시설 중 입소정원이 두 번째로 많은 시설은 노인복지주택이고, 입소정원은 2년 전 대비 $9,006-8,491=515$(명) 증가하였다.

| 오답풀이 |

㉡ 2022년 노인공동생활가정의 시설 1개소당 입소정원은 $763\div89\fallingdotseq8.6$(명)이므로 9명 미만이다.

㉢ 단기보호서비스의 시설 수는 2023년에 감소하였고, 입소정원은 2022년에 감소하였다.

18 수리능력

정답 ②

유형 자료해석 > 자료이해 난이도 ★☆☆

㉠ 2023년 전반기에 중국 국적 외국인의 토지 보유 면적은 2021년 전반기 대비 $20,818-20,275=543$(천 m^2) 증가하였다.

㉣ 2021년 후반기에 기타 미주와 기타 아시아의 토지 보유 면적의 차는 $24,990-11,147=13,843$(천 m^2)이다.

| 오답풀이 |

㉡ 2022년 후반기 토지 보유 면적이 30,000천 m^2 이상인 국가는 미국 1개이다.

㉢ 기타를 제외하면 국가는 미국, 영국, 프랑스, 독일, 일본, 중국 총 6개인데 이 중 미국, 일본, 중국은 2023년 후반기에 모두 직전 반기 대비 감소하므로 증가하지 않는다. 이때 영국, 프랑스, 독일의 토지 보유 면적은 2023년 전반기와 후반기에 감소하는데 만약 세 국가의 토지 보유 면적이 모두 증가했다면 감소하는 시기가 없어야 하므로 모순이다. 즉 토지 보유 면적이 증가한 국가는 3개 이상일 수 없다.

19 수리능력

정답 ⑤

유형 자료해석 > 자료변환 난이도 ★★☆

2020년 3월 열 소비량은 가정이 272천 toe, 상업이 25천 toe이다.

20 수리능력

정답 ③

유형 자료해석 > 자료이해 난이도 ★★☆

2019년 5월 전체 열 소비량 중 상업이 차지하는 비중은 $\frac{13}{87+13}\times100=13(\%)$이다.

| 오답풀이 |

① 4분기 가정의 석유 소비량은 2020년에 $202+290+423=915$(천 toe), 2019년에 $225+297+386=908$(천 toe)이므로 2020년 4분기에 2019년 4분기 대비 증가하였다.

② 2019년 상반기 도시가스 소비량의 증감 추이는 가정과 상업이 모두 매월 감소하므로 같다.

④ 2019년 9월 상업 석유 소비량은 3개월 전 대비 $\frac{107-100}{100}\times100=7(\%)$ 증가하였다.

⑤ 7월에 상업 소비량이 많은 에너지원을 순서대로 나열하면 그 순서는 2019년과 2020년이 모두 '전력－도시가스－석유－열－석탄'으로 같다.

21 문제해결능력

정답 ②

유형 사고력 > 언어추리 > 명제 난이도 ★★☆

시간 단축 문제접근 TIP

문제에서 A업체가 선정되지 않았다는 조건이 주어졌으므로 A업체와 관련된 조건부터 확인한다.

- E업체가 선정되지 않으면, A업체가 선정된다.
  → 대우: A업체가 선정되지 않으면, E업체가 선정된다.

따라서 E업체는 선정됨을 알 수 있다.

각 업체가 선정되었을 경우를 ○, 선정되지 않는 경우를 ×라고 표현할 때, 조건을 내용을 정리하면 다음과 같다.

- B ○ → D ○
  (대우) D × → B ×
- E × → A ○
  (대우) A × → E ○
- B × → C ○
  (대우) C × → B ○
- E ○ → F ×
  (대우) F ○ → E ×
- C or A ○ → F ○
  (대우) F × → C and A ×

문제에서 A업체가 선정되지 않았다고 하였으므로 두 번째 조건의 대우에 의해 E업체는 선정된다. E업체가 선정되었으므로 네 번째 조건에 의해 F업체는 선정되지 않으며, 이에 따라 다섯 번째 조건의 대우에 따라 C업체도 선정되지 않음을 알 수 있다. 또한, 세 번째 조건의 대우에 따라 B업체는 선정되고, 첫 번째 조건에 따라 D업체도 선정된다.
따라서 선정될 수 있는 업체는 B, D, E업체이다.

22 문제해결능력

정답 ②

유형 사고력 > 언어추리 > 참/거짓 난이도 ★★★

희수의 질문에 대한 네 명의 추측 중 한 사람만 틀렸다고 하였으므로 한 명씩 추측이 틀렸다고 가정하고 확인한다.

i) 수진의 추측이 틀렸을 경우
희수가 가지고 있는 구슬은 검은색이어야 하지만 이는 희수가 가지고 있는 구슬이 빨간색이나 회색, 흰색이라고 생각하는 철호와 영진이의 추측에 모순되므로 수진이의 추측은 옳은 것임을 알 수 있다.

ii) 철호의 추측이 틀렸을 경우
희수가 가지고 있는 구슬은 빨간색과 회색이 아니며, 수진이의 추측에 따라 희수가 가지고 있는 구슬은 검은색이 아니고, 영진이의 추측에 따라 흰색이다. 이때, 선미의 추측도 모순되지 않으므로 희수가 가지고 있는 구슬은 흰색이 된다.

iii) 영진의 추측이 틀렸을 경우
희수는 흰색 구슬을 가지지 않았으며, 수진이의 추측에 따라 검은색 구슬도 가지지 않았고, 철호의 추측에 따라 빨간색이나 회색 구슬을 가진다. 이때, 선미의 추측에 따라 회색 구슬은 아니므로 희수는 빨간색 구슬을 가지게 된다.

iv) 선미의 추측이 틀렸을 경우
희수가 가진 구슬은 회색 또는 파란색이어야한다. 하지만 희수가 가진 구슬이 흰색이라고 추측하는 영진이의 추측에 모순므로 선미의 추측은 옳은 것임을 알 수 있다.

따라서 희수가 가지고 있을 수 있는 구슬의 색은 흰색과 빨간색이다.

23 문제해결능력

정답 ①

유형 사고력 > 조건추리 > 기타 난이도 ★★☆

제시된 조건에 따르면 첫 번째 게임에서 C는 보를 낸 B에게 패했으므로 C는 바위, B는 보를 냈다. 두 번째 게임에서 E는 첫 번째 게임에서 C가 바위를 내서 A에게 승리했으므로 A는 가위를 냈다. 세 번째 게임에서 B와 E는 바위를 제외한 두 가지 손 모양인 보와 가위를 내었고 B가 승리했으므로 B는 가위, E는 보를 내었다. 마지막으로 B와 D의 게임에서 B가 가위를 낸 D에게 패하였으므로 B는 보를 내었음을 알 수 있다.

24 문제해결능력

정답 ④

유형 사고력 > 조건추리 > 기타 난이도 ★★★

동전의 종류는 4가지이고, 세 사람은 각각 모든 종류의 동전을 가지고 있으므로 갑, 을, 병이 가진 동전은 최소 4개이다. 이때, 병이 가진 동전의 개수는 11개이므로 갑과 을이 가진 동전의 개수의 합은 29－11＝18(개)이고, 병이 가진 동전의 개수가 가장 많고, 갑이 가진 동전의 개수가 가장 적으므로 을이 가진 동전의 최소 개수는 10개, 갑이 가진 동전의 최대 개수는 8개임을 알 수 있다. 또한, 병이 가진 동전의 금액의 합은 1,130원이므로 병이 가진 동전은 500원 1개, 100원 5개, 50원 2개, 10원 3개이다. 이때 갑이 가진 동전의 금액의 합이 가장 크고, 을이 가진 동전의 금액의 합이 가장 작아야 하므로 을이 가질 수 있는 500원짜리 동전은 최대 1개, 갑이 가진 500원짜리 동전은 최소 2개임을 알 수 있다.

| 오답풀이 |

① 갑이 가진 500원짜리 동전은 최소 2개이므로 옳지 않다.
② 을이 가진 500원짜리 동전은 최대 1개이므로 옳지 않다.
③ 병이 가진 100원짜리 동전은 5개이므로 옳지 않다.
⑤ 을이 가진 동전의 개수는 최소 10개이므로 옳지 않다.

25 문제해결능력

정답 ⑤

유형 사고력 > 조건추리 난이도 ★★☆

아람이는 약봉지 B를 전달받았고, 위염이나 두통 환자가 아니며, 약봉지 D는 감기 환자를 위한 약이므로 아람이가 받은 약봉지 B는 치주염 환자를 위한 약임을 알 수 있다. 또한, 약봉지 A와 약봉지 D에는 어린이가 먹어서는 안 되는 약품이 사용되었고, 소진이는 4명의 손님 중 유일한 어린이이므로 소진이 받는 약봉지는 C임을 알 수 있다. 이때, 약봉지 A는 위염 환자의 것이 아니므로 두통 환자의 것이고, 이에 따라 약봉지 C가 위염 환자의 것임을 알 수 있다. 미소는 감기 환자가 아니므로 약봉지 A를 받은 두통 환자이고, 이에 따라 희지가 약봉지 D를 받는 감기 환자임을 알 수 있다. 이를 표로 정리하면 다음과 같다.

구분	병명	희지	아람	미소	소진
A	두통			○	
B	치주염		○		
C	위염				○
D	감기	○			

따라서 약봉지 A는 두통 환자를 위한 약이므로 옳지 않은 설명이다.

26 문제해결능력

정답 ②

유형 사고력 > 조건추리 > 위치·배치 난이도 ★★☆

제시된 조건에 따르면 각 층마다 3명씩 투숙하고 있고, C, D, I는 같은 층에 투숙하고 있으며, B의 바로 위에는 D가 투숙하고 있고, D의 왼쪽 방에는 아무도 투숙하고 있지 않다. 또한, I는 F의 바로 아래층 방에 투숙하고 있다고 하였으므로 C, D, I는 2층에 투숙 중임을 알 수 있다. I는 H보다 아래층에 투숙하고 있으므로 H는 3층에 투숙 중이고, A는 F와 2개의 방을 사이에 두고 같은 층에 투숙하고 있으므로 A와 F는 각각 301호 또는 304호에 투숙 중임을 알 수 있다. 이때, G는 오른쪽 끝 방에 투숙하고 있으며, 옆방에는 아무도 투숙하지 않으므로 G는 104호에 투숙하고, 103호는 빈방이다. 또한, E는 A와 다른 층 같은 호실에 투숙하고 있으며, 다른 층의 같은 호실 중 2곳은 비어 있으므로 A는 301호, E는 101호, F는 304호, D는 202호, C는 203호에 투숙하고 있음을 추측할 수 있다. 이에 따라 I는 204호, B는 102호에 투숙하고 있으며, H는 302호에 투숙하고 있다.

3층	A	H	빈방	F
2층	빈방	D	C	I
1층	E	B	빈방	G

따라서 C가 투숙하는 방 바로 아래층에는 아무도 투숙하고 있지 않으므로 항상 옳은 설명이다.

| 오답풀이 |

① H는 302호에 투숙하고 있으므로 항상 옳지 않은 설명이다.
③ D는 2층에 투숙하고 있으므로 항상 옳지 않은 설명이다.
④ A와 H는 같은 층에 투숙하고 있으므로 항상 옳지 않은 설명이다.
⑤ G와 A는 같은 층에 투숙하고 있지 않으므로 항상 옳지 않은 설명이다.

27 문제해결능력

정답 ⑤

유형 사고력 > 조건추리 > 위치·배치 난이도 ★★☆

제시된 조건에 따르면 3열 가석과 1열 다석은 다른 승객이 이미 앉은 좌석이므로 앉을 수 없고, E주임은 2열 나석에 앉으므로 그림으로 나타내면 다음과 같다.

구분	가석	나석		다석
1열			복도	×
2열		E주임		
3열	×			

이때, A차장은 3열에 앉으므로 3열 나석 또는 3열 다석에 앉는데 F주임이 A차장의 바로 앞자리에 이웃해 앉는다고 하였으므로 A차장은 3열 다석에 F주임은 2열 다석에 앉게 됨을 알 수 있다. 또한, 주임끼리는 이웃해 앉지 않으므로 D주임은 1열 가석에 앉아야 하고, 과장은 복도 옆 좌석에 앉으므로 B과장은 1열 나석 또는 3열 나석에 앉게 된다. C대리는 G사원보다 앞쪽 열에 앉으므로 조건에 따라 가능한 경우의 수는 다음과 같다.

[경우1] B과장이 1열 나석에 앉는 경우

구분	가석	나석		다석
1열	D주임	B과장	복도	×
2열	C대리	E주임		F주임
3열	×	G사원		A차장

[경우2] B과장이 3열 나석에 앉는 경우

구분	가석	나석		다석
1열	D주임	C대리	복도	×
2열	G사원	E주임		F주임
3열	×	B과장		A차장

따라서 모든 경우에서 A차장은 다석에 앉으므로 항상 참이다.

| 오답풀이 |

① 경우1에 따르면 G사원은 E주임과 같은 열에 앉지 않을 수도 있으므로 항상 참은 아니다.
② 경우1에 따르면 B과장과 D주임은 이웃해 앉을 수 있으므로 항상 참은 아니다.
③ 모든 경우에 F주임은 2열에 앉으므로 항상 거짓이다.
④ 경우2에 따르면 C대리가 복도 옆 좌석에 앉을 때 G사원은 2열에 앉으므로 항상 거짓이다.

28 문제해결능력

정답 ①

유형 문제처리능력 난이도 ★★☆

H공사 근무 규정에 따르면 초과 근무 매 30분마다 초과 근무수당으로 시간당 급여의 0.75배를 가산하여 지급한다고 하였으므로 시간당 급여가 29,680원인 갑 과장은 초과 근무수당으로 한 시간에 29,680×0.75×2=44,520(원)을 받는다.

| 오답풀이 |

② 근무시간은 점심식사 시간 1시간과 저녁식사 시간 1시간을 제외하고 근무가 인정되므로 갑 과장이 지난주 월요일 근무한 근무 시간은 총 8시간이다.
③ 초과 근무수당은 당일 계산만 인정하며, 30분 미만은 버림하므로 갑 과장은 지난주 화요일 초과근무에 대해 180분에 해당하는 초과 근무수당을 받는다.
④ 갑 과장이 지난주 목요일 근무로 받게 되는 일급여는 29,680×8=237,440(원)이다.
⑤ 초과 근무는 19시부터 근무가 인정되므로 갑 과장이 지난주 초과 근무를 한 날은 총 2일이다.

29 문제해결능력

정답 ④

유형 문제처리능력 난이도 ★★☆

H공사 근무 규정에 따르면 유연근무제의 사용으로 9시 이후에 출근할 경우, 정규 출근 시간인 9시로부터 초과한 시간만큼 19시 이후에 근무를 해야 하며, 이 경우 초과 근무수당은 지급하지 않는다고 하였으므로 을 대리가 지난주 근무 일정 중 인정받을 수 있는 초과 근무 시간은 다음과 같다.

월요일	화요일	수요일	목요일	금요일
30분	없음	1시간	30분	30분

따라서 지난주 근무로 을 대리가 받게 되는 주급여의 총액은 $21,340\times8\times5+21,340\times0.75\times5=933,625$(원)이다.

30 문제해결능력

정답 ①

유형 문제처리능력 난이도 ★★☆

제시된 두 번째와 세 번째 조건에 따르면 ○○공사의 신입사원은 총 28명이며 전원이 교육에 참석하고, 멘토 사원은 신입사원과 동일한 수만큼 참석하며, 교육 진행을 위해 총무팀 직원 10명도 함께 참석한다. 이에 따라 신입사원 직무 교육에 참석하는 총인원은 $28+28+10=66$(명)이므로 수용 가능 인원이 45명인 C 세미나실은 제외된다. 또한, 제시된 네 번째 조건에 따르면 거리가 70km 이하인 곳으로 선정해야 하므로 E호텔 또한 제외되며, 다섯 번째 조건에 따라 D호텔도 제외된다. 남은 A연수원과 B 리조트 중 대강당 시설이 있는 곳은 A연수원뿐이므로 교육 장소로 가장 적절한 곳은 A연수원임을 알 수 있다.

01	02	03	04	05	06	07	08	09	10	11	12	13	14	15
④	②	②	③	①	②	③	③	④	⑤	③	⑤	④	③	①
16	**17**	**18**	**19**	**20**	**21**	**22**	**23**	**24**	**25**	**26**	**27**	**28**	**29**	**30**
④	④	③	③	②	②	①	③	⑤	④	①	①	③	②	③

01 의사소통능력

정답 ④

유형 독해 > 일치/불일치 난이도 ★★☆

시간 단축 문제접근 TIP

'알 수 없는 내용'은 맞을 수는 없지만, 틀린 내용일 수는 있다. '떠올린 생각을 잘 표현하는 도구'의 종류와 관련된 내용은 알 수 없으며 내용상 옳지 않다.

'말을 통하지 않고는 생각을 전달할 수가 없는 것이다'를 통해 말은 생각을 표현하는 도구 중 하나가 아니라, 유일한 도구임을 알 수 있다.

| 오답풀이 |

① 2문단의 '큰 그릇인 생각 속에 작은 그릇인 말이 들어가므로 생각에는 말 이외에도 다른 것이 더 있다'라는 문장과 4문단의 '말이란 결국 생각의 일부분을 주워 담는 작은 그릇에 지나지 않는다'를 통해 생각이 말보다 넓은 범위를 포괄함을 알 수 있다.

② 3문단의 '우리의 생각은 거의 대부분 말로 나타낼 수 있다. 하지만 누구든지 가슴 속에 응어리진 어떤 생각이 분명히 있기는 한데 그것을 어떻게 말로 표현해야 할지 애태운 경험을 가지고 있을 것이다'를 통해 생각의 대부분은 말로 나타낼 수 있지만 일부는 말로 표현할 수 없음을 알 수 있다.

③ 1문단의 '생각과 말은 서로 떨어질 수 없는 깊은 관련이 있다'를 통해 말과 생각이 불가분의 관계라는 것을 알 수 있다.

⑤ 2문단에서 '말과 생각'의 관계에 대해 대표적인 견해를 소개하고 있는데, 그중 첫 번째 관점이 '말과 생각이 서로 꼭 달라붙은 쌍둥이'라는 것이다. 따라서 말과 생각이 동등한 관계라고 보는 견해도 있음을 알 수 있다.

02 의사소통능력

정답 ②

유형 어휘/어법 > 접속사 넣기 난이도 ★☆☆

시간 단축 문제접근 TIP

문맥상 앞선 내용을 부정하고 있으므로 빈칸에는 역접의 접속어인 '하지만'이 가장 적절하다.

빈칸 앞에서는 일반적인 음악에서 사용되는 박자의 기본 단위를 설명하고 있는데, 뒤에서는 이를 통해 사람들이 오해할 수 있는 사항을 미리 언급하며 해당 내용을 부정하고 있으므로 역접의 접속어인 '그러나, 하지만' 등이 들어가는 것이 적절하다. 역접의 접속어는 앞뒤 문장의 문맥이 상반되게 연결되거나, 앞에서 서술한 내용과 일치하지 않거나 부정하는 내용이 뒤에 연결될 때 사용되는 접속어이다.

| 오답풀이 |

①, ③ '더구나', '게다가'는 앞선 내용에 새로운 내용을 덧붙이거나 보충할 때 사용하는 첨가의 접속어 중 하나로, 맥락상 앞선 내용을 첨가한다고 보기는 어렵다. 첨가의 접속어로는 '더구나, 게다가, 또한' 등이 있다.

④ '그래서'는 앞 문장과 뒤 문장의 내용이 원인과 결과로 이어질 경우 사용하는 인과의 접속어 중 하나로 맥락상 앞선 내용의 결과라고 보기는 어렵다. 인과의 접속어로는 '따라서, 그래서, 그러므로' 등이 있다.

⑤ '요컨대'는 앞선 내용의 핵심을 뒤 문장에서 정리할 때 사용하는 요약의 접속어 중 하나로, 맥락상 앞선 내용의 요약이라고 보기는 어렵다. 요약의 접속어로는 '결국, 즉, 요컨대' 등이 있다.

03 의사소통능력

정답 ②

유형 어휘/어법 > 맞춤법 난이도 ★★☆

'햇-'은 '당해에 난'의 뜻을 더하는 접두사로 '햇과일, 햇감자, 햇양파'와 같이 활용된다. 이와 같은 뜻의 접두사로 '해-'와 '햅-'이 있는데, 된소리와 거센소리로 시작하는 일부 명사 앞에서는 '해콩, 해팥, 해쑥'과 같이 '해-'가 쓰이고, '햅쌀, 햅쌀밥'처럼 '쌀' 앞에서는 '햅-'이 사용된다. 따라서 '햇콩'이 아닌 '해콩'이 바른 표기이다.

| 오답풀이 |

① '직물의 찢어진 곳을 그 감의 올을 살려 본디대로 흠집 없이 짜서 깁는 일'을 뜻하는 단어는 '짜깁기'이며, '짜집기'로 표기하지 않는다.

③ '어떤 분야를 대표할 만하다'를 뜻하는 단어는 '내로라하다'이며, '내노라하다'로 표기하지 않는다.

④ '양념을 한 고기나 생선, 채소 따위를 국물에 넣고 바짝 끓여서 양념이 배어들게 하다'를 뜻하는 단어는 '조리다'이며, '졸이다'로 표기하지 않는다.

⑤ '슬며시 힘을 주는 모양'을 뜻하는 단어는 '지그시'이며, '지긋이'로 표기하지 않는다.

04 의사소통능력

정답 ③

유형 독해 > 추론 난이도 ★★☆

2문단에서 대중들이 이미지를 소비하는 동시에 개별적으로 생산에 참여하는 작독자가 되었다고 하였다. 이러한 현상이 가능하게 된 배경에는 개인미디어를 소유하게 된 미디어 환경을 들 수 있으므로 ③의 이해는 적절하다.

| 오답풀이 |

① 이미지가 활자 매체에 기반을 두었다는 내용이나 이미지의 정체성에 관한 내용은 찾을 수 없다.

② 사진이나 영화의 역사적 의미와 관련된 내용은 찾을 수 없다.

④ 2문단에서 유비쿼터스 환경으로 인해 우리 삶의 변화가 생활 전방위적으로 일어났음을 알 수 있지만 '근본적인 삶의 태도'까지 변화시켰는지의 여부는 확인할 수 없다.

⑤ 2문단에서 현대인은 인류 역사의 어느 시기보다 이미지가 과잉된 시대에 살아가고 있다고 하였지만 이미지 중독 증상과 관련된 내용은 찾을 수 없다.

05 의사소통능력

정답 ①

유형 독해 > 추론 난이도 ★☆☆

시간 단축 문제접근 TIP

빈칸 추론 유형은 앞뒤 문맥에서 힌트를 찾고, 이를 매개할 연결고리를 찾으며 접근하는 것이 효율적이다.

빈칸에는 피카소나 브라크가 하나의 시점으로는 사물이 가진 어떤 모습을 제대로 알 수 없기 때문에 대상을 여러 각도에서 동시에 보아야 한다고 주장했다는 의미를 구체화할 수 있는 표현이 들어가야 한다. 피카소와 브라크가 속한 입체파는 후기인상파의 경향을 계승했으므로 '고흐나 고갱 역시 사물의 외관보다도 내면의 진실된 것을 그리려고 하였다'와 함께 '대상을 철저하게 분석해 들어간 결과는 실제의 사물과 동떨어진 모습으로 나타났다'에서 힌트를 얻을 수 있다. 따라서 '내면의 진실된 것'과 '대상을 철저하게 분석해 들어간 결과'를 포괄하는 내용이어야 하므로 빈칸에 들어갈 가장 적절한 표현은 '참 모습'이다.

| 오답풀이 |

②, ③ '내면의 진실된 것'과 관련된 의미를 포괄할 수 없으므로 적절하지 않다.

④, ⑤ '내면의 진실된 것'과 '대상을 철저하게 분석한 결과'와 관련된 의미를 포괄할 수 없으므로 적절하지 않다.

06 의사소통능력

정답 ②

유형 독해 > 일치/불일치 난이도 ★☆☆

4문단에서 초광역권 전략이 성공하기 위해서는 지역 주도로 장기적 비전을 설정해야 한다고 하였으므로, 정부 주도하에 장기적 비전을 설정해야 한다는 내용은 확인할 수 없다.

| 오답풀이 |

① 1문단의 '초광역권 전략은 규모의 경제를 통해 지역의 성장잠재력을 높이고 국제 경쟁력을 강화하는 데 의의가 있다'를 통해 확인할 수 있다.

③ 1문단의 '수도권 과밀화와 지역 위기 확산, 지역 차별화와 청년인구의 이동 등을 완화하기 위한 강력한 대안이다'를 통해 확인할 수 있다.

④ 2문단의 '경제, 행정, 문화, 사회 기능을 공간적으로 광역화하여 통합하려는 초광역적 공간전략은 지역 균형발전 차원에서 필요하다'를 통해 확인할 수 있다.

⑤ 3문단의 '초광역권은 글로벌 네트워크 내 특정 지역들이 더 큰 스케일로 확장·재구조화된 것으로, 서로 높은 연결성과 함께 국제 경쟁력을 제고할 수 있는 공간잠재력을 지닌다'를 통해 확인할 수 있다.

07 의사소통능력

정답 ③

유형 독해 > 일치/불일치 난이도 ★★☆

4문단에서 국민이 집단지성을 통해 국립공원 보전에 직접 참여할 수 있는 기회 제공과 전문가 위주로 이루어지는 생태계 조사의 한계 보완, 연구효율성 강화 등 과학의 대중화 요구가 증대됨에 따라 국립공원공단이 참여형 자원봉사의 개념인 '시민과학자' 제도를 도입하였다고 하였다. 따라서 전문가 위주의 생태계 조사를 강화하기 위해 참여형 자원봉사의 개념인 '시민과학자' 제도를 도입하였다는 설명은 적절하지 않다.

| 오답풀이 |

① 2문단에서 샛길 이용 등 인간의 간섭이 가해지면 생물의 서식공간인 비오톱(Biotope)의 파편화가 일어난다고 하였으므로 적절하다.
② 3문단에서 북한산국립공원 우이령길은 군사적 사유로 그간 엄격한 출입 통제가 이루어졌다고 하였으므로 적절하다.
④ 1문단에서 북한산국립공원에 연간 7백만 명이라는 엄청나게 많은 탐방객이 방문하다 보니 법적으로 지정된 정규 탐방로 외에 수많은 샛길이 생겨나 생물의 서식공간 축소 문제가 심각하게 대두되고 있다고 하였으므로 적절하다.
⑤ 5문단에서 인공새집 모니터링과 같은 지속적인 관찰을 통해 우이령길 보전과 합리적인 이용 간의 조화를 이루는 정책이 생태계에 어떠한 영향을 미치는지에 대한 객관적인 데이터를 확보할 수 있을 것이라 사료된다고 하였으므로 적절하다.

08 의사소통능력

정답 ③

유형 독해 > 기타-어휘/어법 난이도 ★★☆

ⓒ의 '개방되다'는 '금해지거나 경계되던 것이 풀려 자유롭게 드나들거나 교류하게 되다'를 뜻하고, '개폐되다'는 '열리고 닫히다'를 뜻하므로 바꿔 쓴 말로 적절하지 않다.

| 오답풀이 |

① '훼손되다'는 '헐리거나 깨져 못 쓰게 되다'를 뜻하는 말이므로, '부서지거나 깨뜨려져 헐리다'를 뜻하는 '파괴되다'로 바꿔 쓸 수 있다.
② '통제하다'는 '일정한 방침이나 목적에 따라 행위를 제한하거나 제약하다'를 뜻하는 말이므로, '일정한 한도를 정하거나 그 한도를 넘지 못하게 막다'를 뜻하는 '제한하다'로 바꿔 쓸 수 있다.
④ '증대되다'는 '양이 많아지거나 규모가 커지다'를 뜻하는 말이므로, '양이나 수치가 늘게 되다'를 뜻하는 '증가되다'로 바꿔 쓸 수 있다.
⑤ '확보하다'는 '확실히 보증하거나 가지고 있다'를 뜻하는 말이므로, '헤아려서 갖추다'를 뜻하는 '마련하다'로 바꿔 쓸 수 있다.

09 의사소통능력

정답 ④

유형 독해 > 문서이해 난이도 ★★☆

5문단에서 해파리, 갯끈풀 등 유해해양생물로 인한 피해를 줄이기 위해 해파리 대량발생 예측 신호등과 모바일 웹신고 등의 신속한 모니터링과 대응체계를 구축하고, 해파리 폴립 제거를 통해 사전예방을 추진해 나간다고 하였으므로 해양보호생물로 지정된 해파리 폴립을 모니터링할 것이라는 설명은 적절하지 않다.

| 오답풀이 |

① 4문단에서 현재 우리나라 해양의 1.8% 수준에 불과한 해양보호구역을 2030년까지 30% 수준으로 설정하기로 하였다고 하였으므로 적절하다.
② 5문단에서 기후변화에 대한 적응을 위해 해양생태계 기후변화 지표종 23종을 활용하여 모니터링을 실시한다고 하였으므로 적절하다.
③ 4문단에서 해양보호생물 서식실태는 5년 주기로 정기 조사하도록 하고, 해양포유류 혼획 방지 등 해양생물 보호조치를 확대한다고 하였으므로 적절하다.
⑤ 3문단에서 해양수산부가 해양생태계법 제38조에 따른 중장기 국가계획으로 이번 해양생물다양성 보전대책을 수립하였다고 하였으므로 적절하다.

10 의사소통능력

정답 ⑤

유형 독해 > 기타-문서 작성 난이도 ★★★

3문단에서 해양수산부의 해양생물다양성 보전대책은 '해양생물다양성 보전 및 증진', '해양생물다양성 위험요인 관리', '해양생물다양성 지속가능한 이용', '국제협력 및 인식 증진' 등의 4가지 전략을 담고 있다고 하였으며, 해양수산부는 7문단의 국제협력 및 인식 증진에 관한 사항에서 인식 증진을 위해 해양생태계 조사 및 훼손행위 감시 등을 위한 시민 모니터링을 활성화한다고 하였으므로 보고서의 내용으로 적절한 것은 ⑤이다.

| 오답풀이 |

① 4문단에서 해양보호구역법을 2025년까지 제정한다고 하였으므로 적절하지 않다.
② 4문단에서 해양보호생물 서식실태를 5년 주기로 정기 조사하도록 한다고 하였으므로 적절하지 않다.
③ 5문단에서 유해생물, 생태계 교란, 기후변화 적응에 관해 제시한 내용은 해양생물다양성 위험요인 관리에 해당하므로 적절하지 않다.
④ 6문단에서 해양수산생명자원관 등 기업 및 연구자를 대상으로 한 이익공유(ABS)를 위한 역량을 강화하는 것은 '생태 관광'이 아닌 '해양생물 연구'를 위한 사항이므로 적절하지 않다.

11 수리능력

정답 ③

유형 응용수리 > 수와 식 난이도 ★☆☆

화단의 가로, 세로에 일정한 간격으로 말뚝을 박아야 하므로 가로 길이와 세로 길이의 최대공약수만큼의 간격에 따라 말뚝을 박아야 한다.

520과 700을 소인수분해하면 다음과 같다.

$520=2^3\times5\times13$

$700=2^2\times5^2\times7$

이에 따라 520과 700의 최대공약수는 $2^2\times5=20$이므로 가로에 최소 $(520\div20)+1=27$(개), 세로에 최소 $(700\div20)+1=36$(개)의 말뚝이 필요하다.

따라서 필요한 말뚝의 최소 개수는 $(27+36)\times2-4=122$(개)이다.

12 수리능력

정답 ⑤

유형 응용수리 > 방정식 난이도 ★☆☆

시간 단축 문제접근 TIP

27권을 빌렸을 때 필요한 금액이 10,250원이고, y의 값이 250이므로 23권을 빌렸을 때 필요한 금액은 $10,250-(27-23)\times250=9,250$(원)임을 알 수 있다.

A는 16권의 책을 빌려서 7,100원을 냈으므로

$5,000+(16-10)\times x=7,100$

$\therefore x=350$

B는 27권의 책을 빌려서 10,250원을 냈으므로

$5,000+10\times350+(27-20)\times y=10,250$

$\therefore y=250$

따라서 23권의 책을 빌릴 때 필요한 금액은 $5,000+10\times350+(23-20)\times250=9,250$(원)이다.

13 수리능력

정답 ④

유형 응용수리 > 수열 난이도 ★★☆

(이전 수)$\times(-4)$와 (이전 수)$\div2+8$이 반복되는 수열이다.

따라서 빈칸에 들어갈 알맞은 수는 $-12\times(-4)=48$이다.

14 수리능력

정답 ③

유형 응용수리 > 방정식 난이도 ★☆☆

A가 생을 마감한 나이를 x세라 하고 주어진 내용으로 방정식을 세우면 다음과 같다.

$\frac{2}{5}x+4+2+\frac{1}{2}x=x$

$\frac{9}{10}x+6=x$

$x=60$

따라서 A가 생을 마감한 나이는 60세이다.

15 수리능력

정답 ①

유형 자료해석 > 자료이해 난이도 ★★☆

2021년 월평균 소득은 전년 대비 $\frac{554,530-482,200}{482,200}\times100=15(\%)$ 증가하였다.

| 오답풀이 |

② 평균 근무 기간이 긴 해부터 순서대로 나열하면 '2021년－2020년－2019년－2018년' 순이고, 주간 평균 근로 시간이 긴 해부터 나열하면 '2021년－2019년－2020년－2018년' 순이므로 순서가 다르다.

③ 1년 동안의 아르바이트 소득은 월평균 소득과 평균 근무 기간을 곱한 값이다. 이를 구하면 2020년에 $482,200\times5.5=2,652,100$(원), 2018년에 $434,600\times4.2=1,825,320$(원)이므로 2020년에 2년 전 대비 $2,652,100-1,825,320=826,780$(원) 증가하였다.

④ 2019~2021년에 월평균 소득의 전년 대비 증가율을 구하면 다음과 같다.

- 2019년: $\frac{469,500-434,600}{434,600}\times100\fallingdotseq8.0(\%)$
- 2020년: $\frac{482,200-469,500}{469,500}\times100\fallingdotseq2.7(\%)$
- 2021년: $\frac{554,530-482,200}{482,200}\times100=15(\%)$

따라서 월평균 소득의 증가율이 가장 높은 해는 2021년이다.

⑤ 2019년 이후 평균 근무 기간이 전년 대비 가장 많이 증가한 해는 $5-4.2=0.8$(개월) 증가한 2019년이고, 월평균 소득이 가장 많이 증가한 해는 $554,530-482,200=72,330$(원) 증가한 2021년이므로 서로 다르다.

16 수리능력

정답 ④

유형 자료해석 > 자료이해 난이도 ★★☆

시간 단축 문제접근 TIP

⑤ 1월 에너지 수출량의 10%에 해당하는 값은 5,800×0.1=580(천 TOE)이고, 1월 대비 3월에 증가한 에너지 수출은 6,390−5,800=590(천 TOE)이므로 1월 대비 3월에 10% 이상 증가하였음을 쉽게 알 수 있다.

에너지 수입량은 석탄과 석유가 2월에 전월 대비 감소하였고, 천연가스는 3월에 감소하였으므로 2월부터 4월까지 에너지 수입량이 전월 대비 매월 증가하는 에너지원은 없다.

| 오답풀이 |

① 1월 대비 4월의 에너지 수입 증가량은 석탄이 8,270−6,980=1,290(천 TOE), 석유가 18,790−17,250=1,540(천 TOE)이므로 1,540−1,290=250(천 TOE) 더 많다.

② K국의 에너지 순수입량은 2월에 27,080−5,650=21,430(천 TOE), 3월에 29,910−6,390=23,520(천 TOE)이므로 3월에 2월 대비 증가하였다.

③ 2월 전체 에너지 수입량에서 천연가스가 차지하는 비중은 $\frac{4,210}{27,080}\times100≒15.5(\%)$으로, 15% 이상이다.

⑤ 3월 에너지 수출량은 1월 대비 $\frac{6,390-5,800}{5,800}\times100≒10.2(\%)$ 증가하였으므로 10% 이상 증가하였다.

17 수리능력

정답 ④

유형 자료해석 > 자료이해 난이도 ★★★

시간 단축 문제접근 TIP

③ 포항 공항의 전체 여객 수에서 도착 여객 수가 차지하는 비중이 48% 미만이려면 도착 여객 수가 8,786×0.48=4,217.28(명) 미만이어야 하고, 표에서 4,204명이므로 비중이 48% 미만임을 쉽게 알 수 있다.

여수 공항의 출발 운항 수 1편수당 출발 여객 수는 약 $\frac{28,699}{213}≒134.7$(명)이다.

| 오답풀이 |

① 출발 운항 수가 2번째로 많은 공항인 제주의 출발 여객 수는 도착 여객 수보다 1,367,509−1,349,682=17,827(명) 더 많다.

② 도착 운항 수보다 출발 운항 수가 더 많은 공항은 김해, 제주, 무안, 원주, 인천 총 5개이다.

③ 포항 공항의 전체 여객 수에서 도착 여객 수가 차지하는 비중은 $\frac{4,204}{8,786}\times100≒47.8(\%)$이므로 45% 이상이다.

⑤ 사천, 포항, 군산 공항의 운항 수 합계는 166+120+178=464(편수)이고, 울산은 이보다 544−464=80(편수) 더 많다.

18 수리능력

정답 ③

유형 자료해석 > 자료계산 난이도 ★★☆

도착 운항 수가 출발 운항 수보다 많은 공항은 김포, 대구, 광주, 여수이며, 이 중 도착 여객 수가 출발 여객 수보다 적은 공항은 대구, 광주, 여수이다.

도착 여객 수와 출발 여객 수의 차는 대구가 209,513−202,744=6,769(명), 광주가 89,670−89,623=47(명), 여수가 28,699−27,349=1,350(명)이므로 그 차가 가장 적은 공항은 광주이다.

19 수리능력

정답 ③

유형 자료해석 > 자료변환 난이도 ★★★

항공사별 2023년 운항 횟수는 AJ가 65,800÷1.25=52,640(회), KP가 56,301÷1.47=38,300(회), KH가 20,000÷1.6=12,500(회), KJ가 5,600÷1.12=5,000(회), TG가 5,168÷1.52=3,400(회)이므로 옳은 그래프는 ③이다.

20 수리능력

정답 ②

유형 자료해석 > 자료이해 난이도 ★★★

시간 단축 문제접근 TIP

㉠ 사업체 수 1개당 수출액을 대략적으로 계산하면 제조업용이 10억 원 이상임을 알 수 있고, 로봇부품 및 소프트웨어는 사업체 수보다 수출액의 숫자가 더 작으므로 1억 원 미만임을 알 수 있다. 즉 제조업용이 로봇부품 및 소프트웨어의 10배 이상임을 쉽게 알 수 있다.

㉠ 2021년 사업체 수 1개당 수출액은 제조업용이 8,980÷725≒12.4(억 원), 로봇부품 및 소프트웨어가 1,568÷1,622≒1.0(억 원)이므로 제조업용은 로봇부품 및

소프트웨어의 약 12.4÷1.0=12.4(배)이다. 따라서 10배 이상이다.

㉢ 제시된 기간의 연평균 사업체 수는 로봇부품 및 소프트웨어가 $\frac{1,616+1,668+1,622+1,647}{4}$=1,638.25(개), 로봇 서비스가 $\frac{1,141+1,235+1,291+1,219}{4}$=1,221.5(개)이므로 로봇부품 및 소프트웨어가 로봇 서비스보다 1,638.25−1,221.5=416.75(개) 더 많다. 따라서 400개 이상 더 많다.

| 오답풀이 |

㉡ 2020년부터 2022년까지 전년 대비 사업체 수가 매년 증가하는 업종은 전문 서비스용뿐이고, 전문 서비스용의 수출액도 매년 증가한다. 따라서 전년 대비 사업체 수와 수출액이 모두 매년 증가한 업종은 전문 서비스용 1개이다.

㉣ 로봇 임베디드 수출액의 2019년 대비 감소율은 2020년에 $\frac{40-22}{40}\times100=45(\%)$, 2021년에 $\frac{40-28}{40}\times100=30(\%)$이므로 2021년이 2020년보다 45−30=15(%p) 더 낮다.

21 문제해결능력 정답 ②

유형 사고력 > 조건추리 > 위치·배치 난이도 ★★☆

제시된 조건에 따르면 ○○공사의 주거복지본부 건물은 8층이며, 각 층에는 1개의 부서씩 배치되고, 건물 1층은 로비로 아무 부서도 배치되어 있지 않으며 매입주택공급부가 가장 높은 층에 있다. 이때, 맞춤주택공급부가 있는 층 바로 아래층에는 전세주택공급부가 있고, 주거복지사업부가 있는 층 바로 위에는 동행계획부가 있으며, 전세주택공급부에서 3개 층 아래에는 주거복지사업부가 있으므로 위층에서부터 순서대로 '맞춤주택공급부－전세주택공급부－○－동행계획부－주거복지사업부'와 같이 배치되어 있음을 알 수 있다. 이에 따라 맞춤주택공급부의 위치에 따른 부서 배치를 표로 나타내면 다음과 같다.

8층	매입주택공급부	매입주택공급부
7층	맞춤주택공급부	
6층	전세주택공급부	맞춤주택공급부
5층		전세주택공급부
4층	동행계획부	
3층	주거복지사업부	동행계획부
2층		주거복지사업부
1층	로비	로비

이때, 맞춤주택공급부는 공공주택공급부보다 높은 층에 있고, 청년월세지원부는 동행계획부보다 높은 층에 있으므로 이를 표로 나타내면 다음과 같다.

8층	매입주택공급부	매입주택공급부
7층	맞춤주택공급부	청년월세지원부
6층	전세주택공급부	맞춤주택공급부
5층	청년월세지원부	전세주택공급부
4층	동행계획부	공공주택공급부
3층	주거복지사업부	동행계획부
2층	공공주택공급부	주거복지사업부
1층	로비	로비

마지막으로 9번째 조건에 따르면 공공주택공급부는 2층에 배치되어 있지 않으므로 공공주택공급부는 4층에 있음을 알 수 있다.

22 문제해결능력 정답 ①

유형 사고력 > 언어추리 > 참/거짓 난이도 ★★☆

지은, 형진, 주호의 진술이 각각 참일 때와 거짓일 때를 나누어 생각하여 모순이 있는지 확인한다. 가장 먼저 지은의 진술이 참일 경우 셋 중 두 명이 거짓을 말하고 있다고 하였으므로, 세 명 중 두 명이 참을 말하고 있다는 형진의 진술은 거짓이 된다. 이에 따라 지은과 형진 중 정확히 한 명이 참을 말하고 있다는 주호의 의견은 참이 되므로 진술의 의견과 모순된다. 따라서 지은의 진술은 항상 거짓임을 알 수 있다. 또한 형진의 진술이 참일 경우, 지은의 진술은 거짓이 되고, 주호의 의견은 참이 되므로 모순이 없다. 마찬가지로 형진의 진술이 거짓인 경우에도 지은과 주호의 진술이 모두 거짓이면 모순이 없으므로 형진은 참 또는 거짓을 말하고 있다. 마지막으로 주호의 진술이 참인 경우 형진의 진술이 참이면 모순이 없고, 주호의 진술이 거짓인 경우 형진의 진술이 거짓이면 모순이 없으므로 주호는 참 또는 거짓을 말하고 있다. 그런데 3명 모두 범인일 수 는 없으므로 현진, 주호의 진술은 참이다. 따라서 반드시 범인인 사람은 지은이다.

23 문제해결능력 정답 ③

유형 모듈형 > 창의적 사고 난이도 ★★☆

제시된 사례에서 운동 예약 시스템은 기존에 성공적으로 사용되던 항공사나 기차 예약 시스템을 운동 예약이라는 다른 문제의 솔루션으로 사용하고 있으므로 SCAMPER 방법론 중 적용(Adapt)이 가장 연관성이 높다.

| 오답풀이 |

① Substitute: '대체'는 기존 요소를 다른 요소로 대체하는 아이디어를 생각하는 방식이다.

② Combine: '결합'은 두 가지 이상의 요소를 결합하여 새로운 아이디어를 형성하는 방식이다.

④ Modify: '수정'은 기존의 아이디어를 수정하는 방식이다.

⑤ Put to other use: '다른 용도로 사용'은 기존 요소를 다른 용도로 사용해 새로운 가치를 창출하는 방식이다.

24 문제해결능력

정답 ⑤

유형 모듈형 > 환경분석 난이도 ★★☆

3C는 사업환경의 구성요소인 자사(Company), 경쟁사(Competitor), 고객(Customer)을 의미하며, 3C에 대한 체계적인 분석을 통해서 환경 분석을 수행할 수 있다. 이때, 구성요소별 분석 방법은 다음과 같다.

- 자사(Company): 자사가 세운 달성 목표와 현상 간에 차이가 없는지를 분석한다.
- 경쟁사(Competitor): 경쟁기업의 우수한 점과 자사의 현상 간에 차이가 없는지를 분석한다.
- 고객(Customer): 고객이 자사의 상품이나 서비스에 만족하고 있는지를 분석한다.

따라서 분석한 내용이 바르게 연결된 것은 ⑤이다.

| 오답풀이 |

① 자사와 비교하여 우위에 있는 요소가 있는지 파악하는 것은 '경쟁사' 분석 방법이다.

② 자사와 같은 시장에 진입한 회사가 있는지 확인하는 것은 '경쟁사' 분석 방법이다.

③ 제품을 주로 소비하는 대상의 특성은 무엇인지 확인하는 것은 '고객' 분석 방법이다.

④ 비용이 증가하고 있지 않은지 점검하는 것은 '자사' 분석 방법이다.

25 문제해결능력

정답 ④

유형 사고력 > 조건추리 > 기타 난이도 ★★☆

제시된 조건에 따르면 영민이는 사회를 선택했고 영민이가 선택한 과목은 선택한 사람이 한 명이 아니며, 준호와 인식이는 사회를 선택하지 않으므로 사회를 선택한 다른 한 명은 호성이다. 이때, 인식이는 준호와 선택한 과목이 다르므로 인식이가 국어를 선택한 경우와 수학을 선택한 경우로 구분해 확인한다. 인식이가 국어를 선택한 경우, 준호는 수학이나 과학을 선택하고, 인식이가 수학을 선택한 경우, 준호는 국어나 과학을 선택한다. 이를 정리하면 다음과 같다.

구분	경우1	경우2	경우3	경우4
호성	사회	사회	사회	사회
준호	수학	과학	국어	과학
영민	사회	사회	사회	사회
인식	국어	국어	수학	수학

따라서 준호가 과학을 선택하는 경우도 있으므로 항상 거짓인 설명이다.

| 오답풀이 |

① 경우1, 2, 3에서 국어를 선택한 사람이 한 명일 수도 있으므로 항상 거짓인 설명은 아니다.

② 호성은 사회를 선택했으므로 항상 참인 설명이다.

③ 경우3, 4에서 인식이는 수학을 선택할 수도 있으므로 항상 거짓인 설명은 아니다.

⑤ 경우2에서 수학은 아무도 선택하지 않을 수도 있으므로 항상 거짓인 설명은 아니다.

26 문제해결능력

정답 ①

유형 문제처리능력 난이도 ★★☆

주어진 조건을 점수로 환산해 정리하면 다음과 같다.

구분	나이 점수	학점 점수	어학 점수	자격 점수	총점	희망 국가
A	1점	4점	8점	4점	17점	핀란드
B	2점	3점	8점	2점	15점	대만
C	4점	1점	10점	4점	19점	호주
D	3점	2점	7점	8점	20점	독일
E	5점	5점	9점	0점	19점	영국

이에 따라 D의 총점이 가장 높으며, 그다음으로 C와 E가 19점으로 동점이지만 동점자의 처리는 어학 점수, 학점 점수, 자격 점수 순으로 평가하므로 C의 순위가 E보다 더 높다.

따라서 C는 본인이 희망하는 호주로 해외 기업 인턴을 가게 된다.

27 문제해결능력

정답 ①

유형 문제처리능력 난이도 ★★☆

주어진 조건을 점수로 환산해 정리하면 다음과 같다.

구분	학점 점수	어학 점수	자격 점수	총점	희망 국가
A	4점	8점	2점	14점	핀란드
B	4점	9점	1점	14점	대만
C	4점	10점	2점	16점	호주
D	4점	8점	4점	16점	독일
E	4점	10점	0점	14점	영국

이에 따라서 C와 D의 총점이 가장 높으며 A, B, E가 총점 14점으로 동일하다. 이때 동점자의 처리는 어학 점수, 자격 점수, 학점 점수 순으로 평가하므로 세 번째는 E, 네 번째는 B, 마지막은 A이다. 따라서 희망한 국가에 가지 못하는 지원자는 A이다.

28 문제해결능력

정답 ③

유형 문제처리능력 난이도 ★★☆

북아메리카에서 제조된 트레일러이며, 대형차 고급사양 2도어에 에어백 안전 장치가 달리고 배기량이 2,500cc를 초과하는 2009년에 8517번째로 생산된 자동차의 차대번호이다.

| 오답풀이 |

① 차량 구분 코드 자리에는 H, J, F, C, B 중 하나만 올 수 있다.
② 차의 특성 코드 중 '차체 형상' 코드에는 5가 올 수 없다.
④ 차대번호는 14자리로 구성되어야 한다.
⑤ 차의 특성 코드 중 '차종' 코드에는 H가 올 수 없다.

29 문제해결능력

정답 ②

유형 문제처리능력 난이도 ★★☆

생산연도 코드는 2010년 A부터 시작되고, 해당 자동차의 생산연도 코드는 N이므로 2023년에 생산된 자동차이다.

| 오답풀이 |

① 준중형차로 '세부 차종' 코드가 M인 고급사양이다.
③ 제조국 코드가 6이므로 오세아니아에서 제조되었다.
④ '배기량' 코드는 B이므로 2,000cc 이하이다.
⑤ 생산번호 코드가 079812이므로 해당 연도에 79,812번째로 생산된 자동차이다.

30 문제해결능력

정답 ③

유형 문제처리능력 난이도 ★★☆

유럽에서 제조된 에어백 장치가 있는 승용차는 제조국 코드가 S, T, U, V, W, X, Y, Z 중 하나이고, 차량 구분 코드가 H이며, '안전 장치' 코드가 4여야 한다.
이를 만족시키는 차대번호는 UHAN44AC000179와 ZHAN24AK927138로 2대이다.

DAY 05 | 정답과 해설

01	02	03	04	05	06	07	08	09	10	11	12	13	14	15
③	⑤	①	②	②	⑤	④	④	②	④	③	①	①	①	③
16	**17**	**18**	**19**	**20**	**21**	**22**	**23**	**24**	**25**	**26**	**27**	**28**	**29**	**30**
②	②	②	②	②	⑤	②	⑤	①	③	④	④	④	③	⑤

01 의사소통능력

정답 ③

유형 독해 > 추론 난이도 ★★☆

시간 단축 문제접근 TIP

빈칸 추론 유형은 앞뒤 문맥의 흐름 속에서 필요한 내용을 찾거나, 흐름에서 어긋나는 바를 소거하는 식으로 접근하는 것이 좋다. 더불어 핵심어가 포함될 가능성도 적지 않기 때문에 중심 내용을 이해하는 노력 역시 게을리하지 말아야 한다.

앞뒤 문맥을 고려할 때, 생명과학이 가진 무한한 가능성과 위험성을 포괄하는 동시에 다른 자연과학과 마찬가지로 지니고 있는 특성이 들어가야 한다. 따라서 가장 적절한 단어는 '양면성'이다.

| 오답풀이 |

①, ② '합리성'과 '객관성'은 자연과학의 특성으로 판단할 수 있으나, 생명과학이 지닌 '무한한 가능성'과 '위험성'의 의미를 포괄하지 못하므로 적절하지 않다.

④ '독창성'은 생명과학이 지닌 '무한한 가능성'과 '위험성'의 의미를 포괄하지 못하므로 적절하지 않다.

⑤ '모순성'은 '무한한 가능성'과 '위험성'의 의미를 포괄할 수 있으나, 대체로 부정적인 상황을 전제로 할 때 쓰이는 단어이므로 적절하지 않다.

02 의사소통능력

정답 ⑤

유형 어휘/어법 > 표준어(발음) 난이도 ★★☆

[표준발음법] 제19항의 [붙임]에 따르면, 'ㄱ, ㅂ' 뒤에 연결되는 'ㄹ'도 [ㄴ]으로 발음해야 하므로, '협'의 받침 'ㅂ' 뒤에 연결되는 '력'의 첫소리인 'ㄹ'도 [ㄴ]으로 발음되어 [협녁]이 된다. 더불어 제18항에 따라 받침 'ㅂ'이 'ㄴ' 앞에 위치하게 되므로 [ㅁ]으로 발음되어 최종 발음은 [혐녁]이 되어야 한다.

| 오답풀이 |

① [표준발음법] 제15항에 따르면, '헛웃음'은 '헛'의 받침 'ㅅ'이 실질 형태소인 '웃음'과 연결되면서 대표음인 'ㄷ'으로 바꾸어 연음해야 하므로 [허두슴]으로 발음되는 것이 적절하다.

② [표준발음법] 제15항에 따르면, '멋있다'는 '멋'의 받침 'ㅅ'이 실질 형태소인 '있다'와 연결되면서 대표음인 'ㄷ'으로 바꾸어 연음해야 하므로 [머딛따]로 발음되는 것이 적절하다. 단, [머싣따] 역시 표준 발음으로 인정한다.

③ [표준발음법] 제18항에 따르면, '옷맵시'의 '옷'은 받침 'ㅅ'이 [ㄷ]으로 대표음화 되고, 'ㅁ' 앞에서 [ㄴ]으로 발음되어야 하므로 [온]으로 발음되는 것이 적절하다. 끝음절인 '시'는 된소리화로 인해 [씨]로 발음된다.

④ [표준발음법] 제20항에 따르면, 'ㄴ'은 'ㄹ' 앞이나 뒤에서 [ㄹ]로 발음되므로 '물난리'는 [물랄리]로 발음되는 것이 적절하다.

03 의사소통능력

정답 ①

유형 어휘/어법 > 접속사 넣기 난이도 ★☆☆

시간 단축 문제접근 TIP

㉠의 뒤 문장은 새로운 소재를 제시하는 내용이므로 전환의 접속어인 '그런데'가 적절하고, ㉡의 뒤 문장은 앞선 내용을 다시 풀어서 상술하는 내용이므로 환언의 접속어인 '즉'이 적절하다.

㉠은 2문단의 처음에 위치하므로, 1문단과의 관계를 나타내는 접속어가 들어가야 한다. 1문단에서는 김소월의 「진달래꽃」에 나타나는 객관적 사물의 특징에 대해 서술하고 있고, 2문단에서는

김소월의 다른 작품인 「산유화」에 「진달래꽃」이 가진 특성과 반대의 측면이 드러난다고 소개하고 있다. 이렇듯 새로운 소재를 제시하여 내용을 서술하고 있으므로 전환의 접속어인 '그런데'가 자연스럽다.

㉡은 앞선 내용에 대한 상술에 해당하므로, 앞 문장의 내용을 다른 표현으로 바꾸어 뒤 문장에서 다시 말하는 환언의 접속어인 '즉'이 가장 적절하다.

| 오답풀이 |

② '그러나'는 역접의 접속어로 앞뒤 문장이 상반되게 연결되거나, 앞에서 서술한 내용과 일치하지 않는 내용이 뒤에 이어질 때 사용하는 접속어이다. ㉠의 뒤 문장에는 새로운 소재가 대상으로 제시되므로 역접보다는 전환의 접속어가 더 적절하다. 더욱이 ㉡은 앞뒤 문장을 대등하게 연결하지 않으므로 대등, 병렬의 접속어인 '그리고'는 적절하지 않다.

04 의사소통능력

정답 ②

유형 독해 > 서술방식 난이도 ★☆☆

시간 단축 문제접근 TIP

서술방식을 고르는 문제는 첫 문단과 마지막 문단을 통해 어느 정도 짐작이 가능하다. 흔히 첫 문단에서 이어질 내용에 대해 추측할 수 있도록 거시적인 맥락을 소개하므로, 이를 참고해 접근할 수 있다.

1문단의 '반려동물이 과연 태아에게 치명적인 영향을 미치는 존재인지 알아보자'를 통해 반려동물이 태아에게 미치는 영향에 대한 속설을 소개하는 글임을 알 수 있다. 2문단에서는 '반려동물이 불임의 원인이 된다는 속설'을, 3문단에서는 '반려동물의 털이 태아에게 나쁜 영향을 미친다는 속설'을, 4문단에서는 '고양이를 키우면 기형아를 낳는다는 속설'을 소개하고 있다. 또한 각 속설에 대해 적절하지 않은 정보는 바로잡고, 알아야 하는 정보를 추가로 제시하고 있으므로 주어진 글의 서술방식으로 가장 적절한 것은 ②이다.

| 오답풀이 |

① 4문단의 '다만 고양이와 임신부에게 톡소플라즈마 항체가 없을 경우에는 문제가 될 수 있다'를 통해 속설에 관한 정보를 보완하고 있으므로 모든 속설에 대해 모두 반박하고 있다고 보기는 어렵다.

③ 반려동물에 대한 부정적인 속설을 전반적으로 반박하고 있으므로, 부정적 영향을 끼칠 수 있음을 단계적으로 서술한다고 보기는 어렵다.

④ 반려동물이 임신부에게 끼칠 수 있는 영향을 '알레르기 질환'과 '톡소플라즈마 감염'으로 소개하고 있으나, 장점과 단점을 대비하여 설명하고 있다고 보기는 어렵다.

⑤ 통념을 소개하고 이를 반박하고 있으나 6문단의 '키울 것인지, 아닌지는 개개인의 특성과 처한 상황에 따라 신중하게 선택하는 것이 좋다'를 고려할 때 반려동물이 가진 장점을 부각한다고 보기는 어렵다.

05 의사소통능력

정답 ②

유형 독해 > 문단배열 난이도 ★★☆

시간 단축 문제접근 TIP

문단배열 유형에서 중요한 것은 첫 문단을 정하는 것이다. 첫 문단은 글의 핵심을 논하거나 보다 포괄적인 물음을 다루는 것이 일반적이다. 이를 염두에 둔다면 좀 더 효율적인 풀이가 가능할 것이다.

첫 문단으로는 글의 핵심을 관통하는 질문인 '역사란 무엇인가'를 다루는 [가]가 적절하다. [가]는 역사가 되는 기준을 이해하기 위한 사례로 '김 총각과 박 처녀가 결혼한 사실'과 '한글이 창제된 사실, 임진왜란이 일어난 사실'을 대조하고 있으므로, '사소하거나 일상적으로 반복되는 일', '단발적으로 일어나는 거대한 사실'을 언급한 [다]가 이어지는 것이 자연스럽다. 이어서 [다]의 마지막 문장에서 정의한 역사의 개념을 고려하여 이를 파악할 수 있는 요소인 '중요하게 여겨져 선택된 사실과 그것을 가려내는 사람'을 지적한 [라]가 와야 하며, [마]를 통해 부연하도록 맥락을 구성해야 한다. 마지막으로 역사학이 제시하는 방향성을 소개하며 역사를 판단하는 관점을 정리한 [나]가 오는 것이 문맥상 자연스럽다. 따라서 [가]-[다]-[라]-[마]-[나]의 배열이 가장 적절하다.

06 의사소통능력

정답 ⑤

유형 독해 > 기타 난이도 ★☆☆

7문단의 '모델의 중복 출연으로 광고 효과가 제대로 나타나지 않으면 광고비가 과다 지출되어 결국 광고주와 소비자의 경제적인 부담으로 이어진다. 유명인을 비롯한 광고 모델의 적절한 선정이 요구되는 이유가 여기에 있다'를 통해 글의 주장을 확인할 수 있다. 유명인의 중복 출연은 광고 효과를 보장할 수 없다는 것이 요지이므로 이를 비판하기 위해서는 유명인이 중복 출연해도 광고 효과를 보장할 수 있다는 내용이 나타나야 한다. 따라서 유명인의 중복 출연이 다른 상품들의 광고 효과 또한 높일 수 있다는 연구 결과가 주어진 글에 대한 비판으로 가장 적절하다.

| 오답풀이 |

① 매체에 따른 광고 효과는 주어진 글과 관련이 없다.
② 상품에 대한 소비자의 충성도는 주어진 글과 관련이 없다.
③ 광고 모델 기용 시 제품군을 겹치지 않게 하는 원칙은 광고 효과와 관련이 있지만 글에 대한 비판으로 적절하지 않다.
④ 홍보 모델의 이미지가 광고 매출에 영향을 준다는 내용이지만 글에 대한 비판으로 적절하지 않다.

07 의사소통능력

정답 ④

유형 독해 > 주제/제목 난이도 ★★☆

코레일이 중국국가철로그룹유한공사(CR)와 업무협약을 맺고, 유럽과 중앙아시아로 가는 수출화물을 대륙철도로 연계하여 철도와 해운을 결합한 '국제복합운송 시범사업' 기념행사를 열었다는 내용을 다루고 있으므로 이 보도자료의 제목으로 적절한 것은 ④이다.

| 오답풀이 |

① 코레일은 중국국가철로그룹유한공사(CR)와 전략적 동반자 관계 구축을 위한 업무협약을 체결하였으므로 철도 유지보수 사업을 체결한 것은 아니다.
② 코레일이 유라시아 횡단철도 중국노선(TCR)과 연계해 추진 중인 국제복합운송 열차의 선로 우선배정 등에 대해 협의한다고 하였으므로, 코레일이 중앙아시아를 거쳐 유럽으로 가는 화물운송 노선을 독자 개발하는 것은 아니다.
③ 코레일은 국제복합운송 사업을 통해 열차배정 지연이나 국경역 통관심사 지연으로 발생하는 화물 적체 현상이 일부 해소될 수 있을 것으로 기대된다고 하였으나 이는 국제복합운송 사업의 기대효과일 뿐이므로, 보도자료의 제목으로는 적절하지 않다.
⑤ OSJD가 주관하는 국제철도화물운송협정(SMGS), 국제철도여객운송협정(SMPS), 복합운송협정 등 정부협정 3종에 가입하여 유라시아 철도 운송의 제도적 기반을 마련한 것은 코레일이 아니라 대한민국 정부이므로, 보도자료의 제목으로는 적절하지 않다.

08 의사소통능력

정답 ④

유형 독해 > 문서이해 난이도 ★★★

8문단에서 대한민국 정부가 OSJD가 주관하는 국제철도화물운송협정(SMGS), 국제철도여객운송협정(SMPS), 복합운송협정 등 정부협정 3종에 가입해 유라시아 철도 운송의 제도적 기반을 마련했다고 하였으므로 앞으로 제도적 기반을 마련할 예정이라는 내용은 적절하지 않다.

| 오답풀이 |

① 7문단에서 일반적으로 한국에서 중앙아시아까지 운송하는 데 30일가량 소요되지만, 물동량이 집중되는 특정 시기에는 최대 6개월까지 지연되는 사례가 적잖게 발생했다고 하였으므로 적절하다.
② 4문단에서 '국제복합운송 시범사업'에 따라 중앙아시아로 수출하는 화물을 실은 40FT 컨테이너가 한국의 오봉역(경기도 의왕)을 출발해 부산항과 중국 연운항항을 거쳐 TCR을 타고 카자흐스탄과 우즈베키스탄에 도착한다고 하였으므로 적절하다.
③ 6문단에서 코레일은 시범사업을 성공적으로 마무리한 후 국내 철도와 대륙철도 구간에서 각각 복합운송 전용 정기화물열차의 운행을 추진하고, 국제복합운송의 구체적 업무절차도 표준화할 계획이라고 하였으므로 적절하다.
⑤ 6문단에서 정기화물열차가 운행하면 한국 기업은 정해진 일정에 따라 안정적으로 수출루트를 확보할 수 있으며, OSJD 국제 기준에 따라 코레일에 제출하는 표준운송장 하나로 국내 출발지부터 해외의 최종 목적지까지 운송할 수 있다고 하였으므로 적절하다.

09 의사소통능력

정답 ②

유형 독해 > 일치/불일치 난이도 ★★★

4문단에서 사업장가입자의 연금보험료의 경우 연금보험료의 기여금은 사업장가입자가, 부담금은 사용자가 부담하며 이는 각각 기준소득월액의 1,000분의 45에 해당하는 금액이 된다고 하였으므로 사업장가입자의 연금보험료는 사업장가입자와 사용자가 각각 기준소득월액의 1,000분의 45에 해당하는 금액을 부담하여야 한다는 것은 적절한 설명이다.

| 오답풀이 |

① 2문단에서 국민연금 가입 대상자 중 사업장가입자가 아닌 사람이 지역가입자가 되고, 국민연금공단에 신청함으로써 가입 또는 탈퇴할 수 있는 것은 임의가입자와 임의계속가입자라고 하였으므로 적절하지 않다.
③ 5문단에서 국민연금제도가 도입된 이래로 적립금이 꾸준히 증가하였지만 노령화의 가속화로 국민연금 징수액보다 지출액이 더 늘어나 2057년에는 적립금 잔고가 마이너스로 전환될 것으로 예상되기도 한다고 하였으므로 적절하지 않다.
④ 3문단에서 국민연금을 10년 이상 가입한 자에 대해 60세부터 지급되는 것은 노령연금이고, 국민연금 가입기간이 10년 미만인 자가 60세가 된 경우 지급되는 것은 반환일시금이라고 하였으므로 적절하지 않다.
⑤ 1문단에서 국민연금은 정부가 직접 운영하는 공적 연금제도로서 법적으로 가입이 의무화되어 있다고 하였으므로 적절하지 않다.

10 의사소통능력

정답 ④

유형 독해 > 추론 난이도 ★★★

㉠ 앞에서는 국가가 매년 국민연금공단 및 국민건강보험공단이 국민연금사업을 관리 · 운영하는 데 필요한 비용의 전부 또는 일부를 부담해야 한다고 하였고, ㉠ 뒤에서는 국민연금공단은 국민연금사업에 드는 비용을 충당하기 위하여 가입자와 사용자에게 가입기간 동안 매월 연금보험료를 부과하고, 국민건강보험공단이 이를 징수한다고 하였다. 따라서 국민연금사업에 필요한 비용은 국민연금공단과 국민건강보험공단이 일부 부담해야 하며, 국민연금공단에서 가입자와 사용자에게 부과한 연금보험료를 국민건강보험공단이 징수함을 알 수 있으므로 ㉠에는 보건복지부장관이 국민연금사업에서 연금보험료 징수에 관한 사항을 국민건강보험공단에 위탁한다는 내용이 들어가는 것이 적절하다.

| 오답풀이 |

① 보건복지부장관이 국민연금사업을 효율적으로 수행하기 위해 국민연금공단에 위탁한다고 추론할 수 있지만, ㉠에 들어갈 내용으로는 적절하지 않다.

② 연금보험료 부과 시 납입 고지에 대한 사항은 징수와 관련된 업무이므로 국민연금공단이 아닌 국민건강보험공단에 위탁할 수 있다고 추론할 수 있다. 따라서 ㉠에 들어갈 내용으로는 적절하지 않다.

③, ⑤ 주어진 글과 관련 없는 내용이므로 ㉠에 들어갈 내용으로는 적절하지 않다.

11 수리능력

정답 ③

유형 응용수리 > 수와 식 난이도 ★★☆

아르바이트생 1명이 360분 동안 일을 하고, 손님 1명을 응대하는 데 필요한 시간은 14분이므로 아르바이트생 1명이 360분 동안 응대할 수 있는 손님 수는 $360\div14\fallingdotseq25.71$(명)인데 같은 손님을 동시에 응대하지 않으므로 25명을 응대할 수 있다. 방문이 예상되는 손님 수는 1,135명이므로 필요한 아르바이트생 수는 $1{,}135\div25=45.4$(명)이다.

따라서 모든 손님을 응대하기 위해 필요한 아르바이트생은 최소 46명이다.

12 수리능력

정답 ①

유형 응용수리 > 수와 식 난이도 ★★☆

30초 컷 풀이 TIP

평일의 12분당 주차요금이 주말의 10분당 주차요금과 같으므로 주차요금은 주말이 평일의 1.2배임을 알 수 있다. 이에 따라 평일 2시간까지의 주차요금은 $3{,}000+3{,}000\times1.2=6{,}600$(원)이므로 주말 2시간까지의 주차요금은 $6{,}600\times1.2=7{,}920$(원)이고, 평일 2~3시간까지의 12분당 주차요금을 계산하면 864원이므로 주말 2시간 20분 동안 주차했을 때의 주차요금은 $7{,}920+864\times2=9{,}648$(원)이다.

평일 첫 1시간까지의 주차요금이 3,000원이므로 12분당 주차요금은 $3{,}000\div5=600$(원), 평일 1~2시간까지의 12분당 주차요금은 $600\times1.2=720$(원), 평일 2~3시간까지의 12분당 주차요금은 $720\times1.2=864$(원)이다. 이때 평일 12분당 주차요금과 주말의 10분당 주차요금이 같으므로 주말 첫 1시간까지의 주차요금은 $600\times6=3{,}600$(원)이고, 주말 1~2시간까지의 주차요금은 $720\times6=4{,}320$(원), 주말 2시간~2시간 20분까지의 주차요금은 $864\times2=1{,}728$(원)이다.

따라서 주말 2시간 20분 동안의 주차요금은 $3{,}600+4{,}320+1{,}728=9{,}648$(원)이다.

13 수리능력

정답 ①

유형 응용수리 > 수와 식 난이도 ★☆☆

P기업의 2025년 2분기는 2024년 1분기에서 다섯 분기가 지난 뒤이고, P기업의 매출은 분기마다 직전 분기 대비 3배씩 증가하므로 2025년 2분기 매출은 2024년 1분기 매출의 $3^5=243$(배)이다.

따라서 2024년 1분기 매출은 $631{,}800\div243=2{,}600$(만 원)이다.

14 수리능력

정답 ①

유형 응용수리 > 경우의 수 난이도 ★★☆

전체 직원 수를 n명이라 하면 한 주에 당직을 서는 직원은 요일마다 1명씩 2명이므로 직원을 뽑는 경우의 수는 ${}_nP_2=n(n-1)$이다.

이때 당직을 서는 직원을 뽑는 경우의 수가 56가지이므로

$n(n-1)=56$

$n^2-n-56=0$

$(n+7)(n-8)=0$

$\therefore n=-7$ 또는 $n=8$

따라서 n은 자연수이므로 이 회사의 전체 직원 수는 8명이다.

15 수리능력

정답 ③

유형 자료해석 > 자료이해 난이도 ★☆☆

㉡ 2023년 대전광역시의 인구수가 144만 명이라면 흡연자 수는 $1,440,000\times0.19=273,600$(명)이다.

㉣ 2020년 흡연율은 경상북도가 20.8%, 울산광역시가 20.0%이므로 경상북도가 울산광역시보다 높다.

| 오답풀이 |

㉠ 2022년 흡연율이 가장 높은 지역은 21.9%의 제주특별자치도이고, 그다음이 20.7%인 충청북도이다.

㉢ 2021년 서울특별시 흡연율은 2019년 대비 $17.8-15.8=2$(%p) 감소하였다.

16 수리능력

정답 ②

유형 자료해석 > 자료이해 난이도 ★★☆

㉠ 2021년 월평균 방역 횟수는 수도권의 모든 업소에서 전년 대비 증가하였다.

㉣ 2021년에 수도권과 수도권 외의 월평균 방역 횟수의 합은 공공기관이 $19.3+11.3=30.6$(회), 대기업이 $21.8+16.2=38.0$(회), 학교가 $16.8+15.5=32.3$(회), 병원이 $88.2+70.4=158.6$(회)로 30회 이상이다. 즉 방역 횟수의 합이 30회 이상인 업소는 4개이다.

| 오답풀이 |

㉡ 2020년 수도권 외 학교의 방역 횟수는 노래방과 유흥업소의 방역 횟수의 합보다 $7.2-(1.4+1.1)=4.7$(회) 더 많다.

㉢ 전년 대비 2021년 공공기관의 월평균 방역 횟수 증가율은 수도권이 $\frac{19.3-12.5}{12.5}\times100\fallingdotseq54.4$(%), 수도권 외가 $\frac{11.3-8.4}{8.4}\times100\fallingdotseq34.5$(%)이므로 수도권이 수도권 외보다 $54.4-34.5=19.9$(%p) 더 높다.

17 수리능력

정답 ②

유형 자료해석 > 자료이해 난이도 ★☆☆

30초 컷 풀이 TIP

주어진 선지 중 ㉡과 ㉣은 계산할 필요 없이 눈으로 확인 가능하다. ㉡과 ㉣을 먼저 확인하면 둘 다 틀린 선지이므로 계산하지 않아도 바로 ②가 답인 것을 알 수 있다.

㉠ 2020년 영업용으로 등록된 특수차 수는 $62,554+392=62,946$(대), 관용차로 등록된 승합차 수는 22,954대이므로 전자가 후자보다 $62,946-22,954=39,992$(대) 더 많다.

㉢ 2017년 이후 관용차로 등록된 승합차 수가 가장 많이 증가한 해는 $21,556-20,260=1,296$(대) 증가한 2017년이고, 이때, 영업용으로 등록된 특수차 수도 2,004대로 가장 많이 증가하였다.

| 오답풀이 |

㉡ 영업용으로 등록된 특수차 수는 매년 전년 대비 증가하였다.

㉣ 관용차로 등록된 승합차 수는 2020년에 전년 대비 감소하였으나 영업용으로 등록된 특수차 수는 전년 대비 증가하였으므로 증감 추이는 서로 다르다.

18 수리능력

정답 ②

유형 자료해석 > 자료이해 난이도 ★★☆

30초 컷 풀이 TIP

㉡ 매년 논 1ha당 수확한 쌀의 무게가 같다면 주석으로 제시된 공식에서 '논 1ha당 수확한 쌀의 무게'를 몰라도 그 크기는 비교할 수 있으므로 (논 면적)×(20kg당 쌀값)의 크기만 비교하면 비교하고자 하는 값을 더 빠르게 계산할 수 있다.

㉣ 그래프의 모양을 보면 2022년 논 면적은 9년 전 대비 감소하였으므로 계산을 하지 않고도 옳지 않은 선택지임을 쉽게 알 수 있다.

㉠ 2014년 이후 논 면적이 전년 대비 가장 많이 감소한 해는 $213-193=20$(ha) 감소한 2014년이고, 20kg당 쌀값이 전년 대비 가장 많이 감소한 해는 $57,000-48,500=8,500$(원) 감소한 2022년이므로 서로 다르다.

㉣ 2022년 논 면적은 9년 전 대비 $213-155=58$(ha) 감소하였다.

| 오답풀이 |

㉡ 매년 논 1ha당 수확한 쌀의 무게가 $x$kg으로 같다면 전체 쌀값은 2014년에 $\frac{x\times193\times42,500}{20}=410,125x$(원), 2020년에 $\frac{x\times166\times50,000}{20}=415,000x$(원)이므로 2020년에 2014년 대비 증가하였다.

㉢ 2013년부터 2017년까지 20kg당 쌀값은 연평균 $\frac{44,000+42,500+37,500+32,000+39,000}{5}=39,000$(원)이다.

19 수리능력

정답 ②

유형 자료해석 > 자료이해 | 난이도 ★★☆

30초 컷 풀이 TIP

㉢ 3개년 매출액의 합은 부동산업이 $202+227+218=647$(조 원), 교육 서비스업이 $122+132+123=377$(조 원)이므로 연평균 매출액은 부동산업이 교육 서비스업보다 $\frac{647-377}{3}=90$(조 원) 더 많음을 쉽게 알 수 있다.

㉠ 2021년 이후 사업체 수와 매출액이 모두 전년 대비 매년 증가한 산업은 건설업, 운수 및 창고업, 정보통신업 총 3개이다.

㉢ 연평균 매출액은 부동산업이 $\frac{202+227+218}{3}=\frac{647}{3}$ ≒215.7(조 원), 교육 서비스업이 $\frac{122+132+123}{3}=\frac{377}{3}$ ≒215.7(조 원)이므로 부동산업이 교육 서비스업보다 ≒215.7−125.7=90(조 원) 더 많다.

| 오답풀이 |

㉡ 2022년 사업체 수 1개당 종사자 수는 제조업이 $\frac{4,253}{586}$≒7.3(명), 정보통신업이 $\frac{872}{127}$≒6.9(명)이므로 제조업이 정보통신업보다 많다.

㉣ 2020년 매출액이 세 번째로 높은 산업은 운수 및 창고업이지만 종사자 수가 세 번째로 많은 산업은 교육 서비스업이다.

20 수리능력

정답 ②

유형 자료해석 > 자료변환 | 난이도 ★★☆

30초 컷 풀이 TIP

건설업의 비중이 10% 이상이려면 2022년 전체 산업 매출액의 10%인 878조 원 이상이어야 하지만 건설업은 그 미만인 556조 원이므로 비중이 10% 미만임을 쉽게 알 수 있다.

2022년 전체 산업 매출액에서 차지하는 산업별 비중을 계산하면 다음과 같다.

제조업	건설업	운수 및 창고업	정보 통신업	부동산업	교육 서비스업
$\frac{2,501}{8,781}\times100$ ≒28(%)	$\frac{556}{8,781}\times100$ ≒6(%)	$\frac{375}{8,781}\times100$ ≒4(%)	$\frac{248}{8,781}\times100$ ≒3(%)	$\frac{218}{8,781}\times100$ ≒2(%)	$\frac{123}{8,781}\times100$ ≒1(%)

따라서 건설업의 비중이 다르므로 옳지 않은 것은 ②이다.

21 문제해결능력

정답 ⑤

유형 모듈형 > 논리적 오류 | 난이도 ★★☆

제시문은 순환논증의 오류에 대한 예시이다.

| 오답풀이 |

① 의도 확대의 오류: 상대방이 의도하지 않은 일의 결과에 대해 상대방이 그렇게 할 의도가 있었다고 판단하는 오류
② 피장파장의 오류: 자신의 주장이나 행동이 비록 잘못되기는 했지만 다른 사람도 같은 잘못을 저질렀기 때문에 괜찮다며 자신의 행동이 정당하다고 주장하는 오류
③ 전건 부정의 오류: 전건을 부정하여, 후건을 부정한 것을 결론으로 도출하는 데서 발생하는 오류
④ 후건 긍정의 오류: 후건을 긍정하여, 전건을 긍정한 것을 결론으로 도출하는 데서 발생하는 오류

22 문제해결능력

정답 ②

유형 사고력 > 조건추리 > 기타 | 난이도 ★★☆

갑이 오전 7시 29분에 일어나면, 가장 큰 수와 가장 작은 수의 합은 0+9=9이고, 을이 오전 11시 19분에 일어나면 가장 큰 수와 가장 작은 수의 합은 1+9=10이므로 반드시 갑이 지는 것은 아니다.

| 오답풀이 |

① 을이 오전 11시 정각에 일어나면, 가장 큰 수와 가장 작은 수의 합이 1+0=1이고, 갑의 숫자의 합이 가장 작으려면 오전 7시 정각에 일어나야 하는데 결과가 7+0=7이므로 반드시 을이 이긴다.

③ 갑이 오전 7시 30분에 일어나면, 가장 큰 수와 가장 작은 수의 합이 7+0=7이고, 을이 오전 11시 5분 전에 일어나면 가장 큰 수와 가장 작은 수의 합이 가장 큰 경우가 5+0=5이므로 반드시 을이 이긴다.

④ 갑이 오전 7시 59분에 일어나면, 가장 큰 수와 가장 작은 수의 합이 9+0=9이고, 을이 정확히 4시간 뒤인 오전 11시 59분에 일어나면 가장 큰 수와 가장 작은 수의 합이 9+1=10이므로 갑이 이기는 경우도 있다.

⑤ 갑이 오전 7시 19분에 일어나고, 을이 3시간 50분 뒤인 11시 9분에 일어나면 둘 다 가장 큰 수와 가장 작은 수의 합이 9+0=9이므로 비길 수 있다.

23 문제해결능력

정답 ⑤

유형 사고력 > 조건추리 > 기타 난이도 ★★☆

갑이 지난해 구매한 소모품은 5개이고, 모든 가격대의 물품을 적어도 1개씩 구매하였으며, 100만 원 이상의 물품은 총 2번 구매했으므로 나머지 물품은 각 1번씩 구매했음을 알 수 있다. 또한, 겨울에 50만 원 이상의 물품을 구매하였고, 여름에 20만 원 미만, 100만 원 이상인 물품은 구매하지 않았으므로 이를 고려하여 가능한 경우를 표로 정리하면 다음과 같다.

구분	봄	여름	가을	겨울
경우1	100만 원 이상, 20만 원 미만	20만 원 이상	100만 원 이상	50만 원 이상
경우2	100만 원 이상	20만 원 이상	20만 원 미만, 100만 원 이상	50만 원 이상
경우3	100만 원 이상	20만 원 이상	20만 원 미만	50만 원 이상, 100만 원 이상
경우4	100만 원 이상	20만 원 이상	100만 원 이상	50만 원 이상, 20만 원 미만

따라서 지난해에 20만 원 이상의 물품은 여름에 구매했으므로 항상 거짓인 것은 ⑤이다.

| 오답풀이 |

① 지난해 여름에 20만 원 이상의 물품을 구매한 것은 항상 참이다.

② 지난해 봄에 20만 원 미만의 물품을 구매했을 수도 있으므로 항상 거짓은 아니다.

③ 지난해 겨울에 100만 원 이상의 물품을 구매했을 수도 있으므로 항상 거짓은 아니다.

④ 지난해 겨울에 20만 원 미만과 50만 원 이상 또는 50만 원 이상과 100만 원 이상의 물품을 구매했을 수도 있으므로 항상 참이다.

24 문제해결능력

정답 ①

유형 사고력 > 조건추리 > 순서 난이도 ★★★

시간 단축 문제접근 TIP

다음과 같이 요일별 · 지역별로 명확하게 팀이 배치되는 조건을 먼저 표로 정리하고 소거한다.

- B팀은 월요일과 화요일에 광주 경기장을 사용한다.
- 목요일에는 A, B, C팀이 서울 경기장을 사용할 수 없다.
  → 목요일에는 D팀이 서울 경기장을 사용한다.
- 금요일에 C팀은 수원 경기장을 사용하고, D팀은 대구 경기장을 사용한다.

다음 논리 순서에 따라 주어진 조건을 표로 정리한다.

- B팀은 월요일과 화요일에 광주 경기장을 사용한다.
- 목요일에는 A, B, C팀이 서울 경기장을 사용할 수 없다.
- 금요일에 C팀은 수원 경기장을 사용하고, D팀은 대구 경기장을 사용한다.

구분	월요일	화요일	수요일	목요일	금요일
서울				D	
수원					C
광주	B	B			
대구					D

이때, C팀, D팀의 첫 일정은 대구 경기장이 아니므로 월요일에 대구 경기장을 사용하는 팀은 A팀임을 유추할 수 있고, A팀은 서울 경기장을 이틀 연속으로 사용하므로 화요일과 수요일에 서울 경기장을 사용함을 알 수 있다. 또한, 모든 팀은 모든 지역의 경기장을 적어도 한 번 이상 사용해야 하므로 월요일 또는 금요일에 B팀 또는 C팀이 서울 경기장을 사용해야 하는데 B팀은 월요일에 이미 광주 경기장을 사용하고 있으므로 월요일에는 C팀이, 금요일에는 B팀이 서울 경기장을 사용함을 알 수 있다. 이에 따라 월요일에 수원 경기장은 남은 D팀이 사용하게 되며, 금요일에 광주 경기장은 남은 A팀이 사용하게 되고, A팀은 아직 수원 경기장을 사용하지 않았으므로 남은 요일인 목요일에 수원 경기장을 사용하게 된다. 마찬가지로 B팀은 수요일과 목요일에 수원 경기장 또는 대구 경기장을 사용해야 하는데 목요일에는 이미 수원 경기장을 A팀이 사용하고 있으므로 B팀은 수요일에 수원 경기장을 사용하고, 목요일에 대구 경기장을 사용하게 되며, 광주 경기장을 목요일에 사용하는 팀은 C팀이 된다. 따라서 수요일 광주 경기장은 D팀이 사용하며, 남은 화요일 수원 경기장은 D팀이, 화요일과 수요일 대구 경기장은 C팀이 사용하게 됨을 알 수 있다.

구분	월요일	화요일	수요일	목요일	금요일
서울	C	A	A	D	B
수원	D	D	B	A	C

광주	B	B	D	C	A
대구	A	C	C	B	D

따라서 수요일에 대구 경기장은 C팀이 사용하므로 옳지 않은 설명이다.

| 오답풀이 |

② 목요일, 금요일에 연속으로 같은 지역의 경기장을 사용하는 팀은 없으므로 옳은 설명이다.

③ 광주 경기장은 'B팀 → D팀 → C팀 → A팀' 순으로 사용하므로 옳은 설명이다.

④ D팀은 수원 경기장을 월요일, 화요일에 이틀 연속해서 사용하므로 옳은 설명이다.

⑤ A팀과 C팀은 화요일과 수요일에 한 경기장을 연속해서 사용하므로 옳은 설명이다.

25 문제해결능력

정답 ③

유형 사고력 > 조건추리 > 기타 난이도 ★★☆

n번째에 배열하는 전체 바둑돌의 개수를 a_n개(단, n은 자연수)라고 하면 제시된 규칙에 의하여 $a_1=1$, $a_2=2+1=3$, $a_3=3+2+1=6$이므로 $a_n=1+2+3+\cdots+n=\sum_{k=1}^{n} k=\frac{n(n+1)}{2}$이다.

이에 따라 41번째에 배열하는 전체 바둑돌의 개수는 $a_{41}=\frac{41\times 42}{2}=861$(개)임을 알 수 있다. 또한, 제시된 그림에서 검은색 바둑돌은 홀수 번째에 배열되고, 흰색 바둑돌은 짝수 번째에 배열되므로 홀수 번째에 있는 검은색 바둑돌의 개수를 b_{2m-1}개(단, m은 자연수)라고 하면 다음과 같다.

m	$2m-1$	b_{2m-1}
1	1	1
2	3	$1+3=4$
3	5	$1+3+5=9$
…	…	…
m	$2m-1$	$\sum_{k=1}^{m}(2k-1)=m^2$

이에 따라 $2m-1=41$에서 $m=21$이므로 $b_{41}=21^2=441$(개)이다. 따라서 41번째에 배열된 흰색 바둑돌의 개수는 $861-441=420$(개)이므로 검은색 바둑돌이 흰색 바둑돌보다 $441-420=21$(개) 더 많다.

26 문제해결능력

정답 ④

유형 사고력 > 조건추리 > 위치·배치 난이도 ★★☆

다 대리는 2B 석에 앉고, 팀장은 주임과 이웃하여 앉으며, 팀장은 반드시 두 번째 줄에 앉으므로 가 팀장의 자리는 2C 또는 2D임을 알 수 있다. 이때, 사원은 복도 옆 자리에만 앉을 수 있으므로 사 사원과 아 사원의 자리는 1B 또는 1C 자리이고, 아 사원은 바 주임과 이웃하여 앉고, 같은 직급끼리는 이웃하여 앉지 않으므로 다 대리의 옆자리에는 나 과장이 앉아야 한다.

이에 따라 가능한 경우의 수는 다음과 같다.

[경우1]

운전석		복도	출입문	
라 대리	사 사원		아 사원	바 주임
나 과장	다 대리		가 팀장	마 주임

[경우2]

운전석		복도	출입문	
라 대리	사 사원		아 사원	바 주임
나 과장	다 대리		마 주임	가 팀장

[경우3]

운전석		복도	출입문	
바 주임	아 사원		사 사원	라 대리
나 과장	다 대리		가 팀장	마 주임

[경우4]

운전석		복도	출입문	
바 주임	아 사원		사 사원	라 대리
나 과장	다 대리		마 주임	가 팀장

따라서 주임끼리 같은 열에 앉는 경우도 있으므로 항상 옳지 않은 설명이다.

| 오답풀이 |

① 가 팀장의 앞 좌석에는 사 사원이 앉을 수도 있으므로 항상 옳지 않은 설명은 아니다.

② 나 과장은 다 대리와 이웃하여 앉으므로 항상 옳은 설명이다.

③ 마 주임은 아 사원 뒷좌석에 앉을 수도 있으므로 항상 옳지 않은 설명은 아니다.

⑤ 바 주임은 D열에 앉을 수도 있으므로 항상 옳지 않은 설명은 아니다.

27 문제해결능력

정답 ④

유형 사고력 > 조건추리 > 기타 난이도 ★☆☆

제시된 조건에 따르면 인턴 지원자 100명을 5명씩 20개의 조로 나눈 뒤, 20개의 조를 네 조씩 짝을 이루어 찬반 토론을 진행한다고 하였으므로 첫 번째 전형에서 진행되는 토론은 총 5번임을 알 수 있다. 이때, 심사위원의 평가로 찬성팀 또는 반대팀 중 점수가 더 높은 팀이 합격하므로 첫 번째 전형에서 합격하는 사람은 10개조 50명임을 알 수 있다. 또한, 두 번째 전형은 첫 번째 전형에서 같은 팀이었던 각 조끼리 토론을 진행하며 심사위원 평가로 두 조 중 점수가 더 높은 팀이 합격하므로 합격하는 사람은 5개조 25명이다. 마지막으로 세 번째 전형은 5개 조가 한 번의 토론을 통해 순서가 매겨지고, 제일 순위가 낮은 1개의 조 5명이 탈락하며, 가장 순위가 높은 최우수 1개조 5명은 한 명당 20만 원씩, 그다음으로 순위가 높은 우수 1개조 5명은 한 명당 10만 원씩 상여금을 받는다. 이에 따라 필요한 총 상여금은 150만 원임을 알 수 있다.

따라서 두 번째 전형에서 탈락하는 사람은 25명이므로 옳지 않은 설명이다.

| 오답풀이 |

① 지원자 100명을 5명씩 조로 나누면 총 20조가 나오므로 옳은 설명이다.

② 토론대회가 끝날 때까지 진행된 토론은 총 $5+5+1=11$(번)이므로 옳은 설명이다.

③ 전형이 모두 끝난 뒤 주어지는 상여금의 총액은 $20\times5+10\times5=150$(만 원)이므로 옳은 설명이다.

⑤ 최종 합격한 사람이 치른 토론은 총 3번이므로 옳은 설명이다.

28 문제해결능력

정답 ④

유형 문제처리능력 난이도 ★☆☆

㉡ 행 코드가 '433'이므로 33행에 앉게 된다.

㉢ 공연장소 코드가 'Hn'이므로 하모니아홀에서 열리는 공연이다.

| 오답풀이 |

㉠ 층수 코드가 'c'이므로 3층 좌석이다.

㉣ 열 코드가 '09'이므로 I열이고, I열은 무대 우측 좌석이다.

29 문제해결능력

정답 ③

유형 문제처리능력 난이도 ★★☆

박스석에 앉는 사람은 A, B, L열에 앉는 사람이므로 '열 코드'가 01, 02, 12이어야 한다. 이에 따라 '열 코드'가 01, 02, 12인 사람은 Cbb12761, Hna01879로 총 2명이다.

30 문제해결능력

정답 ⑤

유형 문제처리능력 난이도 ★★☆

무대 좌측은 C, D, E열이므로 예매번호의 '열 코드'가 03, 04, 05이다. 서준이의 상반기 공연 예매번호 중 '열 코드'가 03, 04, 05인 경우는 1월, 3월, 4월로 총 3회이므로 옳지 않은 설명이다.

| 오답풀이 |

① 서준이는 2층에 6번, 1층에 5번, 3층에 3번 앉았으므로 옳은 설명이다.

② 31~40행의 '행 코드'는 431~440이고, 서준이는 4월과 5월에 각각 1회씩 앉은 적이 있으므로 옳은 설명이다.

③ 대극장의 코드는 Gt이고, 서준이는 2월에 한 번, 5월에 한 번 대극장 공연을 관람하였으므로 옳은 설명이다.

④ I열의 '열 코드'는 09로, 서준이는 4월에 1회 앉은 적이 있어 옳은 설명이다.

DAY 06 | 정답과 해설

01	02	03	04	05	06	07	08	09	10	11	12	13	14	15
①	③	⑤	③	⑤	④	⑤	④	③	②	④	①	①	③	③
16	**17**	**18**	**19**	**20**	**21**	**22**	**23**	**24**	**25**	**26**	**27**	**28**	**29**	**30**
③	⑤	③	⑤	②	③	④	④	④	⑤	②	③	④	④	③

01 의사소통능력 정답 ①

유형 어휘/어법 > 맞춤법 난이도 ★★☆

부사인 '곰곰' 뒤에 부사 파생 접미사인 '－이'가 결합한 경우이므로 '곰곰이'로 표기하는 것이 적절하다.

부사 파생 접사 '－이/－히'의 표기는 다음과 같다.

1. '－이'로 적는 경우
   ① 첩어 또는 준첩어인 명사 뒤 예 나날이, 다달이, 땀땀이
   ② 'ㅅ' 받침 뒤 예 기웃이, 나긋나긋이, 남짓이
   ③ 'ㅂ' 불규칙 용언의 어간 뒤 예 가벼이, 괴로이, 기꺼이
   ④ '－하다'가 붙지 않는 용언 어간 뒤 예 같이, 굳이, 길이
   ⑤ 부사 뒤 예 곰곰이, 더욱이, 생긋이
2. '－히'로 적는 경우
   ① 'ㅅ' 받침을 제외한 '－하다'가 붙는 어근 뒤
   예 극히, 급히, 딱히
   ② '－하다'가 붙는 어근에 '－히'가 결합하여 된 부사가 줄어든 경우
   예 익숙히 → 익히, 특별히 → 특히
   ③ 어근 형태소의 본뜻이 유지되고 있지 않은 경우
   예 작히(어찌 조금만큼만, 얼마나)

| 오답풀이 |

② 첩어인 '번번' 뒤에 부사 파생 접미사인 '－이'가 결합한 경우이므로 '번번이'로 표기하는 것이 적절하다.

③ '깨끗하다'의 어근인 '깨끗'에 'ㅅ' 받침이 포함되어 있으므로 부사 파생 접미사인 '－이'가 결합할 경우 '깨끗이'로 표기하는 것이 적절하다.

④ '꼼꼼하다'의 어근인 '꼼꼼'에 'ㅅ' 받침이 없으므로 부사 파생 접미사인 '－이'가 결합할 경우 '꼼꼼히'로 표기하는 것이 적절하다.

⑤ 'ㅂ' 불규칙 용언인 '가볍다'의 어간 뒤에 부사 파생 접미사인 '－이'가 결합한 경우이므로 '가벼이'로 표기하는 것이 적절하다.

02 의사소통능력 정답 ③

유형 어휘/어법 > 표준어(발음) 난이도 ★★☆

'다만 3'에 따르면 자음을 첫소리로 가지고 있는 음절의 'ㅢ'는 [ㅣ]로 발음해야 하므로, 자음 'ㅎ'을 첫소리로 가진 '희망'은 [희망]이 아니라 [히망]으로 발음해야 한다.

| 오답풀이 |

① '다만 1'에 따르면 '용언의 활용형에 나타나는 '져, 쪄, 쳐'는 [저, 쩌, 처]로 발음해야 하므로, '다쳐'의 '쳐'는 [처]로 발음하여 [다처]가 표준발음이 된다.

② '다만 2'에 따르면 '예, 례' 이외의 'ㅖ'는 [ㅔ]로도 발음한다. '시계'의 '계'는 '예, 례'에 해당하지 않은 'ㅖ'이므로, [시게]로도 발음할 수 있다. 즉 '시계'의 표준발음은 [시계/시게] 모두 가능하다.

④ '다만 4'에 따르면 단어의 첫음절 이외의 '의'는 [ㅣ]로 발음하는 것을 허용하므로, '주의'는 [주의/주이]가 표준발음이 된다.

⑤ '다만 4'에 따르면 조사 '의'는 [ㅔ]로 발음함도 허용하므로, '강의의'의 표준발음은 [강:의의/강:이에] 모두 가능하다.

03 의사소통능력 정답 ⑤

유형 독해 > 추론 난이도 ★★★

2문단의 '글루텐의 재료가 되는 글루테닌과 글리아딘은 배유에 있다. 정제된 흰 밀가루에는 배유만 있으니, 당연히 글루텐이 잘 생긴다. 하지만 통밀빵의 경우, 함께 갈린 껍질과 배아가 글루텐을 잘라내 빵 반죽이 잘 부풀어 오르지 못하게 한다'를 통해 통밀빵에 글루테닌과 글리아딘이 있으나 글루텐의 형성을 방해하여 빵 반죽이 잘 부풀어 오르지 않음을 추론할 수 있다.

| 오답풀이 |

① 1문단의 '알맹이에서 껍질과 배아를 제거한 후 오직 배유만

남겨 빵은 가루가 우리가 아는 하얀 밀가루다'라고 하였으므로 적절한 추론이다.

② 5문단의 '식이섬유, 비타민, 무기질 등이 풍부할 뿐만 아니라 혈당을 서서히 올려 당뇨병을 예방할 수 있다'라고 하였으므로 적절한 추론이다.

③ 3문단의 '통밀빵은 알 수 없는 쓴 향이 느껴진다. 그 이유는 밀 알맹이 껍질에 있는 '페룰산(Ferulic Acid)' 때문이다. 실제로 한 연구팀이 밀가루에 페룰산을 첨가한 후 빵을 만든 결과, 통밀빵과 비슷한 향이 나는 것을 확인했다'를 통해 통밀빵의 쓴 향은 '페룰산' 때문임을 알 수 있으므로, '페룰산'을 제거하면, 쓴 향이 제거되어 밀가루빵과 같은 고소한 향이 날 수 있음을 추론할 수 있다.

④ 4문단의 '요거트 속 유기산이 글루텐 형성을 도와 빵이 더 잘 부풀어 오를 수 있게 돕기 때문이다. 또 요거트 질감 자체가 반죽의 신장성을 늘려 빵의 식감을 부드럽게 만든다. 신맛이 풍미를 높여 줄 수도 있다'를 통해 통밀빵에 요거트 등의 성분을 첨가하면 식감을 향상시킬 수 있음을 추론할 수 있다.

04 의사소통능력

정답 ③

유형 독해 > 주제/제목 난이도 ★★☆

시간 단축 문제접근 TIP

주제를 찾는 문제는 핵심을 모두 포괄하는 내용을 찾는 것이 우선이다. 즉 부분적으로 해당하거나 일치하지 않거나 상관없는 내용은 주제가 될 수 없다.

[가]와 [나]에서 사회복지 정책이 개인의 자유를 제한할 수 있다는 관점에 동의하면서도 [다]와 [라]에서 사회복지 정책의 보편성을 근거로 소수의 소극적 자유를 줄이고 다수의 적극적 자유를 늘려야 하는 이유를 설명하였다. 이어 [마]를 통해 '적극적 자유를 높이는 것이 소극적 자유를 줄이는 것보다 사회적으로 더 바람직할 수 있다'로 강조하여 마무리하고 있으므로 이와 연관된 핵심 논지로 가장 적절한 내용은 ③이다.

| 오답풀이 |

① [라]에서 '무제한의 자유를 모든 사람에게 보장하기는 불가능하므로 우리가 추구해야 할 자유는 제한적일 수밖에 없다'라고 하였으나 특정한 사람의 자유를 제한하는 것이 불가피한 일이라는 내용은 핵심 논지로 적절하지 않다.

② [다]에서 '세금을 많이 납부한 사람이 누릴 수 있는 소극적 자유는 줄어들지만, 사회 구성원이 누릴 수 있는 적극적 자유는 전반적으로 늘어나는 것이다'라고 하였으므로 개인의 자유를 침해하더라도 균등하게 세금을 부과할 수밖에 없다는 내용은 적절하지 않다.

④ [나]에서 '세금을 많이 납부한 사람이 적은 이득을 보게 될 경우, 그 차이만큼 불필요하게 자유를 제한하였다고 볼 수 있다'라고 하였으므로 사회복지 정책에 제공되는 재화가 모든 구성원에게 동일하게 돌아갈 것이라는 내용은 적절하지 않다.

⑤ [나]에서 '세금을 많이 납부한 사람이 적은 이득을 보게 될 경우, 그 차이만큼 불필요하게 자유를 제한하였다고 볼 수 있다'라고 하였으므로 세금을 부과하는 것이 개인의 자유를 제한한다고 볼 수 없다는 내용은 적절하지 않다.

05 의사소통능력

정답 ⑤

유형 독해 > 추론 난이도 ★★☆

3문단에서 현재 노르웨이의 개인정보 보호법에서는 13세 미만의 미성년자가 부모의 동의 없이 SNS 계정을 만드는 것을 불법으로 규정하고, 노르웨이 정부는 해당 법을 개정하여 대상 나이를 15세로 조정하려는 방침이라고 하였으므로 현재 해당 법이 적용되는 청소년은 15세 미만이 아니라 13세 미만이다.

| 오답풀이 |

① 4문단에서 2018년 노르웨이의 9~12세 여학생의 79%, 남학생의 69%가 SNS를 사용하는 것으로 조사됐다고 하였으므로 적절한 설명이다.

② 5문단에서 미성년자 SNS 대책은 노르웨이뿐만 아니라 유럽연합의 주요 과제 중 하나라고 하였으므로 적절한 설명이다.

③ 2문단에서 노르웨이의 스퇴르 총리는 알고리즘의 힘이 아이들의 자기표현을 좌우하게 해서는 안 된다고 밝혔다고 하였으므로 적절한 설명이다.

④ 5문단에서 프랑스는 2023년 6월 부모나 보호자의 승인이 없을 경우 15세 미만의 SNS 이용을 제한하는 법안을 제정하기도 했다고 하였으므로 적절한 설명이다.

06 의사소통능력

정답 ④

유형 독해 > 문서이해 난이도 ★☆☆

'6. 선정방법'에 따르면 심사위원회를 구성하여 제안서 평가로 진행한다고 하였으므로 인사처는 해당하지 않는다. 따라서 적절하지 않은 것은 ④이다.

| 오답풀이 |

① '3. 참가자격'에 따르면 법적 요건으로 「문화예술 후원 활성화에 관한 법률」 제5조에 의거하여 문화예술 후원 매개 단체로 인증받은 단체 · 기관으로, 공모일 현재 기준 인증이 유효한 단체 · 기관이어야 한다.

② '4. 제휴기간'에 따르면 협약 체결일로부터 1년 내 제휴공연을 이행하지 못할 경우 이행 완료할 때까지 제휴기간 연장 가능하다고 하였다.

③ '5. 공모일정'에 따르면 제안서 접수는 '24. 5. 8.(수) 18:00까지 도착분에 한해 유효하며 접수방법은 우편(등기)라고 하였다.

⑤ '3. 참가자격'에 따르면 사업 요건으로 영리를 목적으로 하는 단체 · 기관은 제외된다.

07 의사소통능력

정답 ⑤

유형 독해 > 기타-어휘·어법 난이도 ★★★

㉠: '생각이나 바람대로 어떤 일이나 상태가 이루어지거나 그렇게 되었으면 하고 생각하다'를 뜻하는 '바라다'는 '~을 바라다'로 써야 하므로 '참여를 바랍니다'로 써야 한다.

㉡: 우리나라 화폐 단위를 나타내는 '원'은 의존명사이므로 띄어 써야 한다.

㉢: '연평균'은 '1년을 단위로 하여 내는 평균'을 뜻하는 한 단어이므로 붙여 써야 한다.

㉣: '완료시'는 '동작의 완료를 나타내는 동작상'을 뜻하는 한 단어이므로 붙여 써야 한다.

08 의사소통능력

정답 ④

유형 독해 > 문단배열 난이도 ★★☆

첫 문장에서 '인도의 지참금 폭력 사례가 이러한 측면을 잘 보여준다'고 하였으므로 '이러한 측면'에 해당하는 내용이 앞서 등장해야 함을 알 수 있다. 또한 인도 사회의 잘못된 관습에 대한 내용이므로, ㉣ 앞의 '같은 문화권 내의 구성원 사이에 권력 차이에 따른 폭력이나 비인간적인 행위가 자연스럽게 수용될 때'를 뒷받침할 사례로 가장 알맞다.

| 오답풀이 |

① ㉠의 문맥을 고려할 때 주어진 글은 위계화(位階化)를 다룬 사례가 아니므로 적절하지 않다.

② ㉡의 문맥을 고려할 때 주어진 글은 계급과 계층의 차이를 통해서 불평등을 경험하게 되는 방식을 다룬 사례가 아니므로 적절하지 않다.

③ ㉢의 문맥을 고려할 때 주어진 글은 개인의 우열을 가늠하게 만드는 생득적 특성을 다룬 사례가 아니므로 적절하지 않다.

⑤ ㉤의 문맥을 고려할 때 주어진 글은 문화 인류학의 방향성을 제시하며 글을 마무리하기 위한 사례가 아니므로 적절하지 않다.

09 의사소통능력

정답 ③

유형 독해 > 추론 난이도 ★★☆

4문단의 '불평등이 재생산되는 다양한 사회적 기제가 때로는 관습이나 전통이라는 이유로 특정 사회의 본질적인 특성으로 간주되고 당연시되는 경우가 많다'를 통해 추론할 수 있다.

| 오답풀이 |

① 1문단에 따르면 우리는 성별, 피부색, 나이 등을 통해 상대와 자신의 차이를 감지하므로, 처음 만난 타인에 대한 판단은 동일한 기준에 따라 결정되지 않을 수 있다.

② 3문단에서 '생득적 특성', 4문단에서 '관습이나 전통'을 불평등의 요인으로 설명하고 있으나, 사회의 위계화 기준으로 둘 중 어느 측면이 경향성이 더 강한지 알 수 없다.

④ 5문단에 따르면 문화 인류학자들은 문화 현상에 대해 어떤 입장을 취해야 할지 고민하는 한편 개인의 특성이란 평등한 차이일 뿐이라는 것을 일깨우는 데 기여해 왔다고 하였으므로, 객관적인 입장에서 인간의 문화 현상을 분석하여 위계화 원인을 분석하는 것이 문화 인류학자들의 의무라는 내용과 부합하지 않는다.

⑤ 2문단에서 '모든 인간은 평등하다는 신념에도 불구하고 우리는 이러한 위계화(位階化)를 왜 당연한 것으로 받아들일까?'로 의문을 제시하고 그 원인을 분석하고 있으나, 인간의 원초적 이기심과 관련된 내용은 확인할 수 없다.

10 의사소통능력

정답 ②

유형 독해 > 일치/불일치 난이도 ★☆☆

1문단에서 '기업은 우수 인력을 외부 노동 시장에서 적기에 채용하고, 저숙련 인력은 주변화하여 비정규직을 계속 늘리는 전략을 구사 중이다'와 2문단의 '지식 기반 산업이 주도하는 경제 체제에서는 고급 지식을 갖거나 숙련된 노동자가 더욱 높은 임금을 받게 된다'를 통해 우수한 기술과 능력을 지닌 핵심 인력이 높은 임금을 받게 된다는 것은 알 수 있으나 모두 정규직으로 채용되는지의 여부는 알 수 없다.

| 오답풀이 |

① 1문단의 '20세기 한국 사회는 내부 노동 시장에 의존한 '평생 직장' 개념을 갖고 있었다. 하지만 1997년 외환 위기 이후 인력 관리의 유연성이 증가하면서 사라지기 시작하였다'와 2문단의 '우리나라의 경제가 지식 기반 산업 위주로 점차 바뀌고 있음을 말해 준다'를 통해 현재 한국 사회는 20세기와는 다른 산업 구조로 바뀌었음을 알 수 있다.

③ 2문단의 '국가가 강력하게 사회 정책적 개입을 추진하면 계급 간 격차를 현재보다는 축소시킬 수 있겠지만 해소하지는 못할 것이다'를 통해 알 수 있다.

④ 3문단의 '이러한 사회 불평등 현상은 국제적으로도 발견된다'와 '국가 간의 경제적 불평등 현상은 국제 자본과 노동의 이동으로 표출되고 있다'를 통해 알 수 있는 내용이다.

⑤ 3문단에서 정보 통신 기술이 전 세계적 노동 시장의 탄생에 일조했다고 하였고, 이러한 부분은 정보 격차와 경제적 불평등으로 '노동 집약적 부문의 국내 기업이 해외로 생산 기지를 옮기는 현상'을 자아냈다고 하였다.

11 수리능력

정답 ④

유형 응용수리 > 방정식 난이도 ★☆☆

불합격자의 평균 점수를 m점이라고 하면 합격자의 평균 점수는 $(2m+5)$점이고, 전체 응시자의 평균 점수는 $(m+2)$점이다. 이때 총 500명이 응시하여 합격한 인원은 20명이므로 전체 응시자의 평균 점수를 구하는 식을 세우면 다음과 같다.

$m+2=\frac{480m+20(2m+5)}{500}$

$500(m+2)=520m+100$

$20m=900$

$\therefore m=45$

따라서 전체 응시자의 평균 점수는 $45+2=47$(점)이다.

12 수리능력

정답 ①

유형 응용수리 > 방정식 난이도 ★☆☆

현재 민호의 나이를 x세라 하면 15년 뒤에 민호와 민지의 나이는 각각 $x+15$세, $x+12$세이다. 두 사람의 나이의 비는 10 : 9이므로 비례식을 세우면 다음과 같다.

$x+15 : x+12=10 : 9$

$9(x+15)=10(x+12)$

$9x+135=10x+120$

$\therefore x=15$

따라서 현재 민호의 나이는 15세이다.

13 수리능력

정답 ①

유형 응용수리 > 방정식 난이도 ★★★

회사, A, B는 3곳 이상 일직선상에 놓이지 않았으므로 세 곳은 삼각형 구도로 위치한다. B에서 회사까지 48km/h의 속력으로 20분 동안 이동하였으므로 그 거리는 $48\times\frac{20}{60}=16$(km)이다.

이때 회사에서 출발한 뒤 회사에 복귀하기까지 이동하는 데 사용한 시간은 47분이므로 회사에서 A까지, A에서 B까지 이동하는 데 사용한 시간은 $47-20=27$(분)이다.

A에서 B까지 이동하는 데 걸린 시간을 x분이라고 하면 속력은 $\frac{8}{x}$km/분이고, 회사에서 A까지 이동한 속력은 A에서 B까지 이동한 속력의 $\frac{15}{8}$배이므로 그 속력은 $\frac{8}{x}\times\frac{15}{8}=\frac{15}{x}$(km/분)이다. 이때 회사에서 A까지 이동하는 데 걸린 시간은 $(27-x)$분이고, 여기서 이동한 거리를 s라고 하면

$\frac{15}{x}=\frac{s}{27-x}$

$15(27-x)=sx$

여기서 s는 12의 배수이며 100km 미만이므로 k를 자연수라 하면 $s=12k=2^2\times3k$로 놓을 수 있다. 이를 대입하면

$3\times5(27-x)=2^2\times3kx$

즉, $27-x$는 4의 배수이어야 하므로 x로 가능한 수는 3, 7, 11, 15, 19, 23이다. 여기서 x로 가능한 수는 3과 15뿐이며, x가 3이면 s는 120이므로 100km 이상이 되어 조건을 만족하지 않는다. 따라서 $x=15$이고 $s=12$이므로 갑의 하루 이동 거리는 $12+8+16=36$(km)이다.

14 수리능력

정답 ③

유형 응용수리 > 부등식 난이도 ★★☆

농도가 6%인 소금물 B의 양을 xg이라 하면 소금물 A와 소금물 B의 소금의 양은 각각 $500\times0.3=150$(g), $0.06x$g이다.

이때 두 소금물을 섞어서 농도가 8% 이하여야 하므로

$\frac{150+0.06x}{500+x}\le0.08$

$150+0.06x\le40+0.08x$

$110\le0.02x$

$5{,}500\le x$

따라서 최소한으로 필요한 소금물 B의 양은 5,500g이다.

15 수리능력

정답 ③

유형 자료해석 > 자료이해 난이도 ★★☆

주어진 기간 중 20~29세 남자 취업자 수가 가장 많은 해는 2019년이고, 20~29세 여자 취업자 수가 가장 많은 해는 2022년이므로 서로 다르다.

| 오답풀이 |

① 2023년 50세 이상 취업자 수는 남자가 $3{,}773+3{,}492=7{,}265$(천 명), 여자가 $2{,}905+2{,}732=5{,}637$(천 명)이므로 남자가 여자보다 $7{,}265-5{,}637=1{,}628$(천 명) 더 많다.

② 40~49세 전체 취업자 수는 2022년에 $3{,}743+2{,}570=6{,}313$(천 명), 2019년에 $3{,}839+2{,}665=6{,}504$(천 명)이므로 2022년에 2019년 대비 $\frac{6{,}504-6{,}313}{6{,}504}\times100\fallingdotseq2.9$(%)

감소하였다. 즉 2% 이상 감소하였다.

④ 2020년 15~19세 취업자 수는 여자가 남자의 90÷72=1.25(배)이다.

⑤ 2021년 여자 취업자 수는 60세 이상이 30~39세보다 2,347−2,045=302(천 명) 더 많다.

16 수리능력

정답 ③

유형 자료해석 > 자료이해 난이도 ★☆☆

㉡ 네팔 출신의 한국 국적 취득자는 29+10+16+19+8+6=88(명)이다.

㉢ 동북아시아 출신의 한국 국적 취득자는 대전광역시가 730+108+23=861(명), 울산광역시가 538+36+8=582(명)이므로 대전광역시가 울산광역시보다 861−582=279(명) 더 많다.

| 오답풀이 |

㉠ 동남아시아 출신의 한국 국적 취득자가 가장 많은 광역시는 부산광역시이고, 동북아시아 출신의 한국 국적 취득자가 가장 많은 광역시는 인천광역시이므로 서로 다르다.

㉣ 동남아시아 한국 국적 취득자 중 대구광역시에서 국적을 취득한 사람이 세 번째로 많은 나라는 캄보디아이다.

17 수리능력

정답 ⑤

유형 자료해석 > 자료이해 난이도 ★★★

㉡ 대전광역시의 출생성비는 2020년에 $\frac{3,913}{3,568}\times100≒110$(명), 2023년에 $\frac{3,720}{3,474}\times100≒107$(명)이므로 2023년에 2020년 대비 110−107=3 감소하였다.

㉢ 부산광역시의 연도별 남자 출생아 수와 여자 출생아 수의 차를 계산하면 다음과 같다.

2021년	2022년	2023년
7,436−7,010 =426(명)	7,258−6,876 =382(명)	6,590−6,276 =314(명)

따라서 2021년 이후 부산광역시의 남자 출생아 수와 여자 출생아 수의 차는 매년 감소하였다.

㉣ 남자 출생아 수와 여자 출생아 수가 모두 5,000명 미만인 지역인 광주광역시, 대전광역시, 울산광역시를 제외한 나머지 지역의 연도별 출생아 수를 계산하면 다음과 같다.

구분	2020년	2021년	2022년	2023년
서울특별시	24,344+23,101 =47,445(명)	23,436+22,095 =45,531(명)	21,787+20,815 =42,602(명)	20,257+19,199 =39,456(명)
부산광역시	7,770+7,288 =15,058(명)	7,436+7,010 =14,446(명)	7,258+6,876 =14,134(명)	6,590+6,276 =12,866(명)
대구광역시	5,734+5,459 =11,193(명)	5,545+5,116 =10,661(명)	5,153+4,981 =10,134(명)	4,819+4,591 =9,410(명)
인천광역시	8,261+7,779 =16,040(명)	7,643+7,304 =14,947(명)	7,330+7,134 =14,464(명)	7,015+6,644 =13,659(명)

따라서 출생아 수가 1만 명 이상인 지역의 수가 처음으로 4개 미만인 해는 2023년이다. 2023년의 서울특별시 출생아 수는 39,456명으로, 4만 명 미만이다.

| 오답풀이 |

㉠ 2021년 이후 남자와 여자 출생아 수가 매년 전년 대비 감소한 지역은 서울특별시, 부산광역시, 대구광역시, 인천광역시, 울산광역시 총 5개이다.

18 수리능력

정답 ③

유형 자료해석 > 자료이해 난이도 ★☆☆

2021~2023년 미국의 연평균 화장품 수출액은 $\frac{841+839+1,214}{3}≒964.7$(백만 달러)로, 970백만 달러 미만이다.

| 오답풀이 |

① 제시된 기간 동안 수출액 상위 10개국의 순위는 매년 동일하다.

② 2023년 수출액 1위 국가인 중국과 2위 국가인 미국의 수출액 차는 2,777−1,214=1,563(백만 달러)이다.

④ 2022년 수출액이 전년 대비 감소한 국가는 중국, 미국, 일본, 홍콩, 러시아 총 5개국이고, 증가한 국가는 베트남, 대만, 태국, 싱가포르, 말레이시아 총 5개국이므로 서로 같다.

⑤ 2023년 대만의 수출액은 2022년 대비 $\frac{221-200}{200}\times100=10.5$(%) 증가하였다.

19 수리능력

정답 ⑤

유형 자료해석 > 자료이해 난이도 ★☆☆

30초 컷 풀이 TIP

㉠ 전체 범죄 발생 건수가 가장 많은 해인 2019년에 지능범죄 건수가 차지하는 비중이 20% 이상이려면 1,611,906×0.2=322,381.2(건) 이상이어야 하고, [표]에서 2019년 지능범죄 건수는 381,533건이므로 20% 이상임을 쉽게 알 수 있다.

㉡ 매년 범죄 발생 건수가 증가한 범죄는 풍속범죄, 보건범죄 총

2개이다.

㉢ 연평균 범죄 발생 건수는 강력범죄가 $\frac{26,787+26,476+24,332+22,476+24,954}{5}=25,005$(건), 마약범죄가 $\frac{6,513+8,038+9,186+8,088+10,331}{5}=8,431.2$(건)이므로 강력범죄가 마약범죄보다 25,005−8,431.2=16,573.8(건) 더 많다.

㉣ 2019년 이후 지능범죄 건수의 전년 대비 증가량은 2019년에 381,533−344,698=36,835(건), 2020년에 424,642−381,533=43,109(건), 2021년에 361,107−424,642=−63,535(건), 2022년에 405,105−361,107=43,998(건)이므로 가장 많이 증가한 해인 2022년에 그 증가율은 $\frac{43,998}{361,107}\times 100 \fallingdotseq 12.2$(%)이다.

| 오답풀이 |

㉠ 전체 범죄 발생 건수가 가장 많은 해인 2019년에 지능범죄 건수가 차지하는 비중은 $\frac{381,533}{1,611,906}\times 100 \fallingdotseq 23.7$(%)이므로 20% 이상이다.

20 수리능력 정답 ②

유형 자료해석 > 자료계산 난이도 ★☆☆

30초 컷 풀이 TIP

2022년 범죄 발생 건수와 검거 건수의 차를 계산할 때, 앞자리 수만 대략적으로 계산하면 그 차가 10,000건 이상인 범죄는 절도범죄, 폭력범죄, 지능범죄 3개이고, 이 중 두 번째로 큰 것은 차가 약 7만 건인 절도범죄이므로 절도범죄의 검거율을 계산하면 답을 빠르게 구할 수 있다.

2018~2022년 중 전체 범죄 건수가 두 번째로 적은 해는 2022년이므로 주어진 [표]는 2022년 범죄별 검거 건수에 대한 자료이다. 2022년 범죄 발생 건수와 검거 건수의 차를 계산하면 다음과 같다.

구분	발생 건수와 검거 건수의 차(건)
강력범죄	24,954−23,521=1,433
절도범죄	182,270−113,705=68,565
폭력범죄	245,286−209,789=35,497
지능범죄	405,105−229,265=175,840
풍속범죄	27,113−22,384=4,729
특별경제범죄	48,615−39,078=9,537
마약범죄	10,331−9,881=450
보건범죄	17,749−16,807=942
교통범죄	241,029−233,413=7,616

이에 따라 차가 두 번째로 큰 범죄는 절도범죄이고, 검거율은 $\frac{113,705}{182,270}\times 100 \fallingdotseq 62$(%)이다.

21 문제해결능력 정답 ③

유형 모듈형 > 비판적 사고 난이도 ★★☆

비판적 사고를 개발하기 위한 태도로는 지적 호기심, 객관성, 개방성, 융통성, 지적 회의성, 지적 정직성, 체계성, 지속성, 결단성, 다른 관점에 대한 존중이 있다.

| 오답풀이 |

㉠ 비판적 사고를 개발하기 위한 태도 중 지적 회의성에 대한 설명이다.

㉤ 비판적 사고를 개발하기 위한 태도 중 객관성에 대한 설명이다.

22 문제해결능력 정답 ④

유형 사고력 > 언어추리 > 참/거짓 난이도 ★★☆

시간 단축 문제접근 TIP

제시된 진술 중 하나만 진실이므로 가장 먼저 진실인 조건을 찾는 것이 중요하다. 제시된 진술 중 서로 모순되는 것을 찾아 둘 중 하나가 진실임을 가정하고 문제를 풀이한다. 첫 번째 진술인 'B, C, D 3명 중 적어도 1명은 어제 야간 근무를 했다.'가 거짓이라면 B, C, D 3명 모두 어제 야간 근무를 하지 않았고, 네 번째 진술인 'A와 C 중 적어도 1명은 어제 야간 근무를 하지 않았다.'가 거짓이라면 A와 C는 모두 어제 야간 근무를 했다. 이에 따라 C의 야간 근무 여부가 서로 모순되므로 첫 번째 진술과 네 번째 진술은 동시에 거짓이 되지 않음을 알 수 있다.

첫 번째 진술인 'B, C, D 3명 중 적어도 1명은 어제 야간 근무를 했다.'가 거짓이라면 B, C, D 3명 모두 어제 야간 근무를 하지 않았고, 네 번째 진술인 'A와 C 중 적어도 1명은 어제 야간 근무를 하지 않았다.'가 거짓이라면 A와 C는 모두 어제 야간 근무를 했다. 이에 따라 C의 야간 근무 여부가 서로 모순되므로 첫 번째 진술과 네 번째 진술은 동시에 거짓이 되지 않음을 알 수 있다. 이에 따라 두 진술 중 한 진술이 진실이다.

i) 첫 번째 진술이 진실인 경우

남은 세 진술은 모두 거짓이므로 B, C, D 3 명 중 적어도 1명은 어제 야간 근무를 했고, A와 C는 모두 어제 야간 근무를 했다. A와 C가 모두 어제 야간 근무를 했으므로 D는 야간 근무를 하지 않았다. 이때, 'B가 어제 야간 근무를 했다면, A는 어제 야간 근무를 하지 않았다.'가 거짓이므로 진술의 대우인 'A가 어제 야간 근무를 했다면, B는 어제 야간 근무를 하지 않았다.' 또한 거짓이므로 A가 야간 근무를 했고, B 또한 야간 근무를 했음을 알 수 있다. 따라서 어제 야간 근무를 한 사람은 A, B, C이다.

ii) 네 번째 진술이 진실인 경우

남은 세 진술은 모두 거짓이므로 B, C, D는 모두 어제 야간 근무를 하지 않았고, 'A와 C가 모두 어제 야간 근무를 했다면, D도 어제 야간 근무를 했다.'가 거짓이므로 진술의 대우인 'D가 어제 야간 근무를 하지 않았다면 A 또는 C는 어제 야간 근무를 하지 않았다.' 또한 거짓이므로 D가 어제 야간 근무를 하지 않았고, A와 C는 모두 어제 야간 근무를 했어야 한다. 그러나 C는 어제 야간 근무를 하지 않았으므로 서로 모순됨을 알 수 있다. 이에 따라 네 번째 진술은 진실이 될 수 없으며, 어제 야간 근무를 한 사람은 A, B, C이다.

23 문제해결능력

정답 ④

유형 모듈형 > 논리적 오류 **난이도** ★★☆

무분별한 소비 습관을 가진 젊은 세대들로 인해 미래에 큰 사회적 비용이 발생할 수 있으니 대책 논의가 필요하다는 A의 말에 B는 자녀 교육의 부재를 주목해야 한다는 논점에서 벗어난 발언을 하고 있으므로 B의 발언에 해당하는 논리적 오류는 논점과 관계없는 주장을 제기하여 논점과 무관한 결론으로 이끌 때 발생하는 오류인 '논점 일탈의 오류'이다.

| 오답풀이 |

① 무지의 오류: 무지의 오류는 어떤 논제가 거짓이라는 것이 증명되지 않았다는 것을 이유로 논제가 참이라고 주장하거나, 그 반대로 어떤 논제가 참이라는 것이 증명되지 않았다는 이유로 논제를 거짓이라고 주장하는 오류이다.

② 인신 공격의 오류: 인신 공격의 오류는 주장에 대한 내용의 반박이 아니라 주장을 하는 자체를 비판하는 것으로 주장을 반박하는 오류이다.

③ 허수아비 공격의 오류: 허수아비 공격의 오류는 상대방의 주장을 부적절하게 비약 혹은 왜곡한 후, 그 왜곡된 주장을 반박하는 오류이다.

⑤ 순환 논법의 오류: 순환 논법의 오류는 어떤 주장을 할 때, 그 주장의 결론을 그 주장의 근거로 제시하는 오류이다.

24 문제해결능력

정답 ④

유형 사고력 > 조건추리 > 기타 **난이도** ★★★

제시된 조건에 따르면 조사 대상자는 세 가지 제품에 각각 다른 점수를 매겨야 하며, 자사 제품에 1점을 부여한 사람은 없으므로 조사 대상자들이 점수를 부여하는 경우의 수는 다음과 같이 네 가지로 구분할 수 있다.

[경우1] 자사 > B > C … X
[경우2] 자사 > C > B … Y
[경우3] B > 자사 > C (10명)
[경우4] C > 자사 > B … Z

이때, B사 제품을 자사 제품보다 좋아하는 경우는 '경우3'뿐이므로 '경우3'과 같이 점수를 매긴 사람은 10명이다. 이때, '경우1'과 같이 점수를 매긴 사람의 수를 X, '경우2'와 같이 점수를 매긴 사람의 수를 Y, '경우4'와 같이 점수를 매긴 사람의 수를 Z라고 하면 다음과 같다.

C사 제품을 B사 제품보다 좋아한 사람은 61명이므로
$Y+Z=61$ … ㉠
자사 제품을 C사 제품보다 좋아한 사람은 55명이므로
$X+Y+10=55 \rightarrow X+Y=45$ … ㉡
조사 대상자는 총 100명이므로 10명을 제외하면
$X+Y+Z=90$ … ㉢
㉡과 ㉢을 연립하면 $Z=45$이다.
따라서 자사 제품에 5점을 부여한 사람의 수는 $10+45=55$(명)이다.

25 문제해결능력

정답 ⑤

유형 모듈형 > 문제해결방법 **난이도** ★★☆

전문가들을 대상으로 반복적인 피드백을 통한 하향식 의견 도출로 문제를 해결하려는 미래 예측 기법으로, 흔히 의견 수립, 중재, 타협의 방식을 거듭하는 방법은 델파이 기법이다.

| 오답풀이 |

① 심층면접법은 조사자와 응답자 간의 일대일 대면접촉에 의해 응답자의 잠재된 동기, 신념, 태도 등을 발견하여 응답자들로부터 조사 주제에 대한 정보를 수집하는 방법이다.

② 명목집단법은 참석자들로 하여금 서로 대화에 의한 의사소통을 못하게 하고, 서면으로 의사를 개진하게 함으로써 집단의 각 구성원들이 마음속에 생각하고 있는 바를 끄집어내 문제해결을 도모하는 방법이다.

③ 퍼실리테이션은 촉진을 의미하며, 어떤 그룹이나 집단이 의사결정을 잘할 수 있도록 도와주는 일을 가리킨다. 소프트 어프로치나 하드 어프로치 방법은 타협점의 단순 조정에 그치지만, 퍼실리테이션에 의한 방법은 초기에 생각하지 못했던 창

조적인 해결 방법을 도출한다.
④ 로직트리 기법은 가장 큰 문제점부터 논리적 순서에 따라 작은 단위로 나누어서 분류하는 방법으로, 로직트리를 통해 문제점에 대한 포괄적인 시각을 얻을 수 있으며 문제해결에서 가장 중요한 부분을 명확하게 확인할 수 있다.

26 문제해결능력

정답 ②

유형 문제처리능력 **난이도** ★☆☆

양민환은 2024년 11월 기준 초등학교 1학년이므로 캠프 대상자에 해당하며, ◇◇도서관 이용 횟수가 3회 이상이므로 독서 캠프에 참가할 수 있다.

| 오답풀이 |

① 강호준은 2024년 11월 기준 초등학교 6학년이므로 2025년 3월에는 중학생이 되어 캠프 대상자에 해당하지 않는다.
③ 고한주는 2024년 11월 기준 초등학교 5학년이므로 캠프 대상자에 해당한다. 하지만 ◇◇도서관 이용 횟수가 1회이면서 타지역 도서관 이용 횟수가 3회로 4회 미만이기 때문에 독서 캠프에 참가할 수 없다.
④ 김민하는 2024년 11월 기준 중학교 1학년이므로 캠프 대상자에 해당하지 않는다.
⑤ 서한희는 2024년 11월 기준 초등학교 3학년이므로 캠프 대상자에 해당한다. 하지만 ◇◇도서관 이용 횟수가 2회이면서 타지역 도서관 이용 횟수가 2회로 3회 미만이기 때문에 독서 캠프에 참가할 수 없다.

27 문제해결능력

정답 ③

유형 상황판단 > 독해추론 **난이도** ★☆☆

3문단에 따르면 기존에는 '처음학교로' 사이트에서 유치원 입학 신청이 이루어졌다고 하였으므로 아이사랑 사이트에서 유치원 입학 신청이 가능했다는 것은 적절하지 않은 설명이다.

| 오답풀이 |

① 5문단에서 '6월에 발표한 유보통합 실행계획 역시 차질 없이 추진해 교육 · 보육 현장에서 성공적으로 안착할 수 있도록 최선을 다하겠다'고 하였으므로 6월에는 유보통합 실행계획이 발표되었음을 추측할 수 있다.
② 1문단에서 어린이집 입소와 유치원 입학 신청을 한곳에서 할 수 있는 '유보통합포털'이 오는 11월 1일에 개통한다고 하였으므로 적절하다.
④ 4문단에서 학부모가 어린이집과 유치원을 비교하고 신청할 수 있도록 핵심어(키워드)를 이용한 검색도 가능하게 해 편의성이 높아질 것으로 기대된다고 하였으므로 적절하다.
⑤ 2문단에서 유보통합포털은 어린이집과 유치원에 직접 방문하지 않고 온라인으로 입소 · 입학 신청 전 과정을 진행할 수 있는 시스템이라고 하였으므로 적절하다.

28 문제해결능력

정답 ④

유형 문제처리능력 **난이도** ★★☆

'AM110704－1'은 성인용 10kg 초과 20kg 미만의 자전거로 101동 704호 입주민이 첫 번째로 등록한 자전거이다.

| 오답풀이 |

① 등록순서는 한 자리 숫자이다.
② 자전거 종류 구분 코드와 무게 구분 코드의 자리가 서로 바뀌어야 한다.
③ 등록순서를 제외한 자전거 일련번호는 8자리로 구성되어야 한다.
⑤ 안내문에 따르면 한 세대당 등록 가능한 자전거의 개수는 최대 3개이므로 등록순서가 4일 수 없다.

29 문제해결능력

정답 ④

유형 문제처리능력 **난이도** ★★☆

안내문에 따르면 한 세대당 등록 가능한 자전거의 개수는 최대 3개이고, 해당 자전거의 등록순서는 세 번째이므로 해당 자전거의 소유자는 더 이상 자전거를 등록할 수 없음을 추측할 수 있다.

| 오답풀이 |

① 해당 자전거의 자전거 무게 코드는 S이므로 10kg 이하이다.
② 해당 자전거는 전기 자전거가 아니므로 전기 모터를 이용해 주행이 불가하다.
③ 207동 603호 입주민의 자전거이다.
⑤ 해당 자전거의 소유자가 아동용 자전거도 등록하였는지는 확인할 수 없다.

30 문제해결능력

정답 ③

유형 상황판단 > 독해추론 **난이도** ★★☆

글 전반에서 정부는 서민경제 부담 등을 고려해 주택용 · 일반용 전기요금을 동결하기로 하였으나, 반도체, 인공지능(AI) 등 미래 첨단산업 기반 조성을 위한 전력망 확충과 정전 · 고장 예방을 위한 필수 전력설비 유지 · 보수를 위해 전기요금 인상이 불가피하다고 이야기하고 있으므로 정부 관계자들의 태도로 가장 적절한 것은 ③이다.

| 오답풀이 |

① 서민들에게 부담이 될 수 있으므로 주택용 · 일반용 전기요금을 동결하나 최소한의 요금조정이 필요해 산업용 고객에 한정해 전기요금을 인상한다고 하였으므로 적절하지 않다.

② 산업용 전기를 과다사용하는 중소기업들이 전기요금 인상의 원인인지는 주어진 글을 통해 확인할 수 없으므로 적절하지 않다.

④ 한국전력은 누적적자 해소와 전력망 투자재원 마련을 위해 전기요금을 단계적으로 정상화 중이라고 하였으므로 적절하지 않다.

⑤ 효율적 에너지소비 유도와 안정적 전력수급을 위해서도 요금조정을 통한 가격신호 기능 회복이 필요하다고 설명하고 있으므로 적절하지 않다.

DAY 07 | 정답과 해설

01	02	03	04	05	06	07	08	09	10	11	12	13	14	15
③	③	③	④	③	①	④	②	④	⑤	③	③	②	④	⑤
16	**17**	**18**	**19**	**20**	**21**	**22**	**23**	**24**	**25**	**26**	**27**	**28**	**29**	**30**
②	③	③	③	④	①	⑤	①	②	①	③	⑤	④	④	①

01 의사소통능력

정답 ③

유형 독해 > 주제/제목 **난이도** ★★☆

시간 단축 문제접근 TIP

주제를 찾는 문제는 핵심을 모두 포괄하는 내용을 찾는 것이 우선이다. 즉 부분적으로 해당하거나 일치하지 않거나 상관없는 내용은 주제가 될 수 없다.

1문단에서 '동일본대지진에 따른 쓰나미 피해'를, 2문단에서 '쓰나미에 따른 원전폭발과 관련한 피해 상황'을 차례로 서술하고 있다. 따라서 전체적인 내용을 포괄할 수 있는 제목으로 가장 적절한 것은 ③이다.

| 오답풀이 |

① 일본 관측 사상 최대 규모인 동일본대지진이 발생했다는 내용은 부합하지만 전체적인 내용을 포괄하지 못하므로 글의 제목으로 적절하지 않다.

② 1문단의 동일본대지진에 따른 쓰나미 피해와 관련된 내용을 포괄하지 못하므로 글의 제목으로 적절하지 않다.

④ 2문단의 쓰나미에 따른 원전폭발과 관련된 내용이 구체적으로 드러나지 않으므로 글의 제목으로 적절하지 않다.

⑤ 1문단의 동일본대지진에 따른 쓰나미 피해와 관련된 내용을 포괄하지 못하므로 글의 제목으로 적절하지 않다.

02 의사소통능력

정답 ③

유형 독해 > 추론 **난이도** ★★★

3문단의 'ASMR은 시각적, 청각적 혹은 인지적 자극에 반응한 뇌가 자율 신경계에 신경 전달 물질을 촉진하게 하여 심리적 안정감을 느끼도록 한다'를 통해 알 수 있다.

| 오답풀이 |

① 2문단의 '트리거로 작용하는 소리는 사람에 따라 다를 수 있다. 이는 청취자마다 삶의 경험이나 취향 등에서 뚜렷한 차이를 보이기 때문이다'를 통해 트리거로 작용하는 소리가 사람마다 다르다는 것을 알 수 있으나, 삶의 경험이나 취향이 비슷하다고 해서 트리거로 작용하는 소리도 유사할 것으로 추론하기는 어렵다.

② 3문단의 '스트레스 정도를 낮출 수 있고 불면증과 흥분 상태 개선과 함께 안정감을 얻을 수 있다'를 통해 ASMR의 효과를 짐작할 수 있지만, 해당 콘텐츠가 많아지는 까닭이 수면 유도 효과 때문이라고 단정할 수 없다.

④ 5문단의 '독특한 콘텐츠로 대중의 사랑을 받고 있는 것은 공감각적인 ASMR이다'만으로 가장 많은 대중의 사랑을 받는 콘텐츠가 공감각적인 ASMR라고 단언할 수 없다.

⑤ 4문단의 '인기 있는 콘텐츠가 되기 위해서는 세분화된 분야를 공략하거나 차별화하는 전략이 필요하게 되었다'를 통해 인기 있는 ASMR 콘텐츠가 되기 위해서는 이미 인정받은 분야 외적으로 집중할 필요가 있음을 알 수 있다.

03 의사소통능력

정답 ③

유형 어휘/어법 > 사자성어 **난이도** ★★☆

법정 스님의 편지글을 통해 인생을 살아가면서 좋은 일과 괴로운 일이 분별없이 오고 가니 너무 한편으로 매몰되지 말 것을 전하며, '이렇듯 모든 괴로움은 좋고 싫은 두 가지 분별에서 오는 것이니 좋고 싫은 것만 없다면 괴로울 것도 없고 마음이 고요한 평화에 이른다'로 주제를 드러내고 있다. 이와 관련이 깊은 사자성어는 '인생의 길흉화복은 변화가 많아서 예측하기가 어렵다는 말'인 '새옹지마(塞翁之馬)'이다.

| 오답풀이 |

① 사필귀정(事必歸正): 모든 일은 반드시 바른길로 돌아감

② 상전벽해(桑田碧海): 뽕나무밭이 변하여 푸른 바다가 된다는 뜻으로, 세상일의 변천이 심함을 비유적으로 이르는 말
④ 연목구어(緣木求魚): 나무에 올라가서 물고기를 구한다는 뜻으로, 도저히 불가능한 일을 굳이 하려 함을 비유적으로 이르는 말
⑤ 조변석개(朝變夕改): 아침저녁으로 뜯어고친다는 뜻으로, 계획이나 결정 따위를 일관성이 없이 자주 고침을 이르는 말

04 의사소통능력 정답 ④

유형 어휘/어법 > 내용 수정 **난이도** ★☆☆

오랜만에 오는 친구를 맞이하러 간 것이므로 '손님을 일정한 곳까지 따라 나가서 작별하여 보내다'라는 의미인 '배웅하다'가 아니라 '오는 사람을 나가서 맞이하다'라는 의미인 '마중하다'를 써야 한다. 따라서 '마중하러'를 '배웅하러'로 수정하면 적절하지 않다.

| 오답풀이 |

① '유명세'는 '세상에 이름이 널리 알려져 있는 탓으로 당하는 불편이나 곤욕을 속되게 이르는 말'로, 불편이나 곤욕을 시기했다는 내용은 자연스럽지 않으므로 '인기'로 수정하는 것이 적절하다.
② '안절부절못하다'가 표준어이고, '안절부절하다'는 비표준어이므로, '안절부절못하다'로 수정하는 것이 적절하다.
③ '오래간만'의 준말은 '오랜만'이므로, '오랜만에'로 수정하는 것이 적절하다.
⑤ '쳐다보다'는 '위를 향하여 올려보다'의 의미이므로, 라운지에서 활주로는 위쪽에서 아래쪽을 보는 것이므로 '위에서 아래를 향하여 보다'의 의미인 '내려다보다'로 수정하는 것이 적절하다.

05 의사소통능력 정답 ③

유형 독해 > 일치/불일치 **난이도** ★☆☆

2문단에서 '2년 4개월간 건설공사를 완료하고 15년 6개월 동안 민간 운영기간을 거쳐 튀르키예 정부에 이전하게 된다'고 하였으므로 건설공사가 완료된 나카스－바삭세히르 도로가 민간 운영기간을 거쳐 대한민국 정부에 이전된다는 설명은 적절하지 않다.

| 오답풀이 |

① 3문단에서 '당초 본 사업은 건설사와 금융기관만으로 컨소시엄이 구성돼 도로운영에 대한 전문성 보완이 필요하였으며, 도공이 공동출자사로 참여함에 따라 사업주의 유지관리 역량에 기여하게 됐다'고 하였으므로 적절한 설명이다.
② 3문단에서 '한국도로공사는 완공 후 15년 6개월간 운영에 참여하게 된다'고 하였으므로 적절한 설명이다.
④ 4문단에서 '유럽부흥개발은행 등 국제금융기관이 참여하고, 튀르키예 정부가 수익을 보장하는 구조'로 사업의 안정성과 수익성이 높다고 하였으므로 적절한 설명이다.
⑤ 2문단에서 '나카스－바삭세히르 도로 사업은 튀르키예 마르마라해 북부 지역에 위치한 이스탄불 주변의 8개 간선도로 정비사업 중 마지막 구간'이라고 하였으므로 적절한 설명이다.

06 의사소통능력 정답 ①

유형 독해 > 추론 **난이도** ★★☆

시간 단축 문제접근 TIP

빈칸 추론에서 중요한 힌트 중 하나가 접속어이다. 마지막 문단의 빈칸 앞에 요약, 정리의 접속어인 '이처럼'이 나타나므로 앞선 내용의 주제가 들어갈 것임을 짐작할 수 있다.

빈칸이 속한 문장의 접속어인 '이처럼'을 통해 해당 문장이 글의 전체 내용을 압축할 수 있어야 함을 알 수 있다. 1문단에서 시조 문학의 두 가지 경향을 소개하였고 2문단과 3문단에서 강호가류와 오륜가류의 개념을 설명하였으므로, 마지막 4문단의 빈칸에는 앞선 내용을 종합하여 효용론적 문학관을 드러낼 수 있는 '심성 수양과 백성의 교화라는 두 가지 주제'가 가장 적절하다.

| 오답풀이 |

② 2문단의 '강호가류는 자연 속에서 한가롭게 지내는 삶을 노래한 경향으로, 시조 가운데 작품 수가 가장 많다'를 통해 백성을 다스리는 목민관으로서의 자세를 잊지 않는 바를 주제로 한다는 내용은 강호가류를 포괄하지 못함을 알 수 있으므로 적절하지 않다.
③ 3문단의 '오륜가류는 백성에게 유교적 덕목인 오륜을 실생활 속에서 실천할 것을 권장하려는 경향이다'를 통해 우국충절에 대한 내용과 관련이 없음을 알 수 있으므로 적절하지 않다.
④, ⑤ '관념적 표출에 집중하여 서정적인 면모를 드러내지 못하는 특성'이나 '일반 시와 달리 유교적 이념을 벗어나지 않는 선에서 창작된 것'은 시조의 한계를 드러내는 내용이며 글의 맥락과 관련이 없으므로 빈칸에 들어갈 내용으로 적절하지 않다.

07 의사소통능력

정답 ④

유형 독해 > 주제/제목 **난이도** ★☆☆

4문단에서 '디지털 성범죄의 근본적 차단을 위해서는 딥페이크와 같은 허위영상물을 제작하거나 소지하거나, 이를 시청하거나 유포하는 행위 등이 모두 범죄 행위라는 인식 개선이 우선시되어야 한다'라고 하며 글을 마무리하고 있으므로 이와 일치하는 내용으로 가장 적절한 것은 ④이다.

| 오답풀이 |

① 4문단에서 '딥페이크 성범죄의 근본적인 해결 방안은 해당 범죄에 대한 인식 개선이다'라고 하였으나, 성범죄 처벌 수위를 현행보다 높여야 한다는 내용은 확인할 수 없다.

② 2문단에서 '정부에서도 딥페이크 성범죄 피해를 예방하기 위한 제도 마련에 노력을 기울이고 있다'라고 하였을 뿐, 딥페이크 기술을 정부 차원에서 원천적으로 봉쇄해야 한다는 내용은 확인할 수 없다.

③ 3문단에서 '딥페이크 피해 사실을 인지했다면 가장 먼저 피해 영상물 삭제를 요청해야 한다'라고 하였으나, 핵심적인 주장에 해당하지 않으므로 적절하지 않다.

⑤ 1문단에서 '딥페이크는 온라인에 무료로 공개된 소스코드와 머신러닝 알고리즘으로 손쉽게 제작할 수 있으며, 그 진위 여부를 가리기 어려울 만큼 정교하게 발전되었다'라고 하였으나, 악용 사례를 예방하기 위해 딥페이크 이미지를 판별하는 기술이 개발되어야 한다는 내용은 확인할 수 없다.

08 의사소통능력

정답 ②

유형 독해 > 기타-어휘·어법 **난이도** ★☆☆

'유포'와 '전파'는 '널리 퍼뜨림'을 뜻하는 유의 관계이고, '어떤 일에 손을 댐. 또는 어떤 일을 시작함'이라는 뜻의 '착수'와 '완전하게 끝을 맺음'이라는 뜻의 '완결'은 반의 관계이다.

| 오답풀이 |

① 강조－부각: 어떤 부분을 두드러지게 한다는 뜻의 유의 관계이다.

③ 논란－논쟁: 서로 다른 주장을 내며 다툰다는 뜻의 유의 관계이다.

④ 우선시－중요시: 다른 것보다 중요하게 여긴다는 뜻의 유의 관계이다.

⑤ 정교하다－교묘하다: 솜씨나 기술 따위가 정밀하다는 뜻의 유의 관계이다.

09 의사소통능력

정답 ④

유형 독해 > 문단배열 **난이도** ★★☆

지진 재난문자의 발송 기준이 개선된 내용이 순차적으로 전개되어야 하므로, 첫 번째 문단으로는 '지진 재난문자의 분류 기준과 발송 기준'을 소개한 [다]가 적절하다. 이어 '진도를 반영하여 개선된 지진 재난문자'를 언급한 [라]를 연결하여 내용을 보완하는 동시에 '기존 지진 재난문자에 대한 국민의 불만'을 다룬 [가]를 통해 그 이유를 뒷받침하는 것이 자연스럽다. 또한 개선된 점을 보충하여 설명하기 위하여 [나]의 '진도 기반으로 개선한 지진 재난문자'와 [마]의 '발송 범위를 세분화한 지진 재난문자'를 차례로 연결해야 한다. 따라서 [다]－[라]－[가]－[나]－[마]의 배열이 가장 적절하다.

10 의사소통능력

정답 ⑤

유형 독해 > 추론 **난이도** ★★★

[나]에서 규모 3.5 이상의 국내 지역 지진에 발송했던 긴급 재난문자에 최대 예상 진도 V 기준을 추가하여 피해 가능성이 높은 지진은 긴급 재난문자로, 피해 가능성이 낮은 지진은 안전 안내문자로 발송한다고 하였으므로 앞으로 국내 지역에서 규모 3.5인 지진이 발생하더라도 피해 가능성이 낮으면 안전 안내문자로 발송될 수 있음을 알 수 있다.

| 오답풀이 |

① [다]에서 규모 4.0 이상부터는 전국에 지진 재난문자를 발송한다고 하였으므로 적절하지 않다.

② [나]에서 기상청은 관계 부처와의 논의를 거쳐 지진 재난문자 발송 기준을 규모 중심에서 진도 기반으로 개선하고, 재난문자 발송 범위를 광역시·도에서 시군구로 세분화하는 개선 방안을 마련했다고 하였으므로 적절하지 않다.

③ [마]에서 안전 안내문자는 규모 2.0 이상이면서 최대 계기 진도 Ⅲ 이상인 지진으로 확대해 규모가 작더라도 실제 흔들림을 느끼는 지진에 대비할 수 있도록 하였다고 하였으므로 적절하지 않다.

④ [가]와 [다]에 따르면 2023년 11월에 발생한 규모 4.0의 경주 지진은 규모 3.5 이상 6.0 미만인 긴급 재난으로 분류되어 전국에 지진 안내문자가 발송되었던 것이므로 적절하지 않다.

11 수리능력

정답 ③

유형 응용수리 > 방정식 난이도 ★★☆

방의 개수를 x개라 하면 방 하나에 11명씩 배정했을 때 그중 한 개의 방에는 3명이 배정되면서 4개의 방이 남으므로 신규직원의 수는 $11(x-5)+3$명이고, 방 하나에 12명씩 배정했을 때 7개의 방이 남으므로 신규직원의 수는 $12(x-7)$명이다.

$11(x-5)+3=12(x-7)$

$11x-55+3=12x-84$

$\therefore x=32$

따라서 방은 총 32개이다.

12 수리능력

정답 ③

유형 응용수리 > 경우의 수 난이도 ★★☆

일주일 중 업무하는 날 3일을 고정하는 경우의 수는 ${}_7C_3=35$(가지), 나머지 4일 중 3일은 산책, 운동, 여행, 등산 4가지 중 하나를 선택해서 하므로 ${}_4C_3\times{}_4P_3=96$(가지), 마지막 하루는 요리 공부, 영어 공부, 스페인어 공부 중 하나를 선택해서 하므로 ${}_3C_1=3$(가지)이다.

따라서 병호가 일주일 동안 업무 날짜와 휴식 날짜를 정하는 경우의 수는 $35\times96\times3=10{,}080$(가지)이다.

13 수리능력

정답 ②

유형 응용수리 > 수열 난이도 ★★☆

30초 컷 풀이 TIP

각 항의 차로 규칙을 찾기 어려운 경우, 주어진 수를 그룹으로 묶었을 때 각 그룹이 같은 규칙을 갖고 있는 수열인지 확인해본다.

제시된 수를 3개씩 묶어서 그룹으로 구분하면 각 그룹의 첫 번째 항과 세 번째 항의 곱이 두 번째 항임을 알 수 있다.

따라서 빈칸에 들어갈 알맞은 수는 $8\times2=16$이다.

14 수리능력

정답 ④

유형 응용수리 > 확률 난이도 ★★☆

P회사의 직원 전체를 100%라고 생각하면 전체 직원 중 여성은 55%이고, 석사 출신이거나 여성인 직원은 70%이므로 남성인 석사 출신 직원은 $70-55=15$(%)이다. 이때 P회사의 직원 중 남성은 $100-55=45$(%)이다.

따라서 남성 직원 1명을 뽑았을 때, 이 직원이 석사 출신일 확률은 $\frac{0.15}{0.45}=\frac{1}{3}$이다.

15 수리능력

정답 ⑤

유형 자료해석 > 자료이해 난이도 ★☆☆

제시된 기간 중 감귤 생산량이 최대인 해는 2022년이고, 감귤 면적이 최대인 해는 2020년이므로 서로 다르다.

| 오답풀이 |

① 2022년 감귤 면적은 2019년 대비 $628{,}900-609{,}200=19{,}700$(ha) 감소하였다.

② 2018년 감귤 생산량 1톤당 감귤 면적은 $620{,}600\div21{,}400=29$(ha/톤)이다.

③ 제시된 기간 중 2018년 이후 감귤 생산량이 감소한 해는 2018년, 2019년, 2020년으로 총 3개년이다.

④ 2017년부터 2020년까지 연평균 감귤 생산량은

$$\frac{21{,}500+21{,}400+21{,}100+20{,}900}{4}=21{,}225(\text{톤})$$

이다.

16 수리능력

정답 ②

유형 자료해석 > 자료이해 난이도 ★★☆

주어진 기간 중 잡지의 연평균 광고비는

$\frac{3{,}260+3{,}120+3{,}260+3{,}220}{4}=3{,}215$(억 원)이다.

| 오답풀이 |

① 2023년에 라디오 광고비가 전체 광고비에서 차지하는 비중은 $\frac{2{,}240}{160{,}000}\times100=1.4$(%)이다.

③ 2021년 이후 전년 대비 광고비가 매년 증가하는 매체로는 모바일이 있다.

④ 2022년 위성방송 광고비는 2020년 대비 $\frac{330-300}{330}\times100\fallingdotseq9.1$(%) 감소하였다.

⑤ 2021년 광고비가 세 번째로 많은 매체인 신문의 광고비는 네 번째로 많은 지상파TV의 광고비보다 $17{,}080-13{,}590=3{,}490$(억 원) 더 많다.

17 수리능력

정답 ③

유형 자료해석 > 자료이해 난이도 ★★☆

㉠ 임금총액의 협약임금 인상률이 가장 높은 업종은 건설업이고, 통상임금의 협약임금 인상률이 가장 높은 업종은 정보통신업이므로 서로 다르다.

㉢ 협약임금 인상률에서 임금총액의 비율이 통상임금의 비율보다 높은 업종은 건설업, 운수 및 창고업, 부동산업 총 3개이다.

| 오답풀이 |

㉡ 사업장 수 대비 임금결정 현황 제출 사업장 수의 비율은 도매 및 소매업이 $\frac{410}{418}\times100≒98.1(\%)$, 운수 및 창고업이 $\frac{474}{508}\times100≒93.3(\%)$이므로 도매 및 소매업이 운수 및 창고업보다 높다.

㉣ 제시된 업종 중 사업장 수가 세 번째로 적은 업종인 교육 서비스업의 임금총액 협약임금 인상률은 총계의 $\frac{2.1}{4.2}\times100=50(\%)$이다.

18 수리능력

정답 ③

유형 자료해석 > 자료이해 난이도 ★★☆

㉡ 일반의가 많은 상위 6개 지역은 서울, 경기, 전남, 경남, 대구, 경북이므로 총 $35+14+9+9+7+7=81$(명)이다.

㉢ 수도권의 레지던트 중 서울의 레지던트가 차지하는 비중은 $\frac{872}{872+0+275}\times100≒76.0(\%)$이므로, 75% 이상이다.

| 오답풀이 |

㉠ 전문의가 6번째로 많은 지역은 강원이고, 간호사가 6번째로 많은 지역은 대전이므로 서로 다르다.

㉣ 간호사 수의 합은 충북과 충남이 $1,496+955=2,451$(명), 전북과 전남이 $1,963+1,460=3,423$(명)이므로 충북과 충남이 전북과 전남보다 $3,423-2,451=972$(명) 더 적다.

19 수리능력

정답 ③

유형 자료해석 > 자료계산 난이도 ★★★

연도별 초 · 중 · 고 학교의 전체 수와 2년 전 대비 증가량을 계산하면 다음과 같다.

구분	2016년	2018년	2020년	2022년
초 · 중 · 고 학교의 전체 수(개교)	5,978+3,204+2,344=11,526	6,243+3,239+2,335=11,817	6,305+3,239+2,330=11,874	6,317+3,260+2,376=11,953
2년 전 대비 증가량(개교)	–	11,817−11,526=291	11,874−11,817=57	11,953−11,874=79

따라서 초 · 중 · 고 학교의 전체 수가 2년 전 대비 가장 많이 증가한 해는 2018년이고, 2018년에 초 · 중 · 고 학교의 전체 수에서 초등학교 수가 차지하는 비중은 $\frac{6,243}{11,817}\times100≒52.8(\%)$이다.

20 수리능력

정답 ④

유형 자료해석 > 자료변환 난이도 ★★☆

부산의 신호위반 건수는 950건이다.

21 문제해결능력

정답 ①

유형 모듈형 > 사고력 난이도 ★★☆

㉠ 주제의 본질과 닮은 것을 힌트로 하여 새로운 아이디어를 얻는 방법은 비교발상법에 대한 설명이므로 적절하다.

㉢ 서로 연관이 없어 보이는 대상들을 조합하여 새로운 아이디어를 고안하는 시네틱스는 비교발상법의 종류이므로 적절하다.

| 오답풀이 |

㉡ 어떤 생각에서 다른 생각을 떠올리는 작용을 통해 생각나는 것을 계속해서 열거해 나아가는 것은 '자유연상법'에 대한 설명이다.

㉣ 찾고자 하는 내용을 표로 정리해 차례대로 그와 관련된 아이디어를 도출하는 것은 '강제연상법'의 종류인 체크리스트에 대한 설명이다.

㉤ 대상의 단점을 구체적으로 나열하고 개선 방법을 찾으며 아이디어를 고안하는 것은 '강제연상법'의 종류인 결점열거법에 대한 설명이다.

㉥ 6색 사고 모자 기법은 '자유연상법'의 종류에 포함된다.

22 문제해결능력

정답 ⑤

유형 사고력 > 언어추리 > 참/거짓 **난이도** ★★☆

무의 진술이 진실이라고 가정하면 무는 갑과 정이 거짓말을 하고 있다고 하였으므로 무의 말이 진실이면 갑과 정의 말은 거짓이고, 5명의 사원 중 2명의 진술이 거짓이므로 나머지 사원의 말은 모두 진실이다. 그러나 병은 정이 진실을 말하고 있다고 하므로 이는 조건과 모순되어, 무의 말은 거짓이다. 이에 따라 무는 의자를 신청하지 않았고, 갑과 정 중 적어도 한 명은 진실을 말하고 있다. 이때, 을은 무가 진실을 말하고 있다고 하므로 을의 말 또한 거짓이 되고, 을은 모니터를 신청하였다. 또한, 5명의 사원 중 2명의 진술이 거짓이므로 나머지 사원의 말은 모두 진실이다. 이에 따라 각 신입사원이 신청한 사무용품을 정리하면 다음과 같다.

갑	을	병	정	무
노트북, 의자	모니터, 의자 또는 노트북	키보드, 노트북 또는 의자	의자, 모니터	노트북, 키보드

따라서 신청 사원과 신청 물품이 항상 참인 것은 ⑤이다.

| 오답풀이 |

① 갑은 모니터를 신청하지 않았으므로 항상 거짓인 설명이다.
② 을은 의자를 신청하지 않았을 수도 있으므로 항상 참인 설명은 아니다.
③ 병은 노트북을 신청하지 않았을 수도 있으므로 항상 참인 설명은 아니다.
④ 정은 노트북을 신청하지 않았으므로 항상 거짓인 설명이다.

23 문제해결능력

정답 ①

유형 사고력 > 조건추리 > 위치·배치 **난이도** ★★★

제시된 조건에서 확실한 정보만 먼저 표로 정리하면 다음과 같다.

구분	첫 번째	두 번째	세 번째	네 번째	다섯 번째
A	서울		태안		
B			서울		
C			제주	태안	
D			인천	서울	태안
E			군산		

이때, B와 C는 인천에서 근무한 적이 있고, A와 B는 아직 제주에서 근무하지 않았으며, A, C, D는 태안에서 세~다섯 번째로 근무하였으므로 B와 E가 각각 첫 번째 또는 두 번째로 태안에서 근무함을 알 수 있다. 또한, C~E는 제주에서 근무했으므로 D, E는 각각 첫 번째 또는 두 번째로 제주에서 근무한다. 가능한 경우를 정리하면 다음과 같다.

[경우1] B가 첫 번째로 인천에서 근무한 경우

구분	첫 번째	두 번째	세 번째	네 번째	다섯 번째
A	서울		태안		
B	인천	태안	서울		
C	군산	인천	제주	태안	
D	제주		인천	서울	태안
E	태안	제주	군산		

[경우2] C가 첫 번째로 인천에서 근무한 경우

구분	첫 번째	두 번째	세 번째	네 번째	다섯 번째
A	서울		태안		
B	태안	인천	서울		
C	인천		제주	태안	
D	군산	제주	인천	서울	태안
E	제주	태안	군산		

따라서 E는 아직 인천에서 근무하지 않았으므로 항상 참인 것은 ①이다.

| 오답풀이 |

② B는 첫 번째 또는 두 번째 순서로 태안에서 근무하므로 항상 거짓인 설명이다.
③ C는 다음 순환 근무 기간에 태안에서 근무하므로 항상 거짓인 설명이다.
④ 군산에서 가장 먼저 근무한 사람은 C 또는 D이므로 항상 참인 설명은 아니다.
⑤ 제주에서 가장 먼저 근무한 사람은 D 또는 E이므로 항상 참인 설명은 아니다.

24 문제해결능력

정답 ②

유형 사고력 > 조건추리 > 기타 **난이도** ★★☆

제시된 조건에 따르면 K씨는 어제까지 한국 나이로 17세였고, 오늘부터 365일 후에는 한국 나이로 19세가 되므로 어제부터 366일이 지나면 해가 2년이 바뀌어야 한다. 이에 따라 어제는 12월 31일이어야 함을 알 수 있다. 그러므로 오늘은 1월 1일이고, 오늘로부터 365일 후인 내년 1월 1일에는 K씨가 만 18세 이상이 되어 투표를 할 수 있으므로 K씨의 생일은 1월 1일이어야 하며, 국회의원 선거일 또한 1월 1일이어야 한다.
따라서 이를 충족시키기 위한 조건으로 옳은 것은 ⓒ이다.

| 오답풀이 |

㉠ 국회의원 선거일은 1월 1일이므로 옳지 않다.
㉡ 어제는 12월 31일이므로 옳지 않다.
㉣ 올해가 윤년인 경우 365일 후가 1월 1일이 되지 않으므로 옳지 않다.

25 문제해결능력

정답 ①

유형 사고력 > 조건추리 > 기타 **난이도** ★☆☆

제시된 조건에 따라 소괄호부터 풀이하면

- 2◇5: 좌우에 있는 두 수를 곱하면 10이고, 10은 30 미만이므로 10
- 3◎9: 좌우에 있는 두 수 가운데 큰 수를 작은 수로 나누면 3이고, 3은 3 이상이므로 3

따라서 [{(2◇5)▲(3◎9)}★6]◇8 → [{10▲3}★6]◇8

중괄호를 풀이하면

- 10▲3: 좌우에 있는 두 수 가운데 큰 수에서 작은 수를 빼면 7이고, 7은 5 이상이므로 7

따라서 [{10▲3}★6]◇8 → [7★6]◇8

대괄호를 풀이하면

- 7★6: 좌우에 있는 두 수를 더하면 13이고, 13은 10 이상이므로 13

따라서 [7★6]◇8 → 13◇8

- 13◇8: 좌우에 있는 두 수를 곱하면 104이고, 104는 30 이상이므로 좌우에 있는 두 수를 더하면 21

따라서 계산한 값은 21이다.

26 문제해결능력

정답 ③

유형 문제처리능력 **난이도** ★★☆

시간 단축 문제접근 TIP

첫 번째 조건에서 일주일에 최대 세 개의 코트까지 대관이 가능하다고 하였으므로 이미 세 개의 코트를 대관한 '고시' 단체는 다른 조건에 관계없이 추가 대관이 불가하다. 이에 따라 '고시' 단체가 포함된 선택지 ①, ⑤는 정답에서 제외됨을 알 수 있다.

- '고시' 단체는 이미 세 개의 코트를 대관한 상태이므로 금요일에 추가 대관이 불가하다.
- '시대' 단체는 두 개의 코트를 대관한 상태이므로 한 개의 코트를 추가로 대관할 수 있고, 금요일 전날인 목요일에 B코트를 대관했으므로 B코트를 제외한 A코트나 C코트를 대관할 수 있다.
- '최강' 단체는 두 개의 코트를 대관한 상태이므로 한 개의 코트를 추가로 대관할 수 있고, 금요일 전날인 목요일에 C코트를 대관했으므로 C코트를 제외한 A코트나 B코트를 대관할 수 있지만 한 단체가 하루에 두 개의 코트를 대관하기 위해서는 반드시 인접한 코트로 대관해야 한다는 조건에 모순되므로 금요일에 추가 대관이 불가하다.
- '최고' 단체는 두 개의 코트를 대관한 상태이므로 한 개의 코트를 추가로 대관할 수 있고, 금요일 전날인 목요일에 A코트를 대관했으므로 A코트를 제외한 B코트나 C코트를 대관할 수 있다.

따라서 금요일의 빈 시간에 코트를 대관할 수 있는 단체를 모두 고르면 '시대'와 '최고'이다.

27 문제해결능력

정답 ⑤

유형 문제처리능력 **난이도** ★★☆

K과장의 1일 평균임금을 구하면 $[\{(3{,}850{,}000+550{,}000)\times3\}+2{,}750{,}000\times\frac{1}{4}+140{,}000\times7\times\frac{1}{4}]\div92\fallingdotseq153{,}614$(원)이다.

K과장의 계속근로일수는 4,672일이므로 현재 근속 정보 기준 K과장의 퇴직금 총액은 $153{,}614\times30\times\frac{4{,}672}{365}=58{,}987{,}776$(원)이다.

28 문제해결능력

정답 ④

유형 문제처리능력 **난이도** ★★☆

제시된 조건에 따라 노동효율 부문의 평가는 고려하지 않으며, 발전성 부문의 평가가 최저등급인 후보지역은 제외한다.

후보지역	예상 소모비용 (만 원/월)	접근성	영업효율	발전성
나	800	A	B	A
라	580	B	B	B
마	830	A	C	A
바	790	C	B	B
아	830	B	A	B
자	770	A	B	A

남은 후보지역 중 영업효율 부문의 평가가 최고등급이거나 접근성 부문의 평가가 최고등급이고, 발전성 부문의 평가가 B등급 이상인 후보지역을 확인한다.

후보지역	예상 소모비용 (만 원/월)	접근성	영업효율	발전성
나	800	A	B	A
마	830	A	C	A
아	830	B	A	B
자	770	A	B	A

채택되는 후보지는 '나, 마, 아, 자'이므로 예상 소모비용의 총합은 800+830+830+770=3,230(만 원/월)이다.

29 문제해결능력

정답 ④

유형 상황판단 > 독해추론 난이도 ★★☆

1문단에 따르면 행안부는 17개 시도 47개 시 · 군 · 구를 대상으로 표본점검을 실시하였으므로 적절하지 않다.

| 오답풀이 |

① 2문단의 '우수 협력 사례'에 따르면 강원도는 제설 트럭과 유니목, 인력 등을 임실군과 순창군, 전주시 등에 지원하여 제설 작업을 실시한 적이 있으므로 적절하다.

② 2문단에 따르면 재난관리자원 통합관리시스템은 재난관리 물품, 재산, 인력 등 재난관리에 관한 정보를 관리하기 위해 운영한다고 하였으므로 적절하다.

③ 1문단에 따르면 재난관리자원 관리실태 중앙합동점검반은 총 8개반 25명으로 구성되었으므로 1개반당 평균 3명의 인원으로 편성되었음을 추측할 수 있다.

⑤ 1문단에 따르면 겨울철 자연재난 대책기간은 2024년 11월부터 2025년 3월까지 약 4개월이므로 적절하다.

30 문제해결능력

정답 ①

유형 상황판단 > 독해추론 난이도 ★★☆

3문단에 따르면 국가유산의 소규모 보수 · 안내판 설치 등 일상적 관리 차원의 경미한 국가유산수리는 국가유산청장의 설계승인을 받지 않아도 되도록 규제를 일부 완화하였다고 하였으므로 규제 완화 이전에는 국가유산에 안내판을 설치하는 것 또한 국가유산청장의 설계승인이 필요했음을 추측할 수 있다.

| 오답풀이 |

② 1문단에 따르면 국가유산수리 등에 관한 법률은 2024년 10월 22일에 일부 개정 공포되었으나 제정된 것은 아니므로 적절하지 않다.

③ 4문단에 따르면 국가유산수리기술자는 18세 이상이면 미성년자라도 참여 가능하므로 적절하지 않다.

④ 글 전반에서 이번 법률 개정을 통해 국가유산수리업의 행정절차 간소화를 통한 행정 편의성 개선에 대해 이야기하고 있으므로 적절하지 않다.

⑤ 4문단에 따르면 국가유산수리기능자 자격 인정 대상을 기존 국가 및 시도무형유산 보유자에서 전승교육사까지 추가하였다고 하였으므로 시도무형유산 보유자는 법률 개정 이전에도 국가유산수리기능자 자격 인정 대상에 해당했음을 추측할 수 있다.

DAY 08 | 정답과 해설

01	02	03	04	05	06	07	08	09	10	11	12	13	14	15
②	②	④	②	②	②	①	④	④	⑤	②	⑤	①	③	③
16	**17**	**18**	**19**	**20**	**21**	**22**	**23**	**24**	**25**	**26**	**27**	**28**	**29**	**30**
⑤	③	①	③	①	①	⑤	④	⑤	②	①	⑤	①	④	⑤

01 의사소통능력

정답 ②

유형 독해 > 문단배열 **난이도** ★★☆

상속세의 개념 및 특징과 관련된 내용이 순차적으로 전개되어야 하므로, 첫 번째 문단으로는 '상속세의 개념'을 소개한 [가]가 적절하다. 이어 '우리나라 상속세의 특징'을 언급한 [라]를 연결하여 내용을 보완하는 한편, '상속세 실시와 변화 과정'을 다룬 [다]를 통해 우리나라 상속 제도에 관하여 전반적인 내용을 정리하는 맥락이 자연스럽다. 또한 [나]의 '오늘날 우리나라 상속 제도의 문제점'을 보충하여 상속 제도를 개정해야 한다는 목소리가 높다는 지적으로 마무리해야 한다. 따라서 [가]－[라]－[다]－[나]의 배열이 가장 적절하다.

02 의사소통능력

정답 ②

유형 어휘/어법 > 접속사 넣기 **난이도** ★☆☆

시간 단축 문제접근 TIP

①~⑤에 제시된 접속어 중 '또는'만 의미가 다르므로 지문을 읽지 않아도 쉽게 답을 고를 수 있다.

빈칸의 앞뒤 문맥을 고려할 때, 웨어러블 장치가 제공하는 데이터 수집을 위한 다양한 옵션과 관련된 내용이 이어져야 한다. 빈칸 뒤 문장에서 '기업에서 활용 가능한 잠재력을 창출하기도 한다'라고 하였으므로 앞 문장에서 언급한 내용을 보충하고 있음을 알 수 있다. 따라서 빈칸에 들어갈 접속어는 첨가 관계를 나타내는 '또한', '더구나', '게다가', '아울러' 등이 적절하다. '그렇지 않으면'이라는 의미인 '또는'은 병렬 관계를 나타내는 접속어이므로 맥락상 적절하지 않다.

03 의사소통능력

정답 ④

유형 어휘/어법 > 맞춤법 **난이도** ★★☆

㉠ '두리뭉실하다'는 '말이나 태도 따위가 확실하거나 분명하지 아니하다' 또는 '특별히 모나거나 튀지 않고 둥그스름하다'를 의미하는 단어이다. 따라서 '말이나 행동 따위가 철저하거나 분명하지 아니하다' 또는 '모나거나 튀지 않고 둥그스름하다'를 의미하는 단어인 '두루뭉술하다'로 대체할 수 있다. 단, '두리뭉술하다' 또는 '두루뭉실하다'는 표준어에 해당하지 않는다.

㉢ '만날'은 '매일같이 계속하여서'를 의미하는 단어로, '맨날'로 대체할 수 있다.

㉣ '수탕나귀'는 '당나귀의 수컷'을 의미하며, '수캉아지, 수캐, 수컷, 수탉, 수톨쩌귀, 수퇘지, 수평아리'와 같이 수컷을 이르는 접두사 '수－' 다음에서 나는 거센소리가 인정되는 단어 중 하나이다. 단, 접두사 '숫－'을 적용하는 단어는 '숫양, 숫염소, 숫쥐'뿐이므로 '숫탕나귀'로 쓸 수 없다.

| 오답풀이 |

㉡ '웃돈'은 '본래의 값에 덧붙이는 돈'을 의미하는 단어로, '웃－' 및 '윗－'은 명사 '위'에 맞추어 '윗－'으로 통일하되 '아래, 위'의 대립이 없는 단어는 '웃－'으로 발음되는 형태를 표준어로 삼는 규정을 따른다. 이때 '윗돈'은 표준어에 해당하지 않는다.

04 의사소통능력 정답 ②

유형 독해 > 전개방식 난이도 ★★☆

시간 단축 문제접근 TIP

설명방식을 묻는 유형에서 적절하지 않은 것을 고를 때에는 선지부터 확인하여 다른 선지와 이어지지 않거나, 일반적인 전개 구조상 나오기 어려운 경우가 없는지 확인 후, 빠르게 읽어가면서 나머지 선지를 찾는 것이 효율적이다.

2문단의 '엄마쥐는 처녀쥐보다 인지능력이 급격하게 증가하여 후각능력과 시각능력이 상승하였다', '뇌에서 기억과 학습을 담당하는 해마의 신경회로가 새롭게 재구성되는 것 같았다고 한다'와 같은 킹슬리 박사팀의 실험결과를 근거로 들어 출산으로 엄마가 된 여성은 지적능력이 감퇴한다는 통념을 반박하고 있다. 4문단에서 '지금껏 연구는 주로 실험용 쥐를 중심으로 이루어졌지만, 인간에게도 같은 원리가 적용될 가능성은 크다'라고 하여 여성이 출산 후 겪게 되는 뇌의 변화 과정 또한 유사하리라고 추론할 수 있으나 구체적인 실험으로 증명한 내용은 확인할 수 없다.

| 오답풀이 |

① 1문단의 '출산으로 엄마가 된 여성은 지적능력이 감퇴한다'라는 일반적인 통념에 대하여 크레이그 킹슬리 등의 연구결과를 접한 캐서린 엘리슨의 견해를 근거로 들어 반박하고 있다.

③ 1문단의 '출산으로 엄마가 된 여성은 지적능력이 감퇴한다'라는 통념을 반박한 캐서린 엘리슨의 책을 논지로 제시한 후, 킹슬리 박사팀과 줄리에 수어의 실험결과를 소개하여 엄마가 된 여성의 뇌가 영리해질 가능성이 있다는 주제를 명료화하고 있다.

④ 2문단의 킹슬리 박사팀의 실험, 3문단의 줄리에 수어의 실험에서 도출한 결과를 통해 출산 후 뇌에 일어나는 긍정적 변화를 강조하고 있다.

⑤ 5문단의 '아빠쥐도 새끼와 상호작용하면서 더 영리해진다고 한다'라는 실험 내용을 통해 아이와의 상호작용이 엄마뿐만 아니라 아빠에게도 좋은 영향을 줄 수 있음을 설명하고 있다.

05 의사소통능력 정답 ②

유형 독해 > 주제/제목 난이도 ★☆☆

1문단에서 궁궐의 구조를 구성 요소별로 나열한 후, 이어지는 각 문단에서 구성 요소를 상술하고 있다. '내전', '외전', '동궁', '생활주거공간', '후원', '궐내각사', '궐외각사' 등 궁궐의 각 구조에 해당하는 구성 요소와 그 쓰임새를 나누어 설명하고 있으므로, 제목으로 가장 적절한 것은 ②이다.

| 오답풀이 |

① 왕족과 그 외 궁인과 같은 '궁궐 사람들'에 대한 내용은 확인할 수 없다.

③ 궁궐 구조에 대한 설명을 확인할 수 있으나, '변천 과정'에 대한 내용은 확인할 수 없다.

④ 궁궐의 구성 요소를 병렬적으로 개관할 수 있으나, '내부 구조의 원리'에 대한 내용은 확인할 수 없다.

⑤ 조선 시대의 궁궐에 적용된 '건축양식'과 관련한 설명은 확인할 수 없다.

06 의사소통능력 정답 ②

유형 독해 > 추론 난이도 ★★★

4문단에서 납세자 세금신고지원 사업의 현재 위탁인력 120명을 130명으로 확대 운영할 예정이며, 증원인력 10명은 수도권 외 지역에 신규 배치된다고 하였다. 즉, 2024년에 수도권에서 배치되는 인력을 알 수 없으므로 2025년에 수도권에 배치되는 인력의 수는 알 수 없다. 따라서 적절하지 않은 것은 ②이다.

| 오답풀이 |

① 2문단에서 납세자 세금신고지원 사업에는 38억 원으로 증액 편성하였다고 하였고, 4문단에서 서비스 지역 추가 확대를 위해 전년 대비 4억 원을 증액하여 편성했다고 하였으므로 2024년 납세자 세금신고지원 사업은 34억 원의 예산이 편성되었음을 알 수 있다.

③ 1문단에서 2023년부터 2025년까지의 국세청 예산안 현황을 살펴보면, 인건비와 기본경비는 매년 증가하고 있다고 하였으므로 2025년 경직성 경비로 사용될 예산액은 2024년 대비 늘었음을 알 수 있다.

④ 3문단에서 2단계 지능형 홈택스에서는 신고서를 자동으로 채워주는 기능을 대폭 확대할 예정이라고 하였으므로 현재 홈택스 시스템에는 신고서를 자동으로 채워주는 기능이 일부 도입되어 있음을 알 수 있다.

⑤ 2문단에서 AI 중심의 홈택스 고도화에는 80억 원을, 디지털 취약계층을 위한 납세자 세금신고지원 사업에는 38억 원으로 증액 편성하였다고 하였으므로, 국세청이 홈택스 고도화와 디지털 취약계층 세금신고지원 등에 필요한 예산을 118억 원 증액했음을 알 수 있다.

07 의사소통능력 정답 ①

유형 독해 > 기타-조문 이해 난이도 ★☆☆

제4조는 사업주나 법인 또는 기관이 실질적으로 지배 · 운영 · 관리하는 사업 또는 사업장에서 종사자의 안전 · 보건상 유해 또는

위험을 방지하기 위하여 그 사업 또는 사업장의 특성 및 규모 등을 고려하여 사업주 또는 경영책임자등이 조치를 하여야 한다는 규정이므로 사업장 종사자가 아닌 '사업주와 경영책임자등의 안전 및 보건 확보 의무'와 관련된 법이다.

08 의사소통능력

정답 ④

유형 독해 > 기타-조문 이해 난이도 ★★☆

- 갑: 제8조에 따르면 중대산업재해가 발생한 기관의 경영책임자가 안전보건교육을 이수하지 않으면 대통령령으로 정하는 바에 따라 5천만 원 이하의 과태료를 고용노동부장관이 부과·징수한다.
- 을: 제7조에 따르면 법인 또는 기관의 경영책임자등이 그 법인 또는 기관의 업무에 관해 안전 및 보건 확보 의무를 위반하는 행위를 하면 그 행위자를 벌하는 외에 그 법인 또는 기관에도 벌금형을 부과한다.
- 정: 제5조는 사업주나 법인 또는 기관이 그 시설, 장비, 장소 등에 대하여 실질적으로 지배·운영·관리하는 책임이 있는 경우에 한정하여 적용된다.

| 오답풀이 |

- 병: 제3조에 따르면 상시 근로자가 5명 미만인 사업 또는 사업장의 사업주 또는 경영책임자등에게는 중대산업재해 규정을 적용하지 않는다.

09 의사소통능력

정답 ④

유형 독해 > 기타-글의 구조 난이도 ★★☆

이 글의 구조는 크게 다음과 같이 정리할 수 있다.

[가]	적극행정과 소극행정의 개념
[나]-[라]	적극행정의 유형과 적극행정 문화를 확산하기 위한 방안
[다]-[마]	소극행정의 유형과 소극행정 문화를 혁파하기 위한 방안

적극행정과 소극행정의 개념에 대해 설명하는 [가], 적극행정의 유형을 설명하는 [나]와 적극행정 문화를 확산하기 위한 방안을 설명하는 [라], 소극행정의 유형을 설명하는 [다]와 소극행정 문화를 혁파하기 위한 방안을 설명하는 [마]로 전개되고 있다.

10 의사소통능력

정답 ⑤

유형 독해 > 추론 난이도 ★★☆

[다]에 따르면 문제해결을 위해 노력하지 않고 적당히 형식만 갖추어 부실하게 처리하는 행태는 적당편의이다. 탁상행정은 법령이나 지침 등의 변화에도 불구하고 과거 규정에 따라 업무를 처리하거나, 기존의 불합리한 업무 관행을 그대로 답습하는 행태이다.

| 오답풀이 |

① [라]에서 각 기관에서 반기별로 적극행정 우수공무원을 선발하여 승진이나 승급 등 인사상 우대조치를 부여한다고 하였으므로 적절하다.

② [마]에서 인사혁신처에서는 국민신문고의 소극행정 신고센터를 신설하여 소극행정 관련 사례를 상시 접수하고 있다고 하였으므로 적절하다.

③ [가]에서 적극행정은 헌법 제7조 제1항과 국가공무원법 제56조를 근거로 둘 수 있다고 하였으므로 적절하다.

④ [나]에서 규정의 해석 및 적용 측면으로는 불합리한 규정과 절차나 관행을 스스로 개선하는 행위 등이 있다고 하였으므로 적절하다.

11 수리능력

정답 ②

유형 응용수리 > 방정식 난이도 ★★☆

A의 속력은 12km/h, 즉 $\frac{12,000}{60}=200$(m/min)이다.

B의 속력을 xm/min이라 하면 둘레가 400m인 운동장 트랙 위에서 A와 B는 8분이 지나서 7번째로 만났으므로 두 사람이 8분 동안 움직인 거리의 합은 $400\times7=2,800$(m)이다.

즉, $\frac{2,800}{200+x}=8$이므로 $x=150$이다.

따라서 B의 속력은 150m/min이다.

12 수리능력

정답 ⑤

유형 응용수리 > 수와 식 난이도 ★★★

7명 중 나이가 같은 사람은 3명이고, 그 외에는 모두 나이가 다른데 최빈값은 31세이므로 나이가 같은 사람 3명의 나이는 모두 31세이다. 이때 중앙값은 31세이므로 31세인 3명의 나이는 2/3/4번째 또는 3/4/5번째 또는 4/5/6번째로 많다. 즉, 나이가 가장 많은 사람과 나이가 가장 적은 사람은 모두 31세가 아니고, 세 번째로 나이가 많은 사람의 나이는 37세이므로 31세인 3명의 나이는 4/5/6번째로 많다.

영업부의 평균 나이는 35세이므로 7명의 나이의 합은 $35\times7=245$이고, 여기서 31세인 3명의 나이와 나이가 가장 많은 사람 및 나이가 가장 적은 사람의 나이의 합을 빼면 $245-31\times3-73=79$이다.

따라서 두 번째로 나이가 많은 사람의 나이는 $79-37=42$(세)이다.

13 수리능력 정답 ①

유형 응용수리 > 경우의 수 난이도 ★☆☆

한 방에 보관할 수 있는 박스는 최대 4개이고, 예약한 방은 3개, 박스는 8개이므로 각 방에 보관할 수 있는 박스 수를 구분하면 (4개/3개/1개), (4개/2개/2개), (3개/3개/2개)이다.

- (4개/3개/1개)로 그룹을 나누어 방에 보관하는 경우, 3개의 방에 보관하는 박스 수가 모두 다르므로 3!=6(가지)
- (4개/2개/2개)로 그룹을 나누는 경우, 3개의 방 중 2개의 방에 보관하는 박스 수가 같으므로, ${}_3C_1=3$(가지)
- (3개/3개/2개)로 그룹을 나누는 경우, 3개의 방 중 2개의 방에 보관하는 박스 수가 같으므로, ${}_3C_1=3$(가지)

따라서 가능한 경우의 수는 6+3+3=12(가지)이다.

14 수리능력 정답 ③

유형 자료해석 > 자료이해 난이도 ★☆☆

2024년 무용의 취업률은 2020년 대비 40.6−29.7=10.9(%p) 감소하였다.

| 오답풀이 |

① 2019년에 취업률이 높은 전공 4개를 순서대로 나열하면 공예, 예체능교육, 무용, 작곡이므로 취업률이 네 번째로 높은 전공은 작곡이다.
② 응용미술은 2020년 이후 취업률이 매년 증가하였다.
④ 2023년 취업률은 조형이 음악학보다 34.5−28.9=5.6(%p) 더 높다.
⑤ 취업률이 가장 낮은 전공은 2021년에는 국악이고, 2022년에는 기악이므로 서로 다르다.

15 수리능력 정답 ③

유형 자료해석 > 자료이해 난이도 ★☆☆

30초 컷 풀이 TIP

③ 제시된 기간에 A국의 이민자 수의 합은 3,450+3,864+4,080=11,394(명)이고, 3,800×3=11,400(명)이므로 월평균 이민자 수는 3,800명 미만임을 쉽게 알 수 있다.

제시된 기간에 A국의 월평균 이민자 수는

$\frac{3,450+3,864+4,080}{3}$=3,798(명)이므로 3,800명 미만이다.

| 오답풀이 |

① 제시된 기간에 B국의 이민자 수는 총 2,600+2,808+2,835=8,243(명)이다.
② 2022년 12월 이민자 수는 A국이 B국보다 3,450−2,600=850(명) 더 많다.
④ 2023년 1월 이후 A국과 B국의 이민자 수는 매월 증가하므로 증감 추이는 매월 같다.
⑤ 2023년 1월 이민자 수의 전월 대비 증가율은 A국이 $\frac{3,864-3,450}{3,450}\times100$=12(%), B국이 $\frac{2,808-2,600}{2,600}\times100$=8(%)이므로 A국이 B국보다 12−8=4(%p) 더 크다.

16 수리능력 정답 ⑤

유형 자료해석 > 자료계산 난이도 ★☆☆

30초 컷 풀이 TIP

주어진 그래프에서 백의 자리까지만 계산해 보면 그 차는 2018년에 약 2,000천 명, 2019년에 약 1,700천 명, 그 이후 연도는 모두 약 1,600천 명 이하이므로 두 번째로 차가 큰 해는 2019년임을 쉽게 계산할 수 있다.

제시된 기간의 취업자 수와 비경제활동인구 수의 차는 다음과 같다.

2018년	2019년	2020년	2021년	2022년	2023년
6,313−4,324 =1,989 (천 명)	6,462−4,701 =1,761 (천 명)	6,696−5,076 =1,620 (천 명)	6,994−5,406 =1,588 (천 명)	7,140−5,858 =1,282 (천 명)	7,287−6,223 =1,064 (천 명)

따라서 취업자 수와 비경제활동인구 수의 차가 두 번째로 큰 해는 2019년이고, 그 차는 1,761천 명이다.

17 수리능력 정답 ③

유형 자료해석 > 자료변환 난이도 ★☆☆

표의 수치와 그래프의 모양을 비교했을 때 옳은 것은 ③이다.

| 오답풀이 |

① 남중생의 흡연율이 전체 흡연율보다 높으므로 옳지 않다.
② 2022년 남고생의 흡연율이 12% 미만이므로 옳지 않다.
④ 전체 흡연율이 8% 이상이므로 옳지 않다.
⑤ 2020년 여중생의 흡연율이 1%보다 낮으므로 옳지 않다.

18 수리능력

정답 ①

유형 자료해석 > 자료이해 난이도 ★★☆

㉠ 2024년 총구매액에서 녹색제품 구매액이 차지하는 비중은 $\frac{2,400}{3,000}\times100=80(\%)$이다.

| 오답풀이 |

㉡ 2022년 폐수처리량은 오수처리량보다 $208,000-70,000=138,000(m^3)$ 더 크다.

㉢ 제시된 기간 중 녹색제품 구매액이 가장 큰 해는 2023년인데, 온실가스 배출량이 가장 적은 해는 2024년이므로 같지 않다.

㉣ 제시된 기간의 연평균 온실가스 배출량은 $\frac{1,604,000+1,546,000+1,542,000}{3}=1,564,000(tCO_2eq)$ 이다.

19 수리능력

정답 ③

유형 자료해석 > 자료계산 난이도 ★☆☆

제시된 기간 중 총구매액이 가장 큰 해인 2023년에 오수처리량과 폐수처리량의 전년 대비 감소량은 각각 $70,000-61,000=9,000(m^3)$, $208,000-204,000=4,000(m^3)$이다. 따라서 2023년에 전년 대비 감소한 오수처리량과 폐수처리량의 합은 $9,000+4,000=13,000(m^3)$이다.

20 수리능력

정답 ①

유형 자료해석 > 자료이해 난이도 ★★☆

30초 컷 풀이 TIP

㉢ 40세 이상인 인구의 비중이 55% 이상이라는 말은 40세 미만인 인구의 비중이 45% 미만이라는 말과 같다. 따라서 40세 미만인 인구의 비중이 45% 미만인 지역을 찾으면 부산, 강원, 전북, 전남, 경북, 경남 총 6개임을 쉽게 알 수 있다.

㉠ 40세 미만의 비중이 가장 작은 지역인 전남과 가장 큰 지역인 세종의 비중 차는 56.7−39.6=17.1(%p)이다.

㉡ 40~64세 인구수는 인천이 3,016,000×0.405=1,221,480(명), 충남이 2,119,000×0.37=784,030(명)이므로 두 지역의 인구수의 차는 1,221,480−784,030=437,450(명)이다.

| 오답풀이 |

㉢ 65세 이상의 비중이 가장 큰 지역부터 6개의 지역을 순서대로 나열한 순서는 '전남−경북−전북−강원−충남−부산'이고, 40세 미만의 비중이 가장 작은 지역부터 6개의 지역을 순서대로 나열하면 '전남−경북−강원−전북−부산−경남'이므로 그 순서는 서로 다르다.

㉣ 40세 이상인 인구의 지역별 비중을 계산하면 다음과 같다.

서울	부산	대구	인천
38.8+13.7 =52.5(%)	40.5+16.3 =56.8(%)	40.8+14.1 =54.9(%)	40.5+11.8 =52.3(%)
광주	**대전**	**울산**	**세종**
38.3+12.3 =50.6(%)	38.4+11.9 =50.3(%)	41.5+10.0 =51.5(%)	34.0+9.3 =43.3(%)
경기	**강원**	**충북**	**충남**
39.6+11.6 =51.2(%)	40.1+18.1 =58.2(%)	38.9+15.7 =54.6(%)	37.0+16.9 =53.9(%)
전북	**전남**	**경북**	**경남**
38.2+19.0 =57.2(%)	38.4+22.0 =60.4(%)	39.4+19.1 =58.5(%)	40.3+15.0 =55.3(%)
제주			
39.2+14.4 =53.6(%)			

따라서 비중이 55% 이상인 지역은 부산, 강원, 전북, 전남, 경북, 경남으로 총 6개이다.

21 문제해결능력

정답 ①

유형 문제처리능력 난이도 ★☆☆

제시된 조건에 따라 추가 또는 차감되는 출산장려금을 정리하면 다음과 같다.

임산부	출산 예정일	기존 자녀	소득 수준	비고	총액
A	3개월 이내	×	하		50+30+10 =90(만 원)
B	×	×	상	쌍둥이 임신	50+20−15 =55(만 원)
C	3개월 이내	×	상		50+30−15 =65(만 원)
D	×	3명 이상	중		50+30 =80(만 원)
E	×	×	중		50만 원

따라서 출산장려금을 가장 많이 받을 수 있는 사람은 A이다.

22 문제해결능력

정답 ⑤

유형 문제처리능력 난이도 ★★☆

시간 단축 문제접근 TIP

제시된 조건에서 작품 평가 요소 중 D등급을 1개 이상 받은 학생은 대상에서 제외된다고 하였으므로 작품 평가 요소를 가장 먼저 확인해 선택지를 소거한다.

제시된 조건에 따라 추가 또는 감점되는 점수를 정리하면 다음과 같다.

(단위: 점)

구분	글자 수	작품 평가 요소			오탈자	총점
		주제 적합성	통일성	가독성		
A	D등급 제외					×
B	−10	+15			−5	50−10+15−5=50
C	−10	+15			−3	50−10+15−3=52
D	D등급 제외				×	
E	+4	+10			−3	50+4+10−3=61

따라서 대상을 받는 학생은 총점이 61점으로 가장 높은 E이다.

23 문제해결능력

정답 ④

유형 사고력 > 언어추리 > 참/거짓 난이도 ★★★

시간 단축 문제접근 TIP

제시된 진술 중 서로 모순되는 것을 찾아 둘 중 하나가 진실임을 가정하고 문제를 풀이한다. 갑은 A사 직원이라고 하였고, 을은 갑이 여자라고 하였다. 문제에서 A사 여자 직원은 거짓만을 말한다고 하였으므로 둘의 진술이 모두 진실일 수는 없음을 확인한다.

갑은 본인이 A사 직원이라고 하였고, 을은 갑이 여자라고 하였으므로 갑의 진술과 을의 진술이 동시에 진실일 수는 없다. 이에 따라 갑의 진술이 거짓, 을의 진술이 진실이라고 가정하면, 갑은 B사 여자 직원이어야 하는데, B사 여자 직원은 진실만을 말해야 하므로 조건에 모순된다.
갑과 을의 진술이 모두 거짓이라고 가정하면, 갑은 B사 남자 직원이고, 을은 A사 여자 직원이다. 이에 따라 병과 정의 진술은 모두 진실이므로 정과 병은 B사 여자 직원이다. 그러나 이는 A사 직원 두 명과 B사 직원 두 명이 대화하고 있다는 조건에 모순됨을 알 수 있다. 이에 따라 갑의 진술은 진실, 을의 진술은 거짓이며, 갑은 A사 남자 직원이고, 을은 A사 여자 직원이다. 또한, 병과 정의 진술은 진실이므로 병은 B사 여자 직원이며, 정 또한 B사 여자 직원이다.
이를 정리하면 다음과 같다.

갑	을	병	정
A사(남)	A사(여)	B사(여)	B사(여)

따라서 을, 병, 정 중 병과 정은 B사에 근무하므로 참인 것은 ④이다.

| 오답풀이 |

① 갑은 A사 남자 직원이므로 참이 아니다.
② 갑과 을은 모두 A에 근무하므로 참이 아니다.
③ 을과 병은 서로 다른 회사에 근무하므로 참이 아니다.
⑤ 갑은 남자이므로 참이 아니다.

24 문제해결능력

정답 ⑤

유형 상황판단 > 독해추론 난이도 ★☆☆

'증상별 의약품 사용 정보—① 고열 및 감기 증상' 문단에 따르면 임신 초기 38℃ 이상의 고열이 지속되면 태아 신경계에 영향을 미칠 수 있어 '아세트아미노펜' 성분 해열 · 진통제를 복용할 수 있다고 하였으므로 적절하지 않다.

| 오답풀이 |

① '증상별 의약품 사용 정보—⑤ 다이어트 보조제' 문단에 따르면 임신부의 체중 관리는 임신 중 만성질환 예방에 도움이 되지만, 체중이 감량될 정도의 다이어트는 태아의 저성장을 유발할 수 있다고 하였으므로 적절하다.
② '2세 계획 중이라면 주의해야 할 의약품'에 따르면 발프로산이라는 성분은 태아의 신경관 이상을 유발할 수도 있다고 하였으므로 적절하다.
③ '증상별 의약품 사용 정보—③ 두통, 어깨결림 및 허리통증' 문단에 따르면 케토프로펜 성분은 가급적 임신 기간 중에는 사용하지 않는 것이 좋다고 하였으므로 적절하다.
④ '임신 준비 시기, 전문가 약물 상담 필요' 문단에 따르면 불안장애로 이미 의약품을 사용 중인 경우 의약품 사용을 일부러 중단하지 말고 반드시 전문가 진료 후 적절한 치료를 받아야 한다고 하였으므로 적절하다.

25 문제해결능력

정답 ②

유형 문제처리능력 난이도 ★★☆

CS는 Customer Service팀이므로 고객 관리를 담당하는 팀이다. 고객 관리는 경영관리부서에서 총괄할 예정이므로 7층이 아닌 5층에 배치된다. 이에 따라 7층 Back Office부서에는 총무, 전산, 법무, 인사팀이 속한다. 이때, [조건]에 따라 같은 부서 내에서는 팀명에 따라 가나다 순으로 1~4팀으로 배치하므로 법무, 인사, 전산, 총무팀 순으로 배치되어야 함을 알 수 있다.
따라서 7층 3팀에 배치될 팀은 전산팀이다.

26 문제해결능력

정답 ①

유형 문제처리능력 난이도 ★★★

시간 단축 문제접근 TIP

회사번호 네 자리는 모든 사원에게 동일하게 부여되므로 회사번호가 서로 다를 수 없다.
이에 따라 선택지 ②와 ⑤는 정답에서 제외된다.

CS는 Customer Service팀이므로 고객 관리를 담당하는 팀이고, 고객 관리는 경영관리부서에서 총괄할 예정이므로 5층에 배치된다. 5층에 배치되는 부서는 CS, 경영관리, 경영기획, 상품개발이고 같은 부서 내에서는 팀명에 따라 가나다 순으로 1~4팀으로 배치되며 영어이름일 경우 가장 첫 번째 팀으로 배치하므로 CS팀은 5층 1팀에 배치됨을 알 수 있다. 이에 따라 사무실에서의 위치는 창문과 인접하며, 이 주임의 팀 내 직급에 따라 개인번호의 마지막 숫자는 5이다. 이에 따라 CS팀 이 주임의 개인번호는 5815이다. 이와 마찬가지로 인사팀은 7층 2팀이므로 창문과 인접한 자리이며, 박 과장의 팀 내 직급에 따라 개인번호의 마지막 숫자는 3이다. 이에 따라 총무팀 박 과장의 개인번호는 7823임을 알 수 있다.
따라서 이 주임의 개인번호 5815, 박 과장의 개인번호 7823이 동일한 회사번호 네 자리와 함께 부여된 내선번호로 바르게 짝지어진 것은 ①이다.

27 문제해결능력

정답 ⑤

유형 문제처리능력 난이도 ★★☆

인접관계 선호도 공식에 따라 최종 점수를 구하면 다음과 같다.
$(20+30)\times3.5+(30+50)\times5=175+400=575$(점)
따라서 최종 점수는 575점이다.

28 문제해결능력

정답 ①

유형 문제처리능력 난이도 ★★☆

인접관계 선호도 공식에 따라 최종 점수를 구하면 다음과 같다.
$20\div2+(20+50)\times1.5+(50+30)\times5+30\div2$
$=10+105+400+15$
$=530$(점)
따라서 최종 점수는 530점이다.

29 문제해결능력

정답 ④

유형 문제처리능력 난이도 ★★★

'?'가 표시된 지역을 제외한 인접관계의 최종 점수를 구하면 $(20+30)\times3.5+30\div2=175+15=190$(점)이다. 이때 물음표를 포함한 최종 점수가 360점 이상이 나오기 위해 물음표와 아파트의 인접관계 선호도 점수는 $360-190=170$(점) 이상이 되어야 한다. 같은 시설인 아파트가 올 경우 선호도 공식 점수는 $30\div2=15$(점)이고, 초등학교가 올 경우 선호도 공식 점수는 $(30+50)\times5=400$(점), 문화시설이 올 경우 선호도 공식 점수는 $(30+20)\times3.5=175$(점)이다.
따라서 '?'가 표시된 지역에 건설계획이 가능한 시설은 문화시설과 초등학교이다.

30 문제해결능력

정답 ⑤

유형 상황판단 > 독해추론 난이도 ★★☆

3문단에 따르면 공단은 개인형 이동장치를 타다가 12대 중대의무 위반에 해당하는 무면허, 신호위반, 음주운전 등으로 교통사고를 내고 관련 부상으로 치료받을 시, 이를 부당이득으로 간주하고 보험급여비용을 환수고지하고 있다고 하였고, 건강보험이의신청위원회에서는 교통사고로 인한 급여제한의 경우 사고가 발생한 경위와 양상 등 사고 당시의 상황을 종합적으로 고려해 법규위반과 보험사고의 인과관계를 판단하며 가입자의 건강보험 수급권 보호를 위해 노력하고 있다고 하였다. 따라서 전동킥보드 교통사고로 부상이 발생해 치료를 받은 경우 보험급여비용이 항상 환수되는 것은 아님을 알 수 있다.

| 오답풀이 |

① 2문단에 따르면 개인형 이동장치 교통사고는 2019년 447건에서 2023년에 2,389건에 달했다고 하였으므로 $2,389-447=1,942$(건) 증가하였음을 알 수 있다.
② 5문단에서 전동킥보드를 포함한 개인형 이동장치는 도로교통법상으로 차로 분류된다고 하였으므로 적절하다.
③ 3문단에서 무면허, 신호위반, 음주운전은 교통사고처리특례법 제3조 제2항 12대 중대의무 위반에 해당된다고 하였으므로 적절하다.
④ 2문단에 따르면 개인형 이동장치 교통사고 중 20세 이하 청소년 운전자가 절반 이상을 차지했다고 하였으므로 적절하다.

DAY 09 | 정답과 해설

01	02	03	04	05	06	07	08	09	10	11	12	13	14	15
③	④	①	⑤	④	②	②	③	③	④	④	③	③	⑤	③
16	**17**	**18**	**19**	**20**	**21**	**22**	**23**	**24**	**25**	**26**	**27**	**28**	**29**	**30**
③	②	③	②	④	①	③	⑤	③	③	⑤	⑤	⑤	③	③

01 의사소통능력

정답 ③

유형 독해 > 문단배열 난이도 ★★☆

청소년 노동자에 대한 양극단의 관점을 소개하며 그 한계를 설명하는 글이므로, '경제적으로 어려운 아이들'로 바라보는 시각과 '지나치게 돈에 집착하는 아이들'로 바라보는 시각을 각각 전자와 후자로 나누어 순서대로 전개해야 한다. 따라서 첫 문단으로는 '경제적으로 어려운 아이들'로 청소년 노동자를 평가하는 시각을 지적한 [나]가 적절하며, 생활비 마련 외에 고려할 수 있는 긍정적인 요소를 나열한 [다]로 내용을 뒷받침할 수 있다. 이어서 [라]를 통해 '지나치게 돈에 집착하는 아이들'로 청소년 노동자를 평가하는 시각을 지적할 수 있으며, [마]를 덧붙여 그 심각성을 강조하는 것이 적절하다. 또한 전자와 후자에 해당하는 두 시각이 동시에 내리는 결론을 언급하는 [가]로 마무리할 수 있다. 따라서 [나]−[다]−[라]−[마]−[가]의 배열이 가장 적절하다.

02 의사소통능력

정답 ④

유형 독해 > 문단배열 난이도 ★★★

[가]에서 휴대폰과 곰돌이 인형을 비교하며 '곰돌이 인형은 휴대폰과는 달리 말하는 사람에게 주의 깊게 귀를 기울여 준다'라고 하였으므로 이와 관련하여 '곰돌이 인형에게 이야기하는 어린이'를 언급한 [마]를 연결하는 것이 자연스럽다. 또한 [다]의 '곰돌이 인형과는 달리 휴대폰을 통해 듣는 목소리'를 통해 휴대폰과 관련된 내용으로 전환하며 '대화 상대자와 다른 시간과 다른 장소'에 처한 상황을 제시하는 흐름이 적합하다. 이에 따라 [나]의 '시공간적으로 떨어져 있는 상대와 대화를 나누고 싶을 때'의 내용을 [바]의 '휴대폰으로 말미암아 우리는 혼자 말하는 행복을 되찾게 되었다'로 이어줄 수 있으며, [라]에서 '휴대폰은 고독 속에서 우리를 안도시키는 절대적인 수단이 될 것이다'를 통해 글을 마무리할 수 있다. 따라서 [가]−[마]−[다]−[나]−[바]−[라]의 배열이 가장 적절하다.

03 의사소통능력

정답 ①

유형 어휘/어법 > 접속사 넣기 난이도 ★☆☆

시간 단축 문제접근 TIP

두 빈칸 모두 앞뒤 내용을 대등하게 연결하고 있으므로 '그리고'가 들어가는 것이 적절하다.

첫 번째 빈칸의 뒤 문장에서 보조사 '도'를 사용하고 있으므로, 앞 문장과 관련하여 내용을 첨가하거나 대등하게 연결하는 접속어가 들어가는 것이 맥락상 자연스럽다. 두 번째 빈칸의 경우, 앞 문단에서 다룬 '형식논리적 추리과정의 완전성'으로부터 '인간의 감정이나 윤리적 행동에 관계된 다양한 기능'까지 아우르는 방식으로 문단을 구성하고 있으므로 앞뒤 내용을 대등하게 연결하는 접속어인 '그리고'가 들어가는 것이 적절하다.

| 오답풀이 |

② 첫 번째와 두 번째 빈칸의 앞뒤 맥락상 역접 관계가 나타나지 않으므로 '그러나'는 적절하지 않다.
③ 첫 번째와 두 번째 빈칸의 앞뒤 맥락상 인과 관계가 나타나지 않으므로 '그래서'는 적절하지 않다.
④ 첫 번째와 두 번째 빈칸의 앞뒤 맥락상 전환 관계가 나타나지 않으므로 '그런데'는 적절하지 않다.
⑤ 첫 번째와 두 번째 빈칸의 앞뒤 맥락상 인과 관계가 나타나지 않으므로 '따라서'는 적절하지 않다.

04 의사소통능력

정답 ⑤

유형 어휘/어법 > 동의어/유의어 난이도 ★★☆

'파악하다'는 '어떤 대상의 내용이나 본질을 확실하게 이해하여 알다'의 뜻을 지닌 단어로, 유사한 단어로는 '헤아리다, 간파하다,

이해하다' 등이 있다. 하지만 '전개하다'는 '내용을 진전시켜 펴나가다'는 뜻이므로 ⓜ과 바꾸어 사용하기에는 적절하지 않다.

| 오답풀이 |

① '만나다'는 '어떤 사실이나 사물을 눈앞에 대하다'의 뜻을 지닌 단어로, '서로 얼굴을 마주 보고 대하다'의 뜻을 지닌 '대면하다'와 바꿔 쓸 수 있다.
② '제한하다'는 '일정한 한도를 정하거나 그 한도를 넘지 못하게 막다'의 뜻을 지닌 단어로, '수량이나 범위 따위를 제한하여 정하다'의 뜻을 지닌 '한정하다'와 바꿔 쓸 수 있다.
③ '발굴하다'는 '세상에 널리 알려지지 않거나 뛰어난 것을 찾아 밝혀내다'의 뜻을 지닌 단어로, '찾기 어려운 사람이나 사물을 찾아서 드러내다'의 뜻을 지닌 '찾아내다'와 바꿔 쓸 수 있다.
④ '여기다'는 '마음속으로 그러하다고 인정하거나 생각하다'의 뜻을 지닌 단어로, '상태, 모양, 성질 따위가 그와 같다고 여겨지다'의 뜻을 지닌 '간주되다'와 바꿔 쓸 수 있다.

05 의사소통능력

정답 ④

유형 독해 > 주제/제목 난이도 ★★☆

시간 단축 문제접근 TIP

제목을 찾는 유형에서는 핵심을 모두 포괄하는 내용을 찾는 것이 우선이다. 즉 부분적으로 해당하거나 일치하지 않거나 상관없는 내용은 주제가 될 수 없다. 나아가 너무 확대되거나 축소된 표현도 제목으로는 적절하지 않으며 핵심어가 반드시 포함되어 있어야 한다.

킬러 T세포를 중심으로 면역 시스템이 작동하는 원리를 설명하고 있으므로 핵심적인 내용을 압축하여 표현해야 한다. 바이러스에 감염된 세포를 찾아 파괴하는 킬러 T세포의 메커니즘에 따라 면역 시스템이 유지된다는 내용을 포괄할 수 있는 제목으로 가장 적절한 것은 ④이다.

| 오답풀이 |

① 2문단의 '킬러 T세포는 혈액이나 림프액을 타고 몸속 곳곳을 순찰하는 림프세포의 일종'을 통해 킬러 T세포가 림프세포라는 정보를 알 수 있으나, 림프세포의 종류나 분석과 관련된 구체적인 내용은 확인할 수 없다.
② 면역 시스템의 작동 과정과 관련된 내용을 확인할 수 있으나, 핵심어인 킬러 T세포가 포함되어 있지 않으므로 가장 적절한 제목으로 볼 수 없다.
③ 3문단의 'MHC와 결합된 펩티드가 바이러스 단백질의 것이라면 T세포는 활성화되면서 세포를 공격하는 단백질을 감염된 세포 속으로 보낸다'를 통해 킬러 T세포의 공격 활성화 과정을 알 수 있으나, 킬러 T세포의 방어 활성화 과정과 관련된 내용은 확인할 수 없다.
⑤ 3문단의 '킬러 T세포는 자기 표면에 있는 'TCR(T세포 수용체)'을 통해 세포의 밖으로 나온 MHC와 펩티드 조각이 결합해 이루어진 구조를 인식함으로써 바이러스 감염 여부를 판단한다'를 통해 킬러 T세포의 구조와 성상에 대한 언급은 있으나 구체적인 내용은 확인할 수 없다.

06 의사소통능력

정답 ②

유형 독해 > 추론 난이도 ★★☆

5문단의 '관련 기술이 발전할수록 확인 가능한 좌위의 개수도 늘어나 더 정밀한 분석이 가능할 것이다'를 통해 비교하는 좌위의 개수가 늘어날수록 더 정밀한 분석이 가능할 것이므로 좌위의 수를 줄이게 되면 분석 결과의 정밀성이 낮아질 수도 있음을 추론할 수 있다.

| 오답풀이 |

① 2문단에 따르면 체세포의 핵에는 모양과 크기가 동일한 염색체가 2개씩 쌍으로 존재한다고 하였으므로 DNA는 이에 해당하지 않는다.
③ 5문단의 '현재 우리나라를 비롯한 여러 나라에서는 20개의 좌위를 표준으로 하여 과학수사에 동일하게 활용하고 있다'를 통해 염기 서열 전체가 아닌 20개 좌위를 표준으로 동일인 여부를 판단함을 알 수 있다.
④ 2문단에 따르면 체세포의 핵에 있는 상동 염색체를 이루는 가장 중요한 물질인 DNA를 구성하는 것이 아데닌(A), 구아닌(G), 사이토신(C), 타이민(T)이라는 네 가지 염기이다. 체세포의 핵을 구성하는 물질에 구체적으로 어떤 것들이 있는지는 알 수 없지만, 네 가지 염기는 그중 하나인 DNA를 구성하는 물질이다.
⑤ 4문단에 따르면 '갑'이라는 사람의 어떤 좌위가 '4q31.3'일 때, 이 좌위의 '4'는 염색체 번호를, 'q'는 염색체 하단부를, '31.3'은 염색대 번호를 가리킨다고 하였다. 따라서 '을'이라는 사람의 어떤 좌위가 '7q23.4'일 때, 이 좌위의 '23.4'는 '염색체 번호'가 아니라 '염색대 번호'를 의미한다.

07 의사소통능력

정답 ②

유형 독해 > 전개방식 난이도 ★☆☆

4문단에서 STR 분석을 하기 위해 좌위 정보를 바탕으로 DNA 프로필 정보를 얻는 과정을 〈그림〉과 같이 구체적인 예시를 들어 설명하고 있다. 이를 통해 주요 개념인 'STR 분석법'의 이해를 돕고 있다.

| 오답풀이 |

① STR 분석법의 개념에 대하여 알 수 있으나, 발전 과정을 통시적으로 고찰하는 내용은 확인할 수 없다.

③ STR 분석법이 적용된 사례를 통해 그 원리를 이해할 수 있으나, 실험 결과와 관련된 내용은 확인할 수 없다.

④ STR 분석법이 과학적인 근거를 통해 정립된 사실을 알 수 있으나, 기존 연구의 오류와 관련된 내용은 확인할 수 없다.

⑤ STR 분석법과 연관된 상동 염색체, DNA, 염기 서열 등의 개념을 정의하였다고 볼 수 있으나, 비교 분석하는 내용은 확인할 수 없다.

08 의사소통능력

정답 ③

유형 독해 > 추론 난이도 ★★☆

2문단의 '마르틴 부버는 내가 대하는 대상에 따라서 '나'라는 존재의 성격이 규정된다고 보았다'와 3문단의 '소통이라는 행위를 위해서는 자기 자신보다 항상 상대방을 먼저 고려해야 한다. 타인에 대한 인식이 자기 자신에 대한 인식에 선행해야 한다'를 통해 관계를 맺는 대상에 따라 '나'라는 존재를 규정할 수 있다는 점을 알 수 있다. 따라서 '나'라는 고정적 실체가 우선 존재한다는 내용은 적절하지 않다.

| 오답풀이 |

① 4문단에서 '하이데거, 사르트르, 부버는 모두 인간 존재의 핵심을 다른 사람과의 소통으로 본다'라고 하였으며, 1문단에서 다른 사람과 소통하는 진정한 의미의 인간을 하이데거는 '현존재', 사르트르는 '대타존재'로 명명하였다. 부버 또한 인격적인 관계로 사람을 대하는 '나'를 '나-너(I-thou)'라고 하였으므로, 하이데거의 현존재와 부버의 '나-너' 존재는 서로 유사한 개념이라는 것을 알 수 있다.

② 3문단의 '서로 인간으로 대하는 관계에서만 진정한 대화가 가능하다'와 '사람을 사람으로 대해야 나도 진정한 인간이 될 수 있다는 뜻이다'를 통해 상대방을 소통의 대상으로 존중하지 않는 한 진정한 인간이 될 수 없다는 것을 알 수 있다.

④ 1문단의 '타인과의 소통이 끊긴 상태가 곧 즉자존재이며, 이는 진정한 의미의 인간 존재가 아니다. 그저 살덩어리일 뿐이다'를 통해 산속에 갇혀 혼자 살아가는 사람을 인간이라고 볼 수 없다는 것을 알 수 있다.

⑤ 3문단의 '사람과 관계를 맺는다는 것은 곧 소통을 한다는 것이다. 내가 진정 '나-너(I-thou)'가 되려면 대화가 필요하다. 즉 상대방을 '사람'으로서 존중과 배려의 마음으로 대해야 한다'를 통해 사람 사이에서 대화 능력을 키우려면 상대방을 먼저 배려하고 존중하는 마음을 길러야 한다는 것을 알 수 있다.

09 의사소통능력

정답 ③

유형 독해 > 추론 난이도 ★★★

(가)에서 엘리베이터 안의 사람들은 서로를 존중과 배려의 마음으로 대하지 않고 있으므로 소통이 이루어지지 않고 있는 상황을 알 수 있다. 따라서 경고음을 낸 사람에게 전한 '내려라'라는 경고의 메시지는 서로를 인간으로 대하는 진정한 대화에 해당하지 않으므로 서로 '나-너'의 관계가 아닌 '나-그것'의 관계가 형성된다.

| 오답풀이 |

① 2문단에서 '나-그것'의 관계는 자신이 아닌 타인을 지식이나 경험을 얻기 위한 수단으로 판단한다고 하였으므로, 엘리베이터 안의 사람들은 서로를 '나-그것'으로 대하고 있음을 알 수 있다.

② 1문단에서 '타인과의 소통이 끊긴 상태가 곧 즉자존재이며, 이는 진정한 의미의 인간 존재가 아니다. 그저 살덩어리일 뿐이다'라고 하였으므로, 엘리베이터 안의 사람들은 서로에게 자신을 불편하게 하는 살덩어리일 뿐이라는 것을 알 수 있다.

④ 2문단에서 "너'는 인간일 수도 있고 동물일 수도 있다. 자신이 경탄하는 자연, 혹은 자신이 신봉하는 신적인 존재일 수도 있으며, '나-그것'의 관계와는 다르다"라고 하였으므로, 소통의 대상으로 존중한다면 참나무 역시 '나-너'의 존재가 될 수 있다는 것을 알 수 있다.

⑤ 2문단에서 "마르틴 부버는 내가 대하는 대상에 따라서 '나'라는 존재의 성격이 규정된다고 보았다"라고 하였으므로 부모님이나 참나무와의 관계를 통해 '그'라는 존재 성격이 달리 규정될 수 있다는 것을 알 수 있다.

10 의사소통능력

정답 ④

유형 독해 > 기타-조문 이해 난이도 ★★☆

제7조 제4항에서 국토교통부장관이 안전관리체계의 승인 또는 변경승인의 신청을 받은 경우에는 해당 안전관리체계가 제5항에 따른 안전관리기준에 적합한지를 검사한 후 승인 여부를 결정하여야 한다고 하였으므로 내용상 적절하다.

| 오답풀이 |

① 제7조 제3항에서 철도운영자 등은 승인받은 안전관리체계를 변경하려는 경우에는 국토교통부장관의 변경승인을 받아야 한다고 하였으므로 내용상 적절하지 않다.

② 제7조 제3항에서 국토교통부령으로 정하는 경미한 사항을 변경하려는 경우에는 국토교통부장관에게 신고하여야 한다고 하였으므로 적절하지 않다.

③ 제7조 제6항에서 승인절차, 승인방법, 검사기준, 검사방법, 신고절차 및 고시방법 등에 관하여 필요한 사항은 국토교통부

령으로 정한다고 하였으므로 적절하지 않다.

⑤ 제8조 제2항 제2호에서 철도운영자 등이 철도사고 및 운행장애 등을 발생시키거나 발생시킬 우려가 있는 경우에 안전관리체계 위반사항 확인 및 안전관리체계 위해요인 사전예방을 위해 수행하는 검사는 수시검사라고 하였으므로 적절하지 않다.

11 수리능력

정답 ④

유형 응용수리 > 수와 식 난이도 ★★☆

갑과 을은 A모임에서 20세 이후에 처음 만났고, 당시 을의 나이의 일의 자리 숫자의 차는 2, 두 사람의 나이의 합은 60이었으므로 당시 둘의 나이는 (24세/36세) 또는 (26세/34세)이다. 갑보다 을의 나이가 더 많고, A모임에서 만났을 때의 갑의 나이의 2배가 현재 을의 나이이므로 가능한 경우를 정리하면 다음과 같다.

구분	경우1		경우2	
	갑	을	갑	을
A모임 당시	24세	36세	26세	34세
현재	36세	48세	44세	52세

이때 A모임에서 만났을 때의 을의 나이가 현재 갑의 나이보다 적었으므로 가능한 경우는 경우2이다.

따라서 현재 갑의 나이는 44세이다.

12 수리능력

정답 ③

유형 응용수리 > 방정식 난이도 ★★★

처음에 덜어낸 소금물의 양을 xg이라 하면 xg만큼 물을 다시 부었고, 이후 8%인 소금물을 섞어 10%인 소금물 500g을 만들었으므로 8%인 소금물은 100g만큼 넣었다.

처음 소금물에 있던 소금의 양은 $400\times0.15=60$(g)이고, 덜어낸 소금물 xg에 있는 소금의 양은 $0.15x$g이다. 이때, 8%인 소금물 100g에 있는 소금의 양은 $100\times0.08=8$(g), 10%인 소금물 500g에 있는 소금의 양은 $500\times0.1=50$(g)이므로

$60-0.15x+8=50$

$0.15x=18$

$x=120$

따라서 처음에 덜어낸 소금물의 양은 120g이다.

13 수리능력

정답 ③

유형 응용수리 > 수열 난이도 ★★☆

첫 번째 수열은 $+5$, $\times2$가 반복되는 수열이므로 ㉠에 들어갈 값은 $19\times2=38$이다.

두 번째 수열은 -2, $\div2$가 반복되는 수열이므로 ㉡에 들어갈 값은 $51-2=49$이다.

따라서 $(㉠\div2-3^2)+㉡\div7=(38\div2-9)+49\div7=10+7=17$이다.

14 수리능력

정답 ⑤

유형 자료해석 > 자료이해 난이도 ★★☆

30초 컷 풀이 TIP

㉠ 브라질 인구수인 $2{,}778\times7=19{,}446$(만 명)은 폴란드 인구수의 5배인 $1{,}926\times2\times5=19{,}260$(만 명)보다 많으므로 브라질 인구수가 폴란드 인구수의 5배 이상임을 쉽게 알 수 있다.

㉣ 자료에 제시된 국가 순서가 자동차 등록 대수 순서임을 먼저 체크해야 한다. 이때 자동차 등록 대수가 3,500만 대 미만인 나라는 스페인부터 한국까지 총 6개국이므로 이 중 자동차 1대당 인구수가 2명 미만인 나라는 스페인, 캐나다뿐이므로 총 2개국인 것을 쉽게 알 수 있다.

㉢ 자동차 등록 대수 상위 3개국인 미국, 일본, 중국의 전체 자동차 등록 대수는 $25{,}034+7{,}625+4{,}735=37{,}394$(만 대)이다.

㉣ 자동차 1대당 인구수가 2명 미만인 나라는 미국, 일본, 독일, 이탈리아, 프랑스, 영국, 스페인, 캐나다이고, 이 중 자동차 등록 대수가 3,500만 대 미만인 나라는 스페인, 캐나다로 2개국이다.

| 오답풀이 |

㉠ 전체 인구수는 브라질이 $2{,}778\times7=19{,}446$(만 명), 폴란드가 $1{,}926\times2=3{,}852$(만 명)이므로 브라질이 폴란드의 $19{,}446\div3{,}852\fallingdotseq5.05$(배)이다. 즉 5배 이상이다.

㉡ 자동차 1대당 인구수가 네 번째로 많은 나라인 러시아의 인구수는 $3{,}835\times3.7=14{,}189.5$(만 명)이므로 1억 4천만 명 이상이다.

15 수리능력

정답 ③

유형 자료해석 > 자료이해 난이도 ★★☆

㉡ 주차면 수가 20개 이상인 졸음쉼터는 경부선부터 서해안선까지 총 $3+2+1+2+1+1=10$(곳)이다.

㉢ 호남선의 졸음쉼터 중 주차면 수가 10개 미만인 졸음쉼터가 차지하는 비중은 $\frac{13}{13+7}\times100=65$(%)이다.

따라서 옳지 않은 것의 개수는 2개이다.

| 오답풀이 |

㉠ 주어진 도로 중 졸음쉼터가 가장 많은 도로는 12+12=24(곳)인 경부선이고, 가장 적은 도로는 7+6=13(곳)인 중앙선이다. 따라서 경부선은 중앙선보다 24−13=11(곳) 더 많다.

㉣ 주차면 수가 30개 이상인 졸음쉼터가 1곳인 도로는 영동선, 서해안선이고, 이 중 전체 졸음쉼터가 더 많은 도로는 서해안선이다.

16 수리능력

정답 ③

유형 자료해석 > 자료이해 난이도 ★★☆

지역별 하반기 강수량을 계산하면 서울이 300+250+150+30+20+20=770(mm), 대구가 210+200+110+40+30+20=610(mm), 광주가 230+220+150+50+50+30=730(mm), 제주가 200+210+200+40+20+30=700(mm)이므로 하반기에 전체 강수량이 가장 적은 지역은 대구이다. 대구의 월평균 강수량은 (20+30+40+70+60+130+610)÷12=80(mm)이므로 85mm 미만이다.

| 오답풀이 |

① 4개 지역 중 강수량이 가장 많은 월에 평균기온도 가장 높은 지역은 제주 1개이다.

② 평균기온이 가장 높은 월과 가장 낮은 월의 차를 계산하면 서울은 25.8−(−3.8)=29.6(℃), 대구는 26.6−(−0.1)=26.7(℃), 광주는 27.1−0.3=26.8(℃), 제주는 26.7−5.0=21.7(℃)이므로 가장 큰 지역은 서울이다.

④ 4개 지역의 6월 대비 8월의 평균기온 증가율을 구하면 다음과 같다.

- 서울: $\frac{25.8-21.7}{21.7}\times 100 \fallingdotseq 18.9(\%)$
- 대구: $\frac{26.6-22.8}{22.8}\times 100 \fallingdotseq 16.7(\%)$
- 광주: $\frac{27.1-22.4}{22.4}\times 100 \fallingdotseq 21.0(\%)$
- 제주: $\frac{26.7-21.2}{21.2}\times 100 \fallingdotseq 25.9(\%)$

따라서 모든 지역의 평균기온이 15% 이상 증가했다.

⑤ 3월 평균기온이 가장 높은 지역과 강수량이 가장 높은 지역은 모두 제주로 같다.

17 수리능력

정답 ②

유형 자료해석 > 자료계산 난이도 ★☆☆

4개 지역의 강수량의 평균이 가장 큰 월은 4개 지역의 강수량의 합이 가장 큰 월과 같으므로 [표]에서 4개 지역 모두 강수량이 많은 7, 8월의 강수량의 합을 각각 계산하면 7월이 300+210+230+200=940(mm), 8월이 250+200+220+210=880(mm)이다. 즉 4개 지역의 강수량의 평균이 가장 큰 월은 7월이다.

따라서 7월에 해당하는 4개 지역의 평균기온의 평균은

$\frac{25.3+26.3+26.2+25.4}{4}=25.8$(℃)이다.

18 수리능력

정답 ③

유형 자료해석 > 자료계산 난이도 ★☆☆

30초 컷 풀이 TIP

문제의 조건에 소수점에서 반올림하라는 내용이 없고, 선택지에도 소수점이 없으므로 정답을 계산하면 그 값이 나누어떨어짐을 알 수 있다. 이에 따라 연도별로 전체 광업부문 온실가스 배출량을 전력 온실가스 배출량으로 나누어 보면 나누어떨어지는 연도는 2021년밖에 없으므로 이를 계산하면 정답은 70%임을 쉽게 알 수 있다.

연도별 전력 온실가스 배출량의 전년 대비 가장 많이 증가한 해는 그래프의 기울기가 가장 가파른 때를 찾으면 된다. 2021년과 2022년의 기울기가 다른 때보다 크므로 전년 대비 증가량을 계산하면 다음과 같다.

구분	2021년	2022년
온실가스 배출량(천 톤 CO_2eq)	420−300=120	520−420=100

따라서 전력 온실가스 배출량이 전년 대비 가장 많이 증가한 2021년에 전체 광업부문 온실가스 배출량에서 전력 온실가스 배출량이 차지하는 비중은 $\frac{420}{600}\times 100=70(\%)$이다.

19 수리능력

정답 ②

유형 자료해석 > 자료이해 | 난이도 ★☆☆

30초 컷 풀이 TIP

㉠ 2022년 일반수급자 수가 2019년 대비 30% 이상 증가했다면 1,792×1.3=2,329.6(천 명) 이상이어야 하는데 그래프는 2,359천 명이므로 30% 이상 증가했음을 쉽게 알 수 있다.

㉣ 일반수급자 수와 시설수급자 수의 차가 가장 작은 해인 2018년에 그 차는 1,653−89=1,564(천 명)이다.

| 오답풀이 |

㉠ 2022년 일반수급자 수는 2019년 대비 $\frac{2,359-1,792}{1,792}\times100$ ≒31.6(%) 증가하였으므로, 30% 이상 증가하였다.

㉡ 제시된 기간 중 시설수급자 수가 가장 많은 해인 2022년에 일반수급자 수도 가장 많다.

㉢ 제시된 기간의 연평균 시설수급자 수는

$\frac{89+89+87+90+92}{5}$=89.4(천 명)이므로 89,400명이다.

20 수리능력

정답 ④

유형 자료해석 > 자료변환 | 난이도 ★★★

2019년 이후 일반수급자 수와 시설수급자 수의 전년 대비 증가율을 계산하면 다음과 같다.

구분	2019년	2020년
일반 수급자	$\frac{1,792-1,653}{1,653}\times100$ ≒8.4(%)	$\frac{2,046-1,792}{1,792}\times100$ ≒14.2(%)
시설 수급자	0%	$\frac{87-89}{89}\times100$ ≒−2.2(%)
구분	**2021년**	**2022년**
일반 수급자	$\frac{2,268-2,046}{2,046}\times100$ ≒10.9(%)	$\frac{2,359-2,268}{2,268}\times100$ ≒4.0(%)
시설 수급자	$\frac{90-87}{87}\times100$ ≒3.4(%)	$\frac{92-90}{90}\times100$ ≒2.2(%)

따라서 옳은 그래프는 ④이다.

21 문제해결능력

정답 ①

유형 모듈형 > 창의적 사고 | 난이도 ★☆☆

비교발상법에 대한 설명이다.
브레인스토밍은 집단의 효과를 살려서 아이디어의 연쇄반응을 일으켜 자유분방한 아이디어를 내고자 하는 것이다.

22 문제해결능력

정답 ③

유형 모듈형 > 논리적 오류 | 난이도 ★★☆

가장 최근에 제시된 정보가 이전에 제시된 정보보다 더 큰 영향력을 끼치는 현상을 '최신효과'라고 한다. A는 고객들이 이전에 제시된 정보보다 마지막에 접한 정보를 더 잘 기억한다고 하였으므로 A의 발언이 범한 논리적 오류는 최신효과이다.

| 오답풀이 |

① 초두효과는 먼저 인지한 정보에 이후 접하는 정보보다 비중을 두고 판단하는 오류이다.
② 후광효과는 대상에 대해 긍정적 또는 부정적인 측면으로 인해 그와 무관한 영역에 대해서도 같은 시각으로 평가하는 오류이다.
④ 근접효과는 평가표상 위치에 근접하거나 평가시점과 근접한 평가요소로 인해 평가 결과가 유사하게 나타나는 오류이다.
⑤ 현저성효과는 가장 눈에 들어오고 특징적인 정보에서 받은 인상만으로 대상을 판단하는 오류이다.

23 문제해결능력

정답 ⑤

유형 모듈형 > 창의적 사고 | 난이도 ★☆☆

제시된 그림은 수많은 정보를 재빠르게 접할 수 있도록 도와주는 저널기법인 '마인드맵'을 나타낸 그림이다. 일정한 주제에 대해 구성원들의 창의적이고 자유분방한 발상을 통해 아이디어를 도출하고 문제를 해결하기 위한 기법은 '브레인스토밍'에 대한 설명이므로 적절하지 않다.

24 문제해결능력

정답 ③

유형 사고력 > 조건추리 > 기타 | 난이도 ★★★

제시된 조건에 따르면 공휴일인 5일이 빨간색으로 표시되어 있다고 하였으므로 현재 펼쳐진 달력은 5월(5월 5일 어린이날)임을 알 수 있다. 이에 따라 구멍이 뚫린 날짜가 어느 달인지 확인하기 위해서는 다음과 같은 규칙을 활용할 수 있다.

i) 현재 5월 달력에서 1일이 화요일일 때 15일은 '3행 3열'이다. 구멍이 뚫린 ⑮의 위치는 '3행 1열'이므로, 5월보다 이틀 앞으로 당겨지는 달을 찾아야 한다. 즉, 1일이 일요일인 달을 확인하면 된다.

ii) 월별 일수(5월 이후)
- 30일인 달: 6월, 9월, 11월
- 31일인 달: 7월, 8월, 10월, 12월

iii) 각 월 1일의 요일
- 6월 1일: 5/31(목)+1일=금요일
- 7월 1일: 6/30(토)+1일=일요일
- 8월 1일: 7/1(일)+(7일×4+3)=수요일
- 9월 1일: 8/1(수)+(7일×4+3)=토요일
- 10월 1일: 9/1(토)+(7일×4+2)=월요일
- 11월 1일: 10/1(월)+(7일×4+3)=목요일
- 12월 1일: 11/1(목)+(7일×4+2)=토요일

따라서 1일이 일요일인 달은 7월이므로 ⑮가 속해 있는 달은 7월이다.

| 오답풀이 |

① 현재 펼쳐진 달은 5월이고, 지난달인 4월 1일은 일요일이므로 옳지 않은 설명이다.
② ⑦이 원래 속해 있는 달은 1일이 금요일이어야 하므로 현재 펼쳐진 달의 다음 달인 6월이므로 옳지 않은 설명이다.
④ ⑲가 원래 속해 있는 달은 1일이 목요일이어야 하므로 11월이고, 홀수 달이므로 옳지 않은 설명이다.
⑤ ㉒가 원래 속해 있는 달은 1일이 수요일인 8월이므로 ⑦이 속해 있는 6월의 2개월 후이므로 옳지 않은 설명이다.

25 문제해결능력 정답 ③

유형 사고력 > 언어추리 > 참/거짓 난이도 ★☆☆

시간 단축 문제접근 TIP

범인만 거짓을 말하므로 5명 중 3명은 진실, 2명은 거짓을 말함을 알 수 있다. 이에 따라 서로 상반된 진술을 하는 사람들을 먼저 확인한다.
A는 C가 범인이 아니라고 진술하였으나, E는 C가 거짓말을 했다고 진술하고 있다. 이에 따라 A와 E 중 1명은 반드시 범인이며, 둘이 동시에 범인이 될 수 없음을 알 수 있다. 이와 마찬가지로 본인은 범인이 아니라는 B의 진술과 B가 범인이라는 C의 진술은 서로 상반되므로 B와 C 중 1명은 반드시 범인이며, 둘이 동시에 범인이 될 수 없음도 확인할 수 있다.
따라서 선택지 ①, ②는 가장 먼저 소거해야 한다.

A, B, C, D, E 5명 중 2명이 범인이고, 범인만 거짓을 말한다고 하였으므로 남은 3명의 진술은 진실이다. 이에 따라 C가 범인이 아니라는 A의 진술과 C가 거짓말을 했다는 E의 진술은 서로 상반되므로 A와 E 중 1명은 반드시 범인임을 알 수 있다. A가 범인이라고 가정하면, A가 거짓을 말하고 있으므로 C는 범인이며, C는 거짓말을 했다는 E의 진술은 진실이므로 E는 범인이 아니다. 이때, D는 A가 범인이 아니라고 거짓을 말하고 있으므로 D가 범인이 되어야 하지만, 서로 상반된 주장을 하고 있는 B와 C 모두의 진술이 진실이 될 수 없다. 따라서 2명이 범인이고 범인만 거짓을 말한다는 조건에 모순되어 A가 거짓을 말하고 있다는 가정은 옳지 않음을 알 수 있다. 이에 따라 E가 범인이며, E의 진술은 거짓, A의 진술은 진실이고, C는 범인이 아니며, C의 진술은 진실이므로 B가 범인이다. 또한, A는 범인이 아니라는 D의 진술은 진실이므로 모순이 없다.
따라서 범인인 사람은 B, E이다.

26 문제해결능력 정답 ⑤

유형 상황판단 > 독해추론 난이도 ★★☆

'서비스 가격'에 따르면 자립준비청년이나 보호연장아동은 소득수준에 관계없이 본인부담금이 0%라고 하였으므로 적절하지 않다.

| 오답풀이 |

① '대상자 기준'에 따르면 자립준비청년 및 보호연장아동은 다른 조건 없이 지원사업 대상자에 해당되므로 적절하다.
② '서비스 유형'에 따르면 심리상담을 제공하는 인력이 전문상담교사 1급인 경우 1급 유형에 해당되며, '서비스 가격'에 따르면 1급 유형의 서비스 가격은 1회당 8만 원이라고 하였으므로 적절하다.
③ '지원내용'에 따르면 심리상담 서비스는 최초 바우처 생성일로부터 120일까지 제공받을 수 있으므로 적절하다.
④ '사업 목적'에 따르면 국민의 마음건강 돌봄 및 자살 예방 · 정신질환 조기 발견하기 위함이므로 적절하다.

27 문제해결능력 정답 ⑤

유형 상황판단 > 독해추론 난이도 ★☆☆

'서비스 제공 절차'에 따르면 대상자가 제공기관에 본인부담금을 납부하면 제공기관은 한국사회보장정보원에 서비스 제공 비용을 청구하고, 한국사회보장정보원은 제공기관에 서비스 제공 비용을 지급한다고 하였으므로 한국사회보장정보원이 서비스 제공기관에 지급하는 비용은 서비스 비용 중 본인부담금을 제외한 금액임을 추측할 수 있다. 제시된 자료에 따르면 A씨는 심리상담 서비스를 최대 횟수만큼 제공받았으므로 8회를 제공받았으며,

서비스 유형은 2급 유형이다. 이때, 기준 중위소득은 150%이고 자립준비청년과 보호연장아동에 해당하지 않으므로 본인부담금이 20%임을 알 수 있다. 이에 따라 유형별 정부지원금 및 본인부담금(1회당)에 따르면 기준 중위소득 120% 초과 180% 이하 2급 유형의 정부지원금은 총 56,000원이므로 한국사회보장정보원에서 서비스 제공기관에 지급해야 할 총비용은 56,000×8=448,000(원)이다.

28 문제해결능력

정답 ⑤

유형 사고력 > 조건추리 > 위치·배치 난이도 ★★☆

시간 단축 문제접근 TIP

두 번째 조건에 따르면 고향이 같은 사람은 없고, 마지막 조건에 따르면 A의 고향은 대구이므로 선택지 ④는 제외한다.

제시된 조건에 따르면 고향이 같은 사람은 없고, A의 고향은 대구이다. 또한 기차1과 기차3이 지나는 지역은 대전을 제외하고 중복되지 않으며, E는 어떤 기차를 타도 고향에 갈 수 있으므로 E의 고향은 대전이다. 대전, 대구, 부산을 가는 기차1에는 D가 탑승하므로 D의 고향은 A의 고향인 대구와 E의 고향인 대전을 제외한 부산임을 알 수 있다.

29 문제해결능력

정답 ③

유형 사고력 > 조건추리 > 위치·배치 난이도 ★★☆

모든 조건을 고려하면 A의 고향은 대구, B의 고향은 강릉 또는 광주, C의 고향은 광주 또는 강릉, D의 고향은 부산, E의 고향은 대전이며 B와 C의 고향에 따라 기차1~3이 지나는 경유지를 나타내면 다음과 같다.

구분		강릉	대전	광주	대구	부산	탑승자
경우1	기차1	×	○	×	○	○	A, D, E
	기차2	×	○	○	?	×	C
	기차3	○	○	?	×	×	B
경우2	기차1	×	○	×	○	○	A, D, E
	기차2	○	○	×	?	×	C
	기차3	?	○	○	×	×	B

이에 따라 기차3이 지나는 지역이 세 곳이라면 기차3은 경우1, 2에 모두 강릉을 지나게 되므로 항상 참인 설명이다.

| 오답풀이 |

① 기차2가 대구를 지나는지는 알 수 없으므로 항상 참인 설명은 아니다.

② C의 고향은 강릉일 수도 있으므로 항상 참인 설명은 아니다.

④ 기차2는 두 곳의 지역만 지날 수도 있으므로 항상 참인 설명은 아니다.

⑤ A와 B는 서로 같은 기차를 타지 않으므로 항상 거짓인 설명이다.

30 문제해결능력

정답 ③

유형 사고력 > 조건추리 > 위치·배치 난이도 ★★☆

기차3은 항상 대구와 부산을 지나지 않으므로 기차3에 탈 수 없는 사람은 고향이 대구인 A와 고향이 부산인 D이다.

DAY 10 | 정답과 해설

01	02	03	04	05	06	07	08	09	10	11	12	13	14	15
②	②	③	②	④	②	⑤	②	③	⑤	⑤	④	③	②	②
16	**17**	**18**	**19**	**20**	**21**	**22**	**23**	**24**	**25**	**26**	**27**	**28**	**29**	**30**
③	⑤	③	④	④	①	③	④	④	②	③	④	②	③	②

01 의사소통능력

정답 ②

유형 독해 > 추론　　난이도 ★★☆

마지막 문장에 해당하는 내용이므로 프랑스인에게 포도주가 의미하는 바를 압축하여 제시할 수 있어야 한다. 프랑스에서 포도주는 '장소와 시간, 상황과 관계없이 음식과 곁부될 수 있는 모든 곳에 등장'할 뿐만 아니라 '프랑스 국민에게 그들 자신'과도 같으므로 이와 관련된 내용으로 가장 적절한 것은 ②이다.

| 오답풀이 |

① 2문단에서 '프랑스에서 포도주는 장소와 시간, 상황에 관계없이 음식과 결부될 수 있는 모든 곳에 등장한다'고 하였으므로 프랑스 국민들에게 포도주는 '식탁에 곁들이는 습관과 같은 것'이라고 볼 수도 있겠으나, 빈칸 바로 앞의 '자신과도 같은 포도주'와 관련지어 정리할 말로는 부족하다. 전체적인 맥락을 고려했을 때에도 프랑스 국민들에게 '포도주'는 식탁에 올리는 술에서 한 차원 더 나아간 존재로 인식됨을 알 수 있기 때문이다.

③ 1문단의 '유럽인에게 포도주란 해당 지역의 해와 달, 비와 바람, 그리고 토지의 정기를 담고 있는 지역의 정신이다'를 통해 관련된 내용을 찾을 수 있으나, 프랑스의 포도주에 대한 내용을 포괄하지 못하므로 적절하지 않다.

④ 3문단의 '프랑스 국민은 포도주가 있어야 할 곳에 포도주가 없다는 사실만으로도 충격을 받는다'와 관련된 내용이지만 이에 부합하지 않을 뿐만 아니라 전체적인 내용을 포괄하지 못하므로 적절하지 않다.

⑤ '평생을 바쳐 마셔도 모두 알 수 없는 신비한 음료'와 관련된 내용을 찾을 수 없을 뿐만 아니라 전체적인 내용을 포괄하지 못하므로 적절하지 않다.

02 의사소통능력

정답 ②

유형 어휘/어법 > 사자성어　　난이도 ★☆☆

글의 맥락상 빈칸에는 헬레네의 특징을 드러낼 수 있는 사자성어가 들어가야 한다. 헬레네는 태어나자마자 눈부시게 빛났으며, 그녀를 본 남자들이 매혹되어 정신을 차릴 수 없었을 뿐만 아니라 전쟁을 감수하게 했을 정도라는 내용을 확인할 수 있다. 따라서 헬레네라는 인물은 전쟁을 불사하게 하는 아름다운 미인이었다고 정리할 수 있으나, 그녀가 젊은 나이에 죽었다는 내용은 확인할 수 없으므로 '미인은 불행하거나 병약하여 요절하는 일이 많음'을 뜻하는 '가인박명(佳人薄命)'은 빈칸에 들어갈 사자성어로 적절하지 않다.

| 오답풀이 |

① 침어낙안(沈魚落雁): 미인을 보고 물 위에서 놀던 물고기가 부끄러워서 물속 깊이 숨고 하늘 높이 날던 기러기가 부끄러워서 땅으로 떨어졌다는 뜻으로, 아름다운 여인의 용모를 이르는 말

③ 화용월태(花容月態): 아름다운 여인의 얼굴과 맵시를 이르는 말

④ 경국지색(傾國之色): 임금이 혹하여 나라가 기울어져도 모를 정도의 미인이라는 뜻으로, 뛰어나게 아름다운 미인을 이르는 말

⑤ 단순호치(丹脣皓齒): 붉은 입술과 하얀 치아라는 뜻으로, 아름다운 여자를 이르는 말

03 의사소통능력

정답 ③

유형 어휘/어법 > 맞춤법 난이도 ★★☆

형이 어머니의 마음을 편하지 않게 한다는 의미가 드러나야 하므로, '걱정이나 근심 따위로 마음이 몹시 괴로운 상태가 되게 만들다'의 뜻인 '썩이다'를 활용하여 '썩이는'으로 적어야 한다. '썩히다'는 '썩게 하거나 내버려두다'라는 뜻이므로 '썩이다'와 구별하여 표기해야 한다.

| 오답풀이 |

① '금세'는 '지금 바로'라는 의미이며 '금시에'의 준말이므로 '금새'로 표기하지 않는다.

② '반듯이'는 '작은 물체, 또는 생각이나 행동 따위가 비뚤어지거나 기울거나 굽지 아니하고 바르게'라는 의미이므로, '틀림없이 꼭'의 의미인 '반드시'와 구별하여 표기해야 한다.

④ '늘이다'는 '본디보다 더 길어지게 하다'의 의미이므로, '더 커지거나 많아지게 하다'의 의미인 '늘리다'와 구별하여 표기해야 한다.

⑤ '허구하다'는 '날, 세월 따위가 매우 오래다'의 의미이므로, '허구한'을 '허구헌' 등으로 활용하여 표기하지 않는다.

04 의사소통능력

정답 ②

유형 독해 > 주제/제목 난이도 ★☆☆

1문단에서 생물 다양성의 개념을 제시하였으며 2~4문단을 통해 생태적 봉사 기능, 경제적 가치, 학술적 중요성 등 생물 다양성의 가치를 정리한 후 5문단에서 생태계 보존 대책 마련을 촉구하며 글을 마무리하고 있다. 따라서 주제로 가장 적절한 것은 ②이다.

| 오답풀이 |

① 5문단의 '급격한 기후 변화와 산업화 및 도시화에 따른 자연 파괴로 생물 다양성이 크게 감소하고 있다'를 통해 생물 다양성 감소 현상의 원인을 제시하고 있으나, 전체적인 내용을 포괄하지 못하므로 적절하지 않다.

③ 5문단에 따르면 생물 다양성의 감소를 억제하기 위하여 생태계 보존 대책을 마련해야 한다고 하였으므로 전후 관계가 뒤바뀌었을 뿐만 아니라 전체적인 내용을 포괄하지 못하므로 적절하지 않다.

④ 5문단의 '생물 다양성 보존을 위한 연구 기관을 건립하고 전문 인력의 양성 체계를 갖추어야 할 것이다'를 통해 생물 다양성 보존 방안을 제시하고 있으나, 다양화를 모색해야 한다는 내용은 확인할 수 없으므로 적절하지 않다.

⑤ 5문단에서 '인간은 생물 다양성에 기초하여 무한한 생태적·경제적 이익을 얻고 과학 발전의 토대를 구축한다'라고 하였으므로 전후 관계가 뒤바뀌었을 뿐만 아니라 전체적인 내용을 포괄하지 못하므로 적절하지 않다.

05 의사소통능력

정답 ④

유형 독해 > 문단배열 난이도 ★☆☆

국가 형성으로 나아가는 세 가지 진로인 '강압집약적인 진로, 자본집약적인 진로, 자본화된 강압 진로'와 관련된 내용이 전개되어야 하므로 첫 번째 문단으로는 이를 소개한 [나]가 적절하다. 대부분의 글은 개념을 제시한 순서대로 상술하는 방식이 일반적이므로 뒤를 이어 [가]의 '강압집약적인 양식', [라]의 '자본집약적인 양식', [다]의 '자본화된 강압 양식'의 개념을 상술하는 순서로 나열하는 것이 자연스럽다. 마지막으로 세 가지 진로 중 '자본화된 강압 형태'가 가장 효과적으로 입증되었다는 사실을 밝히는 [마]를 통해 글을 마무리할 수 있다. 따라서 [나]－[가]－[라]－[다]－[마]의 배열이 가장 적절하다.

06 의사소통능력

정답 ②

유형 독해 > 기타-조문 이해 난이도 ★★☆

- 연서: 제3조의2 제1항에서 산업통상자원부장관은 경제자유구역의 체계적인 발전을 위하여 계획기간을 10년 이상으로 하는 경제자유구역기본계획을 5년마다 수립하여야 한다고 하였으므로 적절하지 않다.
- 세희: 제3조의4 제3항에서 시·도지사는 수립된 경제자유구역발전계획을 산업통상자원부장관에게 제출하여야 한다고 하였으므로 적절하지 않다.

| 오답풀이 |

- 수지: 제3조의4 제1항에서 시·도지사는 경제자유구역기본계획의 효율적인 추진을 위하여 5년마다 경제자유구역발전계획을 수립하고 시행하여야 한다고 하였으므로 적절하다.
- 윤태: 제3조의3 제4호에서 경제자유기본계획에는 경제자유구역별 차별화된 발전전략에 관한 사항이 포함되어야 한다고 하였으므로 적절하다.
- 윤원: 제3조의2 제2항에서 산업통상자원부장관은 경제자유구역기본계획을 수립하려는 경우에는 행정기구의 장의 의견 청취, 관계 중앙행정기관의 장과의 협의, 경제자유구역위원회의 심의·의결 절차를 거쳐야 한다고 하였으므로 적절하다.

07 의사소통능력

정답 ⑤

유형 독해 > 일치/불일치 난이도 ★☆☆

5문단에서 플라스틱을 줄이는 것이 지구를 위해 중요한 일이라고 언급하며, 빨대를 예로 들고 있다. 하지만 환경 오염을 줄이기 위해 개인보다는 기업의 플라스틱 사용 제한으로 접근해야 한다는 내용은 찾을 수 없다.

| 오답풀이 |

① 1문단의 '플라스틱 양은 1950년부터 2015년까지 무려 약 83억 톤에 이른다. (중략) 플라스틱 생산량은 갈수록 증가해'를 통해 플라스틱 생산량은 1950년 이후 지속적으로 증가하는 추세임을 알 수 있다.
② 2문단의 '특정한 종류의 플라스틱은 높은 열에 노출되면 환경 호르몬이 검출된다'를 통해 고온에 노출되었을 때 환경 호르몬이 검출되는 플라스틱이 있음을 알 수 있다.
③ 2문단의 '폴리스티렌(PS)으로 만들어진 음료 컵 뚜껑에서는 스타이렌 같은 휘발성 유기화합물(VOC)이 나와서 많은 나라에서 이를 폴리프로필렌(PP)으로 교체하기도 하였다'를 통해 폴리프로필렌(PP)에서는 휘발성 유기화합물(VOC)이 검출되지 않을 것임을 짐작할 수 있다.
④ 4문단의 '미세 플라스틱 오염의 약 1/3은 미세 섬유 때문이라고 한다. 이는 패스트 패션이 비판받는 이유이기도 하다'를 통해 미세 섬유를 많이 사용하는 패스트 패션이 미세 플라스틱 오염으로 비판받고 있음을 알 수 있다.

08 의사소통능력

정답 ②

유형 독해 > 추론 난이도 ★☆☆

3문단에서 미세 플라스틱이 작은 알갱이로 부서진 후 물고기의 먹이가 되어 생존율과 번식량을 감소시킬 뿐만 아니라 인간이 마시는 물과 소금으로 흘러 들어가는 등 부정적인 영향을 미친다고 설명하였으나, 미세 플라스틱의 크기가 작을수록 더욱 높은 유해성이 나타나는지의 여부는 알 수 없다.

| 오답풀이 |

① 3문단에서 플라스틱의 생산량과 폐기량을 비교했을 때 오차가 너무 크다는 점에서 시작된 연구를 통해 미세 플라스틱 문제가 발견되었다고 하였으므로, 미세 플라스틱이 플라스틱 폐기량보다 생산량이 많은 이유와 관련이 깊다는 것을 알 수 있다.
③ 4문단에서 합성 섬유로 만든 옷을 세탁기에 넣고 빨면 수십만 개의 미세 섬유가 빠져나와 바다로 흘러들게 되며 미세 플라스틱이 만들어진다고 하였으므로, 미세 플라스틱이 합성 섬유의 세탁 과정에서 발생하여 바다로 흘러 들어간다는 것을 알 수 있다.
④ 3문단에서 미세 플라스틱이 작은 알갱이로 부서진 후 물고기의 먹이가 되어 생존율과 번식량을 감소시킬 뿐만 아니라 인간이 마시는 물과 소금으로 흘러 들어간다고 하였으므로 물리적으로 생태계에 부정적인 영향을 유발할 가능성이 있음을 알 수 있다.
⑤ 3문단에서 바닷속의 미세 플라스틱을 먹이로 섭취한 물고기가 우리의 식탁에 올라와 입속으로 들어가게 된다고 하였으므로 해양환경으로 유입되어 먹이사슬을 통해 인간에까지 전달된다는 것을 알 수 있다.

09 의사소통능력

정답 ③

유형 독해 > 추론 난이도 ★★☆

6문단에서 연구진은 일상생활에서 도파민 신경세포가 발화할 때 자극을 주는 물질에 가치를 부여하는 것이 아니라고 하였으므로 적절하지 않은 추론이다.

| 오답풀이 |

① 2문단에서 도파민은 중추신경계에 존재하는 신경전달물질 중 하나로, 쾌락과 즐거움에 대한 신호를 전달하는 기능이 있다고 하였으므로 적절하다.
② 4문단에서 ICSS는 지렛대를 눌러 도파민 신경세포에 전기자극이 가해지도록 하면 이를 자발적으로 누르는 현상이라고 하였으므로 적절하다.
④ 3문단에서 최근 연구에 따르면 도파민 신경세포는 새롭고 두드러진 일이 일어날 때마다 활성화되는데, 인간이 새로운 기억을 만들기 위해 다른 사건들을 함께 관련짓도록 학습하는 것을 도와준다고 하였으므로 적절하다.
⑤ 5문단에서 도파민 신경세포가 생리적으로 발화되는 비율이 도파민 신경세포가 직접 가치 신호를 전달한다는 것을 뒷받침할 정도에 미치지 못한다고 하였으므로 적절하다.

10 의사소통능력

정답 ⑤

유형 독해 > 추론 난이도 ★★☆

㉠ 앞에서는 도파민 신경세포 자극을 생리적으로 발화되는 비율 이상으로 발생시키면 동물이 행동을 보이는 감각 특정 목표로 기능할 수 있다고 하였고, ㉠ 뒤에서는 약물남용 등으로 도파민 신경세포가 기존보다 더 많이 발화되면 뇌에서 보상받을 수 있는 사건으로 각인되어 약물을 찾을 가능성이 더 높아진다고 하였다. 따라서 ㉠에는 도파민 신경세포의 높은 발화 빈도가 생쥐가 PIT 효과와 관련된 쾌락 추구 행동에 참여하도록 유도하는 보상으로 작용될 수 있다는 내용이 들어가야 함을 알 수 있다.

11 수리능력

정답 ⑤

유형 응용수리 > 부등식 난이도 ★★☆

K는 시속 42km인 지하철을 타고 70분 동안 움직이므로 지하철을 타고 이동하는 거리는 $42\times\frac{70}{60}=49$(km)이다. 이에 따라 걸어가는 거리는 $49.5-49=0.5$(km)인데 늦잠을 잔 날에 지하철을 6시 18분에 탔으므로 B역에 내린 시간은 7시 28분이다. 즉, 2분 이내에 0.5km=500m를 이동해야 한다. K가 A역에서 내린 후 움직이는 속력을 $x$km/h라 하면

$$\frac{\frac{0.5}{2}}{60} \le x$$

$\therefore 15 \le x$

따라서 K가 움직여야 하는 속력은 최소 15km/h이다.

12 수리능력

정답 ④

유형 응용수리 > 수와 식 난이도 ★★★

프로젝트를 완료하는 데 필요한 일의 양이 1이라 하면 1일 동안 할 수 있는 일의 양은 A가 $\frac{1}{4}$이고, B가 $\frac{1}{6}$이다. 처음에 A가 1일 동안 일을 하고, 다음에 B가 1일 동안 일을 했으므로 두 사람이 같이 하는 일의 양은 $1-\frac{5}{12}=\frac{7}{12}$이다. 따라서 두 사람이 동시에 프로젝트를 진행하는 데 걸린 시간은

$\frac{\frac{7}{12}}{\frac{1}{4}+\frac{1}{6}}=\frac{7}{5}=1.4$(일)이고, 0.4일=9.6시간=9시간 36분이다.

따라서 프로젝트를 동시에 진행하는 데 걸린 시간은 총 1일 9시간 36분이다.

13 수리능력

정답 ③

유형 응용수리 > 경우의 수 난이도 ★★☆

S플랫폼에서 A플랫폼까지 최단 시간으로 전송하려면 연결된 선을 최소로 지나야 하는데, S에서 A로 가려면 왼쪽으로 3번, 위로 3번 이동해야 하고 이렇게 이동하면 C 또는 E를 반드시 지나야 한다. C 또는 E까지 이동하는 동안 연결된 선 위의 숫자 중 가장 작은 숫자는 3이므로 C 또는 E까지 전송이 가능한 최대 데이터 용량은 모두 3TB 이상이다.

여기서 전송이 가능한 최대 데이터 용량은 E>D>A가 2TB, E>B>A가 3TB, C>B>A가 3TB이므로 구하고자 하는 경우는 E>B>A와 F>C>B>A이다.

i) E>B>A로 데이터를 전송하는 경우

S에서 E로 도착하는 데 왼쪽으로 2번, 위로 2번 이동하는 경우이므로 경우의 수는 $\frac{4!}{2!2!}=6$(가지)

ii) F>C>B>A로 데이터를 전송하는 경우

S에서 F로 도착하는 데 왼쪽으로 1번, 위로 2번 이동하는 경우이므로 경우의 수는 $\frac{3!}{1!2!}=3$(가지)

따라서 최단 시간으로 전송할 수 있는 경우 중 최대 데이터 용량이 3TB 이상인 경우의 수는 6+3=9(가지)이다.

14 수리능력

정답 ②

유형 응용수리 > 확률 난이도 ★★☆

회원 중 직장인은 $200\times0.6=120$(명)이고, 사교를 목적으로 가입한 회원은 $200\times0.35=70$(명)이며, 직장인을 제외한 회원 중 사교를 목적으로 가입한 회원은 $(200-120)\times0.55=44$(명)이다. 즉 직장인 중 사교를 목적으로 가입한 회원은 $70-44=26$(명)이다.

따라서 동호회 회원 중 직장인 1명을 선택했을 때 이 회원이 사교를 목적으로 가입한 회원일 확률은 $\frac{26}{120}=\frac{13}{60}$이다.

15 수리능력

정답 ②

유형 자료해석 > 자료계산 난이도 ★☆☆

제시된 기간의 월평균 고용률은

$\frac{46.3+46.0+45.9+46.2+46.9+46.6+46.5+46.8}{8}=46.4(\%)$,

월평균 실업률은

$\frac{6.1+6.6+6.6+6.9+6.8+6.2+5.5+4.1}{8}=6.1(\%)$이다.

따라서 그 차는 $46.4-6.1=40.3(\%p)$이다.

16 수리능력

정답 ③

유형 자료해석 > 자료이해 난이도 ★★☆

ⓛ 평균 여가시간이 5시간 이상이라고 응답한 비율이 세 번째로 높은 직업은 연구직이다. 연구직의 평균 여가시간이 5시간 이상인 응답자 수는 $2,700\times0.23=621$(명)이다.

ⓒ 평균 여가시간이 1시간 이상 5시간 미만인 응답자 수는 공교육직이 $2,800\times(0.12+0.39)=1,428$(명), 사교육직이 $2,500\times(0.35+0.25)=1,500$(명)이므로 공교육직이 사교육직보다 $1,500-1,428=72$(명) 더 적다.

| 오답풀이 |

㉠ 응답자 수가 두 번째로 많은 직업인 교육 외 공무직의 응답 비율이 가장 높은 평균 여가시간은 32%인 1시간 미만이다.

㉣ 자영업자, 사교육직, 교육 외 공무직, 연구직, 의료직 총 5개 직업에서 응답 비율이 가장 높은 평균 여가시간은 1시간 미만이다.

17 수리능력

정답 ⑤

유형 자료해석 > 자료이해 난이도 ★★☆

광주에서 소비량이 두 번째로 많은 에너지원인 석탄이 합계에서 차지하는 비중은 $\frac{338}{13,520}\times100=2.5(\%)$이다.

| 오답풀이 |

① 원자력 소비량이 천연가스 소비량보다 많은 지역은 인천, 울산, 광주 총 3개이다.

② 제시된 지역 중 원자력과 석유를 가장 많이 사용한 지역은 인천이다.

③ 서울, 경기, 인천의 천연가스 소비량은 총 $583+482+559=1,624$(만 토)이다.

④ 수력 · 풍력 소비량은 강원이 충청의 $\frac{28-4}{4}\times100=600(\%)$이다.

18 수리능력

정답 ③

유형 자료해석 > 자료이해 난이도 ★★★

30초 컷 풀이 TIP

② 구조물 중 개소가 세 번째로 많은 구조물인 구교가 전체 구조물에서 차지하는 비중이 15% 이상이려면 $21,860\times0.15=3,279$(개소) 이상이어야 하는데 구교는 3,678개소이므로 15% 이상임을 쉽게 알 수 있다.

⑤ 전차선로에서 고속선의 4배는 $1,705.8\times4=6,823.2$(km)이고, 일반선은 7,016.6km이므로 일반선이 고속선의 4배 이상임을 쉽게 알 수 있다.

주택 및 기타건물의 1동당 면적은 $\frac{171}{470}\fallingdotseq0.36$(천 m^2)로, 약 $360m^2$이므로 $400m^2$ 미만이다.

| 오답풀이 |

① 입체교차가 건널목보다 $3,707-1,001=2,706$(개소) 더 많다.

② 구조물 중 개소가 세 번째로 많은 구조물인 구교가 전체 구조물에서 차지하는 비중은 $\frac{3,678}{21,860}\times100\fallingdotseq16.8(\%)$이므로 15% 이상이다.

④ 정보통신 설비 중 가장 많은 설비인 영상설비와 가장 적은 설비인 전송설비의 합은 총 $23,750+2,286=26,036$(대)이다.

⑤ 전차선로는 일반선이 고속선의 $7,016.6\div1,705.8\fallingdotseq4.1$(배)이므로, 4배 이상이다.

19 수리능력

정답 ④

유형 자료해석 > 자료변환 난이도 ★★☆

골조별 비중은 RC 및 철골조가 $\frac{468}{638}\times100\fallingdotseq73.4(\%)$, 조적조가 $\frac{137}{638}\times100\fallingdotseq21.5(\%)$, 목조 및 기타가 $\frac{33}{638}\times100\fallingdotseq5.2(\%)$이다.

20 수리능력

정답 ④

유형 자료해석 > 자료이해 난이도 ★★★

30초 컷 풀이 TIP

㉣ (주택보급률)$=\frac{(주택\ 수)}{(가구\ 수)}\times100$이므로 2017년에 가구 수보다 주택 수가 더 많은 지역, 즉 주택보급률이 100% 이상인 지역에서 만약 가구 수가 주택 수보다 많이 증가했다면 주택보급률은 감소해야 한다. 이에 따라 2017년 주택보급률이 100% 이상인 지역 중 2019년 주택보급률이 감소한 지역은 인천, 대전이 존재하고, 2017년 주택보급률이 100% 미만인 서울은 2019년 대비 가구 수 증가량이 주택 수 증가량보다 작으므로 해당하는 지역은 인천, 대전 총 2개임을 쉽게 알 수 있다.

㉠ 서울의 가구 수는 2018년에 전년 대비 증가하지 않았다.

㉢ 2018년 주택 수가 가장 적은 지역은 광주이고, 2021년에 주택 수가 가장 적은 지역은 대전이다.

㉣ 2019년 가구 수의 2017년 대비 증가량과 주택 수의 2017년 대비 증가량을 계산하면 다음과 같다.

구분	가구 수 증가량 (천 호)	주택 수 증가량 (천 호)
서울	$3,813-3,785=28$	$3,672-3,633=39$
부산	$1,354-1,336=18$	$1,396-1,370=26$
대구	$948-929=19$	$988-943=45$
인천	$1,080-1,045=35$	$1,084-1,055=29$
광주	$576-567=9$	$606-587=19$
대전	$598-583=15$	$605-595=10$

따라서 가구 수의 증가량이 주택 수의 증가량보다 큰 주요 지역은 인천, 대전 총 2개이다.

따라서 옳지 않은 것은 3개이다.

| 오답풀이 |

㉡ 2020년 전국 주택 수에서 부산과 대구의 주택 수가 차지하는 비중은 $\frac{1,413+996}{20,818}\times100\fallingdotseq11.6(\%)$이므로 11% 이상이다.

21 문제해결능력

정답 ①

유형 사고력 > 언어추리 > 참/거짓 **난이도** ★★★

제시된 A~E의 진술에 따르면 A는 D보다 멀리 뛰었다고 하고, D는 A보다 멀리 뛰었다고 하고 있으므로 둘 중 한 명의 진술은 거짓임을 알 수 있다. 이에 따라 A의 진술이 거짓이라고 가정하면, A는 D와 B보다 멀리 뛰지 못했고, B는 1등도 아니고 3등도 아니므로 2등 또는 4등이다. 이때, C는 E보다는 멀리 뛰었지만 B보다는 멀리 뛰지 못했으므로 B는 2등임을 알 수 있다. D는 A와 B보다 멀리 뛰었으므로 D는 1등이고, E는 2등도 아니고 4등도 아니므로 3등 또는 5등이어야 하는데 C가 E보다 멀리 뛰었으므로 E가 5등임을 알 수 있다. 이에 따라 가능한 순위는 다음과 같다.

1등	2등	3등	4등	5등
D	B	A	C	E
D	B	C	A	E

또한, D의 진술이 거짓이라고 가정하면, D는 A와 B보다 멀리 뛰지 못했고, A는 B와 D보다 멀리 뛰었으므로 제자리멀리뛰기의 순위는 A－B－D 순서임을 알 수 있다. 이때, B는 1등도 아니고 3등도 아니라고 하였으므로 2등 또는 4등인데, C는 B보다 멀리 뛰지 못했다고 하였으므로 B는 2등임을 알 수 있다. 이에 따라 A는 1등이고, E는 2등도 아니고 4등도 아니라고 하였으므로 3등 또는 5등이어야 하는데 C가 E보다 멀리 뛰었으므로 5등임을 알 수 있다. 이에 따라 가능한 순위는 다음과 같다.

1등	2등	3등	4등	5등
A	B	C	D	E
A	B	D	C	E

따라서 A, B, C, D, E의 순위로 가능한 것은 'A－B－C－D－E'이다.

22 문제해결능력

정답 ③

유형 사고력 > 조건추리 > 순서 **난이도** ★★★

제시된 조건에 따라 정리한 7월과 8월 강한 오피스텔의 재활용쓰레기 배출일을 정리하면 다음과 같다.

구분	일	월	화	수	목	금	토
7월 1주 차				7월 1일 B			A
7월 2주 차			E			C	
7월 3주 차		D			B		
7월 4주 차	A			E			C
7월 5주 차			D			B	
8월 1주 차	8월 2일	A			E		
8월 2주 차	C			D			B
8월 3주 차			A			E	
8월 4주 차		C			D		
8월 5주 차	B	8월31일					

따라서 7월과 8월 중 A동이 목요일에 재활용쓰레기를 배출한 적은 없으므로 옳지 않은 설명이다.

| 오답풀이 |

① 7월 4주 차에 A동과 C동이 모두 재활용쓰레기 배출을 했으므로 옳은 설명이다.

② 7월에 가장 마지막으로 재활용쓰레기를 배출한 동은 B동이므로 옳은 설명이다.

④ 7월 30일은 7월 5주 차 목요일이며 어느 동도 재활용쓰레기를 배출할 수 없으므로 옳은 설명이다.

⑤ D동이 처음으로 재활용쓰레기를 배출하는 요일은 월요일이므로 옳은 설명이다.

23 문제해결능력

정답 ④

유형 문제처리능력 **난이도** ★★★

시간 단축 문제접근 TIP

어느 한 지점의 도매시장으로부터 A~F마트까지 총유통비용이 최소가 되기 위해서는 A~F마트 지점들의 내부에 도매시장이 위치해야 한다. 이때, 가로칸과 세로칸의 정중앙을 가장 먼저 파악하고, 정중앙을 기준으로 A~F마트의 배치가 어떠한지를 가장 먼저 확인하는 것이 좋다.

어느 한 지점의 도매시장으로부터 A~F마트까지 총유통비용이 최소가 되기 위해서는 A~F마트 지점들의 내부에 도매시장이 위치해야 한다. 이때, 가로선의 정중앙에 B마트와 D마트가 위치해 있고, 좌측과 우측에 각각 마트가 2개씩 위치해 있으므로 가로선 기준 B마트와 D마트 사이에 도매시장을 설립하는 것이 총유통비용이 최소가 된다. 또한, 세로선의 정중앙을 기준으로 위쪽으로는 두 개의 마트가 위치해 있고, 아래쪽으로는 네 개의 마트가 위치해 있으므로 세로선의 정중앙보다는 아래쪽에 도매시장을 설립하는 것이 총유통비용이 최소가 된다.
이에 따라 총유통비용이 최소가 되는 지점은 다음과 같다.

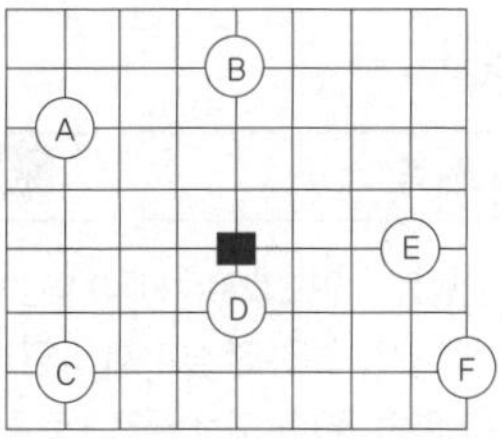

따라서 총유통비용은 $(5+3+5+1+3+6)\times1,000=23,000$(원)이다.

24 문제해결능력

정답 ④

유형 문제처리능력 난이도 ★★☆

가로로 이동할 때와 세로로 이동할 때의 유통비용이 달라졌으나, 총유통비용이 최소가 되는 지점은 변하지 않는다.
따라서 총유통비용은 $(3+3+3+4)\times2,000+(2+3+2+1+2)\times3,000=56,000$(원)이다.

25 문제해결능력

정답 ②

유형 사고력 > 조건추리 > 위치·배치 난이도 ★★☆

시간 단축 문제접근 TIP

좌석이 바뀌지 않는 사람을 가장 먼저 그림에 표시한 뒤, 다른 조건들을 확인한다.

㉣ 제시된 조건에 따라 좌석이 이미 정해진 사람들을 도식에 표시하면 다음과 같다.

	가 석	나 석		다 석	라 석	
1열	D주임		통로	X		앞
2열	X		통로		B대리	뒤

좌 ↔ 우

E사원이 1열 라 석에 앉고 A팀장이 1열 나 석이나 2열 나 석에 앉는 경우 C주임은 2열 다 석에 앉을 수 있으므로 항상 참인 설명이다.

| 오답풀이 |

㉠ E사원은 B대리와 이웃하여 앉아야 하므로 1열 라 석 또는 2열 다 석에 앉아야 한다. 따라서 B대리를 제외한 다른 사람과는 이웃하여 앉을 수 없으므로 항상 거짓인 설명이다.

㉡ A팀장은 반드시 통로쪽 좌석에 앉으므로 1열 나 석에 앉을 수 있지만 2열 나 석이나 2열 다 석에도 앉을 수 있으므로 항상 참인 설명은 아니다.

㉢ E사원이 1열 라 석에 앉고, C주임이 2열 나 석에 앉는 경우 E사원이 C주임보다 앞의 열에 앉을 수 있으므로 항상 참인 설명은 아니다.

26 문제해결능력

정답 ③

유형 사고력 > 조건추리 > 위치·배치 난이도 ★★☆

A팀장은 반드시 통로쪽 좌석에 앉으므로 1열 나 석과 2열 나 석 또는 2열 다 석에 앉아야 하는데, C주임과 이웃해 앉기 위해서는 이웃한 좌석이 남아있지 않은 2열 다 석에 앉을 수는 없으므로 반드시 나 석 중 한 곳에 앉는다. 이때, C주임은 D주임보다 뒤쪽 열에 앉아야 한다는 조건이 있으므로 C주임이 2열 나 석에 앉고, A팀장이 1열 나 석에 앉는다.

	가 석	나 석		다 석	라 석	
1열	D주임	A팀장	통로	X		앞
2열	X	C주임	통로		B대리	뒤

좌 ↔ 우

또한, E사원은 1열 라 석 또는 2열 다 석 중 한 곳에 앉을 수 있으므로 반드시 2열에 앉는 직원은 아님을 알 수 있다.
따라서 반드시 2열에 앉는 직원은 B대리와 C주임이다.

27 문제해결능력

정답 ④

유형 상황판단 > 독해추론 난이도 ★★☆

2문단에 따르면 모듈러 건축은 건축물 주요 부분을 공장에서 미리 제작한 후 현장으로 운반하여 조립하는 건축방식이라고 하였으므로 건축물의 주요 부분을 현장에서 바로 제작하여 건축하는 방식이 아님을 알 수 있다.

| 오답풀이 |

① 3문단에 따르면 산림청은 목재 가공 · 생산 · 유통 기반 시설을 확대해 국산 목재 공급망을 원활히 한다고 하였으므로 적절하다.

② 3문단에서 산림청장은 공공시설의 국산 목재 이용 확대로 탄소중립을 실현할 수 있도록 경기주택공사와 협력해 나가겠다고 하였으므로 공공시설에 국산 목재를 이용하는 빈도가 늘어나면 탄소중립을 실현할 수 있음을 추측할 수 있다.

③ 1문단에서 이번 협약을 통해 경기주택공사에서 시행하는 공원, 공공건축물 조성 시 국산 목재를 우선 사용해 목재 이용을 확대한다고 하였으므로 적절하다.

⑤ 1문단에서 국산 목재는 철근 · 콘크리트 등과 같은 건축자재와 달리 제조 과정에서 탄소를 배출하지 않아 건축 분야에서 친환경 소재로 주목받고 있다고 하였으므로 건축자재 중 하

나인 콘크리트는 제조 과정에서 탄소를 배출함을 추측할 수 있다.

28 문제해결능력

정답 ②

유형 문제처리능력 난이도 ★☆☆

시간 단축 문제접근 TIP

㉠, ㉡은 ㉢, ㉣에 비해 상대적으로 쉽게 정오를 판단할 수 있다. ㉠이 옳고 ㉡이 옳지 않으므로 ㉢과 ㉣의 정오를 확인하지 않아도 정답을 ②로 고를 수 있다.

㉠ 재산보험료에 포함되는 재산에는 현금, 자동차가 없다. 따라서 현금으로 자동차를 구매하여도 재산 금액에는 변화가 없어 재산보험료는 변하지 않는다.

㉣ 보증금 3억 원의 경우 30%만 재산 금액으로 적용하므로 30,000×0.3=9,000(만 원)이 재산 금액이 되는데, 재산 금액에서 1억 원을 공제하면 공제 후 재산 금액은 0원이 된다. 따라서 재산보험료 부과점수는 0점, 재산보험료는 0원이다. 보증금이 4억 원으로 높아지면 40,000×0.3=12,000(만 원)에서 1억 원(=10,000만 원)을 공제한 2,000만 원이 공제 후 재산 금액이 되고, 이는 1,800 초과 2,250 이하 구간에 속하므로 재산보험료 부과점수는 122점, 122×208.4=25,424.8(원)에서 10원 단위 미만을 절사하면 25,420원이다. 따라서 추가로 내야 하는 재산보험료는 25,420원이다.

| 오답풀이 |

㉡ 지역가입자 건강보험료는 소득월액보험료와 재산보험료의 합계인데, 재산보험료의 최댓값은 2,341×208.4=487,864.4(원)에서 10원 단위 미만을 절사한 487,860원이다. 이는 건강보험료의 상한금액 4,504,170원에 한참 미치지 못하는 금액이므로 상한금액까지 청구되기 위해서는 최소한 4,504,170−487,860=4,016,310(원)의 소득월액보험료가 산정될 정도의 소득이 있어야 한다.

㉢ 연금소득은 50%만 연소득으로 적용하므로, 한 달에 50×0.5=25(만 원)만 적용되어 연소득은 25×12=300(만 원)이 된다. 이는 336만 원 이하이므로 이 지역가입자의 소득월액보험료는 19,780원이다.

29 문제해결능력

정답 ③

유형 문제처리능력 난이도 ★★☆

소득월액보험료는 변동이 없으므로 차액이 0원이다.

한편 주택 재산가액 5억 원은 전액이 재산 금액으로 적용되고, 전세는 5×0.3=1.5(억 원)만 재산 금액으로 적용된다. 또한 공제금액은 1억 원이므로 주택은 4억 원(=40,000만 원), 전세는 0.5억 원(=5,000만 원)이 공제 후 재산 금액이다. 따라서 주택의 경우 38,800 초과 43,200 이하 구간에 속하여 재산보험료 부과점수는 757점, 757×208.4=157,758.8(원)에서 10원 단위 미만을 절사하면 157,750원이다. 전세의 경우 4,500 초과 5,020 이하 구간에 속하여 재산보험료 부과점수는 268점, 268×208.4=55,851.2(원)에서 10원 단위 미만을 절사하면 55,850원이다.

따라서 아낄 수 있는 건강보험료 금액은 157,750−55,850=101,900(원)이다.

30 문제해결능력

정답 ②

유형 문제처리능력 난이도 ★★★

사업소득은 전액을 연소득으로 적용하므로 B씨의 소득월액보험료는 (81,600,000÷12)×0.0709=482,120(원)이다.

토지 재산가액 8억 원은 전액이 재산 금액으로 적용되고, 전/월세는 {50,000,000+(2,000,000×40)}×0.3=39,000,000(원)만 재산 금액으로 적용된다. 따라서 B씨의 재산 금액은 839,000,000원이고, 여기에서 1억 원을 공제하면 739,000,000원(=73,900만 원)이다. 이는 66,500 초과 74,000 이하 구간에 속하므로 재산보험료 부과점수는 921점, 921×208.4=191,936.4(원)에서 10원 단위 미만을 절사하면 191,930원이다. 따라서 B씨에게 청구되는 건강보험료는 482,120+191,930=674,050(원)이다.

DAY 11 | 정답과 해설

01	02	03	04	05	06	07	08	09	10	11	12	13	14	15
④	②	⑤	②	③	④	②	②	③	③	②	④	④	③	②
16	**17**	**18**	**19**	**20**	**21**	**22**	**23**	**24**	**25**	**26**	**27**	**28**	**29**	**30**
③	⑤	③	③	④	①	③	④	④	④	①	③	⑤	②	②

01 의사소통능력 정답 ④

유형 독해 > 추론 난이도 ★★☆

㉠의 뒤 문장을 참고하면 '이 말은 창작자가 다른 사람이 만들어 놓은 저작물을 모방하거나 인용할 수밖에 없다는 점을 강조한 것이다'라고 하였으므로, 창작자가 이뤄낸 성과는 앞서 활동한 선배 저작자로부터 도움을 받은 결과라는 의미로 해석할 수 있다. 한편, '개인의 힘으로 이룰 수 있는 업적은 보잘것없으므로 앞서 쌓아 놓은 업적을 배우고 익혀야만 한다'라는 내용은 어떤 창작자도 독창적으로 표현할 수 없으며 이전 세대의 활동을 답습한다는 의미이므로 ㉠에 대한 이해로 적절하지 않다.

02 의사소통능력 정답 ②

유형 독해 > 일치/불일치 난이도 ★☆☆

시간 단축 문제접근 TIP

주어진 글과의 일치 혹은 불일치 여부를 확인할 때, 핵심어를 확인하는 것이 중요하다. 주어진 문제처럼 특정 종에만 해당하는 정보를 다른 종과 뒤바꾸는 방식으로 오답을 형성하기도 한다.

4문단의 '어떤 반딧불이는 번식 목적이 아닌 사냥 목적으로 사용하기도 한다. 포투루스(Photurus)라는 반딧불이의 암컷은 아무렇지 않게 상대 반딧불이를 잡아먹는다'를 통해 반딧불이 중에서 '포투루스' 종의 암컷이 상대 반딧불이를 잡아먹기 위해 빛을 사용함을 알 수 있다.

| 오답풀이 |

① 5문단의 '이렇게 다른 종의 불빛을 흉내 내는 반딧불이는 북아메리카에서 흔히 찾아볼 수 있다'를 통해 확인할 수 있다.

③ 2문단의 '이처럼 반딧불이는 집단으로 멋진 작품을 연출한다. 그중 가장 유명한 것은 동남아시아에 서식하는 반딧불이다. 이들은 모두 동시에 그리고 완벽하게 발광함으로써 크리스마스트리의 불빛을 연상시키기도 한다'를 통해 확인할 수 있다.

④ 1문단의 '사랑엔 깊은 밤이 최고라는 반딧불이는 초록 계열의 색을 선호한다'를 통해 확인할 수 있다.

⑤ 3문단의 '뉴기니 지역의 반딧불이는 짝을 찾아 좁은 해안선과 근처 숲 사이를 반복적으로 이동한다. 반딧불이 역시 달이 빛나고 파도가 철썩이는 해변을 로맨틱한 장소로 여기는 것이다'를 통해 확인할 수 있다.

03 의사소통능력 정답 ⑤

유형 독해 > 문단배열 난이도 ★★☆

[보기]의 '역사책에 이름 한 줄 남기지 못한 이들이 이순신의 일기에는 뚜렷하게 기록된 것이다'와 ㉤ 앞의 '사랑하는 가족의 이름과 함께 휘하 장수에서부터 병졸들과 하인, 백성들의 이름까지도 언급하고 있다'가 긴밀하게 연결되고 있다. 더욱이 이러한 의의가 『난중일기』의 위대함과도 연결되므로 [보기]의 내용이 들어갈 가장 적절한 곳은 ㉤이다.

04 의사소통능력 정답 ②

유형 독해 > 전개방식 난이도 ★★☆

'스타 시스템'의 특성을 '대중을 스타에게 동일시하게 만드는 과정', '스타를 통해 대중의 욕구를 자극하는 과정' 등으로 분석한 후, '예술 인력을 위한 토양 마련과 중간 메커니즘 육성'으로 나아갈 방향을 제시하고 있다.

| 오답풀이 |

① 시간의 흐름에 따라 논지를 전개하고 있지 않으며, 스타 시스템의 변화 과정과 관련된 내용을 확인할 수 없다.

③ '대중을 스타에게 동일시하게 만드는 과정'으로 극장에서의 영화 상영을 사례로 제시하였으나, 다른 사례와 종합하여 보편적인 이론을 도출하는 귀납적 방식은 확인할 수 없다.

④ 영화의 이미지가 관객을 끌어들이는 과정을 구체적으로 제시하였으나, 스타 시스템이 지닌 특성의 일부만을 설명하므로 적절하지 않다.

⑤ 대중문화와 관련된 스타 시스템의 문제점을 간접적으로 서술하였을 뿐이며, 추상적인 제언을 덧붙이고 있으므로 적절하지 않다.

05 의사소통능력

정답 ③

유형 독해 > 문단배열 난이도 ★★☆

사물주소의 개념을 정의한 뒤에 그 원리와 활용 방안을 설명하는 흐름이 적합하므로, 첫 번째 문단으로는 '사물주소의 개념'을 소개한 [나]가 적절하다. 이어 '사물주소에 적용되는 원리'를 설명하는 [다]를 연결하여 내용을 보완하는 동시에 '사물주소의 목적과 사례'를 다룬 [가]를 통해 뒷받침하는 흐름이 적합하다. 또한 '신산업과 접목한 방안'을 다룬 [라]로 마무리하는 것이 자연스럽다. 따라서 [나]－[다]－[가]－[라]의 배열이 가장 적절하다.

06 의사소통능력

정답 ④

유형 독해 > 추론 난이도 ★★★

도로의 시작 지점부터 끝 지점까지 20m 간격으로 나누어 차례대로 왼쪽 건물은 홀수, 오른쪽 건물은 짝수를 부여한다고 하였으므로 '삼성로 3'과 '삼성로 9'는 도로의 왼쪽에 위치하였으며, '삼성로 3', '삼성로 5', '삼성로 7', '삼성로 9'까지 60m 떨어져 있게 된다.

| 오답풀이 |

① '청계천로 85 버스정류장'은 도로의 왼쪽에 부여하는 홀수가 사용되었으므로 적절한 추론이다.

② '학동로 1'은 폭이 12m 이상이거나 왕복 2~7차선인 도로에 부여하는 주소가 사용되었으므로 적절한 추론이다.

③ '홍지문길 67'과 '홍지문길 68'은 같은 지점에서 도로의 왼쪽과 오른쪽에 있는 건물이므로 적절한 추론이다.

⑤ '세종로2길 2'는 큰 도로에서 오른쪽으로 갈라진 도로에 부여하는 주소가 사용되었으므로 적절한 추론이다.

07 의사소통능력

정답 ②

유형 독해 > 추론 난이도 ★☆☆

시간 단축 문제접근 TIP

빈칸 추론 유형은 앞뒤 문맥을 바탕으로 풀이할 수 있다. 핵심어의 연결을 염두에 두고, 접속어에서 힌트를 삼는 것이 효율적인 접근법이다.

빈칸이 포함된 문장의 앞에 인과의 접속어인 '따라서', 뒤 문장에 환언의 접속어인 '즉'이 나타나 있으므로, 앞선 내용과 뒤이은 내용을 모두 포괄하여 요약할 수 있는 표현이 들어가야 한다. 앞선 내용의 '감정은 오래전부터 인류의 생존에 유리한 작용을 했으며 생물학적 본성의 고정된 일부이다'와 뒤이은 내용의 '나이, 문화, 지역에 상관없이 모든 사람은 거의 똑같이 슬픔을 경험할 것이다'를 포괄하여 요약하면 '감정은 모든 인류가 경험하는 본성이다'이다. 따라서 빈칸에 들어갈 표현으로 가장 적절한 것은 '보편적'이다.

| 오답풀이 |

① 하나씩 따로 나뉘어 있는 특성으로 감정을 설명한 내용은 확인할 수 없다.

③ 비교되는 관계에 따라 달라지는 특성으로 감정을 설명한 내용은 확인할 수 없다.

④ 비교하거나 상대될 만한 것이 없는 특성이나 아무런 조건 없이 특정한 감정이 일어난 사례로 감정을 설명한 내용은 확인할 수 없다.

⑤ 모든 인류에게 감정이 두루 미치거나 통한다는 의미가 맥락상 자연스러우므로, 감정이 사물의 본질이나 본바탕을 이룬다는 표현은 적절하지 않다.

08 의사소통능력

정답 ②

유형 독해 > 주제/제목 난이도 ★★☆

「기후 · 기후변화 감시 및 예측 등에 관한 법률」 등의 시행에 따라 해양수산부와 기상청이 기후변화를 감시하고 예측하는 기관으로서 수립한 계획과 세부 절차를 소개하고 있다. 따라서 법안을 발의하고 공포하는 과정과 관련된 내용을 확인할 수 없으므로 '기후위기 대응을 위한 기후예측감시예측법 제정'은 보도자료의 부제로 적절하지 않다.

09 의사소통능력
정답 ③

유형 독해 > 기타-글의 구조 난이도 ★☆☆

시간 단축 문제접근 TIP

보도자료의 구조는 크게 다음과 같이 정리할 수 있다.

<table>
<tr><td>[가]</td><td colspan="3">「기후변화감시예측법」 시행</td></tr>
<tr><td>[나]</td><td>기후변화 감시 · 예측 총괄 기관으로서 기상청의 역할</td><td>[다]</td><td>해양 · 극지의 기후변화 감시 · 예측 기관으로서 해양수산부의 역할</td></tr>
<tr><td>[라]</td><td colspan="3">기상청과 해양수산부의 기후예측 정보 생산</td></tr>
<tr><td>[마]</td><td colspan="3">기상청과 해양수산부의 예측정보 공동 활용을 위한 정보 시스템 구축</td></tr>
</table>

[가]에서 「기후변화감시예측법」 등의 시행을 밝히며 [나]와 [다]를 통해 기후변화 감시 · 예측 기관인 기상청과 해양수산부의 역할을 서술하고 있다. 이어서 [라]에서 감시정보를 바탕으로 기후예측 정보를 생산하게 된다는 내용, [마]에서 기후변화 감시예측 정보를 활용할 수 있는 정보시스템을 구축한다는 내용을 설명하고 있다. 따라서 도입 부분에 해당하는 [가]에 뒤이어 [나]와 [다]에서 기상청과 해양수산부의 역할을 각 문단별로 동일한 위상으로 제시하였으며, [라]와 [마]에서 기상청과 해양수산부가 추진할 계획을 순차적으로 설명하였으므로 전체 문단에 대한 논리적 구조로 가장 적절한 것은 ③이다.

10 의사소통능력
정답 ③

유형 어휘/어법 > 맞춤법 난이도 ★★☆

사전에 등재된 한글 자모의 순서는 다음과 같다.

자음	ㄱ ㄲ ㄴ ㄷ ㄸ ㄹ ㅁ ㅂ ㅃ ㅅ ㅆ ㅇ ㅈ ㅉ ㅊ ㅋ ㅌ ㅍ ㅎ
모음	ㅏ ㅐ ㅑ ㅒ ㅓ ㅔ ㅕ ㅖ ㅗ ㅘ ㅙ ㅚ ㅛ ㅜ ㅝ ㅞ ㅟ ㅠ ㅡ ㅢ ㅣ

따라서 단어를 사전 등재 순서대로 나열하면 '왜가리－우엉－웬만하다－위상'이 적절하다.

| 오답풀이 |

① '두부－뒤뜰－뒤란－따뜻하다': '뒤란'과 '뒤뜰'의 첫음절이 같으므로 '란'과 '뜰'의 첫소리 'ㄹ'과 'ㄸ'을 확인하면 'ㄸ'을 'ㄹ'보다 먼저 나열해야 한다.

② '냠냠－넘다－네모－늴리리': '네모'와 '넘다'의 가운뎃소리 'ㅔ'와 'ㅓ'를 확인하면 'ㅓ'를 'ㅔ'보다 먼저 나열해야 한다.

④ '괴롭다－교실－구슬－규약': 각 단어의 첫소리가 같으므로 '구슬', '교실', '괴롭다', '규약'의 가운뎃소리인 'ㅜ', 'ㅛ', 'ㅚ', 'ㅠ'를 확인하면 'ㅚ', 'ㅛ', 'ㅜ', 'ㅠ' 순으로 나열해야 한다.

⑤ '와전－왜곡－외로움－웬일': 각 단어의 첫소리가 같으므로 '와전', '외로움', '왜곡', '웬일'의 가운뎃소리인 'ㅘ', 'ㅚ', 'ㅙ', 'ㅞ'를 확인하면 'ㅘ', 'ㅙ', 'ㅚ', 'ㅞ' 순으로 나열해야 한다.

11 수리능력
정답 ②

유형 응용수리 > 수열 난이도 ★★☆

홀수 번째 항은 13씩 증가하고, 짝수 번째 항은 7^2, 8^2, 9^2, …인 수열이다.

따라서 빈칸에 들어갈 알맞은 수는 $70+13=83$이다.

12 수리능력
정답 ④

유형 응용수리 > 사칙연산 난이도 ★★☆

30초 컷 풀이 TIP

각 종류의 간식을 1개씩 구매했을 때의 금액은 $850+680+550+400=2{,}480$(원)이고, 구매한 간식 중에서 사탕이 제일 많으면서 최소 개수이어야 하므로 모든 종류의 간식의 개수는 최대한 동일해야 한다. 즉 $50{,}000\div2{,}480\fallingdotseq20.16$이므로 모든 종류의 간식을 동일하게 산다면 각각 20개씩 구매할 수 있고 남는 금액은 $50{,}000-2{,}480\times20=400$(원)이다. 이 400원으로 사탕을 1개 더 구매할 수 있으므로 구매한 간식 중 사탕이 제일 많을 때, 구매 가능한 최소 개수는 $20+1=21$(개)이다.

초콜릿, 쿠키, 젤리, 사탕을 각각 10개씩 구매하는 데 들어간 비용은 $(850+680+550+400)\times10=24{,}800$(원)이다. 즉, 간식을 추가적으로 구매할 수 있는 금액은 $50{,}000-24{,}800=25{,}200$(원)인데 모든 종류의 간식을 1개씩 사는 데 필요한 비용은 2,480(원)이므로 남은 돈으로 모든 종류의 간식을 $25{,}200\div2{,}480\fallingdotseq10.16$(개)씩 구매할 수 있다. 모든 종류의 간식을 10개씩 추가로 구매하면 남는 금액은 $25{,}200-2{,}480\times10=400$(원)이고, 이 금액으로 사탕 1개를 구매하면 사탕을 가장 많이 구매하면서 구매할 수 있는 사탕의 최소 개수이다. 따라서 구매한 사탕의 최소 개수는 $10+10+1=21$(개)이다.

13 수리능력

정답 ④

유형 응용수리 > 방정식 난이도 ★★☆

설탕물을 나누어 담아도 농도는 모두 같으므로 A, B 두 개의 접시의 농도는 모두 10%이다. 접시 A에 들어있는 설탕의 양은 $500\times0.1=50$(g)이고, 물 300g을 증발시키면 접시 A의 설탕물의 양은 $500-300=200$(g)이므로 농도는 $\frac{50}{200}\times100=25$(%)이다. 이에 따라 접시 B의 농도가 25%이기 위해 넣어야 할 설탕의 양을 xg이라 하면 처음 접시 B에 들어있는 설탕의 양은 $300\times0.1=30$(g)이므로

$$\frac{30+x}{300+x}\times100=25$$

$$120+4x=300+x$$

$$3x=180$$

$$x=60$$

따라서 접시 B에 넣어야 할 설탕의 양은 60g이다.

14 수리능력

정답 ③

유형 자료해석 > 자료이해 난이도 ★☆☆

주말 단순 평균 TV 시청시간은 10대 미만이 $\frac{2.5+5.2}{2}=3.85$(시간), 70대가 $\frac{3.1+5.2}{2}=4.15$(시간)이므로 70대가 10대 미만보다 $4.15-3.85=0.3$(시간) 더 많다.

| 오답풀이 |

① 주말 오후 평균 TV 시청시간이 가장 많은 연령대인 80대 이상은 가장 적은 연령대인 30대보다 $5.5-2.2=3.3$(시간) 더 시청하므로 3시간 이상 더 시청한다.

② 50대, 60대인 중년층의 평일 오후 단순 평균 TV 시청시간은 $\frac{3.8+4.4}{2}=4.1$(시간)이다.

④ 평일 오전 평균 TV 시청시간이 2시간 미만인 연령대는 10대, 20대, 30대, 40대, 50대로, 5개이다.

⑤ 평일 오전과 오후, 주말 오전과 오후 모두 평균 TV 시청시간이 2.5시간 이상인 연령대는 60대와 80대 이상으로, 2개이다.

15 수리능력

정답 ②

유형 자료해석 > 자료이해 난이도 ★☆☆

후보 상품 중 음료는 C, E 2종류이다. C를 선호하는 남성은 $500\times0.26=130$(명), 여성은 $500\times0.42=210$(명)이고, E를 선호하는 남성은 $500\times0.78=390$(명), 여성은 $500\times0.52=260$(명)이므로 음료를 선호하는 남성은 여성보다 $130+390-(210+260)=50$(명) 더 많다.

| 오답풀이 |

① 남성이 여성보다 선호 응답 비율이 높은 상품은 A, E 총 2개이다.

③ D를 선호하는 남성은 $500\times0.61=305$(명), 여성은 $500\times0.84=420$(명)이므로 총 $305+420=725$(명)이다.

④ A와 B를 동시에 선호하는 남성의 최대 인원수는 두 상품 중 응답 비율이 낮은 B의 응답자 수와 같다. 따라서 A와 B를 동시에 선호하는 남성은 최대 $500\times0.46=230$(명)이다.

⑤ 여성의 비선호 응답 비율이 두 번째로 높은 상품은 선호 응답 비율이 두 번째로 낮은 상품이므로 C이다.

16 수리능력

정답 ③

유형 자료해석 > 자료계산 난이도 ★☆☆

기계별 불량 발생률을 계산하면 다음과 같다.

기계명	전체 부품 생산개수	불량부품 개수	불량 발생률
A	15,000	60	$\frac{60}{15,000}\times100=0.4$(%)
B	5,000	35	$\frac{35}{5,000}\times100=0.7$(%)
C	750	30	$\frac{30}{750}\times100=4$(%)
D	500	25	$\frac{25}{500}\times100=5$(%)
E	350	35	$\frac{35}{350}\times100=10$(%)
F	200	40	$\frac{40}{200}\times100=20$(%)

따라서 불량 발생률이 가장 높은 F기계의 불량 발생 지수는 $\frac{20}{100-20}=0.25$이다.

17 수리능력

정답 ⑤

유형 자료해석 > 자료이해 난이도 ★★☆

30초 컷 풀이 TIP

ⓛ 40대 이상 실업자 수를 구한 다음 합계에서 빼면 40대 미만 실업자 수가 762−206=556(천 명)임을 알 수 있다.

ⓒ 경제활동인구는 40대가 30대보다 적지만 취업자 수는 40대가 30대보다 많다.

ⓓ 실업률이 네 번째로 높은 연령대인 50대는 경제활동인구가 비경제활동인구보다 3,441−1,462=1,979(천 명) 더 많다.

| 오답풀이 |

ⓐ 20대의 경제활동참가율은 $\frac{4,700}{7,078}\times 100 ≒ 66.4(\%)$이므로 60% 이상이다.

ⓛ 40대 이상 실업자 수는 116+68+22=206(천 명)이고, 40대 미만 실업자 수는 47+340+169=556(천 명)이다. 따라서 40대 이상 실업자 수는 40대 미만 실업자 수보다 556−206=350(천 명)=35(만 명) 더 적다.

18 수리능력

정답 ③

유형 자료해석 > 자료이해 난이도 ★★☆

2023년 보유기기 수의 전년 대비 감소율은 세종이 $\frac{40-26}{40}\times 100=35(\%)$, 제주가 $\frac{75-69}{75}\times 100=8(\%)$이므로 세종이 제주보다 35−8=27(%p) 더 높다.

| 오답풀이 |

① 스마트TV 비율이 두 번째로 높은 지역은 2021년에 대전, 2022년에 광주, 2023년에 서울로 매년 다르다.

② 충북과 충남의 총 보유기기 수는 2023년에 138+172=310(대), 2021년에 151+158=309(대)이므로 2년 전 대비 310−309=1(대) 증가하였다.

④ 2021년 강원의 스마트TV 수는 160×0.25=40(대)이다.

⑤ 스마트TV 비율이 매년 감소한 지역은 대전, 강원, 충남으로 총 3곳이다.

19 수리능력

정답 ③

유형 자료해석 > 자료변환 난이도 ★★★

2021년 전남의 스마트TV 수는 130×0.12=15.6(대)이다.

20 수리능력

정답 ④

유형 자료해석 > 자료이해 난이도 ★★★

전체 데이터 산업 시장 규모는 2022년에 41,318+90,305+128,041=259,664(억 원), 2023년에 44,894+93,268+133,352=271,514(억 원)이므로 2023년에 전년 대비 $\frac{271,514-259,664}{259,664}\times 100 ≒ 4.6(\%)$ 증가하였다. 즉, 전년 대비 5% 미만으로 증가하였다.

| 오답풀이 |

① 2021년 전체 데이터 산업 시장 규모는 29,843+85,274+113,869=228,986(억 원)이고, 이 중 데이터 판매 및 제공 서비스업이 차지하는 비중은 $\frac{113,869}{228,986}\times 100 ≒ 49.7(\%)$이다.

② 데이터 판매 및 제공 서비스업에서 시장 규모가 2022년 이후 매년 전년 대비 증가한 주제 분야는 통계, 경영 · 비즈니스, 뉴스, 학술, 문화 · 예술, 생활로 총 6개이다.

③ 2022년 데이터 판매 및 제공 서비스업에서 시장 규모가 세 번째로 큰 주제 분야인 포털의 시장 규모는 네 번째로 큰 주제 분야인 신용 · 재무의 시장 규모보다 13,965−10,575=3,390(억 원) 더 크다.

⑤ 제시된 기간에 데이터 판매 및 제공 서비스업의 주제 분야 중 뉴스의 시장 규모는 연평균 $\frac{7,833+9,238+10,358}{3}=9,143$(억 원)이다.

21 문제해결능력

정답 ①

유형 사고력 > 조건추리 > 순서 난이도 ★★☆

제시된 조건에서 B는 1등 또는 꼴등이므로 B가 1등일 때와 6등일 때로 경우를 나누어 생각한다. 이때, A는 D보다 순위가 높고, A와 C의 순위는 서로 앞뒤로 인접하며, D와 E의 순위 사이에는 한 명이 있으므로 '('A > C' 또는 'C > A') > D > _ > E' 순이거나 '('A > C' 또는 'C > A') > E > _ > D' 순이다.

i) B가 1등일 경우

구분	1등	2등	3등	4등	5등	6등
경우1	B	A	C	D	F	E
경우2	B	C	A	D	F	E

ii) B가 6등일 경우

구분	1등	2등	3등	4등	5등	6등
경우3	A	C	E	F	D	B
경우4	C	A	E	F	D	B
경우5	A	C	D	F	E	B
경우6	C	A	D	F	E	B

따라서 B가 1등인 경우 F는 항상 5등이므로 항상 옳은 설명이다.

| 오답풀이 |

② 경우1, 5에서 C의 다음 순위가 D이므로 항상 옳은 것은 아니다.

③ 경우1, 2에서 E가 꼴등이므로 항상 옳은 것은 아니다.

④ D의 순위는 항상 A보다 높지 않으므로 항상 옳지 않다.

⑤ 경우4, 6에서 B가 꼴등인 경우 1등은 C이므로 항상 옳은 것은 아니다.

22 문제해결능력

정답 ③

유형 사고력 > 언어추리 > 참/거짓 난이도 ★★★

제시된 C의 진술에서 D는 가장 마지막에 출근하였다는 C의 진술이 거짓이 되려면 C가 D보다 늦게 출근해야 한다. 하지만 이는 모순이므로 D는 가장 늦게 출근하였음을 알 수 있다. 또한, A는 가장 먼저 출근하였다는 C의 진술이 진실이 되려면 C가 A보다 일찍 출근했어야 하지만 이는 모순된 말이므로 A는 가장 먼저 출근하지 않았음을 알 수 있다. 이에 따라 A는 두 번째 또는 세 번째로 출근을 하였으며, 가장 마지막에 출근한 D의 진술은 항상 거짓임에 따라 B는 첫 번째 또는 세 번째로 출근하였다.

[경우1] B－A－C－D

B가 첫 번째로 출근하고 A가 두 번째로 출근한 경우 B에 대한 A의 진술은 거짓, C에 대한 A의 진술은 진실이어야 하며 이는 조건에 모순되지 않는다.

[경우2] B－C－A－D

C가 A와 D보다 먼저 출근하므로 A와 D는 자신보다 늦게 출근하는 사람이다. 따라서 C의 진술은 모두 진실이어야 하지만 A가 먼저 출근한다는 C의 진술에 모순되므로 이 경우는 성립하지 않는다.

[경우3] C－A－B－D

경우2와 마찬가지로 C의 진술에 모순되므로 이 경우는 성립하지 않는다.

따라서 항상 참인 것은 'D는 가장 마지막에 출근했다.'이다.

| 오답풀이 |

① B는 가장 먼저 출근했으므로 항상 거짓이다.

② A는 두 번째로 출근했으므로 항상 거짓이다.

④ C가 A보다 늦게 출근했으므로 항상 거짓이다.

⑤ C가 B보다 늦게 출근했으므로 항상 거짓이다.

23 문제해결능력

정답 ④

유형 모듈형 > 논리적 사고 난이도 ★★☆

• B: 논리적 사고는 자신이 만든 계획이나 주장을 주위 사람에게 이해시킴으로써 실현하기 위해 필요한 능력이다.

• C: 논리적 사고를 개발하기 위한 방법으로는 So What 기법과 피라미드 구조화 방법이 있다.

| 오답풀이 |

• A: 지적 호기심, 객관성, 개방성, 융통성, 지적 회의성, 지적 정직성, 체계성, 지속성, 결단성, 다른 관점에 대한 존중은 모두 비판적 사고를 개발하기 위한 태도이다.

• D: 논리적 사고를 위해서는 다른 사람을 설득하는 과정에서 거부당할 경우 상대의 논리를 구조화하는 것이 필요하다.

24 문제해결능력

정답 ④

유형 모듈형 > 사고력 난이도 ★★☆

제시된 상황에서는 문제 상황에 관하여 최선의 결과를 상정하고 이에 대한 결과를 얻는 데 있어서 방해가 되는 모순을 탐색하고 있으므로 이에 해당하는 문제해결기법은 'TRIZ'이다.

| 오답풀이 |

① So What 기법이란 "그래서 무엇이지?"하고 자문자답하는 것으로 눈앞에 있는 정보로부터 의미를 찾아내어 가치 있는 정보를 이끌어 내는 사고 방법이므로 적절하지 않다.

② 브레인스토밍이란 새로운 아이디어를 떠올리고, 창의적으로 문제를 해결하기 위한 집단적 창의력 사고 기법이므로 적절하지 않다.

③ Synectics란 서로 관련이 없어 보이는 것들을 조합하여 새로운 것을 도출하는 사고 기법이므로 적절하지 않다.

⑤ 5Why란 문제에 대한 질문과 대답을 계속 진행하면서 문제의 실체와 근본적인 원인을 파악하고 올바른 해결방안을 수립하도록 돕는 문제해결기법이므로 적절하지 않다.

25 문제해결능력

정답 ④

유형 문제처리능력 난이도 ★★☆

현재 계약직원은 하루 11시간씩 근무하며 주 5일씩 근무 중이다. 이를 아르바이트생 1인당 월급으로 계산하면 평일＋주말＝$(3\times11\times4\times11{,}000)+(2\times11\times4\times13{,}500)=2{,}640{,}000$(원)이므로 아르바이트생의 월급여가 계약직원의 월급여보다 높음을 알 수 있다. 제시된 조건에서 전체 인원은 줄이지 않는다고 하였으므로 인건비 절감을 위한 방법으로 가장 적절한 것은 아르바이트생을 모두 계약직원으로 전환하는 것이다.

| 오답풀이 |

① 계약직원의 월급여보다 정직원의 월급여가 더 높으므로 인건비 절감을 할 수 없다.
② 계약직원의 월급여보다 아르바이트생의 월급여가 더 높으므로 인건비 절감을 할 수 없다.
③ 아르바이트생의 월급여보다 정직원의 월급여가 더 높으므로 인건비 절감을 할 수 없다.
⑤ 정직원 2명을 계약직원으로 전환하면 월급여가 1명당 40만 원 절감되므로 총 80만 원을 절감할 수 있으나, 주말 2일간 근무할 아르바이트생을 1명 더 고용하면 13,500×11×2×4=1,188,000(원)이므로 인건비를 절감할 수 없다.

26 문제해결능력

정답 ①

유형 문제처리능력 난이도 ★☆☆

제시된 조건에 따르면 국내영업팀이 사용할 수 있는 회의실은 다이고, 총무팀이 사용할 수 있는 회의실은 나이며, 경영지원팀이 사용할 수 있는 회의실은 마이다. 또한, 품질관리팀이 사용할 수 있는 회의실은 가와 다이지만 다는 반드시 국내영업팀이 사용하므로 품질관리팀은 가 회의실을 사용하게 된다.
따라서 부서별로 예약할 회의실이 바르게 연결된 것은 '품질관리팀－가'이다.

27 문제해결능력

정답 ③

유형 문제처리능력 난이도 ★☆☆

제시된 조건에 따르면 현재 군복무 중인 경우 채용예정일 이전 전역 예정자는 지원 가능하고, 채용예정일은 2024년 12월 5일이므로 9월 23일 이전 전역 예정자라면 지원 가능하다는 답변은 적절하지 않다.

| 오답풀이 |

① 분야별 지원 필수요건이 다르므로 적절하다.
② 영어, 일본어, 중국어 중 1개 분야 이상 어학 성적을 보유하고 있어야 하므로 적절하다.
④ 이번 채용에서는 학력 제한 없이 휴일 및 야간 당직근무가 가능하면 지원 가능하므로 적절하다.
⑤ 보훈 전형의 경우 관련 법률 해당자만 지원이 가능하므로 적절하다.

28 문제해결능력

정답 ⑤

유형 문제처리능력 난이도 ★★☆

제시된 조건에 따르면 채용공고일인 2024년 9월 23일 기준 만 18세 이상만 지원이 가능하므로 2024년 12월 5일 기준으로 만 18세가 되는 E는 지원할 수 없다.

| 오답풀이 |

- A: 어학 성적은 영어, 일본어, 중국어 중 1개 분야 이상이면 가능하므로 지원할 수 있다.
- B: 학력 제한이 없으므로 지원할 수 있다.
- C: 관련 자격증 소지자는 기술직에 지원할 수 있다.
- D: 휴일 및 야간 당직근무가 가능한 사람은 지원할 수 있다.

29 문제해결능력

정답 ②

유형 문제처리능력 난이도 ★★★

제시된 조건에 따르면 평균임금에는 기본급과 상여금, 기타수당이 포함되며 교통비, 식비, 출장비 등의 실비는 평균임금에 포함되지 않는다. 또한, $(\text{퇴직금})=(\text{1일 평균임금})\times(\text{30일})\times\frac{(\text{총근무일수})}{\text{365일}}$이고, 1일 평균임금은 (퇴직일 이전 92일간에 지급받은 임금총액)÷92이다. 이에 따라 퇴직일 이전 92일간 지급받은 임금총액은 {1,040+2,150+6,450+2,150+130+(2,150+330)÷31×16}=13,200(천 원)=13,200,000(원)이므로 1일 평균임금은 13,200,000 ÷92≒143,470(원)이다. 또한, U씨의 총근무일수는 22+28+31+30+31+30+31+31+30+31+30+31+15=371(일)이다.

따라서 U씨가 받을 수 있는 퇴직금은 $143{,}470\times30\times\frac{371}{365}$≒4,374,850(원)이다.

30 문제해결능력

정답 ②

유형 상황판단 > 독해추론 난이도 ★★☆

3문단에 따르면 「알뜰한끼」는 대국민 서비스 개선과제 중 하나로 선정되었다고 하였으나 「급식식재료플랫폼」이 대국민 서비스 개선과제로 선정되었다는 내용은 글에서 확인할 수 없으므로 적절하지 않다.

| 오답풀이 |

① 2문단에 따르면 정부는 공공－민간 데이터를 융합해 비즈니스 모델로 활용할 수 있도록 서비스 기획부터 데이터의 '가공－개발－출시'까지 전 과정을 지원한다고 하였으므로 적절하다.

③ 5문단에 따르면 수출기업은 무역비서 플랫폼을 통해 최소 관세율을 확인할 수 있다고 하였으므로 적절하다.

④ 3문단과 4문단에 따르면 「급식식재료플랫폼」과 「알뜰한끼」 모두 제철 농산물 활용 식단을 확인할 수 있다고 하였으므로 적절하다.

⑤ 2문단에 따르면 농식품 빅데이터 거래소는 민간과 공공이 보유한 농식품 데이터를 개방하고 거래를 중개하는 플랫폼이라고 하였으므로 적절하다.

DAY 12 | 정답과 해설

01	02	03	04	05	06	07	08	09	10	11	12	13	14	15
③	③	④	③	②	④	①	②	②	④	③	⑤	①	⑤	④
16	**17**	**18**	**19**	**20**	**21**	**22**	**23**	**24**	**25**	**26**	**27**	**28**	**29**	**30**
④	⑤	③	③	③	②	⑤	③	③	①	⑤	⑤	③	②	④

01 의사소통능력

정답 ③

유형 독해 > 전개방식 난이도 ★☆☆

만족지연 능력을 정신분석 이론, 인지발달 이론, 사회학습 이론을 통해 각각 설명하고 그 의의를 밝히고 있으므로, 전개방식으로 가장 적절한 것은 ③이다.

| 오답풀이 |

① 아동의 절제력에 대한 연구결과를 통해 만족지연 능력을 고찰하였으나, 시간의 흐름에 따라 내용을 전개하는 방식은 확인할 수 없다.

② 아동의 절제력에 대한 실험결과 이외의 사례가 열거되어 있지 않으며 공통의 논지를 도출하는 방식 또한 확인할 수 없다.

④ 대중적인 통념을 제시한 뒤에 논리적으로 반박하는 방식은 확인할 수 없다.

⑤ 만족지연 능력에 대하여 정신분석 이론, 인지발달 이론, 사회학습 이론 등을 제시하였으나, 이론 간 장단점을 비교하는 방식은 확인할 수 없다.

02 의사소통능력

정답 ③

유형 어휘/어법 > 맞춤법 난이도 ★☆☆

㉠ '왜 그런지 모르게 또는 뚜렷한 이유도 없이'라는 뜻의 단어는 '왜인지'가 줄어든 말인 '왠지'이므로, 표준어에 해당하지 않는 '웬지'로 표기하지 않는다.

㉡ '어떤 일이 있은 때로부터 긴 시간이 지난 뒤'라는 뜻의 단어는 '오래간만'의 준말인 '오랜만'이므로, 표준어에 해당하지 않는 '오랫만'으로 표기하지 않는다.

㉢ '몇 날'이라는 뜻의 단어는 '며칠'이므로, 표준어에 해당하지 않는 '몇칠'이나 '몇일'로 표기하지 않는다.

03 의사소통능력

정답 ④

유형 어휘/어법 > 표준어(발음) 난이도 ★☆☆

표준발음법 제11항 '다만'에 따라, 용언의 어간 말음 'ㄺ'을 [ㄹ]로 발음하는 경우는 'ㄱ' 앞이다. 따라서 자음 전체에 해당하는 규정이 아니므로 적절하지 않다.

| 오답풀이 |

① 표준발음법 제10항에 따라, 'ㄼ'은 어말 또는 자음 앞에서 [ㄹ]로 발음한다.

② 표준발음법 제10항의 '다만'에 따라, '밟-'은 자음 앞에서 [밥]으로 발음한다.

③ 표준발음법 제11항에 따라, 'ㄺ'은 어말 또는 자음 앞에서 [ㄱ]으로 발음한다.

⑤ 표준발음법 제11항과 '다만'에 따라, 'ㄺ'은 용언의 어간 말음일 때에만 'ㄱ' 앞에서 [ㄹ]로 발음하고 그 외의 경우에는 [ㄱ]으로 발음하므로, 명사 '흙'와 조사 '과'가 결합한 '흙과'은 [흑]으로 발음한다.

04 의사소통능력

정답 ③

유형 독해 > 문단배열 난이도 ★★★

시간 단축 문제접근 TIP

첫 문단에는 핵심어에 대한 소개나, 핵심어와 관련된 전제가 와야 한다. 핵심어는 흔히 주어로서 등장하므로 첫 문장에서 명확한 주어가 등장하지 않는다면, 첫 문단이 아닐 가능성이 높다. 또한 특정 문단이 긴 경우에는 첫 문장과 마지막 문장을 기준으로 연결고리를 찾는 것이 비교적 효율적이다.

「독점규제 및 공정거래에 관한 법률」에서 정의하는 경제력의 개념과 경제력이 집중되는 경우에 나타나는 부정적 측면으로 대기업집단의 영향을 소개하고 있다. 또한 우리나라에서 나타난 경제력 집중 양상을 대기업집단의 경제구조 형성 과정을 바탕으로 설명하며, 「독점규제 및 공정거래에 관한 법률」의 취지를 정리한 내용을 확인할 수 있다. 따라서 첫 문단으로는 핵심어인 '경제력 집중'을 정의한 [라]가 적절하며, [마]를 통해 경제력이 소수의 독과점 기업에 집중되는 경우에 나타나는 부정적 측면으로 대기업집단의 영향력을 조명할 수 있다. 뒤이어 전환의 접속어인 '한편'을 통해 [다]에서 우리나라의 경제 성장을 새로운 화제로 제시하는 동시에 대기업집단에 경제력이 집중된 과정과 그에 따른 부정적 결과를 [가]와 함께 뒷받침할 수 있다. 그리고 이러한 경제력 집중의 폐해를 방지하기 위한 「독점규제 및 공정거래에 관한 법률」의 취지가 서술된 [나]를 통해 글을 마무리할 수 있다. 따라서 [라]－[마]－[다]－[가]－[나]의 배열이 가장 적절하다.

05 의사소통능력

정답 ②

유형 독해 > 주제/제목 **난이도** ★★☆

시간 단축 문제접근 TIP

제목을 찾는 유형은 글의 핵심을 모두 포괄해야 한다. 동시에 핵심을 너무 축소하거나 확대하지도 않아야 한다. 물론 글과 일치하지 않거나 상관없는 내용 역시 제목으로는 적절하지 않다.

음식의 역사를 통해 20세기 한국 사회의 양상을 파악하고 있으므로, 식탁 위에 놓인 음식을 바탕으로 20세기 한국 사회의 역사를 이해할 수 있다는 내용을 요약한 '식탁 위의 20세기 한국사'가 적절하다.

| 오답풀이 |

① '한국 음식의 역사'는 '20세기 한국 음식과 그 역사'라는 핵심 내용을 확대한 표현이므로 적절하지 않다.

③ '혼종의 과정, 문화의 흐름'은 주어진 글의 핵심을 포괄하지 못하는 표현이므로 적절하지 않다.

④ '음식점 메뉴로 본 한국사'는 '20세기 한국 음식과 그 역사'라는 핵심 내용을 축소한 표현이므로 적절하지 않다.

⑤ '한국 음식의 미시사와 거시사'는 주어진 글의 핵심과 상관없는 표현이므로 적절하지 않다.

06 의사소통능력

정답 ④

유형 독해 > 일치/불일치 **난이도** ★☆☆

2문단의 '그 요건은 임차인이 주택을 인도받는 것과 전입 신고를 마치는 것이다. 요건을 충족한 다음 날부터 임차권은 제삼자에게도 대항력을 갖는다'를 통해 임차권이 제삼자에게도 대항력을 갖게 되는 시점은 임차인이 주택을 인도받고 전입 신고를 마친 다음 날이라는 것을 알 수 있다.

| 오답풀이 |

① 1문단의 '주택 임대차는 임차인이 주택의 소유자인 임대인에게 보증금을 지급하고 합의한 기간 동안 목적물인 주택을 사용한 후, 기간이 만료되면 보증금을 반환받는 계약이다'를 통해 주택 임대차가 만료되면 합의한 기간이 지났으므로 임차인은 임대인에게 임대차의 목적물인 주택을 반환해야 한다는 것을 알 수 있다.

② 3문단의 '대항력을 갖춘 소액임차인에게는 정해진 금액까지의 보증금을 선순위 물권자보다 우선하여 변제받을 수 있는 최우선변제권까지 부여한다'를 통해 정해진 금액 이상의 보증금의 경우 반환받지 못할 수 있다는 것을 알 수 있다.

③ 1문단의 '채권을 가진 사람은 원칙적으로 특정한 채무자에 대해서만 일정한 행위를 요구할 수 있고, 제삼자에게는 권리를 주장할 수 없다'를 통해 채권은 제삼자가 아닌 특정한 채무자에 대해서만 일정한 행위를 요구할 수 있는 권리라는 것을 알 수 있다.

⑤ 4문단의 '임대차가 종료된 후 보증금이 반환되지 않은 경우 임차인은 관할 법원에 임차권등기명령을 신청할 수 있고, 법원이 이를 심리하여 결정한다'를 통해 임차권등기명령 제도는 임대차가 종료되어도 보증금이 반환되지 않은 경우 임차인이 신청할 수 있다는 것을 알 수 있다.

07 의사소통능력

정답 ①

유형 독해 > 추론 **난이도** ★★☆

3문단의 '주택임대차보호법에서는 사회적 약자를 보호하는 취지에서, 대항력을 갖춘 소액임차인에게는 정해진 금액까지의 보증금을 선순위 물권자보다 우선하여 변제받을 수 있는 최우선변제권까지 부여한다'와 4문단의 '임차인은 이사를 가면 자신의 권리 순위가 상실될 수 있다는 우려를 하게 된다. 이런 문제 때문에 주택임대차보호법에는 임차권등기명령 제도가 포함되어 있다'를 참고할 수 있다. 이때 임차권을 등기하여 대항력과 우선변제권을 취득한 기존 소액임차인이 아닌 새로 임대차를 체결한 다른 소액임차인에게 최우선변제권을 부여할 경우, 기존 소액임차인이 보증금을 변제받지 못할 수 있다. 임차권등기명령이 기존 소액임차인을 보호하기 위한 제도라는 점을 고려할 때 선순위 물권자에게도 우선하여 정해진 금액까지의 보증금을 변제받을 수 있게 하는 최우선변제권을 다른 소액임차인에게 부여하지 않는다는 것을 알 수 있다.

| 오답풀이 |

② 최우선변제권은 사회적 약자를 보호하는 취지를 갖추고 있으나, 임차권등기명령 제도를 신청한 기존 소액임차인의 권리보다 신규 소액임차인의 권리가 앞설 수 없다는 의미이므로 적절하지 않다.

③ 주택임대차보호법은 임차인이 일정한 요건을 갖추었을 경우 임차권에 물권적 효력을 부여하여 임차인의 지위를 강화하는 특별법이지만, 기존 소액임차인과 신규 소액임차인에게 동시에 적용되는 제도이며 ㉠과 관련이 없는 내용이므로 적절하지 않다.

④ 소액임차인으로 인정될 수 있는 보증금의 기준과 최우선변제권으로 변제받을 수 있는 금액은 대통령령으로 정해지지만, ㉠과 관련이 없는 내용이므로 적절하지 않다.

⑤ 최우선변제권이 생기면 원래의 임차인이 가지고 있던 우선변제권의 효력이 사라진다는 내용은 확인할 수 없으므로 적절하지 않다.

08 의사소통능력 정답 ②

유형 독해 > 문단배열 **난이도** ★★☆

국가안전시스템 개편 종합대책 및 기후위기 재난대응 혁신방안의 제24차 추진상황 점검회의에서 성과를 점검하고 향후 계획을 논의하였다는 내용이므로, 첫 문단으로는 전체 내용을 요약한 [가]가 적절하다. 이를 뒷받침하기 위해 국가안전시스템 개편 종합대책의 주요 성과로 '새로운 위험에 대한 상시 발굴 · 예측 및 대응체계 마련'을 밝힌 [라]와 '긴급신고기관 공동대응 체계 구축'을 밝힌 [다]가 차례로 이어져야 한다. 또한 기후위기 혁신방안의 주요 성과를 설명한 [나]를 덧붙이며 향후 계획을 소개하는 [마]로 마무리하는 흐름이 자연스럽다. 따라서 [가]－[라]－[다]－[나]－[마]의 배열이 가장 적절하다.

09 의사소통능력 정답 ②

유형 독해 > 추론 **난이도** ★★☆

[다]의 '지자체 상황실 등에 재난안전통신망 단말기 비치 · 사용 의무화'를 통해 지자체 상황실 등에 재난안전통신망 단말기를 반드시 비치하여 사용해야 한다는 것을 추론할 수 있다.

| 오답풀이 |

① [나]의 '지방하천 20곳을 국가하천으로 승격하고, 국가 차원의 정비가 필요한 배수영향구간 411곳 정비를 추진했다'를 통해 지방하천 20곳이 국가하천으로 승격된 내용은 확인할 수 있으나, 국가하천이 모두 몇 곳인지는 알 수 없다.

③ [라]의 '지역축제 현장에서 인파관리지원시스템을 제대로 활용할 수 있도록 행안부 직원을 파견해 현장 기술지원을 제공했다'를 통해 현장 기술지원을 위해 행안부 직원이 파견된 사례를 확인할 수 있으나, '주최자 없는 축제에 대해서도 지자체에 안전관리 의무를 부여'만으로 주최자가 없는 축제가 진행될 경우에도 행안부 직원을 파견하는지의 여부는 알 수 없다.

④ [가]의 '국가안전시스템 개편 종합대책과 기후위기 혁신방안 수립 이후 지난 2년간의 성과를 점검하고, 향후 계획 등을 논의하였다'를 통해 국가안전시스템 개편 종합대책과 기후위기 혁신방안이 수립된 지 최소 2년이 경과했다는 것을 알 수 있다.

⑤ [마]의 '향후 계획으로는 2025년부터 인파관리시스템에 교통카드 및 와이파이 이용 등 수집 정보를 추가하고, 지자체 CCTV와 연계 기능을 강화하는 등 고도화할 예정이다'를 통해 현재 인파관리시스템에 교통카드 및 와이파이 이용 정보가 수집되지 않는다는 것을 알 수 있다.

10 의사소통능력 정답 ④

유형 독해 > 추론 **난이도** ★★☆

2문단의 '이들은 일반적으로 머리가 좋고 자신을 완벽하게 통제하려는 완벽주의적 성향이 강하다'와 4문단의 '주변에서 별다른 문제가 없는 사람으로 보고, 특히 부모들은 다이어트를 열심히 하는 것뿐이라며 대수롭지 않게 여긴다'를 통해 신경성 식욕 부진증 환자 중에서 별다른 이상 없이 사회생활을 영위하는 사람이 있다는 것을 알 수 있다.

| 오답풀이 |

① 4문단의 '신경성 식욕 부진증으로 인한 사망위험률은 일반 인구 대비 6배 높으며, 그중 1/5은 자살로 생을 마감하기도 하므로'를 통해 신경성 식욕 부진증에 걸리면 자살로 생명을 잃을 확률이 20% 정도라는 것을 알 수 있다.

② 2문단의 '칼로리 소모를 위해 하루 종일 쉬지 않고 움직일뿐더러 음식물의 영양분에 대한 지식이 해박하다'와 3문단의 '신경성 식욕 부진증의 원인은 명확하지 않다'를 통해 신경성 식욕 부진증이 영양분과 칼로리에 대해 무지하기 때문에 발병하는 것이 아니라는 것을 알 수 있다.

③ 2문단의 '이 병에 걸린 환자는 직접 요리를 해서 다른 사람에게 먹이는 것을 좋아한다'를 통해 신경성 식욕 부진증 환자는 체중에 신경을 쓰지만 음식 자체에 거부감이 크다고는 보기 어렵다는 것을 알 수 있다.

⑤ 3문단의 '대중매체의 영향에 의한 잘못된 인식이 위험요인이 되기도 한다'를 통해 신경성 식욕 부진증의 원인 중 하나의 요인이 대중매체의 영향으로 인한 잘못된 인식이라는 것을 알 수 있으나, 가장 큰 요인에 해당하는지의 여부는 알 수 없다.

11 수리능력

정답 ③

유형 응용수리 > 방정식　난이도 ★★☆

30초 컷 풀이 TIP

둘이 움직인 속력의 합은 26km를 12분(=0.2시간) 동안 움직인 것과 같으므로 두 사람의 속력의 합은 $\frac{26}{0.2}=130$(km/h)이다. 이때 속력은 도아가 미진이의 1.6배이므로 미진이의 속력은 $130\times\frac{1.6}{1+1.6}=80$(km/h)임을 알 수 있다.

미진이의 속력을 $x$km/h라고 하면 도아의 속력은 $1.6x$km/h이다. 둘 사이의 거리는 26km이고 동시에 출발해서 12분(=0.2시간) 뒤에 만났으므로 두 사람이 움직인 속력은 $x+1.6x=2.6x$이다.

$26=2.6x\times0.2$

$x=50$

따라서 도아의 속력은 $50\times1.6=80$(km/h)이다.

12 수리능력

정답 ⑤

유형 응용수리 > 수와 식　난이도 ★★☆

세 사람은 각각 4일, 10일, 6일 주기로 수업을 들으므로 세 사람이 다음에 같이 수업을 듣기까지 걸리는 기간은 4, 10, 6의 최소공배수와 같다. 세 수의 최소공배수는 $2^2\times3\times5=60$이다. 즉 60일 뒤에 수업을 같이 듣게 되고, $60=7\times8+4$이므로 처음으로 같이 수업을 들은 요일보다 4일 뒤의 요일에 다시 같이 수업을 듣게 된다. 따라서 다시 같이 수업을 듣는 요일은 월요일의 4일 뒤인 금요일이다.

13 수리능력

정답 ①

유형 응용수리 > 확률　난이도 ★☆☆

사과 4개 중 품질이 가장 좋은 사과를 2개, 보통인 사과를 1개, 폐기해야 할 사과를 1개 고르는 경우의 수는 ${}_4C_2\times{}_2C_1\times{}_1C_1=12$(가지)이다.

따라서 구하는 확률은 $12\times\left(\frac{1}{6}\right)^2\times\frac{3}{4}\times\frac{1}{12}=\frac{1}{48}$이다.

14 수리능력

정답 ⑤

유형 자료해석 > 자료이해　난이도 ★★☆

㉡ 제시된 기간에 영농 폐비닐 발생량이 가장 많은 지역은 매년 대구, 경북이고, 가장 적은 지역은 매년 제주이다.

㉢ 제시된 기간 중 전체 영농 폐비닐 발생량이 가장 적은 해인 2020년에 영농 폐비닐 재활용량과 수거량의 차는 205,894−195,191=10,703(톤)이다.

㉣ 제시된 기간의 연평균 영농 폐비닐 발생량은 광주, 전남이 $\frac{45,752+47,146+47,262+49,126}{4}=47,321.5$(톤), 충북이 $\frac{23,216+24,138+28,863+30,357}{4}=26,643.5$(톤)이므로 광주, 전남이 충북보다 47,321.5−26,643.5=20,678(톤) 더 많다.

| 오답풀이 |

㉠ 2019년 전체 영농 폐비닐 발생량에서 수거되는 비율은 $\frac{193,373}{310,153}\times100\fallingdotseq62.3$(%)이므로 65% 미만이다.

15 수리능력

정답 ④

유형 자료해석 > 자료이해　난이도 ★★☆

㉡ 연도별 하천복류수 취수량의 7배에 해당하는 수치와 하천표류수 취수량을 비교하면 다음과 같다.

(단위: 백만 m^3)

	2012년	2013년	2014년	2015년
하천복류수	433×7 =3,031	417×7 =2,919	463×7 =3,241	474×7 =3,318
하천표류수	3,207	3,154	3,267	3,253
	2016년	2017년	2018년	2019년
하천복류수	442×7 =3,094	434×7 =3,038	437×7 =3,059	451×7 =3,157
하천표류수	3,270	3,256	3,235	2,599

따라서 하천표류수 취수량이 하천복류수 취수량의 7배 이상인 연도는 2012년, 2013년, 2014년, 2016년, 2017년, 2018년으로 총 6개이다.

㉣ 2016년 기타 저수지 취수량은 전년 대비 감소하였다.

| 오답풀이 |

㉠ 총취수량이 가장 적은 해는 2019년이고, 총취수량이 전년 대비 감소한 해는 2013년, 2015년, 2019년이다. 전년 대비 감소량을 각각 계산하면 2013년에 6,928−6,828=100(백만 m^3), 2015년에 7,162−7,073=89(백만 m^3), 2019년에 7,300−6,554=746(백만 m^3)이므로 2019년에 총취수량의

전년 대비 감소량이 가장 크다.

㉢ 2016년 이후 연평균 댐 취수량은

$\frac{3,311+3,431+3,404+3,270}{4}=3,354$(백만 m^3)이다.

16 수리능력

정답 ④

유형 자료해석 > 자료이해 난이도 ★★☆

㉠ C지역만 대상포진 환자 수가 2022년에 전년 대비 감소하였고, 나머지 지역은 모두 매년 증가하였다.

㉢ 연평균 대상포진 환자 수는 다음과 같다.

- E지역: $\frac{45,301+47,786+50,046}{3}=47,711$(명)
- F지역: $\frac{48,701+49,132+50,016}{3}=49,283$(명)

따라서 E지역이 F지역보다 49,283−47,711=1,572(명) 더 적다.

| 오답풀이 |

㉡ 2021년에 대상포진 환자 수가 두 번째로 많은 지역은 G지역이고 2022년에는 A지역이므로 서로 다르다.

㉣ 2022년 대상포진 환자 수의 2020년 대비 증가량은 A지역이 51,012−46,081=4,931(명), D지역이 46,208−42,081=4,127(명)이므로 A지역이 D지역보다 4,931−4,127=804(명) 더 많다.

17 수리능력

정답 ⑤

유형 자료해석 > 자료이해 난이도 ★★☆

발전원별 발전량이 큰 순서는 '석탄−원자력−가스−신재생−유류 · 양수'이며 2019년 이후로 매년 같다.

| 오답풀이 |

① 연평균 유류 · 양수 발전량은

$\frac{6,605+6,371+5,872+5,568+5,232}{5}=5,929.6$(GWh)

이다.

② 2019년 발전량은 석탄이 원자력보다 226,751−138,795=87,776(GWh) 더 크다.

③ 2021년 발전량의 2018년 대비 증가량은 가스가 144,976−135,072=9,904(GWh), 신재생이 47,831−36,905=10,926(GWh)이므로 가스가 신재생보다 작다.

④ 가스의 발전량은 2019년에 전년 대비 감소했으나, 2020년에 전년 대비 증가한다.

18 수리능력

정답 ③

유형 자료해석 > 자료이해 난이도 ★☆☆

㉡ 전체 월평균 독서량이 두 번째로 높은 대륙은 아시아이고, 이 중 여성 독서량이 세 번째로 많은 국가는 한국이다.

㉢ 대륙별 남성 월평균 독서량이 가장 적은 국가는 싱가포르(아시아), 영국(유럽), 캐나다(아메리카)이다. 이 중 남성 월평균 독서량이 두 번째로 많은 국가는 싱가포르이다.

| 오답풀이 |

㉠ 월평균 독서량이 남성과 여성 모두 20권 이상인 국가는 인도, 러시아로 총 2개이다.

㉣ 여성보다 남성의 월평균 독서량이 더 많은 국가는 호주, 프랑스, 멕시코, 브라질로 총 4개이다.

19 수리능력

정답 ③

유형 자료해석 > 자료계산 난이도 ★★☆

유럽에서 전체 월평균 독서량이 가장 많은 국가는 23권의 러시아이다. 러시아의 응답자 수는 유럽의 응답자 수의 25%인 4,000×0.25=1,000(명)이고, 이 국가의 남성 인원수를 x명이라고 하면 여성 인원수는 $(1,000-x)$명이다.

이를 공식에 대입하면 다음과 같다.

$23=\frac{20\times x+25\times(1,000-x)}{1,000}$

$23,000=-5x+25,000$

$x=400$

이에 따라 여성 인원수는 1,000−400=600(명)이다.

따라서 남성 인원수와 여성 인원수의 차는 600−400=200(명)이다.

20 수리능력

정답 ③

유형 자료해석 > 자료이해 난이도 ★★☆

㉡ 2023년 최저임금 인상액의 적정성이 보통이라고 응답한 비율이 전년 대비 가장 많이 증가한 사업체 규모는 64.8−50.0=14.8(%p) 증가한 상용근로자 수 30~99인 사업체이다.

㉣ 2023년 조사에 참여한 전체 사업체 중 상용근로자 수가 10~29인인 사업체 수가 차지하는 비중은 $\frac{331}{3,070}\times100≒10.8$(%)이다.

| 오답풀이 |

㉠ 2022년과 2023년 모두 사업체의 상용근로자 수가 많을수록 최저임금 인상액의 적정성이 매우 높다고 응답하는 비율은

점점 낮아진다.

ⓒ 2023년 최저임금 인상액의 적정성이 약간 높다고 응답한 전체 사업체 수는 3,070×0.3=921(개)이다.

21 문제해결능력 정답 ②

유형 사고력 > 조건추리 > 기타 난이도 ★★☆

제시된 자료에 따라 신입사원인 혜정, 서진, 호석이가 이야기하는 세 명의 팀장에 대한 정보를 정리해 보면 다음과 같다.

혜정	이승철	박민경	박만철
서진	이승철	박민경	김만철
호석	박승철	김민경	이만철

팀장들의 성은 모두 다르고, 김 씨, 이 씨, 박 씨 중 하나이며, 신입사원들은 세 명의 팀장에 대하여 각각 한 명의 성만을 올바르게 기억하고 있으므로 혜정이와 서진이가 동일하게 기억하는 이승철 팀장과 박민경 팀장이 모두 틀릴 경우 둘 다 만철 팀장님의 성을 정확하게 기억해야 하는데 둘이 기억하는 만철 팀장님의 성이 서로 다르므로 혜정이와 서진이가 올바르게 기억하는 이름은 이승철 팀장 또는 박민경 팀장임을 알 수 있다. 이에 따라 이승철 팀장의 이름이 옳다고 가정하면, 호석이가 기억하는 이름 중 이 씨를 가진 만철 팀장님의 이름은 옳지 않고, 승철 팀장님의 이름도 옳지 않으므로 민경 팀장님의 성은 김 씨가 된다. 이에 따라 성이 박 씨인 팀장은 만철 팀장님이어야 하지만 이럴 경우 혜정이가 박만철 팀장과 이승철 팀장 두 명의 이름을 모두 올바르게 기억한 것이므로 조건에 모순된다. 따라서 혜정이와 서진이가 올바르게 기억한 이름은 박민경 팀장이고, 그 결과 호석이가 정확하게 기억하는 이름은 이만철 팀장이며, 승철 팀장의 성은 마지막으로 남은 김 씨임을 알 수 있다.

따라서 팀장의 이름을 고르면 김승철, 박민경, 이만철이다.

22 문제해결능력 정답 ⑤

유형 사고력 > 조건추리 > 순서 난이도 ★★☆

시간 단축 문제접근 TIP

올해 봄에 미생물학 분야와 분자생물학 분야에서 강의를 진행했으므로 봄에는 더 이상 다른 분야에서 강의를 진행할 수 없고 두 계절 연속으로 같은 분야에서 강의할 수 없으므로 면역학은 여름, 겨울에만 강의할 수 있다.

제시된 조건에 따르면 올해 봄에 미생물학 분야와 분자생물학 분야에서 강의를 진행했고, 매 계절 최대 두 개 분야가 강의를 진행하므로 올해 봄에는 더 이상 다른 분야에서 강의를 진행하지 않는다. 이에 따라 면역학 분야가 올해 두 번의 강의를 진행하기 위해서는 각각 여름과 겨울에 강의를 진행해야 함을 알 수 있다. 이에 따라 올해 정해진 강의 일정은 다음과 같다.

봄	여름	가을	겨울
미생물학	면역학		면역학
분자생물학			

따라서 가을에는 면역학 분야 강의를 진행할 수 없으므로 항상 거짓인 설명이다.

| 오답풀이 |

① 여름에 발생학 분야 강의를 진행할 수도 있으므로 항상 거짓인 설명은 아니다.

② 가을에 유전학 분야와 발생학 분야 강의를 함께 진행할 수도 있으므로 항상 거짓인 설명은 아니다.

③ 분자생물학 분야 강의를 겨울에 진행할 수도 있으므로 항상 거짓인 설명은 아니다.

④ 미생물학 분야 강의를 가을에 진행할 수도 있으므로 항상 거짓인 설명은 아니다.

23 문제해결능력 정답 ③

유형 사고력 > 언어추리 > 참/거짓 난이도 ★☆☆

제시된 조건에 따르면 △△사는 사우디아라비아, 튀르키예, 인도, 라오스 지역에 각각 3개씩 공장을 건축하므로 건축해야 하는 공장은 총 12개임을 알 수 있다. C의 진술이 참일 경우 라오스와 사우디아라비아에는 필요한 모든 공장이 설계되므로 라오스와 사우디아라비아에도 공장을 설계한다는 B의 진술은 반드시 거짓이 된다. 따라서 항상 참을 말하는 사람은 양 대리이다.

| 오답풀이 |

- 안 사원: A의 진술이 참일 경우, 남은 B와 C가 최대 12−5=7(개)의 공장을 설계할 수 있다. 이때, B의 진술이 거짓이므로 B가 설계하는 공장의 수는 확인할 수 없으므로 C의 진술은 참일 수도 거짓일 수도 있다.
- 이 주임: B의 진술이 거짓일 경우, B가 설계하는 공장의 숫자는 파악할 수 없고 C의 진술이 참일 경우 A의 진술은 참일 수도 거짓일 수도 있다.

24 문제해결능력

정답 ③

유형 사고력 > 조건추리 > 위치·배치 난이도 ★★★

시간 단축 문제접근 TIP

남자는 남자끼리 한 줄로 앉고, 여자는 여자끼리 한 줄로 앉아 있으므로 한 줄로 앉아 있는 같은 성별들의 자리를 먼저 확인한다. 제시된 조건들을 살펴보면 남자들에 대한 조건보다 여자들에 대한 조건이 많으므로 여자들을 먼저 배치하는 것이 편리하다.

제시된 조건에 따르면 테이블을 기준으로 왼쪽에는 남자들이, 오른쪽에는 여자들이 앉아 있으므로 같은 쪽에 일렬로 앉아 있는 같은 성별들의 자리를 먼저 확인한다. 먼저, 여자들의 자리 배치를 살펴보면 선희와 진서는 한 명을 사이에 두고 앉아 있고 정현이는 진서의 왼쪽에 앉아 있으므로 위의 자리부터 아래로 내려가면서 '선희－영지－진서－정현' 또는 '진서－정현－선희－영지' 순으로 앉아 있음을 알 수 있다. 이때, 마지막 조건에 의해 영지의 양옆에는 모두 누군가 앉아 있어야 하므로 여자들의 배치는 '선희－영지－진서－정현'이다. 또한, 남자들의 자리 배치를 살펴보면 경수는 영철이의 왼편에 있고, 경수의 양옆에는 모두 누군가 앉아 있어야 한다. 진성이네 팀은 둘 다 가장자리에 앉아 있으므로 가능한 남자들의 자리 배치는 '진성－경수－영철－창민' 또는 '진성－창민－경수－영철' 또는 '창민－경수－영철－진성'이다. 이때, 같은 팀끼리 서로 마주 보고 앉은 사람은 없으므로 진성이와 같은 팀인 여자는 진성이와 대각선 양 끝에 앉아 있어야 한다. 그런데 남자들의 자리 배치가 '창민－경수－영철－진성'인 경우 진성과 대각선 끝에 있는 사람은 선희이므로 선희와 진성이는 같은 팀이어야 한다. 그러나 영지와 마주 보고 앉은 사람이 선희와 같은 팀이라는 조건에 모순되므로 남자들의 자리 배치가 '창민－경수－영철－진성'이 아님을 알 수 있다. 이에 따라 가능한 자리 배치는 다음과 같다.

[경우1] '진성－경수－영철－창민'인 경우

진성(정현팀)		선희
경수(선희팀)		영지
영철(영지팀)		진서
창민(진서팀)		정현

[경우2] '진성－창민－경수－영철'인 경우

진성(정현팀)		선희
창민(선희팀)		영지
경수(영지팀)		진서
영철(진서팀)		정현

따라서 창민이는 진서 또는 선희와 같은 팀이므로 같은 팀이 될 수 없는 사람은 영지이다.

| 오답풀이 |

① 경우1, 2에 따르면 진성, 정현은 같은 팀이 될 수 있다.
② 경우1에 따르면 경수, 선희는 같은 팀이 될 수 있다.
④ 경우2에 따르면 영철, 진서는 같은 팀이 될 수 있다.
⑤ 경우2에 따르면 경수, 영지는 같은 팀이 될 수 있다.

25 문제해결능력

정답 ①

유형 문제처리능력 난이도 ★★☆

제시된 평가 기준에 따라 정리한 결과는 다음과 같다.

구분	생물화학적 산소요구량	부유물질	총 질소량	총인량	총 대장균 균수	평가 결과
A	정상	정상	주의	정상	정상	우수
B	주의	주의	심각	주의	주의	보통
C	심각	심각	주의	심각	심각	개선필요
D	주의	정상	주의	주의	주의	보통
E	정상	주의	정상	심각	주의	보통

따라서 오수처리시설의 평가 결과가 적절하게 짝지어진 것은 'A－우수'이다.

26 문제해결능력

정답 ⑤

유형 문제처리능력 난이도 ★★☆

제시된 평가 기준에 따라 정리한 B의 결과는 다음과 같다.

구분	생물화학적 산소요구량	부유물질	총 질소량	총인량	총 대장균 균수	평가 결과
B	주의	주의	심각	주의	주의	보통

제시문에서 '심각' 지표를 가장 우선으로 개선하라고 하였으므로 '심각' 지표를 받은 총질소량을 가장 먼저 개선해야 한다.

| 오답풀이 |

① 총질소량과 총대장균 균수를 개선하여 '정상'이 되었다고 해도 '주의'가 3개이므로 평가 결과는 그대로 '보통'이다.
② 생물화학적 산소요구량을 포함한 3가지 지표를 한 단계씩 개선하더라도 '정상' 지표가 4개 미만이므로 가장 좋은 평가 결과인 '우수'를 받을 수는 없다.
③ 부유물질은 '주의' 지표이기 때문에 가장 먼저 개선하지는 않아도 된다.
④ 총인량은 '주의' 지표이기 때문에 개선이 필요하다.

27 문제해결능력

정답 ⑤

유형 문제처리능력 난이도 ★★☆

민원내용 조사 및 처리에 따르면 민원처리 담당자의 민원내용 조사 및 처리는 민원 접수일을 포함하여 최대 14영업일이 소요된다. 이에 따라 주말과 공휴일은 제외해야 하므로 민원이 처리되는 최대 기한에 해당하는 날짜는 5월 21일이다.

일	월	화	수	목	금	토
			4/30	5/1	2	3 휴무
4 휴무	5 휴무	6	7	8	9	10 휴무
11 휴무	12	13	14	15 휴무	16	17 휴무
18 휴무	19	20	21	22	23	24 휴무
25 휴무	26	27	28	29	30	31 휴무

28 문제해결능력

정답 ③

유형 문제처리능력 난이도 ★★☆

D사의 민원처리순서 중 민원실에서 하는 일을 순서대로 확인하면 '민원접수－민원처리 담당부서 지정－민원처리 담당자 지정 알림－민원처리결과 알림' 순이다. 따라서 업무 처리 절차로 적절한 것은 'ⓛ－ⓡ－ⓜ－ⓖ－ⓑ－ⓒ'이다.

29 문제해결능력

정답 ②

유형 상황판단 > 독해추론 난이도 ★★★

'방사성의약품 신약 개발 전 주기 지원'에 따르면 정부는 기존에 구축된 RI신약센터 외 동남권의학원 등 지역에 GMP 시설을 구축하고 권역별 임상시험 등 신약개발 지원을 강화한다고 하였으므로 RI신약센터를 확장하여 GMP 시설을 구축하는 것은 아님을 알 수 있다.

| 오답풀이 |

① 마지막 문단에 따르면 방사성의약품의 국산화를 통한 국내 K－방사선바이오 신약 개발로 누구라도 원할 때 공급 중단의 우려 없이 신속하게 치료받을 수 있는 환경을 조성할 것으로 기대된다고 하였으므로 적절하다.

③ '핵심 방사성동위원소 자급체계 마련'에 따르면 정부는 생산된 의약품이 국내 · 외 수요자(제조기업, 병원)에게 신속하게 공급하도록 표준화한 콜드체인 운송체계를 확보한다고 하였으므로 적절하다.

④ 4문단에 따르면 이번 전략은 '방사선－바이오 산업 생태계 조성으로 미래 글로벌 시장 선점'을 비전으로 내세웠다고 하였으므로 적절하다.

⑤ '글로벌 네트워크 환경 구축 및 규제 개선'에 따르면 정부는 방사선바이오 신기술, 기술 사업화, 인프라 운영 등과 관련한 규제개선 수요를 상시 발굴하는 산학연 협력체계를 운영한다고 하였으므로 적절하다.

30 문제해결능력

정답 ④

유형 상황판단 > 독해추론 난이도 ★★☆

야외활동 후 진드기에 물린 자국인 가피가 관찰되고 10일 이내 발열 및 발진 증상이 나타나면 쯔쯔가무시증을 의심하고, 의심 증상 발생 즉시 보건소 또는 의료기관에 방문해 진료를 받아야 하므로 적절하다.

| 오답풀이 |

① 밝은색 옷은 진드기 노출을 최소화할 수 있는 복장이므로 적절하지 않다.

② 기피제의 효능과 지속시간을 고려해 주기적으로 사용해야 하므로 적절하지 않다.

③ 쯔쯔가무시증 예방을 위해서는 위험환경 노출을 최소화해야 하므로 적절하지 않다.

⑤ 쯔쯔가무시증은 감염 초기에 항생제 치료로 완치가 가능하므로 적절하지 않다.

DAY 13 | 정답과 해설

01	02	03	04	05	06	07	08	09	10	11	12	13	14	15
③	④	②	③	③	③	③	④	③	②	③	②	①	③	③
16	**17**	**18**	**19**	**20**	**21**	**22**	**23**	**24**	**25**	**26**	**27**	**28**	**29**	**30**
②	⑤	③	①	⑤	②	④	④	⑤	①	②	⑤	①	②	⑤

01 의사소통능력 정답 ③

유형 독해 > 일치/불일치 난이도 ★★☆

1문단에서 '프레임의 철학적 정의는 개인의 판단과 인식을 전제하는 맥락, 관점, 평가 기준, 가정이다'라고 하였으므로, 지각과 사고와 같은 정신 활동은 어떤 맥락이나 가정과 같은 프레임하에서 일어난다. 그러나 프레임을 '극복해야 할 대상'으로 묘사하는 부분은 확인할 수 없다. 따라서 인간의 지각과 사고를 제약하는 틀이라는 이유로 프레임을 극복해야 할 대상으로 보는 내용은 적절하지 않다.

| 오답풀이 |

① 2문단의 '프레임은 우리가 판단하고 인식하는 과정을 선택적으로 개입하고'를 통해 관련된 내용을 알 수 있다.

② 1문단의 '대상을 있는 그대로 보는 것이 아니라 어떤 관점과 기준 그리고 일련의 가정을 염두에 두고 본다는 것이다'를 통해 관련된 내용을 알 수 있다.

④ 1문단의 '만약 어떤 사람이 자신은 어떤 프레임의 지배도 받지 않고 세상을 객관적으로 본다고 주장한다면, 그 주장은 타당하지 않을 가능성이 대단히 높다'를 통해 관련된 내용을 알 수 있다.

⑤ 2문단의 '어떤 프레임을 가지고 있느냐에 따라 처음부터 전혀 의식하지 못하는 대상이 있을 수 있다는 것이다'를 통해 관련된 내용을 알 수 있다.

02 의사소통능력 정답 ④

유형 어휘/어법 > 동의어/유의어 난이도 ★☆☆

밑줄 친 '다하다'의 뜻은 '어떤 일을 위하여 힘, 마음 따위를 모두 들이다'이며, 이때 목적어가 같은 문장에 포함되어야 한다. '최선을 다해서'의 목적어인 '최선을' 중 '최선'은 '온 정성과 힘'이라는 의미이므로, '온갖 힘을 다하려는 참되고 성실한 마음'을 의미하는 '정성'의 뜻과 유사하다. 따라서 '정성을 다해서'에 활용된 '다하다'가 밑줄 친 '다하다'와 동일한 의미로 쓰였다.

| 오답풀이 |

① '어떤 것이 끝나거나 남아 있지 아니하다'의 뜻으로 쓰였다.

② '어떤 현상이 끝나다'의 뜻으로 쓰였다.

③ '수명 따위가 끝나다 또는 생명을 잇지 못하고 끝내다'의 뜻으로 쓰였다.

⑤ '어떤 일을 완수하다'의 뜻으로 쓰였다. 참고로 '도리'는 '사람이 어떤 입장에서 마땅히 행하여야 할 바른길'을 의미하므로 '힘'이나 '마음'의 의미를 나타내지 않는다.

03 의사소통능력 정답 ②

유형 독해 > 추론 난이도 ★★☆

1문단의 '쾌락만이 내재적 가치를 지니며, 모든 것은 이러한 쾌락을 기준으로 가치 평가되어야 한다'와 2문단의 '일시적인 쾌락의 극대화가 아니라 장기적인 쾌락의 극대화를 목적으로 하므로 단기적이거나 말초적인 쾌락만을 추구하는 것은 아니다'를 통하여 단기적이고 말초적인 쾌락도 내재적 가치를 지닌다는 것을 알 수 있다.

| 오답풀이 |

① 1문단의 '쾌락주의는 모든 쾌락이 그 자체로서 가치가 있으며 쾌락의 증가와 고통의 감소를 통해 최대의 쾌락을 산출하는 행위를 올바른 것으로 간주하는 윤리설이다'를 통해 관련된 내용을 알 수 있다.

③ 3문단의 '고통이 가치 있다는 것은 도구인 의미에서 그런 것이지 그 자체가 목적이라는 의미는 아니다'를 통해 관련된 내용을 알 수 있다.

④ 4문단의 '금욕주의자가 기꺼이 감내하는 고통조차도 종교적 · 도덕적 성취와 만족을 추구하기 위한 도구인 것이지 고통 그 자체가 목적인 것은 아니기 때문이다'를 통해 관련된 내

용을 알 수 있다.

⑤ 1문단의 '쾌락주의는 고대의 에피쿠로스에 의해 개인의 쾌락을 중시하는 이기적 쾌락주의로, 근대의 벤담과 밀에 의해 사회 전체의 쾌락을 중시하는 쾌락주의적 공리주의로 체계화되었다'를 통해 관련된 내용을 알 수 있다.

04 의사소통능력

정답 ③

유형 독해 > 추론 **난이도** ★★☆

1문단의 "'외모 지상주의(Lookism)'는 결코 특정한 성이나 소수의 사람에게 국한된 문제가 아니다"와 2문단의 '외모 지상주의는 단순히 여성의 문제이거나, 외모에 아주 관심이 많은 소수의 문제일 수 없다'를 통해 주제를 확인할 수 있다. 또한 '이는 외모에 대한 획일화된 반응과 평가로 형성된 사회의 문제이다'라고 지적하였으므로, 마지막 문장에 해당하는 빈칸에 외모 지상주의의 문제를 특정한 성이나 소수의 사람에게 일방적으로 전가하는 것은 무책임하다는 내용이 들어가야 주제를 드러내기에 적절하다.

| 오답풀이 |

① 외모가 인생의 성패를 좌우한다는 내용은 확인할 수 없으므로 적절하지 않다.

② 빈칸의 앞 문장과 동일한 내용을 단순히 반복한 표현이며 주제를 드러내지 못하므로 적절하지 않다.

④ 외모 지상주의가 성 상품화와 성차별을 부추긴다는 내용은 확인할 수 없으므로 적절하지 않다.

⑤ 외모 지상주의가 특정한 성이나 소수의 사람에게 국한된 문제가 아니라는 점은 주제와 일치하나, 국가적 차원에서 해결책을 모색해야 한다는 내용은 확인할 수 없으므로 적절하지 않다.

05 의사소통능력

정답 ③

유형 독해 > 주제/제목 **난이도** ★★☆

현대 사회의 일상성이 나타내는 특징으로 '양식의 부재'를 제시한 앙리 르페브르의 묘사를 인용한 글이다. 양식의 정의를 내린 후 양식 유무에 따른 과거와 현재의 차이를 밝히며 양식에 대한 노스탤지어를 느끼는 현대인의 심리를 분석하는 내용이므로, 전체 흐름을 포괄할 수 있는 제목으로 '양식의 소멸과 그에 대한 향수'가 가장 적절하다.

| 오답풀이 |

①, ② 양식의 부재와 관련된 내용을 포괄하지 못하므로 적절하지 않다.

④ 일상성과 양식 간의 상관관계에 관한 내용은 확인할 수 없으므로 적절하지 않다.

⑤ 과거와 현재의 양식 차이에서 비롯된 노스탤지어와 관련된 내용을 포괄하지 못하므로 적절하지 않다.

06 의사소통능력

정답 ③

유형 독해 > 문단배열 **난이도** ★★☆

[가]와 [나]에서 우리나라의 온실가스 총배출량 감축 성과를 밝힌 후 [다]에서 탄소중립녹색성장위원회의 이행점검단 활동을 소개하고 있다. 또한 탄녹위의 이행점검을 통해 파악한 내용을 바탕으로 [라]와 [마]에서 탄녹위의 당부와 제언을 언급하고 있다. 한편, 주어진 글은 이행점검을 마친 후 온실가스 배출량 감축 지속을 위해 기술혁신과 정책 개선이 필요하다는 탄녹위의 제언을 다루고 있다. 따라서 주어진 글의 문단이 들어갈 위치는 이행점검과 관련된 내용을 밝힌 [다]와 국가 차원의 과제 및 조치 사항과 관련된 논의를 밝힌 [라] 사이가 가장 적절하다.

07 의사소통능력

정답 ③

유형 독해 > 일치/불일치 **난이도** ★★☆

[나]에서 우리나라의 온실가스 배출량은 지난 2018년 이후 지속적인 GDP 성장에도 불구하고 매년 감소하였다고 하였으므로 2022년 대비 2023년 우리나라의 온실가스 배출량 추이 또한 감소세이다. 이와 달리 [가]에서 2022년 대비 2023년 중국의 온실가스 배출량은 4.7% 증가하였다고 하였으므로, 2022년 대비 2023년 온실가스 배출량 추이는 우리나라와 중국이 상반된다.

| 오답풀이 |

① [나]의 '2023년 세계 온실가스 배출량은 374억 톤으로 매년 증가하여 역대 최고치를 경신 중이다'를 통해 관련된 내용을 확인할 수 있다.

② [라]의 '2024년 8월 말 「탄소중립 녹색성장 기본법」에 대한 헌법불합치 결정과 관련하여'를 통해 관련된 내용을 확인할 수 있다.

④ [마]의 '탄녹위는 파리협정에 따라 국가 온실가스 감축목표인 「2035 NDC」를 2025년까지 UN에 제출해야 하는 상황'에 따라 관련된 내용을 확인할 수 있다.

⑤ [다]의 '에너지 전환 10.2% 감소, 산업 6.8% 감소, 건물 7.1% 감소로 당초 목표보다 초과달성하였다'를 통해 관련된 내용을 확인할 수 있다.

08 의사소통능력

정답 ④

유형 독해 > 문단배열 난이도 ★★☆

중간 관리자 역할을 기피하는 '의도적 언보싱' 현상을 국내 및 영국의 설문조사 결과를 인용하며 분석하는 내용이므로, 첫 번째 문단으로 의도적 언보싱의 개념을 소개한 [다]가 적절하다. 이어 국내에서 MZ세대를 대상으로 실시한 설문조사 결과를 제시한 [가], 영국에서 Z세대를 대상으로 실시한 설문조사 결과를 제시한 [라]를 순차적으로 연결하여 내용을 보완해야 한다. 또한 의도적 언보싱의 원인을 분석하며 대책 마련을 촉구한 [나]를 마지막 문단에 배치해야 맥락상 자연스럽다. 따라서 [다]－[가]－[라]－[나]의 배열이 가장 적절하다.

09 의사소통능력

정답 ③

유형 독해 > 기타-어휘·어법 난이도 ★★☆

㉡ '그것에 뒤이어 오는 때나 자리'를 뜻하는 '그다음'은 한 단어로 붙여 써야 하며, '그 다음'과 같이 표기하지 않는다.

㉢ '이 모양으로 또는 이렇게'를 뜻하는 '이같이'는 한 단어로 붙여 써야 하며, '이 같이'와 같이 표기하지 않는다.

| 오답풀이 |

㉠ '그것만이고 더는 없음'을 나타내는 보조사인 '뿐'은 앞말에 붙여 써야 하므로 '국내뿐'은 띄어 쓰지 않는다.

㉣ '그것과 관계된 입장'의 뜻을 더하는 접미사인 '－상'은 앞말에 붙여 써야 하므로 '특성상'은 띄어 쓰지 않는다.

10 의사소통능력

정답 ②

유형 어휘/어법 > 접속사 넣기 난이도 ★★★

빈칸에 들어갈 접속어를 파악하려면 앞뒤 문장 및 문단의 관계성을 확인해야 한다. ㉠에는 앞선 내용에 새로운 내용을 첨가하므로 첨가의 접속어인 '또한' 등이 들어가는 것이 적절하다. ㉡과 ㉤, ㉧에는 앞선 내용과 반대되거나 일치하지 않는 내용이 뒤에 이어질 때 사용되는 역접의 접속어인 '하지만, 그러나' 등이 들어가는 것이 적절하다. ㉢에는 앞선 내용과 같은 자격으로 나열하므로 대등, 병렬의 접속어인 '그리고' 등이 들어가는 것이 적절하다. ㉣, ㉦에는 앞의 내용과 다른 화제로 바꾸고 있으므로 전환의 접속어인 '한편' 등이 들어가는 것이 적절하다. ㉥에는 앞선 내용이 원인이 되고 뒤의 내용이 결과가 되므로 인과의 접속어인 '따라서, 그래서' 등이 들어가는 것이 적절하다. 마지막으로 ㉨에는 앞선 내용에 대해 구체적인 예를 들고 있으므로 예시의 접속어인 '예컨대, 가령, 이를테면' 등이 들어가는 것이 적절하다.

11 수리능력

정답 ③

유형 응용수리 > 경우의 수 난이도 ★★★

희성이는 출근하면 근무 준비를 14분 동안 하므로 A 또는 B를 조립하는 데 활용할 수 있는 시간은 $60-14=46$(분)이다.

조립한 A의 개수를 x, B의 개수를 y라 하면 $4x+5y=46$을 만족해야 한다. 이때 46의 일의 자리는 6이므로 x는 4 또는 9이고, 이에 따라 y는 6 또는 2이다.

i) $x=4$, $y=6$인 경우

총 10개를 조립했고, A와 B는 각각 4개, 6개씩이므로

$\frac{10!}{4!\times 6!}=210$(가지)

ii) $x=9$, $y=2$인 경우

총 11개를 조립했고, A와 B는 각각 9개, 2개씩이므로

$\frac{11!}{9!\times 2!}=55$(가지)

따라서 조립하는 순서의 경우의 수는 $210+55=265$(가지)이다.

12 수리능력

정답 ②

유형 응용수리 > 약속연산 난이도 ★☆☆

$$9\triangledown 2=\frac{2\times 9}{3\times 2}-9=-6$$

$$(9\triangledown 2)\triangledown 4=(-6)\triangledown 4=\frac{2\times(-6)}{3\times 4}-(-6)=-1+6=5$$

$$\therefore \{(9\triangledown 2)\triangledown 4\}\blacktriangledown\frac{1}{5}=5\blacktriangledown\frac{1}{5}=5\times\frac{1}{5}-\frac{1}{\frac{1}{5}}=1-5=-4$$

13 수리능력

정답 ①

유형 응용수리 > 수와 식 난이도 ★★★

각 항을 보면 3, $3+30$, $3+30+300$, $3+30+300+3000$, ⋯으로 구성되어 있으므로 각 항은 공비가 10이고 첫째 항이 3인 등비수열의 합과 같다.

즉 주어진 수열의 n번째 항은 $\frac{3(10^n-1)}{10-1}=\frac{10^n}{3}-\frac{1}{3}$이고,

이 수열의 10번째 항까지의 합을 구하면

$$\frac{1}{3}\left\{\frac{10(10^{10}-1)}{10-1}\right\}-\frac{1}{3}\times 10=\frac{10^{11}-10}{27}-\frac{90}{27}=\frac{10^{11}-100}{27}$$

$$=\frac{100}{27}(10^9-1)\text{이다.}$$

따라서 10번째 항까지의 수의 합은 $\frac{100}{27}(10^9-1)$이다.

14 수리능력

정답 ③

유형 응용수리 > 경우의 수 난이도 ★★☆

S팀에서 라운드별로 이길 수 있는 확률이 0.6 이상인 3명의 선수를 선발하면 이 조건을 만족하는 선수는 1라운드에 (C선수/E선수), 2라운드에 (A선수/B선수/C선수), 3라운드에 (D선수/F선수/G선수)이다. 이에 따라 C선수의 1라운드 출전 여부를 바탕으로 경우의 수를 생각하면 다음과 같다.

i) C선수가 1라운드에 출전하는 경우
C선수가 1라운드에 출전하면 2라운드에 출전 가능한 사람은 2명, 3라운드에 출전 가능한 사람은 3명이므로 가능한 경우의 수는 $2\times3=6$(가지)이다.

ii) C선수가 1라운드에 출전하지 않는 경우
C선수가 1라운드에 출전하지 않으면 2라운드에 출전 가능한 사람은 3명, 3라운드에 출전 가능한 사람은 3명이므로 가능한 경우의 수는 $3\times3=9$(가지)이다.

따라서 S팀이 선수를 출전시키는 경우의 수는 $6+9=15$(가지)이다.

15 수리능력

정답 ③

유형 자료해석 > 자료이해 난이도 ★★☆

㉢ 2002년 B국의 석유 수입액은 1982년 대비 $\frac{75-39}{75}\times100=48(\%)$ 감소하였다.

㉣ 1982년 A국의 석유, 석탄, LNG 수입액은 총 $74.0+82.4+29.2=185.6$(억 달러)이다.

| 오답풀이 |

㉠ A국과 B국의 석유 수입액의 차는 1982년에 $75.0-74.0=1.0$(억 달러), 2002년에 $49.9-39.0=10.9$(억 달러), 2022년에 $39.0-29.5=9.5$(억 달러)이므로 2002년에 가장 크다.

㉡ 2022년 LNG 수입액의 1982년 대비 증가량은 A국이 $79.9-29.2=50.7$(억 달러), B국이 $102.0-30.0=72.0$(억 달러)이므로 A국이 B국보다 $72.0-50.7=21.3$(억 달러) 적다.

16 수리능력

정답 ②

유형 자료해석 > 자료이해 난이도 ★☆☆

㉠ 2022년과 2023년에 1학년부터 3학년까지 사교육비를 가장 많이 지출한 과목은 수학이다.

㉢ 2022년 음악 사교육비를 가장 많이 지출한 학년은 1학년이고, 1학년은 2023년에도 음악 사교육비를 다른 학년 대비 가장 많이 지출하였다.

| 오답풀이 |

㉡ 3학년 국어, 영어, 수학의 사교육비 합은 2022년에 $3.5+15.1+17.1=35.7$(만 원), 2023년에 $3.7+14.9+17.4=36.0$(만 원)이므로 2023년에 전년 대비 증가하였다.

㉣ 2023년에 3개 학년의 사교육비가 모두 각각 1만 원 이하인 과목은 컴퓨터, 제2외국어/한문 등, 미술이고, 이 중 3개 학년의 사교육비의 합이 가장 큰 과목은 $0.5+0.5+0.9=1.9$(만 원)인 미술이다.

17 수리능력

정답 ⑤

유형 자료해석 > 자료이해 난이도 ★★☆

상담 건수 대비 신고 건수의 비율이 50% 이상인 시기는 신고 건수의 2배가 상담 건수보다 많은 시기이므로 이를 계산하면 다음과 같다.

(단위: 건)

구분	2022년 7월	2022년 8월	2022년 9월	2022년 10월	2022년 11월	2022년 12월
상담	977	805	3,009	2,526	1,007	871
신고 ×2	486×2 =972	443×2 =886	1,501×2 =3,002	804×2 =1,608	506×2 =1,012	496×2 =992
구분	2023년 1월	2023년 2월	2023년 3월	2023년 4월	2023년 5월	2023년 6월
상담	457	457	4,370	3,620	1,004	905
신고 ×2	305×2 =610	208×2 =416	2,781×2 =5,562	1,183×2 =2,366	557×2 =1,114	601×2 =1,202

따라서 2022년에는 8월, 11월, 12월 총 3개이고 2023년에는 1월, 3월, 5월, 6월 총 4개이므로 2022년이 2023년보다 적다.

| 오답풀이 |

① 2022년 상담 건수와 신고 건수가 모두 전월 대비 증가한 시기는 2022년 9월뿐이다.

② 2023년 2월 상담 건수는 $10,109-9,652=457$(건)이다.

③ 신고 누계와 상담 누계의 합이 처음으로 10,000건 이상인 2022년 10월에 상담 건수와 신고 건수의 합은 $2,526+804=3,330$(건)이므로 3,000건 이상이다.

④ 2023년 6월 신고 누계 건수는 2023년 3월 대비 $1,183+557+601=2,341$(건) 증가하였다.

18 수리능력

정답 ③

유형 자료해석 > 자료이해 난이도 ★★☆

㉢ 2023년 현업부서 SW 인력은 2022년 대비 3,675명 증가하였으므로 2022년 현업부서 SW 인력은 60,777−3,675=57,102(명)이다. 따라서 $\frac{3,675}{57,102}\times100≒6.4(\%)$ 증가하였다.

㉣ 2023년 전체 SW 인력은 2022년 대비 −18+295−613+3,675+4,567+2,601−926=9,581(명) 증가하였다.

| 오답풀이 |

㉠ 제시된 산업 중 고객지원 SW 인력이 가장 많은 산업인 금융 및 보험업의 전체 SW 인력에서 고객지원 SW 인력이 차지하는 비중은 $\frac{15,110}{44,560}\times100≒33.9(\%)$이므로 35% 미만이다.

㉡ 제시된 산업 중 현업부서 SW 인력이 전산 관리 조직 SW 인력보다 많은 산업은 건설업, 정보통신업 2개이다.

19 수리능력

정답 ①

유형 자료해석 > 자료계산 난이도 ★★★

2023년 SW 인력이 2022년 대비 가장 많이 증가한 조직은 전산 관리 조직이며, 2022년 전산 관리 조직에서 근무하는 SW 인력은 118,100−4,567=113,533(명)이다. 이 중 기업 규모가 100명 미만인 곳에서 근무하는 SW 인력은 113,533−22,894−11,928=78,711(명)이고, 여기서 광업/제조업에서 근무한 SW 인력이 차지하는 비중이 30%이므로 78,711×0.3≒23,613(명)이다.

따라서 주어진 조건을 만족하는 곳에서 2022년에 근무했던 SW 인력의 수는 23,613명이다.

20 수리능력

정답 ⑤

유형 자료해석 > 자료이해 난이도 ★★☆

30초 컷 풀이 TIP

㉡ 8월 매도 거래량이 세 번째로 많은 투자자인 연기금 등의 매도 거래량은 41,556천 주이고, 이 값은 4월 대비 450% 증가한 매도량인 7,253×5.5=39,891.5(천 주) 이상이다. 따라서 450% 이상 증가하였음을 쉽게 알 수 있다.

㉢ 4월 이후 보험의 매도 거래량과 매수 거래량의 증감 추이는 '증가−증가−감소−증가−감소'로 유일하게 같으므로 1개 존재한다.

㉣ 4~6월 사모의 월평균 매도 거래량은 $\frac{44,119+16,396+22,360}{3}$=27,625(천 주)이다.

| 오답풀이 |

㉠ 7월 순매수 거래량은 은행이 148,867−95,162=53,705(천 주), 투신이 157,110−114,785=42,325(천 주)이므로 은행이 투신보다 53,705−42,325=11,380(천 주) 더 많다.

㉡ 8월 매도 거래량이 세 번째로 많은 투자자인 연기금 등의 매도 거래량은 4월 대비 $\frac{41,556-7,253}{7,253}\times100≒472.9(\%)$ 증가하였으므로, 450% 이상 증가하였다.

21 문제해결능력

정답 ②

유형 모듈형 > 문제처리능력 난이도 ★★☆

㉡ 신생 금융기업에 비해 많은 오프라인 영업점을 바탕으로, 아직 오프라인 채널을 주로 이용하는 고령층 고객에 대한 점유율 우위 선점은 강점(S)을 활용한 전략이므로 약점을 보완하여 기회를 포착하는 전략인 WO전략으로 적절하지 않다.

| 오답풀이 |

㉠ 안정적 자금흐름을 기반으로 성장하고 있는 테크핀과의 협업을 통한 실적 증대는 강점을 살려 기회를 포착하는 전략인 SO전략으로 적절하다.

㉢ 안정적 경영상태를 바탕으로 새로이 점유율을 확대하는 금융기업들보다 과감한 투자에 앞장서 점유율을 방어하는 것은 강점을 살려 위협을 회피하는 전략인 ST전략으로 적절하다.

㉣ 디지털 전환과 관련된 인력을 투입하여 디지털 전환에의 적응력을 제고해 급성장하는 금융업 신생기업으로부터 점유율 우위를 확보하는 것은 약점을 보완하여 위협을 회피하는 전략인 WT전략으로 적절하다.

22 문제해결능력

정답 ④

유형 사고력 > 조건추리 > 순서 난이도 ★☆☆

시간 단축 문제접근 TIP

제시된 조건에 따르면 차 대리는 프랑스와 스페인에서 각각 3개의 도시를 방문하고, 국가별로 최소 1개 이상의 도시를 방문해야 하므로 영국에서 머무를 수 있는 최대 일수를 확인하기 위해서는 독일에서 최소 일수를 머물러야 한다.

제시된 조건에 따르면 차 대리는 프랑스와 스페인에서 각각 3개의 도시를 방문하고, 국가별로 최소 1개 이상의 도시를 방문해야 하므로 영국에서 머무를 수 있는 최대 일수를 확인하기 위해서는 독일에서 최소 일수를 머물러야 한다. 이에 따라 독일에서 1개 도시를 방문한다고 가정하면 방문한 각 지사마다 적어도 2일간 업무를 진행해야 하므로 최소 $(3+3+1)\times2=14$(일)이 소요된다. 따라서 25일 중 영국에서 머무를 수 있는 최대 일수는 $25-14=11$(일)이다.

23 문제해결능력

정답 ④

유형 사고력 > 조건추리 > 기타 **난이도** ★★☆

호주와 태국은 서울보다 각각 2시간 빠르고, 2시간 느리므로 호주와 태국의 시간을 서울 시간으로 바꾸면 '(서울 시간)+2시간', '(서울 시간)−2시간'이다. 이에 따라 호주의 업무시간을 서울 시간으로 바꾸면 '오전 8시~오후 6시' → '오전 10시~오후 8시'이고, 태국의 업무시간을 서울 시간으로 바꾸면 '오전 8시~오후 6시' → '오전 6시~오후 4시'이다. 업체별 개별 일정을 고려하여 정리하면 다음과 같다.

구분	업무시간 (서울 시간)	점심시간 (서울 시간)	개별 일정 (서울 시간)
서울	오전 8시~ 오후 6시	오전 11시 30분 ~ 오후 12시 30분	−
호주	오전 10시~ 오후 8시	오후 1시 30분 ~ 오후 2시 30분	오전 11시~ 오후 12시
태국	오전 6시~ 오후 4시	오전 9시 30분 ~ 오전 10시 30분	오전 10시~ 오후 1시

따라서 회의가 가능한 시간은 모든 업체의 공통 업무시간인 오후 2시 30분부터 오후 4시까지이다.

24 문제해결능력

정답 ⑤

유형 사고력 > 조건추리 > 위치·배치 **난이도** ★★★

시간 단축 문제접근 TIP

인원이 1명뿐인 안 차장을 가장 먼저 자리에 배치한다.

팀장은 오른쪽을 바라보며 앉고 팀장의 앞자리에는 차장 1명과 과장 1명이 앉아야 하는데 마케팅팀의 차장은 한 명뿐이고, 안 차장과 김 과장은 옆자리에 앉으므로 안 차장이 A, 김 과장이 B에 앉게 된다. 이에 따라 오 과장은 F에 앉는다. 이때, 마케팅팀의 총인원은 $1+2+2+2+1+3+1=12$(명)이고, 사무실 자리는 총 13자리이므로 한 자리가 비게 되는데 박 주임과 김 사원의 옆자리는 비어 있다고 하였으므로 'C−D−E' 또는 'G−H−I'에 '박 주임−빈자리−김 사원' 또는 '김 사원−빈자리−박 주임' 순으로 앉아 있음을 알 수 있다.

팀장	안 차장	김 과장	마 대리	C	D	E
	오 과장	김 주임	G	H	I	최 사원

이때, 인턴은 오른쪽에서 세 번째 좌석에 앉으며 대리와 사원 사이에 앉으므로 이에 따라 박 주임과 김 사원이 앉은 자리에 따라 가능한 경우는 다음과 같다.

[경우1] 박 주임과 김 사원이 C−D−E에 앉은 경우

팀장	안 차장	김 과장	마 대리	박 주임 또는 김 사원	빈자리	김 사원 또는 박 주임
	오 과장	김 주임	이 사원	황보윤	한 대리	최 사원

[경우2] 박 주임과 김 사원이 G−H−I에 앉은 경우

팀장	안 차장	김 과장	마 대리	황보윤	이 사원	한 대리
	오 과장	김 주임	김 사원	빈자리	박 주임	최 사원

따라서 최 사원의 앞자리에는 박 주임이 앉을 수도 있으므로 적절하지 않다.

| 오답풀이 |

① 경우1, 2에 따르면 김 주임의 앞자리와 옆자리에는 항상 과장이 앉으므로 적절하다.

② 경우1에 따르면 인턴은 H에 앉을 수 있으므로 적절하다.

③ 경우1, 2에 따르면 마 대리의 앞자리에는 항상 사원이 앉으므로 적절하다.

④ 경우1에 따르면 한 대리는 최 사원의 옆자리에 앉을 수 있으므로 적절하다.

25 문제해결능력

정답 ①

유형 사고력 > 조건추리 > 기타 **난이도** ★★☆

시간 단축 문제접근 TIP

A, B, C업체별 소모품 구입 개수의 순위를 가장 먼저 확인한다.

제시된 조건에 따르면 B업체에서 구입한 소모품의 개수는 A업체에서 구입한 소모품 개수의 2배 이상이고, C업체에서 구입한 소모품의 개수는 B업체에서 구입한 소모품의 개수보다 같거나 많으므로 소모품 구입 개수는 '$A<B\leq C$' 순서이다. 이때, 모든 업체에서 각각 2박스 이상 구매하였고, A업체와 B업체에서 구입한 소모품 개수의 합은 7박스 이상이므로 가능한 경우를 정리하면 다음과 같다.

구분	경우1	경우2	경우3	경우4
A	2박스	2박스	2박스	3박스
B	5박스	6박스	7박스	6박스
C	9박스	8박스	7박스	7박스

따라서 모든 경우 B업체에서는 소모품을 7박스 이하로 구입하였으므로 항상 옳다.

| 오답풀이 |

㉡ 경우3, 4에 따르면 C업체에서 소모품을 7박스 구입할 수도 있으므로 항상 옳은 설명은 아니다.

㉢ 경우4에 따르면 B업체와 C업체에서 구입한 소모품 개수의 합은 13박스일 수도 있으므로 항상 옳은 설명은 아니다.

26 문제해결능력

정답 ②

유형 문제처리능력 **난이도** ★★☆

17세 이상 단기체류외국인은 사전등록 없이 출국심사장 이용이 가능하므로 적절하다.

| 오답풀이 |

① 대한민국 국민 중 만 14세 이상 주민등록증 미소지자는 사전등록 후 이용할 수 있으므로 적절하지 않다.

③ 대한민국 국민 중 만 14세 미만 주민등록증 미소지자는 법정대리인과 동반해 사전등록 후 이용할 수 있으므로 적절하지 않다.

④ 만 17세 미만 외국인은 외국인등록증을 소지한 경우에도 사전등록이 필요하므로 적절하지 않다.

⑤ 만 14세 미만 외국인은 외국인등록증을 소지한 경우에도 법적대리인과 동반해 사전등록 후 이용할 수 있으므로 적절하지 않다.

27 문제해결능력

정답 ⑤

유형 문제처리능력 **난이도** ★★☆

기저귀 · 조제분유 지원은 중위소득 40% 이하 저소득층의 0~24개월 영아 가구에게 지원되므로 지원 대상에 해당한다.

| 오답풀이 |

① 에너지바우처 지원대상은 '생계, 의료, 주거, 교육' 급여 수급자여야 가능하므로 지원대상에 해당하는지 확인할 수 없다.

② 첫만남이용권 지원은 2022년 1월 1일 출생아동부터 해당되므로 지원대상에 해당하지 않는다.

③ 여성청소년 생리대 바우처 지원은 만 11~18세 여성청소년에게 지원하므로 해당하지 않는다.

④ 사립유치원을 다니는 만 5세는 유아학비 지원이 가능하고 보육료 지원에 해당하지 않는다.

28 문제해결능력

정답 ①

유형 문제처리능력 **난이도** ★★☆

건강보험 임신 · 출산 진료비 지원은 임신 1회당 60만 원이지만 다태아 임산부는 100만 원을 지원받으므로 옳다.

| 오답풀이 |

② 원진: 2022년 8월 이후부터 기저귀 지원 금액은 기존 64,000원에서 70,000원으로 6,000원 증가하므로 옳지 않다.

③ 진수: 2인 가구의 겨울 에너지바우처 지원 금액은 348,700원이므로 옳지 않다.

④ 수미: 청소년산모 임신 의료비 지원은 비급여 의료비도 지원받을 수 있으므로 옳지 않다.

⑤ 미소: 2022년 7월 여성청소년 생리대 바우처 지원 금액은 156,000원으로 전달인 6월 144,000원보다 12,000원 증가했으므로 옳지 않다.

29 문제해결능력

정답 ②

유형 상황판단 > 독해추론 **난이도** ★★☆

3번 항목에 따르면 겨울철에 옷을 여러 겹으로 입으면 속옷만 입는 것에 비해 4~6℃ 정도 실내온도를 낮출 수 있다고 하였고, 난방온도를 1℃ 낮추면 4~6%의 에너지 절약효과가 있고, 2℃ 낮추면 10%의 에너지를 절감할 수 있다고 하였으므로 적절하지 않다.

| 오답풀이 |

① 6번 항목에 따르면 겨울철 전력피크시간대는 오전 10~12시, 오후 5~7시까지이므로 적절하다.

③ 4번 항목에 따르면 연속 난방은 중지를 하여도 1시간 정도는 연속적인 효과를 낼 수 있다고 하였으므로 적절하다.

④ 5번 항목에 따르면 점심시간에는 일괄 소등하고 재실자가 있을 경우 필요한 부분만 점등하는 게 효과적이라고 하였으므로 적절하다.

⑤ 1번 항목에 따르면 전기난방기는 전등(10W) 100개를 켤 수 있는 전력(1kW)을 소비하는 에너지 다소비기기라고 하였으므로 적절하다.

30 문제해결능력

정답 ⑤

유형 상황판단 > 독해추론 **난이도** ★★☆

민원부서 등은 민원처리 등에 지장이 없도록 부서장 책임하에 운영된다고 하였으므로 적절하다.

| 오답풀이 |

① 야간근무자는 출근시간 조정대상에서 제외되므로 적절하지 않다.

② 수험생 자녀가 있는 경우 자녀돌봄휴가가 아닌 연가를 사용해야 하므로 적절하지 않다.

③ 출근시간을 1시간 느리게 조정하였으나 법정근무시간을 변경하는 것이 아니므로 별도의 퇴근시간 조정은 없어 적절하지 않다.

④ 수능일에 유연근무를 하는 경우 변경된 근무시간에 맞게 출근이 필수이므로 적절하지 않다.

DAY 14 | 정답과 해설

01	02	03	04	05	06	07	08	09	10	11	12	13	14	15
②	③	③	④	③	④	⑤	④	②	④	①	②	④	①	①
16	**17**	**18**	**19**	**20**	**21**	**22**	**23**	**24**	**25**	**26**	**27**	**28**	**29**	**30**
①	④	④	②	①	①	②	①	②	③	⑤	④	⑤	④	②

01 의사소통능력 정답 ②

유형 독해 > 문단배열 난이도 ★★☆

밤섬의 생태학적 가치를 소개하고 관련된 역사를 설명하고 있으므로, 첫 번째 문단으로는 밤섬의 위치와 특징을 밝힌 [나]가 적절하다. 이어서 여의도 개발을 전후로 하여 변화한 밤섬의 모습을 설명한 [가]와 [라]가 순차적으로 이어져야 한다. 또한 도심 속 최대 도래지가 된 밤섬의 현재에 이르는 과정과 생태 환경을 서술한 [다]로 마무리하는 것이 자연스럽다. 따라서 [나]－[가]－[라]－[다]의 배열이 가장 적절하다.

02 의사소통능력 정답 ③

유형 독해 > 추론 난이도 ★★★

시간 단축 문제접근 TIP

독해 문제를 풀 때 가장 유의해야 할 점은 우리가 '가장' 적절하고, '가장' 적절하지 않은 것을 고르고 있다는 점이다. 선지의 내용 중 일부분이 맞다고 하더라도 선지 간의 상대적인 분석을 바탕으로 발문에 가장 부합하는 선지를 판단해야 함을 명심해야 한다.

마지막 문장에 해당하는 내용이므로 전체적인 주제를 압축하여 제시할 수 있어야 한다. 빈칸 앞 문장의 '환경을 오염시키는 행위에 응당한 가격을 치르게 만든다면, 반대로 환경개선에 기여하는 행위는 응당한 가격을 받게 만들어야 할 것이다'를 통해 환경에 적정가를 책정하여 오염시키는 행위와 개선에 기여하는 행위 시 거래 수단을 주고받게 해야 한다는 의미를 알 수 있다. 또한 각 문단마다 경제학적 측면을 고려하여 환경문제에 접근하고 있으므로 빈칸에 들어갈 내용으로 가장 적절한 것은 ③이다.

| 오답풀이 |

① 환경을 오염시키는 행위와 환경개선에 기여하는 행위에 각각 적정가를 책정하여야 한다는 내용을 포괄하지 못하므로 적절하지 않다.

② 환경문제의 근본적인 원인이나 자연에 대한 인간의 지배주의적 본능과 관련된 내용을 확인할 수 없으므로 적절하지 않다.

④ 주어진 글이 환경법과 환경규제의 한계를 고려하여 대책을 제시하고 있다고 간주할 수 있으나, 이와 관련된 내용을 확인할 수 없으며 전체적인 글을 포괄하지 못하므로 적절하지 않다.

⑤ 주어진 글은 경제학적 측면에 따라 환경문제를 인식하고 그에 따른 대책을 제시하고 있으므로, 환경오염을 유발시킨 주체가 책임을 지고 어떤 방식으로든 해결해야 한다는 내용은 적절하지 않다.

03 의사소통능력 정답 ③

유형 독해 > 기타-문장 삽입 난이도 ★★☆

[보기]에 따르면 번역가의 어휘 구사력이 넓고 깊어야 한다고 하였으므로, 이와 관련된 내용이 빈칸의 앞이나 뒤에 제시되어야 한다. 이때 ⓒ의 앞에서는 '낱말을 많이 아는 것이 중요하지만 양만큼 중요한 것이 질이다'라고 하여 낱말의 양과 질을 언급하고 있으며, ⓒ의 뒤에서는 '어휘의 넓이란 낱말의 양을 말하고, 어휘의 깊이란 낱말의 질과 수준을 말한다'라고 하여 어휘의 넓이와 깊이에 대한 의미를 설명하고 있다. 따라서 낱말의 양과 질을 고루 중시하여 어휘를 넓고 깊게 갖춘 번역가가 어휘 구사력이 뛰어나다는 의미를 표현하는 경우이므로 [보기]의 문장이 들어가기에 가장 적절한 곳은 ⓒ이다.

| 오답풀이 |

①, ② ㉠과 ㉡의 앞뒤 내용이 긴밀하게 연결되어 있으므로, [보기]의 내용이 들어가기에 맥락상 적절하지 않다.

④ ㉣의 앞 내용과 [보기]의 내용을 서로 연결할 수 있으나, ㉣의

뒤 내용과 [보기]의 내용 간에 관련이 없으므로 맥락상 적절하지 않다.

⑤ ⓜ의 앞뒤 내용은 '한자어의 중요성'과 '한국어 낱말에서의 한자어 비중'을 다루고 있으므로, [보기]의 내용이 들어가기에 맥락상 적절하지 않다.

04 의사소통능력 정답 ④

유형 어휘/어법 > 내용 수정 **난이도** ★☆☆

간접 높임법은 높여야 할 대상과 관련한 것을 높이는 방식이며, 간접 높임법을 사용할 경우 '잡수시다', '주무시다' 등의 높임 특수 어휘를 쓰지 않는다. 따라서 높여야 할 대상인 '우리 학교 선생님'과 관련된 '따님'을 높이는 경우이므로 형용사 '있다'에 높임의 선어말어미 '－(으)시－'를 붙인 '있으시다'를 활용하여 '있으십니다'로 표현해야 하며 '계시다'를 활용하여 '계십니다'로 표현하면 적절하지 않다.

| 오답풀이 |

① '결연(結緣)'은 '인연을 맺음'을 뜻하여 '맺다'와 그 의미가 중복되므로, '결연을 맺었습니다'는 '결연을 추진했습니다' 등으로 고쳐 쓰는 것이 적절하다.

② '－을(를) 갖다'는 영어 'have'의 번역 투이므로, '회의를 갖겠습니다'는 '회의하겠습니다'로 고쳐 쓰는 것이 적절하다.

③ 주어와 서술어가 호응하는 문장을 구성해야 하므로, 주어인 '우리가 고유 언어를 가졌다'를 '우리가 고유 언어를 가졌다는 것이다'로 수정하여 '내가 강조하고 싶은 점은'에 호응하도록 서술어를 고쳐 쓰는 것이 적절하다.

⑤ '남의 도움을 받거나 사람이나 물건 따위를 믿고 기대다'를 뜻하는 '빌리다'는 '잘못을 용서하여 달라고 호소하다'를 뜻하는 '빌다'와 구분하여 사용해야 하므로, '이 자리를 빌어'는 '이 자리를 빌려'로 고쳐 쓰는 것이 적절하다.

05 의사소통능력 정답 ③

유형 어휘/어법 > 사자성어 **난이도** ★★☆

시간 단축 문제접근 TIP

[가]의 주제는 '고려 왕조의 멸망에 대한 탄식과 무상감'이므로, '고국의 멸망을 한탄함을 이르는 말'을 뜻하는 '맥수지탄(麥秀之嘆)'이 적절하다. [나]의 주제는 '돌아가신 부모님에 대한 그리움, 못 다한 효도에 대한 안타까움'이므로, '효도를 다하지 못한 채 어버이를 여읜 자식의 슬픔을 이르는 말'을 뜻하는 '풍수지탄(風樹之嘆)'이 적절하다.

[가]는 고려 말의 문인 원천석(元天錫, 1330~?)의 시조로, 황폐한 모습으로 변한 고려의 왕궁터를 돌아보고 옛 왕조의 찬란했던 역사를 회고하며 탄식하는 내용이다. 고려 멸망에서 오는 허무감을 시각과 청각의 이미지를 활용해 추초(秋草)와 목적(牧笛)에 비유하였다. 따라서 [가]의 주제와 가장 밀접한 사자성어는 '고국의 멸망을 한탄함을 이르는 말'인 '맥수지탄(麥秀之嘆)'이다.

[나]는 조선 중기의 문인 박인로(朴仁老, 1561~1642)의 시조로, 한음 이덕형에게서 홍시를 대접받은 후 중국의 육적회귤(陸績懷橘) 고사를 떠올리며 돌아가신 어버이를 그리워하는 내용이다. 따라서 [나]의 주제와 가장 밀접한 사자성어는 '효도를 다하지 못한 채 어버이를 여읜 자식의 슬픔을 이르는 말'인 '풍수지탄(風樹之嘆)'이다.

| 오답풀이 |

㉠ 만시지탄(晩時之歎): 시기에 늦어 기회를 놓쳤음을 안타까워하는 탄식

㉣ 망양지탄(亡羊之嘆): 갈림길이 매우 많아 잃어버린 양을 찾을 길이 없음을 탄식한다는 뜻으로, 학문의 길이 여러 갈래여서 한 갈래의 진리도 얻기 어려움을 이르는 말

㉤ 비육지탄(髀肉之嘆): 재능을 발휘할 때를 얻지 못하여 헛되이 세월만 보내는 것을 한탄함을 이르는 말

06 의사소통능력 정답 ④

유형 독해 > 일치/불일치 **난이도** ★★☆

4문단에서 승자독식체제로 진행되는 선거인단 투표는 1표 차이에 불과하더라도 승리한 후보가 해당 주의 선거인단을 전부 확보하는 방식이라고 하였으므로 각 주의 투표수에 비례하여 선거인단을 확보하는 것이 아님을 알 수 있다.

| 오답풀이 |

① 2문단에서 예비선거는 일반 유권자들이 전당대회에 나갈 대의원을 직접 뽑는 것이라고 하였으므로 일치하는 설명이다.

② 3문단에서 전당대회에서 지명된 대통령 후보가 부통령 후보를 지명한다고 하였으므로 일치하는 설명이다.

③ 4문단에서 선거인단은 미국 각 주의 상원의원과 하원의원을 합산하여 정하고, 하원의원의 수가 인구수와 비례하여 인구가 많은 주일수록 선거인단 수가 늘어난다고 하였으므로 일치하는 설명이다.

⑤ 1문단에서 미국의 대통령 선거는 간접선거 형식으로 진행되지만 내용적인 면에서는 국민의 직접선거로 볼 수 있다고 하였으므로 일치하는 설명이다.

07 의사소통능력 정답 ⑤

유형 독해 > 추론 **난이도** ★★☆

㉠은 고용 환경이 악화되면서 직장에 대한 인식 변화로 프리터족이 늘어났다는 내용으로, 앞뒤 문맥으로 보아 취업난이나 양질의 일자리 부족 등을 원인으로 볼 수 있다. 따라서 최저 시급의 상승으로 최저 시급만으로도 생계 유지가 가능하다고 생각하는 사회적 분위기가 형성된 것은 ㉠을 뒷받침할 근거로 적절하지 않다.

| 오답풀이 |

① 일자리의 질이 낮아 직장에 대한 기대치가 낮아진 것은 양질의 일자리 부족에 따라 직장에 대한 인식이 변화한 것으로 볼 수 있다.

② 비정규직 채용이 늘어나 정규직 취업을 포기하는 것은 역대 최고 수준인 20대 비정규직 비중에 따라 직장에 대한 인식이 변화한 것으로 볼 수 있다.

③ 생계비 마련이 필요해져 비정규직을 선호하게 된 것은 구직기간의 장기화에 따라 직장에 대한 인식이 변화한 것으로 볼 수 있다.

④ 졸업 후의 공백을 메우고자 아르바이트를 하는 것은 구직기간의 장기화에 따라 직장에 대한 인식이 변화한 것으로 볼 수 있다.

08 의사소통능력 정답 ④

유형 독해 > 일치/불일치 **난이도** ★☆☆

1문단에서 한국수력원자력은 국지성 집중호우가 잦아짐에 따라 수력 댐 운영의 안전성을 높이기 위해 정밀한 실시간 강우예측이 필요하다고 판단하여 강우예측 모델을 개발했다고 하였으므로, 국지성 집중호우가 줄어들면서 수력 댐 운영의 활용도를 높이기 위해 강우예측 모델이 개발되었다는 설명은 일치하지 않는다.

| 오답풀이 |

① 5문단에서 한수원은 수자원, 설비개발 및 엔지니어링, 진단정비 등 다양한 분야에 대해 2034년까지 약 600억 원을 투자해 수력 댐 운영의 효율성과 안전성을 높이기 위한 연구개발을 지속적으로 추진할 예정이라고 하였으므로 일치하는 설명이다.

② 5문단에서 한수원은 강우예측 모델 외에 댐에 유입되는 물의 양을 예측하는 유입량 예측 모델, 댐 최적운영 모델 등 AI 기술을 활용한 다양한 연구개발을 추진하고 있다고 하였으므로 일치하는 설명이다.

③ 2문단에서 한수원은 총 460여 팀이 참가한 대국민 AI 경진대회를 통해 발굴된 우수한 모델을 실제 기술개발에 활용했다고 하였으므로 일치하는 설명이다.

⑤ 4문단에서 한수원이 한강 수계에 운영하고 있는 10개의 댐과 수력발전소는 정부 정책에 발맞춰 전력생산뿐만 아니라 홍수조절, 용수공급 등을 수행해 왔다고 하였으므로 일치하는 설명이다.

09 의사소통능력 정답 ②

유형 독해 > 기타-문장 삽입 **난이도** ★★☆

㉡ 앞에서 올해 상반기 5개월간 강우예측 모델의 시범운영을 한 결과, 정확도 높은 예측정보로 무효 방류량을 줄여 댐 운영 효율이 16%가량 개선됐다고 하였으므로, 이를 통해 기대되는 효과를 설명하고 있는 [보기]의 문장은 ㉡에 들어가는 것이 가장 적절하다.

| 오답풀이 |

㉢ 강우예측 모델에 대한 구체적인 기대효과를 설명하는 [보기]의 문장을 먼저 언급한 후에 한수원 수력처장의 강우예측 모델에 대한 전망을 밝히는 것이 흐름상 더 자연스럽다.

10 의사소통능력 정답 ④

유형 독해 > 추론 **난이도** ★★☆

어린이 보호 구역 내의 위반 행위는 엄중히 처벌하되, 주변의 교통 상황과 현실적인 여건을 고려하여 유연한 단속이 이루어져야 한다고 주장하고 있다. 따라서 어린이 보호 구역에서 심야 시간대에 제한 속도를 시속 50km로 완화하는 것은 글쓴이의 주장과 관련된 운영 사례로 적절하다.

11 수리능력 정답 ①

유형 응용수리 > 경우의 수 **난이도** ★★☆

9로 나누어떨어지는 수는 9의 배수인데 9의 배수 중 짝수는 18, 36, 54, …이다. 즉, 세 짝수의 합이 9의 배수이려면 그 합은 18의 배수이어야 한다. 18의 배수별로 가능한 경우는 다음과 같다.

- $18=4+6+8$
- $36=10+12+14$
- $54=16+18+20$
- $72=22+24+26$

따라서 구하고자 하는 경우의 수는 4가지이다.

12 수리능력

정답 ②

유형 응용수리 > 방정식 **난이도** ★★★

배의 속력을 $x$km/h, 강물의 속력을 $y$km/h라 하면 상류 선착장에서 하류 선착장으로 이동하는 데 걸리는 시간은 하류 선착장에서 상류 선착장으로 이동하는 데 걸리는 시간의 $\frac{3}{7}$배이므로

$$\frac{10.5}{x+y}=\frac{3}{7}\times\frac{10.5}{x-y}$$

$$x=\frac{5}{2}y$$

10.5km 떨어진 두 선착장 사이를 한 번 왕복하는 데 걸리는 시간은 1시간이므로 $\frac{10.5}{x+y}+\frac{10.5}{x-y}=1$이고, 여기에 $x=\frac{5}{2}y$를 대입하면

$$\frac{10.5}{\frac{5}{2}y+y}+\frac{10.5}{\frac{5}{2}y-y}=1$$

$$\frac{3}{y}+\frac{7}{y}=1$$

$$\therefore y=10$$

따라서 강물의 속력은 10km/h이다.

13 수리능력

정답 ④

유형 응용수리 > 수열 **난이도** ★★☆

30초 컷 풀이 TIP

인접하는 두 항의 차가 일정한 규칙을 가진 수열일 때, 이러한 수열을 계차수열이라고 한다. 주어진 수열이 계차수열일 수도 있으므로 두 항 사이의 차가 일정한 규칙을 갖는지 확인하는 것도 중요하다.

제시된 수의 차를 나열하면 다음과 같다.

−23 　 −21 　 −18 　 −12 　 −1

+2 　 +3 　 +6 　 +11

+1 　 +3 　 +5

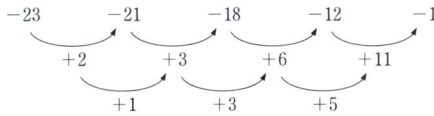

더해지는 수의 차를 구하면 1, 3, 5, 7, …만큼 증가함을 알 수 있다. 따라서 −1 다음 증가량은 11+7=18이므로 빈칸에 들어갈 알맞은 수는 −1+18=17이다.

14 수리능력

정답 ①

유형 응용수리 > 확률 **난이도** ★★★

텀블러를 받을 수 있는 쿠폰의 개수는 7장이므로 쿠폰 7장을 받을 수 있는 경우의 수는 A, B, C문화재별로 쿠폰을 (3장/3장/1장), (3장/1장/3장), (1장/3장/3장), (3장/2장/2장), (2장/3장/2장), (2장/2장/3장) 받는 경우인 총 6가지이다.

각 경우의 확률을 계산하면 다음과 같다.

구분	확률
3장/3장/1장	$\frac{10}{40}\times\frac{10}{60}\times\frac{40}{90}=\frac{1}{54}$
3장/1장/3장	$\frac{10}{40}\times\frac{30}{60}\times\frac{20}{90}=\frac{1}{36}$
1장/3장/3장	$\frac{20}{40}\times\frac{10}{60}\times\frac{20}{90}=\frac{1}{54}$
3장/2장/2장	$\frac{10}{40}\times\frac{20}{60}\times\frac{30}{90}=\frac{1}{36}$
2장/3장/2장	$\frac{10}{40}\times\frac{10}{60}\times\frac{30}{90}=\frac{1}{72}$
2장/2장/3장	$\frac{10}{40}\times\frac{20}{60}\times\frac{20}{90}=\frac{1}{54}$

따라서 어느 방문객이 텀블러를 받을 확률은 $\frac{1}{54}+\frac{1}{36}+\frac{1}{54}+\frac{1}{36}+\frac{1}{72}+\frac{1}{54}=\frac{1}{8}$이다.

15 수리능력

정답 ①

유형 자료해석 > 자료이해 **난이도** ★★☆

시간 단축 문제접근 TIP

전체 취업자 중 39세 이하인 취업자가 차지하는 비중이 35% 미만이라면 그 수는 26,168×0.35=9,158.8(천 명) 미만이어야 하는데 39세 이하인 취업자는 242+3,724+5,655=9,621(천 명)이므로 35% 이상임을 쉽게 알 수 있다.

㉠ 20~29세 실업률은 $\frac{342}{4,066}\times100≒8.4(\%)$이다.

㉡ 50세 이상 경제활동참가율은 $\frac{6,238+3,885}{8,220+10,093}\times100=\frac{10,123}{18,313}\times100≒55.3(\%)$이다.

| 오답풀이 |

㉢ 20세 이상인 연령대에서 실업자 수가 가장 많은 연령대는 20~29세이고, 경제활동인구가 가장 적은 연령대는 60세 이

상이므로 서로 다르다.

㉣ 전체 취업자 중 39세 이하인 취업자가 차지하는 비중은 $\frac{242+3,724+5,655}{26,168}\times100≒36.8(\%)$이므로 35% 이상이다.

16 수리능력

정답 ①

유형 자료해석 > 자료이해 난이도 ★★★

㉠ 갑의 E항목 점수는 $14.2\times5-(15+14+13+15)=14$(점)이고, 정의 E항목 점수는 $16\times6-(14+14+18+19+16)=15$(점)이다. 따라서 정의 평균 점수는 $\frac{14+14+15+17+15}{5}=15$(점)이므로 우수 수준이다.

㉡ 기의 B항목 점수는 $14.5\times6-(14+14+12+14+20)=13$(점)이다. 따라서 기의 평균 점수는 $\frac{10+13+16+11+16}{5}=13.2$(점)이므로 보통 수준이다.

| 오답풀이 |

㉢ D항목의 평균 점수는 $\frac{15+10+14+17+17+11}{6}=14.0$(점)이다. 따라서 항목별 평균 점수가 가장 낮은 항목은 13.5점인 A이다.

㉣ C항목의 점수가 가장 높은 직원인 무의 A항목 점수는 $19\times5-(20+19+17+19)=20$(점)이다.

17 수리능력

정답 ④

유형 자료해석 > 자료이해 난이도 ★☆☆

㉡ 하루 평균 사고 건수는 추석 당일 대비 추석 다음날이 448.0건에서 450.0건으로 증가하였다.

㉣ 하루 평균 어린이사고 사망자 수는 추석연휴가 평소 주말의 $0.4\div0.3≒1.3$(배)이다.

| 오답풀이 |

㉠ 부상자 수는 평소 주말 하루 평균이 추석연휴 하루 평균보다 $957.3-885.1=72.2$(명) 더 많다.

㉢ 추석 전후 일자 중 사망자 수가 가장 많은 시기인 추석연휴 전날에 부상자 수도 가장 많다.

18 수리능력

정답 ④

유형 자료해석 > 자료이해 난이도 ★★☆

㉡ 20대 운전면허 보유자는 남성이 $1,800\times0.38=684$(명), 여성이 $2,000\times0.22=440$(명)이므로 남성이 여성보다 $684-440=244$(명) 더 많다.

㉣ 운전면허 보유 비율이 가장 높은 연령대는 남성과 여성이 모두 40대로 같다.

| 오답풀이 |

㉠ 여성 중 60대 운전면허 보유자는 $2,000\times0.24=480$(명), 70대는 $1,000\times0.12=120$(명)이므로 60대 이상 운전면허 보유자는 여성이 $480+120=600$(명)이다.

㉢ 연령대별 조사인원은 다음과 같다.

- 20대: $1,800+2,000=3,800$(명)
- 30대: $2,500+1,400=3,900$(명)
- 40대: $2,000+1,600=3,600$(명)
- 50대: $1,500+1,500=3,000$(명)
- 60대: $1,500+2,000=3,500$(명)
- 70대: $1,200+1,000=2,200$(명)

따라서 조사인원이 가장 많은 연령대는 30대이며, 30대에서 운전면허를 보유하지 않은 사람은 총 $2,500\times0.45+1,400\times0.65=2,035$(명)이다.

19 수리능력

정답 ②

유형 자료해석 > 자료계산 난이도 ★★☆

총조사인원 대비 성별, 연령대별 조사인원 비중은 20,000명을 대상으로 한 조사와 30,000명을 대상으로 한 조사가 같고, 보유 비율도 같으므로 30,000명을 대상으로 한 조사의 40대의 성별 조사인원을 계산하면 다음과 같다.

구분	남성		여성	
	보유 비율	조사 인원	보유 비율	조사 인원
40대	75%	$2,000\times1.5=3,000$(명)	54%	$1,600\times1.5=2,400$(명)

따라서 40대의 운전면허 보유자는 $3,000\times0.75+2,400\times0.54=3,546$(명)이다.

20 수리능력

정답 ①

유형 자료해석 > 자료변환 난이도 ★★★

연도별 남자 연구원 수와 전년 대비 증가량을 계산하면 다음과 같다.

구분	2019년	2020년		2021년		2022년	
	남자 연구원 수(명)	남자 연구원 수(명)	전년 대비 증가량(명)	남자 연구원 수(명)	전년 대비 증가량(명)	남자 연구원 수(명)	전년 대비 증가량(명)
국 · 공립	152	159	7	156	−3	143	−13
정부출연	1,015	924	−91	791	−133	841	50
기타비영리	350	642	292	672	30	735	63
국 · 공립 병원	10	8	−2	16	8	14	−2
사립병원	11	6	−5	8	2	12	4

따라서 옳은 그래프는 ①이다.

| 오답풀이 |

② 2021년 29세 이하 정부출연 여자 연구원 수의 전년 대비 증가율은 $\frac{740-831}{831}\times100≒-11.0(\%)$이다.

③ 2019년 정부출연의 29세 이하 남자 연구원 수는 1,015명이므로 비중은 $\frac{1,015}{1,976}\times100≒51.4(\%)$이다.

④ 기타비영리의 연평균 29세 이하 여자 연구원 수는 $\frac{388+749+780+902}{4}=704.75$(명)이다.

⑤ 2022년 공공연구기관의 29세 이하 여자 연구원 수는 $335+783+902+28+46=2,094$(명)이다.

21 문제해결능력

정답 ①

유형 사고력 > 조건추리 > 위치·배치 난이도 ★☆☆

2대의 화상카메라 중 한 대는 A회의실에 다른 한 대는 C회의실 또는 D회의실에 설치할 예정이므로 B회의실에는 설치할 수 없다. 또한, B회의실에는 음향기기를 설치하지 않는데, 모든 회의실에 반드시 하나 이상의 기기를 설치해야 하므로 B회의실에는 반드시 빔프로젝터가 설치되어야 한다.

| 오답풀이 |

②, ③, ④ 제시된 조건만으로는 파악할 수 없다.

⑤ 빔프로젝터는 B회의실과 D회의실에 설치될 것이므로 적절하지 않다.

22 문제해결능력

정답 ②

유형 사고력 > 조건추리 > 위치·배치 난이도 ★★★

제시된 조건에 따르면 짝수 번호의 학생들은 모두 짝수 번호의 의자에 앉아 있으므로 2번, 4번, 6번 학생은 2번, 4번, 6번 의자에 앉아 있다. 이때, 4명의 학생이 자기의 번호와 일치하지 않는 번호의 의자에 앉아 있다고 하였는데, 짝수 번호의 학생들이 모두 자기의 번호와 일치하지 않는 번호의 의자에 앉아 있는 경우 홀수 번호의 학생 중 한 명만 자기의 번호와 일치하지 않는 번호의 의자에 앉아 있어야 한다. 하지만 이는 첫 번째 조건에 의해 불가능하므로 짝수 번호의 학생들 중 2명만 자기의 번호와 일치하지 않는 번호의 의자에 앉아 있거나 모두 자기의 번호와 일치하는 의자에 앉아 있음을 알 수 있다. 만약 짝수 번호의 학생들이 모두 자기의 번호와 일치하는 의자에 앉아 있는 경우 홀수 번호의 학생들 중 4명이 자기의 번호와 일치하지 않는 번호의 의자에 앉아 있어야 하고, 3명의 학생은 자기의 번호보다 작은 번호의 의자에 앉아 있어야 하므로 가능한 경우는 다음과 같이 1가지이다.

1번 의자	2번 의자	3번 의자	4번 의자	5번 의자	6번 의자	7번 의자
3번 학생	2번 학생	5번 학생	4번 학생	7번 학생	6번 학생	1번 학생

또한, 짝수 번호 학생들 중 2명만 자기의 번호와 일치하지 않는 번호의 의자에 앉아 있는 경우 홀수 번호의 학생들 중 2명이 자기의 번호와 일치하지 않는 번호의 의자에 앉아 있어야 하고, 전체 학생 중 3명의 학생은 자기의 번호보다 작은 번호의 의자에 앉아 있어야 한다. 하지만 이 경우 홀수 번호 학생들 2명이 서로 자리를 바꾸는 경우밖에 되지 않아 전체 학생 중 3명의 학생은 자기의 번호보다 작은 번호의 의자에 앉아 있을 수 없으므로 불가능하다.
따라서 3번 학생은 자기 번호보다 작은 번호인 1번 의자에 앉아 있으므로 옳은 설명이다.

| 오답풀이 |

① 1번 학생은 7번 의자에 앉아 있으므로 옳지 않은 설명이다.

③ 5번 학생은 3번 의자에 앉아 있으므로 옳지 않은 설명이다.

④ 2번 학생은 2번 의자에 앉아 있으므로 옳지 않은 설명이다.

⑤ 6번 학생은 6번 의자에 앉아 있으므로 옳지 않은 설명이다.

23 문제해결능력

정답 ①

유형 사고력 > 조건추리 > 순서 난이도 ★★☆

각 지사를 최소 1번씩은 방문해야 하므로 마포용산지사를 1번, 서대문은평지사를 2번 방문하면 광진성동지사를 최대 27번까지 방문할 수 있으므로 옳은 설명이다.

| 오답풀이 |

② 박 대리가 4월 한 달 동안 휴가를 3일 사용하였다면 27일 동

안 마포용산지사를 최대 8번 방문할 수 있으므로 옳지 않은 설명이다.

③ 김 사원은 마포용산지사를 방문한 날에만 함께 동행하였고, 마포용산지사의 최대 방문횟수는 9번이다. 따라서 김 사원과 최대 9번 동행할 수 있으므로 옳지 않은 설명이다.

④ 광진성동지사를 최소 11번 방문할 수 있으므로 옳지 않은 설명이다.

⑤ 서대문은평지사는 최소 2번 이상 방문해야 하므로 옳지 않은 설명이다.

24 문제해결능력

정답 ②

유형 모듈형 > 비판적 사고 난이도 ★★☆

문제해결 절차는 일반적으로 '문제 인식 → 문제 도출 → 원인 분석 → 해결안 개발 → 실행 및 평가'의 5단계를 거친다.

- 문제 인식: 문제해결과정 중 '무엇을(What)'을 결정하는 단계로, 해결해야 할 전체 문제를 파악하여 우선순위를 정하고 선정문제에 대한 목표를 명확히 하는 단계를 말한다.
- 문제 도출: 선정된 문제를 분석하여 해결해야 할 것이 무엇인지를 명확히 하는 단계로, 현상에 대하여 문제를 분해하여 인과관계 및 구조를 파악하는 단계를 말한다.
- 원인 분석: 파악된 핵심문제에 대한 분석을 통해 근본 원인을 도출해 내는 단계로, 쟁점(Issue) 분석, 데이터 분석, 원인 파악의 절차로 진행된다.
- 해결안 개발: 문제로부터 도출된 근본 원인을 효과적으로 해결할 수 있는 최적의 해결방안을 수립하는 단계를 말한다.
- 실행 및 평가: 해결안 개발을 통해 만들어진 실행계획을 실제 상황에 적용하는 활동으로, 당초 장애가 되는 문제의 원인을 해결안을 사용하여 제거해 나가는 단계를 말한다.

25 문제해결능력

정답 ③

유형 상황판단 > 독해추론 난이도 ★★☆

4문단에서 비만 진단기준은 질병과의 연관성을 우선시하고, 사망 자료를 보조적으로 고려해 설정해야 한다고 하였으므로 적절하지 않다.

| 오답풀이 |

① 3문단에서 체질량지수(BMI)가 높아질수록 심혈관질환 발생위험이 전반적으로 증가한다고 하였으므로 체질량지수와 심혈관질환 발생위험은 비례함을 알 수 있다.

② 5문단에서 중국은 비만 기준을 이미 체질량지수 28 이상으로 적용하고 있다고 하였으므로 한국보다 높음을 알 수 있다.

④ 4문단에서 20년 전 분석에서는 체질량지수(BMI) 23에서 가장 낮은 사망위험을 보였으나 그간 우리의 체형과 생활습관, 그리고 질병 양상이 서구와 닮아가는 변화를 보였기 때문에 이제는 체질량지수(BMI) 25에서 가장 낮은 사망위험을 보이는 결과가 나왔다고 하였으므로 20년 전과 현재 우리나라의 생활습관과 질병 양상에는 차이가 있음을 알 수 있다.

⑤ 1문단에 따르면 우리나라 비만 기준은 체질량지수(BMI) 25 이상이라고 하였으므로 우리나라는 체중을 신장으로 나눈 값이 25 이상이면 비만이라고 판단하고 있음을 알 수 있다.

26 문제해결능력

정답 ⑤

유형 문제처리능력 난이도 ★★☆

이동지역 운전승인 신청을 하고자 하는 경우 신청자가 제출해야 할 서류는 신청서와 자동차 운전면허증(또는 중기조종사 면허증 원본) 최소 2개이다.

| 오답풀이 |

① 재산 반납 관련 민원신청의 처리기간은 7일이지만 주중을 기준으로 하므로 주말 2일이 포함되어 10월 2일에 신청한 경우 10월 10일에 처리가 가능하다.

② 청원과 이의신청은 서면 외에 구두 또는 전화를 통해서도 가능하므로 옳지 않다.

③ 민원 처리기간이 가장 긴 민원은 처리기간이 30일인 복합민원사무이므로 옳지 않다.

④ 귀빈실 이용을 하기 위해서는 사용예정 24시간 전 신청서를 제출해야 하므로 옳지 않다.

27 문제해결능력

정답 ④

유형 문제처리능력 난이도 ★★☆

'1. 시간제서비스 개요'에 따르면 시간제서비스 종합형의 경우에도 아이돌봄 아동과 관련된 가사서비스 제공만 가능하므로 적절하지 않다.

| 오답풀이 |

① '2. 아이돌봄 활동 범위'에 따르면 기본형 서비스 제공 내용에 조리를 통한 식사 등 일반 가사활동은 불가하지만 이미 만들어진 식사를 아이를 위해 데워 주는 행위는 가능하다고 하였으므로 적절하다.

② '4. 서비스 이용 취소'에 따르면 서비스 시작 시간 기준 72시간 이내 취소 건이 월 3건 이상인 경우 서비스 이용이 1개월간 제한될 수 있으므로 적절하다.

③ '3. 서비스 이용요금 및 정부지원금'에 따르면 서비스 이용요금의 야간 할증과 휴일 할증은 중복 적용되지 않는다고 하였으므로 적절하다.

⑤ '3. 서비스 이용요금 및 정부지원금'에 따르면 서비스는 한 번 신청 시 기본으로 2시간 이상만 신청이 가능하며, 추가는 30분 단위로 가능하고 하였으므로 적절하다.

28 문제해결능력

정답 ⑤

유형 문제처리능력 난이도 ★★★

제시된 조건에 따라 갑~무의 서비스 신청 정보를 정리하면 다음과 같다.

신청자	소득기준	신청시간	돌봄대상
갑	나형	6시간	미취학 남아 1명(정부지원 60%)
을	나형	5시간	미취학 여아 1명(정부지원 60%) 취학 남아 1명(정부지원 30%)
병	다형	5시간 (야간 할증 1시간 포함)	취학 여아 1명(정부지원 15%)
정	가형	9시간 (야간 할증 2시간 포함)	미취학 여아 1명(정부지원 85%) 취학 남아 2명(정부지원 75%)
무	라형	8시간	취학 남아 1명(정부지원 0%)

- 갑: 11,630×6×0.4≒27,910(원)
- 을
  - 미취학 1명: 11,630×5×0.4=23,260(원)
  - 취학 1명: 11,630×5×0.7≒40,700(원)
  - 다자녀 할인: (23,260+40,700)×0.1≒6,390(원)
  - 총본인부담금: 23,260+40,700−6,390=57,570(원)
- 병: 11,630×4×0.85+11,630×1.5×0.85≒54,370(원)
- 정
  - 미취학 1명: 11,630×7×0.15+11,630×1.5×2×0.15≒17,440(원)
  - 취학 2명: 11,630×7×2×0.25+11,630×1.5×2×2×0.25=58,150(원)
  - 다자녀 할인: (17,440+58,150)×0.1≒7,550(원)
  - 총본인부담금: 17,440+58,150−7,550=68,040(원)
- 무: 11,630×8=93,040(원)

따라서 본인부담금을 가장 많이 납부하는 사람은 '무'이다.

29 문제해결능력

정답 ④

유형 문제처리능력 난이도 ★★★

제시된 조건에 따르면 J씨의 서비스 취소 신청사유는 취소수수료 면제사유에 해당하지 않고, 취소시각은 서비스 시작 1시간 전부터 서비스 시작 전에 해당하므로 J씨는 취소수수료로 '11,630원×(신청시간)×50%'를 지불해야 한다. 이때 J씨의 서비스 신청시간은 2시간이며 11,630×2×0.5=11,630(원)이므로 J씨가 납부해야 할 취소수수료는 11,630원임을 알 수 있다.

30 문제해결능력

정답 ②

유형 모듈형 > 문제처리능력 난이도 ★★★

우수한 기술력(S)을 협약을 제안한 B국가에 제공(O)하여 가격 경쟁력을 높이면 상황을 극복할 수 있으므로 적절한 SO전략이라고 볼 수 있다.

| 오답풀이 |

① 내부의 강점(S)을 활용하는 방법이 아니다.

③ 강점(S)을 통해 위협(T)을 극복하는 방법으로, ST전략으로 볼 수 있다.

④, ⑤ 내부의 강점을 이용하거나 기회를 이용한 방법으로 볼 수 없다.

DAY 15 | 정답과 해설

01	02	03	04	05	06	07	08	09	10	11	12	13	14	15
③	④	④	④	④	④	⑤	②	②	④	⑤	③	④	⑤	③
16	**17**	**18**	**19**	**20**	**21**	**22**	**23**	**24**	**25**	**26**	**27**	**28**	**29**	**30**
②	④	①	④	④	③	②	②	④	③	⑤	④	③	①	②

01 의사소통능력 정답 ③

유형 독해 > 기타-문장 삽입 난이도 ★★☆

[보기]는 「형사소송법」에서 어떤 사건에 대한 유무죄 등의 판결이 확정되었을 경우, 같은 사건에 대하여 두 번 다시 공소의 제기를 허용하지 않는 원칙을 설명하고 있다. 따라서 ©의 앞 문장에서 일사부재리의 원칙으로 해석될 수 있는 「형사소송법」 제326조의 내용을 설명하고 있으므로 [보기]의 문장은 ©에 들어가는 것이 적절하다.

02 의사소통능력 정답 ④

유형 독해 > 주제/제목 난이도 ★☆☆

한국전력공사와 부산지방국토관리청이 전력－국도 건설 계획부터 시설물 관리까지 공공 갈등 및 국민 불편을 최소화할 수 있는 상호협력 기반을 조성해 나가기로 업무협약을 체결했다는 내용이므로, 한전이 전력－국도 건설 계획부터 시설물 관리까지 독자적인 운영체제를 설립했다는 제목은 적절하지 않다.

03 의사소통능력 정답 ④

유형 독해 > 추론 난이도 ★★★

3문단의 '현대 사회 이전에는 표현에 대한 검열이 심해 인간의 욕망을 노골적으로 드러내면 공동체에서 영구 제거됐을 것'이라는 인용을 통해 현대 사회가 과거에 비해 인간의 욕망을 소설로 표현하는 데 관대해졌을 것으로 추측할 수 있다.

| 오답풀이 |

① 1문단의 '우리나라 소설에서 꿈의 문학적 활용은 고려 후기인 1281년경 저술된 「조신의 꿈」에서부터 시작된 만큼 그 역사가 길다'와 4문단의 '고전 소설에서부터 활발히 활용돼 온 꿈이라는 소재는 현대에 와서 더 다양하게 향유되고 있다'를 통해 13세기부터 현대에 이르기까지 꿈을 소재로 한 소설이 다양하게 창작되고 있음을 알 수 있으나, 환몽 구조 소설에 해당하는지의 여부는 알 수 없다.

② 2문단에서 '17세기 이후에 창작된 방관자형에서는 몽유자가 꿈속 인물들과 함께 현실을 비판하는 것이 아니라 구경꾼의 위치에 서 있다'라고 하였으므로 17세기 이후 시기의 몽유록에서는 몽유자가 현실을 비판하는 경향이 강하게 나타나지 않았을 것으로 추측할 수 있다.

③ 1문단에서 '1687년 집필된 「구운몽」은 대표적인 몽자류 소설 중 하나다', 2문단에서 '몽자류 소설이 현실 세계에서의 교훈을 전달하기 위해 쓰인 반면, 몽유록계 소설은 현실에 대한 비판을 간접적으로 하기 위해 쓰였기 때문이다'라고 하였으므로, 몽자류 소설인 「구운몽」은 현실에 대한 비판의식을 간접적으로 드러내기보다는 현실 세계의 교훈을 전달하였을 것으로 추측할 수 있다.

⑤ 4문단의 '현실에서 성취하지 못했던 것을 꿈을 통해 성취하게 한다는 본질은 현대에 와서도 크게 다르지 않지만 작품과 시대에 따라 꿈이 작품에 나타나는 양상이 조금씩 다르다'라는 인용을 통해 꿈이 작품에 나타나는 양상은 작품과 시대에 따라 다르게 나타난다는 것을 알 수 있다.

04 의사소통능력 정답 ④

유형 독해 > 주제/제목 난이도 ★★☆

2문단의 '이동식 협동로봇 규제자유특구가 2020년 8월 지정된 이후, 다양한 제조 · 생산환경에서 이동식 협동로봇에 대한 실증사업을 추진해 로봇의 효용성과 안전성을 검증하여 이동식 협동로봇의 한국산업표준을 제정했다'를 통해 과거에 이미 이동식 협동로봇 규제자유특구가 지정되었으며 실증사업 또한 추진되었다는 점을 알 수 있다. 따라서 '이동식 협동로봇 규제자유특구 지정으로 실증사업 추진 계획'은 보도자료의 제목으로 적절하지 않다.

05 의사소통능력

정답 ④

유형 독해 > 기타-어휘·어법 난이도 ★★☆

㉣의 뒤에서 '이번 제정은 글로벌 표준화를 선도하는 기회가 되어 국제적인 경쟁력을 확보하고, 글로벌시장 선점의 발판이 될 것으로 기대된다'라고 하였으므로, 이동식 협동로봇에 대한 안전기준이 아직 세계적으로 마련되지 못한 상황이라는 것을 알 수 있다. 따라서 ㉣에는 '아직 다 갖추지 못한 상태에 있음'을 뜻하는 '미비'가 들어가야 적절하다.

| 오답풀이 |

① ㉠의 뒤에서 '산업현장에서 활용할 수 있는 표준을 제정하여 규제를 최종 개선하였다'라고 하였으므로, 이동식 협동로봇의 안전성을 확인하였다는 의미를 완성하기 위한 단어로 '검증'이 들어가야 적절하다.

② ㉡의 앞에서 '이동식 협동로봇을 사용할 때 명확한 안전기준이 없어 작업공간을 분리하거나 안전펜스를 설치해야 했다'라고 하였으므로, 이동 중 작업이 사실상 불가능해 산업현장에서 도입하기 어려웠다는 의미를 완성하기 위한 단어로 '제한'이 들어가야 적절하다.

③ ㉢의 뒤에서 이동식 협동로봇을 활용하여 얻게 된 긍정적인 결과를 제시하고 있으므로, 이동식 협동로봇의 한국산업표준 제정이 로봇산업 분야에서 이동식 협동로봇의 사용을 더욱 확대하게 할 것이라는 의미를 완성하기 위한 단어로 '확산'이 들어가야 적절하다.

⑤ ㉤의 앞뒤에서 이동식 협동로봇 특구를 바탕으로 한 이동식 협동로봇의 한국산업표준이 관련 규제를 적기에 개선하고 첨단 로봇기술의 효율적이고 안전한 활용을 가능하게 할 것이라고 하였으므로, 이동식 협동로봇의 한국산업표준이 이동식 협동로봇 특구에서 비롯되었다는 의미를 완성하기 위한 단어로 '마련'이 들어가야 적절하다.

06 의사소통능력

정답 ④

유형 독해 > 문서이해 난이도 ★★☆

'8. 의견제출'에 따르면 본 행정예고에 대하여 의견이 있는 기관·단체 또는 개인은 기간 내에 의견 제출서를 작성하여 제출하여야 하므로 행정예고에 대한 의견은 개인의 이름으로만 제출할 수 있는 것은 아니다.

| 오답풀이 |

① '4. 설치목적'에 따르면 군사제한보호구역에서의 보안 유지를 위해 CCTV를 설치함을 알 수 있다.

② '5. 설치장소'에 따르면 용산어린이정원 내 11개의 CCTV가 설치되며, 이에 대한 의견을 받기 위한 안내문임을 알 수 있다.

③ '7. 수집·처리되는 화상정보(개인정보) 관리 및 처리에 관한 사항'에 따르면 수집된 화상정보를 목적 이외의 용도에 활용하거나 사용하는 것을 금지함을 알 수 있다.

⑤ '2. 공고(의견제출)기간'에 따르면 의견제출 기간은 공고기간과 동일한 20일이며, '9. 기타사항'에 따르면 공고기간 내 제출된 의견서가 없을 경우 '의견없음'으로 간주됨을 알 수 있다.

07 의사소통능력

정답 ⑤

유형 독해 > 추론 난이도 ★★★

5문단의 "주시경 등의 초기 문법가들은 '철수가 책을 읽었다'라는 문장이 '철수', '가', '책', '을', '읽–', '–었다'의 여섯 개의 단어로 구성되었다고 보았지만"을 통해 주시경은 조사는 물론 선어말 어미를 포함한 어미부 전체가 단어의 자격이 있다고 본 것을 알 수 있다. 따라서 [보기]의 문장을 '한', '아이', '가', '노래하–', '–면서', '놀', '–았다'의 일곱 개의 단어로 구성된 문장으로 파악했을 것이다. 또한 "이숭녕 등의 역사 문법가들은 '철수가', '책을', '읽었다'의 세 개의 단어로 나누었다"를 통해 이숭녕은 조사와 어미부 모두를 단어로 인정하지 않았음을 알 수 있으므로, [보기]의 문장을 '한', '아이가', '노래하면서', '놀았다'의 네 개의 단어로 구성된 문장으로 파악했을 것임을 알 수 있다.

| 오답풀이 |

① 5문단의 "주시경 등의 초기 문법가들은 '철수가 책을 읽었다'라는 문장이 '철수', '가', '책', '을', '읽–', '–었다'의 여섯 개의 단어로 구성되었다고 보았지만"을 통해 주시경이 선어말 어미를 포함한 어미부 전체를 단어의 자격이 있다고 본 것을 알 수 있다. 따라서 '노래하면서'의 '–면서'를 선어말 어미를 포함한 어미부로 보아 단어의 자격을 가졌다고 보았을 것임을 알 수 있다.

② 5문단의 "최현배 등 한글맞춤법 제정에 참여하였던 학자들은 '철수', '가', '책', '을', '읽었다'의 다섯 개의 단어로 보았다. '읽–'과 같이 자립성이 없는 말에 '–었–'과 같은 의존형태소가 붙은 경우는 단어로 보지 않은 것이다'와 6문단의 '역사 문법가들은 의존형태소인 '가', '를'을 단어로 인정하지 않았지만, 주시경이나 최현배 등의 학자들은 단어로 인정했다"를 통해, 최현배는 선어말어미를 포함한 어미부를 따로 단어로 인정하지 않았지만 조사 '가'는 한 단어로 보았을 것임을 알 수 있다.

③ 5문단의 "이숭녕 등의 역사 문법가들은 '철수가', '책을', '읽었다'의 세 개의 단어로 나누었다"를 통해 이숭녕은 명사 '아이'와 조사 '가'가 결합된 '아이가'를 하나의 단어로 보았을 것임을 알 수 있다.

④ 5문단에 따르면 주시경은 선어말어미가 포함된 어미부 전체를 단어로 인정했지만, 최현배는 인정하지 않았음을 알 수 있다. 따라서 '놀았다'의 경우 주시경은 '놀'과 '–았다'로, 최현배는 '놀았다' 하나로 구분했을 것임을 알 수 있다.

08 의사소통능력

정답 ②

유형 독해 > 기타-조문 적용 **난이도** ★★☆

4문단에서 건강보험이의신청위원회는 교통사고로 인한 급여제한의 경우 사고가 발생한 경위와 양상 등 사고 당시의 상황을 종합적으로 고려해 법규 위반과 보험사고의 인과관계를 판단한다고 하였으므로 청소년이 전동킥보드를 운행하다가 사고를 낸 경우 부상 치료에 대한 환자 부담금은 100%라고 확정할 수 없다.

| 오답풀이 |

① [자료]에서 공단은 속임수나 그 밖의 부당한 방법으로 보험급여를 받은 사람은 그 보험급여나 보험급여 비용에 상당하는 금액을 징수한다고 하였으므로 적절하다.

③ 3문단에서 A군은 개인형 이동장치를 타다가 12대 중대의무 위반에 해당하는 무면허, 신호위반 등으로 교통사고를 내고 관련 부상으로 치료받은 경우이며, 「국민건강보험법」 제57조에 따라 부당이득금 환수고지 처분을 받았으므로 적절하다.

④ [자료]에서 공단은 속임수나 그 밖의 부당한 방법으로 보험급여를 받은 사람과 같은 세대에 속한 가입자에게 속임수나 그 밖의 부당한 방법으로 보험급여를 받은 사람과 연대하여 징수금을 내게 할 수 있다고 하였으므로 적절하다.

⑤ 4문단에서 전동킥보드를 포함한 개인형 이동장치는 도로교통법상 '차(車)'로 분류되어, 무면허나 신호위반 등으로 인해 교통사고가 발생할 경우, 해당 사고로 인한 부상 치료 시 건강보험 급여가 제한될 수 있다고 하였으므로 적절하다.

09 의사소통능력

정답 ②

유형 독해 > 문단배열 **난이도** ★★☆

폐어구로 인해 발생한 피해 사례를 제시하며 폐어구의 문제점과 이를 해결하기 위한 대책 마련을 촉구하는 흐름이 자연스러우므로, 첫 문단으로는 최근 제주에서 발견된 해양생물 피해 사례를 언급한 [나]가 적절하다. 뒤이어 폐어구의 정의와 특징을 제시한 [다]를 통해 앞선 사례의 문제성을 부각하는 한편, '유령 어업' 문제를 언급한 [가]와 해양사고 및 미세 플라스틱 문제를 언급한 [마]로 실태를 뒷받침하는 흐름이 적합하다. 이어서 폐어구 수거와 재활용을 위한 대책을 소개하고 변화를 촉구하는 내용의 [라]로 마무리할 수 있다. 따라서 [나]—[다]—[가]—[마]—[라]의 배열이 가장 적절하다.

10 의사소통능력

정답 ④

유형 독해 > 추론 **난이도** ★★☆

[라]는 폐어구를 수거하고 처리하는 사업을 지원하는 해양수산부의 성과와 폐어망을 분쇄하여 콘크리트 보강재로 활용하는 방안을 연구한 한국해양과학기술원의 발표를 통해 폐어구 문제를 해결하기 위하여 마련한 대책을 소개하는 한편, 친환경 어구의 사용 등 어업 종사자의 행동 변화를 촉구하고 있다. 따라서 친환경 에너지 개발과 실용 기술의 발전을 언급한 '호진'의 반응은 폐어구 문제를 위한 해결책과 관련이 없으므로 적절하지 않다.

| 오답풀이 |

- 윤아: 폐어망을 활용한 원단을 사용하여 옷이나 가방을 만드는 업사이클링은 폐어구 피해에 대한 해결방안에 대한 반응으로 적절하다.
- 경원: 한국어촌어항공단의 폐어구 수거 사업은 폐어구 피해에 대한 해결방안에 대한 반응으로 적절하다.
- 하영: 해변에서 바다 표류물이나 쓰레기를 줍는 비치코밍 캠페인은 폐어구 피해에 대한 해결방안에 대한 반응으로 적절하다.
- 주예: 어구보증금 제도는 폐어구 피해에 대한 해결방안에 대한 반응으로 적절하다.

11 수리능력

정답 ⑤

유형 응용수리 > 방정식 **난이도** ★★★

T의 속력을 $x$km/h라 하면 C지역까지 P는 시속 40km의 속력으로 64km를 이동했으므로 P가 움직인 시간은 $\frac{64}{40}=1.6$(시간)이고, P는 T보다 0.6시간 먼저 도착했으므로 T가 움직인 시간은 $1.6+0.6=2.2$(시간)이다.

이때 A지역, B지역, C지역은 일직선상에 놓여 있는데 A지역과 B지역의 거리는 112km이고, A지역과 C지역의 거리는 64km이므로 B지역과 C지역의 거리는 $112+64=176$(km)이고, T의 속력은 $\frac{176}{2.2}=80$(km/h)이다. 따라서 T의 속력은 80km/h이다.

12 수리능력

정답 ③

유형 응용수리 > 확률 **난이도** ★★☆

어느 팀이든 이길 확률은 같으므로 K팀이 경기를 해서 이길 확률은 $\frac{1}{2}$이다. K팀이 경기를 2번만 하고 우승하려면 대진표에서 왼쪽의 두 자리 중 한 자리에 뽑혀야 하고 제비뽑기를 해서 6개의 자리 중 왼쪽 2개 자리에 뽑힐 확률은 $\frac{2}{6}=\frac{1}{3}$이다.

따라서 K팀이 경기를 2번만 하고 우승할 확률은 $\frac{1}{3}\times\frac{1}{2}\times\frac{1}{2}=\frac{1}{12}$이다.

13 수리능력

정답 ④

유형 응용수리 > 방정식 **난이도** ★★★

12개를 외운 수요일의 횟수를 x회, 8개를 외운 나머지 요일의 횟수를 y회라 하면

$12x+8y=200$

$y=25-\frac{3}{2}x$

한 달에 수요일은 4번 또는 5번인데 y는 자연수이므로 $x=4$이다. 이에 따라 목요일에 다 외웠으므로 넷째 주 수요일의 다음 날에 다 외웠다. 10월 1일부터 단어를 외웠으므로 첫 번째 수요일은 10월 2일이고 네 번째 수요일은 10월 23일이다. 따라서 동석이가 단어를 다 외운 날짜는 10월 24일이다.

14 수리능력

정답 ⑤

유형 자료해석 > 자료이해 **난이도** ★★☆

㉡ 서울에서 1일 평균 주행거리가 가장 긴 차종은 특수차이고, 대구에서 1일 평균 주행거리가 가장 긴 차종도 특수차이므로 같다.

㉢ 차종별 주행거리가 긴 순서는 제시된 항구도시 모두 '특수차－승합차－화물차－승용차' 순으로 같다.

㉣ 전체 차종의 1일 평균 주행거리가 가장 긴 도시인 인천은 가장 짧은 도시인 서울보다 1일 평균 주행거리가 41.7－35.3＝6.4(km/일) 더 길다.

| 오답풀이 |

㉠ 화물차 1일 평균 주행거리가 가장 긴 도시는 57.0km/일인 광주이고, 가장 짧은 도시는 48.1km/일인 울산이다.

15 수리능력

정답 ③

유형 자료해석 > 자료이해 **난이도** ★★☆

㉠ 석유 생산량이 많은 국가의 순서는 매년 'A－B－D－C－F－G－E－H'로 같다.

㉣ 제시된 기간 중 석유 생산량이 매년 증가하지 않은 국가는 C, D, F, G로 총 4개이다.

따라서 옳은 것의 개수는 2개이다.

| 오답풀이 |

㉡ 2019년 석유 생산량이 네 번째로 많은 국가인 C는 다섯 번째로 많은 국가인 F보다 석유 생산량이 4,123,963－2,633,087＝1,490,876(bbl/day) 더 많으므로 옳지 않은 설명이다.

㉢ 2022년 석유 생산량이 여섯 번째로 많은 국가인 G의 석유 생산량은 2019년 대비 1,336,597－1,335,089＝1,508(bbl/day) 증가하였으므로 옳지 않은 설명이다.

16 수리능력

정답 ②

유형 자료해석 > 자료이해 **난이도** ★★★

운영부의 종목당 평균 승점은 $\frac{742+784+854+372}{4}=688$(점)이다.

| 오답풀이 |

① 팀별 승점의 합은 다음과 같다.

구분		청팀(점)			백팀(점)		
		재정부	운영부	기획부	전략부	기술부	지원부
구기 종목	축구	590	742	610	930	124	248
	배구	470	784	842	865	170	443
육상 종목	50m 달리기	471	854	301	441	653	321
	100m 달리기	320	372	511	405	912	350
부서별 합계		1,851	2,752	2,264	2,641	1,859	1,362
팀별 합계		6,867			5,862		

따라서 승리한 팀은 청팀이다.

③ 배구 승점의 합은 청팀이 470＋784＋842＝2,096(점), 백팀이 865＋170＋443＝1,478(점)이므로 청팀이 백팀보다 2,096－1,478＝618(점) 더 높다.

④ 구기종목 승점의 합이 가장 높은 부서는 930＋865＝1,795(점)인 전략부이고, 가장 낮은 부서는 124＋170＝294(점)인 기술부이므로 가장 높은 부서는 가장 낮은 부서보다 1,795－294＝1,501(점) 더 높다.

⑤ 50m 달리기 승점이 가장 낮은 부서는 기획부이고, 100m 달리기 승점이 가장 낮은 부서는 재정부이므로 서로 같은 청팀이다.

17 수리능력

정답 ④

유형 자료해석 > 자료계산 난이도 ★★☆

30초 컷 풀이 TIP

정기권 운임을 계산하는 식에서 곱하는 값은 44×0.85로 같으므로 7단계와 12단계 정기권 운임의 차를 계산할 때 교통카드 기준 운임의 차를 계산하여 정기권 운임의 대략적인 차를 구할 수 있다.
7단계와 12단계 교통카드 기준 운임의 차는 $2,550-2,050=500$(원)이므로 이를 바탕으로 7단계와 12단계 정기권 운임의 차를 계산하면 $500\times44\times0.85=18,700$(원)이고, 선택지에서 이와 가장 가까운 값인 ④가 정답임을 쉽게 알 수 있다.

정기권 운임은 (교통카드 기준 운임)$\times44\times0.85$를 계산한 값에 10원 단위에서 반올림한 값이므로 이를 계산하면 다음과 같다.

- 7단계 정기권 운임: $2,050\times44\times0.85=76,670$(원)
  ∴ 76,700원
- 12단계 정기권 운임: $2,550\times44\times0.85=95,370$(원)
  ∴ 95,400원

따라서 7단계와 12단계의 정기권 운임의 차는 $95,400-76,700=18,700$(원)이다.

18 수리능력

정답 ①

유형 자료해석 > 자료계산 난이도 ★★★

K가 3월에 출근한 날은 총 21일이고, 편도 이용 거리가 30km이므로 K는 3월에 총 $30\times21\times2=1,260$(km)를 이용하였다. 이때 4단계 거리비례용 정기권은 이용구간 초과 시 추가차감 기준이 35km마다 1회이므로 차감 횟수는 $1,260\div35=36$(회)이다. 한편 4단계 정기권 운임은 $1,750\times44\times0.85=65,450$(원)이므로 10원 단위에서 반올림하면 65,500원이다. 따라서 교통카드 기준 운임은 1,750원이므로 3월 말 정기권 잔액은 $65,500-1,750\times36=2,500$(원)이다.

19 수리능력

정답 ④

유형 자료해석 > 자료이해 난이도 ★★☆

㉡ 경제가 관심도서 순위 3위 이내인 연령대의 개수는 남성이 20대, 30대, 40대, 50대, 60대로 총 5개, 여성이 50대 1개이므로 남성이 여성보다 많다.

㉣ 조사자 수가 남성이 여성보다 많은 연령대는 40대, 50대, 60대이고, 이 중 관심도서 순위 4위 이내에 자기계발이 있는 연령대인 40대에서 자기계발의 관심도서 순위는 여성이 2위, 남성이 1위이므로 여성이 남성보다 낮다.

| 오답풀이 |

㉠ 전체 여성 중 30대 여성이 차지하는 비중은 $\frac{840}{2,400}\times100=35(\%)$, 전체 남성 중 30대 남성이 차지하는 비중은 $\frac{540}{2,000}\times100=27(\%)$이므로 여성이 남성보다 $35-27=8(\%p)$ 더 크다.

㉢ 남성의 관심도서에서 만화는 10대에서 2위, 20대에서 5위, 30대에서 4위, 40대에서 4위, 5대에서 4위, 60대에서 5위이고, 여성의 관심도서에서 여행은 10대에서 2위, 20대에서 4위, 30대에서 5위, 40대에서 5위, 50대에서 4위, 60대에서 4위이므로 전 연령대의 관심도서 순위 5위 이내에 포함된 도서는 남성은 만화, 여성은 여행이다.

20 수리능력

정답 ④

유형 자료해석 > 자료계산 난이도 ★★★

조사자 수가 각 성별에서 차지하는 비중은 연령대별로 다음과 같다.

구분	남성	여성
10대	$\frac{150}{2,000}\times100=7.5(\%)$	$\frac{360}{2,400}\times100=15(\%)$
20대	$\frac{450}{2,000}\times100=22.5(\%)$	$\frac{480}{2,400}\times100=20(\%)$
30대	$\frac{540}{2,000}\times100=27(\%)$	$\frac{840}{2,400}\times100=35(\%)$
40대	$\frac{370}{2,000}\times100=18.5(\%)$	$\frac{360}{2,400}\times100=15(\%)$
50대	$\frac{280}{2,000}\times100=14(\%)$	$\frac{240}{2,400}\times100=10(\%)$
60대	$\frac{210}{2,000}\times100=10.5(\%)$	$\frac{120}{2,400}\times100=5(\%)$

이에 따라 각 성별에서 조사자 수의 20% 이상에 해당하는 연령대는 20대와 30대이고 두 연령층의 남성 10%와 여성 15%에 해당하는 조사자 수는 각각 $990\times0.1=99$(명), $1,320\times0.15=198$(명)이다. 따라서 구하는 값은 $99+198=297$(명)이다.

21 문제해결능력

정답 ③

유형 사고력 > 조건추리 > 위치·배치 난이도 ★★☆

시간 단축 문제접근 TIP

명확한 입점 위치가 제시된 C항공을 가장 먼저 배치한 뒤 다른 조건들을 고려한다.

제시된 조건에 따르면 C항공은 제일 앞 번호의 부스에 입점해 있으므로 1번 부스에 입점해 있다. 같은 종류의 업체는 서로 같은 라인에 입점할 수 없고, A무역과 B무역은 양 끝에 입점해 있으므로 A무역과 B무역은 각각 4번 또는 5번 자리에 입점해 있음을 알 수 있다. 이때, E건설의 바로 맞은편에 B무역이 입점해야 하므로 B무역은 반드시 맞은편 자리가 비어 있는 4번 자리에 입점하며, F건설은 3번 자리에 입점하게 된다. 이에 따라 G호텔과 H호텔이 입점한 자리에 따라 가능한 경우는 다음과 같다.

[경우1] G호텔이 2번 자리에 입점한 경우

<table>
<tr><td rowspan="3">입구</td><td>C항공</td><td>G호텔</td><td>F건설</td><td>B무역</td></tr>
<tr><td colspan="4">복도</td></tr>
<tr><td>A무역</td><td>H호텔</td><td>D항공</td><td>E건설</td></tr>
</table>

[경우2] G호텔이 6번 자리에 입점한 경우

<table>
<tr><td rowspan="3">입구</td><td>C항공</td><td>H호텔</td><td>F건설</td><td>B무역</td></tr>
<tr><td colspan="4">복도</td></tr>
<tr><td>A무역</td><td>G호텔</td><td>D항공</td><td>E건설</td></tr>
</table>

따라서 E건설은 항상 8번 부스에 입점해 있으므로 항상 거짓인 설명이다.

| 오답풀이 |

① 경우1, 2에 따르면 C항공 옆에는 호텔이 입점해 있으므로 항상 참인 설명이다.

② 경우1에 따르면 G호텔은 무역 회사 옆에 입점해 있을 수 있으므로 항상 거짓인 설명은 아니다.

④ 경우1, 2에 따르면 D항공은 건설 회사 옆에 입점해 있으므로 항상 참인 설명이다.

⑤ 경우1, 2에 따르면 A무역은 입구 옆에 입점했으므로 항상 참인 설명이다.

22 문제해결능력

정답 ②

유형 사고력 > 조건추리 > 순서 난이도 ★★☆

시간 단축 문제접근 TIP

같은 역에서 열차에 탑승한 경우 서로의 탑승 순서는 알 수 없으므로 본인이 몇 번째로 탔는지 알 수 있는 사람은 혼자 탑승한 사람뿐이다.

제시된 조건에 따르면 같은 역에서 열차에 탑승한 경우 서로의 탑승 순서는 알 수 없으나 E는 본인이 몇 번째로 탔는지 알 수 있다고 하였으므로 E는 혼자 열차에 탑승하였음을 알 수 있다. 또한, A는 C보다 먼저 탔고 C는 B보다 늦게 탔다고 하였으므로 A와 B는 같은 역에서 탑승했고, C보다 먼저 탑승했다. 이어서 D는 C보다 먼저 탔는지 알 수 없다고 하였으므로 C와 D는 같은 역에서 탑승한 것을 알 수 있다. 이에 따라 A와 B는 광명 지사에서 근무 중이고, C와 D는 대구 지사에서 근무 중임을 알 수 있다. 따라서 E는 1명이 근무 중인 대전 지사에서 근무 중이므로 항상 옳은 설명이다.

| 오답풀이 |

① A와 B의 탑승 순서는 알 수 없으므로 항상 옳은 설명은 아니다.

③ B와 D는 같은 역에서 탑승하지 않았으므로 항상 옳지 않은 설명이다.

④ A와 C는 같은 지사에서 근무 중이지 않으므로 항상 옳지 않은 설명이다.

⑤ C와 E는 같은 역에서 탑승하지 않았으므로 항상 옳지 않은 설명이다.

23 문제해결능력

정답 ②

유형 사고력 > 조건추리 > 순서 난이도 ★★☆

시간 단축 문제접근 TIP

월요일에서 금요일까지 5일을 표로 그리고 정확히 조건이 제시된 사람부터 표에 배치한다. B는 월요일과 금요일에 당직을 섰으므로 가장 먼저 배치해야 한다.

제시된 조건에 따르면 B는 월요일과 금요일에 당직을 섰고, A와 C는 하루씩 B와 함께 당직을 섰으므로 각각 월요일 또는 금요일에 당직을 섰음을 알 수 있다. 또한 A와 C 모두 이틀 연속으로 당직을 섰으므로 각각 화요일 또는 목요일에 당직을 섰다. E는 항상 혼자 당직을 섰으므로 수요일에 당직을 섰고, D는 지난주에 한 번 당직을 섰고 A와 함께 당직을 서지는 않았다. 이에 따라 가능한 경우는 다음과 같다.

구분	월	화	수	목	금
경우1	A, B	A	E	C, D	B, C
경우2	A, B	A	E	C	B, C, D
경우3	B, C	C, D	E	A	A, B
경우4	B, C, D	C	E	A	A, B

따라서 E는 모든 경우에서 수요일에 당직을 섰으므로 항상 참인 설명이다.

| 오답풀이 |

① 경우3, 4에 따르면 A는 화요일에 당직을 서지 않았을 수도 있으므로 항상 참인 설명은 아니다.

③ 경우1, 3에 따르면 B와 D는 함께 당직을 서지 않았을 수도 있으므로 항상 참인 설명은 아니다.

④ E는 혼자 당직을 서므로 항상 거짓인 설명이다.

⑤ 모든 경우에 4명이 당직을 선 날은 없으므로 항상 거짓인 설명이다.

24 문제해결능력

정답 ④

유형 사고력 > 조건추리 > 기타 난이도 ★★☆

제시된 조건에 따르면 모든 용지는 각각 상반기 월별 사용량의 평균 이상을 주문하므로 용지 종류별 월별 사용량의 평균을 구하면 다음과 같다.

구분	1월	2월	3월	4월	5월	6월	월별 평균
B1	2박스	3박스	2박스	1박스	1박스	2박스	1.8
A1	1박스	2박스	3박스	1박스	2박스	3박스	2.0
B4	4박스	2박스	3박스	4박스	3박스	5박스	3.5
A4	12박스	10박스	20박스	15박스	13박스	11박스	13.5

주문은 1박스 단위로 해야 하므로 B1용지는 2박스, A1용지는 2박스, B4용지는 4박스, A4용지는 14박스 이상 주문해야 함을 알 수 있다. 이때, 용지의 크기가 작을수록 많이 주문하여 총 25박스를 주문해야 하므로 가능한 경우는 다음과 같다.

구분	경우1	경우2	경우3	경우4
B1	2박스	2박스	2박스	2박스
A1	3박스	3박스	4박스	3박스
B4	4박스	5박스	5박스	6박스
A4	16박스	15박스	14박스	14박스

따라서 B1용지는 모든 경우에 2박스만 주문하므로 항상 옳지 않다.

| 오답풀이 |

① 경우3에 따르면 A1박스를 B1박스보다 2박스 더 주문할 수 있으므로 항상 옳지 않은 설명은 아니다.

② 경우1에 따르면 A4박스를 16박스 주문할 수 있으므로 항상 옳지 않은 설명은 아니다.

③ 경우1, 3에 따르면 B4를 A1보다 1박스 더 주문할 수 있으므로 항상 옳지 않은 설명은 아니다.

⑤ 경우 3, 4에 따르면 가장 많이 주문하는 용지와 가장 적게 주문하는 용지의 차가 12박스일 수도 있으므로 항상 옳지 않은 설명은 아니다.

25 문제해결능력

정답 ③

유형 사고력 > 조건추리 > 기타 난이도 ★★★

제시된 조건에 따르면 사내 설문조사 결과가 1위인 투명색 텀블러는 전체 개수의 45%인 $200\times0.45=90$(개)를 준비하고, 2위인 하얀색 텀블러는 전체 개수의 28% 이상 30% 미만인 $200\times0.28=56$(개) 이상 $200\times0.3=60$(개) 미만으로 준비해야 하므로 56개, 57개, 58개, 59개 준비가 가능하다. 이에 따라 가능한 경우는 다음과 같다.

구분	검정색	하얀색	투명색	초록색	분홍색
경우1	17개	59개	90개	17개	17개
경우2	18개	58개	90개	17개	17개
경우3	17개	58개	90개	18개	17개
경우4	17개	58개	90개	17개	18개
경우5	18개	57개	90개	18개	17개
경우6	18개	57개	90개	17개	18개
경우7	17개	57개	90개	18개	18개
경우8	19개	57개	90개	17개	17개
경우9	17개	57개	90개	19개	17개
경우10	17개	57개	90개	17개	19개
경우11	18개	56개	90개	18개	18개
경우12	19개	56개	90개	17개	18개
경우13	19개	56개	90개	18개	17개
경우14	17개	56개	90개	19개	18개
경우15	18개	56개	90개	19개	17개
경우16	17개	56개	90개	18개	19개
경우17	18개	56개	90개	17개	19개
경우18	20개	56개	90개	17개	17개
경우19	17개	56개	90개	20개	17개
경우20	17개	56개	90개	17개	20개

㉠ 하얀색 텀블러를 56개를 준비했을 때, 경우의 수는 10가지이므로 옳지 않은 설명이다.

㉡ 검정색과 초록색 텀블러의 개수의 합은 최대 $200-90-56-17=37$(개)이므로 옳지 않은 설명이다.

| 오답풀이 |

㉢ 3~5위 색깔의 텀블러는 한 가지 색깔당 최대 20개까지 주문할 수 있으므로 옳은 설명이다.

㉣ 텀블러의 주문 가능한 경우의 수는 총 20가지이므로 옳은 설명이다.

26 문제해결능력

정답 ⑤

유형 상황판단 > 독해추론 난이도 ★★☆

본부별 참여일은 참여인원 분산을 위한 권고 사항으로 개인 일정에 맞추어 참여가 가능하므로 적절하지 않다.

| 오답풀이 |

① '진행방식'에 따르면 심폐소생술 능력을 먼저 측정한 뒤 결과를 확인하고 이름을 입력하므로 적절하다.
② '팀 평가기준'에 따르면 팀별 참여율을 제일 우선순위로 평가하므로 적절하다.
③ '평가항목 및 내용'에 따르면 신속하고 효과적인 심폐소생술의 수행여부인 소생시간이 평가항목 중 하나이므로 적절하다.
④ '평가기준'에 따르면 키오스크에 등록된 닉네임과 본인 이름이 불일치하면 평가 대상에서 제외되므로 적절하다.

27 문제해결능력

정답 ④

유형 상황판단 > 독해추론 난이도 ★★☆

㉡ '동점자 처리방법'에 따르면 개인전에서 총점이 동일한 사람들은 2순위로 개인 소생점수를 판단하므로 적절하다.
㉢ '진행방식'에 따르면 심폐소생술 능력 측정에는 약 2분 정도의 시간이 소요된다고 하였으므로 적절하다.

| 오답풀이 |

㉠ '포상 안내'에 따르면 경진대회 팀전에서는 개인 포상 수상자 제외 후 상품권을 지급하므로 가장 많은 포상을 받는 경우는 개인 최우수상 포상인 5만 원 상당의 백화점 상품권을 지급받는 경우이다.
㉣ '참여장소'에 따르면 심폐소생술 키오스크는 본사 1층 로비에 설치되어 있으므로 적절하지 않다.

28 문제해결능력

정답 ③

유형 문제처리능력 난이도 ★★☆

여행자 수표를 분실한 경우 여권과 여행자수표 구입 영수증을 가지고 수표 발행은행의 지점에 가서 분실 신고서를 작성하면, 여행자 수표를 재발행받을 수 있으나, 이때, T/C의 고유번호, 종류, 구입일, 은행점명, 서명을 알려줘야 하므로 적절하지 않다.

29 문제해결능력

정답 ①

유형 문제처리능력 난이도 ★★☆

우리 공관으로부터 발급받은 여행 증명서가 있더라도, 공안당국이 발행한 여권분실 증명서가 있어야 출국할 수 있으므로 적절하지 않다.

| 오답풀이 |

② 현지에서 여행 중에 물품을 분실한 경우 현지 경찰서에 잃어버린 물건에 대해 신고를 하고, 해외여행자 보험에 가입한 경우 현지 경찰서로부터 도난 신고서를 발급받은 뒤, 귀국 후 해당 보험회사에 청구하므로 적절하다.
③ 식당에서는 의자에 가방을 걸어두지 말고 식사하는 동안에는 가방을 본인 무릎 위에 두는 것이 안전하므로 적절하다.
④ 외교부 '해외안전여행 애플리케이션'으로 여행경보제도, 해외여행자등록제, 동행서비스, 위기상황별 대처매뉴얼, 좌충우돌 상황별 카툰, 재외공관 연락처 및 현지 긴급구조 번호 등을 안내받을 수 있으므로 적절하다.
⑤ 영사콜센터의 유선 상담은 유료이며 전화앱이나 SNS 채팅 상담은 무료로 이용이 가능하므로 적절하다.

30 문제해결능력

정답 ②

유형 상황판단 > 독해추론 난이도 ★★☆

상담 시간은 월~금 09:00~18:00이므로 주말에 상담이 가능한지는 안내문을 통해 확인할 수 없다.

| 오답풀이 |

① 상담은 1회 50분씩 최대 4회까지 가능하므로 최대 200분까지 진행 가능함을 알 수 있다.
③ 상담 신청은 전화, 문자, 온라인 신청이 가능하므로 적절하다.
④ EAP 서비스는 직장생활과 삶의 균형잡힌 조화를 위해 전문적인 심리상담과 코칭 등의 서비스를 제공하여 직장과 가정생활에서 마음을 챙겨갈 수 있도록 돕는 근로자 지원 프로그램이므로 적절하다.
⑤ 상담 일정이 확정된 후, 예약일 하루 전 저녁 6시 이후 취소 시 1회 사용으로 간주하므로 적절하다.

최신간 기분좋은 오늘 NCS 완료

#오N완 #NCS루틴 #100%새문항

초 판 인 쇄	2025년 01월 09일
초 판 발 행	2025년 01월 20일
발 행 인	박영일
출 판 책 임	이해욱
개 발 편 집	김기임 · 김선아 · 홍수옥 · 심재은 · 신지호
표지디자인	박수영 · 김도연
본문디자인	장성복 · 조은아
마 케 팅	박호진
발 행 처	㈜시대고시기획시대교육
출 판 등 록	제 10-1521호
주 소	서울시 마포구 큰우물로 75[도화동 성지빌딩]
전 화	1600-3600
홈 페 이 지	www.sdedu.co.kr